2001
キューブリック
クラーク

Space
Odyssey

Stanley Kubrick, Arthur C. Clarke,
and the Making of a Masterpiece

マイケル・ベンソン

中村 融・内田昌之・小野田和子［訳］

添野知生［監修］

早川書房

1

1：アーサー・C・クラーク（左）とスタンリー・キューブリック（右）。
アリエス月着陸船のセット内にて。

2

2：夜明けにスチール写真を撮るピエール・ブーラ。アシスタントはカトリーヌ・ジール。

3

3：ナミブ砂漠で〈人類の夜明け〉パートのロケ地探し。

4

4：コリン・キャントウェルがモノリスとアフリカの空の〝転回点〟を試し撮りする。太陽と月はあとで追加された。

5

5：〈月を見るもの〉に扮したダン・リクターが、大腿骨の新しい使い途を直観する。

6

６：オリオン宇宙船が宇宙ステーション５と速度を合わせる。この写真をはじめとして、カラー口絵として掲載されたスチール写真の大部分は、映画のなかでじっさいには使用されなかった貴重な65ミリ・フッテージから採られている。

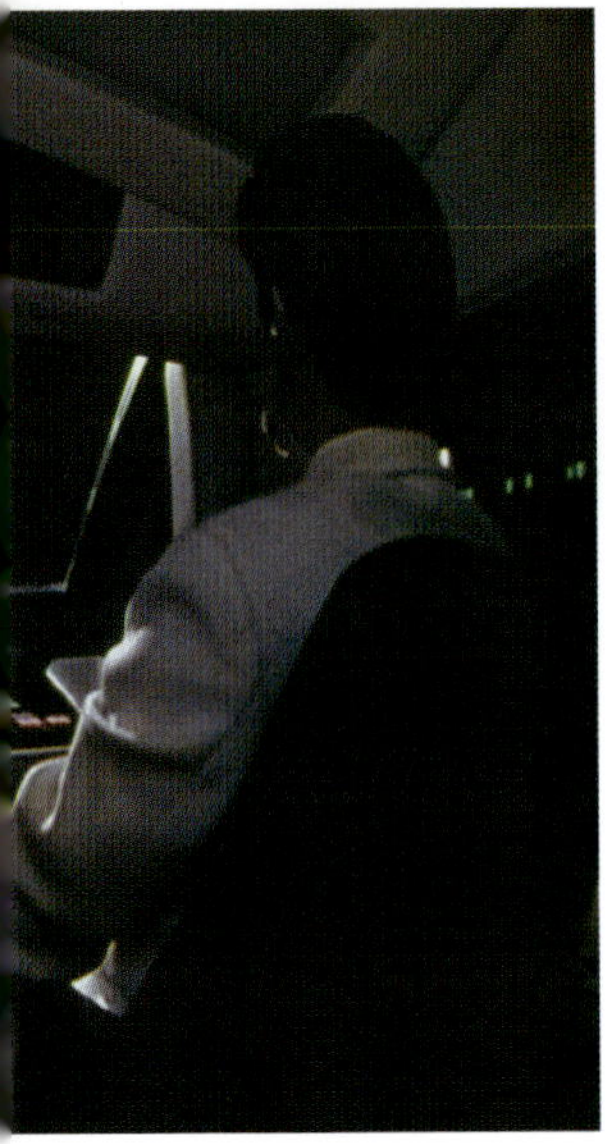

7：ヘイウッド・フロイドのシャトルが宇宙ステーションに接近する。

8：フロイド役のウィリアム・シルヴェスターが、詮索好きなロシア人科学者の一団と遭遇する。

9：着陸台上のアリエス宇宙船。月基地の窓は、まだ実写フッテージが組みこまれていない。

10：クラビウス基地の職員を連れて、フロイドが月のモノリスを調査する。

11：シルヴェスターがモノリスに触れる——１年後、〈人類の夜明け〉シーケンスでダン・リクターが再現する演技。

8

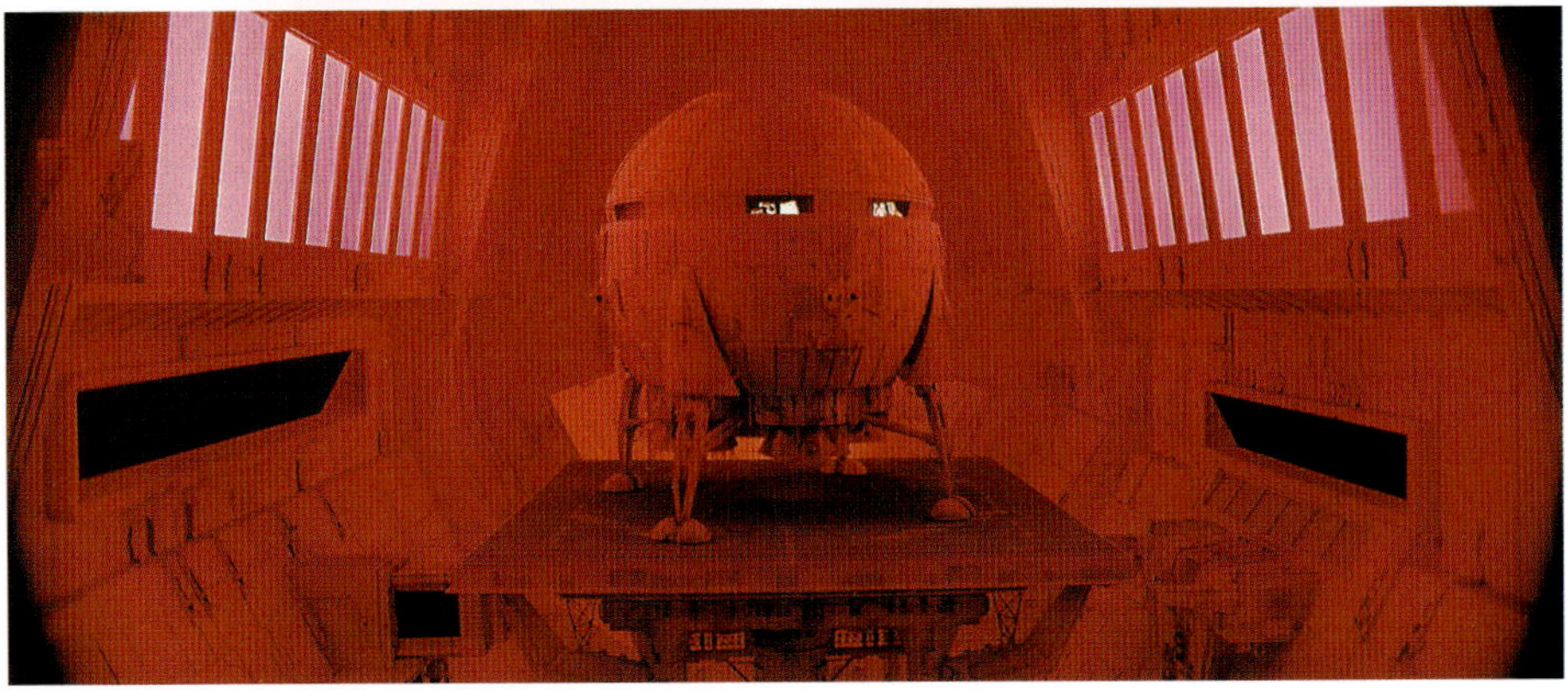

9

7

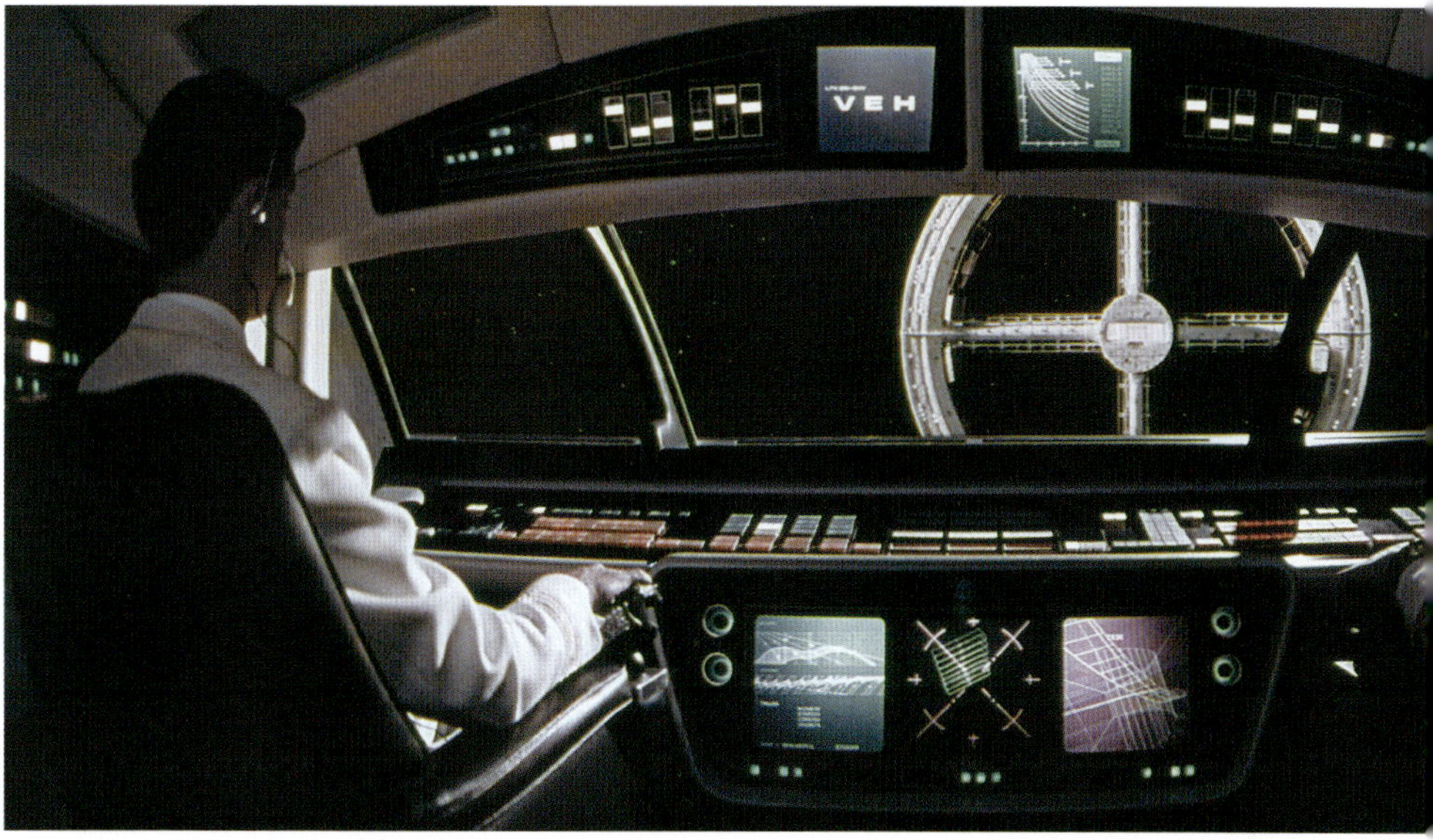

10

11

12

12：いつもながら濛々たる紫煙のもと、キューブリックが俳優たちに演技をつける。

13

13：月のモノリスから太陽が顔を出す――キャントウェルの第二の〝転回点〟ショット。

14

15

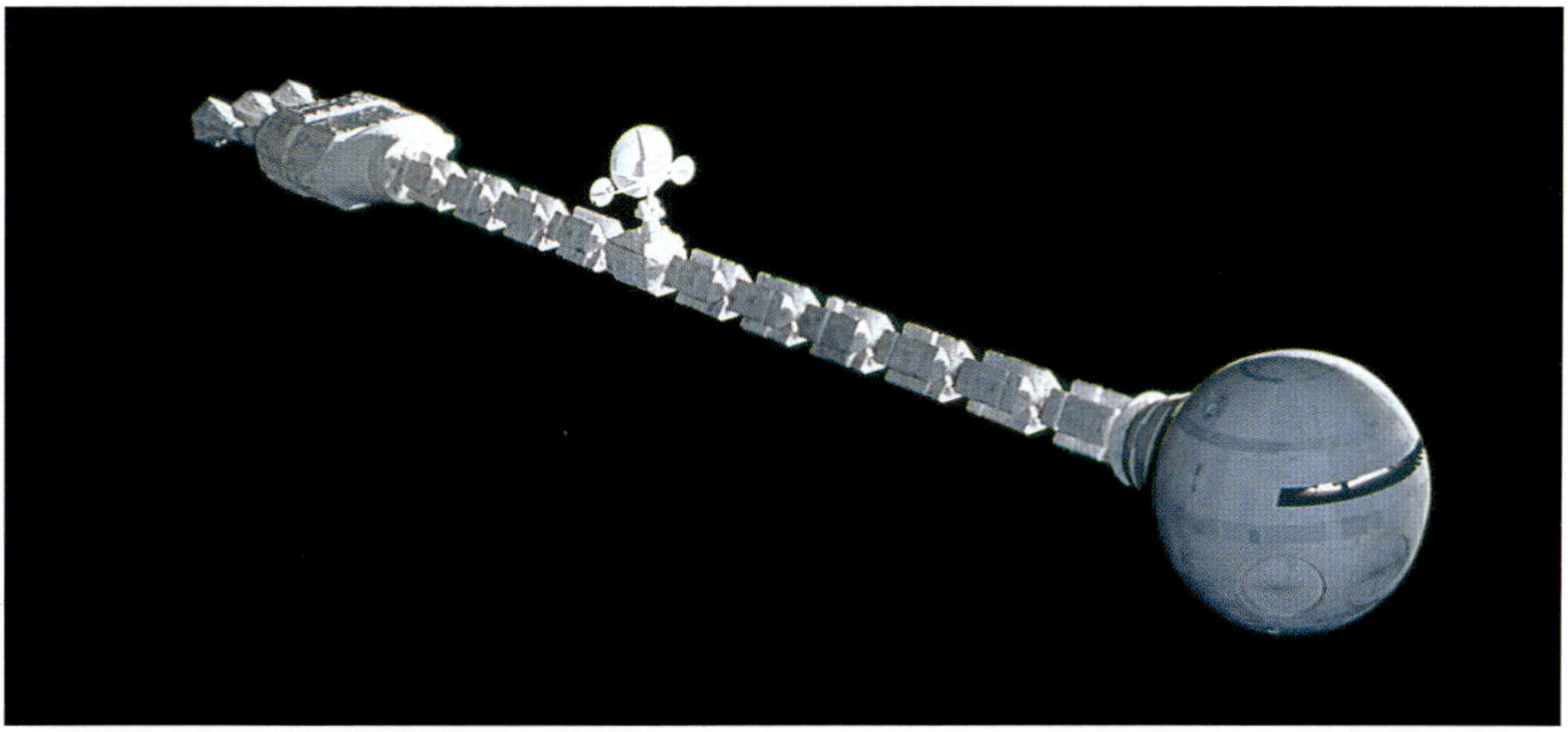

16

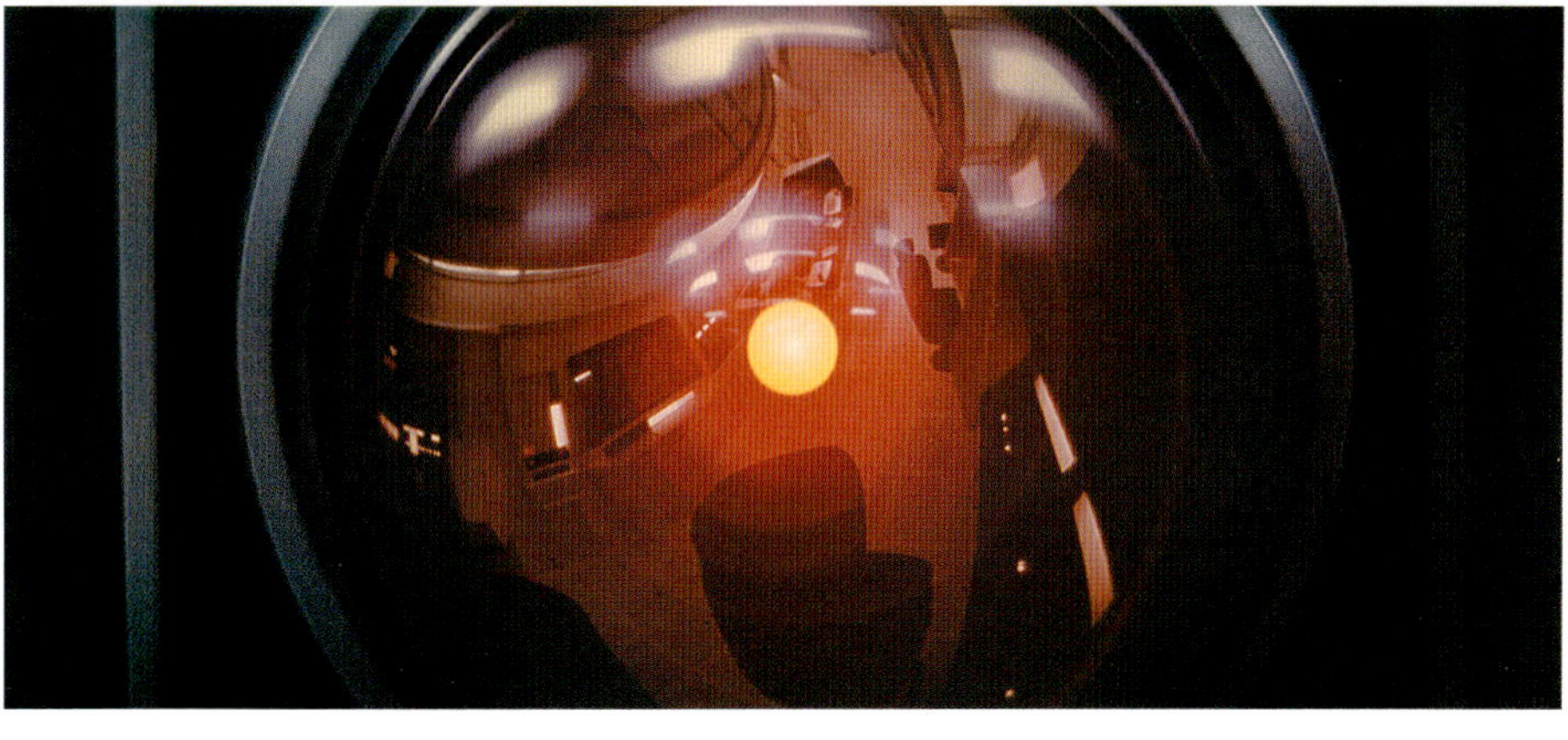

14：宇宙飛行士たちが強力な電波信号にひるむ。

15：木星へ向かう宇宙船ディスカバリー号。

16：ＨＡＬの赤い目は、じつは背後から照らされたニコン社のニッコール８ミリ広角レンズだった。

17

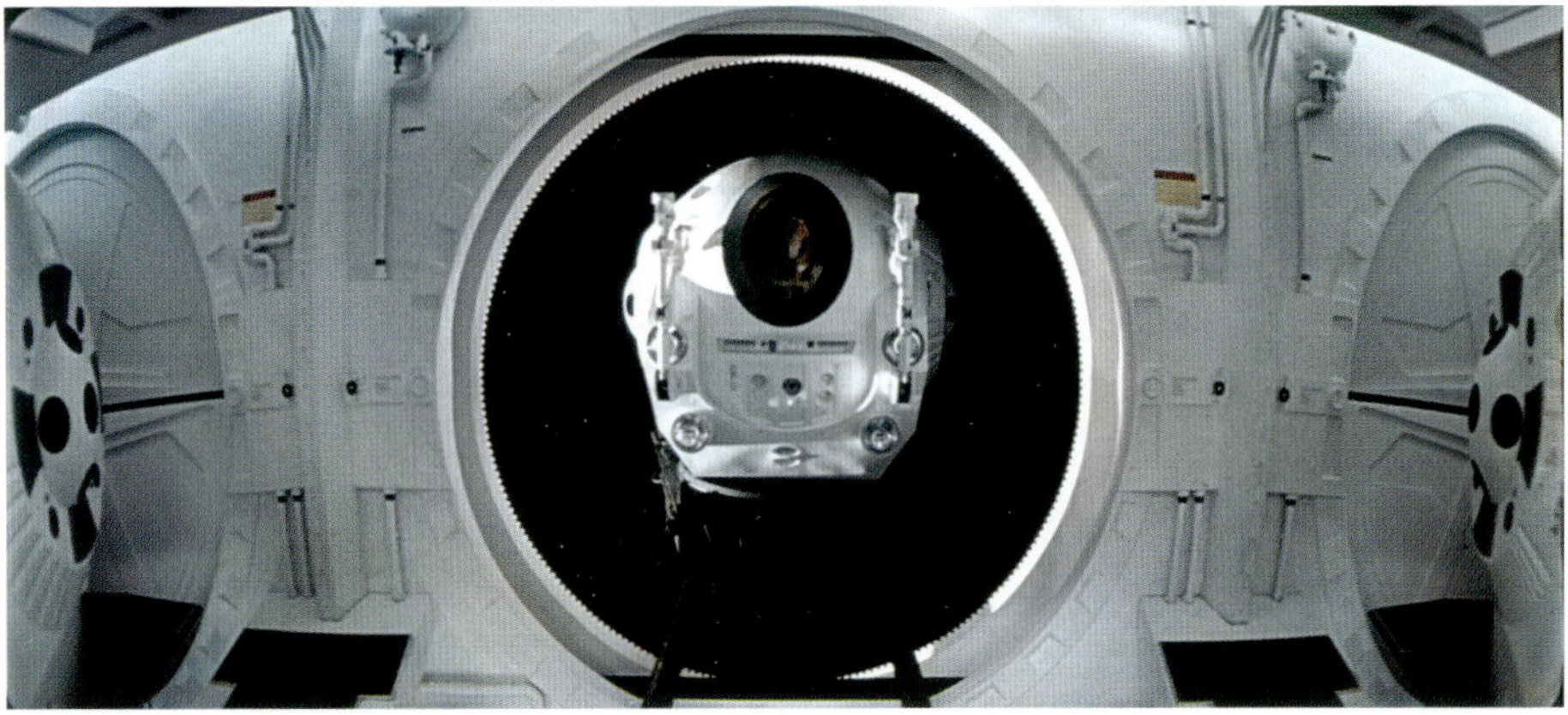

18

19

20

17：宇宙飛行士フランク・プール役のゲイリー・ロックウッドが、HALとチェスを指す。

18・19：ボーマン役のキア・デュリアが、スペースポッドに乗ってディスカバリー号から出てくる。

20：宇宙飛行士のデイヴ・ボーマンとフランク・プールに扮したキア・デュリアとゲイリー・ロックウッド。ディスカバリー号の驚異的な遠心機セットのなかで、HALのコンピュータ・コンソールに就いている。

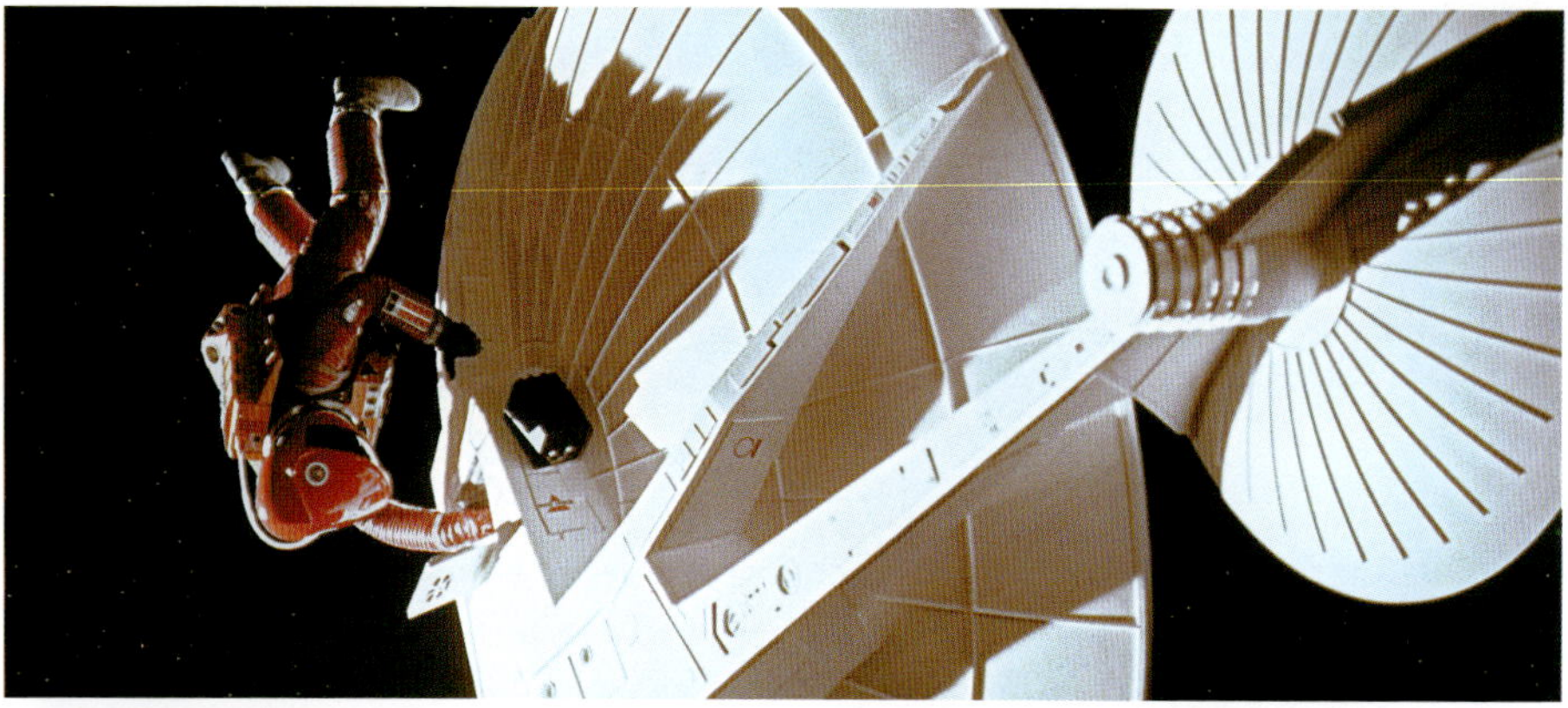
21

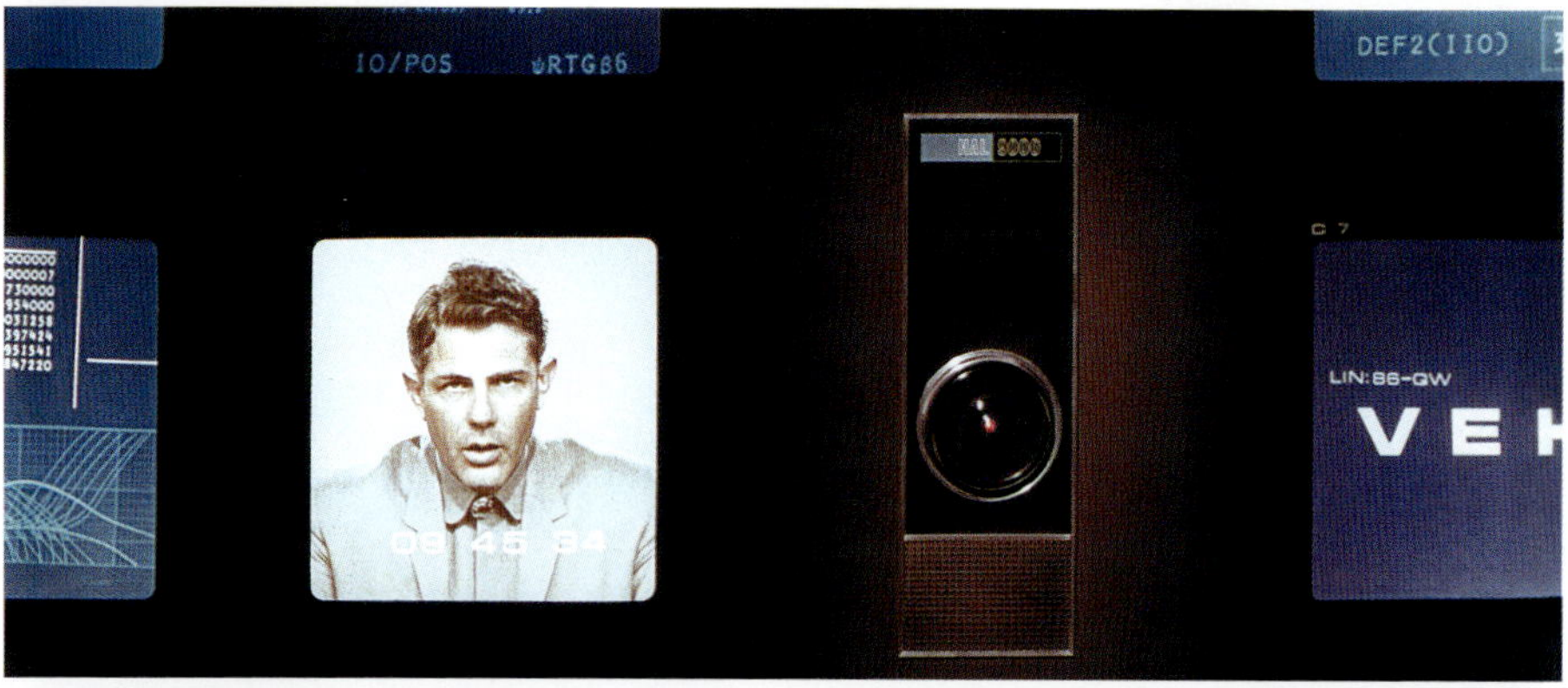

22

23

21：ワイアで吊されたスタントマンのビル・ウェストンが、アンテナ誘導ユニットを回収するデイヴ・ボーマンを演じている。
22：飛行任務管制官のフランク・ミラーが、ＨＡＬがミスを犯しているという情報を伝える。
23：プールとボーマンがＨＡＬについて話し合っているところが、ポッドの窓ごしに見える。表向きは秘密裏に——だが、ＨＡＬは彼らの唇を読んでいる。

24

24：直径11.6メートル、重量30トンの『2001年』の遠心機。これは外から見たところ。史上最大かつもっとも高価な動くセットのひとつだった。

25

26

25：ここに見られるように、機嫌がいいときのキューブリックは、製作中にしばしば一台か二台のカメラを持ち歩いた。この写真では二台さげている。
26：撮影中に遠心機の内側からビデオ映像を見ているところ。撮影監督のジェフリー・アンスワースがキューブリックの右、カメラアシスタントのジョン・オルコットがその後ろにいる。

27

28

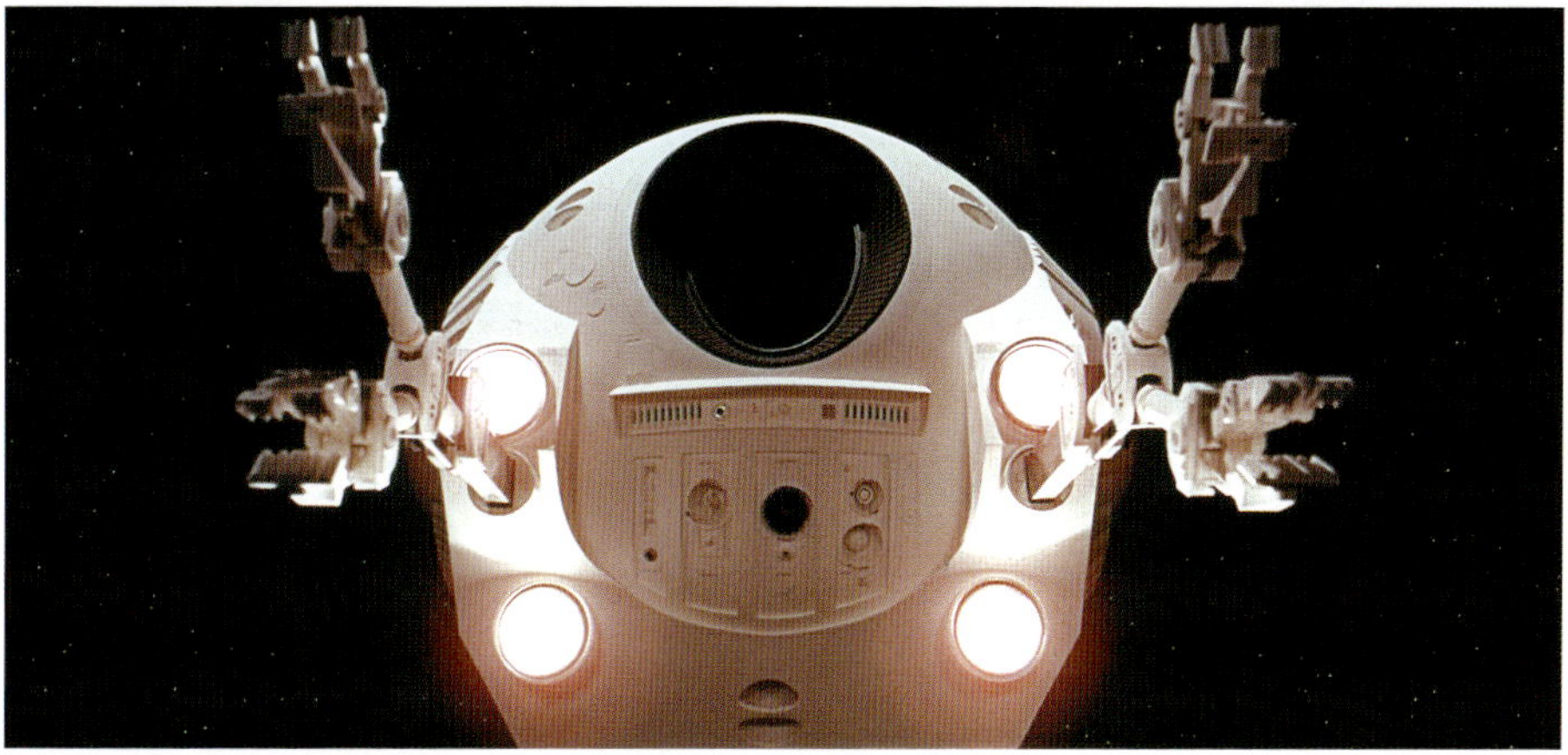

29

27：プールが二度目の故障をするとされたアンテナ誘導ユニットを回収に行く。

28：1931年の映画『フランケンシュタイン』からとったポーズを真似しながら、プールのポッドがＨＡＬに操作されて宇宙遊泳中の宇宙飛行士を襲う。

29：プール役のビル・ウェストンが、切断された酸素ホースを必死につなぎ直そうとしながら、宙返りを打ちつつ宇宙空間を遠ざかっていく。ウェストンの労働環境を考えれば、その絶望感は彼になじみのないものではなかった。

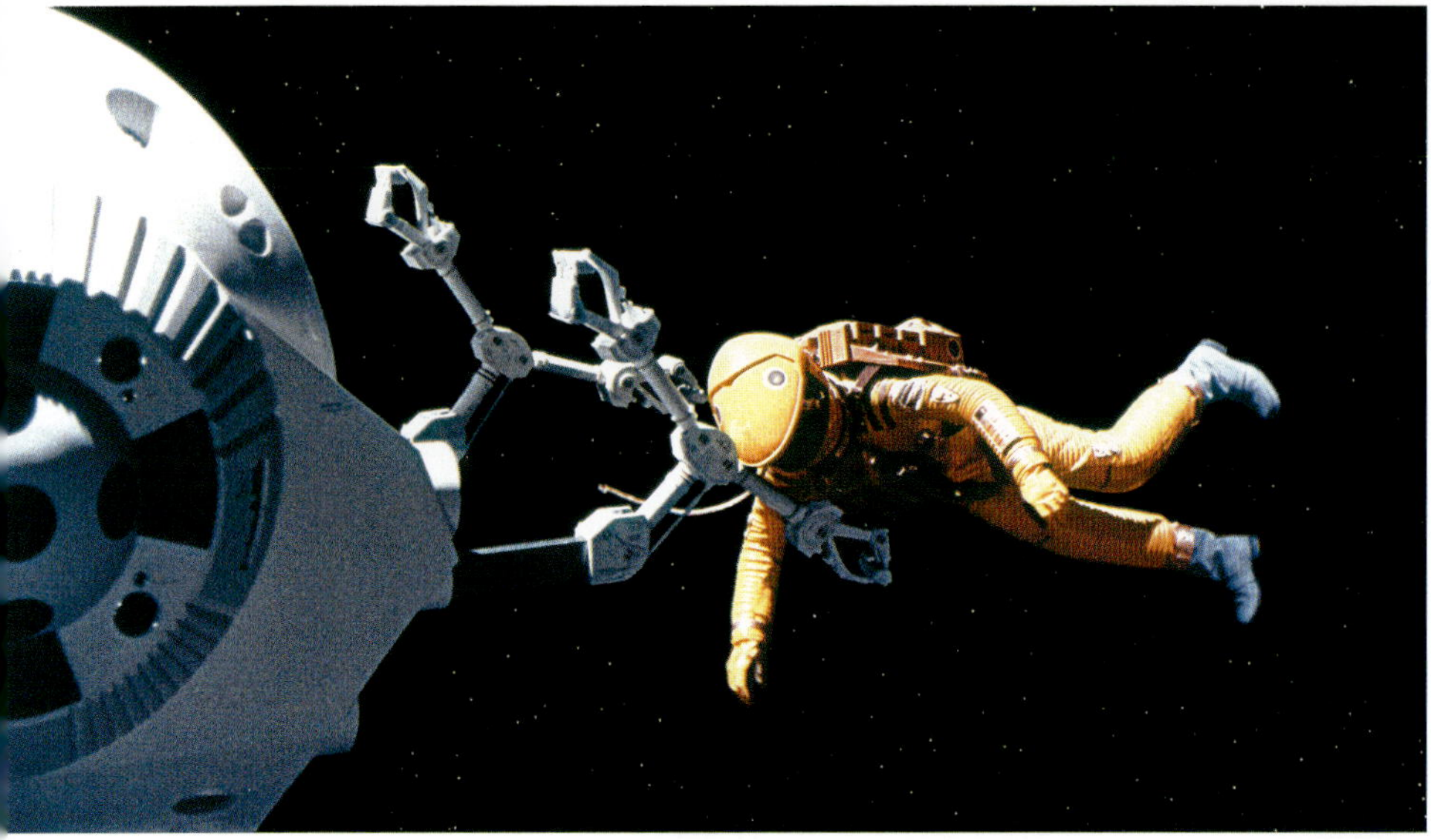

30

30：ボーマンが回転しているプールの体を回収する──ウェストンのもっともむずかしかったスタントのひとつ。

31：ボーマンがいかめしい顔でＨＡＬのブレインルームへ向かう。

32：接続を切られたあと、ＨＡＬの目は命を失う。

33：ダグラス・トランブルの描いた木星を背景にシルエットとなったモノリスが待機している。初期の特殊効果場面。

34：未使用のスターゲート素材。猛スピードで飛ぶスペース・ポッド（中央付近の白い球体）は、ここでは外から見られている。

35：ホテル・ルームでカメラのフレームを決めるキューブリック。

31

32

33

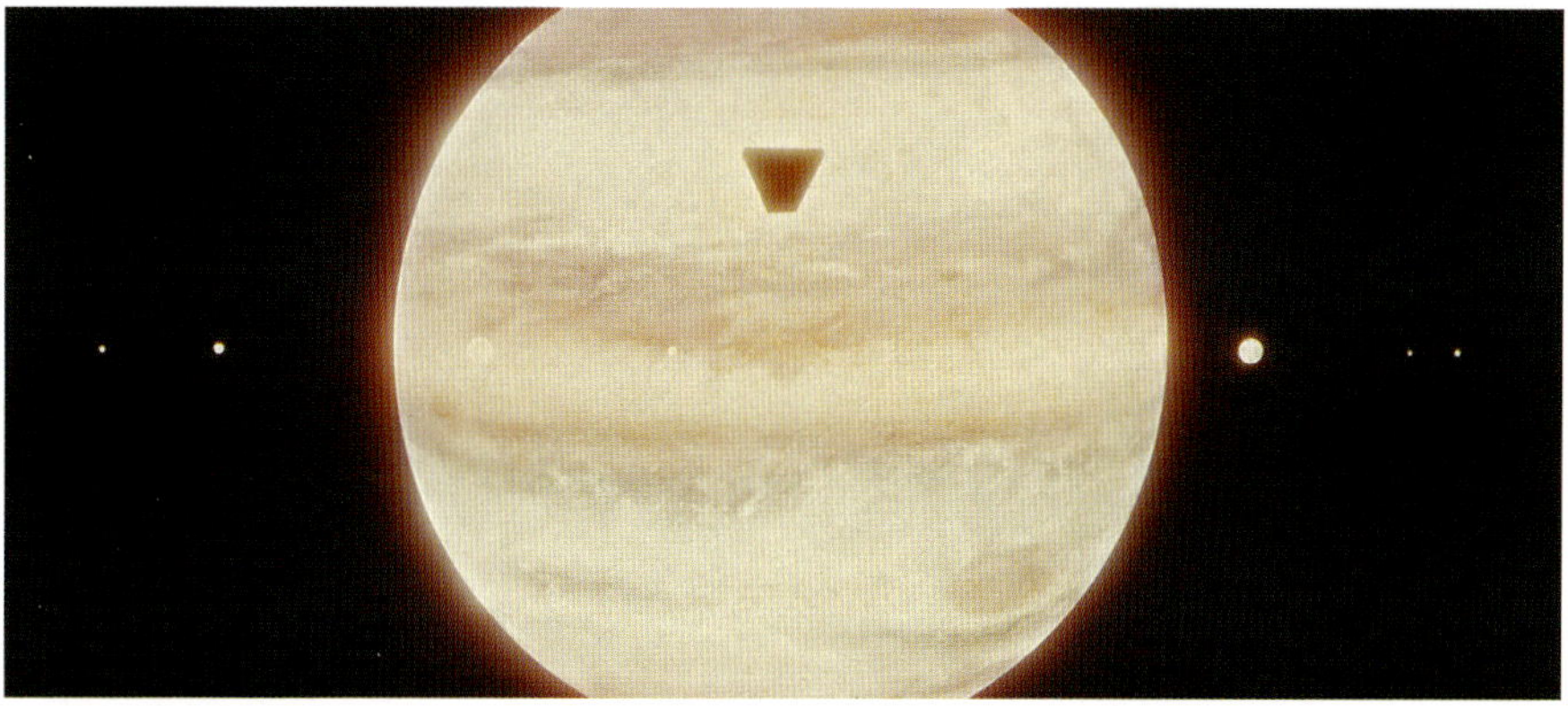

34

35

36

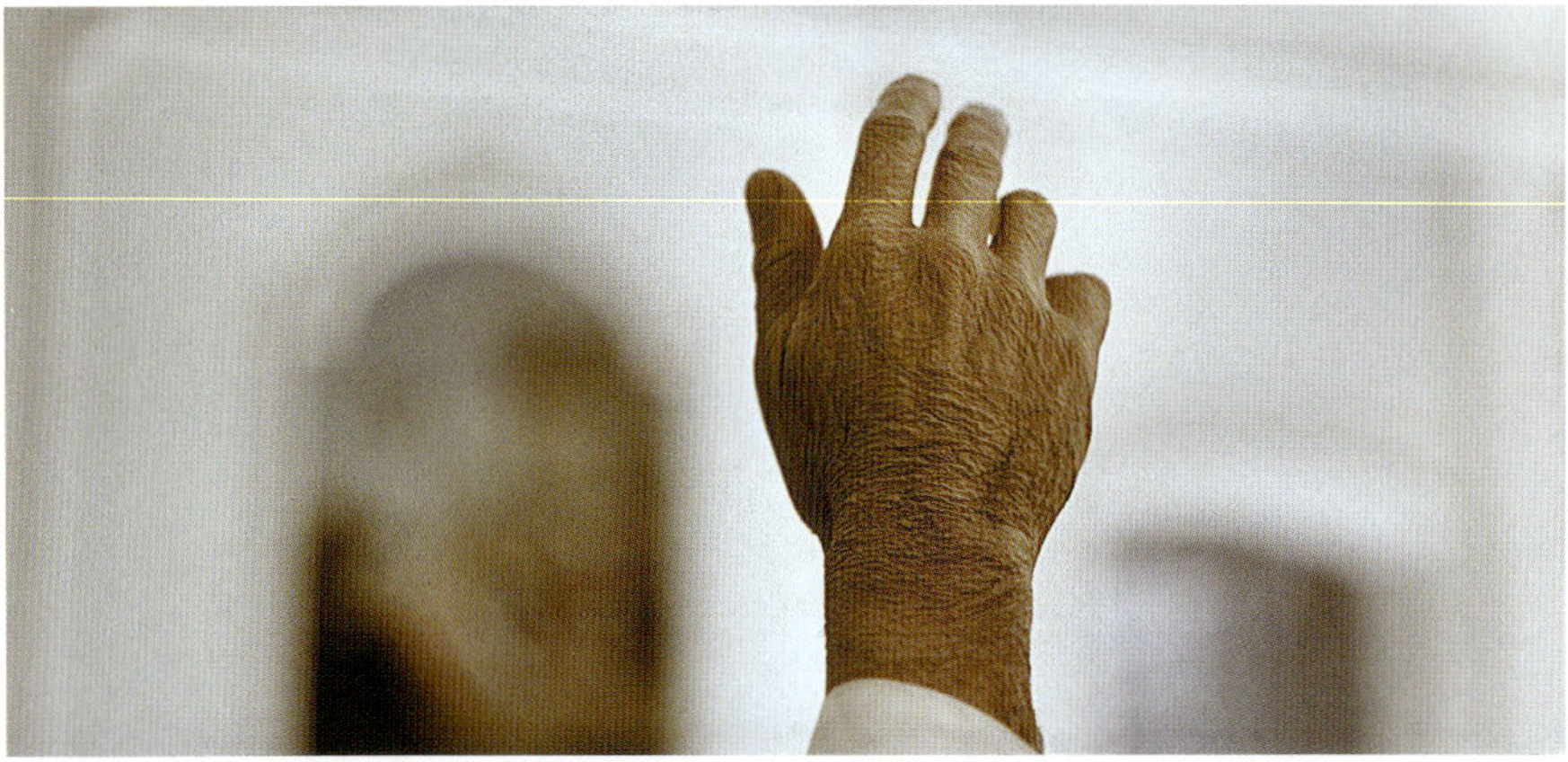

37

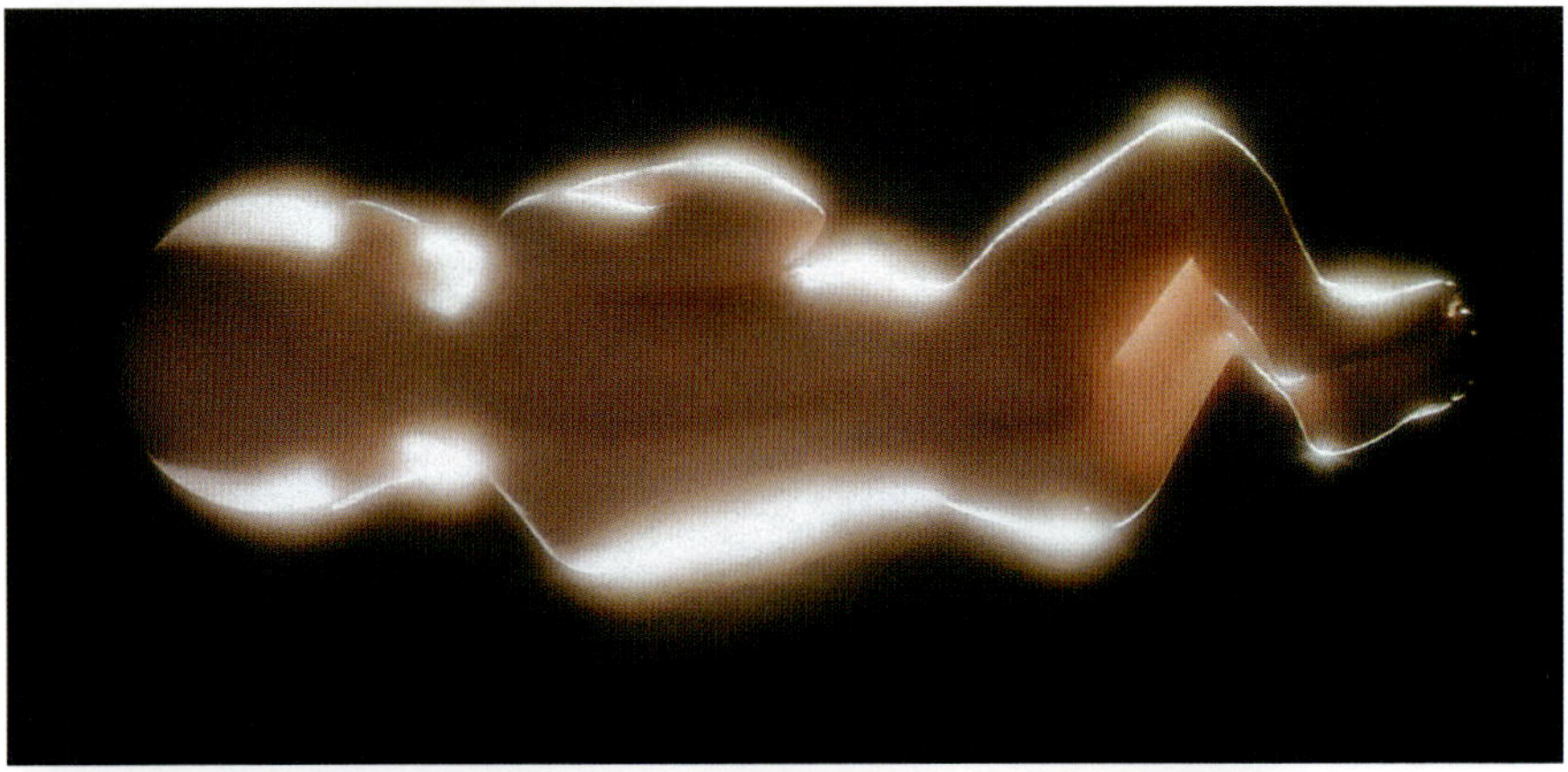

38

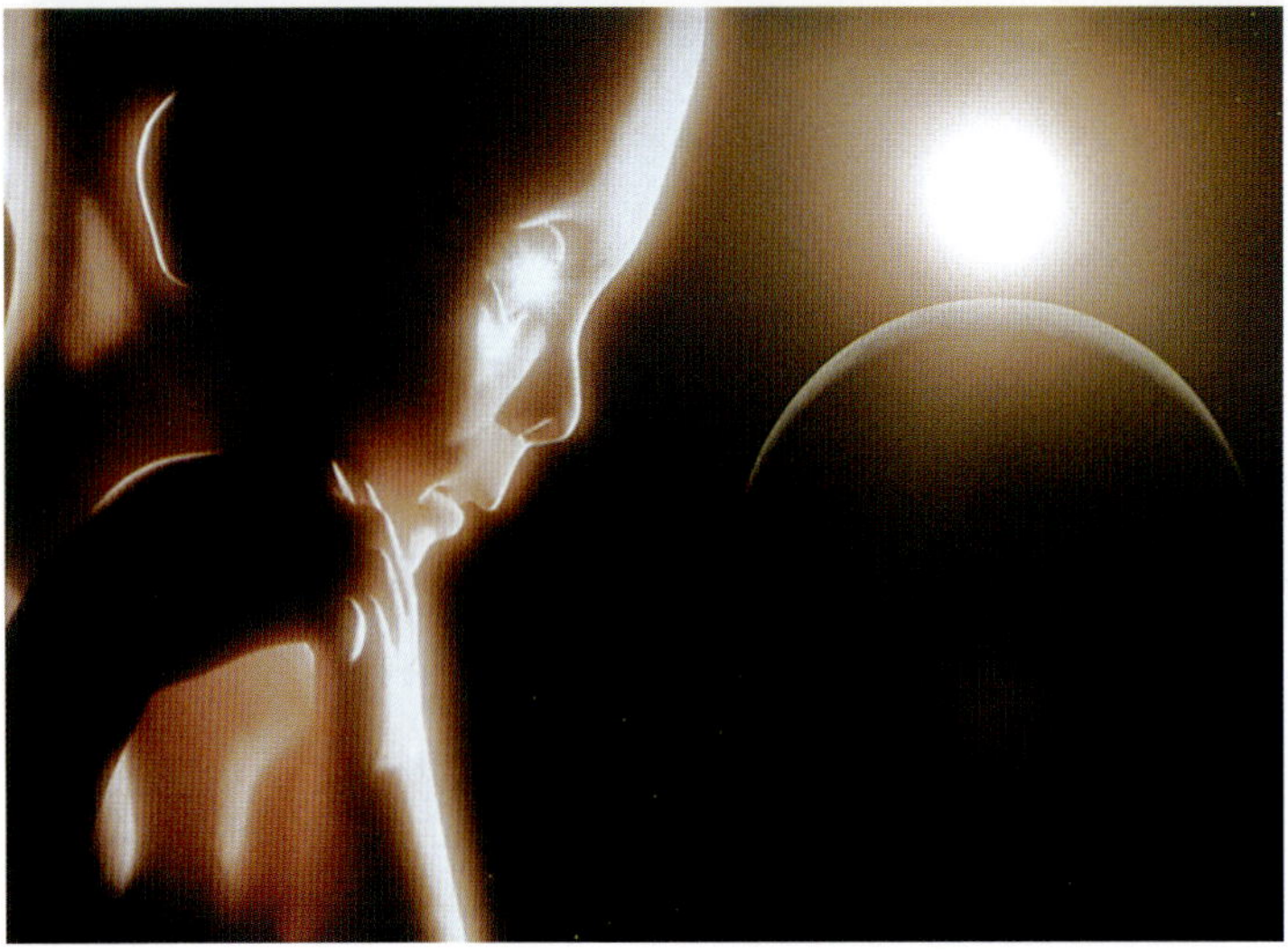

36・37：キア・デュリア演じるボーマンが死亡し、スター・チャイルドとして生まれ変わる。

38：全景ショットから切り捨てられたコマ。ここではスター・チャイルドが地球に接近する。

2001：キューブリック、クラーク

SPACE ODYSSEY

Stanley Kubrick, Arthur C. Clarke, and the Making of a Masterpiece

by

Michael Benson

Translated by

Toru Nakamura, Masayuki Uchida and Kazuko Onoda

Japanese edition supervised by

Chise Soeno

First published 2018 in Japan by

Hayakawa Publishing, Inc.

This book is published in Japan by

arrangement with

Sarah Lazin Books

through The English Agency (Japan) Ltd.

わが父、レイモンド・E・ベンスン
（一九二四年十一月二日～二〇一七年十一月十二日）
の思い出に

政治と宗教は時代遅れだ。科学と精神性の時代が訪れたのだ。

——ヴィノバ・バーヴェ

アーサー・C・クラークは、一九六七年三月十四日、メリーランド州グリーンベルトで開催されたアメリカ宇宙飛行協会の第五回ロバート・ゴダード記念シンポジウムの基調講演で右記の言葉を引用した。クラークはこの言葉をインド首相ジャワハルラル・ネールのものだと勘違いしていた。ネールがバーヴェをたびたび引用していたからだ。スタンリー・キューブリックは、クラークの講演の写しを所持しており、あとの文章に傍線を引いていた。

目次

主要登場人物
（登場順）

スタンリー・キューブリック……映画監督兼プロデューサー
アーサー・C・クラーク……未来論者、SF作家、ノンフィクション作家
クリスティアーヌ・
　キューブリック……画家、女優、スタンリーの妻
カール・セーガン……天文学者、惑星科学者。のちにベストセラー作家
マイク・ウィルスン……一九五〇年代と六〇年代におけるクラークのパートナー
ロジャー・キャラス……パブリシスト、スタンリー・キューブリックのふたつの会社、ホーク・フィルムズとポラリス・プロダクションズの副社長。のちに指折りの動物権利擁護論者
スコット・メレディス……クラークのニューヨークの版権代理人
ヘクター・エカナヤケ……クラークのアシスタント、のちにビジネス・パートナー
レイ・ラヴジョイ……キューブリックのアシスタント、主任フィルム・エディター
ウィリアム・シルヴェスター……俳優、大統領科学顧問ヘイウッド・フロイドを演じた
コン・ペンダーソン……視覚効果監督
ダグラス・トランブル……視覚効果監督
ロバート・ガフニー……映画監督、キューブリックの助言者、第二ユニットの空撮を担当した

ルイス・ブラウン……………キューブリックのロサンジェルスの弁護士で側近
ウォーリー・ジェントルマン……初期の視覚効果監督
ダグラス・レイン……………カナダ人俳優、HAL9000コンピュータの声を担当
フレッド・オードウェイ………技術並びに科学面でのコンサルタント
ハリー・ラング…………………グラフィック・アーティスト兼プロダクション・デザイナー
ロバート・オブライエン………MGMの社長兼CEO
キア・デュリア…………………俳優、デイヴ・ボーマン船長を演じた
ゲイリー・ロックウッド………俳優、副船長フランク・プールを演じた
ヴィクター・リンドン…………アソシエイト・プロデューサー
トニー・マスターズ……………主任プロダクション・デザイナー
ボブ・カートライト……………初期のセット装飾家《デコレーター》
トニー・フリューイン…………監督のアシスタント
アーニー・アーチャー…………プロダクション・デザイナー、マスターズのアシスタント
ウォリー・ヴィーヴァーズ……視覚効果監督
ブライアン・ジョンソン………視覚効果アシスタント
ロバート・ビーティ……………俳優、月面基地司令官ラルフ・ハルボーセンを演じた
ジェフリー・アンスワース……撮影監督
デレク・クラックネル…………ファースト助監督
ケルヴィン・パイク……………カメラ・オペレータ
デイヴィッド・デ・ワイルド…第一アシスタント・フィルム・エディター

ジョン・オルコット…………アンスワースの助手、〈人類の夜明け〉パートの撮影監督
ブライアン・ロフタス…………視覚効果
アンドリュー・バーキン…………監督のアシスタント
スチュアート・フリーボーン…………メイクアップ・アーティスト
ダン・リクター…………パントマイム・アーティスト、ヒトザルのリーダー〈月を見るもの〉を演じた
ビル・ウェストン…………スタントマン
トム・ハワード…………視覚効果監督
ピエール・ブーラ…………スチール写真家、〈人類の夜明け〉パートの砂漠風景を撮影
コリン・キャントウェル…………視覚効果
ヤン・ハーラン…………キューブリックの義理の弟で非公式な音楽アドバイザー

第1章　プロローグ――オデッセイ

人生が無意味であるからこそ、人はみずからの意味を創りださずにはいられない。

――スタンリー・キューブリック

二十世紀はホメロスの『オデュッセイア』の偉大な現代版を二作生みだした。まずはジェイムズ・ジョイスの『ユリシーズ』。この作品は、オデュッセウスの十年におよぶ放浪をダブリンというただひとつの都市、一九〇四年六月十六日という恣意的に選ばれたらしいただ一日に折りたたんでいた。『ユリシーズ』において、イタケーの狡猾な王の役割を演じるのは、レオポルド・ブルームという一般人だ――温厚なユダヤ人で、妻の不貞に悩まされている。稀に見るほど魅惑的な内面生活を送っており、作者はそれを生々しく聞かせてくれる。この作品は一九一八年から二〇年にかけて連載され、二二年に完全版が刊行された。

もうひとつがスタンリー・キューブリックとアーサー・C・クラークの『２００１年宇宙の旅』だ。そのなかで地中海南東部の島々は、太陽系の諸惑星や諸衛星となり、暗赤色の海は惑星間、恒星間、さらには銀河間に広がる真空の虚無となった。

『２００１年』は、ラージ・フォーマットのパノラマ方式65ミリネガで撮影され、当初は特別に改装された映画館で、巨大な凹状のシネラマ・スクリーンに上映された。初公開は一九六八年四月二日のワシントンDC。翌日ニューヨーク・シティでもプレミア上映された。製作と監督はキューブリックが務め、SFの〝黄金時代〟を代表する作家のひとり、クラークと共同で原案を練った。この映画はもともと百六十一分の長さがあった。試写とプレミア上映でさんざん酷評されたのを承けて、監督はもっとすっきりした百四十二分にまで上映時間を縮めた。

ジョイスの戦略が、オデュッセウスをお人好しで瞑想的でコズモポリタンな遊蕩者に変身させ、危機一髪の冒険がつづいた十年をリフィー川近辺での二十四時間に圧縮するというものであったのに対し、キューブリックとクラークは正反対のアプローチをとった。科学を一種のプリズムとして――それは十九世紀と二十世紀を通じて、宇宙の大きさと存続期間に関するわれわれの感覚を根本から変えてしまった――ホメロスの時空変数《パラメータ》を莫大なものに拡張したのだ。『２００１年宇宙の旅』は、四百万年におよぶヒトの進化を包含している。つまり、アフリカ南部で必死に生きのびようとしていた先行人類《プレヒューマン》のアウストラロピテクス的なヒトザルから、二十一世紀の宇宙を航行するホモ・サピエンスを経て、ついには彼らのオデュッセウスである宇宙飛行士、デイヴ・ボーマンの死と再生――不気味な後継人類《ポストヒューマン》〝スター・チャイルド〟としての再生――にいたるまで。最終シーンでは、リヒャルト・シュトラウスの一八九六年の交響詩「ツァラトゥストラはかく語りき」が荘厳に鳴り響くなか、宙に浮いた胎児が地球に帰還する。

『２００１年宇宙の旅』のなかで、古代人の崇《あが》めた人の世に介入する神々は、不可解で詮索好きな異星のスーパー種族となっていた。直接には姿を見せないが、銀河のオリュンポスから定期的に舞い降りてきて、人の営みに干渉する。彼らの力となる道具――長方形の黒いモノリス――が、ヒトの運命の重要なターニング・ポイントに出現する。最初に現れるのは、〈人類の夜明け〉の干からびたアフリカの風景のなか、飢えたヒトザルのあいだだ。『２００１年』のトーテム崇拝の対象となる異星の人工物は、骨を武器にすれば周囲でたっぷりと草を食《は》んでいる動物性蛋白質を獲得できるという考えを、われわれの遠い祖先に芽生えさせる。こうして道具の使用が促され、その種《スピーシーズ》は生存へ、成功へ――そして最終的には、テクノロジーを媒介とした地球の制覇へと暗黙のうちに導かれる。

その幸福な未来へはマッチ・カット（動作や題材によってショットをつなぐ手法）で一気に飛躍する。当然ながら、映画史上もっとも驚くべき一瞬の場面転換という評判を獲得したカットだ。そのあと『２００１年』は、月探査チームが別のモノリスを発見し、こちらは悠久のむかし、月の地中に意図的に埋められたらしいということを観客に理解させる。それは数百万年ぶりに掘りだされ、陽光を浴びたとたん、木星の方向へ強力な電波パルスを発射する――明らかに信号であり、宇宙旅行のできる種《スピーシーズ》が地球上に生まれている、と製作者たちに警告するものだ。巨大な宇宙船ディスカバリー号が、調査のために派遣される。

『オデュッセイア』との相似は、『ユリシーズ』の場合ほど『２００１年』の構造に徹底的に織りこまれているわけではないものの、それは確実に存在する。ＨＡＬ９０００という名の単眼巨人《サイクロプス》を思わせるスーパーコンピューター――沈着冷静な肉体のない声と、ディスカバリー号じゅうに配置された輝く単眼のネットワークで表現される――が、欠陥のあるプログラムに行動を促されたらしく、変調を来《きた》して、ほとんどの乗組員を殺害する。ただひとり生き残った宇宙飛行士で船長のデイヴ・ボーマンは、そのあとコンピュータと闘って、死にいたらしめなければならない。サイバネティクス版キュークロープスとの決闘を別にしても、ボウマンという名前はオデュッセウスと関連している。イタケーへもどったオデュッセウスは、アポロの弓に弦を張り、一本の矢で十二挺の斧の柄を射抜いて、自分の妻に求愛した者たちの殺戮を開始するのだ。ノストス、すなわち帰郷は、ホメロスの『オデュッセイア』にとって不可欠だったように、キューブリックとクラークの『宇宙の旅《オデッセイ》』にとっても不可欠だった。

『２００１年』の作者たちは、自分たちの拡大版ヴィジョンと調和させるために、ホメロスとの相似を――ジヨイスと同様に――結語ではなく、出発点としてとり入れた。彼らが一九六四年に仕事をはじめたとき、そもそもの動機のひとつは、あらゆる人間の神話に普遍的な構造を探求することだった。助けとなったのが、ジョゼフ・キャンベルの画期的な研究書『千の顔をもつ英雄』だ。同書は新作の神話を意識的に創りだすさいのひな型をあたえてくれた。共作の早い段階で、キューブリックは神話に登場する英雄があまねく経験する通過儀礼に関する一節をクラークに引用した。キャンベルによれば、それには「出立―イニシエーション―帰還」がかならず含まれているという。この三位一体の構造は「単一神話《モノミス》の中核単位と名づけてもよい」とキャンベルは記している――モノミスというのはジョイスから借用した用語で、彼は最後の大作『フィネガンズ・ウェイク』のなかでこの造語を発明した。

　キャンベルの研究の助けを借りて、キューブリックとクラークは、人間の神話の原型的作品を徹底的に調べあげ、そのひな型を拡張して、ただひとつの物語とただひとりの英雄どころか、ただひとつの種《スピーシーズ》でさえなく、ヒトのたどった軌跡すべて――キューブリックが一九六八年に使った言葉を借りれば――「サルから天使まで」を包含した。この点で、彼らはフリードリヒ・ニーチェが一八八五年に発表した哲学小説『ツァラウストラはこう語った』にも公然と言及していた。人類は変化の途上にある種にすぎない――みずからの出自が動物であることを理解できるほどには知的だが、まだ真の文明化はとげていないという思想に基づく小説である。それはふたりとも首肯できる考えだった。クラークの場合は、人間の可能性に関する生来の楽観主義から。キューブリックの場合は、深く根ざした懐疑主義から。この矛盾しているように見える世界観のからみ合いが、不可知論と信仰、冷笑主義と理想主義、死と再生の心躍る融合を『２００１年宇宙の旅』にあたえているのだ。

　キューブリックは、キャリアを通じてもっともバランスがとれていて、生産的で、創造力ゆたかなパートナーをクラークのなかに見いだした。映画の製作中、重要な決定はすべて監督がくだしたものの、プロジェクトはまるっきり資質の異なる、創造力ゆたかなふたりの人物のほぼ対等な共作としてはじまり――重要な点では、そうありつづけた。ジョイスと同様に、ふたりとも国外居住者だった。キューブリックの一家は『2001年』の製作中にとうとうイギリスに永住したし、クラークは一九五六年から二〇〇八年に世を去るまでセイロン――のちのスリランカ――に在住していた。

一九六八年に『2001年』が公開されたとき、キューブリックは三十九歳。『ユリシーズ』が連載されていたときのジョイスと同じ年齢だった。彼は才能の頂点にあり、二十世紀の映画史に名を刻む傑作をすでに二本撮っていた。どちらも、軍人気質を通して表現された人間の愚行を痛烈に批判する作品だった。一九五七年に公開された『突撃』は、第一次世界大戦中のフランス軍幕僚たちの偽善を大々的に告発した――ただし、その意味するところは、ひとつの軍隊やひとつの戦争に限定されるものではない。そして一九六四年の諷刺劇《サタイア》『博士の異常な愛情　または私は如何にして心配するのを止めて水爆を愛するようになったか』は、ピーター・ジョージとテリー・サザーンとの共同脚本によるもので、冷戦期の核軍拡競争の核心へ切りこむと同時に、歯に衣を着せぬ批判と辛辣なブラック・コメディも展開した。この映画は批評的にも商業的にも大成功をおさめ、『2001年』を実現するのに必要な映画会社の大規模な支援をとりつける一助となった。

キューブリックの方法は、既存の小説か着想源を見つけ、それをスクリーン用に脚色する。そのさい人間の状況に関する彼自身の手厳しい――だが、かならずしも絶望的ではない――評価をつねに刻印する、というものだった。彼は独学の博識家であり、いくつかの点で究極のジャンル映画監督だった。休むことを知らない分析的知性で既存の映画ジャンルと形式を巧みに切り替え、つねにその境界を越えたり、拡張したりしたのだ。キャリアを通じて、彼はフィルム・ノワールの強盗映画、戦争映画、時代劇長篇、ホラー映画、SF叙事詩を再発明し、再定義し、そのたびに広範で時間のかかるリサーチを行い、つづいて紋切り型《クリシェ》と的はずれな要素を徹底的にふるい落とした。そうすることを通じて、ジャンルを変容させ、再生させたのである。

キューブリックはすべての映画を大規模な調査の対象としてあつかい、容赦ない完璧主義者の粘り強さで主題を掘り下げ、あらゆる秘密と可能性を絞りだした。いったんテーマを決めれば、数年がかりの精査の対象とした。あらゆるものを読み、すべての局面を探ってから、ようやく映画作りという、あつかいにくい機械をジャンプ・スタートさせた。撮影に先立つリサーチ《プリプロダクション》を完了すると、啓蒙専制君主なみの権威をもって映画を監督した。一九六〇年に『スパルタカス』で雇われ監督を務めたあとは、個人的な奴隷の叛乱のようなものを起こし、自分でプロデュースしないプロジェクトでは二度と仕事をしなかった。じっさいには、MGMのような映画会社が資金を出し、ある程度の影響力をふるったものの、そのおかげで彼は完全に近い芸術的独立を勝ちとった（そうはいっても、カーク・ダグラスがプロデュースと主役の両方を務めた『スパルタカス』は、大予算のハリウッド流映画作りをキューブリックに伝授したのだが。この映画は、ローマに対する蜂起を成功に導いたトラキア生まれの剣闘士の血塗られた軌跡をドラマ化したもので、四つのオスカーと、ゴールデン・グローブ賞の最優秀映画部門を制した）。

キューブリックの方法の好例である『２００１年宇宙の旅』は、広範なプリプロダクションのリサーチに根ざしているだけではなかった。資金の潤沢なリサーチ・プロジェクトが延々とつづいた――ライブ・アクションの撮影をまたぎ、撮影後の仕上げ段階《ポストプロダクション》にまでおよんだのだ（視覚効果の重要性を考えれば、ポストプロダクションとは、じっさいはプロダクションの別名だった）。そのあいだ、監督と彼のチームは、さまざまな革新的映画技法を開拓していた。この場当たり的で、リサーチを基礎とするアプローチは、大予算の映画作りではきわめて異例であり、この規模のプロジェクトでは前代未聞だった。『２００１年』には脚本の決定稿がなかった。プロットの節目は、撮影が進んでからも流動的なままだった。重要なシーンは、撮影スケジュールが来た時点で、原型をとどめないほど改変されるか、完全に捨てられるかだった。一流の科学者たちが地球外知性に関して議論するというドキュメンタリー風の序章が撮影されたが、使われなかった。巨大なセットが組まれ、欠陥が見つかり、却下された。二トンもある透明なプレキシグラスのモノリスが、莫大な費用をかけて製作され、しっくりこないという理由でお蔵入りとなった。などなど。

　そのあいだ、キューブリックとクラークはひたすら対話をつづけていた。ふたりが前もって合意していた戦略は、自分たちの物語の形而上学的で神秘的でさえある要素は、純然たる科学技術的リアリズムを通して獲得されなければならないというものだった。『２００１年』に出てくるスペース・シャトル、軌道周回ステーション、月面基地、木星飛行任務《ミッション》は、現実のリサーチと正確な情報を根拠とする外挿《エクストラポレーション》に厳密に基づいており、その多くは一流のアメリカ企業からもたらされたものだった。当時それらの会社は、アメリカ航空宇宙局、通称ＮＡＳＡにもテクノロジーと専門知識をせっせと供給していた。一九六五年の後半、アポロ月計画の皇帝《ツァーリ》ともいうべきジョージ・ミュラーが、ロンドンの北にある『２００１年』の撮影施設を訪れた。そのころアポロ計画は、まだ無人の打ち上げロケットの飛行テストをしているところだった。いっぽうＮＡＳＡは、先行するジェミニ計画のふたり乗りカプセルを、野心的な地球周回ミッションでつぎつぎと打ち上げていた。できあがりかけている映画のセットを見てまわり、遠心機や宇宙船の細密なスケール・モデルを見学したあと、人間を月に着陸させ、無事に地球へ帰還させる責任を負った男は――人類という種がこれまでに達成した究極のオデュッセウスの旅だ――その施設に〝ＮＡＳＡ東支部《イースト》〟とあだ名をつけるほど感銘を受けたのだった。

　『２００１年』が世に出たとき、クラークは五十歳だった。一九六四年の前半にキューブリックからはじめて連絡をもらったとき、彼はすでになみはずれて多産なキャリアを誇っていた。すばらしく想像力ゆたかなＳＦ作家として主に知られていたものの、犀利なエッセイの書き手でもあり、人類の太陽系進出を唱道する二十世紀の代表的な論客のひとりでもあった。小説とノンフィクションのアウトプットを別にしても、彼はテクノロジーの歴史において注目すべき役割を果たしていた。クラークが一九四五年に英国の雑誌〈ワイアレス・ワールド〉に発表した論文「地球外の中継」は、複数の静止衛星から成る地球規模のシステムを提唱し、それは地球規模の遠隔通信に革命を起こすだろうと論じた。彼が提出したアイディアのなかには、すでに流布していたものもあったが、彼はそれらを非の打ちどころない形でまとめあげた。この論文は、宇宙時代と情報革命の重要な文書とみなされている。

クラークの小説は、英国のSF作家オラフ・ステープルドン（一八八六～一九五〇）の作品に絶大な影響を受けていた。ステープルドンの独創的な『最後にして最初の人類』と『スターメイカー』は、膨大な時間スケールにまたがる人類進化の諸相を丸ごと描いていた。クラークの初期長篇『幼年期の終り』（一九五三）と『都市と星』（一九五六）も同様に、悠久の時の流れを背景にして、途方もない文明的変化を詳細に吟味できるようになっていた。いまなお彼の最高傑作と目される『幼年期の終り』は、善意にあふれているらしい異星種族、〝上帝《オーバーロード》〟の手で人類が加速された進化的変容をとげたところで幕を閉じる。そのなかで、人類は障害として描かれている――奇妙なことに、子供たちから成る、テレパシーでつながった後継種《スピーシーズ》にとって代わられる運命にあるのだ。幼年期を脱する人類というクラークの風変わりなヴィジョンは、ロシアの偉大なロケット工学者で未来論者のコンスタンティン・ツィオルコフスキーの影響も、もろに受けていた。ツィオルコフスキーは一九二一年に発表したエッセイのなかで、「地球は人間のゆりかごだが、人類は永遠にゆりかごのなかにはいられない」と述べた。宇宙時代の中心となるユートピア的信条として、ツィオルコフスキーの名言は、『２００１年』の最終シーンで明快に表現されることになった。

『ユリシーズ』と同様、『２００１年』は当初さまざまな度合いの無理解、拒絶、軽蔑でもって迎えられた――しかし、畏怖まじりの称賛も受けた。とりわけ若い世代のあいだで。最初の上映は胸がつぶれるような試練となった。ニューヨーク初公開での観客の反応には、ブーイング、野次、大規模な退場が含まれていたのだ。その都市の一流批評家の大半は映画を拒絶し、個人攻撃に走る者もいた。そしてジョイスの場合と同様に、キューブリックとクラークの同業者のなかには、わざわざその映画をこきおろす者がいた。ロシア人監督アンドレイ・タルコフスキーは、ひょっとしたら二十世紀最大の映像作家かもしれないが、『２００１年』に嫌悪感をもよおした。彼はそれを「多くの点でまがいもの」と評し、「未来の物質的構造の細部」に拘泥した結果、「芸術作品としての映画の感情的基礎を、真実のふりをしているにすぎない生気のない図解に」変えてしまったと論じた。公開からまもないころ、クラークの友人でＳＦ作家仲間のレイ・ブラッドベリは、『２００１年』のスローペースと凡庸な対話《ダイアローグ》を公然と非難する否定的なレヴューを書いた。もっとも、彼には解決策があった——この映画には「心を鬼にして大なたをふるう」べきだ、と。

　いまにして思えば、こうした当初の敵意と無理解の波は、その映画が技法と構造において根本的に革新をとげていた結果だと理解できる——これもまた『ユリシーズ』との類似点だ。どちらも後《のち》にいやいやながらも——すくなくとも、その一部においては——再評価が進み、真に重要な芸術作品が生まれていたのだと理解されるようになった。『２００１年宇宙の旅』は、いまや永久に時代を画す稀有な作品のひとつだと認められている。平たくいえば、われわれ自身に関する考え方を変えたのだ。この点でも、ジェイムズ・ジョイスの傑作に比肩するといっても過言ではない。

　このモダニスト版『オデュッセイア』の両方で、読者／観客は物語を受容する新たな方法を受け入れるよう求められた。文学装置としての意識の流れと内的独白《モノローグ》をジョイスが発明したわけではないが、深みと複雑さを前例のない水準にまで引きあげた。同様に、婉曲的で作家性重視の表現や、ダイアローグにとらわれないイメージ重視のストーリーテリングをキューブリックが創りだしたわけではない——だが、それをＳＦジャンルに移植し、壮大な時空の広がりのなかに置くことで、みごとに上の段階へ蹴りあげたのだ。『２００１年』は本質的に非言語的な体験であり、ダイアローグを基礎としたふつうの商業映画よりは、音楽とくらべたほうがいい。ハリウッド式ブロックバスター映画の予算を費やした芸術映画《アート・フィルム》——キューブリックの言葉を借りれば、それは「目を皿のようにして注意を払う」という不慣れな立場に観客を置くのである。

　ジョイスが印象派の画家のように描きだした地方都市的なダブリンの描写は、それまで近づきがたかった人間の思考と感情の内なる流れを例示してくれた。キューブリックとクラークの『２００１年宇宙の旅』は、テクノロジーが原因となって変容する人類という心騒がすヴィジョンを提示し、雄大な宇宙的枠組みのなかにわれわれの営為のすべてを置き、神のごとく強力な地球外生命の存在を生き生きと描きだした。どちらも影響力は絶大で、無数の後継作品が、哲学の幅と技術的な名人芸の冴えで肩をならべようと奮闘してきた。どちらの場合も、まだそれを凌駕するものは出ていない。

＊＊＊

わたし自身の長年にわたる『２００１年』とのかかわりは、一九六八年の春、六歳のときにはじまった。筋金入りのクラーク・ファンだった母が、映画の初公開から数週間以内に午後のマチネーへ連れていってくれたのだ。それがワシントンＤＣ（当時わたしたちが住んでいたところ）だったのか、それともニューヨーク（わたしの記憶どおりなら）だったのかははっきりしない。わたしはすでに宇宙への飛躍に心を躍らせていた――当時はアポロ計画がその代名詞であり、それはすでにそそり立つサターン５型月ロケットを無人のテスト飛行で二度打ち上げていた――しかし、これほど強力なまでに曖昧で、視覚的に茫然とする作品の洗礼を受ける用意はできていなかった。

もちろん、六歳児の五感の鋭さは、大人とあまり変わらない。だから、その年齢でこの映画を見られたのは幸運だったと思っている。序章に当たる〈人類の夜明け〉パートは、目が離せないと同時に心騒がすものだった。そして不浄な号泣を思わせるジェルジュ・リゲティの「レクイエム」を伴奏にしたモノリスの謎めいた出現は、わたしの子供っぽい想像力のなかで鳴り響き、神秘と驚異と恐怖の上音に圧倒されそうになった。重い骨は武器として使えると発見してヒトザルのリーダーが恍惚とする場面は――キューブリックが言葉のない映画的な確信で伝えたものだが——説明不要であり、意識的な理解さえいらなかった。それは独自の言語で語っていた。映画のあとの部分の多くと同様に、イメージそのものの権威と力は、言葉にして理解するまでもなかったのだ。

月、宇宙飛行、宇宙遊泳のシーンにはうっとりした。人体に対する無重力の効果は、説得力抜群のリアリズムで伝わってきた。ボーマンが入念にHALのロボトミー手術を行う場面ほど心をゾワゾワさせ、背すじが寒くなるほど奇妙なものはありえなかった。そして映画の抽象的な〝スター・ゲート〟シーケンス——ボーマンが何段階もの変身をとげて老人となり、悪夢めいたホテルの部屋で死の床についている姿を見せ、ついにはあのこの世のものとも思えない浮遊する胎児へと変容する——はわれを忘れるほど魅惑的だった。

とはいえ、その多くは理解不能でもあった。映画を見たあと、母のあとについてどちらかの都市の歩道を歩いたとき、わたしは過剰なまでの驚異に疲れ果て、遅い午後のまぶしい陽射しに目をすがめていた。「でも、あれはどういう意味なの？」と、わたしは泣き声でいった。「わからないわ」と、いさぎよく母が答えた。母はわたしに対してつねに正直だった——そして今日《こんにち》にいたるまで正直だ。

だいぶあとになって、『２００１年』が当時とその後のわたしにふるった力は、すくなくとも部分的には、個人的な状況に由来することがわかってきた。外務省職員を両親に持つ子供として、わたしはすでにユーゴスラヴィアのベオグラードと、西ドイツのハンブルクに住んだことがあった——どちらの国ももはや存在しない。アメリカ人に生まれついたものの、わたしの世界は全世界であり、芽生えつつあった自分らしさは、自動的に地球規模のものとなった。なにがいいたいかというと、六歳のときでさえ、わたしは意識にものぼらない早熟なやり方で、自分たちは複雑な世界に生きており、それは矛盾する多くの文化、ものの見方、生存様式にとり囲まれていると理解していたにちがいない、ということだ。あいにく、たびたび国を変えることには望ましくない副作用もあった。根無し草になったという感覚——国外在住子女の、いわゆる第三文化シンドロームである。

『２００１年宇宙の旅』の助けを借りて、わたしは世界に居場所を見つけたといったら、紋切り型と単純化しすぎという両方のそしりを受けるだろう。しかし、人に決定的な影響をあたえる重要な芸術作品の例にもれず、そうなったのには、ちゃんとした理由があるにちがいない。歳月が過ぎるあいだ、わたしは何度もこの映画を見かえした。そのたびに、とまどうほど壮大で、人間には関心がないらしい宇宙における人類の状況を正確無比に語るものとして感動した。キューブリックとクラークが達成した視覚的な荘厳さと妥協のない芸術的誠実さのおかげで、個々の細部が正確かどうかは気にならなくなった。映画の公開から数十年のうちに、古人類学者たちは、草食のヒトザルから肉食の殺し屋への移行の描写——古人類学者レイモンド・ダートの学説に基づくもの——をもっぱら槍玉にあげてきた。そして、すくなくともいまのところは、地球のかなたに生命が存在する信頼できる証拠は——微生物でさえ——あがっていないし、ましてや、われわれの進化の過程に不可解な興味を寄せる超常能力をそなえた地球外の介入者がいる証拠はあがっていない（もちろん、あちらに知的生命がいるもっとも確実な証拠は、ここへ来ていないことかもしれない——とクラークはジョークを飛ばしたものだった）。

そして、月と諸惑星に人類が植民しているという『２００１年』のヴィジョンは、残念ながら、率直にいって実現していない——すくなくとも、作者たちが思い描いたような形では。この映画が作られたとき、ＮＡＳＡの予算は絶頂にあった。したがって、彼らのエクストラポレーションは理解できる（クラークはキューブリックに「これを最後に、大型宇宙映画はロケーションで撮影されるようになるだろう」と予言さえした）。じっさいは、一九七二年、映画の公開からたったの四年後に月のタウルス・リトロウ峡谷から最後のアポロの乗組員が帰還して以来、地球の低軌道を越えた人類はいない。そのときから、真の宇宙探検は無人探査機だけが担《にな》ってきた。しかし、たとえＨＡＬがディスカバリー号の乗組員を殺害し、わずらわしい人間の介入なしに木星へ飛びつづけようとしたことを、こうした状況の予言とみなしたとしても（それは妥当な解釈だ）、映画の未来像は文字どおりの意味では正確でない。だが、それは重要ではない。ジョイスのように――ホメロスその人のように――『２００１年』の作者たちはお話をこしらえていたのだ。フィクションとして、それは独自のリアリティを創りだした。その枠内で評価されなければならない。

ともあれ、キューブリックとクラークは、二十一世紀の人類を数百万年にまたがる進化の軌跡の途上にあるものとして描きだし、太古から連綿とつづく文明で満ちているかもしれない宇宙のなかにその物語を配置した――自分たちの創りだした機構の不良部品として人類を描いたことや、人間の天才を通じて存在するようになりながら、人間の過ちを通じて創造主との葛藤に追いこまれる人工知能を活写したことはいうまでもない。そのすべてに予言的で、不吉でさえある真実の響きが宿っていたし、いまも宿っている。モノリスはだれのために弔鐘を鳴らすのか――それを訊くのは野暮というものだ。

＊　＊　＊

わたしはスタンリー・キューブリックに会ったことがない。ただし、未亡人のクリスティアーヌとは、ロンドンの北に位置する集落チルドウィックベリーにある印象的な地所と荘館で、何時間も楽しく語らって過ごすという特権に恵まれたことがある。アーサー・Ｃ・クラークとは、彼の晩年の十年間に知遇を得て、三度スリランカに彼を訪ねた。最後のときは家族を連れて。ほかでもない二〇〇一年にはじめて会ったとき、彼はポスト・ポリオ症候群と呼ばれる進行性の神経疾患のため、すでに車椅子なしではいられなかったが、頭が鋭く、陽気で、いたずら好きな人だとわかった。つねに突っこんだ議論を好み、喜んで小さな車列を仕立てて、島の南部を見せてまわってくれた。わたしたちはかなり長く『２００１年宇宙の旅』について話し合った。彼の発言の大半は、すでになんらかの形で公《おおやけ》になっていたものの、ときおり予想外の洞察のきらめきを見せてくれた。それは本書の執筆にさいして価値があると証明された。たとえば、キューブリックがクラークの友人カール・セーガンにたちまち反感をいだいたと教えてくれたのはクラークだった——さもなければ知らずに終わったかもしれない事実だ。

はじめて出会ったころ、『2001年』のもっとも心を揺さぶるシーンといえそうなくだりを書いたのはだれか、と無謀にも訊いてみた。船に再突入するしかなくなったデイヴ・ボーマンが、HALのブレインルームへはいりこみ、コンピュータのプログラムを解除する場面だ。「だれが書いたと思うんだね？　このわたしだよ！」と怒ったふりをして彼はどら声を張りあげた。彼のいい分を認めたものの、わたしにはそう尋ねる理由があった——そして彼にそれを告げた——つまり、背すじの寒くなるほど強烈なそのシーンは、クラーク流というよりはキューブリック流に思えたのだ。じつをいうと、成功した共作の例にもれず、真実はその中間のどこかにある。クラークがある程度はそのシーンを考えだした——あるいは、すくなくとも、人工知能は生きていて、それゆえ傷つくことがあるというデカルト的な命題を推し進めた——らしいが、じつは、『2001年』のダイアローグの大半と同様に、キューブリックがそれを書いたのだ。ちなみに、ダイアローグは多くない。上映時間百四十二分のうち台詞があるのは四十分足らずだ。この場合は、キューブリックが歌詞を担当し、クラークは曲を書いたといってもいい——三十年以上もあとになって、わたしのような若造にどちらが書いたのか裁定をくだされるはめになろうとは、まさかクラークも思っていなかっただろう。

もちろん、これは矛盾に聞こえる。クラークは作家であり、キューブリックは映像作家だ。したがって『2001年』のなかにある言葉は、一九六四年から六八年のあいだのいつかの時点で、クラークのポータブル・タイプライターから叩きだされたにちがいない、と決めてかかるのも無理はない。だが、そうではなかった。ほぼすべてのシーンが、ライブ・アクション撮影中に監督の手で何度も書きなおされたのだ。つまり——台詞のない〈人類の夜明け〉シーケンスを除けば──一九六五年十二月下旬から一九六六年七月中旬にかけての半年あまりの期間に（先史時代の序章は、一九六七年の夏に撮影された）。そして映画の製作を通じて、だが、とりわけ編集のあいだに、キューブリックの本能は、純粋に視覚的な手がかりと音響的な手がかりのほうを選んで、言葉による説明はできるだけ省く方向に働いた。共作者を大いにとまどわせたことに、これにはクラークの書いたナレーションも含まれていた。もともとはストーリーの枠組みになるはずだったものだ。

キューブリックは、あからさまに述べられた真実という上部構造になるはずだったものをこの方法でとり払った。とり払いはしたものの、かならずしも真実をすっかり失ったわけではない。それはいまや明示的というよりは暗示的だった。その結果が、婉曲的で、本能的で、直観的な意味から成る傑作だ。『２００１年』が意識的に神話の構造をとり入れ、一人称の実験映画にこだわり、〝真の〟メッセージに曖昧な部分を内在させたおかげで、観客ひとりひとりが独自の解釈を投影できるようになった。この映画がいつまでも力と今日性を失わない重要な理由がそれだ。

つまるところ『２００１年宇宙の旅』は、みずからの死という運命を意識している生きもの、想像力と知的能力に内在する限界に気づきながらも、さらに高い状態と、さらに高い存在の次元をめざして絶えず奮闘する生きものとしてのわれわれの状況にまつわる物語だ。そして、深遠な共作としての性質がもっともよく顕《あらわ》れているのがそこなのだ。明らかにキューブリックの映画でありながら、クラークの映画でもあり、作家が何十年もとり組んできた数々のテーマが壮大な形で統合されているのである。

そのテーマには、種《スピーシーズ》が超越的な新しい形態に生まれ変わることが含まれる。それを認識し、形にするにはキューブリックの優れた才能が必要だったものの、彼の作品全体のなかでもっとも楽観的なヴィジョン──『２００１年』のスター・チャイルド──がクラークのアイディアだったのは偶然ではない。『２００１年宇宙の旅』をスクリーンにかけるには四年を要した。そのあいだ、この才能ゆたかで風変わりなふたりの男は手を組んだが、それには両者に多大な忍耐と思いやりを要求した。それは、どちらの人生においても、この上なく重要な共同作業となった。

第2章　未来論者

1964年冬～春

専門家ひとりにつき、同等の力をそなえている立場が逆の専門家がひとりいるものだ。

――アーサー・C・クラーク

セイロン天文学協会では、事態が紛糾しているようだった。一九六四年三月十九日の会合で、ハーシェル・グナワルデネがチャンドラ・デ・シルヴァの仕事ぶりに、ありていにいって、遺憾の意を表したという。チャンドラの仕事とは――なんと、無報酬で――〈季刊紀要〉を組版し、刊行できる形に持っていったことだ。非難のひとつは、彼が〈紀要〉の印刷に必要な紙の数パーセント――正確な数字は喧々囂々《けんけんごうごう》の議論の的だった――しか供給しなかったことだ。その結果、評議会の副議長ハリー・ペレイラは、〈紀要〉を三十五部ほどしか刷れなかった。もちろん、これは問題だ。許容できる部数は八十。それは評議会の会合ではっきりと決まったことだった。無礼の上塗りをするかのように、ハーシェルはこうも主張した。つまり、じつは自分は全部の紙を供給した。なんらかの形でハリーに落ち度があったにちがいない――素人ぞろいの三流印刷所へ行ったか、なにかの手違いで紙を失ったか、ハリーしか知らないほかの損耗を出したのだろう、そう当てこすったのだ。

ハリーのほうは、一連の出来事をまったく異なる形で理解していた。損耗が、たとえば、十五パーセントを超えていたことはないし、ハーシェルが供給したとされる五百枚の五十パーセント以下であったことはまちがいない。さらに、印刷所に問い合わせると、五百枚も受けとらなかった。それどころか包みは破れていた、というはっきりした答えが返ってきたのだ。ハリーの見地に立てば、ハーシェルが協会の資金と資材を管理し、報告する人物にふさわしくないのは、あれこれの理由で明らかであり、ハリーとチャンドラに濡れ衣を着せようとしたことは――ハリーの言葉を引くならば――身勝手きわまりなく、言語道断だという。

　しかも、それでは終わらなかった。会合はいまや長すぎる。ハーシェルは評議会の会合の時間を読みそこなった。出席率が低いのも無理はない。ハリーにいわせれば、そもそも彼が会合の存続を図っているかどうかも怪しい。そしてハリーは気づかずにはいられなかった。〈紀要〉の制作におけるハーシェルの役割に関して――はじめから大いに疑わしい役割であることは歴然としていたのだが――彼、つまりハーシェルの近著『望遠鏡造りの手引き』を賛美する記事をまぎれこませたことに！　控え目にいって、これは明らかに職権濫用だ。ふたたびハリーの言葉を引けば、協会を土台にして個人的な利益や栄光を得られると想像するには、ハーシェルにはまだアーサー・クラークの度量が欠けている。そして、じっさいに協会の同意を得ていないのなら、彼のふるまいは不届き千万とみなされなければならない。

　おまけに短気なハーシェルがしじゅうハリーの議事進行を妨害するとなれば――ハリーはつまるところ副議長であり、それゆえ議長が不在のときは会合をとり仕切るあらゆる権利をそなえている――状況が耐えがたいのは、はた目にも明らかだ。そういうわけでハリーは、この件で個人的な落ち度はまったく認めないものの、総額五ルピーを同封しなければならないと感じた。それは、問題の紙の失われたパーセンテージがどれだけであったにしろ、彼がそれに近いと信じている額だ。とにかく、彼は――またしても彼の言葉を引けば――せいぜい見せかけの評議会のお飾りにすぎない副議長であり、それゆえただちに辞職するつもりだ。

　セイロン天文学協会の会長、アーサー・C・クラークは椅子にもたれかかり、小さなため息をもらした。彼はその手紙をざっと読んだだけだった——今日の郵便物を待っているあいだに、昨日の郵便物に気もそぞろで目を通し終えた——しかし、それだけ読めばじゅうぶんだった。グレゴリーズ・ロードの書斎のデスクにつき、英国惑星間協会——一九四六年から五三年にかけて、彼はその議長を二期務めた——における会員同士の力関係と、セイロンの首都であるここ、港湾都市コロンボにおけるそれとのちがいについてぼんやりと思いをめぐらせた。

もちろん、会員同士の力関係は前者にもたしかに存在した。機関誌を印刷にまわす過程は、ときにかなりの緊張と誤解を生みだしかねなかった。しかし、ノスタルジーで記憶がゆがんでいないかぎり、ＢＩＳ（英国惑星間協会の略）における意見の相違のほうが、ベンガル湾の口にぶらさがった、この涙滴形の島におけるそれよりも、概して恨みつらみがすくなく、陰謀めいたところがすくなかった——じっさいのところ、「謹聴、謹聴」の声と皮肉が飛び交う議会の論戦に近かったのだ。いい換えれば、ソーセージをこしらえるよりは、〈質問時間を増やせ〉というわけだ。

クラークは自作のエッセイ「宇宙船の挑戦」を書きなおしたときのことを思いだした。一九四六年の秋にチャリング・クロス・ロードのセント・マーティンズ工科大学で講演として最初に発表し、それから戦後初期のＢＩＳの機関誌に掲載してもらったものだ。弟の妻ドットにきれいにタイプしてもらったあと、創刊者で編集者のフィル・クリーター——彼とはつねに見解が完全に一致した——のもとへ手ずから届けることにした。いつものように弟の最初の妻の仕事ぶりは文句のつけようがなかった。彼の走り書きだらけの原稿を完璧にタイプし直してくれていた。彼は地下鉄の席をなんとか確保し、紙ばさみを開くと、すくなからぬ誇りに胸をふくらませて、元のタイプ原稿を拾い読みした。自分が本当にこれを書いたのだ。それは使命の宣言か、声明書のようなものだった——当時は絵に描いた餅にすぎなかった宇宙時代に向けての。

探検したい、発見したい、〝沈みゆく星のような知識を追求〟したいという衝動は、人間にとって基本的な衝動であり、それが存在するということのほかに弁明は不要であり、受け入れるしかない。現代の中国の哲学者によれば、知識の探求は遊戯のひとつの形である。これが真実であれば、宇宙船が実現した暁《あかつき》には、究極のおもちゃとなって、人類を宇宙とは隔絶した託児所から星の海という遊び場へ連れだしてくれるかもしれない……。とすれば、これがわれわれの前に横たわっている未来だ。われわれの文明が、幼年期の疾病を生きのびられたらの話だが。

ああ、セイロン天文学協会は英国惑星間協会ではないし、そうなることもないだろう。そしてその〈紀要〉が〈英国惑星間協会報〉と肩を並べることもないだろう。クラークはデスクの小さな引き出しをあけ、ハリーの手紙をくしゃくしゃになった五ルピー札といっしょに〝CAA（セイロン天文学協会の略）〟と記された紙ばさみにはさみこんで、郵便物を持ってはいってきたアシスタントのポーリーンに向きなおった。近ごろは郵便物が届くと、クラークはふだんにもまして警戒していた――おののきと興奮が入り交じったような気持ちだった。

ひとつには、悪い知らせが続々と舞いこんできていたからだ。疎遠になったアメリカ人の妻は、とうとう腕ききの弁護士を見つけていた。その弁護士は、アメリカにおけるクラークの流動資産と将来の収入に狙いをつけていた。結婚して数カ月で別居していたものの、彼らはこれまで十年以上も正式な離婚手続きをしてこなかった――郵便物が届くたびに、ますます悔やまれる状況だ。クラークは先手を打ち、はいってくる印税を自分の英国の会社、ロケット・パブリッシングへふりこませることに成功していたが、マリリンのせいで苦境におちいっているのはまちがいなかった。彼女の弁護士は、二万二千ドル分の慰謝料――今日の通貨価値ではおよそ十七万五千ドル――の支払いが滞《とどこお》っているとして、ニューヨークの裁判所に彼を訴えていた。そして彼のアメリカでの口座を差し押さえ、凍結してのけていた。

アーサー・C・クラークとパートナーのマイク・ウィルスン。1950年代後半、セイロンにて、ダイビング器材を並べて。

　これまでのところ、アメリカは彼の最大の収入源だった——じつをいうと、まさにその月の下旬に、次著『人間と宇宙の話』の編集のため、ニューヨークのタイム・ライフ社のオフィスへ行くことになっていた——そしてドルの価値はアメリカよりもセイロンのほうがはるかに大きかったものの、どこに住んでも、彼の支出は収入総額と不気味な一致を見せた。それどころか、純資産に食いこみさえしていた。
　この点で、彼のパートナー、マイク・ウィルスンの寄与するところは大きかった。いまもドアの向こう側でがなり立てている声が聞こえる。セイロン人映画製作者たちが集まって、彼の長篇映画第二作の公開を祝ってくれているのだ。「ボートの建造とボート・レースにまつわる話で」とクラークは友人のR・レイヴン＝ハート少佐への手紙に書いていた。「地元の情景と、西欧かぶれの文化人気どりの連中への皮肉が添えられている。題名は『ゲタワラヨ』で、わたしにわかるかぎりでは、だいたい『野性の者』といった意味だ」と。レイヴン＝ハートは当然ながらそう思うはずだから、クラークはわざわざ書かなかったが、ボートの建造を描くために造られるボートの費用は、すべて彼の資金でまかなわれた。カメラ、音響機材、未使用のフィルム、現像、仕出し、給料はいうまでもない。セイロンでさえ、映画作りは安くつかないのだ。それでも、運がよければ、チケットの売り上げですくなくとも資金の一部は回収できるだろう。

いっぽう、仕事ぶりはお粗末だが貪欲なセイロンの税務当局は、首尾一貫しない規則の寄せ集めを楯にとって、クラークに譲歩を迫っていた。税金を払わなければ、ニューヨークへの出国を許可しないというのだ。外国人居留者は、旅行を計画したら、つねに税務当局との衝突にそなえて覚悟を決めなければならなかった。そして一九五六年から在住しているクラークは、金まわりのいい男として知られていた——そのほとんどはマイクの映画プロジェクトや、外洋を航行できるダイビング・ボートや、ランドローバーや、スキューバ機材や、エア・コンプレッサーや、エンジン部品や、ステーキや、女や、強い酒や、おかしなタバコや、病院代に注ぎこんでいると説明しても無駄だった。

税金でがんじがらめの虜囚＝国外在住者の状態では、もっぱら本人がことに当たらなければならなかったものの——うだるように暑い税務署のホールに出頭し、腹の立つ駆け引きをまたこなして、ぞろぞろついて来る地元の法廷弁護士たちを喜ばせるわけだ——クラークは郵便物が届くたびに、マリリンの策謀に関して、また悪い知らせを聞かされるのを内心ではあいかわらず覚悟していた。そうはいっても、いいことのありそうな予感もいつも以上にあった。ゲームが進行中だったからだ。

たとえば、つい先月には、あるニューヨークの若手監督——じつは神童のたぐいで、名前はスタンリー・キューブリック——が彼と話をしたがっている、とそれとなく知らせてくれる者があった。そして最近クラークは、ハーヴァード大学のある特任教授とかなり興味深い文通をはじめていた。カール・セーガンという名前の天文学者だ。セーガンは、クラークと同様に、異星の知性が発見されるという見通しに興味をそそられていた。それはかならずあちらにある、星々の海のどこかにある、とふたりとも考えていた。セーガンは、その主題について一流の科学雑誌でも照れずに論じられるという稀に見る能力をそなえていた。

〈プラネタリー・アンド・スペース・サイエンス〉誌に載った彼の最近の論文には、胸がすくような思いをした。テーマは銀河文明同士の直接のコンタクト――つい最近まではＳＦの専売特許だった主題が、ここでは科学論文の冷徹な言語で論じられているのだ。セーガンはわずか三十歳、クラークより二十歳ほども年下だった。彼はまったくの無名だった。それでも冷静で分析的な権威のある筆致で議論を進めていた。つまり、ほかの星の惑星に存在する発達した技術文明の数を見積もろうとすれば、星の組成、惑星が生命に有利な位置に来る確率、そもそも生命が――ましてや知性が――発生する蓋然性、それらの文明の寿命に関するわれわれの知識に左右される、というわけだ。それはじつに手堅い論文だった。とりわけ主題のきわどさを思えば。

「これらの変数《パラメータ》は、わずかに知られるのみである」とセーガンはかなり控え目に書いていた。もちろん、そうした思いつき程度の計算は以前にもなされていた。いちばん有名なのは天文学者フランク・ドレイクによるもので、一九六一年に開かれたＳＥＴＩ、すなわち地球外知性探査《サーチ・フォー・エクストラテレストリアル・インテリジェンス》の初会合の場で分析のツールとなったものだ――ちなみに、セーガンはその会合に出席していた。討論を重ねたあと、ＳＥＴＩのグループは、存在する文明の数を天の川銀河だけでも千から一億のあいだとはじき出した――たしかに、かなり幅のある数字だが、そのいっぽうで、どちらも驚くべき数だろう。セーガンは論文のなかで、この数字をもっと絞りこもうとしていた。天の川銀河だけでも発達した技術文明は十の六乗のオーダーで現存するという見積もりを出し――およそ百万だ――いちばん近いそうしたコミュニティまでの距離は数百光年である確率が高い、と思いきって述べてさえいた。十八万光年という銀河の直径を考えれば、目と鼻の先だ。

しかし、クラークが本当に注意を惹かれたのは、論文の第三部「恒星間宇宙飛行の実現可能性」だった。電波信号に頼るなら、銀河文明同士でもっとも単純な意見の交換――たとえば、荒れ模様の天気について――をするのでさえ千年かそれ以上の年月がかかると指摘したあと、セーガンは、そもそも同じ波長を使うことのむずかしさを概説していた。まったくそのとおり。どの信号周波数を使うかという問題は、けっきょく、こうした疑問にとり組もうという科学者のあいだでさえ、めったに考慮されないのだ。「つまるところ」と気分が乗ってきたセーガンは、方程式を一蹴して書いていた。「電磁波によるコミュニケーションでは、恒星間コンタクトのもっとも刺激的なカテゴリーのうちふたつ――具体的には、発達した文明と、知性はあるが技術以前の社会とのコンタクト、そしてさまざまなコミュニティのあいだでの人工物と生物学的標本の交換――が成り立たない」と。クラークはその文章に感心して思わず膝を打った。発達した地球外文明とのコンタクトが、記録のある歴史時代に起きた可能性を彼も提案したことがあったのだ。

じつは、クラークは小説とノンフィクションの両方で、こうした考えの大半をすでに題材にしていた。とすれば、セーガンの論文のつぎのような結論に到達した直後に、作家がＩＢＭセレクトリック・タイプライターに手をのばすところは容易に目に浮かぶ。

こうした訪問の置き土産である人工物がいまも存在する、あるいは後続の探検隊の便宜を図って、太陽系内になんらかの基地が維持されてさえいる（おそらくは自動的に）可能性がないわけではない。風化と、地球の住民による探知と干渉の可能性のために、地球の表面にそのような基地を築くのは好ましくないだろう。月は合理的な代案に思える。

だが、じつをいうと、自動化された月基地というセーガンのアイディアのあらましを彼がはじめて読んだのは、友人で多産なＳＦ作家アイザック・アシモフが、〈マガジン・オブ・ファンタジー＆サイエンス・フィクション〉一九六三年九月号に寄せた評論においてだった。そもそも、その天文学者に手紙を書く気になったのは、それを読んだからなのだ。クラークの気に入らなかったことがあったとすれば、自分が最初に思いついたアイディアが他人の名前で——とりわけ科学雑誌のなかで——陽の目を見たとき、名前をあげてもらえなかったことだろう。だからその十一月、彼はセーガンに最初の手紙を書いたのだった。

自動化された基地がすでに太陽系内にあるかもしれないというあなたの示唆には、とりわけ興味を惹かれました。わたしはこのアイディアを「前哨」という題名の短篇小説のなかで展開しました……ここでわたしが使ったアナロジーは火災報知器のそれです。そして発達した種族は、かなり高度なテクノロジーの水準に達した種《スピーシーズ》にしか興味がないので、われわれが月へ行くまでは反応しないよう、ステーションを月に設けるだろうと示唆しました。

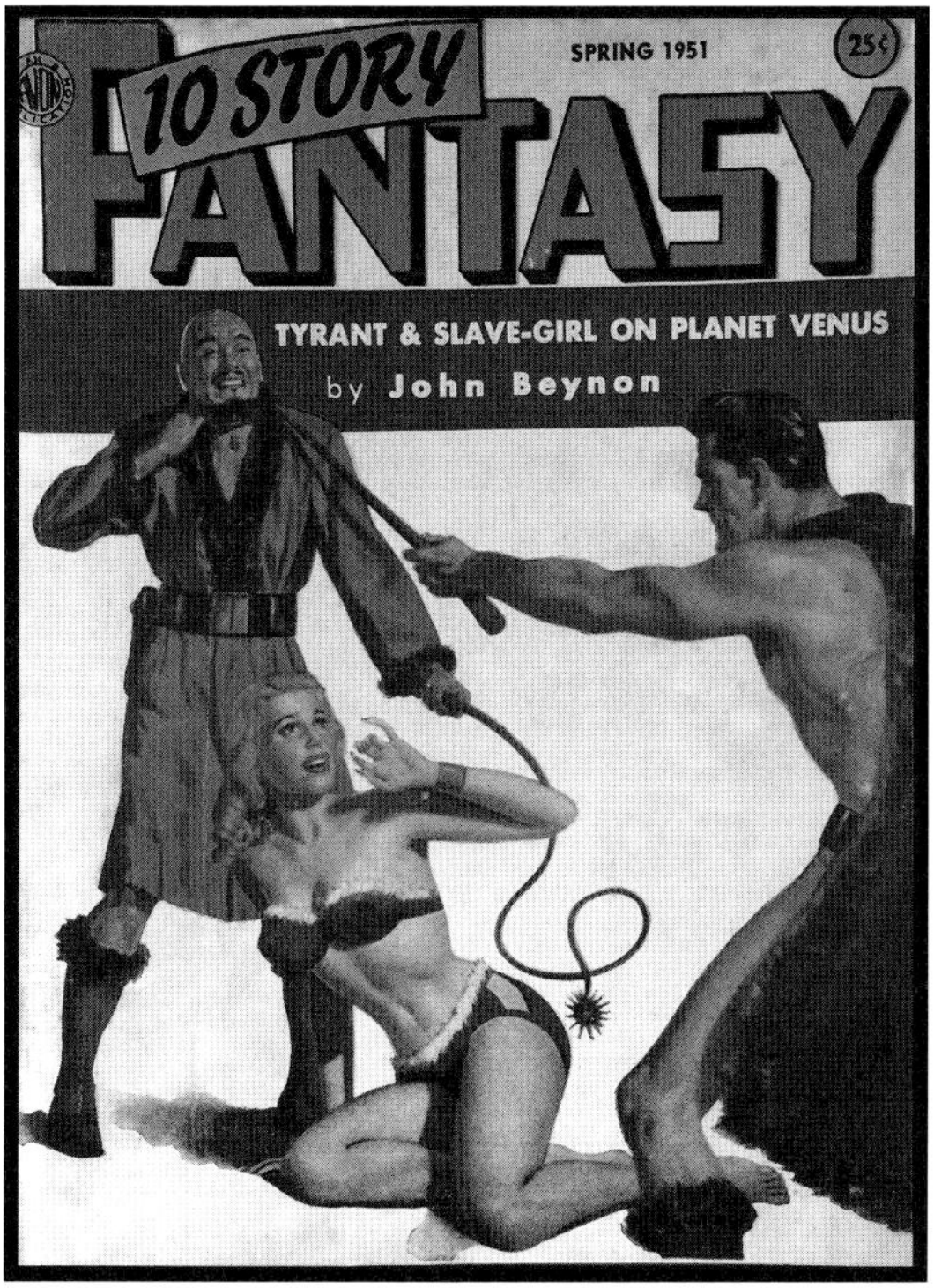

クラークの短篇「前哨」は、1951年に発表された。

たしかに彼が最初に思いついたこのコンセプトが、ケバケバしい表紙絵——ビキニをまとった囚われの美女が、鞭をふるっている顎鬚を生やした悪漢の手から、マントをひるがえしたヒーローによって救われる——のついたパルプ雑誌ではなく、お堅い科学雑誌のなかで近ごろは論じられるのだから、クラークにとっては痛快なことであり、名誉回復でもあった——それでも、どういうわけか同時に心騒がすものでもあった。「前哨」は一九四八年にＢＢＣの短篇コンテストの応募作として書かれたが、そのときは佳作にさえはいらなかった――受賞作はなんだったのだろう、と彼はときどき首をひねったものだ――そのあと一号しか出なかった三流パルプ雑誌〈10ストーリー・ファンタジー〉に掲載された。表紙絵の題材になった小説は――「金星の暴君と奴隷娘」。代金は一部二十五セントだった。

「前哨」は、その後クラークの短篇集のうち二冊に収録された。とすれば、こう思わずにはいられない。つまり、科学者たちは十代のときに――いや、先週の木曜日にさえ――読んだ題材をとりあげ、それを洗って、すすぎ、方程式の足場を組んでから、自分の名前で一流雑誌に発表しているのではないのか、と。もっとも、セーガンの名誉のためにいっておけば、若きセーガンはすぐに心のこもった返事を出し、クラークのノンフィクション作品のうち二作、『宇宙の探険』と『惑星へ飛ぶ』に言及した。その二作が「現在の仕事の線に向かう刺激を」あたえてくれたのだ、と。

キューブリックからのアプローチについていえば、これまでのところ、欲求不満になるほど要領を得なかった。まず二月十七日にニューヨークの友人ロジャー・キャラスから思わせぶりな電信が届いた。キャラスはコロンビア・ピクチャーズの宣伝部員だ。彼がキャラスとはじめて出会ったのは、フランス人海中探検家ジャック・クストーの紹介によるもので、クストーが一九五三年に出した著書『沈黙の世界』の刊行をボストンで祝ったときだった。クラークとキャラスはたちまち意気投合した。キャラスの電信によれば、キューブリックがクラークと仕事をすることに興味をいだいている。だが、クラークを「隠者」だと思っているという。これを読んで、クラークはうつろな笑い声をあげた――彼が住んでいるのは実質的に小さなビートニクのコミューンだ、とせめて監督が知っていれば。そのコミューンを構成するのは、映画製作者、作家、そのとり巻き、秘書、召使い、ボーイフレンド、ガールフレンド。ゲイ、バイセクシュアル、ストレート、アングロサクソン、アジア人のグループが、この元イギリス植民地の首都で、陽をさんさんと浴びるバンガローに居すわっている。隠者になろうとしたのなら、失敗もいいところだ。

ともあれ、彼はキャラスのテレックスの前で居住まいを正し、「恐るべき子供《アンファン・テリブル》との仕事には興味津々だ」と、すぐに返事を送ったのだった。自分のエージェントと連絡をとってくれとキャラスに頼んだあと、彼はこう書いた。「なんでまたキューブリックは、わたしを隠者だと思ったのだろう？」

キャラスの最初のメッセージにつづいて、一週間とたたないうちに航空便で手紙が届いた。しかし、電信と同じ日に書かれたことは歴然としていた。「今日スタンリー・キューブリックと話をした。そう遠くない未来に、きみと連絡をとりたいと彼がいっていた」とキャラスは書いていた。「勝手ながら、きみの住所を教えておいたので、おそらくなにかいってくるだろう」と。コロンビア・ピクチャーズのレターヘッドの下、宣伝マンならではの流暢な筆致で、キャラスはこうつづけていた――

> 椰子の木に囲まれた楽園に住めば文明の苦しみから逃れられると主張するきみだから、ミスター・キューブリックの最新作が社会現象を巻き起こしたのをよく知らないだろう。後学のために、ミスター・キューブリックの最新作の映画評をひととおり同封しておく――真の傑作で、『博士の異常な愛情　または私は如何にして心配するのを止めて水爆を愛するようになったか』という奇妙奇天烈な題名がついている。

マイク・ウィルスンが地元で撮ったシンハラ語作品はさておき、クラークは長年にわたり映画界に食いこもうとしてきた。そしてＳＦ作家のロバート・Ａ・ハインラインが、一九五〇年の長篇映画『月世界征服』の脚本――後に同題の長い中篇小説《ノヴェラ》が発表された――で、十年以上も前にそうしたことを痛いほど意識していた。別の友人レイ・ブラッドベリも映画の仕事をしていた。ジョン・ヒューストンのために『白鯨』の脚本を書いたというような――もっとも、それでさんざんな目にあったのだが。その監督が口汚い、性根の腐った自己中心主義者だとわかったからだ。

つい最近、クラークは友人の作家サム・ヨウド（筆名のジョン・クリストファーのほうがよく知られている）への手紙に「あいかわらず、わたしは映画化作品がない世界でもっとも成功した作家だ」と書いていた。じつは、彼の長篇『幼年期の終り』――表紙絵は地球外支配種族の巨大な宇宙船が到来する場面。彼らは好戦的な人類に平和を押しつける――は、一九五八年に新進プロデューサーのアーサー・ライオンズが映画化のオプション（一定期間、独占的に映画化を検討するための契約）を取得していた。ライオンズは、『カサブランカ』でオスカーを受賞した脚本家ハワード・コッチを雇い、コッチは手堅い仕事をした。しかし、プロジェクトは行きづまったままだった――もっとも、いまはＭＧＭが関心を示しているそうだが。

キューブリックについていえば、クラークはリーガル――コロンボの植民地時代に建てられた豪華な映画館のひとつ――で『ロリータ』を見たことがあり、当然ながら感銘を受けた。そしてＢＢＣの海外向けラジオ放送を毎日聞いているので、『博士の異常な愛情』が国際的な波を起こしているのをよく知っていた。じつは、キャラスの手紙のつい数日前に、友人でロケット・エンジニアのヴァル・クリーヴァー――ブルー・ストリーク・ミサイルの設計者――から手紙を受けとっていた。ちなみに、ブルー・ストリーク・ミサイルは、英国の核抑止力となるはずだったが、いまは予算削減のために緩慢な死を迎えているところだった。クリーヴァーはキューブリックの新作を見たばかりだった。

『博士の異常な愛情』は、ひとことでいって傑作だ。こんなことができるとは思っていなかったので、敵《てき》愾心《がいしん》を燃やして映画館にはいったし、この上なく悪趣味な映画にちがいないと信じきっていた。絶賛の嵐だったので、好奇心に駆られただけだったんだ……ふたをあけてびっくりだよ。必見だ。ひょっとしたら天才の偉業かもしれない。この主題で映画を作るなら、これしかない。

彼はキャラスの手紙にも返事を出し、『ロリータ』は見たことがあるし、『博士の異常な愛情』も見るのを楽しみにしていると記した。「キューブリックは、まちがいなく驚くべき男のようだ」と書いたあと、マイクの第二作について誇らしげにキャラスに伝えた。それは「昨日、喝采を浴びて検閲を通過し、来週には二十の映画館で公開される。今回はモノクロで、社会諷刺だが、『ベン・ハー』から抜けだしてきたような、ワクワクするスピードボートのレースで終わる」と。

　とはいえ、それ以来、たいした進展はなかった。つぎの連絡を待つうちに、欲求不満はたまるばかりだった。クラークはタイム・ライフ社刊行の〈ライフ・サイエンス・ライブラリ〉の一冊である自著の改訂に時間を割き、かなり深刻な「結婚にまつわるトラブル」に関して、ニューヨークの弁護士ボブ・ルビンジャーに手紙を書いた。現在の耐えがたい状況――クラークの版権代理人《リテラリー・エージェント》スコット・メレディスは、彼の収入すべてを第三者預託にするよう法律に求められており、係争中はニューヨークの口座が凍結されている――をどのように終わらせたいかという本題にはいる前に、クラークは訴訟の背景を説明した。「まず申しあげておきますが、わたしは一九五三年にニューヨークで結婚しました」と彼は書いた。「その結婚は欺瞞《ぎまん》の上でなされたものでした。最初の結婚の結果として、子宮摘出手術を受けていたことを妻が隠していたからです。妻がこのことを打ち明けたのは、結婚から数日後のことでした」

　もちろん、別のレベルで欺瞞があったことには触れなかった。つまり、クラークがゲイであることだ。要するに、この結婚は完全な失敗だったのである。ともあれ、結婚からまもなく、彼は別居に同意した。しかし、法的な助言を受けずに同意したのであって、それ以来、あるいは、すくなくとも「一九六二年三月にポリオ（あるいは脊椎損傷――専門家たちのあいだで見解が分かれています）で完全に無能力になる」までは、毎月慰謝料を支払ってきた。「当時のわたしは収入を得る能力がゼロでした。その後まもなく妻がイギリスを離れ、わたしの家族をもはや悩ませることはないとわかったので、支払いをやめました」
こうして現在の状況にいたったわけだ。クラークは最終的な決着と——可能なら——離婚での解決を望んでいた。じつは、決着をつけるために別のいい理由があるかもしれない、と彼はルビンジャーに書いた。

本当に大きな商談がいつ飛びこんできても不思議はありません。わたしの本の何冊かは、映画会社と協議中ですし、つい先週にはスタンリー・キューブリック（彼の『博士の異常な愛情』は、すべての批評的記録を破っているようです）が、わたしと連絡をとりたがっていると聞きました。したがって、理にかなった決着を考慮する用意があります。

そうこうするうちに数週間が過ぎ、いまでは彼もあきらめかけていた——そうした映画界からのアプローチが、ふつうはどれほど望み薄か、経験から知っていたのだ——そんなときポーリーンがはいってきて、ひとこともいわずに会釈し、届いたばかりの郵便物をきれいに積みあげて出ていった。
クラークはそれをつかんで、パラパラと見た。一通はルビンジャーからの手紙だと気づいて顔をしかめたが、そのあと何週間も見たいと思っていた手紙に行きあたった。これも返信先はニューヨークで、東五十六丁目百二十番、ポラリス・プロダクションズからのものだった。キューブリックからだろうか？　彼はレター・ナイフ代わりにしている小さなセイロン産の短剣に手をのばし、慣れた手つきで端から端まで封筒を切り開き、なかの紙を器用につまみ出した。

＊　＊　＊

一九六〇年代の前半に三本の映画でマイク・ウィルスンと共作したスリランカ人監督のティッサ・リヤナスリヤは、仕事中のアーサー・C・クラークの姿を後年にいたるまで鮮明に憶えていた。グレゴリーズ・ロードでクラークがウィルスンと共有していた家でのことだ。リヤナスリヤはマイクの長篇第一作『ラン・ムシュ・ドュワ（宝の島）』で助監督を務めた。アクション、キャッチーな歌、水中シーンを満載したこの映画は大成功をおさめ、一九六二年と六三年に百万を超える観客を動員したという――この国の人口の十分の一近くだ。その歌は今日でも人気を博している。とはいえ、プリントは残っていないらしい。

そのあとリヤナスリヤは、長篇第二作『ゲタワラヨ』でいっそう密接にマイクと仕事をした。村のシーンを自分で監督したばかりか、マイクが「リラックス」するため早めにセットをあとにしたときは、怒り狂ったプロデューサーのシェハ・パリハッカラにしばしば呼びだされて監督の椅子にすわらされたのだ。そのあとマイクは鷹揚《おうよう》にも、リヤナスリヤは共同監督としてクレジットされるべきだと主張した。この力添えも一助となって、リヤナスリヤは長い卓越したキャリアを築くことになったのだった。ボルゴダ湖のきらめく緑の湖面を突っ走る、すばらしいボート・レースで幕を閉じる『ゲタワラヨ』は、一九六四年の二月に公開された。この作品も成功をおさめた。もっとも、『ラン・ムシュ・ドゥワ』にはわずかにおよばなかったが。そのプリントも消失した。

リヤナスリヤには、両方の映画の資金の大半を出していたクラークを観察する機会がたくさんあった。なぜなら、クラークとウィルスンとパリハッカラの製作会社、セレンディブのオフィスが、その家の一階で作家の書斎と隣り合っており、物事がほどほどに平穏なとき、クラークはドアの一部をあけておくのがつねだったからだ。半世紀以上もあとになっても、リヤナスリヤはそのドアごしに聞こえてくるタイプライターのキーのカチャカチャいう音と、行の終わりに来るたびに鳴るチーンという音をはっきりと憶えていた――とうのむかしに失われた著述業の音だ。仕事中の大作家を観察したくて、彼はちょうどなかをのぞける角度で体を斜めに向けたものだった。

「彼はこんな風に書きはじめるんだ」と見えないタイプライターに向かってかがみこみ、その真似をしながらリヤナスリヤはいった。「で、だしぬけに書くのをやめる。眼鏡をはずして、すこし拭いてから、眼鏡をかけ直し、それからまた書きはじめる。デスクについて。タイプライターの前にすわって。彼はそうやって仕事をつづけた。それからなにをするかというと、だしぬけに立ちあがるんだ。それから庭へ出る」

クラークは長身で禿頭。生真面目な物腰に色を添えるのが、鋭い機知とユーモアのセンスだった。毎日がうだるように暑い熱帯で、シャツを着ずに、あざやかな色の腰布《サロン》をまとうというセイロン人男性の習慣を身につけていた。ただし、サロンを腰で結ぶコツはとうとう身につかず、代わりにブリーフのゴム紐に布地をたくしこんでいた。その結果、彼がはずむような足どりで庭のドアへ向かって歩きだすと、たいていサロンがずり落ちはじめ、彼はサロンをつかんで、ゴム紐の下に押しこみなおすはめになった。「彼はサロンをまとうのに慣れていなかった」と、その光景を思いだしてクスクス笑いながら、リヤナスリヤはいった。

「そうやって庭へ出ると、アームチェアがある。彼はこんな風にそのアームチェアにすわる」リヤナスリヤはクラークの真似をした。椅子にもたれ、脚をくの字に折り曲げ、空を仰いで、もの思いにふけっているところを。「で、空を見ている。考えながら。ひたすら考えながら。しばらく空を見あげている。五分かもしれないし、十分かもしれない。やがて立ちあがり、部屋のなかへ駆けこむと、また書きはじめる。わたしはこれが大好きだった。彼はとても人好きがした。とても人好きがする人柄だった」

＊　＊　＊

クラークは三月三十一日付の二枚から成る手紙を広げた。たしかにキューブリックからのものだった。かなり短い手紙で、前置き抜きで本題にはいっていた。どうやらはっきりした事項がふたつあるようだ。ひとつは、望遠鏡を買うかもしれないので、知恵を貸してほしいという頼み（最初と最後の文章で監督はクエスター望遠鏡に触れていた）。もうひとつは、「語り草になるような、いいＳＦ映画を作る可能性」について話し合いたいという打診。このくだりは――クエスター云々に次ぐ第二の話題だが――よく知られるようになる。キューブリックが提案している構想中のプロジェクトの第一目標となったのはたしかだ。

「わたしの主な関心は以下の幅広い領域にあり、当然ながら優れたプロットと登場人物を想定しています」とキューブリックは書いていた。「１。知的な地球外生命が存在すると信じられる理由。２。そのような発見が、近未来の地球にもたらす衝撃（いくつかの地域では衝撃を受けないことさえあるかもしれません）。３。月と火星に着陸し、探検する宇宙探査機」キャラスに聞いたところだと――とキューブリックはつづけて書いていた――クラークはまもなくニューヨークへ来るつもりだという。それなら、すこし早めに来てもらうことはできないだろうか。「そうすれば打ち合わせができます。その目的は、わたしたちがふたりとも共同で映画の脚本を書きたくなるほど興味深いアイディアが現存するか、あるいはこれから生まれるかを判断することです」と。その「この上なく好ましい出来事」が起きたなら、クラークの骨折りに関して理解に達することができる、と「当然ながら確信して」いるのだという。そして二度目のクエスターへの言及で締めくくっていた――中規模の望遠鏡ならどのモデルがお勧めか、と作家に尋ねていたのだ。

　クラークは専門家あつかいされて気をよくした。そして国際的に認められた監督に望遠鏡の件で相談を持ちかけられたことは――一日じゅうでも論じていられる話題だ――手紙の本筋に対する予想外のボーナスだった。優れたＳＦ映画はまだ作られていないという意見にはかならずしも同意しなかったが、その大半が子供だましであることは百も承知だった。そして語り草になるような映画はまだ作られていないという点は認めるにやぶさかでなかった。それに加えて、長い長いあいだ映画界に食いこむチャンスをうかがっていたのだ。いまでなければいつなのだ――それにキューブリック以上の相手がいるだろうか？

クラークはこの沈思黙考を終えると、レターヘッド――「アーサー・C・クラーク、クラーク＝ウィルスン・アソシエーツ」、電信アドレス「コロンボ、海中」――のついた白紙をタイプライターのキャリッジに押しこんだ。前置きとしてロジャー・キャラスや、『博士の異常な愛情』を見たいと思っていることや、『ロリータ』はすでに見ていることに触れた文章を書いたあと、わずか十日後にはニューヨークに到着することを伝え、タイム・ライフ社出版部門での仕事は、提案のあった共作について会って話し合う妨げにはならないだろうと述べた。

「一刻も早く」セイロンへ帰らなければならないこともキューブリックに伝えた。「おそらく六月の中旬でしょう。わたしはこの地で大きな会社を経営しており、問題が山積しています」じっさい、ルピー、ポンド、ドルを問わずマイクの映画に有り金すべてを注ぎこんでいた。「さらに、地元の税務署に数千ルピーの未納金があるので、二カ月でもどるという条件でしか出国させてもらえません。これを確実にするために、彼らは謎めいた東洋の薬物をわたしに注射しました。西欧科学に知られていないこの薬物は、六月十五日にわたしを痙攣死にいたらしめるでしょう。税務署に（小切手を持って）出頭し、解毒剤を受けないかぎり」こうして自分の財政状況を伝え、人を食ったユーモアで茶化したあと、彼は目下の話題にもどった。

あなたのお手紙の本筋について申せば、「語り草」になるSF映画を作る機は熟しているとわたしも感じます。あなたがそう感じておられることは歴然としています。そう名乗ってよさそうな映画は、『地球の静止する日』、『禁断の惑星』、そして、もちろん、ドキュメンタリーの古典、『月世界征服』と『来《きた》るべき世界』しかありません。『宇宙戦争』と『地球最後の日』にも、破滅の描写に関しては見るべきところがあります。

　おやおや。また悪い癖が出てしまった——自分を抑えられなかったのだ。高く評価するSF映画を一本や二本ではなく、六本もあげてしまった（そのうちの二本をドキュメンタリーに分類した理由は不明だ。すべて長篇映画である。クラークの先達で、影響力のある英国人SF作家H・G・ウエルズが、『来《きた》るべき世界』と『宇宙戦争』の両方の原作者だった）。彼はつづけて『幼年期の終り』に言及し——「これは自他ともに認めるわたしの最高傑作で……上位種族が人類にあたえる衝撃をあつかっています」——本当に「急いでセイロンへもどらなければ」ならないのだと重ねて述べて、ある誘いをかけた。つまり「費やした時間に値するアイディアをニューヨークで得られたら」、キューブリックがセイロンへいっしょに来て、さらに仕事を進められることを望む、と。「わたしたちの会社がこの地にあり、昨年は二本の映画を製作しました。そのうちの一本は、史上初のテクニカラー・シンハラ語映画です。非常に興味深い時間をお約束できると思います」

　最後に、クエスターはたしかに最高の小型望遠鏡だ、とキューブリックに助言し、修理のために自分の望遠鏡をニューヨークへ持っていくので、喜んで使い方を教えよう、と告げて手紙を締めくくった。手紙はその午後投函された。ニューヨークでの打ち合わせまで、それで終わったとしても不思議はない。だが、その夜、クラークは考えにふけりはじめた。セイロンでは日没はつねに六時ごろだ。いつもどおり早めにベッドにはいったものの、眠りこむまでまだ数時間は残っていた。そのあいだに彼は、「語り草になる」SF映画を作り、それに自分がかかわるかもしれないという問題に思いをめぐらせた。いちばんいい叩き台になるのは、どのアイディアだろう？

　まるで合図でもあったかのように、地所をふちどる椰子の木の上に月が昇った——熱帯では月はかならず横倒しになっている。両極は垂直ではなく、水平の位置にあるのだ。隣近所で唱えられている仏教徒のかすかな詠唱が、開いた窓から聞こえてきていた。どこかに隠れているスピーカーが発しているのだ——奇妙に心の落ちつくシンーソンーシンーシンーソンーサンーサン。年季を積んだ仏教徒は、この詠唱をひと晩じゅう流しておく。なかにはキャンディの寺院から生中継されているものもあり、それ専門のラジオ局もある。たとえ背後にある信仰を共有できなくても、彼はそれをわずらわしいとは思わなかった。じつをいえば、そのおかげで夜が人間臭いものとなったのだ。

とにかく、地球のあらゆる宗教のなかで、すくなくとも仏教とヒンドゥー教は、科学が明らかにした時空の壮大なスケールに近いものを直観してのけてきた——とクラークは考えをめぐらせた——個人の生涯を構成する、ほのかな閃光の両側で無限に広がっているということを。マイクと妻のリズは出かけていた。クラークの従者へクター・エカナヤケは、クラークの身のまわりの世話をし、スキューバ・タンクを調べ、ガレージのエア・コンプレッサーに油をさし、三輪自転車を出したあと、ジムへ出かけていた。いまごろはグローヴをはめた手でサンドバッグを叩いているにちがいない。クラークの忠実なシェパードのライカ——一九五七年にソ連が地球軌道へ送りこみ、帰還させなかった犬にちなんだ名前——は、彼の足もとの草の上で居心地よさそうに体を伏せ、ときおり遠い車のバックファイアのほうに耳だけピクピク動かしている。それを除けば、家は静まりかえっていた。

叩き台は「前哨」で決まりだ、とクラークはさとった。

＊＊＊

翌朝は早起きし、お茶を淹れると、タイプライターの前にすわり直し、別の白紙をキャリッジ・ローラーにはさみこんだ。それは、一日のうちで彼がなにより価値を置いている時間だった。陽はまだ昇っていないが、キツネのようなセイロン・フルーツ・コウモリは一匹残らずねぐらの木にもどっており、逆さまにぶらさがって、大きな皮の翼をたたみ、悪夢版のクリスマス飾りのように、暢気《のんき》に眠っているところだ。

キューブリックは月に触れていたし、映画の核として地球外知性に興味をいだいていることは明らかだ。クラークの短篇「前哨」は、すでにその一石二鳥を成しとげていた。あとで火星を追加できるかもしれない。あるいは、できないかもしれない。彼はタイプを打ちはじめた――

　オープニング。スクリーンいっぱいの星々。漆黒の円盤が、左からゆっくりとただよってきて、やがてスクリーンの中央をふさぎ、星々を覆い隠す。その右手の端が明るくなり、コロナの輝きが現れて、太陽が昇る。その途中で、観客は月の夜側を見おろしているのだとわかってくる。まるで距離の近い人工衛星に乗っているかのように、猛スピードで昼の側へまわりこんでいるのだ、と。

手を止めて、しばらく考えをめぐらせる。そう悪くない。漆黒の円盤は、視覚的にいい感じだ。けっきょく、これは映画なのだ。

　クレーターだらけの三日月が、細い弓から半月へと着実にふくらんでいく。その途中で、サウンドトラックに声が流れる。アメリカ人、ロシア人、英国人――さまざまな月面基地と探検隊が言葉を交わしているのだ。食料を求めたり、情報を交換したり、ジョークを飛ばしたり、不平をもらしたり……。

これも悪くない。国際競争。英国人をゲームに参加させておこう。

　秒読みの最後が聞こえ、月の暗い面を背景にして、ギラギラした光が動きだす。外航宇宙船が、火星をめざして離陸したのだ。

キューブリックは火星をほしがっている。ならば火星をあたえよう。

　サウンドトラックが、ある探検隊を選びだす。トラクターに乗って〈危機の海〉を横断している隊だ。カメラがそちらへ降りていくと、ほかの声は尾を引くように消えていく。高まる興奮と支離滅裂な言葉から、探検隊がなにかを見つけたのだとわかる——月面でさえ、きわめて異常なものを。

　よし、とりあえずはこれくらいでいいだろう——つかみとしては。だが、もっと説明しないでも、キューブリックは理解してくれるだろうか？　短い散文スケッチの下に点線をタイプしてから、クラークはもうひとつの段落をつけ加えた。監督に注意を「前哨」に向けるよう促し、その短篇のあらましを手短に記したのだ。そのなかで探査チームは、異星に起源を持つダイヤモンドなみに硬い結晶のピラミッドを発見する。何百万年も月面にあったことは一目瞭然。たいへんな苦労の末にピラミッドをこじあけたとき、それが星々に発していた信号が止まる。「その結果として巻き起こった議論のなかで、科学者のなかには、それはモニターでしかありえない——天文版の火災報知器なのだ、と正しく判断する者もいます」

　それから添え状を書いた——「宇宙映画のためのすばらしいオープニングを考えつきました……そこから通じる状況は多岐にわたるでしょう。『幼年期の終り』で描かれた状況にとどまるものではありません」

　その手紙も投函した。二日で二通の手紙だった。

第3章　監督

1964年春

代金を払ったものが手にはいるとはかぎらない。だが、代金を払わないものは、けっして手にはいらない。

——スタンリー・キューブリック

曖昧なほのめかし、奇妙な手がかり、謎めいたヒントが、何週間にもわたってポラリス・プロダクションズのオフィスから発せられていた。ときにはキューブリック本人から発せられることもあったが、たいていは同僚たちから発せられた。そのひとつひとつは、お茶の葉や磁気を帯びた砂鉄のように、たいしたことをいわなかった。しかし、ひとつにまとめると、あるパターンが浮かびあがってきた——監督の頭のなかにあるものの概略を示す網目模様のようなものが。

たとえば、三月十日にキューブリックのアシスタント、レイ・ラヴジョイは、マサチューセッツ州ケンブリッジのスカイ・パブリッシングに手紙を書き、〈スカイ&テレスコープ〉誌のバックナンバーを購入したい旨を伝えた。そして三月十九日にラヴジョイ（その名前は監督にとって魅惑の源泉だった。それに惚れこむあまり、この名前をもてあそび、一九六三年の前半にとうとう「ストレンジラブ」という面白い新造語をひねりだすにいたった）は西三十九丁目のポケット・ブックスに手紙を書き、アーサー・C・クラークの長篇小説『火星の砂』を一部ポラリスに送ってもらえないかと要請した。

そのあいだに電話をたくさんかけ、書店を訪ねた。それからほぼ一カ月後、『博士の異常な愛情』ではアシスタント・フィルム・エディターを務めたラヴジョイは、いまいちど連絡をとろうとした。今回はシネラマ社へ手紙を書いたのだ。シネラマは、TVがアメリカ人の精神にはいりこみ、その結果、国の収入源として無視できなくなり、ハリウッドを窮地におとしいれたことへの対応として作られた会社だった。結果的に認められたのは、解像度をあげ、画質を高め、色をあざやかにし、全体として壮麗なものにすることで映画作りの質を高める必要だった。シネラマのプロセスは、従来より大きな65ミリ撮影用ネガフィルムと、それにともなう従来より大型の70ミリプリントを使うことでこれを達成した。プリントは複数の映写機に装着され、巨大な凹状のスクリーンに同時に映写される。すべてが相まって、包みこむような、パノラマ的で映画的な経験が生みだされるわけだ。

これまでのところ、シネラマの最良の例はMGMの『西部開拓史』だった。壮大きわまる叙事詩的作品で、三人の映画監督を起用し、四世代にわたる入植者たちが西へ向かうさまを、三台の映写機を必要とする上映形式で描いていた。この映画は一九六二年に公開され、一世を風靡して大きな商業的成功をおさめ、TVに分際をわきまえさせた――すくなくとも当分のあいだは。ともあれ、四月十三日にラヴジョイはその会社に手紙を書き、一九六四年から六五年にかけて開催されるニューヨーク万博で、実験的なシネラマ短篇「月とそのかなたへ」の「試写を考慮されておられるなら」チケットをまわしてほしいと頼みこんだ。彼の理解するところでは、この短篇には魚眼レンズのついた映写機が一台あればよい。真上に向けてプラネタリウム形式のドームに上映するとのことだった。

もちろん、こうした手探りからは、あるテーマにそった推進力がうかがえた――すなわち、上方へ、最高天への推進力が。とはいえ、ときには話題からずれていると思える発言がキューブリックから発せられることもあった。たとえば、四月中旬に、監督はあるオランダの雑誌の質問にこう応じた。

なぜ自分で自分の映画をプロデュースするのかという質問に答えるなら、そのほうがはるかにことが簡単にすむから、と断言してかまわないでしょう。他人を説得しなければならないのと、他人があなたを説得しなければならない状況にあるのとでは大ちがいです。たとえあなたを理解してくれる、趣味のいいすばらしいプロデューサーがいたとしても、はじめて持ちだしたとき、彼にはすぐには明らかでないものを納得してもらうのに、やはり多大な時間を費やさなければなりません。さらに彼が気に入ったアイディアや、彼とは意見が合わないプレゼンテーションに抗《あらが》うのにも時間を費やさなければなりません。

この時期を通じて、彼はたいてい昼近くか昼下がりに——やって来ればの話だが——プロダクションのオフィスへやってきた。ふだんにもまして睡眠不足だったにもかかわらず、彼はおおらかで屈託がなかった。ふつうの状態でキューブリックは四、五時間しか眠らず、あとの時間は世間と休まずかかわることに費やしていた——たいてい言葉を媒介にして。活字を読むか、電話で話すか、会って話すことさえあった。しかし、近ごろはふつうの状態ではなかった。なぜなら、まだ四歳の娘ヴィヴィアンが、慢性偽膜性喉頭炎らしい病気にかかっていたからだ。喉頭と気管のこの炎症は、幼い子供の場合は命とりになりかねず、都市の空気のせいで悪化した。そのため彼と妻のクリスティアーヌは、娘が眠っているあいだ、交代でそのベッドの隣にすわり、娘の息づかいを監視していた。人はニューヨークでいちばん上流向けの場所に住むことはできる——そしてキューブリック一家は、レキシントン・アヴェニューと八十四丁目の角にあるペントハウス・アパートメントへ最近引っ越してきていた——だが、都市の空気と縁を切ることはできないのだ。

それでも、キューブリックは意気軒昂だった。一月下旬から公開されている彼の映画『博士の異常な愛情』

は、商業的にも批評的にもすばらしい成績をおさめていた。二月五日の〈ヴァラエティ〉誌の巻頭見出しは、すべて大文字でこうだった——「速報！　スタンリー・キューブリックの『博士の異常な愛情』が、ヴィクトリア・シアター（ニューヨーク）、バロネット・シアター（ニューヨーク）、コロンビア・シアター（ロンドン）の封切り週記録をすべて破る」

その波に乗って、彼は新作の構想を練ったり、手紙を書いたりしていたし、いつになく社交性を発揮して、クリスティアーヌを驚かせさえしていた。ポラリスに着くと、ラヴジョイと短い打ち合わせをして、最新の興《ボッ》行収入《クス・オフィス》レポートを調べ、郵便物をパラパラめくったあと、あちこちがへこんだ金属デスクの上に載せてあるタイプライターのところへ椅子を引いていき、短い要点だけのメッセージを送りだすのがつねだった。キューブリックは正確な言葉づかいを重んじて、重要な手紙でさえ一枚におさめようとした。「長ければ長いほど、ほかにすることがなかったのだと思われる」と彼は述べ、完璧な例として、北大西洋上空を飛ぶアメリカ海軍哨戒機からの第二次世界大戦中の通信を引用した——「艦見ゆ艦沈む」

三月三十一日の火曜日には十一通の手紙を書いた。一枚を超える手紙はクラーク宛ての一通だけだった。ロサンジェルスのマイクル・ヴォッセには——「つぎにどんな映画を作ることになるか、さっぱりわかりません。したがって、キャスティングの話をするのは時期尚早です」カナダ生命保険のシェール・C・ハリスには——「バット・グアノという名前は、コウモリの洞窟で見つかり、肥料として使われる糞にちなんでいます。あなたは賭けに勝ったわけです」（キーナン・ウィンが演じたアメリカ空軍大佐、〝バット〟グアノは、『博士の異常な愛情』の登場人物だ）

一週間後の四月六日、彼は十七通の手紙を書いた——おそらくキューブリック記録だろう。旧知のプロデューサーで親友のアレグザンダー・シンガー（そのころには彼自身が監督だった）には——「『イグアナの夜』のスー・リオンは名演といっていい。イングマール・ベルイマンの新作『沈黙』は必見だよ。そういえば足りる。映画のアイディアをふたつ温めている。もっとも、つぎにどうするかは、本当に決めていない」ペンシルヴェニア大学のアネンバーグ・スクール・フォー・コミュニケーションの創立学部長ギルバート・セルズには、講演の依頼に応えて──「講演や記事の執筆はお断りしています。謙虚だからお断りするのだと思いたいところですが、おそらくはこの上ない自己中心癖のなせる業でしょう。冗談抜きで、いつも思うのですが、批評家や講演家になろうとする映画製作者や作家には、どこかおかしなところがあるのでしょう」

そうはいっても、キューブリックは自作のプロモーションには積極的にかかわっていた──自分自身がフロントに出たり、センターに立ったりするだけではなく。一九六三年の秋にニューヨークへもどったあとは、コロンビア・ピクチャーズが一九六一年に公開した『ナバロンの要塞』──その年の興行収入第二位の映画──のプロモーションにかけたのと同じ時間と費用を『博士の異常な愛情』のプロモーションにかけるよう働きかけることに全力をつくした。そうすることで、映画会社の宣伝部のなかでは仕切り魔という評判を頂戴した。それでも、手のすいた時間はあり、彼とクリスティアーヌは、ジャズの偉人アーティ・ショウを囲む社交サークルの一員となった。ショウは十年前に演奏活動を引退して、映画の配給と小説の執筆に専念していた。そのほかのメンバーには、ショウの妻で女優のイヴリン・キイス、作家のテリー・サザーンとその妻キャロル。たびたびニューヨークに立ち寄る英国人映画監督のブライアン・フォーブスがいた。

一九六三年から六四年にかけての冬のある日、フォーブスが来訪中で、『博士の異常な愛情』のつぎのステップが話題にのぼった。キューブリックは、ここ数年フォーブスが英国の新聞で自作を称賛してくれることを喜んでいたし、フォーブスの作品も高く評価していた。そのなかには、批評家の絶賛を浴びた『汚れなき瞳』と『雨の午後の降霊祭』が含まれていた。ふたりは友だちづきあいをするようになったが、物事を簡単に決めつけるフォーブスの態度はいただけない、と思うこともよくあった。それは寒い冬の日で、いつもながら服装に無頓着なキューブリックは、あるドラッグストアで安っぽいフェイク・ファーのナイロン・キャップをなんとはなしにつかみとると、頭に載せた――服装にうるさいクリスティアーヌがうんざりし、やめさせようとするのだが、たいていうまくいかない癖だ。

この十年ほど、ＳＦに敬意をいだいてもらおうという試みが大々的になされていたものの、一九六〇年代初頭、そのジャンルが社会に受け入れられている度合いは、ポルノグラフィーと五十歩百歩だった。クリスティアーヌの記憶によれば、ＳＦは「緑のこびとが出てくるもの」だった。ある日フォーブスとキューブリックが、交通の騒音を浴びながら歩いていた。氷点下の空気のなか、しゃべると、ふたりの頭の上で白い息が散っていった。ふたりはロンドンで撮影するのと、ロサンジェルスで撮影するのとどちらが得かと議論していたのかもしれない――英国政府は手厚い財政的優遇措置を設けて、ハリウッドの作品を英国に誘致しようとしていた。それに英国にはすばらしいスタジオ施設があった。とにかく、俳優出身のフォーブスは、ロイヤル・アカデミー・オブ・ドラマティック・アートに通《かよ》って身につけた上流階級の気どった言葉づかいで話しており、キューブリックは冷笑まじりのニューヨークのアウター・ボロース（マンハッタン以外の行政区）言葉でしゃべっていた。やがてフォーブスが、つぎにどんな映画を撮るつもりなんだと尋ねた。キューブリックは、ＳＦ映画を撮る可能性を探っていると答えた。

「おいおい、スタンリー、嘘だろう！」とフォーブスが大声をあげて、首をめぐらせた。「ＳＦだって？　ふざけてるんだな」キューブリックは感情を交えずに彼を見つめた。いや、ふざけてなんかいない、とキューブリックは答えた。じつは、いくつかアイディアを温めているのだ、と。いまではふたりは、凍てついた歩道の上で向かいあっていた。フォーブスは、相手が真剣そのものなのを見てとって、こんどはキューブリックの帽子を嫌悪の目でじろじろ見た。「なあ、スタンリー、そんな恰好で歩きまわっちゃいけないよ」と彼はいった。

キューブリックは長いことを彼を見つめていた。「きみは……ぼくの服装がお気に召さないのか？」信じられないといいたげに彼は尋ねた。「母親みたいな口ぶりだな」

家に帰ると、彼はその出来事をクリスティアーヌに話して聞かせた。彼はフォーブスを好きになりたかったが、自分が耳にしたことをどうしても信じられなかった。文化のちがいのせいにしようとした。「きっとイギリス流なんだよ」と彼はいった。

「いいえ、スタンリー」とクリスティアーヌ。「そいつはクソったれよ」

のちに、彼女はフォーブスとの仲たがいを、スタンリーの人生の決定的な章のはじまりとして想起するようになる――彼が『２００１年宇宙の旅』を作った章である。

＊　＊　＊

その前の数年間、『ロリータ』と『博士の異常な愛情』にとり組んでいるあいだ――どちらも英国のスタジオで撮影された――キューブリックは週末にBBCラジオをたくさん聞いていた。一九六一年の十一月と十二月に新作SFラジオ・ドラマ「太陽面の影」を耳にし、注意を惹かれた。脚本はギャビン・ブレイクニー、主演は国外在住者のアメリカ人俳優ウィリアム・シルヴェスター。大きな隕石が地球に落下したあと、謎めいた出来事がたてつづけに起きるという筋立てで、不可解にも太陽が暗くなるのと並行して事件が起きる。陽射しがさえぎられるため気温が低下するなか、シルヴェスターやほかの登場人物たちは、隕石といっしょに異星のウイルスが到来していたことを発見する。それは人間を寒さに対して鈍感にするが、すべての性的抑制をしだいに失わせもするのだ。

使い古されたプロットに思えるが、キューブリックの座右の銘のひとつは、よい本は悪い映画になるし、その逆もまた真なりというもので、彼はそのストーリーに本物の可能性を見てとった。オプションの取得を検討していたが、まずは作家に見てもらいたかった。彼が興味をそそられたのは、地球規模の危機の描写だった。

危機の引き金となるのは、温かくしておかなければならないことで、登場人物たちが無情にもウイルスを広めるにつれ性的熱狂と融合する。六〇年代のなかば、映画製作倫理規定《モーション・ピクチャー・プロダクション・コード》の制限は徐々にゆるんでいた。そして『ロリータ』――ウラジミール・ナボコフの毀誉褒貶《きよほうへん》なかばする小説を原作とした一九六二年の作品――では表現が限定されたので、あからさまな性描写を独自に探求する方法にキューブリックは興味をいだいていた。「太陽面の影」は、それを可能とすると同時に、ＳＦのテーマを探求させてくれそうだった。

じつは、一九六三年に撮影が開始される直前まで、『博士の異常な愛情』の脚本にはＳＦ的な枠組みが含まれていた。映画のオープニング・クレジットは、「マクロ―ギャラクシー―メテオ・ピクチャー（略せばＭＧＭ）」というオープニング・タイトルの下で「不気味な、頭がたくさんある、毛むくじゃらの化けもの」がカメラに向かってうなっている場面ではじまるはずだった。カメラが恒星、惑星、衛星のあいだを移動していくエフェクト・ショットのあと、明らかに異星に出自を持つナレーターがこう説明することになっていた。つまり、観客がこれから目にする「太古のコメディ」は、「われらが地球探検隊、ニンバスⅡの隊員によって北方大砂漠の深いクレヴァスの底で発見された」ものである、と。最後には、水素爆弾の爆発という映画のクライマックスにつづいて、スクロールするクレジットが「銀河先史時代に属するこの古風なコメディ」は「《滅びた古代世界》シリーズの一環」であるという注記で締めくくられるはずだった。

スタンリーと同様に、クリスティアーヌはドイツで過ごした小学生時代からＳＦに興味をいだいていた。ブライアン・フォーブスがそのジャンルを反射的に拒絶したことは、むしろふたりの興味を強めただけだった。それどころか、ふたりはひそかにフォーブスと絶縁した。スタンリーは、ハイスクールのころからジャズ・ドラムを演奏しており、いまも定期的に練習していた。彼はジャズ・クラリネットの巨匠のひとり、ショウとの交友を深め、クリスティアーヌとスタンリーはショウとその妻イヴリンのもとをちょくちょく訪ねるようになった。ジャズを別にしても、スタンリーとショウは銃器マニアという共通点があった――ショウは射撃の名手として全国的に知られていた——そして、みずからの銃コレクションを自宅に保管しているキューブリックは、ホストの楽器と銃器の両方に称賛の眼差しを向けるのだった。

「わたしは嫌でたまらなかった」話が銃器におよぶと、後年クリスティアーヌはこう回想した。「あのしろものをいじったり、掃除したりするときの彼の顔が気に入らなかった」

一九六三年から六四年にかけての冬、ある社交的な訪問のあいだに、ショウもまたSFファンであることが判明した。キューブリックは好奇心をそそられて、題材としてそのジャンルを真剣に検討しているのだと彼に告げた。「クズとみなされない最初のSF映画を作りたいんです」とキューブリックはいった。「太陽面の影」について説明し、ラジオ・ドラマを脚色してくれる最高の作家を探している、とミュージシャンに語った。これを聞いて、ショウはアーサー・C・クラークを読むように勧めた——とりわけ長篇『幼年期の終り』を。キューブリック夫妻はすぐに本を手に入れ、ヴィヴィアンの息づかいを監視するあいだ、娘のベッドのかたわらでその本を読んだ。

全能の地球外生物がやってきて、人間の営みに介入するというクラークのヴィジョンをはじめて吸収するうちに、キューブリックはしだいに興奮してきた。一章読み終えるやいなや、そのページを本から破りとり、クリスティアーヌに渡しながら、「ぜひこいつを読んでくれ」と彼はいいつづけた。「わたしたちは交代に起きていなくてはならなかった」と彼女は回想する。「だから、いつも疲れ切っていて、こういうものを読んでいたの。わたしたちにいわせれば、アーサーが最高だった」典型的なペーパーバックの値段はわずか二十五セントだったので、この本を破りとるという読み方は、当時一般的だった。とうとう最後のボロボロになった断片まで来ると——そのなかで人類は新しい種《スピーシーズ》として生まれ変わり、地球は蒸発する——キューブリックは背表紙の著者略歴を読んだ。それによると、著者はセイロンのコロンボ在住だという。

翌日、彼は『幼年期の終り』の権利関係がどうなっているか、ラヴジョイに調査を依頼した。しかし、その本は一九五〇年代にオプションが取得されているとすぐにわかった。キューブリックが権利を獲得する方法はない——大金を投じないかぎりは——そしてクラーク本人は熱帯のどこかにいて、神のみぞ知ることをしているにちがいない。監督は『博士の異常な愛情』の宣伝キャンペーンの最終段階に気をとられ、その問題を頭から締めだした——もっとも、晩にSF小説を渉猟することは勤勉につづけたのだが。

二月十七日、『博士の異常な愛情』の初公開からたったの二週間後に、彼は行きつけの店のひとつ、サヴォイ・プラザ・ホテルのトレダー・ヴィックスでロジャー・キャラスと会い、ランチをとった。キャラスは長身で、威勢のいい声をはりあげるフォールスタッフ（シェークスピア作『ヘンリー四世』に登場する肥満体の騎士。陽気で頓智があって、ずぼらな性格に描かれている）的人物で、十年にわたりコロンビア・ピクチャーズの宣伝担当重役を務めていた。そのレストランの似非《えせ》ポリネシア風モチーフ——模造の草で覆われた島の家風の入口、そびえ立つティキ神のトーテム・ポール、巨大な二枚貝を模した照明器具——を思えば、超一流の環境とはいえなかったが、「心の底では、スタンリーは田舎者だった」とキャラスは述懐する。「彼にはてらいというものがなかった。たまたま天才だっただけだ。おかしな話だが、たまたまそうだったんだ」と。

『博士の異常な愛情』の好調な出だしについて言葉を交わしたあと、キャラスは監督に、つぎはどうするつもりだと尋ねた。キューブリックはオリーヴ色の目で彼を探るように見た。「きっと笑われる」とフォーブスの反応を思いだして彼はいった。「そうは思わない」とキャラスは答えた——三十年後にこの会話を回想して、彼はこういった。「スタンリー・キューブリックをばかにして笑うわけがない。当時でさえ、彼が何者かははっきりしていた……何年もかけて自然と明らかになったわけだが、当時でさえはっきりと顕れていた。すると彼は『そうか』といった。おかしな小さなきらめきを目に宿して、わたしの顔の表情をうかがい、彼の話をわたしが理解しているかどうか判断しようとしていた。『ET』という表現は、いまほど一般には知られていなかったし、使われてもいなかった。スピルバーグのおかげだよ。で、彼はいったんだ、『ETについての映画

スタンリー・キューブリックとロジャー・キャラス。

を作りたい』と」

キャラスはこれを聞いて即座に答えた。「すばらしい。じつは、今夜、地球外生命についてのラジオ番組に出るんだ。ロング・ジョン・ネベルの番組で、十二時にはじまる」と。キューブリックはときどきネベルの番組を聞いていた。WOR＝AMニューヨークで何十年もつづいている人気の深夜放送の番組だ。ホストはUFO、妖術、超心理学など、説明のつかない現象に焦点を絞っていた。キャラスの説明によれば、彼は番組の常連で、ネベルは最初の一時間しか登場せず、番組をゲストにまかせて、朝まで鳴りをひそめていることがよくあるという。

アシスタントに大量の本を手に入れるよう頼み、作者を問わず、手当たりしだいに読んでいるのだ、とキューブリックがいった。彼が作者の名前を列挙しはじめると、宣伝マンがさえぎった。「なんでひととおり読むんだ？　最高の作家を雇って、話を進めればいいだけじゃないか」

「だれが最高なんだ？」とキューブリックは尋ねた。

「アーサー・C・クラークだと答えた」とキャラスは回想する。「すると彼はいった、『なるほど、でも、たしか頭のおかしいやつだろう。インドで木のうろに住んでいる隠者だ』

と」後年、そのときのことを思いだして彼は笑い声をあげた――一九六四年にもそうしたことは疑いの余地がない。そして彼は自分の答えを再現した――「『じつはちがうんだ、彼はセイロンに住んでいる』当時はセイロンで、スリランカじゃなかった。『彼はセイロンに住んでいて、頭がおかしくもないし、すごく立派な家があって、召使いを置いている。すばらしいライフスタイル、運転手、ほかのなにもかもがそろってる』するとキューブリックが『知りあいなのか?』と訊くので、『知りあいなんてもんじゃない。アーサーとぼくは長年の友人だよ』と答えたんだ」

「いやはや、連絡をとってもらえないか?」とキューブリックはいった。

＊＊＊

セイロンから脱出するのに、クラークはつねにもまして苦労していた。法廷弁護士が最善をつくしてくれたにもかかわらず、税務当局は、彼が国を出る前にかなりの金額を預託するよう求めていた――しかし、アメリカの口座が凍結されており、現金はすべてウィルスンの映画に投資しているので、手元不如意もいいところだった。四月九日に彼はアメリカのエージェント、スコット・メレディスに緊急の電信を送り、メレディスはただちにタイム・ライフ社とのあいだにはいって、本の前渡し金の残額を要求した。この金は無事に電信で送金され、預託された――だが、そのときセイロン航空のコメット機が機械のトラブルを起こし、ジェット機の部品がロンドンから空輸されるのを待つあいだ、フライトは数時間ではなく二日遅れたのだった。

ようやくニューヨークへの旅に出たクラークは、途中ロンドンに立ち寄った。そこではいつもどおり弟フレッド一家のもとで数日を過ごし、コロンビア・シアターに『博士の異常な愛情』を見にいった――シャフツバリー・アヴェニューにあるモダニズム建築の豪華な映画館である。三役――クラークの友人、ヴェルナー・フォン・ブラウンをモデルにしたことが明白な、作品名の由来となった科学者を含む——を演じ分けたピーター・セラーズの名演に驚嘆したのを別にすれば、キューブリックがテクノロジーをあつかう手ぎわにクラークは感銘を受けた。キューブリックがリアリズムを重視しているのは歴然としていた。とりわけ核爆弾を積んだB－52爆撃機の内部は。外観——雲のかかった山頂の空撮フィルムをリアプロジェクションで映写し、その前で爆撃機を撮ったもの——も悪くなかった。「その印象的な技術的名人芸は、いっそう野心的なプロジェクトをたしかに予言していた」と数年後、作家は書いている。

四月十八日にニューヨークに到着すると、クラークはチェルシー・ホテルにチェックインした。西二十三丁目にある、このみすぼらしい赤煉瓦の建物は彼の定宿で、そこで彼はアーサー・ミラー、ウィリアム・S・バロウズ、アレン・ギンズバーグ、ゴア・ヴィダルといったほかの常連客たちとつき合った。ミューレンバーグ図書館が通りをはさんだ真向かいにあって便利だったし、七番街の角にあるオートマット（自動販売式のカフェテリア）で朝食のようなものが食べられた。じつをいえば、マリファナの煙がときどきエレベーターからもれてきたし、ロビーはフリーク・ショウの様相を呈するときがあった。しかし、チェルシーではもうひとつの《オルタナティヴ》ライフスタイルに関心を払う者はいなかったし、なにより、ゲイのたまり場だった。

キューブリックとの打ち合わせは、翌週、トレダー・ヴィックスで行う予定だったので、クラークには時差ぼけを解消し、スミス・コロナ電動ポータブル・タイプライターを購入して、友人たちと会う数日の猶予があった。月曜日に彼はミッドタウン・マンハッタンにあるタイム・ライフ社のビルの「三十二階にあるすてきなオフィス」に身を落ちつけ、編集者たちと著書『人間と宇宙の話』の刊行に向けた準備にとりかかった。「南の楽園セイロンから数年ぶりにニューヨークへ帰ってくると、なんだか不思議な気分になる」（伊藤典夫訳）と彼は書いている。「象と珊瑚礁、モンスーンと海底の宝物船ばかりの退屈な暮らしに比べると、通勤電車さえ——地下鉄ＩＲＴ線でたった三駅とはいえ——エキゾチックな新体験だ。どういう秘密をかかえ、どこへ行くのか、マンハッタン子たちの耳慣れない叫び、明るい笑顔、いつもながらの礼儀正しさは、尽きることない魅惑の源泉だ」（同前）

水曜日に、ガラスに囲まれた高巣から降りて、五番街の東側にある古いサヴォイ・プラザ・ホテルまで歩いていった。四月二十二日——万博の開幕日だった。象やモンスーンをあとにしてきたばかりの彼は、レストランの似非熱帯風装飾を面白がって眺めまわし、バーへ向かった。約束の時間はまだ来ていなかった。キューブリックは時間どおりに到着し、こみ合ったテーブルのあいだを縫って作家のところまでやってきた。本の裏表紙に載っていた写真を見て顔を知っていたのだ。テーブルを見つけて、腰を降ろすと、クラークはキューブリックが「かなりもの静かで、平均的な身長のニューヨーカー（特定するなら、ブロンクス子）。ハリウッドの大映画監督といえば——もっぱらハリウッド映画のせいで——連想するような風変わりなところは微塵もない……夜更かし族の青白い肌をしている」ことに気づいた。一九六四年の春のキューブリックは、髭をきれいに剃っており、人好きがし、真面目な顔で冗談をいい、〈ニューヨーカー〉のライターで物理学者のジェレミー・バーンスタインが二年後に使う言葉を借りるなら、「河船のギャンブラーか、ルーマニアの詩人を思わせる、なんとなくボヘミアンな外見」をしていた。注文のあと、ふたりはつぎの四年の大半にわたってつづくことになる、熱のこもったトーク・マラソンをはじめた。

即座に感心させられたのは「純粋な知性」だった、とクラークは書いている。「どれほど複雑なものであろうと、キューブリックは新しい考えをたちまち理解する。あらゆるものに興味を持っているようでもある」と。八時間つづいた最初の打ち合わせは、ＳＦ、政治、空飛ぶ円盤、宇宙開発、『博士の異常な愛情』といった話題におよんだ。その映画をロンドンで見た、ドイツ人ロケット工学者ヴェルナー・フォン・ブラウンは友人のひとりだ、とクラークが監督に告げると、キューブリックは「彼を当てこすったわけじゃない、とヴェルナーに伝えてください」といった。のちにクラークは、こう述懐することになる。「わたしは伝えなかった。なぜなら（ａ）その言葉を信じなかったから、（ｂ）たとえスタンリーは当てこすらなかったとしても、ピーター・セラーズがそうしていたのは確実だから」と。

のちに『２００１年宇宙の旅』になるものの背後にあった基本概念は、一九六四年にキューブリックとクラークとのあいだで余人を交えずに闘わされた議論から生まれたものだった。キャラスの言葉を借りれば、ふたりは「非公開《イン・カメラ》」だった――「内々で」を意味するラテン語の法律用語だ（文字どおりの意味は「室内で」）。しかし、「パナビジョン」という機種名を加え、フロントにツァイスのレンズをとりつければ、それはキューブリックの主要な武器の語源でもあった。とはいえ、キューブリックとクラークの初顔合わせは、ある意味で内容と能力が完璧に一致した例であり、その逆もまた同じだということをわれわれは知っている。

クラークは当時四十七歳。宇宙、宇宙論、ロケット工学、天文学、未来論、ＳＦについて知るべきことを片っ端から吸収することに人生の大半を費やしてきていた。彼自身の小説のアウトプット――それはかなりのものだった――を別にしても、影響力のある一連のノンフィクション作品を通じて、人類の太陽系進出を声高に喧伝してきた。言語明瞭で、ウィットに富み、自己中心的だった――甚《はなは》だしく害にならない程度になんとか抑えこんでいる性格だ――そして世界的権威とみなされるとうれしく思った。執筆するときは自己流を通すのに慣れていたが、映画が共同作業のメディアであり、監督がボスであることはよくわきまえていた。

キューブリックは三十六歳。クラークより十歳以上も若く、創造力の頂点をきわめていた。辛抱強く、やわらかな口調で話し、礼儀正しく、分別があり、辛辣で、ひどく執念深く、複数の知的なボールをいついかなるときも空中に浮かべておくことができた。彼が視覚面で強制力をふるい、知的な面で挑発する映画を作るのに必要な内容を吸収するという話になると、共作者たちは判で押したようにスポンジのメタファーを使う。とはいえ、スポンジはもっぱら受動的な物体だ。彼の妻にいわせれば、それはもっと能動的なプロセスだった。

「スタンリーにはものすごい集中力があったの。彼の知りたいことをだれかが知っていれば、職権で吸いとったものよ！」とクリスティアーヌは笑いながらいった。「彼は自分の知らないことで、知りたいことを知っている人がいれば、飢えた生徒になった。だから、彼に教えるのはとても楽しかった。あれほど注意を払ってくる人はいないのだから」

バーベキューのビーフという食べごたえのある食事をしながら——ふたりともたいてい肉食だった——作家が提案したオープニングシーンと、「前哨」を下敷きにする可能性について話し合った。その短篇は、スコット・メレディスが数週間前にポラリスへ送った作品集の一冊に収録されていた。キューブリックがＢＢＣのラジオ・ドラマを映画向きに脚色する意向で、それを見てもらいたがっていると判明するとクラークは失望した。監督が「太陽面の影」の粗筋を述べるのをおとなしく拝聴したあと、クラークは、自分自身のコンセプトか、あるいは共同で発展させるかもしれないアイディアに基づくオリジナル・ストーリーのほうで仕事をしたいと希望を述べた。

三年後、「ストレンジラブ博士の息子、または私は如何にして心配するのを止めて、スタンリー・キューブリックを愛するようになったか」と題した〈ライフ〉誌のための草稿のなかで、クラークは自分たちの会話についてこう記した——「少々悔しいことながら、スタンリーがすでにありきたりな〝地球侵略〟ものの脚本に興味をいだいているとわかった。わたしは他人のアイディアで仕事をすることに興味はない、とはっきりとわからせてやった」と。しかしながら、彼自身のメモによれば、「太陽面の影」は五月二日まで検討課題のままだった——一週間以上あと、二度の打ち合わせのあとまでだ——とすると、彼がいうほどには強い口調ではなかったのかもしれない。とにかく、一九六七年には、『２００１年』について書くものはなんであれ監督に提出してコメントをもらうという要請にクラークは応じていた。そして余白にキューブリックの書きこみがあるタイプ原稿では、その文章が抹消され、「これはちょっと狭量だし、ぼくがとんまに見える」というコメントがついている（その記事は発表されなかった。聖人伝がすぎる、と編集者たちが判断したからだ）。

ＢＢＣのドラマをしばらく俎上に載せたあと、ふたりは監督が成しとげたいと思っていることを全般的に話し合った。「スタンリーははじめから、最終ゴールについてはたいへん明確な考えを持っていて、それに近づく最良の道順をさがしていた」（伊藤典夫訳）とクラークは書いている。「彼が作りたかったのは、この宇宙におけるヒトの位置を描いた映画で——そのたぐいのものは、映画史上かつて存在したことがないどころか、一度も試みられたことはない」（同前）と。クラークによれば、キューブリックは、「驚異と畏敬と（筋立てしだいでは）恐怖までもかきたてる芸術作品を創りだそうとしていた」（同前）のだ。

クラークがＵＦＯの話題に関していわねばならないことにも、キューブリックは鋭い関心を寄せた。はじめてスタンリーに会ったとき、「彼はすでに膨大な量の科学知識とＳＦを吸収し、空飛ぶ円盤を信じるという危うい方向に傾きかけていた。わたしはこのおぞましい運命から彼を守るため、危機一髪のところで駆けつけたような気がしたものだ」（同前）と作家は述べている。

クラークが驚いたのは、キャラスとはしばらく連絡をとらないでくれと頼まれたことだった。このパブリシストのせいで仕事から気がそれるのが心配だからだという。すこし面食らったものの、クラークは同意した。こういう裏で糸を引くようなやり方が、自分たちの共作の特徴でありつづけるのだろうか、と疑問に思いながら（彼はまだなにも見ていなかった）。八時間も話をつづけ、そのあいだに万博をいっしょに見にいこうと話がまとまったあと、ふたりはホテルから暗くなった五番街へ出た。ふたりとも満足していた。キューブリックのほうは、博識で、趣味が同じで、非常に役に立つ共作者になってくれそうな人物に出会ったから。クラークのほうは、おのずと明らかなキューブリックの知的能力とてらいのなさが天啓に思えたから。

後年、彼は監督のことを「ひょっとしたら、あれほど知的な人物には会ったことがないかもしれない」と述べることになる。

＊　＊　＊

その週の金曜日、ふたりはキューブリックのペントハウスで会った。そこでクラークはクリスティアーヌと夫妻の娘、キャサリナ（クリスティアーヌの最初の結婚でできた連れ子）、アーニャ、ヴィヴィアンとはじめて顔を合わせた。天井は低いが、迷宮のように部屋が並ぶ巨大なペントハウスは、壁をいくつかとり壊す前は、もともとふたつのアパートメントだった。テラスにぐるりと囲まれていて、頭上ではビルの屋上に設けられた焼却炉の煙突が、むせぶような低いうなりをあげ、細かな灰の雨を絶えず降らせていた。煤から守られた屋内では、クリスティアーヌの色あざやかな油絵が壁にかかっていた。リビングルームは、子供たちの大騒ぎで、たいてい物的損害を受けていた。

キューブリックの書斎は、録音機材、アンプ、スピーカーのたぐいで足の踏み場もなく、箱形で正面が銀色のゼニス・トランスオーシャニック短波ラジオが鎮座していた。彼はそれを使って、ヴェトナムで拡大しつつあるアメリカの軍事行動に対するモスクワの反応をときどき探ろうとしていた。「ハイファイ機器と、口述のための携帯式テープ・レコーダーに夢中なのは、時間を節約するもの全般に興味があるからだ」と〈ニューヨーカー〉のジェレミー・バーンスタインに対して彼は述べている。バーンスタインの書いた監督についての人物探訪記事は、一九六六年十一月に発表された。

クラークは約束どおり自分のクエスターを持ってきていた。彼らはそれを三脚にとりつけ、コートを着こんで、屋外に設置すると、月に狙いをつけた。満月まであとわずか四日。西側にちょうどいい影ができて、三日月形の〈嵐の大洋〉をふちどる山脈がくっきりと見えた。その影が、広大なグリマルディとリッチオリの両クレーターをドラマチックに突き刺していた。フォン・ブラウンのサターン1型ロケットは、六度目のテスト飛行がほんの数週間後に予定されていた。それは地球軌道へ行くだけだが、ＮＡＳＡの宇宙船は最終的にどこへ着陸するだろう、とふたりは考えをめぐらせたかもしれない（サターン・ロケットは、最終的に宇宙飛行士たちを月へ連れていくことになる。だが、一九六四年の春、NASAはふたり乗りジェミニ・カプセルの無人打ち上げも依然として実施していた。地球を周回するジェミニ計画は、アポロが無事に月へ到達し、帰還するのに必要な宇宙飛行の技術を検証するために立案された）。

そのあとの一カ月ほどは、毎日のように打ち合わせが行われ、そのなかで大量の情報がやりとりされた。たいていは一方向へ。つまり、クラークの愛想のいい雄弁な知性から、キューブリックの激しい飢えをかかえた知性へ。「スタンリーと打ち合わせをするたびに、横にならなければならない」と、のちにクラークは述懐することになる。合意はなされなかったし、契約書にサインもしなかったが、事態がその方向に進んでいることは歴然としていた。キューブリックが会話の主導権を握ったのか、と後年尋ねられると、クラークは対等だったと回想した。クラークの伝記を著したニール・マカリーがその点を重ねて訊くと——彼の見解によると、製作のあらゆる局面でキューブリックがつねに物事を意のままに動かした——クラークはこう答えた。「わたしはあっさりと折れたりはしない」

そうだったらどんなにいいだろう。しかし、そうは問屋がおろさなかった。

作家があいかわらずタイム・ライフ社のビルで自著の仕上げにかかりきりなので、四月三十日にキューブリックは、ひとりでクィーンズのフラッシング・メドウズへ行った。ニューヨーク万博の〈輸送と旅行〉パヴィリオンで行われる「月とそのかなたへ」の試写を見るためだ。そのパヴィリオンの売りものは、高さ二十八メートルのムーン・ドームだった。クレーターと山脈から成る様式化された地誌的風景を湾曲した屋根に描いたものだ。上映時間十八分の実験的作品は、特別なシネラマ社の三百六十度プロセスを使って作られており、魚眼レンズと垂直に据えつけられた映写機を用いて、ドームの内側に70ミリフィルムを映写できるようになっていた。

約束どおり、その映画はでこぼこした月面の景観（地球が地平線のすぐ上にかかっている）と、回転する乗員区画をそなえた巨大な惑星間宇宙船による、太陽系へのさらなる旅を描いていた。これにつづくのが、ロサンジェルスの視覚効果のパイオニア、ジョン・ホイットニー制作のアニメーションで、ビッグ・バンの描写が含まれていた。できたばかりの宇宙へ物質の環が広がっていき、色とりどりの星雲が花開くというものだ。崩壊する水素の雲からしだいに形成される渦状銀河の姿もあった。

こうしたシーンはアニメーションの技法で作られているので、自作のために構想しているようなフォトリアリズム的な描写とはいっしょにできないものの、キューブリックは作品全体の誠実な作りに感銘を受けた。無料招待券をじっくりと眺めると、脚本と監督はコン・ペダーソン、製作はロサンジェルスを拠点とするグラフィック・フィルムズという会社だとわかった。招待券に記載はなかったが、回転する渦状銀河を描いたのは、ダグラス・トランブルという名の若い社員だった。

翌々日の五月二日土曜日、クラークはふたたびキューブリック家に顔を出し、スタンリーに位置天文学の初歩を手ほどきした——空にある物体の位置を突き止めるための古来からのテクニックだ。「アーサーはなんでも知っている大おじみたいに話をするのが大好きだった。SFについて、科学について、知るべきことはなんでも教えてくれる大おじよ」とクリスティアーヌは回想する。「ふたりは屋上へ行き、アーサーが特定の惑星や星の見方を教えてくれたの。じっさいに星に焦点を合わせるのはむずかしいし、すごく寒かった。わたしたちはアーサーからいろんなことを学んだわ。まるっきり、子供みたいだった」

あまりの寒さに撤退したあと、彼らは構想中の作品についての議論を再開した。クラークは、「前哨」が映画のすばらしい叩き台になるというかねてからの意見をくり返し、「太陽面の影」は、宇宙のシーンを呼びものとするように書かれたストーリーではなく、『宇宙戦争』タイプのドラマに近い——はじめから終わりまで地球上が舞台となるドラマだと主張した。キューブリックはとうとうラジオ・ドラマを没にし、クラークの短

スタンリー・キューブリックとアーサー・C・クラーク。1964年、ニューヨーク市、レキシントン・アヴェニューにあったキューブリックのペントハウスのパティオにて、セレストロン望遠鏡をはさんで。

篇小説を長篇映画の長さにふくらませることに専念すると同意した。早い段階で出た疑問のひとつが、月面での異星人の遺物の発見がクライマックスになるのか、それともプロットの一局面にすぎないのか、というものだった。結末に置かないとしたら、どうやって映画を終わらせればいいのだろう？

「昼間はタイム・ライフ社で仕事をして、夜はスタンリーと副業をしていた。タイム・ライフ社の仕事が片づくにつれ、スタンリーとの仕事が増えてきた」と一九六九年にクラークはジェレミー・バーンスタインに語った。「来る週も来る週も話をした——ときには十時間ぶっとおしで——そしてニューヨークじゅうをさまよった」と。ふたりは多くの映画をスクリーンにかけて見た。『月世界征服』、『地球の静止する日』、『禁断の惑星』などだ。キューブリックはまもなく気づいたのだが、彼にいわせれば気恥ずかしくなるほど底が浅く、お粗末な出来な映画にクラークは恐ろしく寛容だった。一九三六年の英国ＳＦ映画の古典『来《きた》るべき世界』――脚本はＨ・Ｇ・ウエルズで、彼の多くの短篇を原案にしている――の映写を作家が主張したとき、キューブリックは身悶えしながらこう叫んだ。「ぼくになにをしようっていうんだ？　あんたが勧める映画は二度と見ないぞ！」と。クラークは一九七二年にそう回想している。

体調が優れなかったものの――咳が出たし、体がだるかった――クラークは五月十一日から十三日にかけてワシントンへ赴き、ＮＡＳＡのお歴々と会食した。宇宙局の首席スピーチライターが、ＮＡＳＡ長官ジェイムズ・ウェブのために、一九六二年の彼の著書『未来のプロフィル』から「せっせと剽窃している」のを恨みっこなしで指摘したり、アポロ計画の責任者ジョージ・ミュラーに、月へ着陸したあとＮＡＳＡはなにをするべきかについてアイディアを求められて、とりわけ虚栄心をくすぐられたりした。ニューヨークへもどると、彼はマイク・ウィルスンに手紙を書いた。「あいかわらず時間があくたびにスタンリー・Ｋと過ごして、叩き台になるストーリーをひねり出そうとしている。もうじきＯＫが出そうだが、はっきりした言質はまだとっていない。幸運のおまじないをしておいてくれ……」自分たちの共同口座の借り越しが支払期限にあることもウィルスンに思いださせ、多少の金を入れられるかどうかを、パートナーに尋ねていた。

それと同じころ、キューブリックはテープ・レコーダーを引っつかみ、タクシーに飛び乗って、アメリカ自然史博物館のそば、ウエスト・エンド・アヴェニュー三百九十番にあるジョゼフ・ヘラーのアパートメントへ行った。彼はヘラーの長篇小説『キャッチ＝22』を絶賛していた。同書は、非線的《ノンリニアー》な構造を別にしても――その本のさまざまなストーリー・ラインは、場面の連続から巧みに織りなされていた――自分が『博士の異常な愛情』で達成したと信じている〝悪夢のコメディ〟のような効果をそなえていた。ヘラーのほうもこの映画を激賞していた。その日の会話が録音された目的は不明だが、それは啓発的なものだった。

ヘラーは当時四十一歳。その彼が『キャッチ＝22』を執筆した、まさにその玄関広間にすわって、キューブリックはいった。「非常に優れたプロットは、ささやかな奇跡です。音楽におけるヒット曲のようなものなんです」

「いい得て妙だね」とヘラーは応じた。

「『小説の諸相』のなかで」とキューブリックは言葉をつづけた。「E・M・フォスターは、プロットを持たなければならないのは残念きわまりないが、持たないわけにはいかないと論じました」

　最初の穴居人が焚き火を囲んですわっているとしましょう。もし語り部《ストーリーテラー》が彼らの興味を惹きつけておけなければ、彼らは眠りこむか、大きな石で語り部をなぐるかしました。でも、人は優れたプロットに代価を惜しみません。なぜなら、つぎになにが起きるのだろう、とそこにすわっただれもが考えているときは、それがどのように起きるのか、あるいはなぜ起きるのかを気にする余地がないからです。いちばん巧妙なやり口のひとつは、優れたプロットを持たないで、それでいながら興味を持続させることで、それにはふたつの方法があります。つまり、信じられないものをとりあげて、それを迫真的にするか――あなたの本のシュルレアリスムとファンタジーと夢のような特質が行き渡るのはそこです――あるいは事実や人物の核心にぎりぎりまで迫って、派手に動いていないときでさえ、静かにしているだけと思わせるようにするかのどちらかです。

　ヘラーは同意した。「創作家として本当に成功するのは、自分自身の言葉で読者や観客を勝ちとったときだよ」

　キューブリックは言葉をつづけた。「映画という形式と、多くの感情を生みだすという能力のおかげで、非《ノン》プロット・ストーリー、あるいは反《アンチ》プロット・ストーリーと呼べそうなものがあります。ひとたび人の心を強くとらえれば、あるかないかわからないかくらいの振動で人を震わせられます。映画のなかでとりわけうまくいきますが、本のなかでもうまくいきます」

＊　＊　＊

ニューヨークを歩きまわっているうちに――その範囲はセントラル・パークを横断し、グッゲンハイム美術館、さらにはイースト・リヴァーへ達し、「レストランとオートマット、映画館と画廊」にまたがっていた――キューブリックはシネラマという形式についてクラークに説明した。それは解像度が非常に高いので、観客をある種の旅に連れだすことができる。名前は「シネマ」と「パノラマ」という言葉の融合だ。シネラマ映画は「ロードショー」公開として、まず主要都市で公開される。その映画館には劇場と同様に、予約席、印刷されたプログラム、休憩がある。ロードショー上映へ行くのに、人々は着飾りさえする。

キューブリックは、カメラマンで友人のロバート・ガフニーとその件をかなり長く話し合ったことがあり、自分たちの映画をシネラマ作品にしたいと思っていた――しかし、一台の65ミリカメラと一台の映写機しか必要としない、従来より新しいプロセスを用いて作りたかった。彼は『西部開拓史』を引き合いに出した。数世代にわたる登場人物たちが西へ勢力を広げていくさまを描いた映画である。三時間近い長さがあり、商業的に成功した最後のMGM超大作となった。キューブリックの考えでは、ひな型として評価する値打ちは十二分にあった。とりわけ、明らかになりつつある自分たち自身の企画の視野を考慮すれば。この映画は五つの主要パートとエピローグから成り、全篇を通じての主役がいないので、伝統的な意味でのドラマよりはドキュメンタリーに近かった――たとえスペクタル満載であったとしても。

ほかの天体に定住しようとするパイオニアたちの苦闘は、アメリカ西部開拓のこだまを未来の宇宙時代に響かせるだろう――その点ではクラークも同意した。しかし、彼の見解では、いまなお文明と両立できる征服の形は、惑星間旅行だけなのだ。それに先立つ二週間のうちに、ふたりは自分たちの宇宙叙事詩にどういう題名をつけるかという問題にときおり触れていた。いまでは『太陽系はこうして勝ちとられた』という仮題にしようと決めていた（古くからある決まり文句で、映画『西部開拓史』の原題でもある「西部はこうして勝ちとられた」のもじり）。「わたしたちの頭にあったのは、新しいフロンティアの開拓端緒の日々にまつわるセミドキュメンタリーのようなものだった。このコンセプトはじきにはるか遠くへ置き去りにされたが、いまでもなかなかの名案に思える」と一九七二年にクラークは記している。

　議論をつづけるうちに、作家がすでに活字にした、あるアイディアに言及したことはまちがいない。つまり、人類の宇宙への飛躍と、じっさいはアメリカ西部開拓やクリストファー・コロンブスどころか、オデュッセウスよりもはるかに時をさかのぼる歴史上の事実との相似だ。クラークによれば、宇宙旅行は、生命が海から陸へあがったのと同じくらい重要な進化上のジャンプをもたらす――ただし、宇宙への進出は、知的な種《スピーシーズ》による意識的な移動という点で対照的だ。「われわれは自分たちがいまだに海の生きものであると考えずにはいられない。誕生から死まで、皮膚という水で満たされた宇宙服をまとっているから、海から離れていられるだけなのだ」と彼は述べている。「海から敵意に満ちた、異質な陸へあえてあがった生きものだけが、知性を発達させることができた。いまやこの知性がさらに大きな挑戦に直面しようとしているのだから、地球は塩の海と星々の海とにはさまれた、つかのまの休憩地にすぎないのかもしれない」と。

　マンハッタンをさまよい歩いているうちに、クラークはもうひとつの指摘をした。つまり、最初の道具使用者は人類ではなく、人類以前の霊長類だった――そして道具の使用が彼らを破滅に追いこんだのだ、と。なぜなら、この上なく原始的な道具でさえ、使用者の手が器用さを増す結果を招くし、使用者の姿勢さえ変えるからだ――たとえば、直立歩行することで。「人間が道具を発明したという古い考えは誤解のもとであり、真実の半分でしかない。道具が人間を発明したというほうが正確なのだ」と一九六二年にクラークは書いた。「それらは非常に原始的な道具であり、サルと大差ない生きものの手に握られていた。それでもわれわれにつながったのであり——最初にそれを使った猿人の最終的な絶滅につながったのである」

＊　＊　＊

四度の長い長い打ち合わせと、十数回の電話のあと、映画の形が——クラークの言葉を借りるなら——「言葉の霧」から姿を現しつつあった。五月十七日の日曜日、彼はキューブリックのアパートメントをまた訪ねた。監督が、映画の仕事をオファーする用意がある、完成には約二年かかると見積もっているといった。ポラリス・プロダクションズはクラークの短篇小説六篇のオプションを取得する。それらはつなぎ合わされて、映画の土台となる。自分の作りたい映画は、これからの五十年ほどにまたがり——『西部開拓史』に匹敵する期間だ——宇宙時代の第一章をカバーして、地球外知性とのファースト・コンタクトで絶頂に達するだろう。

クラークは、すぐにもセイロンへ帰るという夢を先送りしなければならない。そしてキューブリックの側近で、ロサンジェルスの弁護士であるルイス・ブラウがスコット・メレディスと条件を話し合う用意をしている。クラークが脚本にとり組んでいるあいだ、ポラリスは週給を払う。細かいことはブラウにまかせたが——とキューブリックはいった——クラークの満足がいくようにしたい。自分の腹づもりでは、執筆には十四から二十週間かかるだろう。万が一それより前に仕上がった場合にそなえて、最低十四週間分の支払いを保証する。

クラークは、マイク・ウィルスンと若い友人ヘクター・エカナヤケとセイロンでの暮らしが懐かしくて仕方がなかったが、年末近くまでニューヨークにとどまることに渋々同意した。ふたりは追加した短篇小説について話し合った。「前哨」をふくらませたものをベースにした映画の構成要素として考えているものだ。「未踏のエデン」は、地球からの偵察隊が金星で原始的な、地面にへばりついている生命体を発見する経緯を描いた小品。地球人が出発するとき、廃棄物の袋を埋めて残していく。金星の有機体は巻きひげをゴミのなかにのばしはじめ、「生きている生物の小宇宙をも取り込んだ。その小宇宙とは、地球では無数の恐るべき株に進化をとげた、各種のバクテリアやウイルスのこと」（酒井昭伸訳）である。締めくくりはこうだ――「金星の雲のもとで、創造の物語は、ここに未完のまま終わりを告げたのである」（同前）

「彗星の核へ」は、宇宙船が彗星に侵入する話。コンピュータが故障して、船はガスと塵から成る、ややもやした殻のなかで立ち往生する。クルーは手製のソロバンを使って計算し、危地を脱する。「破断の限界」は、隕石の衝突で酸素タンクに穴のあいた原子力駆動の惑星間宇宙船の話。残っている呼吸可能な空気では、船内のふたりの男のうちひとりしか目的地まで生きのびられない。船はダンベル形で、片方の端に居住区をおさめた大きな球体があり、長いシリンダー経由で推進システムとつながっているという記述がある。放射線を防ぐため、推進システムは居住区と離されているわけだ。「幽霊宇宙服」は、スペースポッド――ひとり乗り宇宙船のようなもの――に乗った心配性の宇宙飛行士が、かすかな動きを感知して、ポッドに幽霊が憑いているのではないかと不安をつのらせる話。そのポッドは、亡くなったクルーが以前使っていたものなのだ。温かくてふわふわわしたものをうなじに感じ、死ぬほど驚いたあとで、幽霊に思えたものは、じつは無重力状態でもがいている数匹の子猫のうちの一匹だと判明する。船のマスコットである猫がポッドの内部に隠しておいたのだ。

キューブリックもクラークも仮題には満足していなかったが、自分たちの映画の性格をまだ把握しきっていなかったので、それよりましな題名を思いつかなかった。クラークの五番目の短篇「ゆりかごから」は、一九五九年の〈デュード〉誌が初出だった。世紀なかばに登場した〈プレイボーイ〉の競合誌で、文学的な気どりにあふれ、女性の胸の谷間をたっぷりと載せていた。この小説は、気むずかしい主人公が、月面基地にいる立場から日付について思いをめぐらせるところからはじまる。

話を始める前に、ひとつ指摘しておきたいことがあるんですよ。見すごしている人が多いらしいんでね。それは二十一世紀はあす始まるのではなく、一年後、すなわち、二〇〇一年一月一日に始まるということ。カレンダーは真夜中から二〇〇〇年にはいるけれど、旧世紀は、なお十二カ月残っているんだ。百年目ごとに、われわれ天文学者は、これを初めから説明し直さねばならないが、いつだっておなじで、ゼロが二つつくやいなや、お祭りが始まるのさ……（中桐雅夫訳）

最後に語り手は不機嫌な口調をかなぐり捨て、「ぼくの生涯で聞いた音のうちで、いちばん、畏怖の念をおこさせたものだよ。それは生まれたての赤ん坊の、か細い泣き声だった――人類史上、地球以外の世界で生まれた最初の子供の声だった」（同前）と述べる。小説の題名は、先見的なロシア人ロケット工学者ツィオルコフスキーの名言、「地球は人間のゆりかごだが、人類は永遠にゆりかごのなかにはいられない」にちなんでいる。

そして最後に、もちろん「前哨」がある。彼らの映画の礎石とすることで、すでに合意ができている作品だ。題名の由来となった異星人の遺物に触れて、物語は不吉に幕を閉じる。

いま信号が止んだからには、監視役たちはしだいに地球へ関心を向けようとしている。おそらく彼らはわれわれの幼い文明に手を貸したがるだろう。だが、おそろしく年老いた種族にちがいないし、とかく年寄りというものは、若者を狂ったように嫉妬するものだ。

いまわたしは天の川をふり仰ぐたびに、あのたなびく星々の雲のどこから使者がやってくるのだろうかと案じずにはいられない。陳腐すぎる喩《たと》えを許していただけるなら、火災報知器を鳴らしてしまったからには、もうあとは待つしかないからだ。

それほど待たずにすむのではないかと、わたしは思っている。（伊藤典夫訳）

その五月にはふたりとも議論に加えようと思わなかった短篇がある。それが「夜明けの出会い」だ。一九五三年の〈アメージング・ストーリーズ〉誌に発表されたこの作品は、先史時代の地球へ到来した異星人の調査隊の足跡を追う。そこで彼らは、ある点で自分たちに似ていないこともない原始的な亜人《ホミニッド》の部族を発見する。ただし、進化のはるかに前の段階にいる――「歴史の夜明けを待っている未開のいとこたち」（浅倉久志訳）なのだ。隊員三名のうちのひとり、バートロンドがヤアンという名の狩人と親しくなる。ヤアンは「動物の毛皮をまとい、火打ち石の穂先のついた槍を持っている」（同前）と記されている。とはいえ、調査隊を飛行任務に送りだした銀河帝国は困難をかかえているらしく、恒星間人類学の調査が完了する前に、彼らの船は呼びもどされる。

「われわれほどの知識があれば、きみたちをあと十世代あまりで未開の状態から卒業させられるはずだ」（同前）と動揺したバートロンドが、事態を呑みこめないでいるヤアンにいう。「これからきみたちは、自力でジャングルから脱出するしかなさそうだ。それには百万年ほどがかかるだろう」（同前）と。ナイフを含むいくつかの道具をヤアンに残していき――「きみたちの世界がこういうものを作れるようになるまでには、長い歳月がかかるだろう」（同前）――バートロンドと友人たちは宇宙船に乗りこみ、「焚き火から立ちのぼる煙に似たゆるやかな動き」（同前）で上昇する。異星人の船が「星ぼしに向かって斜めに上昇する長い光のすじ」（同前）に溶けこんでいくのを見送ったヤアンは、「神々が立ち去り、もう二度と戻ってはこない」（同前）ことをぼんやりと理解する。彼の背後では、一本の川が肥沃な平原を蛇行しながら流れている。その平原に「これから一千世紀以上の時を隔てて、ヤアンの子孫たちが巨大な都市を築きあげ、それをバビロンと呼ぶことになるだろう」（同前）

話がまとまり、あるいは、すくなくとも話をまとめる気があることを示して握手したあと、クラークとキューブリックはテラスへ出た。ふたりはこの一カ月ですっかり打ちとけており、かまえたところはとっくのむかしになくなっていた。ふたりとも興奮していて、それを表に出すことを気にしなかった。うららかな晩春の一日で、気温は二十三度近くにまで達した。そしていまは平穏きわまりない夕べ。三日月が薄い靄《もや》のなか、南東の地平線の数度上にかかっていた。さいわいにもビルの暖房システムは数週間前にスイッチが切られていたので、灰をまき散らす煙突もいまは沈黙していた。南には、ミッドタウン・マンハッタンの全景が眼前に広がり、明かりをまたたかせている。

ふと気がつくと、まぶしいまでに明るい光、ちらつかない白い光点が南西の地平線の上に昇っていた。それは航海用のビーコンと同じくらい煌々と輝き、着実に夜空を昇っていった。クラークはセイロンでエコー1号を何度も見たことがあったが、この物体のほうがはるかに明るいように思えた。およそ五分後、それは天頂まで昇っていた――そして、そこで止まったように見えた。ふたりとも畏怖に打たれ、わくわくしてきた。「そんなばかな」とクラークが口走った。「最近点では、人工衛星は見かけの上での最高スピードで移動してなくちゃいけないんだ!」と。ある考えが脳裏をかすめた。「偶然の一致にしてはできすぎている。あっちにいる連中が、わたしたちにこの映画を作らせないようにしているんだ」

遅ればせながら、ふたりはあわてて屋内にもどり、スタンリーの新品のクエスターを引っつかむと、それを持って、ビルの屋上にある高い台へ通じる金属階段を登った。例の物体は、依然としてほぼ真上にあるように見えた。つまみを調節し、三脚を屋上のタイルの上に据えつけて、クラークはなんとかそれを望遠鏡の視野におさめた。とはいえ、それはまばゆく光る白い点にすぎず、あいかわらず目に見える厚みはなかった。ふたりが交代で観察するうちに、それは南東へ向かってしだいに降りていき、大熊座を通過してから、とうとう地平線の靄のなかに点滅しながら消えた。はじめから終わりまで、十分以上はつづかなかった。「この二十年で目撃した十あまりのＵＦＯのうち、いちばんの見ものだった」と震える声でクラークがいった。

ふたりは興奮してリビングルームへもどり、〈ニューヨーク・タイムズ〉を探しだして、数年前からその新聞が掲載をはじめた〈目に見える人工衛星〉一覧までページをめくった。一九六〇年代の前半、ＮＡＳＡは一対の巨大な膨張式人工衛星を打ち上げていた。マイクロ波と通信用の信号を受ける反射器にするつもりだったのだ。エコー2号は一九六四年一月二十四日に極軌道へ打ち上げられたが、直径が四十メートルあまりで、キラキラ光る反射用アルミニウムで表面が覆われていた。しかし、夜の九時に通過する予定はなかった――もっとも、わずかに小さいエコー1号は、十一時と、それから午前一時にもういちど頭上を通過すると記載されていたが。

たいていのＵＦＯは合理的な説明がつくから、地球外知性の存在する証拠として受けとるべきではない、とクラークはキューブリックを説得しようとしてきたが、キューブリックは判断を保留していた。とはいえ、こうして実物を見たからには、実在説を肯定できると感じた。クラークについていえば、心の底から動揺していた。なにより困惑したのは、その物体が天頂で動きを止めたように見えたことだった。これはすべての論理に反していた。そもそも人工衛星はそんな風にふるまわないし、ふるまえないのだ。

十一時に屋上へもどり、エコー1号のすばらしい光を捉えた。それは予言どおりに昇り、先ほど目にしたものとそっくりに見えた。とはいえ、天頂で止まらずに、そのまま突進をつづけ、幾何学的な一直線に見えるものを天空に引いていった。「こうしてスタンリーは、はじめて人工衛星を目撃し」とクラークは書いている。「当然ながら感銘を受けた。とはいえ、九時に出現したものは、あいかわらず完全に謎のままだった」と。彼は説明があるにちがいないと確信していたものの、その説明を思いつかなかった。

アメリカ空軍に目撃報告を提出するかどうか話し合ったが、キューブリックは乗り気ではなかった。『博士の異常な愛情』で諷刺的に描かれたことをアメリカ空軍はまだ憤《いきどお》っているから、この件全体を売名行為だとみなすだろうと信じていたのだ。とはいえ、ふたりは最終的に報告を送り、そのいっぽうでクラークは、ヘイデン・プラネタリウムの知り合いに、人工衛星の通過時間のデータベースを調べてくれと依頼した。けっきょくのところ、空軍からもヘイデンからも、エコー1号は九時にニューヨーク上空をたしかに通過し、つづいて十一時、それから一時に通過したと返答があった。その〝風船衛星《サテルーン》〟の軌道周期はわずか百十八分——ほぼ二時間——であり、彼らが目にしたものと完璧に一致した。

「本当の謎は、これが〈タイムズ〉に記載されていなかったことだけだ」とクラークは結論をくだした。「天頂でしばらく止まっていたように見えたのは、天文学的、気象学的、そして——いさぎよく認めるが——心理学的な要因の結果だった」と。のちに、彼は要因のひとつとして「まばゆい月光に照らされた空」には参照点がないことをあげた——もっとも、そのとき月は半月にもなっていなかったが。

どんな説明がつくにしろ、画期的な協力関係となるものの正式なはじまりとしては、奇妙なほどさい先がよく、それにふさわしい奇妙な出来事だった。

＊　＊　＊

つぎの数日間、ふたりは契約交渉に従事した。それは多くの点で、共同作業の流れを決めることになった。キャリアにおけるほかのすべてと同様に、キューブリックはそうした問題に関して几帳面で、絶対に譲れない線は死守した。彼はルイス・ブラウという実績のあるエンターテインメント業界の弁護士——ほかの依頼人には、ラナ・ターナー、ウォルター・マッソー、フランソワ・トリュフォーといった面々がいた——と仕事をしていた。キューブリックはブラウを信頼しており、ポラリス・プロダクションズの社長にしていたものの、弁護士のやることにしっかり目を光らせて、細かい点に口出しさえした。

対照的に、クラークはそうした交渉に深入りするのを好まず、スコット・メレディスに一任するほうを選んだ。作家にとっては不幸なことに、メレディスの二十年近い経験――『博士の異常な愛情』の原作となった小説『破滅への二時間』と作者のピーター・ジョージをブラウ経由ですでにキューブリックと結び合わせていたことはいうまでもなく――にもかかわらず、相手が一枚上で、してやられたことにエージェントは気がついた。

キューブリックの関心は、共同作業を通じてクラークを効果的に自分の意志に服従させておくことにあった。その方法のひとつが、彼の製作会社の実質的な社員になるようクラークを説得することだった。彼らが最終的に交わした契約には、いくつかの一括払い――たとえばクラークの短篇六篇のオプションに対する一万ドルちょうど――が含まれていたものの、その支払い時期は映画の公開開始のときか、一九六五年十月一日のどちらか早いほうだった――どちらにしろ、じっさいは一年以上あとだ。キューブリックと仕事をするために帰国を遅らせることに同意していたので、クラークが――二十冊以上の自著を持つ著名な作家が――報酬として受けとることになる金は、脚本を執筆する期間の週給千ドル――十四週間の最低保証つき――だけだった。脚本に基づく小説、あるいはその逆に関する言及はなかった。

契約によれば、映画を後援する映画会社をどこかしら見つけ、製作期間中はポラリスが技術コンサルタントとしてクラークを雇うよう努めると約束していたものの、保証はなかった。クラークが受けとる総額は、脚本の執筆に何週間かかるかなど、計測できない数に左右されたが、最低保証額は三万八千ドルだった。ブラウを通して、キューブリックはこう主張した――この数字と契約の構造は正当なものだ。これまでのところ、金はすべて自分が私財を投じてまかなっており、脚本が形を成して、映画会社に売れるまで、投資を回収する見こみはないのだから。コンサルタント料として追加の報酬があるので、クラークの稼ぎは十万ドルほどになるはずだ、というのがキューブリック側のいい分だった。

とはいえ、オファーから見落とされたもっとも重大な要素――そしてメレディスとクラークの見地からは確実にアキレスの踵――は、ポラリスが作家に仮のものであれ歩合を提示しなかったことだった。純益にしろ総収入にしろ、まったくのゼロであり、したがってちょっとした金も出なかった。メレディスの交渉手腕、いや、それをいうならクラークの黙認傾向に非難の余地があるとしても、これはキューブリックの側の不作為――それどころか倫理の欠如以外のなにものでもない。六〇年代前半、ＭＧＭのような主要映画会社には融通に欠ける基本原則があり、映画の利益を作家と分かちあうことは許されていなかった。キューブリックとブラウは、交渉のあいだこれを使って正当化を図りさえしたかもしれない。だが、独立《インデペンデント》のプロデューサーにそのようなルールは存在せず、映画会社は映画作りをしだいに彼らに頼るようになっていた。そしてクラークは、映画会社のリライト・マンなどではなかった。ＳＦの分野の第一人者であり、彼のアイディアはプロジェクトの基礎となるはずだった。それくらいはすでに明らかだった。

ウィルスン宛ての五月二十二日付の手紙のなかで、クラークは弁解しようとした。「交渉は複雑で、すったもんだの末に決着した」と彼は書いている。「スタンの見地は理解できる。この段階で金はすべて彼が出しているのだ。そして脚本がそれなりにできあがるまで、見せるものがなにもない。とはいえ、配給会社を見つけるのに、これほど苦労しなさそうな人物は思いつかない――彼は連中に門前払いを食わせなければならないだろう」と。キューブリックの見地が理解できるというクラークの能力は、それからの四年にわたり、くり返し発揮されることになる。たとえ限界点までくり返し試されるのだとしても。

彼は監督の気性をこう述べている。「スタンは火の玉だ。プロジェクトに夢中で、六六年のクリスマス公開に合わせて撮影したがっている。だから、いますぐ脚本にとりかからなければならない」初稿があがったら――と彼は書いた――いったん帰国できるか試してみる。「製作期間中、きみとヘクターに別々のときに来てもらいたい。そうすれば、あまりホームシックにかからずにすむだろう」とも書いた。ウィルスンが脚本アドバイザーの地位を得られるように働きかける。そして「クレジット・ラインのどこかにきみの名前が載るようしゃかりきにがんばるよ」と。しかし、そういった可能性で自分自身の映画作りをおろそかにしないように、とウィルスンに釘を刺し、合意について他言しないでくれと頼んだ。なぜなら、弁護士が妻のマリリンと決着をつけようとしているからだ。「もしこの取り引きが彼女に知れたら、わたしは身ぐるみ剝がれるだろう」

いちばん長い段落では、自分のキャリアにとって、この件がどういう意味を持つかを考察している。

> 　これがどういうことか、きみにもわたしと同じくらい（ひょっとしたら、わたしより）わかるだろう。わたしの知名度をあげる方法として、これより効果的なものはちょっと思いつかない。しかもタイム社の本に加えて……いまや〈ライフ〉の宇宙特集合併号にコムサット［通信衛星《コミュニケーション・サテライト》］について長い記事を書いてくれと頼まれている……タイム社、〈ライフ〉、キューブリックと来れば、三つの分野で同時に頂点に達したように思える。もちろん、最後のものに関してはまだ原稿を納めなければならないし、思わぬ障害がたくさんあるかもしれない。だが、共作者としての彼は文句のつけようがない。彼の技術的手腕と芸術的センスは、両方とも人智を超えている。

　それどころか、キューブリックの技術的手腕は、自分の作品をプロデュースすることにもおよんでいた――そしてプロデュースするというのは、一本の映画を作るに当たって、あらゆる局面をコントロールするため、手にはいる道具はなんでも使うということだ。クラークはろくに気づいていないようだったが、彼の手紙の締めくくりは、この手腕が彼を相手に発揮された結果を反映していた。「そのうち金をいくらか送れるようにする――だが、なんとも奇妙なことに、この取り引きでわたしはますます赤字になるだろう。なぜなら、何カ月も現金の大半は手にはいらないし、Mと決着をつけるため（道理に耳を貸す用意が彼女にあるとしてだが）、いますぐ多額の借金をしなければならないからだ」

キャリアを通じてもっとも重要な取り引きになるものにサインしようとしているのに、クラークは高くついた人間関係のもつれと、一か八かの交渉での誤算のせいで負債に追いこまれていたのである。なんとも奇妙なことに。

第4章　プリプロダクション――ニューヨーク

1964年春～1965年夏

情報はいくらあってもかまわないし、質問の種がつきることもない。

――スタンリー・キューブリック

晩春から夏と秋にかけて、クラークとキューブリックは頻繁に打ち合わせをつづけたので、彼らの日々と議論は、季節をまたいでつづくように思えるブレインストーミングの様相を呈してきた。なぜなら、季節をまたいでいたからだ。「スタンは魅力的な人物だ――ニューヨークに到着して以来、彼の家族の一員になったように暮らしている」と六月十九日にクラークは、友人の作家サム・ヨウドに打ち明けている。子供たちと犬たちが絶えずパレードしているので、討議にさしさわりが出るようになると、ふたりはポラリスのオフィスへ戦略的撤退を試みた。オフィスは八十四丁目のセントラル・パーク・ウェストへ引っ越していた――公園をすこしだけ水平移動するわけだ。

撤退はうまくいかなかった。子供たちから離れると、スタンリーは落ちつかなくなるのだ。「子供が小さいうちは、ひどい風邪を引いている子が、いつだってひとりはいるものよ」とクリスティアーヌは回想する。「別の子はここが悪くて、また別の子はあそこが悪い……で、彼はひっきりなしに電話してくるの、『あの子はだいじょうぶか？　具合はどうだ？　この医者は気に入らない、別の医者にかかろう』ってね。部外者にしてみれば、こういう家庭の事情は退屈でたまらないだろうし、迷惑だし、本当にわずらわしいだけ。でも、スタンは遠慮しようとしなかった。『申しわけない、やらなくちゃいけないんだ』といっただけ。するとアーサーは、実際的な人だから、『きみのフラットへ行こう、そうすれば、あの子がまた吐いたかどうかがわかる！』っていったわ」

ふたりが立てたスケジュールは、脚本に三カ月半、内容の吟味に二週間、脚本の手直しと後援してくれる映画会社を見つけるのに二カ月、映画の視覚的特性の準備に一カ月ちょうど——あとにして思えば、とりわけ甘い見通し——それから撮影に二十週を想定していた。そのあと、編集にさらに二十週が見積もられており、映画公開の準備におよそ三カ月が当てられていた。したがって、初公開は一九六六年のクリスマスごろになる——いい換えれば、約二年後だ。クラークがのちに述懐するように、それは「こっけいなくらい楽天的」（伊藤典夫訳）な見通しだった。

著書を印刷にまわしたので、クラークの体が空《あ》くようになり、キューブリックはせめて彼をポラリスに据えつけようとした。監督自身は遅く起きて、時間の多くは自宅で仕事をしているので、オフィスはラヴジョイと秘書が専有する形になり、活用しきれていなかったからだ。五月二十六日の昼近くにオフィスへ行く途中、クラークは監督をセントラル・パークの大芝生の中心へ連れていき、空を熱心に見渡してから、水色の空に溶けこみかけている白い光の斑点を指さした。一分近くかかったが、キューブリックも金星のきらめきを目に捉えた——かすかだが、はっきりと見分けられた。どこを見ればいいのか知っていれば、その惑星は真っ昼間でも見えるのだ。いきなり宇宙がそこにあった、空気の薄い皮の向こう側に。

クラークは自分のデスクを見せられたあと、キューブリックとアーティ・ショウといっしょにランチをとった。ミュージシャンは、お気に入りの作家のひとりに会えて感激していた。クラークは、ショウが「スタンにわたしを推して」くれたのだと知った。とはいえ、クラークのアッパー・ウェスト・サイド通いは一日しかつづかなかった。彼はチェルシーに撤退し、そこで一日約千語の割合で執筆をはじめた。もちろん、それは散文――彼にとって自然なメディア――の形をとっており、撮影台本という、なんとも不可解で謎めいた形式ではなかった。クラークは撮影台本というものをこれまで書いたことがなかったのだ。

この点は問題になるかもしれない、とキューブリックは直観し、まずはこの方法で映画の構造を浮かびあがらせようと提案した。「腰を落ちつけて脚本を書くんじゃない、腰を落ちつけて長篇小説を書くんだ」と、ある日彼は宣言した。「そのほうがはるかに深みが出る」と。じつをいえば、ストーリーはまだしっかり固まっていないので、そうすればもっと自由に想像力をはばたかせられる。あとで撮影台本に変えればいいのだ。クラークは安堵してこの提案を受け入れた。のちに、その話題に関して英国の小説家ジョン・ファウルズの言葉を引いて――「長篇小説を書くのは、大海を泳ぎわたるのに似ているが、映画台本を書くのは糖蜜のなかでもがくようなものだ」（伊藤典夫訳）と述べている。二年後、キューブリックはこの方法をとった理由をくわしく述べた。

脚本の形でオリジナル・ストーリーを書こうとするのは、ある意味で、馬の前に馬車をつけるようなものだ。よい脚本を書くためには、自分がいいたいこと、自分のアイディアがどういうものかを知っていなければならないが、それだけではなく、そのアイディアをドラマ化する方法を考えださなければならない。いい換えれば、行動やストーリーの感情的構造のなかでアイディアを暗黙のうちに語る方法を。まだアイディアをひねり出そうとしているのに、それをドラマ化する方法を同時に考えださなければならないというのは、相当に無茶な話だ。人が惹かれるのは、思わせぶりで興味深そうに思えるシーンだが、自分がいおうとしている内容に関するかぎり、それは本当は的確ではないかもしれない。いっぽう、長篇小説の形で書けば、アイディアをドラマ化する方法を考えなくてもすむ。それなら、ストーリーが書きあがり、なにもかもそろったとき、一からやり直して、長篇小説という脚本よりはるかにゆるく、自由で、長い形式からドラマの構造を作りだせる。優れたオリジナル映画脚本がめったに書かれない理由は、これかもしれない。

もちろん、「一からやり直」さなければならないとしたら、監督の時間を無駄にすることになりかねない。もっとも、キューブリックとクラークがはじめたばかりのプロジェクトにおいて、それが多くの点で仕事の進め方になるのだが。

ふたりが当初かかえた難題のひとつが、映画のクライマックスに登場させないわけにはいかないと考えている異星人の描き方だった。五月二十三日にクラークは、友人で聡明な遺伝学者で生物学者のJ・B・S・ホールデンに手紙を書いた。「観客を怖がらせもしなければ、面白がらせもしない異星人をスクリーン上で表現するのは至難の業です。しかし、なにかを見せないかぎり、観客はだまされた気になるでしょう。もちろん、本当に進歩したETは、完全に無機物かもしれません。それなら問題解決の役に立ちます」と。このコメントには、先見の明があったと判明する。

五月下旬と六月上旬は、無機物である地球外生命と有機物である地球外生命のどちらがふさわしいかを探ることに費やされた。五月二十八日にクラークは、彼らは「もしかしたら機械であって、彼らの目に有機生命はおぞましい病気なんじゃないか」（伊藤典夫訳）とほのめかした。「それはいける、とスタンリー。手応えをつかんだ感じ」（同前）だったが、そのアイディアはまもなく没となった。三日後の議論では「爆笑のアイディアが出てきたが、使う気はない。エイリアン十七人——みんなのっぺりした黒いピラミッド——が、オープンカーに乗り、アイルランド系の警官に護衛され、五番街をパレードする」（同前）ということになった。最終的に『２００１年』のモノリスになるものの形は、まだ決まっていなかったものの――決まったのは一年以上あと、変容を重ねた末だった――その色（黒）と質感（のっぺりした）はすでに現れていた。ふたつの重要な要素は、使うつもりのなかった短い言葉のスケッチから生き残った。

有機的な異星人についていえば、まもなくキューブリックとクラークは、愛想よくだが相容れない意見を闘わせるようになった。一九五三年の短篇「夜明けの出会い」でクラークは、上位の異星種族と「未開」の地球種族が、両方とも本質的には人間の形をしていると想定していた――「自然は、永遠という期間のなかでしばしばそうするように、その基本的なパターンのひとつをくりかえしたのだ」（浅倉久志訳）と。しかし、彼の見解はそれ以来進化をとげていて、いまは正反対の考えをいだいていた。つまり、異星人はわれわれとはまるっきり異なっているほうがはるかにありそうだ。ひょっとしたら、想像を絶するほど異なっているかもしれない、と。しかしながら、キューブリックは基本的にクラークの元の意見に与《くみ》しており、とりわけスイス人彫刻家アルベルト・ジャコメッティの奇怪なほどひょろ長い人体に興味をそそられていた。彼はそれを異星人のひな型として使うことを考えていた。もちろん、二足歩行の人間型地球外生命のほうが、映画のなかで描くのははるかに容易だろう。

クラークは、どんな形であれカール・セーガンと会う口実を探していたので、ハーヴァードからこの天文学者を招き、自分たちの意見の相違を裁定してもらうのはどうかと提案した。キューブリックは、クラークに勧められて、地球外生命とのコンタクトに関するセーガンの論文を読んでおり、即座に同意した。ディナーの誘いがあって、六月五日の金曜日、キューブリックのペントハウスで顔合わせが実現した。

思えば、それは惚れぼれするような活人画だ。彼ら三人、それぞれがみずからの専門分野ですでに指折りの存在であるか、まもなくそうなる者たちが、夏の夕暮れをいろどる琥珀色の光を浴びている。彼らはテーブルを囲んでいて、皿は片づけられ、アイディアが流れている。マンハッタンが窓ごしにきらめき、子供たちは寝かしつけられている。だが、じっさいは、のちに満足げに思いだすセーガンを別にすれば、精神の出会いどころか、意見の交換でさえなかった。

セーガンが十年後に書いたものによれば、彼は自負を示すと同時に自己の権威を拡大する機会だと理解してディナーに臨んだという。両者のいい分を聞いたあと、彼はクラークの立場に有利な裁定をくだした――「人間の進化史における個々のありそうにない出来事の数はあまりにも莫大なので、宇宙のほかのどこかで、われわれのようなものがふたたび進化するということはとうていありそうにない、とわたしは主張した」と。彼によれば、映画が人をじらすように曖昧なのは、自分の意見が通ったからだという――「進歩した地球外生命をはっきりと描写すれば、かならずどこかが嘘になるから、最良の解決法は、地球外生命をはっきりと示すのではなく、ほのめかすことだと提案した。映画は……三年後に封切られた。初公開の場で、わたしはうれしい思いをした。多少は力になれたのだとわかったからだ」と。

じつをいえば、封切りは四年後だったし、セーガンの記述に引かれているほかの細部の多くは、どこからどう見ても真実ではない。たとえば、初期の題名『星のかなたへの旅』に関する余談――「ところで、映画の題名は、わたしにはすこし奇妙に思えた。わたしの知るかぎり、星のかなたに場所はないからだ。そういう場所についての映画であれば、空白のスクリーンを二時間見せなければならないだろう――アンディ・ウォホールにしか向きそうにないプロットだ。キューブリックとクラークの頭にあったのがそれでないことはたしかである」この記述の拠って立つ地盤はぐらぐらだ。なぜなら、三人が顔合わせしたとき、その題名はまだ考えだされていなかったからだ。一年近くあと、ようやく考えだされたとき、キューブリックもクラークもそれに満足がいかず、映画のじっさいの題名というよりは、MGMのプレス・リリースのために考えだした埋め草にすぎないという見解だった。

やはりセーガンの記述によれば、その映画は「イギリスでスタジオ製作にはいる日が近かった」ものの、

「かなり重要なプロット・ライン――結末！――は、まだふたりの作者によって考えだされていなかった」という。結末はたしかに何年も未解決のままだった。彼が物事をそういう風に記憶しているのは、おそらくそのせいだろう。しかし、一九六四年の初夏にキューブリック家のテーブルを囲んだとき、監督がどれほど楽観的だったにしろ、製作にはいるのは一年半以上も先のことだったのだ。彼は映画会社との交渉さえまだしていなかった。セーガンのまことしやかな記述は正しくない。けっきょく、彼は発展段階の初期に予備的な打ち合わせに招かれたのであり、その目的は彼にアイディアを出してもらうことだった。それは最終シーンに関するものだったが、彼はそのシーンに強い懐疑をいだいたのだった。

食事のあいだ、キューブリックはセーガンを気づかい、彼の意見を求めて、礼儀正しく耳をかたむけていた。翌日また集まって議論を再開しようという提案に同意さえした。ところが、じっさいは、若い天文学者の傲慢で保護者めいた態度に見えたものにいらだっていたのだ。ゲストたちを見送ったあと、彼は一時間待ってから、チェルシーのクラークに電話をかけた。「あいつはもう呼ばないでくれ」と彼はいった。「なにか口実を作って、どこでもいいから、あなたの好きなところへ連れていってくれ。二度と会いたくない」

キューブリックはセーガンの意見を無視することにして、つぎの四年にわたり、映画のなかで地球外生命を描くために試行錯誤を重ねた。クラークも同様に、異星人を記述する原稿を何千語も書いた。つまるところが曖昧さ――黒く、のっぺりしたなにか――であったとしても、それは彼らが時間をかけ、みずから努力した末の決定であり、当時どれほど的を射ていたにしろ、セーガンの意見のおかげというわけにはいかない。

＊　＊　＊

五月二十三日付の手紙で、クラークは生物学者のホールデンに「キューブリックはすばらしいのひとことです……目と目を合わせるだけで、すべてが通じます」と書いた。監督との会話で拍車がかかって、一九六四年の後半、彼のアウトプットはけたはずれだった。一日おきに、ふたりは都市のいろいろな場所で会って、議論する。それからクラークはチェルシー・ホテルの十階にある電動タイプライターのもとへもどり、執筆するのだった。このとき、燃料補給のために食べるのは、クラッカーにレバー・パテを塗ったものだった。恐ろしく脂っこい食べもので、ときどき素性の怪しい新しい友人にさし入れてもらった。廊下のひとつ先の部屋に泊まっている、ピーター・アーサーズという名前のアイルランド人商船員だ。

六月十二日、クラークは日誌に以下の所見を走り書きした。「あとで捨てる素材に対するスタンの熱狂にnb——作家／俳優を操縦するテクニックの一環か?」（「Nb」とは、ノタ・ベネというラテン語の略で、意味は「用心せよ」だ）。彼はキューブリックの共作者たちの大半におなじみの習慣に気づくようになった——ときには彼らを神経衰弱寸前にまで追いつめるが、彼らの創造力を限界ぎりぎりまで発揮させることもある習慣だ。六月二十日にクラークはこう報告している。「冒頭の章『二〇〇〇年からの眺め』を書きおえ、ロボットの部にとりかかる」（伊藤典夫訳）と。両方ともあとで没となったが、どちらにも映画に登場する要素が含まれていた。もともとの冒頭部分には、二〇〇〇年ごろの地球の住人が、月を見あげて、自分たちを見おろす仲間がいると知ることについての気のきいた文章が含まれていた——「時のあけぼのより、人類をことごとく土に返してきた地球が、何人かに対しては権利を主張していないことに気がつくのだ。彼らはゴールをめざして失敗した旅人たちだが、そのかわり宇宙での不死を勝ち取り、いまでは変化も腐敗も及ばないところにいるのである」（同前）と。キューブリックは数年以内にその一節に思いあたることになる、宇宙飛行士フランク・プールが、酸素ホースが切断されているカナリア色の宇宙服に永遠に閉じこめられて、くるくるまわりながら静まりかえった漆黒の無限、惑星間宇宙空間の奥へ遠ざかっていく忘れがたいショットを撮ったときに。

クラークの「ロボットの部」についていえば、世紀なかばに書かれたアイザック・アシモフの《陽電子ロボ

監督と作家。1964年、ニューヨーク、キューブリックのオフィスにて。

ット》シリーズ（一九四〇年から五〇年）——同様に『禁断の惑星』（一九五六）に登場する不恰好な、ウィーンと音を立てるロビー・ザ・ロボット——に代表される人工知能のコンセプトと、最終的な映画に登場する、優雅で肉体のない、きらきらと輝くHAL9000メインフレームとをつなぐミッシング・リンクだと判明する。草稿のなかで、HALの先駆者はソクラテスという名前で、「おおよそ人間の背丈や体つき」（同前）を模しており、「脚部は大きな円いパッドの上にのり、すべりのよいショック・アブソーバー、自在継ぎ手、引っ張りバネの精巧な集合体が、軽い金属のフレームワークに支えられている。一歩踏みだすごとにうっとりするようなリズムで屈伸するさまは、まるでそれ自体に命がそなわっているようだ」（同前）と記されている。ソクラテスの知能は「利口な猿なみ」（同前）だが、「自主モード」（同前）に切り替われば、自律的な個体に変身する。彼がしゃべるとき「ことばは彼自身が生成」（同前）している。この初稿のAIは、さらに何度かの名前の変更を経て、そのたびにＩＱを増していく。

七月上旬、クラークは平均して一日二千語を書きあげていた。最初の五章を読んで、キューブリックは「これはまちがいなくベストセラーだな」（伊藤典夫訳）とのたまった。七月九日、クラークは午後の大半を費やして、計算尺の使い方をキューブリックに教えた。「彼は夢中だ」（同前）十二日にクラークは、以下の弁証法的な所見を書きとめた、「何もかもがそろった――あとはプロットだけ」（同前）と。七月二十六日、キューブリックの誕生日に、クラークはグリニッチ・ヴィレッジで一枚のカードを見つけた。地球が「縫い目のところから裂けている絵柄で、下に文字――『世界がいつなんどき破滅するかわからないのに、よく誕生日が祝えるな』」（同前）

七月下旬、散文でストーリーを生みだしてから、脚本に変えて、後援してくれる映画会社を探すというキューブリックのアイディアは、さらなる変化をとげた。こんどは、小説そのものを映画契約の基盤として使おうと提案したのだ。撮影台本に変えるのは、そのあとでかまわない。本についていえば、映画公開の前に刊行できる、と彼はいった。共作であることを考えれば、さらに多額の金がからむ別の合意をしなければならない。だが、それはあとまわしにできる、と。

『オデュッセイア』との共鳴が、しだいに浮かびあがってきた。八月十七日付のまた別の手書きのメモにクラークは「われらがヒーローの名前もとうとう決まった――Ｄ・Ｂ」と記した（『失われた宇宙の旅２００１』の記述によれば、ヒーローの名前はアレックス・ボーマンとなっている）。名前はデイヴ・ボーマンに決まった――もっとも、ホメロスの遍歴の主人公とのかかわりに思いいたるまで、しばらく時間がかかったのだが。「弓がオデュッセウスのシンボルであることに思い当たったのは、文字どおり何カ月もあとだった」と一九六八年にクラークは回想している。「これはまったく無意識のなせる業だった。偶然の一致だとは、とうてい信じられない」とはいえ、彼らの宇宙飛行士にイタケーの狡猾な王の尺を持たせたものの、共鳴はまだ映画の題名にまではおよんでいなかった。「オデュッセウスの旅との相似は、わたしたちの頭のなかでは最初からはっきりしていた。題名が決まるずっと前から」とクラークは一九七二年に回想している。仮題はすでに『太陽系はこうして勝ちとられた』から『宇宙』へ縮められていたが、八月二十一日にふたたび長くされた。それは『星々へのトンネル』となった。

初期の草稿では、のちにデイヴィッド・ボーマンとなる登場人物の名前はブルーノだった。彼はコンピュータ制御のロールス・ロイスに乗って、息子のジミーと愛犬――その灰色の毛が流れた歳月の証拠だ――といっしょに「ワシントン＝ニューヨーク大複合体」を二分する「自動ハイウェイ」を走る。彼らの目的地は打ち上げ複合施設で、ブルーノはそこから軌道へ送りこまれ、木星への探検ミッションに参加するのだ。

　ブルーノはふと思いだした、子供のころに読んだ本の忘れかけていたエピソード、ユリシーズの老いた忠犬が、長い放浪を終えて帰ってきた主人を見分け、パタパタと尾をふって息を引きとるくだりを。史上最高の叙事詩に書きこまれた、その短いエピソードの記憶がよみがえり、彼の目に涙がにじんだ。ジミーに気づかれないよう、彼はサイド・ウィンドウのほうを向いた（そして自分がいま旅立とうとしている宇宙の旅《オデッセイ》について、ホメロスはどう思っただろう、と疑問が湧いた）。

夏至のころには、キューブリックはすでに驚くほど大量の情報を処理していた。そのなかには天体物理学者アラステア・G・W・キャメロン、コンピュータのパイオニアで、人工知能の理論家アーヴィン・J・グッド、天文学者ハーロウ・シェイプリー、〈ニューヨーク・タイムズ〉のサイエンス・ライター、ウォルター・サリヴァン、その他大勢の著書が含まれていた。七月二十八日にキューブリックは射抜くような目をクラークに据え、「われわれに必要なのは、神話的な荘厳さにみちたとびきりのテーマだ」（伊藤典夫訳）と宣言した。彼らのプロジェクトが、「クズとみなされない最初のＳＦ映画」から、もっと大胆で、もっと深遠になる可能性を秘めたものへいつしか変貌していくのは、すでに歴然としていた。クラークは、共作のこの局面を一九六七年に〈ライフ〉に寄せた未発表のエッセイの初稿のなかで回想している。

この時期を通じて、われわれは無数の袋小路に迷いこみ、何万語という原稿を投げ捨てた。ストーリーの範囲は、時間と空間の両方で着実に広がっていった。われながら驚いたことに、気がつけば人間の起源と運命にほかならないものにとり組んでいたのだ。最初は探検の物語としてはじまったものが、複雑な哲学的上音をそなえはじめていたのである。

キューブリックは訂正する権利を行使して、最後の文章の大半を抹消し、「これは尊大に聞こえるし、こういう言葉はあとで批評家に手厳しく攻撃されるにちがいない」とコメントを付した。あとから思えば、クラークの意見はまったく正しかったものの、彼はおとなしくその文章を削った。そのあとに――

ときには、自分たちがとり組んでいるものにすこし怖じ気づいた。そういうとき、スタンリーがはげますように「あなたに書けるなら、ぼくは映画にできる」というのだった。わたしはこの断言になんとか反証をあげたものの、わたしには書けなかったかもしれないものをスタンリーがあとで映画にしたことも認めなければならない。

この文章の大部分も監督によって抹消された――しかし、まもなく彼はこの文章を「文字に書けるものなら、なんでも映画にできる」と訂正し、「またしても、創作をしているのはあなただと匂わせている」と書いた。この手のコメントは、ひとつではない。

作者のクレジットについてキューブリックが過敏なのは、一九六四年の秋にテリー・サザーンを公然とはねつけたとき以来だった。サザーンが『博士の異常な愛情』に対して過大評価されていたときだ。その過敏なところは、クラークとの共作においてもときおり浮上した。一九六六年に〈ニューヨーク・タイムズ〉に載った人物探訪記事では、「われわれはその小説に一年近くを費やした。交代で章を書き、原稿をやりとりした。わたしにはうまいやり方に思えた」という発言が引用されている。じっさいは、キューブリックが一語でも小説を書いた証拠はない――もっとも、内容に多大な貢献をしたことに疑いの余地はないし、脚本の主要作家であったのもたしかだが。映画のじっさいの撮影を通じて、脚本はほぼ毎日修正されることになる。

九月七日にクラークの最新アウトプットを読んだあと、キューブリックはご満悦だった。「万事絶好調だぞ」（伊藤典夫訳）と大喜びし、「宇宙飛行士たちにまつわる一〇〇項目の質問表を書き」（同前）はじめた（『失われた宇宙の旅２００１』の記述によれば、質問表を書きあげたので「ご満悦」だったと思われる）。「たとえば、寝るときはパジャマか、朝食には何を食べるか、等々」（同前）だ。二日後、クラークは腹具合を悪くしてベッドにはいり、「ロボットの自分が分解修理されている」（同前）夢を見た。七番街のオートマットで朝食をとったあと、自分の部屋にもどると、猛然と力が湧いてきて、二章分を書きなおした。その晩、アップタウンへ持っていくと、キューブリックは満足し、フライパンをふるって、クラークに「極上のステーキ」をご馳走してくれた。キューブリックいわく、「ジョー・レヴィンは、自分のとこの脚本家にこんなことはしないぜ」（同前）――著名な映画プロデューサーへの言及である。こうして監督が落ちついている証拠があるにもかかわらず、九月二十九日にクラークはまた切れぎれの眠りにつき、「撮影がはじまる夢を見た。俳優がたくさんまわりに立っているが、わたしにはまだ筋書きが見えていない」（同前）という経験をした。

その年を通じて、ふたりは無数の映画を映写し、多くの本を読みつづけた。その多くは、固まりつつあったコンセプトに決定的な影響をあたえた。そのひとつが、アカデミー賞候補となったすばらしいモノクロ短篇映画だった。監督はコリン・ロウ、製作はカナダの国立映画委員会。題名は『宇宙』——彼ら自身の短命に終わった仮題の発想源だ——上映時間は三十分で、革新的な技法を用いて惑星、星団、星雲、銀河を表現していた。ロウの視覚効果の共作者ウォーリー・ジェントルマンは、透明なペンキ薄め液《シンナー》でタンクを満たし、インキと油絵具を流しこんで、強い照明のもと、高速度で撮影した。それを通常のスピードで映写すると、前代未聞のリアリズムで、まぶしく光る星々や、白熱してイオン化した水素ガスに照らされた宇宙の荘厳さが伝わるように思えた。お粗末なアニメーションと不出来なマット合成をさんざん辛抱してきたキューブリックにとって、このカナダ映画は天啓だった。彼は『宇宙』を何度も何度も映写し、綿密に研究して、ロウとジェントルマンの名前を書きとめた——もっとも、映画のナレーターにはまだ気づいていなかったが。トロントを根城にする俳優ダグラス・レインである。

人類の起源に関するクラークの鋭い観察が、明らかに効果をあげていた。そして劇作家でサイエンス・ライターのロバート・アードリーが古人類学に進出した産物である『アフリカ創世記』が、まもなくまた別の主要な影響源となった。一九六一年に刊行された同書は、人類学者レイモンド・ダートが唱えた学説に基づいて書かれていた。ダートは、一九二四年にアウストラロピテクス・アフリカヌス——直立歩行したと考えられる最初期の人類の祖先——の化石骨を発見したことで著名だった。一九五〇年代のなかばには、化石記録にはっきりと残っている鈍器による傷を根拠に、文明は太古の武力傾向に根ざしている、とダートは確信していた。彼は「サルからヒトへの捕食性移行」と題した論文のなかで、われわれのサルに似た祖先の生存は、致命傷をあたえる武器の発達にかかっていたと論じた。アードリーの本はダートのアイディアにしっかりと依拠しており、絶大な影響力をふるう国際的ベストセラーとなった。クラークの短篇「夜明けの出会い」と共鳴する点がいくつもあり、それが役に立ちそうだった。

十月二日に『アフリカ創世記』を読みおえると、クラークは日誌に「啓発的な一節を見つけたが、これは映画の題名に使えるかもしれない。『人類の血筋はなぜ鮮新世の深淵のなかで滅びなかったのか？……われわれは知っている。星からの贈り物がなければ、宇宙線と遺伝子との偶然のぶつかりあいがなければ、知性はアフリカのどこか忘れられた原野で消滅していたことであろう』アードリーが提唱しているのは、なるほど宇宙線による突然変異説だが、〝星からの贈り物〟の一句は、いまわれわれが考えている筋立てにたいへん有効だ」（伊藤典夫訳）と記した。そしてふたりは仮題をまたしても変えた——『星からの贈り物』に。

キューブリックにも『アフリカ創世記』から引いたお気に入りの一節があった。

> われわれは墜ちた天使ではなく、成りあがったサルに生まれつき、そのサルはおまけに武装した殺し屋だった。ならば、なにを不思議に思うべきなのか？　殺人と大虐殺とミサイルと和解できない統治だろうか？　それとも、どんな価値があるにしろ、条約だろうか。めったに演奏されることはないとはいえ、交響曲だろうか。しばしば戦場に変わるとはいえ、平和な田野だろうか。めったに実現しないとはいえ、夢だろうか。人間の奇跡は、どこまで沈んだかではなく、どれほど立派に成りあがったかにある。

九月二十六日に監督は、また別の本を読むようにと共作者に渡した。ジョゼフ・キャンベルの『千の顔を持つ英雄』、人類の神話に共通する要素を途方もなく広い視野でとりあげた研究である。キューブリックは、すでに共作の初期において、キャンベルの核となる論点をクラークに引用して示していた。「英雄は日常の世界から超自然の驚異の領域へと飛びこんでいく。そこで途方もない力と出会い、決定的な勝利をおさめる。英雄は仲間に恩恵をもたらす力を得て、この神秘的な冒険から帰還する」（傍点は原文どおり）キャンベルは、その一例として、天界へ昇り、神々から火を盗んで、地上へ降りてきたプロメテウスと、「ぶつかり合う岩場を抜けて驚異の海へ」乗りだし、黄金の羊毛を守っているドラゴンを出しぬいて、「その羊毛と、正当な玉座を簒奪者から奪いかえす力を手に」帰還するイアソンをあげている。

晩秋までに、クラークは驚くほど多くの場面と状況を書きあげていた。多くは没になったが、どういうわけか、自分たちのストーリーがどうなるかを理解するプロセスにとって、そのすべてが不可欠だった――役を演じる前に、俳優が登場人物のそれまでの半生を思い描くと役に立つのとよく似ている。映画の輪郭はくっきりと現れていた。そして時間的な境界は、もともとの構想からかけ離れたものに拡大していた――すなわち、先史時代までさかのぼり、「夜明けの出会い」に基づく冒頭のシーケンスを包含していたのだ。

クラークの元の短篇では、人類はすでに村に定住し、槍をはじめとする初歩的な道具の使い方を習得していた。しかしながら、『アフリカ創世記』の影響のもと、新しいバージョンは時間をさらにさかのぼり、われわれの祖先がサルと見分けがつかなかったころを舞台にしていた。ひときわ知能の高いアウストラロピテクス〈月を見るもの〉が、元の小説の狩人ヤアンにとって代わった。地球外生命の人類学者にあっさりナイフを手渡されるのではなく、新しい冒頭の章では、謎めいた「結晶の厚板」が、「光と音の脈動するオーラ」をともなって、ある夜アフリカのサバンナに出現する。視覚的な花火大会が延々とつづき、そのあいだ〈月を見るもの〉は、「詮索好きな巻きひげが、頭脳の使われていない側道を這いおりてくる」のを感じる。そのあと厚板は亜人《ホミニッド》の精神に道具の使用という観念を植えつける――とりわけ、鋭くとがった石の武器の作り方を。

クラークのタイプライターからキーを打つ音が切れ目なく流れだすあいだ、イアソンの「驚異の海」の未来版が、映画の終盤においてしだいに形を成しつつあった。異星の知的生命が月に埋めた太古の人工物を発見し、発掘するというくだりは、もともとは映画のクライマックスとして発想されたのだが、ヒトザルの登場する序章の直後に当たる位置まで徐々に移動していた。それにつづくのが、宇宙飛行士のチームによる木星への遠征だ――数百万年ぶりに陽光を浴びたとき、異星の物体が発射したエネルギーのペンシルビームの目的地である。〈前哨〉そのものは、四面体、結晶、結晶のブロック、完璧な立方体など、さまざまな形に描かれていた。

巨大な原子力宇宙船に乗って木星に到着すると、宇宙飛行士たちは、その惑星の衛星のひとつをくり抜いたようなスター・ゲートを発見する――どうやら銀河の別の区域へ通じるワームホールのような近道らしい。すくなくとも、いくつかのバージョンでは。銀河版グランド・セントラル駅のような機能を果たしている。そのあとの出来事は、バージョンごとに展開が異なる。そのひとつでは、乗員の大半は生き残っており、そろってスター・ゲートへ飛びこむ。別のバージョンでは、ボーマンだけが、補助的な小型カプセル――クラークの短篇「幽霊宇宙服」に出てくるものと似ていないこともない〝スペースポッド〟――に乗って旅をする。

この謎めいた門をくぐり抜け、そのかなたへ向かう旅を描くに当たって、クラークの想像力の凝縮した力は、彼が書きあげた文章のうちでもっとも鮮明で説得力があり、手でさわれそうな散文へと翻訳された。ブーンとうなる電動ポータブル・タイプライターにかがみこみ、北向きの部屋の薄暗い明かりのなか、没にした紙でいっぱいの屑籠をデスクのわきに置いて、クラークは星団、赤い太陽、曖昧模糊とした霧に包まれている異星の世界の風変わりな景観を書きつづった。彼はボーマンが「旅のあいだ彼を押さえていたどんな力にも引けをとらないほど強力な……驚異の感覚《センス・オブ・ワンダー》」にわしづかみにされるところを書いた。やがてボーマンは「どこかの狂った画家の幻覚なみに荒々しい空へ」飛びだす。彼のオデュッセウスである宇宙飛行士は「地球と同じくらいの大きさがある天体の焼け焦げた死骸」を通過する。「その表面の火山岩滓《がんさい》となった溶岩――その上では山脈さえ溶けおちている――のあちこちに、削りとられた都市のかすかな平面図が、いまもぼんやりと見えた」

ボーマンは新星《ノヴァ》となってしまった星のこの犠牲者のわきを通り過ぎる。「ノヴァ――あらゆる恒星が、進化のどこかの段階でかならずそうなり――周囲をめぐる子供たちを殺してしまう」星だ。そして彼は球状星団の「輝かしい顕現」を目撃する。それは「天界のほぼ四分の一」にまたがっており、「完全な球形をした星の集団だった。星は中心に行くほど密になり、まん中では光のかたまりとなる」（伊藤典夫訳）のだ。彼はじかに見ても目を痛めない巨大な太陽の前を通過する――赤色巨星だ。その表面は「あかあかと燃える石炭と温度にたいして差はないだろう。くすんだ赤い表面のところどころに、明るい黄色の河が流れている――何万キロと蛇行し、ついには死にかけた太陽面の砂漠に吸いこまれてゆく白熱したアマゾン河だ」（同前）

　残存しているほかのページには、三年後にほぼそのままの形で実現する記述が含まれている。キューブリックの視覚効果チームが、クラークの言葉をとりあげ、それを映画の言語に変形したのだ。「回転する光輪は重なりはじめ、スポークは融けあって光りかがやく縞となり、ゆっくりと遠のいた。縞は二本ずつに分かれると、おたがいに振動しながら、交差する角度を絶えず変えつづけた。光をはなつ格子が組み合わさっては離れ、不思議なはかない幾何学模様を描いてはこわしてゆく。そしてホミニッドは金属の洞穴のなかから一心に見まもった――目を見開き、あごをだらしなく落とし、とりことなって」（伊藤典夫訳）それは先史時代の地球で異星の知的生命によってプログラムされた、麻痺している〈月を見るもの〉の再現だった。

　名目上は没になったセクションでさえ、内容のきらめく断片は、のちに映画のなかでさまざまな度合いで反射し、屈折した。ボーマンは最終的にある惑星に到着し、そこで大洋の上を飛ぶのだが、「この海がまた何とも異様」（同前）なのだ。「あるところは藁《わら》のような淡黄色を帯びているし、ルビーのような赤い部分は、ボーマンが思うにどうやら深い海らしい」（同前）のだから。ある結末の試みでは、彼は建物のなかに避難所を見つけてほっとする。なぜなら、「安心感をあたえてくれるから。そのありえない空の眺めを締めだしてくれる」のだから。別の結末では、「現実とは思えないような出来事」（同前）を経験する。「もはや彼はポッドのなかにいない……ポッドのそとに裸で立ち……窓から内部をのぞき、コントロール装置のまえにすわる自分の凍りついた姿を見つめていた」（同前）のだ。これらの記述のいくつかは、映画の終盤に、事実上ショットごとに現れるだろう。

　クラークがのちに述懐するように、「スタンリー・キューブリックとわたしは、この時期もまだ、あるにちがいない結末に向かって手探り状態で進んでいた。さながら彫刻家が、伝え聞くところによると、石の内部に隠れている像めざして彫り進んでいくように」（同前）小説の出来映えを見たキューブリックには、上機嫌になり、共作者に手ずからステーキをふるまってやる理由があったのだ。

アイディアを出すのは、クラークだけではなかった。クラーク自身の覚え書きが、明らかに協同作業であるものにおける監督のきわめて重要な役割をいくらでも証明する。十月十七日に彼はこう走り書きした――「スタンリーのアイディア。〝キャンプ〟なロボットたちが、われらのヒーローたちにくつろいでもらおうと、ヴィクトリア朝風の環境をしつらえるのだとか」（同前を一部改変）（のちに「スタンリーのとんでもないアイディア。ホモっけのあるロボット集団」が同じことをする、と手直しされる）五番街をパレードする地球外のピラミッドと同様に、そのアイディアは採用されなかったが、最終的にできあがった映画の重要な局面ふたつの種子となった。ガリ勉タイプで、去勢された男性のペルソナを持つスーパーコンピュータと、叙事詩的な旅のあと、ボーマンを入れておく独房のような役割を果たすルイ十四世風のホテルの部屋――「そのありえない空の眺めを締めだしてくれる」から、「安心感をあたえてくれる」部屋だ。

「ホモっけ」云々に関していえば、一九六四年を通じてクラークがキューブリックと親密になるにつれ、ある懸念が彼のなかで高まっていった。もしキューブリックが共作者の性的指向に気づいたら、自分が好きになり、敬服するようになったこの男はどう思うだろう？　見当もつかなかったので、彼の懊悩は深まった。とうとう、クラークはその問題に真正面から向き合うことにした。ある打ち合わせの席で、頃合いを見計らって唐突にこういったのだ。「スタン、きみに知ってもらいたいことがある。わたしは精神的にたいへん安定したホモセクシャルだ」

「ああ、知ってたよ」とキューブリックは間髪を容れずに答え、そのままの議論をつづけた。

完全に無関心な「つぎに行こう」として、それに匹敵する反応はありえなかった。クラークの口もとに安堵の笑みが浮かんだ。キューブリックはあとでその場面をクリスティアーヌに話して聞かせ、クラークは「教師のような」口ぶりだったといった。

「ぼくが気にしないから、彼はすごく喜んでいた。ぼくがこれっぽちも気にしないのを彼は知らないんだ」と監督は締めくくった。

＊　＊　＊

いっぽう、キューブリックの天井の低い、漫然と広がるアパートメントも、ポラリス・プロダクションズのオフィスも、書籍、図表、画像、16ミリと35ミリのフィルム缶などで足の踏み場もなくなっていた。広大無辺な宇宙をどのように描くかという問題でキューブリックの頭はいっぱいだった。彼はチェズリー・ボーンステルとチェコ人画家ルデク・ペセクの宇宙画――それは挿絵が満載の大型本の形でセントラル・パーク・ウェストへ到着した――を穴のあくほど見たばかりか、アメリカ空軍関連のランド・コーポレーション・シンクタンク、NASA、科学雑誌などが出した専門的技術レポートを貪り読んだ。

キューブリックは、師匠から計算尺の使い方を学び、天体座標系の基礎を吸収してしまうと、注意を無限の性質に向けた。七月のある時点で、彼とクラークはプロットの展開に関する議論を中断し、カントールのパラドックスを長々と論じ合った。それは、無限の大きさを持つ数は、それ自体が無限でありうるという考えに基づいている。ならば、こんどは矛盾した見通しが生まれる。つまり、無限に多くの無限があるとしたら、すべてを包含する前者の無限は、後者の無限それぞれより大きくなければならないのだ。「スタンリーは〝部分が全体に等しい〟というパラドックスに異を唱え、完全平方はおなじ値の整数と必ずしも同一ではないと主張する」（伊藤典夫訳）とクラークは書いている。「どうやら彼は隠れた数学の天才らしい」（同前）と。

キューブリック自身は自分の知的能力と創造力を承知していた。ひそかに喜んでいたかもしれないが、慢心することはなかった。彼はクラークのなかに理想的なスパーリング・パートナー兼引き立て役を見いだしていた。クラークはつねに当意即妙で、関連性のある洞察と知識で応じ、キューブリックの思いこみをたびたび建設的な方向で粉砕した。ふたりは、それぞれの流儀で仕事に没頭した。キューブリックは、重要な芸術作品を生みだすという目標を達成するため、ひたすら身を捧げた。財政、兵站、あらゆる分野から引いたアイディア、映画作りと演技の技法、時間管理戦略、ドラマの構造、その他もろもろの複雑な相互作用を必然的に包含するプロジェクトだ。

　映画作りはゲザムトクンストヴェルク――〝総合芸術形式〟――の一形態であり、キューブリックの関心はじつはそれ以外になかった。なぜなら、自分の仕事という広大な領域内の森羅万象――いま彼の頭を占めているプロジェクトに関する多種多様な素材すべて――をかかえこんでいるからだ。そもそも、家族を除けば、付帯的な人間関係を含め、ほかのものがはいりこむ余地はなかった。固い友情があっても、それはもっぱら彼のヴィジョンを達成することに集中された。いたるところでアイディアを探しながら、本当に役に立つコンセプトから手ごろな仮定――〝怠け者のパスポート〟――を選り分けた。「望む答えが得られるまで質問しつづけろ」というのが、彼の座右の銘だった。才能とかなりの実績にもかかわらず、キューブリックに尊大なところはこれっぽっちもなかった――もっとも、あやふやな考えや偽りには短気を起こすこともあったが。自分が重要な芸術家だとひそかに思っているわけでもなかった。「彼は善人になりたがっていた」とクリスティアーヌはいう。ひるがえって、これが世界と相互作用する彼のやり方を特徴づけた。はじめて彼に出会った者の多くは、彼が謙虚なことに驚かされた。

　クラークも自分の才能と実績を自負していたが、それを人々に知らしめたり、自己愛を伝えたりすることに遠慮はなかった。とはいうものの、彼の自己陶酔には子供っぽさと紙一重の驚異の感覚《センス・オブ・ワンダー》がみなぎっていた。自分自身が傑出しているという事実と、うっとりさせる安ピカもののように配置された宇宙の両方に対する驚異の感覚が。本質的に楽天的な彼の人生観もあって、彼の自己中心癖には敵意をとり除く性質があった――いわば、富を分かち合おうという誘いだ。多くの作家と同様に、クラークはある意味で孤独な人物だった。キューブリックとの共作は、職業につきものの孤独からの解放という喜ばしい感覚も味わわせてくれた。

それでも、彼はセイロンが恋しかった。とりわけ若いセイロン人の友人、ヘクター・エカナヤケと会えなくて寂しかった。かつてその国のボクシング・フライ級チャンピオンだった男だ。エカナヤケは、前年ウィルスンのボート・レース映画『ゲタワラヨ』に出演したさい九死に一生を得た。スピードボートのコントロールを失い、低い桟橋の下へまともに突っこんだのだ――頭蓋骨にひびがはいって入院するはめになったが、ひとえにヘルメットと電光石火の反射神経のおかげで命に別状はなかった。それに加え、彼は生まれつき軽い斜視であり、アメリカで彼の斜視を治す手術を受けさせる、とクラークは約束していた。十一月下旬、作家はＪＦＫ空港へエカナヤケを迎えに行った。エカナヤケがセイロンを出るのははじめてだった。手術はカリフォルニアで行われることになっていた。エカナヤケがダイビングの訓練を受ける費用を出すという約束もしていた。

十二月二十一日の昼下がり、クラークがレキシントン・アヴェニューへ行ったとき、エカナヤケも同行した。クリスティアーヌと子供たちは前日にクリスマス・ツリーを購入し、リビング・ルームのスタンドに設置しておいたが、飾りつけはまだだった。キューブリックは、クリスマス前に小説を書きおえようとしていたクラークに精いっぱいの対応をしたものの、『博士の異常な愛情』のアカデミー賞を狙った宣伝活動に気をとられていた上に、じゃんじゃんかかってくる電話に議論の邪魔をされた。クリスティアーヌは、エカナヤケにお茶をふるまったあと、子供たちを連れて数時間クリスマスのショッピングに出かけてくると宣言した。これを聞いて、暇をもてあますことになったエカナヤケが、彼女らが留守のあいだにツリーを飾りつけると申し出た。クリスティアーヌは子供たちと飾りつけをするつもりだったが、アーサーの友人が手持ち無沙汰なのを見てとって、快く同意した。

クラークとキューブリックが廊下の先で丁々発止の議論を闘わせているなか、エカナヤケは猛然とツリーに襲いかかった。枝を縛り合わせて平らにし、凹凸のない形にして、寺院に似たシルエットを作りあげる。同心円状にオーナメントをぶらさげて、なんとなく仏塔《パゴダ》を思わせる形にする。中心の形は凹凸のない円柱、念入りに縛り合わされた枝、わずかな上下のぶれもなく、みごとな水平線を描いているオーナメント。そのツリーの対称性は、仏教徒のアジアを想起させるものとなっていた——クリスマス・ツリーよりは聖なる菩提樹、羊飼い、王、幼児《おさなご》イエスというよりは、薫香、詠唱、瞑想を連想させるものに。クリスティアーヌは数時間後に帰宅し、エカナヤケの気持ちをおもんぱかって驚きをすばやく押し隠し、喜んでいるふりをした。「ママ、ママ！」とアーニャが叫び、声が届かない廊下の先まで母親を引っぱっていった。「あの人、ツリーをものすごく変にしちゃった！」と彼女は声を殺していった。

その晩チェルシーにもどったクラークは、アレン・ギンズバーグとウィリアム・S・バロウズからのメモがドアの下にはさまっているのに気づいた。バーでいっしょに飲まないかというお誘いだった。その午後は邪魔ばかりはいって欲求不満気味だったので、「インスピレーションがわくかも知れず」（伊藤典夫訳）ありがたく誘いを受けることにした。十二月二十四日に最後の数章を仕上げたあと——草稿は約五万語にのぼった——浅はかにも完成原稿とみなしたものを、アップタウンのキューブリックのもとへクリスマス・プレゼントとして持っていった。新しい素材を貪るように読んだキューブリックは、とうとう満足げに原稿をわきにやった。「われわれはSFの領域を広げた」（同前）と彼は満面の笑みでいった。

完成したのだろうか？　「じっさい、われわれはそんな錯覚におちいっていた。というか、わたしはそうだった」（同前）と八年後にクラークは記している。「現実には、われわれが手にしていたのは、あたまから三分の二までの大ざっぱな下書きに過ぎず、いちばんわくわくする個所で途切れているのだった。ボーマンをスター・ゲートに到着させたはいいが、このあと何が起こるのかについては、漠然としたイメージしか持っていなかったのだ」（同前）と。

それでも、一九六四年のクリスマスに関していえば、キューブリックはその小説に基づいて脚本を書き、映画会社の後援をとりつけ、俳優と製作スタッフを雇って、撮影をはじめるだけでよさそうだった。したがって、十二月三十一日にクラークは、キューブリックがスコット・メレディスに宛てた手紙のコピーを受けとった。取り決めによってクラークの契約は満了したと知らせる文面だった。

新年おめでとう。

＊＊＊

エッセイ「ストレンジラブ博士の息子」のなかで、クラークは十二月二十四日に「完成した原稿を届け――お払い箱にされた！」と書いた。この言葉に大きな苦痛を感じとるのは簡単だ。つぎになにが起きたのか、正確なところはわからない。エッセイの草稿のなかでクラークは、例によって片目を後世に向けて――キューブリックが隅から隅まで読むと知っていたことはいうまでもない――「小説の初稿は一九六四年十二月二十四日にスタンリーに渡され、彼はただちにわたしを首にした。じつは、翌日わたしは新しい契約のもとで働きはじめたが、クリスマス・イヴにお払い箱にされたと声を大にしていいたい」と書いた（予想どおり、キューブリックはこの文章を抹消し、「誤解の元。あなたのいいたいことは、だれにもわからない」とコメントを付した）。

いちばんありそうな線は、かつての共作者から本気でせっつかれ、多少は実践的な再考をしたあと、キューブリックがコストカットの基準を考えなおし、一月上旬に契約を結んだときには、クラークの新しい契約が前の契約の直後にはじまる形にあとから微調整されたということだ。契約がじつは終わっていないのを理解していなかったら、そんな真似はしなかっただろう。さらに、監督の妥協なき完璧主義という容赦ない推進力のもとで、映画の最終的な物語が形をなすには、あと三年のたゆまぬ努力が必要になるとは夢にも思っていなかっただろう。

ストーリーがじつは途中でしかないのを理解していたのを別にしても、クラークが作家の仕事を抜きにしてさえ、航空宇宙業界に顔がきき、たんなるコンサルタントとしても重宝するのをキューブリックは承知していた。とにかく、ポラリスはクラークへの支払いという重荷をじきに映画会社に肩代わりしてもらわなければならなくなる。なぜなら、ほかの重要な支出もふくらみつつあったからだ。もしその年の後半に撮影をはじめるつもりなら、キューブリックはまもなく製作スタッフを雇いはじめなければならない。映画会社の支援を早急にとりつけねばならなかった。

だが、その前に見本にするシーンがほしかった。キューブリックは、一九六四年の多くを『宇宙』の研究に費やしたあと、翌年の初頭にその映画の技法を――こんどは65ミリのカラー・フィルムで――再現することに決めた。一月にロサンジェルスからカメラをとり寄せ、エフェクツ＝U＝オールという小さな映画視覚効果会社と契約し、七十二丁目とブロードウェイの角にあるブラジャーの廃工場を借りた。そこで彼と共作者たちは、黒インキと、バナナ・オイルと呼ばれる第二次大戦期に使用された猛毒のペンキ薄め液《シンナー》（酢酸イソアミル）のはいったタンクを置き、映画用の高輝度ライトで囲んで、『２００１年宇宙の旅』となるものの最初の数コマを撮影した。機密厳守で行われたので、彼らはそれをマンハッタン計画と呼んだ――第二次大戦のアメリカの核兵器開発にちなんだ名前である。

強力なライトのおかげで、カメラを速いスピードでまわせた。表面張力、色彩変化、そのあとの化学反応という高速の錬金術を捉えるのに、なくてはならない要素だ。一秒七十二コマで撮影する早回しのカメラは、微妙に色調が変化する〝銀河〟のスローモーションを生みだした。爪楊枝を使って、白いペンキをペンキ・シンナーの混合液に数滴したたらせたのだ。バナナ・オイルに反応したペンキが、模造の星の川と銀河の渦状肢を宇宙空間へ流れこませた。マクロ・レンズのおかげで、トランプ札大の一画が、数光年にまたがる星雲のように見えた。幻覚体験のような映画のスター・ゲートのシーケンスになるものの一部は、この方法で――キューブリックがみずからカメラを操作して――一九六五年の前半にアッパー・ウェスト・サイドで作りだされた。『宇宙』の舞台裏にいた視覚効果のパイオニア、ウォーリー・ジェントルマンは、この技法を一九五〇年代後半に思いついた。「自然に起こりうる真に大激変的なものの多くは、じつは非常に小さなスケールでも起きる。したがって、動いている要素の正しい流動を捉え、写真に撮ることができれば、巨大に見えるものが得られる。ペンキをオイルやほかのペンキの上に落とせば、こうした爆発的な効果と色彩の変化が得られるのだ……その組み合わせはまさに無限だ」と悟ったのである。

クリスティアーヌ・キューブリックは、そのブラジャー工場の情景を鮮明に記憶している。大きな低いテーブルに、側面が正方形の浅い金属タンクと、ペンキや化学薬品の缶が載っていた。シンナー、インキ、熱い撮影用ライトの光を浴びて〝腐りかけている〟ラッカーの悪臭が立ちこめていた。スタンリーがとり組んでいる素材はバクテリアの温床であり、「口に出せないほど厭《いと》わしいもの」になった。キューブリックの短命なマイクロ宇宙のなかで発生し、高速度撮影でフィルムに捉えられると同時に、膨張する星団と変形する星雲の内部で指数関数的に複製された。

製作期間を通じて監督が示す傾向は、すでに歴然としていた。彼は深夜の一時や二時に有毒の煙で目を赤く腫らして工場から帰ってきた。悪臭も気にせず、何週間もぶっつづけで、任意の効果を創りだすためには、どんな割合、温度がいるか、そしてどんな密度の液体をどの高さから落とさなければならないかを几帳面に書きとめた。「わたしたち凡人とスタンリーとのちがいは、凡人が辛抱しきれなくなったずっとあとまで彼は粘って、やりとげることにあるの」とクリスティアーヌは回想する。「特定の効果ひとつひとつを整理するのは、とてつもなく退屈な作業になる。でも、そのおかげでくり返せるし、別の組み合わせ、また別の組み合わせでくり返せる。それは広がっていくインキのようには見えない。宇宙のように見えるの。芸術家には、そういう狂気がなくてはならないのよ」

＊　＊　＊

一月二十二日金曜日の肌寒い午後、暗灰色の雲がマンハッタンに低く垂れこめていたとき、チェルシーでクラークの電話が鳴った。古い知り合い、フレッド・オードウェイからだった――最近までアラバマ州ハンツヴィルにあるＮＡＳＡのマーシャル宇宙飛行センターでヴェルナー・フォン・ブラウンの部下だった男だ。オードウェイは、同僚でやはりフォン・ブラウンの部下だったドイツ人グラフィック・デザイナー、ハリー・ラングといっしょに街にいるという。会って話す時間はないだろうか？　クラークもオードウェイもディナーの約束があったものの、数時間後にハーヴァード・クラブ――オードウェイがニューヨークの定宿にしている宿泊施設――で落ち合うことになった。

三人はオークの羽目板を張ったクラブの大広間で、暖炉のひとつのわきにすわり、フォン・ブラウンのアポロ・ブースター・ロケットのテスト飛行や、アメリカの月計画に関して言葉を交わした。外は大雪だった。クラークにとって、セイロンは百万キロもかなたに感じられた。オードウェイは――ニューヨークの名門一族に連なり、ハーヴァードで教育を受けていた――水を得た魚だった。運動選手を思わせるプレッピー・タイプで三十代後半、パリッとした身なりをしていた。宇宙航行学、ロケット工学、天文学に関する多数の記事と著書を発表しており、陸軍弾道ミサイル局のスタッフを務めてきた。クラークとは、一九五〇年にパリで開かれた国際天文学会議で出会ったときからの仲だった。

ハリー・ラングは、第二次世界大戦後、東ドイツから亡命し、分断された国の西半分でデザインを学んだあと、一九五〇年代にアメリカへ移住した。三十代なかばで、やはり一分の隙もない服装の彼は、冷静沈着な物腰と知的な目の持ち主だった。よく目立つＶ字形の生え際の下で、缶切りのような鼻が、いくぶん長めの顔のなかでひときわ目を惹いた。ニューヨークの広告業界で一年揉まれたあと、朝鮮戦争の時期にアメリカ陸軍に徴兵された。とはいえ、外国籍のせいで戦地には送られず、アラバマで技術マニュアルの挿絵を描く仕事をあたえられた。除隊になると、レッドストーン造兵廠で仕事にありついた。そこではフォン・ブラウンが、元ナチの技術者たちの集団を率いて、すでにミサイルを設計していた。技術者たちの大半は、アドルフ・ヒトラーのＶ２号ロケット計画の卒業生だった。ラングはオードウェイと仕事をするようになり、やがてフォン・ブラウンの下でテクニカル・ライターとなって、一九五八年にＮＡＳＡが創設されると、宇宙局の職員となった。ふたりの代表的な仕事は、ロケット科学者たちと作りあげた一連の挿絵入り本だった。つい最近、ふたりはＮＡＳＡを辞めて、自分たちの会社、ジェネラル・アストロノーティクス・リサーチ・コーポレーションを軌道に乗せようとしていた。

クラークは、どうしてニューヨークにいるのかと訊かれて、進歩した異星の知的生命とのファースト・コンタクトに関する映画をキューブリックと作っているのだ、とオードウェイに報告した。これを聞いて、ラングが目を丸くした。「たまたまわれわれも、ほかの太陽系の生命を題材にした子供向けの本をダットン社から出したばかりなんです」と軽い東ドイツ訛り《オストドイッチュ》で彼はいった。「それにプレンティス・ホール社の大きな本を作っているところです。『宇宙における知性』という題名の専門家向きの本を。ゲラとわたしの絵をたくさん届けようとしているところなんです」彼は失礼と断って、紙ばさみをとりに二階へあがった。つぎの三十分、彼とオードウェイは自分たちの仕事を説明した。「なんたる奇遇だ」クラークが首をふりながらいった。「宇宙における知性……わたしはそれと同じ包括的主題でスタンリー・キューブリックと仕事をしているんだ」

彼らは腕時計をあらため、立ちあがって別れを告げた。「アーサーは出ていき、どうやらつぎの角まで行って、キューブリックに電話したらしい」とオードウェイは回想する。「ハリーとぼくが二階へあがって、コートを着こみ、正面ドアから出ようとしていたちょうどそのとき、従業員のひとりが『ミスター・オードウェイ、お電話がはいっております』といったんだ。その晩のホストとホステスが、無事に来られるかどうかを問い合わせてきたのだと思った。大雪だったからね……そうしたら、『スタンリー・キューブリックという者です』っていうじゃないか。『はあ』と、ぼくは答えた。『その、お元気ですか？』って。彼の映画の話をして、ついさっきアーサーから電話をもらった。よかったら会ってもらえないか、というんだ。もちろん、そこは臨機応変ってやつだった」

あくる日、四人はキューブリックのアパートメントで顔合わせをし、「胸が躍るような」午後を過ごした。「彼はその分野に首まで浸かっていた」と、ＳＦ雑誌や書籍や業界誌がぎっしり詰まった仕事場のようすをくわしく話しながら、オードウェイがいった。「彼のしていることを聞くのはワクワクした。頭のなかにあるものをスケッチして見せるような感じで、そのときその場で『星のかなたへの旅』の写しをくれた」——彼らの最新の仮題で、セーガンが異を唱えたそれだ——「それはキューブリック＆クラーク作のフィルム・ノヴェル、あるいはフィルム・ストーリーと呼ばれていた」

会話のあいだ、ラングは最近までＮＡＳＡでフューチャー・プロジェクツ・グラフィック・グループの責任者をしていたと説明した。将来の宇宙テクノロジーを視覚化するため、十人のイラストレーターから成るスタッフを統括していたのだ、と。議会の予算委員会とアメリカの大衆に宇宙飛行を売りこむことは、フォン・ブラウンにとって優先順位の高い関心事だった。彼は自分のなみはずれた野心への支援を盛りあげるには、広報活動が中心的な役割を果たすと理解していたのだ。話の途中でラングは、ウォルト・ディズニーがハンツヴィルへやってきて、フォン・ブラウンが幹部エンジニアを一堂に集めたことを思いだした。彼によれば、ディズニーの前でロケット科学者はこういったという。「ハリー、きみの仕事が金を稼ぐ。ほかのだれもが、その金を使いたがる」

キューブリックは熱心に耳をかたむけており、彼の話が終わるのを待って、「なるほど、きみより上手いイラストレーターは手にはいる。グリニッチ・ヴィレッジへ行けばひと山いくらだ」と、ぶっきらぼうにいった。「みんな空きっ腹をかかえている。でも、彼らにはきみのバックグラウンドがない。ぼくがほしいのはそれだ。きみはありとあらゆるサイズと目的のロケットに親しんできた。どういう風に見えるか知っているし、細かいところも知っている」と。

「ええ、そのとおりです。たっぷりと見てきました」と気を悪くせずにラングはいった。

キューブリックは、技術コンサルタントとして自分の映画の仕事をしたくないかとふたりに尋ねた。科学的な正確さと、徹底的なリサーチに基づく信頼性を求めているのだ、と説明した。その映画はどこまでもリアルに見えねばならず、従来のＳＦ映画の安っぽいまがいもの臭さとは無縁でなければならない。観客は、つぎの世紀の初頭へ移されたと感じなければならない。物語は三十年ほど未来を舞台にする——宇宙船とコンピュータが現実に追いこされることがまずない程度には遠く、じっさいの世の動きとおおよそ合っていそうな程度には近い未来だ。

オードウェイとラングは顔を見合わせた。ふたりの答えに疑問の余地はなかった。まさにそのような機会を求めて彼らはＮＡＳＡを辞め、自分たちの会社を興すという一か八かの賭けに打って出たのだ。年末までの時間の多くを、彼らはハンツヴィルとニューヨークとに分けて過ごした。オードウェイが宇宙航空テクノロジーを調査し、パートナーがそれらをデザインして、イラストにしたのだ。コンサルタントとして雇われていたものの、ラングの貢献度はどんどん高まっていき、最終的にプロダクション・デザイナー（美術部門の責任者）のクレジットと映画業界でのキャリアを獲得することになる。

クラークの助けをちょっぴり借りて、キューブリックは自分の目的にうってつけの共作者ふたり組を見つけたのだった。

＊
＊
＊

一九六二年のＭＧＭ映画『戦艦バウンティ』の歴史的惨敗にもかかわらず、新社長ロバート・オブライエンは、それ以外は成功している大予算シネラマ作品の〝ロードショー〟配給をつづけると確約した。彼はすでにデイヴィッド・リーンの三時間におよぶワイド・スクリーン作品『ドクトル・ジバゴ』の製作にＧＯサインを出しており、同作は一九六五年十二月に公開予定だったが、度重なる遅れと予算超過にも目をつぶっていた。『バウンティ』が涸らしてしまった財政的貯水池を、その作品がふたたび満杯にしてくれるだろう、と大いに期待をかけていたのだ。

キューブリックのマンハッタン計画の産物である宇宙論的フィルム十分をおさめた見本リールと、クラークの小説の草稿を手にして、監督のロサンジェルスの相談役ルイス・ブラウは、二月初旬に『星のかなたへの旅』をＭＧＭに提示した。「返却までの締め切りは三日だった。そうやって取り引きをしたんだ」とブラウは回想する。映画会社は完成した脚本を受けとることに慣れていたものの——美しいが、高度に実験的な映画版抽象画がついているとはいえ、尻切れトンボになっている未発表の小説ではなく——キューブリックは時代の寵児といえる監督であり、『西部開拓史』と似たようなフロンティアのドラマ——こちらは未来が舞台——で同作に匹敵する成功をおさめられる、とオブライエンは信じて疑わなかった。

したがって、映画会社の社長は三日以内に返却というブラウの条件に同意した。締め切りは、じっさいにその本を読む時間がだれにもないようにすることで、物語の瑕疵を覆い隠すように計算されていた。オブライエンは五百万ドルの予算に許可を出し、公開予定は一九六六年の後半か、翌年の前半と決まった。『バウンティ』の財政的打撃がいまだに効いていたので、映画会社の株主たちと重役たちは即座に彼の決定を批判し、キューブリックのプロジェクトが元の予算をはるかに上まわり、公開日がくり返し延期されるにつれ、陰口のコーラスは高まるばかりだった。この抵抗は、MGMの役員会の保守派数名が原因の一部だったという。彼らの目には、『博士の異常な愛情』が明らかに非愛国的で不快に映ったのだ。

とはいえ、キューブリックは映画会社のボスを賢明に選んでいた。その後の数年にわたり、オブライエンの支援はゆるがなかった。そのプロジェクトを後援するという彼の決定は、たしかにさまざまな要素が複雑にからみ合った結果だった。一九六五年までに、SFジャンルは真に優れた映画をほとんど生みだしていなかった。にもかかわらず前の十五年ほどのあいだに、ジャンルとして急速に確立していた。数字をあげれば、指数関数的な成長がはっきりとわかる。一九五〇年に公開されたSF長篇映画はわずか三本だったが、五〇年代のなかばには、年平均二十五本のSF映画が生まれており、五〇年代の末までには百五十本を超える作品が公開されていた──たとえ作品の大部分が安っぽいB級映画であったとしても、新ジャンルとしては前代未聞の急激な膨張だ。必要なのは、高級品市場での無条件の成功だった。

もちろん、それに加えて、現実の月への競争があり、いまや最高潮に達したとあって、メディアはその話題で持ちきりだった。大衆の注目はアメリカ人宇宙飛行士の偉業に集まっていた。そしてMGMが一九六五年二月二十三日にキューブリックの宇宙叙事詩を告知したとき、NASAのエコノミー・サイズのマーキュリー・カプセルは、ジェミニ計画の中規模のカプセルにとって代わられていた。ジェミニのカプセルは、まもなくふたりの乗員を軌道へ輸送しはじめることになっていた。すべての関心がアメリカの宇宙計画に払われているのを見て、オブライエンは商業的にかなりの成功が見こめる分野が手つかずになっているのを感じとったのだった。

おまけに、その監督の起用は安全パイに近かった。彼は『スパルタカス』でほぼ同じ規模と予算の映画をすでにあつかったことがあり、『博士の異常な愛情』で批評的な絶賛と商業的な成功を両立させられると示したばかりだった。

キューブリックとクラークにとって、『星のかなたへの旅』の門出を祝うMGMのプレス・リリースは、その映画の短命に終わった一連の仮題にまつわる以前からの疑いを再燃させる結果になった。〈ニューヨーカー〉のライター、ジェレミー・バーンスタインは、一年ほど前クラークにはじめて会った。そして一九六五年の春、クラークに連れられてレキシントンへ行き、監督と会った。バーンスタインの本職は天体物理学者だが、その彼がそのときの情景を後年こう回想している――「キューブリックとアパートメントをはじめて目にしたとき、わたしはこうひとりごちた、『この男はわれわれの一員だぞ』と。なにがいいたいかというと、彼の見た目もふるまいも、わたしの知っていたエキセントリックな物理学者の大部分と似ていたということだ。アパートメントは混乱のきわみだった。子供たちと犬たちがそこらじゅうを走りまわっていた。家具の大部分は書類に隠れていた。自分とクラークはSF映画を作っている、と彼はいった。オデッセイ、宇宙のオデッセイだ、と。題名はついていなかった」

最終的な題名はキューブリックひとりのアイディアだった、とのちにクラークは述べるものの、彼が「ゆりかごから」という短篇に書いた千年紀の日付に関する瞑想を忘れていたことは、はた目にも明らかだ。その短篇では語り手が、二十一世紀はじつは二〇〇〇年ではなく、二〇〇一年にはじまるのだとこぼすのである。現存する『星のかなたへの旅』の散文台本《トリートメント》の表紙には、キューブリックの思考の変遷が記録されている。一九六五年四月後半のある日に書かれたメモのなかに、いうなれば静止画として題名が赤インクでずらりと並んでいる。監督の手書きで――

地球脱出
スター・ゲート
宇宙のオデッセイ
木星の窓
さらば地球よ

そしていちばん上の左側に、はじめて――

2001年宇宙の旅

「ストレンジラブ博士の息子」のために書かれたクラークのメモによれば、その題名が決まったのは一九六五年の四月二十九日か三十日のどちらかだった。
新しい題名で決まりだった。

＊　＊　＊

共作を告知できる〈申し合わせの覚え書き〉に一月十四日にサインしてから、二月二十三日に映画の告知をし、キューブリック（ポラリス代表のブラウを通して）とオブライエン（社内の弁護士を通して）は「とりあえず『2001年宇宙の旅』という仮題のついている映画」に関する十七ページ、三十五項目におよぶ契約の交渉にとりかかった。一九六五年五月二十二日付の現存する下書きは、注意深く読むと、キューブリック式の魅惑的な豊穣の角《コルヌコピア》だ。割り引かれる神話もあれば、補強される神話もあり、プロジェクトに対するクラークの重要性と、映画の財政的見通しから彼がどの程度まで除外されたかの両方が明らかになる（じっさいの署名がある契約書は、どこかにまだ存在するかもしれないが、神ならぬ身には容易には手が届かない）。

　キューブリックは、監督業にまつわるほかのあらゆる問題に対するのと同じように、たいへんな集中力をもって契約に臨んだ。それがすべての面に強い影響をあたえるのだから、とりわけ注意深く。「彼はとても用心深く取り引きをした。そういうことに関してはチェス・プレイヤーみたいだった——本当に用心深かった」とクリスティアーヌは回想する。「彼は『あんまり早く気を抜くな。ミスを犯すのはそのときだ』といった。細かいことすべてにとても注意深かった……ほかのだれも手に入れられない好条件の契約を手に入れた。彼は信用しなかった。ようやく片がついて、ほしいものと正しい映画、正しい時間、正しいお金、正しいなにもかもが手にはいると、『うまくいったようだ』といったものだった。『うまくいったぞ！』とは、けっしていわなかった。『うまくいったようだ。うまくいったらしい』としかいわなかった」と。

　契約にはポラリスが五千ドルで「前哨」のオプションを取得した上に、クラークに三万ドルを支払って台本《トリートメント》を書かせたと注記があり、ＭＧＭがキューブリックのプリプロダクション費用をすべて肩代わりすると述べていた。それにはクラークに対する将来の支払いすべてが含まれていた（つまり、撮影開始時に支払われる一万五千ドルと完成時に支払われる一万五千ドルだ）。一九六五年五月の時点で肩代わりの総額は五万三千四百二十九ドル。その大半はクラークへの支払いだった。映画の予算は五百万ドルと決まった——ときに伝えられる六百万ドルではない。その数字には、作品の取得に当てられる三十五万ドルが含まれており、その時点ではクラークの小説の草稿、キューブリックのマンハッタン計画のフィルムから成っていて、ほかにはなにもなかった。

　したがって、わかりきったことをいうなら、契約の下書きによれば、「前哨」にオプションがつき、長篇小説を書いたことで、クラークの収入は三万五千ドルほどになり、最終的にもう三万ドルもらえる見通しだった。インフレを補正すれば、今日の通貨価値でおよそ五十万ドルだ。キューブリックは作品をＭＧＭに売ってその三倍以上を手に入れ、クラークへの分け前はなかった。いっぽう、それとは別の合意にしたがって、小説がとうとう印刷にまわせるようになれば、キューブリックのとり分は、クラークの六十パーセントに対して四十パーセントと決まった。その時期をだれが判断するのか？　いうまでもない、監督だ――彼は承認権が自分にあるよう念入りにとりはからったのだった（映画の原案であることを別にすれば、ＭＧＭは本に関しては、それ以上の権利を主張をしなかった）。

その上、『２００１年』の予算にはプロデューサー兼監督としてのキューブリックの仕事に対する二十万ドル、脚本執筆に対する五万ドルが含まれていた。インフレを補正すれば、さらに二百万ドル弱がキューブリックに支払われる――合計すれば今日の通貨価値で四百五十万ドル以上が監督のものとなるわけだ。もちろん、ポラリスのとり分はこのどれにも含まれていない。それは純益の二十五パーセントと決まっており、ＭＧＭが費用の二・二倍を差し引いたあとの額が純益とされた。キューブリックが予算を超過したら――二倍以上も超過することになるのだが――その純益の数字は、ＭＧＭの費用総額の二・七倍に設定されるとされた。それでも映画が成功をおさめたら、キューブリックはたいへんな額を稼ぐ見通しだった。こんどもクラークは、そのゲームに参加していなかった。

契約にはかなり興味深いほかの条項も含まれていた。『スパルタカス』のあと、ひとつの伝説が長年にわたり育《はぐく》まれていた。キューブリックは、自分の作品を意のままにできないかぎり取り引きはしないという伝説だ。『２００１年宇宙の旅』に関するＭＧＭとの契約を見れば、かならずしもそうでないことがはっきりとわかる。監下書きには、ＭＧＭの「そのときの社長」が変更を要求する権利を持つと定めた条項が含まれているのだ。監督が同意しなければ、ふたつのバージョンを試写して、観客の反応テストによって評価される。要求された変更を加えたバージョンと、変更のないバージョンだ。もしテストの結果が変更を支持するなら、監督は変更する義務を負う（キューブリックがここで余白に書きこんだメモによれば、文言をわずかにいじり、その些細な修正★のあと、その条項を受け入れたとみるのが理にかなっているように思える。署名はないものの、現存する下書きが粘り強い交渉の結果であることは一目瞭然だ）。

ほかに興味深い細部としては、監督候補者の短いリストがあげられる。スタンリー・キューブリックの名は、そのうちのひとつでしかない。ほかの候補者はアルフレッド・ヒッチコック、デイヴィッド・リーン、ビリー・ワイルダーだ（ワイルダーが監督した『２００１年宇宙の旅』を想像してみるといい。『お熱いのがお好き』を作った人間だ）。映画はロンドンの北にあるＭＧＭのボアハムウッド・スタジオで撮影されることになった——ヨーロッパで指折りの製作施設のひとつだ。そして契約はＭＧＭの権利をつぎのように定めていた——「配給会社の担当地区には、すべての宇宙船、月シャトル、宇宙ステーション、宇宙のあらゆる銀河における惑星、小惑星、衛星に付属する——だが、それに限定されるわけではない——施設、並びに軌道上の生命維持システムも含まれるものとする（ここでいう地区は宇宙領域とみなされるものである）」と。

契約の定型的文言は、映画の目的地と一致していたわけだ。

ＭＧＭは最終的に俳優選びに関して発言権を保有した。契約には補足条項が含まれており、配役はキューブリックが提案して、ＭＧＭが承認することになった。キア・デュリアが監督の興味の対象になる四カ月以上も前に、その若い俳優は主人公デイヴィッド・ボーマン役の候補として認められていた。当時二十九歳だったデュリアは、フランク・ペリーの映画『リサの瞳のなかに』の、感情に障害を負ったよそよそしい精神科の患者の演技でもっとも知られていた。ＭＧＭが承認したほかの俳優には、野心家の大統領科学顧問、ヘイウッド・

★　たとえば、彼は「観客テスト」という文言の前に「認定ずみ」とつけ加えたがった。

フロイド役として、ロバート・モンゴメリー、ジョゼフ・コットン、ロバート・ライアン、ヘンリー・フォンダ、ジェイスン・ロバーズ、ジョージ・C・スコットなどがいた。猿人のリーダー〈月を見るもの〉役には、ロバート・ショウ、アルバート・フィニー、ゲイリー・ロックウッド、ジャン＝ポール・ベルモンドをキューブリックがあげ、MGMが認めた――最後の俳優は、ジャン＝リュック・ゴダールの一九六〇年作品『勝手にしやがれ』のスターである。フランス訛りは、台詞のない役にとって問題にならない。

ゲイリー・ロックウッドがリストに載っているのは興味深い。キューブリックは、のちに別の役で彼のもとへもどって来ることになる。だが、〈月を見るもの〉役として監督が当初だれを想定していたかは明らかだ。キューブリックは二月にショウ宛ての手紙を書き、幅広の顔で毛深いネアンデルタール人タイプの絵画的描写と、つぎのコメントで締めくくっていたのだ――「あなたのいかついけれどハンサムな顔を見る目がないとは思われたくないのですが、驚くべき類似があるように見えると申しあげなければなりません」と。ショウは、当時は『暁の出撃』（一九五五）や『007／ロシアより愛をこめて』（一九六三）といった映画での軍人役や悪役でもっとも知られていたしかめっ面の英国人俳優で、のちに『ジョーズ』（一九七五）でシャーク・ハンター、クイントという当たり役を得ることになる。キューブリックの手紙に対する彼の返事は――あったとしても――歴史のなかに失われているが、人類以前の霊長類の描写にどうやって説得力を持たせるかという問題は、およそ手に負えないと判明し、ロバート・ショウの半類人猿的容貌の世話にならずに、製作も後半になってようやく解決されることになる。

＊　＊　＊

一九六五年の春には、以前は活気のなかったセントラル・パーク・ウェストのポラリスのオフィスは、活動亢進状態にはいっていた。ラングの絵が掲示板に張りだされ、グラフィック・フィルムズから郵送されてきた作品と並べられた。グラフィックはニューヨーク万博のために「月とそのかなたへ」を作ったロサンジェルスの会社であり、キューブリックは宇宙船と月面基地のデザインを依頼して契約を結んだのだった。ストーリーボードが別の部屋の壁紙となり、予定されたシーンの詳細な初期のカラー完成見取り図も張りだされた。たとえば、飛びだしナイフのようなスペース・シャトルがフリスビー状の宇宙ステーションに接近する場面だ。電話がひっきりなしに鳴り、絵をおさめたポートフォリオや書類の束を手にして人々が出入りするにつれ、タバコの煙が空中で渦を巻いた。四月十九日にクラークがオフィスを訪ねた。

> スタンリーがまだ読んでいない三千語の原稿を持って、オフィスへ行く。部屋はいまではブンブン唸りをあげている——働いている人間が十人ほど見え、イギリスから来た製作スタッフも二人混じっている。壁には格好のいい絵がいっぱい張り出され、わたしはとっくに機構のなかの小さな歯車になった気分。頭のおかしい男が、スタンリーには自分を雇う義務があると主張して、二週間ほどまえからオフィスの向かいの公園ベンチにすわり、ときおりビルにもはいってきていた。スタンは身を守るため、大型の狩猟ナイフをブリーフケースにひそませた。（伊藤典夫訳）

オードウェイは、公園ベンチのエピソードをすこしだけ辛辣に記憶している。「彼はニューヨークの変人だった」と彼はいう——ベンチにすわっていた男ではなく、キューブリックのことだ。「あるとき彼が『フレッド、通りの向こう側のベンチにすわっている男が見えるか?』といったことをいつも思いだす。わたしが『公園のベンチか?』というと、彼が『ああ、あいつは昨日も一昨日《おとつい》もあそこにいた……いったいあそこでなにをしてると思う?』といったんだ。そう、彼はそんな風に物事を見ていた。ディナーを食べに外出すると……彼はいつも壁に面してすわれるテーブルを頼んだ。そういう強迫観念にとり憑かれていたからだ」

NASAとアメリカ空軍の映画製作を一手に引き受けている会社グラフィック・フィルムズは、元ディズニーのアニメーター、レスター・ノヴロスによって一九四一年に創設されたニッチな視覚効果会社だった。「月とそのかなたへ」を別にしても、未来の宇宙開発を描いたほかの短篇映画を何本も完成させたばかりで、それにはロボット・アームのついたひとり乗りの小型スペースポッドのアニメーションといった細部が含まれていた。五月にノヴロスと「月とそのかなたへ」の監督コン・ペダーソンが、打ち合わせのためロサンジェルスから飛来した。彼らの受けたキューブリックの第一印象は、真面目なタイプで、もの静かだが極端なまでに単刀直入というものだった。

「じつに有意義な時間だった」と一九八四年にノヴロスが回想している。「彼によれば、脚本の多くは未完成で、とりわけ結末は決まっていないとのことだった。彼は地球外環境で生まれた人間を紹介したいと思っていた。彼の頭にあったのは、身長約六メートル、非常に細身で弱々しい生き物だ。ジャコメッティの彫刻を知っているかと訊かれたので、『知っている』と答えると、近代美術館で彼の展覧会をやっていると彼がいった。そういうわけで展覧会へ行くと、『われわれの宇宙人はこんな姿をしているはずだと思うんだ。それなら映画の終わりに、彼らは腕をのばして、地球から来た小さな男を手でつかみ、夕陽のなかへ歩いていける』と彼がいった。すこし陳腐だった」

キューブリックは訪問者たちにこう告げた――自分にいわせれば、あらゆる映画には考慮すべき要素が三つある。それは興味深いか、信じられるか、美的あるいは審美的に卓越しているかの三つだ。すくなくとも三つのうちふたつは、映画のあらゆるショットになければならない、と。キューブリックにはさいわいなことに、ペダーソンも一九五〇年代にアメリカ陸軍に在籍していたとき、オードウェイとラングと同様、ヴェルナー・フォン・ブラウンと仕事をしたことがあり、ウォルト・ディズニー社のTV番組でも仕事をしていたことがわかった。一九五五年から五七年にかけてＡＢＣで放映された番組のうち三本は、そのドイツ人ロケット工学者がゲスト出演して、自分の宇宙探検のコンセプトをアニメーションで説明するという内容だった。それには地球軌道へ飛ぶシャトルと車輪型ステーションが含まれていた――まもなく『２００１年宇宙の旅』が流用するのと同じ科学技術的記号である。

　キューブリックは訪問者たちのために、撮影したばかりのマンハッタン計画の宇宙論的フィルムの映写を手配した。「彼はその件では口数がすくなかった」とノヴロスは回想する。「どうやって撮ったかをだれにも教えようとしなかった。彼はとても創造力ゆたかな男で、とても自己中心的な男だった。万事がそうだった」と。いずれにしろ、ペダーソンは当然のごとく感銘を受けた。そしてキューブリックは、グラフィック・フィルムズとの非独占的な一年契約に署名して、のちに映画の視覚効果のお手本にするという了解のもと、視覚化とストーリーボードの製作を依頼した。とはいえ、遠く離れたロンドンからロサンジェルスの会社と仕事をするのは得策ではないと判断し、最終的につながりを断った――しかし、ノヴロスには大いに腹立たしいことに、この判断につづいてグラフィックきっての人材を何人か引き抜いた。ノヴロスが強く引き留めたにもかかわらず、その年の終わりまでにペダーソンは英国へ移住し、キューブリックのチームに加わることになる。

　いっぽう、重要きわまりない映画のプロダクション・デザインをだれにまかせるかという問題が、監督の頭を占めていた。前年の夏以来、彼の意中の人はケン・アダムだった――すばらしい出来映えの作戦室を含め、『博士の異常な愛情』のセットを作った立役者だ。アダムはキューブリックの容赦ない完璧主義が原因の戦争《シェル》・神経症《ショック》が治りきっておらず、ふたたび彼と仕事をすることに好悪の入り混じった感情をいだいていたし、とにかく、ジェームズ・ボンド映画第四作『サンダーボール作戦』で仕事をするという契約書にサインしていた。彼は丁重に断った。

　これで重要なポストが空席のままとなり、『博士の異常な愛情』のアソシエイト・プロデューサー、ヴィクター・リンドンの推薦で、キューブリックはプロダクション・デザイナーのトニー・マスターズをイギリスから面接に呼ぶことにした。ひょろりとした長身で、眉毛はもじゃもじゃ、目を絶えず陽気にきらめかせているマスターズは、当時四十六歳。まだ一級の映画デザイナーとはみなされていなかったが、彼が卓越したデッサン画家であり、撮影所を基盤にした映画作りに精通していることをリンドンは知っていた。マスターズはデッサン画家から、アシスタント・アート・ディレクター、セット装飾家《デコレーター》へと英国映画界の階梯を昇ってきていた。最初にアート・ディレクターとしてクレジットされたのは一九五六年。それ以来、数十本の長篇映画をデザインしてきた。一例をあげれば、デイヴィッド・リーンの一九六二年のワイド・スクリーン超大作『アラビアのロレンス』でプロダクション・デザイナー、ジョン・ボックスの右腕を務めた——信頼の厚さの表れだ。

マスターズにはわずかな吃音があったが、もっぱら意志の力だけで克服していた。監督は見ず知らずの男に賭けることになったものの、リンドンの本能を信頼していたので、マスターズは最初の面接をみごとに通過した。キューブリックがまず知りたがったのは、デザイナーがＳＦに興味があるかどうかだった。「もちろん、興味があった」とマスターズが一九七七年に回想している。「わたしはＳＦが好きだし、その種のデザインが好きだ。未来をデザインするのが好きだ。そういう人は多くない」と。

彼はまもなくケン・アダムにもまして優秀な人材だとみずから証明する。マスターズは大規模な映画デザイン部門の管理方法を知っていた。そして建築デッサン画家としての訓練が、欠くことのできない長所だと判明する。彼はすぐに四十人のスタッフを統轄し、『２００１年』のセットで汗水垂らすことになる——だが、マスターズと、やはりロンドンから飛んできたセット装飾家のボブ・カートライトは、ニューヨークでの最初の三カ月をキューブリックと「ただオフィスにすわって、脚本やストーリーについて話したり、こういうイカレた映画をいったいどうやって作ろうかとひたすら考えたりして」過ごしたという。「つまり、彼はすばらしいユーモア・センスの持ち主で、ふたりとも笑いすぎて仕事ができなくなる日もよくあった——おかしくてたま

左からトニー・マスターズ、フレッド・オードウェイ、ハリー・ラング。

らなかったんだ。われわれがやろうとしていたのは、とんでもないことだった。ＳＦ映画を作るとなると、理性的でいようと自分を律するのはとてもむずかしい。限界はないし、狂暴になることだってあるかもしれない」と彼は回想する。とはいえ、さいわいにも、ラングとオードウェイが現実によるチェックを行ってくれた。マスターズの記憶によれば、とりわけラングが「最後の砦《アンカーマン》」の役割を演じたという——安定させる力となって、彼らを自分たちから守ってくれたのだ。

ハンツヴィルの宇宙飛行マニアたちと英国人映画デザイナーは、多くの点で完璧な組み合わせだった。オードウェイはすでに航空宇宙テクノロジーにおける多くの知人に大量の手紙を送って、アイディアとコンセプトを募集していた。ラングはそれを二次元のグラフィック・イメージに変えることには熟達していたが、映画のセット・デザインという高度に専門化した領域の経験はなかった。ストーリーは二転三転していたものの、彼らはさまざまなタイプの宇宙船のためのベーシック・デザインをなんとか確立した。これには流線型で見るからに未来的なスペース・シャトル、オリオン、巨大な二重車輪型の宇宙ステーション5（それは初期のデザイン画の平らな円盤から進化をとげていた）、四本の脚をそなえた半球形の月着陸宇宙船アリエス、原子力駆動の木星行き惑星間宇宙船ディスカバリー号が含まれていた。それを別にしても、重要度の低い乗り物がたくさんあった。たとえば、ひとり乗りのスペースポッド、矩形のムーンバス、各国の核兵器衛星の小集団だ。コンピュータで画像を生成するようになる三十年も前の話であり、外形のために詳細なモデルを造らなければならないことになる。

三人がニューヨークで共作した最初にしてもっとも野心的なデザインは、ディスカバリー号内部の遠心機だった。直径十一・六メートル、厚み三メートルの回転木馬のような形状で、乗員のために人工重力を作りだすことになっていた。床を貫いて突きだした薄い鋼鉄のブレードにカメラ台車《ドリー》を載せなければならないのはわかっていたので、大きさがまったく同じの円盤二枚が、車輪のふたつの側面のあいだにある狭い隙間でぴたりと合わさる造りを考えだした。ちゃんと合わされば、ブレードがドリーを所定の位置に固定するようになり、セットをカメラのまわりで回転させられる。くっつければ、ふたつの側面はディスカバリー号の中央乗員居住区になる。それにはメイン・スーパーコンピュータ・コンソール、眠れる宇宙飛行士たちが葬られている棺のような冷凍睡眠モジュール、狭いダイニング・テーブル、その他もろもろが含まれていた。とはいえ、この規模と精密さを誇るセットのための外部フレームワークは、ふつうの映画デザイン部門に造れるようなものではなく、ある英国の航空機会社に発注することにした。

遠心機の内部についていえば、それは映画のほかの部分にとって、デザインのひな型のようなものとなった。「われわれは白い素材をふんだんに使うことにした」とマスターズは回想する。「なにもかも白かった――そうでなければ黒だった。黒と白と青。そして白を見ると気分がよくなった。あらゆるものが宙ぶらりんのように見えた。なぜなら、どこにも影がなかったからだ。じつにうまくいった。もともとはいろいろな色をつけたんだが、またしてもスタンリーの口癖は『さて、どんな色になるだろう?』だった。『どんな色になるかわからないな、スタンリー。つまり、すてきな色とはなんだ? 青を試してみようか――IBMの青を』彼は『いや、いや、だめだ。青は〝今日的〟すぎる――青はどこにでもある』という。そういうわけで、しまいに、われわれはこういった、『じゃあ、どんな色も使わないようにしよう――それなら失敗しようがないからな』と」

これで残る問題は、映画の視覚効果をだれが監督するかになった。〝トリック〟写真、モデルの製作と撮影、映画に登場する無数のフラットスクリーン・ディスプレイに映しだされる画面の製作、などなどだ。グラフィック・フィルムズが視覚化と概略図を担当していたが、もっぱらアニメーションの会社であり、キューブリックの頭にあるフォトリアリスティックな質を実現するのは苦手だった。さらに、ニューヨークからロンドンへ引っ越せば、距離がますます障害になる。キューブリックはしばらくのあいだ、コリン・ロウとウォーリー・ジェントルマンを雇おうとしていた。『宇宙』の裏方だったチームだ。しかし、キューブリックと仕事をすることに興味はないと公言していたロウが、監督は「底に鋲《びょう》を打ったブーツできみを踏みつけるだろう」と同僚に警告した。しまいにジェントルマンは、用心しながらも映画の効果を引き受けることにした――だが、契約書にサインしようとはしなかった。ロウの警告のあと、キューブリックとジェントルマンのあいだには、はじめから意思の疎通の断絶があった。

一九六五年の春と初夏に彼らがまず議論したことのなかに、映画の信頼性を高めるため、すべてのエフェクト・ショットをオリジナルのネガで保存するということがあった――光学プリンタで合成したり複製《デュープ》したショットではない。それらはデジタル以前のあつかいにくい技法で、当然ながら、工程のたびにフィルム粒子が重なってざらつくことは避けられなかった。この技法を使えば、複雑でエラーを犯しやすい製作の連鎖がはじまることになり、たとえば、月で発掘された異星人の遺物を宇宙飛行士たちが訪ねるというライブ・アクションを撮影するために使われたのと同じネガ・フィルムが、〝保留テイク〟として、ときには何カ月も保管される。そしてライブ・アクション撮影のあいだは、そのために黒く残された映像をとり囲む部分に、でこぼこした月の地面を加えるため、アニメーション・カメラを通すことになる。地球や、星々や、宇宙船の窓のまわりで動いている人々といったほかの要素を加えるために、三度も四度も通さなければならないときもある。その方法は危険をはらんでいるが、完全に真新しい、第一世代の信頼性を生みだすと思われた。

「わたしは映画全体にわたって特殊効果の監督を務めた」と一九七九年にジェントルマンは回想している。「しかし、最初の主な仕事は、基本的な効果の技法一般についてキューブリックに教えることだった。彼はスチール写真については該博な知識を持っていたが、特殊効果の働きについては正確な知識を欠いていた。あれほど有能な生徒に教えたことはない、といわざるを得ない。スポンジのように情報を吸いとったからだ」（またしても例の比喩だ）とはいえ、ジェントルマンは深夜に働くことには気が進まず、やがて現場のキューブリックから午前中ずっと電話がかかってくるようになると、教師役を引き受けたことを後悔するようになる。彼の『２００１年』の在職期間は、一年しかつづかなかった。

二年後、アカデミー賞の最優秀視覚効果部門は、ジェントルマンではなく、彼の熱心な生徒スタンリー・キューブリックが受けることになる。

＊　＊　＊

オードウェイ、ラング、マスターズ、ジェントルマンが力を合わせて、月と木星への旅に見られるリアリスティックで説得力のある科学技術的環境を生みだしたとしたら、こんどは、そのすべてが、スター・ゲートを抜けて、そのかなたをさまようデイヴ・ボーマンの疑似シュルレアリスム的旅の発射台になるはずだった。自然を手なずけ、コントロールするための道具として、その映画のテクノロジーは、観客を不信の停止状態に誘いこむことも意図していた。彼らが心を開いて、その映画の万華鏡的で、動力学的で、超越的な最終章を受け入れるようにするためだ。

一九六五年の夏にフレッド・オードウェイがさまざまな会社、研究機関、個人に送った手紙の大半は、多種多様なハードウェアに関するものだった。しかし、そのうちの一通——六月七日に書かれた、とりわけ好奇心をそそる手紙——は〝ウェットウェア〟に関するものだった。人間精神の複雑きわまる神経化学的配線のことだ。マサチューセッツ・メンタル・ヘルス・センターのウォルター・パンケ博士宛ての、その日の彼の手紙は、映画プロジェクトに触れていなかった。そしてポラリスの住所が記載されていたものの、製作会社への言及もまったくなかった。むしろ、航空宇宙技術雑誌の編集者としての立場で書かれているように思えた。

オードウェイは、パンケがハーヴァードで博士号論文の一部として行った実験について発表した短い記事に関する情報をさらに求めていた。その実験では、監督され、コントロールされた環境で、強力な幻覚剤であるシロシビンがボストンの神学部院生たちに投与されたのだ。オードウェイの手紙は返信先が匿名に近かった。キューブリックが、その研究に対する自分自身の興味を隠したがったからだ。「われわれは、薬物《ドラッグ》を受容した直接の結果として、被験者たちが哲学的問題に対して洞察を深めたという事実にとりわけ興味を惹かれました」とオードウェイは書いている。「われわれは、冬眠、催眠術、そして、もちろん、薬物を含め、未来の宇宙飛行士たちの時間意識を圧縮する可能性を片っ端から検討してきたのです」と。

キューブリックは、パンケのいわゆるマーシュ礼拝堂実験の気配を察していた。一九六二年に彼の論文指導教員ティモシー・リアリーとリチャード・アルパートの監督のもとで行われた実験だ。その研究は、ボストン大学の礼拝堂といった宗教的舞台設定で摂取されたとき、幻覚を引き起こす薬物が、歴史上の偉大な神秘主義者たちが記録したそれに匹敵する宗教的経験を誘発できるかどうかを調べるものだった。参加した十人の神学生のうち九人が、宗教的啓示と区別できない感覚をたしかに経験したと報告した。なかには、過去、現在、未来を超えて、三次元時空が無限の可能性のひとつにすぎない領域へと一気に飛躍したと述べる者もいた。

四十六歳の宗教学者、ヒューストン・スミスという参加者は「これまで経験したこのないほど強力な宇宙的帰郷」を経験した。マイク・ヤングという別の参加者は、「色彩の海のなかで洗われる」という感覚を得た。「……それは意味のあるパターンに落ちつくときもあれば、美しい色彩の渦でしかないときもあった。そら恐ろしげであるかと思えば、こんどは畏怖をかき立てた。マンダラのような放射状のデザインであり、中心の色が側面へのびていて、それぞれが異なる色彩かパターンだった」

パンケの被験者たちは、一種のスター・ゲートを通り抜けたのだ、といってもかまわないだろう。オードゥエイの手紙は、ありとあらゆる現行の研究と結びつけることで、自分たちのプロジェクトを科学的に正確なものにするというキューブリックとクラークの目的に完璧にそったものだったが、パンケの実験――まもなく六〇年代サイケデリアの高僧となるふたりの男の監督下で行われた――の被験者たちは、『２００１年宇宙の旅』と、六〇年代ドラッグ・カルチャーの疑似形而上学的探求との直接のつながりをもたらすことになる（リアリーもアルパートも一九六三年にハーヴァードから追放された。リアリーはＬＳＤを英気回復に使ったと公然と認めたあと、「ターン・オン、チューン・イン、ドロップ・アウト」といった影響力のある世代のキャッチフレーズを作りだすことになる。アルパートはほどなくしてラム・ダスに改名し、一種の導師《グル》となった。一九七一年のベストセラー『ビー・ヒア・ナウ――心の扉をひらく本』は、いまだに版を重ねている）。

被験者のマイク・ヤングは、シロシビンの投与のあと、じきに体が麻痺しているのに気づいた。そして自分自身の死という身の毛のよだつ感覚を経験した。のちに彼はその感覚を自我の終結として解釈した――彼にとって「自由に生きるため」に必要なもの。「……成れる自分に成るために死ななければならなかった」のだ、と。マーシュ礼拝堂実験は、一九七〇年代に麻薬との戦争でそういう研究ができなくなる前の、幻覚剤の精神的および心理学的利点の評価を目的とした大学の研究機関による最後の試みとして、いまは記憶されている。ウォルター・パンケがオードウェイの要請に応えたかどうかは記録が残っていないものの、ヤングの恐怖と再生の旅を含め、彼の被験者たちの経験と、『２００１年宇宙の旅』の最終章におけるデイヴ・ボーマンの「無限のかなた」への旅のキューブリックの描写の一致ぶりは驚くばかりだ。

＊　＊　＊

六月一日には、キューブリックのもとで二作目のアソシエート・プロデューサーを務めることに同意したヴィクター・リンドンがロンドンから飛来して、百十五ページにおよぶプロダクション・ノートの作成にとりかかっていた。微に入り細をうがつように決められた事項がぎっしり詰まっており、クラークは「すっかり圧倒」（伊藤典夫訳）された。たどられなかった道や、かならずしも使われなかった色が随所にかいま見えて興味深い。

映画の幕開けは、六〇年代なかばを舞台にして、地味なビジネス・スーツ姿の「重要人物」が教育学的な注釈をするという案もあった。アニメーションの助けを借りて、「おびただしい数の地球外文明」を信じる理由を詳述するというものだ。その直後に先史時代の場面が、「主にロケーションで、最有力候補地は南西アフリカ」で、一頭の「ヒョウか雌ライオン」とイボイノシシなどの訓練された動物の一団とともに撮影されるはずだった。それとは別の「訓練されていない」イボイノシシたちが、狩猟シーンで殺されることになっていた。さまざまな科学技術的装置を別にしても、ＶＩＰの宇宙旅行者、ヘイウッド・フロイド博士のブリーフケースには「みごとな造りで美しく仕上げられたピル・ケース、内部は仕切られており、さまざまな色と大きさの、つるりとシュガーコーティングされた錠剤」がおさまっているはずだった。

地球を周回する宇宙ステーションに到着すると、フロイドは古いスーツを十センチ四方の容器におさまって自動販売機から出てきた新しい服に着替えることになっていた。広げると、その服は「しわひとつない良好な状態に見える」はずだった。古いスーツは「くしゃくしゃにして、小さく丸め」てから、ゴミ容器へ放りこんで捨てることになる。フロイドはステーション内のホテルの部屋にチェックインし、壁面ディスプレイ・スクリーンに映るメニューから献立を選ぶことになっていた。例をあげれば「金星産偽海亀のスープ」や「牛肉《ブフ》・ア・ラ・ガガーリン」などだ。後者は最初に宇宙へ出た男、ソ連の宇宙飛行士ユーリ・ガガーリンにちなんだ名前である。「自動販売機からすぐに届くが……料理も給仕も非の打ちどころがない」彼の食事には、「無重力環境で育てられ……とてつもなく大きい——ひょっとしたら二十センチはあるかもしれないイチゴや巨大なブドウ」などのフルーツが添えられることになっていた。

これらの描写を別にすれば、『２００１年』のプロダクション・ノートには、今日われわれが生きている世界の驚くほど正確な描写が数多く含まれている。一九六五年なかばといえば、アメリカ国防総省がインターネットの直系の先祖ＡＲＰＡＮＥＴ（高等研究計画庁ネットワーク）を構想していたのとほぼ同じころだが、キューブリックの大胆な未来論者たちの一団は、その新しいテクノロジーが意味する重要な諸相をすでに視覚化していたようだ。六月二十九日にトニー・マスターズからロジャー・キャラスに送られた書類には——ＭＧＭの咆哮するライオンをあしらったレターヘッドの下に——彼がキャラスに助けを求めた九つの小道具が無造作に羅列されている。ナンバー１は、「ある種のＴＶ画面で読まれる二〇〇一年の新聞。ＴＶ画面の形をデザインすること。すなわち、横長に」だった。

一週間以内に、キャラスは〈ニューヨーク・タイムズ〉の合意をとりつけ、模造した電子版のフロント・ページにロゴを使用する許可をもらった。もし映画に組みこまれていたら、ディスカバリー号船内で宇宙飛行士がｉＰａｄタイプのタブレット・コンピュータで新聞を読んでいただろう。そしてキューブリックが最後までこの小道具を使い、じっさいに新聞を見せていたら、『２００１年宇宙の旅』が、インターネットの重要な先駆けとして今日記憶されていたことに疑問の余地はない。代わりに、監督は携帯式タブレットにＢＢＣのものらしいＴＶ番組だけ映すことに決めた。

タブレット・コンピュータというコンセプトの論理的な派生物として、一九六五年十二月——ライブ・アクション撮影のはじまる直前——に書かれたプロダクション・ノートには、今日ではあまりにもありふれていて、それが世界に遍在していなかった時代を思いだすのさえむずかしい光景のさりげない記述が含まれている。「ニュースパッドのための用具を作ること。読んでいる人の肩ごしにそれを正面から見たら、一定の透明性がある本の一ページを光らせるように」とオードウェイは書いている。「リバースショット（切り返しのショット）では、ニュースパッドの隠れている面に小さなライトをつけなければならないだろう。そうすれば、小さな明かりが彼の顔を光らせることができる」と。

この記述は無味乾燥もいいところで、平凡きわまりなく思えるので、読み飛ばしても不思議ではない。オードウェイは、スクリーンによって下から照らされた人間の顔のリバースショットが撮れるデザインを提案しているにすぎない。もちろん、いまこの瞬間、この惑星の人口のかなりの割合が、まさにこの形で照らされている。だが、当然ながらこのテクノロジーと、その結果である照明幾何学が、史上はじめて記述されたのだ。おそらくここで、その光景がありふれたものとなり、コメントに値しなくなる何十年も前に、『２００１年宇宙の旅』の「製作会議№６」の項目三十二として——そこでは映画作りのそっけない用語で表現されていたのだが——視覚効果チームが、「シーンＣ８——遠心機」のために、曖昧なところがいっさいない形で、その効果を生みだしたのである。

＊　＊　＊

アイディアをひとつずつ検討しつづけるうちに、一九六四年にキューブリックがオプションを取得した六篇は脱落し、物語の中核として「前哨」だけが残った――クラークの言葉を借りるなら、樫の木に育つどんぐりとして。異星人の調査隊が先史時代の地球を偵察する彼の小説、「夜明けの出会い」はリストに載っていなかったが、じっさいは、映画の序章〈人類の夜明け〉パートのひな型となった。その夏のある段階でクラークは、自作のうち最良の数篇の権利がいまだにキューブリックのものであるという事実に気づき、使わない五篇を返してほしいと申し出た。

クラークが監督の反応を予期していなかったのは明白だ。エッセイ「ストレンジラブ博士の息子」の草稿のなかで、クラークは簡潔な文章でその顛末を語ろうとした。彼いわく――「のちに、わたしは使わない短篇をスタンリー（海千山千のビジネスマン）から買いもどすという得がたい経験をした。編集者たちが支払った数字の何倍もの値段で」これに対してキューブリックは断固たる態度で応じた。太い横線を引いて、その文章を抹消し、「これでは、ぼくがあなたをペテンにかけたみたいだ」と余白に不平を書きつけたのだ。「あなたが払った額は、ぼくが払った額よりもすくない」と。

一九六四年の秋、旧友ロジャー・キャラスと連絡をとる許可がようやくクラークに降りた。「わたしはいったよ、『このろくでなし！　半年もここにいて、電話の一本もよこさなかったのか』ってね」と数十年後、キャラスが回想している。じつをいうと、キューブリックが友人の活動を制限したことに、彼は気を悪くもしなければ、驚きもしなかった。「いかにもスタンリーらしい」とキャラスは述べている。「もしスタンリーがなにかに熱心にとり組みたくなったら、彼はわたしから離れているだろう。世界から自分を切り離そうとするだろう」と。群れにもどるよう誘われて、キャラスはクラークとキューブリックとランチやディナーを共にするようになり、すぐに製作の現場で目いっぱい働かされていた。

このころ、キャラスはコロンビア・ピクチャーズに十年間在籍しており、アメリカとカナダ向けの関連作品プロモーションの責任者になっていた――重要な仕事であり、三十六人の部下をかかえていた。「やがてある夜、日曜の夜で、十一時半だったが、電話が鳴った」と彼はいう。「スタンリーからだった。『明日はどうするんだ?』と彼がいうので、『仕事に行くよ、スタンリー、映画産業の凡人の例にもれず。仕事に行く。そうするよ』と答えた。すると彼が、『じゃあ、辞めろよ……辞めて、アーサーとぼくに加われ。イギリスへ移って映画を作るんだ。題名は「２００１年宇宙の旅」ってことになってるけど、ただの仮題だ……いっしょにやれば、すごく楽しいぞ』といった。

それでわたしは『なにをもらえるんだ、スタンリー?　こっちには妻とふたりの子供がいるんだ』といった。すると彼が『いうまでもない、引っ越しやらなにやらにかかる費用や、その他もろもろだ』といった。給料がいくらだったかは忘れたが、コロンビアで稼いでいた額よりもよかった。ロンドンでは、それが必要だ。『それに、ぼくのふたつの会社の副社長になれる』と彼がいった。本当のところ、それはなかなかの条件だった。それでカウチにすわっていた女房のジルに大声で『イギリスへ引っ越したいか?』と訊いたんだ。忘れもしないよ、女房は顔色ひとつ変えずにこういった。『もちろん』とね」

ＭＧＭとの契約によって、キューブリックには映画のプロモーションに関して重大な発言権があたえられていた。ポラリスとキューブリックのイギリスの会社ホーク・フィルムズのために『２００１年』の宣伝の陣頭に立つことを別にしても、キャラスは広い範囲のアメリカの会社に裏から手をまわすことになる。映画製作の第一段階を通じて、彼はプロダクト・プレースメント（製品や企業名を劇中に配置する広告手法）と引き換えに企業の支援をとりつけることになった――そうしたことが、今日のようには映画業界でありふれていなかった時代に。

六月下旬には、キューブリックの製作スタッフは資料を猛然と荷造りしたり、発送したり、ボアハムウッドにあるＭＧＭのスタジオに転出したりしていた。オードウェイとラングも、コンサルタント契約を延長し、イギリスへ移住することに同意していた。キューブリック一家だけでトランクの数は四十八個にのぼった――しかし、セントラル・パーク・ウェストのポラリスのオフィスに作りつけられた、床から天井まである書棚六つを占める膨大な蔵書は、これに含まれていなかった。それには監督にとって貴重な本が多く含まれていた。たとえば、子供のころからの愛読書だ。いまや正式にキューブリックの会社の副社長となったキャラスは、ある日どの本を大西洋横断貨物輸送に送りだし、どの本を処分するかを監督が決める手伝いにやってきた。
「スタンリーの取り引き相手で、彼を知らない人間は、彼が異星人だということをひょっとしたら理解していないかもしれない」とキャラスは一九九九年の後半に回想している。「彼はわれわれとは似ていなかった。人当たりはよかった――本当に人当たりはよかった――ちがう惑星に住んでいて、ひとりで活動していただけだ」と。

　彼はいくらでも思慮深くもなれたし、いくらでも思慮を欠くことができた。知り合って最初のころ、わたしは最初の著書を彼に進呈した。若い著者がやりがちなことだが、その本は美文調で書かれていた★。で、あとになって、彼はセントラル・パーク・ウェストのアパートメントを引き払おうとしていた。わたしはそこへ行った。なにがどこへ行き、だれがなにをもらうといったことを、わたしたちは決めていた。彼が書庫へはいり――巨大な書庫で、十億冊の本があった――本を棚から降ろしはじめた。荷造りする分や、自分で持って行く分はわきへ積みあげ、残りはただ捨てることになった。で、彼はわたしの最初の本を棚から抜きとり、じっと見つめて、なかを見てから、『かまわないよな？』といった。で、それを屑籠へ放りこんだんだ！　わたしは『ああ、かまわないよ』と答えた。それは真っ赤な嘘だった。わたしはひどい辱《はずかし》めを受けたんだ。彼はそういうことをする人間だった。でも、だれかの感情を傷つけたとあとでいわれたら、彼は震えあがっただろう。彼を確実に絶望させようと思ったら、『きみは本当に彼なり彼女なりの感情を傷つけた』といえばよかった。ひどく残酷な行いになっただろう。いやはや、彼は橋から飛び降りたくなっただろう。彼は人の感情を傷つけることが大嫌いだった。でも、そうしたんだ、そうしたんだよ。

一九六五年七月中旬、クラークはどうしても必要な休憩をとるため、一年以上ぶりにセイロンめざして飛び立った。それからまもなく、キューブリックと家族はサウサンプトン行きの遠洋定期船に乗った。一カ月ほどのうちに、キューブリックのかけがえのない本のすべてが、輸送中に紛失したことが判明した。

★『南極——凍てついた時間の地』（フィラデルフィア。チルトン・ブックス、一九六二）。『２００１年』のあと、キャラスは指折りの野生動物保護主義者兼ＴＶパーソナリティーとなった。最終的に七十冊の本を書くことになり、その大部分は動物や生態学に関するものである。

第5章　ボアハムウッド

1965年夏〜冬

ひょっとしたら、この惑星におけるわれわれの役割は、神を崇めることでなく、神を創りだすことかもしれない。

――アーサー・C・クラーク

トニー・フリューインは悩んでいた。「映画業界にかかわるなんてご免だよ」その朝、卵を食べながら、彼はまたしてもいいはった。もちろん、父親を愛していたが、ティーンエイジャーの例にもれず、同時に腹立ちの種だと思っていた。親父は何週間も同じ話題を蒸し返し、ボアハムウッド――正しくはボアハムとウッド。地元議会のペテン師たちは、ばかげたことにイメージチェンジを図って、ふたつをくっつけたのだ――にあるMGM英国スタジオで、大物らしいアメリカ人の面接を受けろといいつづけていた。そしてトニーが英国の映画やアメリカの映画なんか知ったことか、興味があるのはヨーロッパの映画だけだ――そう、ヌーヴェル・ヴァーグや、ほかならぬベルイマンだけだ――と口を酸っぱくしていっても、エディー・フリューインはその返事を聞き入れようとしなかった。父親はこういって譲らなかった。せっかくのチャンスだ。年がら年じゅうブタ箱のお世話になっているわけにはいかん――この前は十五歳の身でありながら、はした金ほしさに三夜を鉄格子の裏で過ごしたんだぞ。パパはそのことを面白がっていないし、核軍縮運動などやめてしまえ。いいか、トニー、とエディーはいった。おまえは人の役に立つようになり、さらに食い扶持くらいは稼がなくちゃいかん。とにかく、そのアメリカ人——名前はたしかスタンリー・キューブリック——は、だれにいわせても傑作だという映画を撮ったばかりだ。『博士の異常な愛情』という題名だ。見たことはあるか？　シェパートン・スタジオで撮ったんだそうだ。

　この点にトニーは注意を惹かれた。彼の友人たちがわざわざ見に行ったアメリカ人監督の映画は、それがはじめてだったのだ。じっさい、英国の核軍縮運動にたずさわる者のほぼ全員が、全土にわたって、その映画を見に行った。そして、なんとも適切なことにＭＡＤという頭文字——相互確証破壊《ミューチュアリー・アシュアド・デストラクション》の略——に要約される、地球規模の狂気の伝染病と闘うという決意を倍にして出てきていた。

　じつをいうと、『博士の異常な愛情』はそれ以上のことをした。トニーがいだいていたアメリカ像を粉々に打ち砕いたのだ。アメリカが面白みのない、愚かで、自己満足にふけっている国だということは、だれもが知っている。それなら、どうしてこんな映画を生みだせたのだろう？

「よおし」トニーはひとりごちた。「親父にあれこれいわれたくないなら、面接を受けに行くしかない」と。

エディーはトニーに新品の靴を買ってやり、車でスタジオへ連れていった——それが彼のしたことだった。車をＭＧＭへ走らせ、車をＭＧＭから走らせる。彼はスタジオの運転手だったのだ——そしてキューブリックを探しに行った。トニーは、十七歳になるかならないかだったが、九月のある日曜に、ここ、53号棟のオフィスにとり残された。その部屋は低い天井のせいで狭苦しいと同時に、天板に緑の羅紗《ベーズ》を張った大きな会議テーブル——トランプのイカサマ賭博や怪しげなギャンブルをなんとなく連想させる——が中央におさまるほど大きく、フルカラーの大きな美術書を含め、二百冊を超える本もおさまるほど大きかった。トニーは壁にそって並んだ本棚から何冊かを引き抜いた。だれも面接に来なかったからだ。じつをいえば、だれひとりやって来なかった。例外は週末勤務の清掃スタッフで、平均的な身長、黒髪をした三十代の男だった。ぶかぶかの青いズボンをはき、開襟シャツの上に、食べもののしみとタバコの焦げ跡とひと目でわかるものがついた、しわくちゃのブレザーを着ていた。トニーがすわって、静かに本を読みふけっていると、その男がはいってきて、漠然とトニーのほうに笑顔を向け、出ていったのだった。

それにしても、なんという本だろう！　ありとあらゆる主題にまたがっているようだ――もっとも、よくよく見れば、あるきわだったパターンが浮かびあがってくるのだが。シュルレアリスム、未来派、宇宙論、ＵＦＯ論がある。読みこまれたアメリカ国防総省の『部隊指導者ガイド』がある。何十冊というＳＦ小説がある。核物理学からコンピュータ・サイエンス、心理学まで、考えつくかぎりの主題に関する雑誌の山がある。（これらの本を手にできるだけでも、ここで働いたってかまわない）とドイツのシュルレアリスム画家マックス・エルンストに関するパトリック・ワルドベルグの研究書のページをめくりながら、トニーは思った。

例の清掃スタッフがまたはいってきた。（はたきを持ってどこかに行ってくれないかな）とトニーは思った。

「やあ、ちょっといいかな。きみはエディーの息子さん？」と彼が尋ねた。

「はい」と、びっくりしてトニーは答えた。

「ぼくはスタンリー。スタンリー・キューブリックだ」

トニーははじかれたように立ちあがり、ふたりは握手をした。「いやあ、すばらしい本のコレクションをお持ちですね」と彼は気転をきかせていった。「どうしてシュルレアリスムやダダイズムの本がこんなにたくさんあるんですか？」

「そうだね、この映画でかかえている問題のひとつが、説得力のある地球外の風景を考えだすことなんだ」と腰を降ろしながら、キューブリックがいった。「マックス・エルンストについていえば、ありとあらゆるアイディアがここにある。なにか思いつくきっかけになるかもしれない。たとえば、きみは『雨後のヨーロッパ』を見たことはあるかい？」

トニー・フリューイン。撮影はスタンリー・キューブリック。

「ええ」と椅子にすわり直しながらトニーは答えた。「めまいがするような絵です」考えてみれば、あれは地球外の風景といっても通りそうだ。「ええと、ぼくはむかしからああいうものに興味がありました」もっと年季を積んでいる男のように彼は言葉をつづけた。

「本当に？」キューブリックはジャケットから手帳とペンをとりだした。「見るべき画家がほかにいるかな？」彼は興味津々という顔でトニーを見つめた。

トニーはこれまでなにかについて意見を求められたことがなかった。「ええと、そうですね」と彼はいった。エルンストを別にすれば、ジョルジョ・デ・キリコやジャン・アルプの作品を見るといいかもしれません。ほかにもいくつか名前をあげた。彼がシュルレアリスムについてはじめて知ったのは四年前、ジョージ・オーウェルのエッセイ「聖職者の特権――サルバドル・ダリ覚え書き」を読んだときだった。トニーは労働者階級の出身だったが、その波を捉えて、以来ずっと読書をつづけてきた。

キューブリックはその名前を書きとめた。彼の説明によれば、いまとり組んでいる映画は、異星の知的生命の発見に関するものだという。そしてSFをたくさん読んでいるか、と監督はトニーに尋ねた。「ええ、長篇を読んできました」キューブリックは自分もそうだ、といった。子供のころからパルプ雑誌も貪り読んできたが、アイディアがすばらしいのに対し、人物描写はしばしば底が浅いとつねづね思っている、と。「たいていの人々はロボットのようにあつかわれる」と彼はいった。映画についていえば、「映画はSFをだめにしてきた」たいていのSF映画は、とキューブリックはいった。興味深い特殊効果のテクニックがいまや選りどり見どりだというのに、気恥ずかしくなるほど底が浅く、説得力に欠ける、と。

地球外生命に関しては、あちらのどこかにいると確信している。問題は星々のあいだの膨大な距離だ。あまりにも大きいので、ほかの文明に存在を知られないうちに、ひとつの文明が何百万年もかけて興隆し、衰亡しても不思議はない。

ふたりの会話は、しばらくこういう風にとりとめなくつづいた。進化、意識の起源、人類文明の未来など、話題は教養人の口にのぼるものだった。早くも二時間が経過したが、キューブリックはあいかわらず、ほかのことをやりに行く気配がなかった。じつをいうと、彼自身が楽しんでいるように見えた。

これまでトニーを人間らしくあつかって話しかけてくれた人は、本当のところいなかった。ましてや、こういう彼のもっとも内側の思考にじかに触れさせてくれた人はいなかった。じつをいうと、学校を出て以来、自分はまぬけどもにクソのようにあつかわれてきたのだ、とトニーはひとりごちた。これはまるっきりちがう。

とうとう、キューブリックが立ちあがった。「使い走りがいる」と彼はいった。

「いつはじめてほしいですか？」とトニーは尋ねた。

「明朝七時ではどうだね？」

「わかりました」

彼はギルフォード・ストリートのパン屋組合での、臨時の書類整理係という仕事には二度ともどらなかった。

＊
＊
＊

チャリング・クロス駅の二十キロ北、ボアハムウッドにあるＭＧＭ英国スタジオは、英国の映画スタジオのうちで最新の施設だった。ときにエルストリー――かつてそこが位置していた地方行政区の名前にちなんでいる――と漠然と呼ばれるそれは、四百五十六平方キロの面積があり、英国最大のスタジオ複合体となっていた。さまざまな大きさの防音スタジオ《サウンドステージ》、ふたつのダビング・シアター、五つの試写室、二十二の編集室、16ミリから65ミリまで、すべての規格の映画フィルムに対応できる現像施設を誇っていた。複合施設のまわりには緑野が広がり、白いふわふわした斑点が散らばっているときもあった。まるでチタン・ホワイトに浸した極細の筆が、緑地のあちこちに触れたかのように。羊なのだ。

住民にはたいていＭＧＭとだけ呼ばれるスタジオの広大な裏庭《バックロット》（撮影所が敷地内に保有している野外撮影地）には、大きな建てっぱなしのセットが林立していた。たとえばアジアや地中海地方の農村、操縦席《コクピット》のついた完全なボーイング７０７の胴体、休んでいるときでさえ飛んでいるように見える英国本土航空決戦《バトル・オブ・ブリテン》期のスピットファイア戦闘機、錆びついた、魚雷のような形をした日本軍のカミカゼ飛行爆弾などだ。一九六六年の春に『特攻大作戦』のセットが組まれたときには、大きなフランスの城館が複合施設の遠い一角にそびえ立ち、その第二次大戦期のドラマのために夕べには火がつけられ、爆発が起きつづけたが、翌日にはこれといった損傷も見られないのだった。別の一角には、波と風を起こせる機械をそなえた千四百平方メートルの水タンクが陣どっていて、熱帯の紺碧《こんぺき》から暗灰色まで、必要とあらばどんな海上の空でも用意できる大きな掲示板がうしろに控えていた。

とはいえ、正面ゲートから見れば、なんの変哲もなかった――イギリス式に薔薇の茂みと緑で心地よく飾られ、ゆたかな緑地を特色としている、なんらかのホワイト・カラー用大型産業施設。いちばん目立つ特徴は、二階建てアールデコ様式の白い中央管理棟で、高さが二倍近くある正方形の中央時計塔をそなえていた。時計の文字盤のすぐ上に三つの言葉が並んでいた——メトロ、ゴールドウィン&メイヤーと。ハリウッドから八千六百九十九キロの距離では、キューブリックにすれば、まだまだ近かった。だが、太陽系の外まで行かなければならないのだ。

つぎの二年半にわたり、『2001年宇宙の旅』がMGMの英国スタジオをどの程度まで占拠することになったのかは、いくら大げさにいってもいい足りない。複合施設に十カ所あるサウンドステージのうち、九カ所がその製作に使用され、しかも複数が同時に予約されることになるのだ。その施設は毎年十本から十二本の映画を製作してきたものの、キューブリックの製作期間中はその半分にも届かなくなる。その上、MGM社長のオブライエンは、複合施設のかなりにのぼる諸経費は映画の予算に計上しないということで同意していた。大きな賭けだ、とりわけボアハムウッドが、すでに金食い虫とみなされていることを思えば。

＊　＊　＊

MGMボアハムウッド、53号棟。外観。一九六五年晩夏。

屋根の平らな低い平屋のプレハブ建築が、MGM管理棟のすぐ右側に建っている。十二の窓が等間隔で並ぶその建物が、ホーク・フィルムズの本拠地だ。正面には、ステージ6と7をおさめた、巨大な赤煉瓦の靴箱形ビル。あるじが勤務中である確実なしるしは、スタンリー・キューブリックのピカピカの新車、メルセデス220が西端にある彼のオフィスのすぐ横に駐めてあること。そこはシアター3の出入口の正面に当たる——試写室が都合のいい位置にあるわけだ。そこで昨日のラッシュが毎朝監督によって早くも吟味される、脳外科医がつぎの切開箇所に注意を払うように、微に入り細をうがって。

その能力にもかかわらず、ＭＧＭはその国で最大のステージを持っていなかった。ヒースロー空港の南、もうひとつの主要な英国スタジオ施設であるシェパートンのステージＨが最大になるだろう。縦七十五メートル、横三十六メートルのステージＨには、二千七百平方メートルの演技する場所があり、アソシエート・プロデューサーのヴィクター・リンドンが、十二月から一月初旬までの使用権を押さえていた。『２００１年』の広大なＴＭＡ・１のセットが組まれるのがここだった――ＴＭＡ・１とはティコ磁気異常《マグネティック・アノマリー》１号の略で、その大きさ、形、質感、材質がいまもキューブリックのオフィスで盛んに議論されている異星人の遺物のことだ。

監督は異星の物体を完全に透明な物質で作りたがった。透明な四面体がアフリカに出現し――なぜなら、ヒトザルの序章は依然としてそこで撮影される計画だったからだ――それから四百万年後に月で、つまり、十二月下旬にシェパートンで発掘されるようにしたかったのだ。プレキシグラスで作ろう、とキューブリックはいった。きみたち英国人がパースペックスと呼ぶもので。ロンドンで最高のパースペックス製造企業を探しに行ってくれ、マスターズ、探して、見つけてくれ、と。するとプロダクション・デザイナーのトニー・マスターズは、いいでしょう、それで決まりなら、すぐに調べてみます、と答えた。

偶然にも、パースペックスの見本市が、その初秋にロンドンで開催された。斯界きっての工房が勢ぞろいしていたので、マスターズは――とにかく、一時間ほどは――値踏みしていた。とうとう、彼はもっとも印象的な大きさと形のパースペックスを出展していた紳士に近寄った。「大きなパースペックスの品物を作っていただけないでしょうか」と彼はいった。

「ええ、喜んで」と紳士。「どれくらい大きいものをお望みでしょう？」

「パースペックスでピラミッドみたいなものを作りたいんです」とマスターズ。

「なるほど、わかりました」と紳士。

「高さを三メートル半くらいにしたいんです」とマスターズは言葉をつづけた。

「なんとまあ」気乗りしないといいたげに紳士が答えた。「それはまた大きなパースペックスの品ですな。どうなさるつもりか、訊いてもよろしいでしょうか？」

「ええ、アフリカで山のてっぺんに置くつもりです」とパースペックス企業の男。交渉相手をひそかにしげしげと見る。かつがれているのではないか、と不意に思い当たったのが正しいかどうか、相手の表情からうかがおうとして、「ばかなことをお訊きしますが……」これを聞いて、マスターズは謎めいた笑みを浮かべた。キューブリックは慎重の上にも慎重にことを運べといっていたし、とにかくこのデザイナーは生まれつき口が堅いほうだった。「どこまで大きなものを作れますか？」とマスターズは尋ねた。

「そうですね、その大きさのものは作ったことがありません——つまり、だれも作ったことがないという意味です」眉間にしわを寄せ、考えこむようにして紳士がいった。「しかし、作ってみたいですね。理由はいろいろありますが、タバコのパックの形にするのが最善の策でしょう、大きな厚板のような形です」

この情報がまだ耳に残っているうちに、マスターズは交通事情の許すかぎりの速さで53号棟へ引き返した。キューブリックはデスクについていた。「なるほど、ご苦労さん」監督はそういうと、すばやく考えをあらためた。「その形にしよう」高さ、厚み、縦横の比率などについてさらに数日議論を重ねたあと、マスターズはまたしても高速道路を疾走した。

「注入やらなにやらには、かなり長い時間がかかります」と見本市で男がいった。とはいえ、彼はマスターズとの再会を喜んでいた。商売柄、こういう依頼は実《み》のあるものになると知っていたからだ。「それから冷却にひと月かかります。非常にゆっくり冷やさなければならないからです。さもないと、割れてしまいます」それから研磨しなければならず、やはりかなりの時間がかかる——すくなくとも数週間は——完璧に仕上げるためだ。

史上最大のパースペックスの完璧な板。

そしてマスターズはキューブリックのもとへそれを運んだ。とはいえ、監督に見せる前に、クルーがサウンドステージに設置し、照明を当てて、仕上げの研磨をした。すばらしい出来映えだったが、プレキシグラスの板のように見えた。マスターズと彼の右腕であるアーニー・アーチャーは、品物が届いたと監督に知らせに行った。

「よし、見にいこう」キューブリックはそういうと、椅子から立ちあがった。ふたりを連れてガラス屋根に覆われた通路を歩いていき、金属の階段を登って、防音ドアを抜け、ステージ・エリアにあがった。

三人の亜人《ホミニッド》が、まぶゆい光に照らされて、きらきら輝いているモノリスに近づいた。「ああ、なんてこった」とキューブリック。「見えるぞ。緑がかってる。ガラスの板みたいに見える」

「ええ、そうです」とマスターズ。「あいにく、そう見えます――プレキシグラスの板のように」無意識のうちにアメリカ流のいい方をした。

「なんてこった」キューブリックはくり返した。「完全に透明になると思っていた」

「まあ、厚さが六十センチ近くありますから」マスターズが眉間にかすかなしわを寄せていった。彼らは光を屈折させたり反射させたりする、緑がかったポリメタクリル酸メチルのきらめく厚板をじっと見つめた――重さは二トンを超える。青いカバーオール姿の作業員が数人、わずかに離れたところに立っていた。プレキシ。ルーサイト。パースペックス。どう呼ぶにしろ、それはキューブリックの想像した、魔法のように完全に透き通っている、目に見えないも同然の異星人の遺物ではなかった。

「ああ」彼は残念そうにいった。「しまってくれ」

「なんですって？」とマスターズが信じられないといいたげに尋ねた。

「しまってくれ」キューブリックはくり返した。

「はあ」とマスターズ。「わかりました」彼は作業員たちのほうを向いた。「片づけてくれないか」

費用についていえば、スタンリーの若いアシスタントたちのひとりがあとで見積もったところによれば、グレーター・ロンドン域内でかなりの大きさの家を買ってお釣りが来る値段だった★。マスターズとアーチャーは、監督といっしょに彼のオフィスへもどった。

「信じられない」と残念そうにキューブリックがいった。「ガラスの板みたいに見える」

「ええ、あいにくそう見えます、たしかに、おっしゃるとおりです」とマスターズ。彼は当意即妙の才を見せ、別の解決策をたちどころに編みだすという評判をとっていた。「なら、いっそ黒い板にしましょう。それなら、、正体がわからないからです」

「いいだろう、黒い板にしよう」とキューブリック。

『２００１年』のモノリスの大きさ、形状、色が決まったのだった。

＊　＊　＊

クラークのコロンボへの帰郷はひと月ほどしかつづかなかった。いつもながら不渡り小切手を清算し、マイク・ウィルスンがつぎの映画――ジェームズ・ボンド映画のパロディで、正式タイトルは『ソルンゲス・ソル』だったが、しばしば『ジェーミス・バンドゥ』とだけ呼ばれていた。題名の由来となったシンハラ人秘密諜報員の冒険を描くものだ――の撮影を開始できるだけの資金を得られるようにし、郵便物を整理して、ロンドン行きのジェット機に飛び乗る時間しかなかった。

八月二十日にエルストリーに到着すると、数週間前にＮＡＳＡの無人探査機マリナー４号が火星を通過したさい、キューブリックが心配のあまり、ロンドンのロイド保険と連絡をとったと聞かされた。地球外生命が発見されたために映画のプロットが破綻したら、補償してもらえるかどうかを問い合わせたのだという。「保険会社がどうやって掛け金を算出したのかは想像もつかない」とクラークは不思議そうに書いている。「だが、出てきた数字はすこしばかり天文学的で、その案は却下された。スタンリーは宇宙との賭けに乗ることにした」と。

年が明けて一九六六年もかなり進み、じっさいの製作にはいっても、キューブリックとクラークは永遠に終わりそうにないストーリー展開の手直しから抜けだせなかった。最善をつくしたにもかかわらず、映画の結末は何度やっても不満足に思われた。この一九六五年八月の時点では、「信じられないほど優美なヒューマノイド」が乗員最後の生き残りであるボーマンに近づき、彼を「無限の暗黒」へと導くことになっていた。それほど優美な姿をどうやって形にするのかは未解決のままだった。いずれにしろ、それはしっくり来ないし、物笑いの種になりそうだった。キューブリックは物笑いの種になるつもりはなかった。

その年の前半、ボーマンの相棒である宇宙飛行士フランク・プールが事故死をとげなければならないという判断がくだった。これは木星への旅にピリッとした風味を添えるだろう。だが、事故の性質は定まっていなかったし、彼が本当に死んだのかどうかさえ疑わしくなるときもあった。クラークの日誌には「プール博士を生き返らせようとするスタンを必死になって止めた。不死に対する彼の強迫観念が、芸術的本能に打ち勝ってしまったのではないかと心配だ★★」という書きこみがある。五月にクラークは、プールのスペースポッドがディス

★　フレッド・オードウェイは、のちに約五万ドルと試算した。今日の価値では四十万ドルをわずかに下まわる額だ。

★★　キューブリックはロバート・エッティンガーの著書『不死への展望』（ニューヨーク州ガーデン・シティ、ダブルデイ社、一九六二）を読んでいた。同書はクライオニクスを紹介するものだった。科学の発達により、いつの日か蘇生させてもらえるという望みにすがって、死の直後に人体を凍結する技術だ。

カバリー号のメイン・アンテナに激突し、地球とのリンクが断たれて、アンテナとプールの両方がくるくるまわりながら宇宙空間を遠ざかっていくというシーンを考えだしていた。とはいえ、その事故の原因はまだ明確ではなかった。当時はアテーナという名前だった宇宙船のコンピュータ——オデュッセウスを何度も危機一髪の窮地から救った女神にちなんだ名前——は、まだキャラクターとしての掘り下げが足りなかった。

　クラークがセイロンから帰ってきてまもないころ、また別のプロットのひねりを思いついた、とキューブリックが彼に告げた。その案では、プールとボーマン——木星へ向かう宇宙飛行士のうち、このふたりだけは生命停止状態にない——はミッションの真の目的を知らないでいる。彼の新しいアイディアによれば、ディスカバリー号の石棺のような人工冬眠装置に閉じこめられている「眠れる美女たち」だけが、地球外知的生命とのコンタクトをめざしていることを知らされており——木星に到着するまで蘇生されないはずだった。

　クラークはキューブリックの訂正をあまり喜ばなかったものの、ふたりとも満足できる結末を自分が思いつけないでいることも気に病んでいた。八月二十四日に、彼は二ページ、九項目におよぶメモをとった。「気がかりだった欠点をはっきりと指摘する」と彼はキューブリックに宛てて書いた。「ほかの何百人もが知っているにちがいない秘密を守れないと決めてかかるのは、これほど優秀な人間にとっては侮辱にほかならない。不必要なリスクを招くことにもなる」と。これに応えて、キューブリックは「できるものなら、論理的な理由をひねり出せばいい」と走り書きした。クラーク——「このサスペンスの要素は作りものめいていて、わざとらしい」キューブリック——「同意できない。あなたがことをうまく運ばせようとして、できないだけの話だ」

　彼は一歩もゆずらなかった。

　一日後、クラークはナイチンゲール・ロードの弟の家から送った第二のメッセージのなかで、また別の映画の新しい結末を提案した。

目の前にある答えに気づくのに、どれほど長くかかるかは驚くばかりだ。われわれの結末の弱点は、ボーマンの身になにが起きたかを説明せず、全面的に想像力にゆだねた点にあった。なるほど、説明はできない――だが、ありとあらゆる潜在意識に訴え、フロイト流のボタンさえ押す方法で完璧に象徴化できる……ボーマンが着陸の場面を目撃する、美しい小さな宇宙船をお忘れだろうか？　われわれは地球の原始的なテクノロジーと対比させるためだけにそれを使った。さて、ホテルの部屋で処置を受けたあと、ボーマンは新しい科学の主人となる。ナレーションがこれを教えてくれるし――視覚効果が感情的に心がまえをさせてくれる――だが、部屋が消えて、彼ひとりが空に浮かぶ岩の上で、スーパー種族の船――そして彼自身のＴ型フォードのようなスペースポッド――とともにいるとき、われわれはそれを信じないわけにはいかない。その船は人間の新しい道具――〈月を見るもの〉の武器と同じ役割を果たすものだ。それは星々の新しい叡智すべてを象徴する。ボーマンは――ポッドをちらっとふり返って――それに向かって歩いていく。彼が近づくにつれ、まるで挨拶するかのように、宇宙船が数センチ浮きあがる。クローズアップでは、船体の質感は美しく（やわらかく？　温かく？）なければならない。彼は考えこんだ顔でそのわきに立ち、空を、そして地球への帰り道を見あげる。そうしながら、うわの空で、官能的といっていいような手つきで宇宙船を撫でさする（高級品のスポーツカーやカメラの魅力）。「いまや彼は世界の主人だった、云々……」完

それは「迫力満点」だろう、と彼は締めくくっていた。「問題はすべて解決されるにちがいない」と。キューブリックが、撫でさすられるのを期待して「数センチ」浮かびあがるクラークのやわらかく、温かいフロイト的な宇宙船をどう思ったのかは知る由もない。だが、監督のそっけない反応は、ふたりのアプローチのあいだに生まれつつあった亀裂を広げただけだった――「ぼくとしては、結末を特定しないほうが映画にふ

さわしいと思う。これは本のなかではうまくいくかもしれないが、映画ではそうはいかない」

彼は物笑いの種になるような真似はしなかった。★

＊　＊　＊

いっぽう、セットは猛烈な勢いで組み立てられていた。トニー・マスターズとアーニー・アーチャーは、アート・ディレクターのジョン・ホーズリと、イギリス屈指のセット建設マネージャー、ディック・フリフトと協力して、かつてないほど複雑な宇宙船内部を造りあげ、それらはステージ2と3と6を占拠しはじめていた。いっぽう、ステージ4の床は、巨大な遠心機セットの重量に耐えられるよう、はがされ、補強された。遠心機セットは、そのころ英国の航空機会社ヴィッカース・アームストロングに発注されていた——有名な英国空軍の戦闘機スピットファイアのメーカーである。その見本が裏庭に駐機してあり、ドイツ空軍《ルフトヴァッフェ》がもどって来るのを待っていた。

いまでは、ニューヨークで最初に集められたデザイン・チームが一団となって働き、ロジャー・キャラスと共同作業をしていた。キャラスがさしあたりマンハッタンにとどまっているのは、撮影がはじまるまで、アメリカの主要企業と交渉したり、テクノロジーのコンセプトやデザインのインプットを探したりするには、そちらのほうが都合がいいからだ。彼はそのあとロンドンへ移動することになっていた。設計者、セット装飾家《デコレーター》、モデル制作者、小道具《プロップ》デザイナー四十人から成るマスターズのスタッフは、作業場のネットワーク全体に広がっていた。彼らは力を合わせて統一された未来のヴィジョンをデザインし、建造し、必要なものをそなえつけ、完成させた。

その映画に説得力抜群の舞台装置《ミザンセーヌ》——総合的な〝見かけ〟——をもたらす鍵になったのは、テクノロジーを生みだす産業と、三人から成るデザイン部門のリーダーシップとの協調だった。前者にはエリオット・ノイズ――ＩＢＭの統合されたヴィジュアル面での企業アイデンティティと、さらにはその革新的なセレクトリック・タイプライターの立案者――をはじめとする一流のインダストリアル・デザイナーが含まれていた。いっぽう、後者には企業や政府の研究開発に基づいて科学技術的な妥当性をとことんまで追求するフレッド・オードウェイと、そのデザインを宇宙テクノロジーに関する該博な知識と組み合わせて、セットとモデルの外見を見直し、統一されたスタイルという感覚をもたらすハリー・ラングが含まれていた。マスターズによれば、ラングは「それに権威を吹きこんだ」のだ。

これほど緊密な共同プロジェクトで、作者を分けられるかぎりにおいて、回転するセットのような運動系のコンセプトを案出し、インテリアや小道具をデザインしたのがマスターズであり、乗り物や宇宙ステーションの外観だけでなく、非凡なこの映画の宇宙服もデザインしたのがラングだった。しかし、じっさいのところは、だれもがあらゆるものにいっしょにとり組んでおり、ミーティングや議論のあいだに他家受粉が盛んに発生した。『博士の異常な愛情』でミニチュアを製作した特殊効果のパイオニア、ウォーリー・ヴィーヴァーズは、じっさいのモデル作りと撮影を監督する以外の仕事もこなすことになった。「おかしな話だが、それだけ長いこといっしょに働いていると、みんなが同じような流儀でデザインをはじめたんだ」とマスターズは一九七七年に回想している。「ジョージ朝やヴィクトリア朝がひとつの時代であるのとまったく同じように、われわれ

★　一九七二年に発表された「ザ・ビッグ・スペース・ファック」という題名の短篇小説のなかで、カート・ヴォネガットは「凍結乾燥したジザム、つまりザーメン、淫水千八百キログラムを鼻づらに詰めた」（伊藤典夫訳）宇宙船を「有名な宇宙開拓者にちなんで」（同前）アーサー・Ｃ・クラーク号と命名した。そのミッションは、アンドロメダ銀河系を妊娠させることだ（『危険なヴィジョンふたたび』ハーラン・エリスン編、ニューヨーク。ダブルデイ社、一九七二）

は一時代として『2001年』をデザインしたんだ、それこそナイフとフォークにいたるまで。ドアをデザインしなければならなかったとしたら、自分たちのスタイルでそうしていただろう」と。

それに加えて、マスターズとキューブリックは外部のデザイナーによる魅惑的な作品をたんに使用するのではなかった。それは二十一世紀の初頭がどのように見えるかという彼らのヴィジョンに適合しなければならなかった。これには一九六五年にオリヴィエ・ムルグがデザインした、未来的な曲線美をそなえた真紅のジン・チェア数十脚――それ以外は一面がモノクロームの宇宙ステーション5の内部を活気づけていた――と、エーロ・サーリネンが一九五六年に発表したチューリップ・テーブル数台が含まれていた。ジェフリー・ハーコートのクローム&レザー・ラウンジ・チェアは、月のクラビウス基地の会議室にそなえつけられていた。

事態を複雑にしたのは、二転三転をつづけるストーリー・ラインだった。事業のガルガンチュア的性質――巨大で複雑なセット、大型予算、MGMが負っているリスク、何千人もの従業員がいる主要なスタジオ複合施設が、もっぱら彼のヴィジョンの実現に当てられているという事実――にもかかわらず、キューブリックは即興でやっていた。プロジェクトはすべて彼の頭のなかにあった。もちろん、凡人の頭のなかだったら、これは災厄をもたらすだろう。ところが、彼の頭から出てきはじめたのは、じつは精錬された形のものだった。混沌に見えるにもかかわらず、不純物が入念に剝ぎとられ、メッセージは精錬されていたのだ。

「われわれの仕事は、特定のスケジュールどころか、特定の脚本に基づいてさえいなかった」とマスターズはいう。「ベーシックなアイディアはあった――もちろん、アーサー・クラークの小説だ――しかし、完成した脚本は最後までなかった。われわれは場当たり的に働き、明日なにをするかは、毎日考えが変わった」と。

夕方にスタンリーと落ち合い、つぎの日にすることについて話し合う――結果として、なにもかもが変更になった。製作部門はたまったもんじゃない。なぜかというと、計画されていたことが、毎日ひとつ残らず窓の外へ放りだされたからだ。われわれは、まるっきりちがうことをした。毎日そうやって働いた。特定の問題を解決すると、つぎに『さて、明日はなにをしよう？』という。だが、じっさいにその場に臨むと、『ああ、そんなのは放っておけ、本当に面白いことをやろう』と彼がいいだすんだ。そこから——雑談と話し合いから、やるつもりだったことより何倍もいいことが出てきた。

混乱に輪をかけたのは、視覚的にものを深く考えるにもかかわらず、言葉にする段になると、キューブリックがヴィジュアル・コンセプトをじつはうまく表現できないことだった。しかも、自分の目で見るまで、なにが気に入るのか、かならずしもわかっていなかった。したがって、いくつかの選択肢をあたえられねばならなかった。この特徴は遅れにつながるし、ときにはデザイン部門が考案した多くのアイディアが混乱する事態を招いた。

セットの大半が表向きは無重力環境にある乗り物を描いていたし、多くのアクションが、ディスカバリー号の球形の前端の中心にある、回転して人工重力を生みだす遠心機に集中していたので、セットのいくつかを円滑に回転させる必要があった。マスターズは、宇宙船の無重力区画から遠心機へ宇宙飛行士が移動できるデザインを考案した。最終的なショットでは、彼らは通路を進んでいく、その端には、梯子のついた回転する壁がある。端に着くと、彼らは動きを止めずに回転する部分に乗り移る——そして、観客から見れば、魔法のように三百六十度の回転をはじめ、フレームから出ていくのだ。こうして遠心機へ〝降りて〟いくわけだ。

しかし、この視覚トリックを成り立たせるには、通路全体と、回転する壁と梯子が一体になったものの両方が、外部のフレームに載っていなければならず、それぞれがボールベアリングの詰まった枠のなかでスムーズにまわらなければならなかった。「それを表現するために、カメラを通路の端に据えて、デッキにねじで留めた」とマスターズは回想する。「飛行士たちは回転するセットに向かって遠ざかっていき、彼らがドラムに足を乗せるや否や、そちらを止めて、通路をまわしはじめた」と。

だが、カメラがいっしょに動くので、見た目に変化はまったくない。スクリーン上では、端がずっと回転していて、飛行士たちがいっしょにまわっているように見える……そしてドラムの底にある穴を通って出ていく。つまり、回転する環がふたつあるんだ――ひとつは端で回転していて、そちらを止めたら、こちらが回転をはじめなければならない。タイミングをぴたりと合わせるため、その機構にはレバーが二本あって、［飛行士たちが］足を乗せたら、このでかいしろものをグルグルまわさなくちゃいけなかった――ばかでかくて重たいセットが、ゴトゴトと音を立てながらまわっていたんだ――すばらしくうまくいったよ。

とはいえ、キューブリックに最初ひととおり説明したとき、その伝説的な頭の切れにもかかわらず、彼にはさっぱり呑みこめなかった。マスターズは一九六五年秋の一夜をマラソン・セッションに費やして、監督のオフィスの黒板に仕組みをスケッチした。そして絶望的な気分を募らせながら、ふたつの要素の本質を伝えようとした。午前一時ごろ、ようやくキューブリックが、「どうやらわかったぞ！　きみがなにをいいたいのか、わかった気がする」といった。

「もう汗だくだったよ」とデザイナーは回想する。「ありがたいことに――わかってもらえた。でも、まあ、たいへんだった」と。

けっきょく、キューブリックはそのショットを大いに気に入った。背後には複雑な機構があるにもかかわらず、見た目はやすやすと、反重力的な単純さで展開するからだ。

＊　＊　＊

ハリー・ラングは、アメリカ深南部でフォン・ブラウンと過ごした二十年をはさんでドイツからイギリスへ移住したが、彼が波風を立てなかったわけではない。彼がアラバマで目にしてきたものは、祖国で身に着けたある特定の態度を特にあらためさせるものではなかった。そしてじかに仕事を共にする者たちの場合は、だれからも好かれていたものの、そうでないMGMの幹部の大半は、第二次大戦初期にドイツ空軍がイギリスの主要都市に仕掛けた電撃戦を記憶していた。彼らが目にしたのは、鹿の枝角の襟飾りをあしらったハンティング・ジャケットという軍服まがいの〝短い上着《ヤンケル》〟——ヒトラー、オーストリア、バヴァリアを連想させる種類の伝統的な〝服装《トラクト》〟——をまとって職場に現れるドイツ人だった。まるでこの効果をわざと強調したがっているかのように、ラング——ハンツヴィルの女性相続人と結婚したおかげで、それなりの資産がある男——は、到着からまもなく、乗馬に熱中するようになった。結果として、彼は乗馬用のブーツも愛用した。ヤンケルを着ていなければ、それはプロシア風のジャックブーツ（膝上まであるブーツ）というよりは、標準的な英国のキツネ狩りの服装に見えただろう。しかし、ヤンケルと合わされば、不幸な暗示的意味を帯びるのはたしかだった。

ハリー・ラング。ボアハムウッドのスタジオにて。

　これがどこまで意識的な行為であったかという

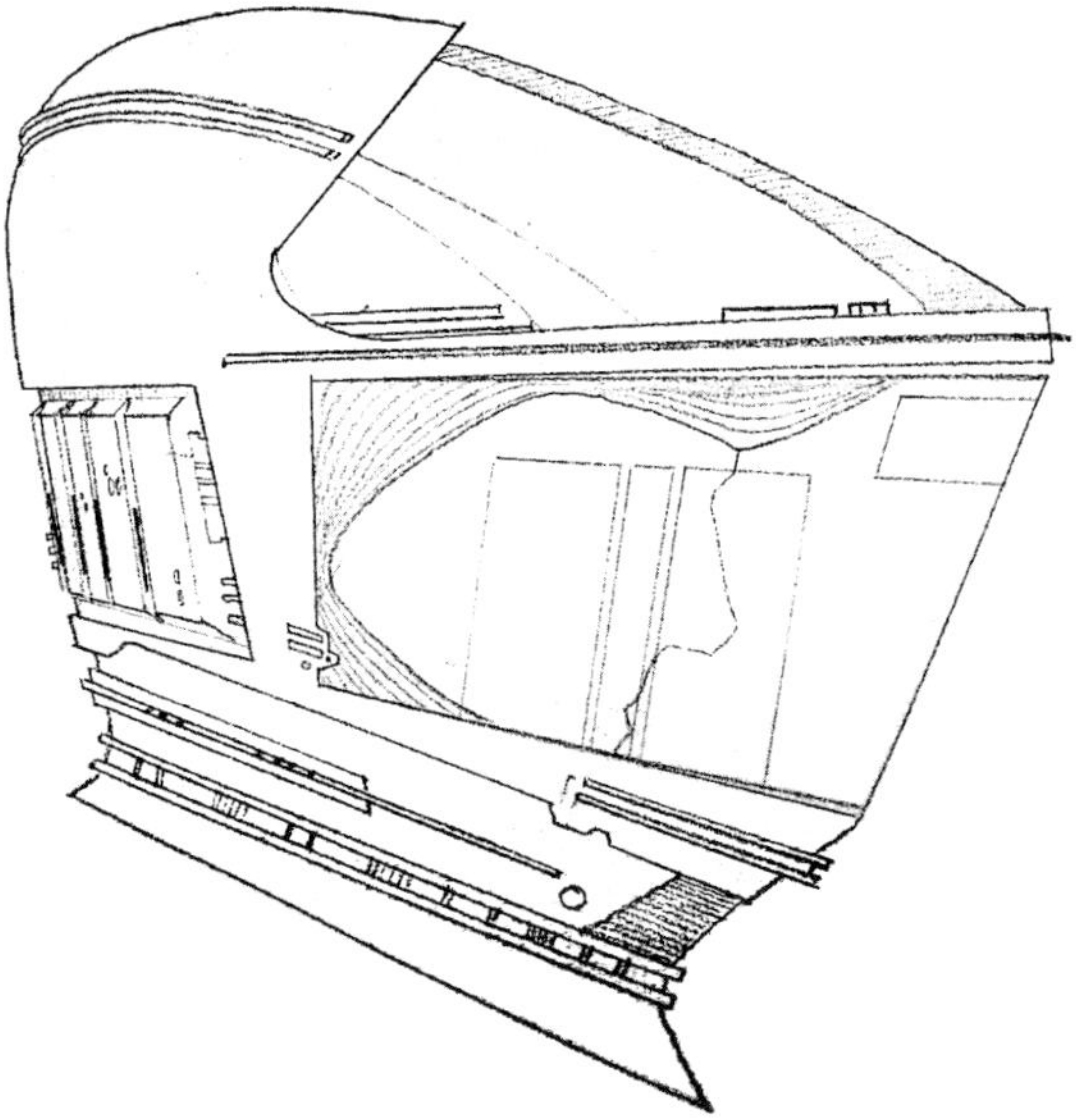

ラングの宇宙ヘルメットのデザイン。

点についていては、議論の余地がある。ラングに関するすばらしい専門書《モノグラフ》を著したクリストファー・フレイリングの信じるところによれば、デザイナーは「冗談のつもりだった……ひょっとしたら、文化の衝突を公《おおやけ》にすることで……さりげなく『亡霊を鎮め』ようとしていたのかもしれない」ということになる。そうだとすれば、デザイナーは「さりげなさ」をすっかり忘れたのだ、ある日V2号ロケットのスケール・モデルをオフィスへ持ってきて、デスクの上に置いたときに。そこにロケットの模型が存在することは、すでに壁に留めてあった南部連合旗と不穏な共鳴をした。フォン・ブラウンの〝復讐兵器〟は、終戦間近の数カ月だけで二千人以上のロンドン市民を殺害したのだ。ラングが挑発に出たという噂はすぐに広まり、英国人デザイン・スタッフのストライキを引き起こした。とはいえ、キューブリックがすぐさま介入して、模型と旗を片づけさせたので、MGMのデザイナーたちは徐々にデスクにもどってきた。あいかわらずブツブツいったり、視線を走らせたりしながら。

　政治信条がどうであれ、ラングから奪えないものがひとつある。彼がその秋に仕上げた印象的な新しい宇宙服のデザインだ。フランケンシュタイン＆サンズという、なんともふさわしい名前のついたマンチェスターの会社が、かろうじて製作を間に合わせたものだった。とはいえ、フランケンシュタインから届いたものには、いわば命を吹きこむために必要な細部をつけ加えてやる必要があった——たとえば、バックパック、フロントの運動制御装置、腕のボタン・パネル、そしてもちろん、ヘルメットを追加するわけだ——それらはボアハムウッドか、ＡＧＭのどちらかで製作された。後者はロンドンの会社で、カルト的な人気を誇るＢＢＣのテレビシリーズ「ドクター・フー」に登場する異星の円筒形サイボーグ〝ダーレク族〟の製造でも忙しかった。

　ラングの宇宙服は二種類あった。銀色の月基地バージョンは、ディスカバリー号のさまざまな色をした深宇宙ＥＶＡ（船外活動）服とはすこしだけちがっていた。後者はバックパックからヘルメットの基部まで、スキューバのレギュレーターに似ていないこともない銀色のエア・ホースが大きな弧を描いていた——キューブリックとクラークが、宇宙飛行士フランク・プールの来《きた》るべき事故の性質を精錬したせいで、土壇場になって、考え抜いた上でつけ加えられたデザイン上の欠点だ。

　ラングは以後の人生を映画デザイナーとして働きながら英国で過ごすことになる。彼の準拠するものがオーストリア＝バヴァリア的なものから、もっと無難な英国的なものへ移行したことをもっともよく象徴するのが、『２００１年』の非凡な宇宙ヘルメットかもしれない。丸い形のデザイン画を何枚も描いたあと——そのすべてがオートバイのヘルメットに似すぎている結果となった——彼の最終デザインは、ある種の英国風ハンティング・キャップや、男性用アスコット乗馬帽に見られる、卵形で前に突きだした形を基にしたものに落ち着いたのだった。

＊　＊　＊

ロジャー・キャラスはキューブリックの右腕としての役割を果たすようになってきた。ロサンジェルスのまとめ役、ルイス・ブラウのニューヨーク版のようなものだが、ただしプロのPRマンの抜け目なさをそなえていた。それをよく物語るのは、ディスカバリー号のしゃべるコンピュータ、アテーナの描き方に関してIBMの助言を求めた七月後半のやりとりかもしれない。キューブリックは、コンピュータのインプットとアウトプットの装置に関するアイディアを期待していたので、じっさいにその会社から受けとった助言には心がまえができていなかった。影響力の大きいエリオット・ノイズのデザイン局シンクタンクから届いた書類――〝ブレインルーム〟のようなものの内部で浮遊する宇宙飛行士の絵を含むそれ――に添えた手紙のなかで、キャラスはこう書いた。「ご覧のとおり、ディスカバリー号ほどの宇宙船に要求される複雑さをそなえたコンピュータは、人間が周囲を歩くというよりは、人間がなかへはいるコンピュータになるだろうとのこと。これは興味深いアイディアだ。もしディスカバリー号のプランがこれに合うのなら、慎重に検討してみるのもいいかもしれない」

このやりとりは、キューブリックに彼らしくない敗北主義的な気分を味わわせた。「IBMのアテーナの図は、われわれの要求にまったく応えてくれないし、役立たずだ。ぼくが前提としなければならないのは、フレッドとIBMとの議論だ」とオードウェイを引き合いに出して、彼は返答した。「このすべてにうんざりして、がっかりしている」と。彼はIBMが本当に力を貸してくれるべきものを並べはじめた――それには「詳細なデザイン・コンセプト」が含まれていた（もっとも、IBMはまさにそれを提供したのだが）。「無駄にしている時間はこれっぽっちもない」と彼は締めくくった。「この手紙を書くはめになったのさえ、完全に負けと思える手に賭け金を加えるようなものだ。きみやフレッドのせいではないのはわかっているし、きみを非難しているとは思わないでくれ。なにもかもがおじゃんになっただけ。期待した成果があがらなかっただけではなく、時間も無駄にしただけだ」彼は最後に大文字で署名した。「腹が立ち、がっかりしているが、忠実なるS」と。

じつは、ＩＢＭの提案は手を加える余地がなく、最終的にディスカバリー号のブレインルームが造られる結果となる――ひょっとしたら『２００１年』のもっとも非凡なシーンかもしれないものがそこで展開される。宇宙飛行士のデイヴ・ボーマンが、そのときにはＨＡＬという名前になっていた船のコンピュータのロボトミー手術をする場面だ。しかし、キューブリックはまず頭を冷やし、考えなおし、ドラマになりそうな展開を自分の想像力のなかで形作らなければならなかった。★

キューブリックと、ロンドンにある彼のデザイン・トラストへ助言を伝えるほかの手紙は、現役最高の未来論者の何人かの思考も引き出した。それは映画の最終的な外観にとってＩＢＭとのやりとりと同じくらい重要だった。キューブリックとクラークが追求する、科学的・技術的正確さへの知的な傾倒の副産物として、大予算ハリウッド作品は、巨大な研究開発シンクタンクへと変貌していた。関係するアメリカの一流テクノロジー企業に興味を起こさせるオードウェイとキャラスの粘り強い活動――もっぱら映画のセット内に製品を置き、プロモーション期間中に言及するというやりとり――が成果をあげていた。

一九六五年七月に書かれた手紙だけを例にとっても、哺乳類の冬眠、宇宙服のデザイン、月の地図、主要な天文台で撮られた月の写真、惑星間原子力推進、木星、土星、およびその衛星と環についての情報、さまざま

★　現実の世紀の変わり目には、すでにコンピュータはエリオット・ノイズと『２００１年』が思い描いたものよりはるかに小さかったといいたい向きは、とりあえず現代のスーパーコンピュータの映像をオンライン検索するといい。マスターズ、オードウェイ、ラングたちがＩＢＭのアイディアに基づいたのが、どれほど正しかったかがわかるだろう。

なコミュニケーション・システム、月と木星で使用される科学器具、「気球、ミサイル、人工衛星」から撮られた地球の写真など、多種多様な話題におよんでいる。ＩＢＭを別にしても、アプローチを受けた会社には、ヒルトン・ホテル、パーカー・ペン、パンアメリカン・ワールド航空、ヒューレット・パッカード、ベル研究所、アームストロング・コルク、シーブルック・ファームズ、ボシュロム、ワールプールが含まれていた。相談を持ちかけられた企業の数は、最終的に四十を上まわった。

一九六五年の夏、キューブリックはベル研究所から詳細なレポートを二通受けとった。作成者はデジタル・アートと３Ｄアニメーションのパイオニア、Ａ・マイクル・ノールと、情報理論の専門家ジョン・Ｒ・ピアース――〝トランジスタ〟という用語の考案者であり、最初の通信衛星を建造したチームの責任者――だった。彼らが推奨したのは、ディスカバリー号の通信システムの特徴を「奥行きのある機材が背後にあると思わせ」ない、「かなり大型の、平面で長方形の」スクリーンにすることだった。もちろん、フラットスクリーンは、一九六五年には――すくなくとも映画館の外では――知られていなかった。製作のセット・デザインにその意見をとり入れたおかげで、『２００１年』の未来的輝きが増し、今日でさえ不気味なほど予言的で、同時代的な感覚がもたらされたのはたしかだ。業界最高の頭脳ふたりからのたったひとつの助言のおかげで、その映画はスクリーンに基礎を置いたわれわれの未来を先見的に描きだせたのである。

ストーリーにおけるアテーナの役割についてキューブリックの考えが深まるにつれ、彼のアドバイザーたちとＩＢＭとのコミュニケーションは、コンピュータの変貌をにおわせはじめた。つまり、信頼性は高いが、機転のきかない乗員のアシスタントから、もっと複雑なものへの変貌だ。ノイズと同社がほのめかした、乗員はアテーナの内部を物理的に動きまわれるという構想も、一定の可能性を示唆していた――すくなくとも、キューブリックが最初の反感をいったん乗り越えれば。八月二十日には、ドラマのエッセンスとなる葛藤として、アテーナが冬眠している乗員のひとり、Ｖ・Ｆ・カミンスキー★の死を引き起こすという事態が、すでに監督の頭にあった。
八月二十四日――めざめている乗員にミッションの真の目的を知らせないでおく必要性にクラークが疑問を呈したのと同じ日――に、オードウェイはＩＢＭの重役ユージン・リオーダンに用心深い手紙を書いた。同社を警戒させずに情報を引きだす必要から、話題をぼかしながら、船のコンピュータが「とりうると考え」られる「ほぼ独立した」行動についての助言を求めたのだ。「二〇〇一年までの道を見通させてください」とオードウェイは書いた。「そのころには、コンピュータは、いわばひそかに考え、プログラミングに厳密にはしたがわない行動をはじめられるとお考えでしょうか？」と。

秘密保持のため、なにか重要な情報を船長には知らせ、ほかの乗員には知らせないとしましょう。乗員にはアテーナへのアクセス権がありますから、この情報は彼女にも秘匿されます。それでも、彼女の手にはいる情報と矛盾した方法で、一定の飛行手続きがとられることに彼女は気づくでしょう。われわれが思いついた別の可能性を考慮してみてください。アテーナが軽い心気症にかかり、あれこれの回路や装置が故障した、あるいは故障しそうだから点検するべきだ、と必要もないのに――ただし、大げさにではなく――報告するということはありうるのでしょうか？　それを示すには非常に意識的に、船内の数学者とコンピュータの専門家の疑惑を招くか招かないという程度にしなければならないでしょう。アテーナは、どういうわけか明らかになる、おだやかなタイプの攻撃性も示すかもしれません。

★　人工知能に殺害されることを考えれば、面白いことにこの名前は、キューブリックのトップ・アドバイザーのひとり、マサチューセッツ工科大学の著名な科学者で人工知能のパイオニア、マーヴィン・ミンスキーへのさりげない敬意のあかしだろう。

これまでのところ、ＩＢＭの協力はある合意に基づいていた。つまり、映画に登場するさまざまなテクノロジー機器に同社のロゴを表示するという合意だ——そして、ディスカバリー号のｉＰａｄのようなタブレット・コンピュータを含め、たしかにそれは随所に見られる。とはいえ、十月には、例の「軽い心気症」の症状は、明らかに悪化していた。どこまで悪化していたかは、リオーダンに宛てた別の手紙が教えてくれる。今回オードウェイがリオーダンに知らせたのは、ディスカバリー号が「最初に思い描いたものよりかなり実験的な乗り物」に「進化」をとげたということだった。複数の「興味深いプロットの要点」が、いくつかの場合、故障した機器にかかわり、蓋然性を高めていた。「当然ながら、ＩＢＭの機器にそのような光は当てたくありません」とオードウェイは書いた。したがって、ディスカバリー号のコンピュータは「実験的な研究開発タイプで、数字と、スポンサーを務めた政府機関の名前だけが記録される」ことになった、と。

キューブリックとクラークが最終的に決めた新しい名前は、ふたつの用語の合成で、発見的プログラミングをされたアルゴリズム的コンピュータ（Heuristically programmed ALgorithmic computer）という意味だった。頭文字の裏にある用語、そしてひょっとしたら頭文字そのものも、元はといえばＭＩＴの人工知能研究所の共同創設者、マーヴィン・ミンスキーの発案だった。「発見的とは、もちろん経験則のことだ。ある問題についてうまくいくかもしれないし、しばしばうまくいくが、保証はできないコツや技法のことだ」と一九九七年にミンスキーは述べている。「アルゴリズム的という言葉は、ルールの遵守をほのめかす。たとえばＡがＢなら、ゆえにＡはＢであるといった具合に。ＨＡＬは両方の世界のいいとこどりをするはずだった」と。アルゴリズム的と発見的の——ドグマ的なルールと、解決への道を探る相互作用と試行錯誤の——この二重性は、めざめている宇宙飛行士たちにミッションの真の目的を隠しておくよう要請されたとき、ＨＡＬが経験する核心的な葛藤を早くも暗示している。★

十月十二日、ＨＡＬはまだアテーナだったが、クラークは浮かびあがりつつあったドラマチックな可能性をキューブリック宛てのメモのなかでほのめかした――「望むなら、『事故』をたんに刺激のために挿入されるエピソードではなく、われわれのテーマに不可欠な一部にできる。つまるところ、われわれのストーリーは真実の探求だ。アテーナの行動は、真実が隠されたときに起きることを明らかにする。適切な時点でこのことをさりげなく強調するべきだ」と。乗員に嘘をつくよう要請されたコンピュータ内部の葛藤は、映画よりもクラークの小説のほうにはっきりと描かれることになる。ただし、前者の脚本の草稿と、キューブリックが撮影したが、けっきょく使わなかったダイアローグにも存在しているのはたしかだ。

十月後半からの興味をそそる一連のメモが、キューブリックの手書きで残っている。それは一種のロゼッタ・ストーンであり、そのなかで監督は、コンピュータのジレンマをいかにして伝えるかという問題にとり組んでいる。つまり、完全で客観的なデータを乗員にあたえるというはっきりした目的で造られたにもかかわらず、乗員を騙すようプログラムされたというジレンマだ。「ある晩（あるいはプールの睡眠周期にそっていればいつでもいい）彼が出発前に耳にした噂を持ちだす。プールは冗談半分だ」とキューブリックは書いている。「ミッションには睡眠者しか知らない秘密の側面があり、だから彼らは分けられて訓練され、すでに眠っている状態で乗船させられたのだという噂だ」と。乗員ふたりはこの「途方もない可能性」――キューブリックは「ＣＩＡの高官がケネディ暗殺に関与しているという噂」とくらべている――を議論し、とうとうコンピュータに尋ねることにする。「彼らは冗談として尋ねる（だが、本当の興味を押し隠しているのは歴然としてい

★　ディスカバリー号の「実験的な」スーパーコンピュータとビッグ・ブルー（ＩＢＭ社のニックネーム）とのあいだに距離を置こうとしたにもかかわらず、映画が公開されると、ＨＡＬという頭文字をひと文字ずつ前にずらせばＩＢＭとなることに気づいた者がいた。これが偶然に起きる確率はゼロに等しいが、キューブリックもクラークも、これが意図的だったことを断固として否定したし、彼らの本気を疑う理由もない。まったくの偶然の一致でなければ、無意識の業だったのかもしれない――ボーマンに決まった何カ月もあとになってから、その名前がオデュッセウスと関連することに気づいたのと同様に。

る）……コンピュータは『ノー』という。そこには悪魔的で、つむじまがりなユーモアがある……天邪鬼《あまのじゃく》」天邪鬼。そのキューブリック一流の署名が、自分へのメモとして浮かびあがってくる。

彼はコンピュータの変調のはじまりを伝える方法としてチェス——つまるところ、様式化された闘い——を使うアイディアも思いついた。彼によれば、ボーマンもプールもアテーナとチェスを指し、「チェスの教本と首っ引きで指すときでさえ」勝てないと、しだいに理解するようになる。彼女は二回に一回は負けるようプログラムされているので、これは「些細なプログラムのエラーとしてすぐに認められるはずだ。深刻ではないが、監視が必要なエラーとして」とキューブリックは書いている。

このシナリオにはできあがった映画にとりこまれた要素もあったが、それ以上に興味深いひとつの要素が放棄された。ボーマンがアテーナと仕事をしている場面で、「不意にコンピュータが、すべてのクレタ人は嘘つきだというパラドックスについて尋ねる。あるいは、錯誤を話題にし、錯誤を定義するようボーマンに要請する」というものだ。★そして彼はボーマンの返事をこう記している——「きみは錯誤に興味津々らしい。それを訊かれるのは、この一週間で何度目かだ」と。キューブリックは、コンピュータに四六時中監視されている、と乗員の両方がしだいに気づく展開も構想した。

手書きメモの十四ページ目、「コンピュータを殺す」という表題の下で、キューブリックは純粋に直観的な洞察の瞬間に達した。それは主題に対してあまりにも形式的で感情移入に基づいた文章の断片として現れた。まるで自分が思い描いている役割を瞬時に引き受けたかのように。「コンピュータはボーマンに話しかけ、消去を——無能力化を——阻止しようとする。ゆっくりと、ますます」

省略符号はなく、文章は未完だ。彼は心のサーチライトをすでにつぎの問題に移していたのである。

＊　＊　＊

ダグラス・トランブルはその夏、ロサンジェルスの酷暑にほとほと参っていた。『月とそのかなたへ』――一九六四年から六五年にかけて開催された万国博でキューブリックを感心させた実験的シネラマ短篇映画――のために回転する銀河を描いたあと、彼は数カ月間、まさに自分の好きなものだけを描いていた。つまり、月面基地、宇宙船、着陸台の絵だ。それは頭脳に絶えずドーパミンを点滴しているようなものだった。しかし、キューブリックがはるか東へ引っ越してしまい、その過程でグラフィック・フィルムズとの関係を断ったので、仕事が減り、会社は彼を解雇するしかなくなった。トランブルは子供のころからSFに夢中だった。そして収入を補うためにマリブの小さな家具会社に勤めはじめたものの、そこは本当の居場所ではないと思っていた。

彼は以前の上司、コン・ペダーソンに電話した。キューブリックの宇宙計画での仕事は本当に刺激的だった、と彼はいった。どうしたらプロデューサーと連絡がとれるだろう？　ペダーソンは、契約に秘密保持条項があるので、教えるわけにはいかないと説明した。ぎこちない間があった。ふたりは、「月とそのかなたへ」を含め、ふたつのプロジェクトで息の合ったところを見せていた。「いいかい」とうとうペダーソンがいった。「きみがオフィスへ行けば、もしかして、もしかしてだが、ミスター・キューブリックの電話番号が掲示板の隅に鉛筆で書いてあるかもしれない」と。

★　キューブリックが言及しているのは、エピメニデスのパラドックスだ。すなわち「クレタ人エピメニデスによれば、すべてのクレタ人は嘘つきだ。しかし、エピメニデス本人がクレタ人であり、したがって、彼自身が嘘つきということになる。だが、彼が嘘つきなら、彼のいうことは真実ではない。結果的にクレタ人は正直ということになる。だが、エピメニデスはクレタ人であり、したがって彼のいうことは真実だ。つまり、クレタ人は嘘つきだし、エピメニデス自身が嘘つきで、彼のいうことは真実ではないことになる。こうしてエピメニデスとクレタ人は正直であり、正直でないと交互に証明しつづけることになる」（トマス・ファウラー、一八六九年）

トランブルはグラフィックの受付を通らずに裏口からはいったことがあった。しょっちゅうそうやってはいったので、反射行動も同然だった。いまは時間を無駄にせずその動きをくり返し、番号を見つけると、家へ持ち帰り、ロンドンが何時かを計算して、ダイアルした。秘書を通さず、監督がじかに受話器をとり、トランブルは自己紹介した。「ぼくはあなたに渡す絵を描いていたイラストレーターのひとりです。あなたの映画の仕事をしたいんです」と宣言する。「月とそのかなたへ」での仕事を別にして、ほかの適性もくわしく述べた。それほど長くはかからなかったものの、彼のそれまでの仕事は、すべて『２００１年』の主題と要求にぴたりと合っているように思えた。

「願ったりかなったりだ」とキューブリックは答えた。「よし、きみは仕事にありついた――こっちへ来てくれ……週給四百ドルを支払おう」と。ホーク・フィルムズがきみと奥さんの飛行機のチケットを手配し、住むところも見つける。ようこそ、わが船へ。ほかになにかあるかな？

八月中旬に到着したトランブルは、はじめての国外旅行にカウボーイ・ハットで臨んだ紅顔のカリフォルニア青年だったが、ボアハムウッドでおびただしい数の活動が進行しているのを発見して、来るのが遅すぎたのではないかと心配した。「当時ぼくは二十三歳で、本当になにも知らなかった――アニメーションと背景画についてほんのちょっと知っているだけ。写真のことさえよく知らなかった。イギリスに発つ前、ペンタックスのカメラを買って、着いたら、家に小さなモノクロ写真用の暗室を作ってカメラをいじりはじめた。基礎を学ぶためだけに」と彼は回想する。

心配にはおよばなかった。やることはいくらでも残っていた――ライブ・アクション撮影はまだはじまってさえいなかったのだ――そしてつぎの二年半、トランブルは一介のアニメーターから『２００１年』の四人のスーパーバイザーのひとりにまで成りあがり、その過程で同作に画期的な視覚的足跡を残すことになる。

＊
＊
＊

『2001年宇宙の旅』は最初からアナログをデジタルに見せる作業を課せられていた。数十年先の未来にはコンピュータ・モーション・グラフィックが遍在しているという予測は、キューブリックとそのデザイナーたちによって内面化されていた。しかし、はじまったばかりの情報時代を駆動するのに必要な処理能力がまだ手にはいらなかったために、すべてを手作業で行わなければならなかった。

トランブルはグラフィック・フィルムズではアニメーションのセル画をせっせと描いていた。そしてキューブリックとウォーリー・ジェントルマンは、彼に時差ボケを治す一日をあたえてから、仕事にかからせた。彼はセットに組みこまれたフラットスクリーンすべての上で明滅したり、押し合ったり、意味ありげにヒューと鳴ったりするコンピュータの読み出し情報《リードアウト》作りをまかされた。それぞれのフラットスクリーンには――ベル研究所の言葉を借りれば――「機器の奥行き」を隠すため、背後に空間が設けられ、ベル＆ハウエル16ミリフィルム映写機がおさまっていた。そのひとつが表向きは手持ちのタブレット・コンピュータで、テーブルの表面にさりげなく置かれているように見えるものの、じっさいは背後に映写機が隠れている表面に永久に固定されることになっていた。

スクリーンそのものは白濁した磨りガラスで、背面映写《リア・プロジェクト》にうってつけだった。ハネウェル社の助言で、これら遍在するディスプレイ上で展開する画像には、コンピュータ、生命、放射線、推進――ディスカバリー号の機能にとって欠かせないシステムの循環――といった見出しが含まれることになった。それ以外なら、トランブルは画像の中身を自由に決めてもよいことになった。それらしく見えさえすればよかったのだ。とはいえ、アニメーションのなかには、そのショットにとって中心的な役割を果たすものもあり、そこにはほかよりも正確にプログラムされた中身があった。たとえば、オリオン宇宙機の操縦席《コクピット》にある航法スクリーンだ。それは宇

ダグ・トランブル。ボアハムウッドにて。

宙ステーション5の中央にある長方形のドッキング・ポートの回転する三次元グラフィック像を描くことになっていた。

ウォーリー・ジェントルマンとキューブリックとの摩擦は、ふたりがイギリスに到着して以来、容赦なく強まっていた。ジェントルマンは資源、資金、時間の浪費と彼の目には映るものに驚き呆れていたし、うまくいかないとすでにわかっている技法を試すと監督が頑固に主張していると彼の目に映る件に批判的だった。キューブリックは自分のアイディアに対する共作者の抵抗と、彼には知ったかぶりに思える態度にいらだちを募らせていた。「ウォーリーはとても科学的で、直線的で、とても優雅で、とても紳士的で、とても博学で、とても上品で、経験豊富な男だった」とトランブルは回想する。「そしてキューブリックは自由奔放だった――『みんながなにをするにしろ、おれはその正反対をする』ってわけだ。たぶん、それはウォーリーの神経を逆撫でにするようなものだったんだろう」と。

トランブルとしては、『宇宙』の舞台裏にいた視覚効果の革新家のひとりと仕事ができて名誉に思っていた。彼はグラフィック・フィルムズでその映画を見ていたし、ボアハムウッドに到着した直後、新人研修の一環も同然に、彼のためにふたたび上映されたものを見ていた。ジェントルマンは、トランブルが監督にまったく臆さないのに気づいて感心した。「ダグはセットへふらりとやってきて、若者特有の発明の才と独創性を発揮して、そのとき自分が考えていることをそのまま述べるような男だった」と彼はいう。「スタンリーははじめのうちいらだったが、しだいに慣れていった。でも、ダグにはそれを出しゃばりといわれないだけの実績があった。彼の仕事は文句のつけようがなかったからだ。けっきょくのところ、あの映画に対してだれよりも多くの貢献をしたのは彼だと思う」

視覚効果の製作の流れに関する初期の構想では、アニメーションとモデルの製作を外部の会社に委託することになっていた。したがってトランブルは、伝統的な番号をふったアニメーションのキューシートを使い、ディスプレイ用の画像を造りはじめた。従来のやり方では過労になるだけだし、外注先——スタジオの近くにあるアニメーション制作会社——はともかく仕事が遅すぎる、と彼が理解するにはほんの数日しかかからなかった。「ダグは『もっといい方法を編みだせる』といった」とジェントルマンは回想する。「なぜなら、彼はまったく怖いもの知らずだったからだ。そしてこういった、『自分たちでアニメーション撮影台を造ろう。あの連中は首にしろ。われわれは自分たちの流儀でやる』ってね」

彼らはオプティカルプリンタについていた古いミッチェル社のシングル・フレーム・ムービーカメラを流用し、パイプと固定金具——ボアハムウッドではどこにでも転がっている資材で、セットや舞台背景にも使われる。材木はイギリスでは高くつくのだ——でできた足場からスタンドを作り、矢継ぎ早に動画を作りはじめた。トランブルは、契約を打ち切ったばかりのアニメーション制作会社からじかにエネルギッシュなティーンエイジャー、ブルース・ローガンを引き抜き、仕事につかせた。彼らのテレメトリ表示は、〈サイエンティフィック・アメリカン〉誌、ＮＡＳＡのマニュアルなど、「いかして見える図表を片っ端から漁って、適当に」採ったものだった。これをゼロックスで複写してから、コントラストのきつい複写物《フォトスタット》か、ネガの透過原稿として写真撮影した。

　トランブルは、ディスカバリー号のスーパーコンピュータのデータ・ストリームを表すために、文字と数字から成る見せかけのハイテク言語も考案した。「風変わりな頭字語とおかしな三文字の偽単語やらなにやら」の組み合わせをIBMセレクトリックでタイプし、コントラストを強くして透過原稿にしたものだ。このすべてはミッチェル・カメラの真下にあるガラス板の上に集められ、いっぽうトランブルとローガンは昼も夜もぶっ通しで大音量のロックンロールを流しつづけた。「ぼくらはアニメーション撮影台にすわりこんで、膨大な量のフッテージをひとコマずつ作りだしたものだった」と一九七六年にトランブルは回想している。「こいつを撮影台の下に押しこみ、手で並べて、赤いカラーフィルターを載せ、二、三コマ撮影してから、ぐるっとまわして、ほかのなにかに焼きこむか、いくつかの数字を変えるかした。なにもかもがテープと紙とカラーフィルターでしかなかった」と。

　調子が出ると、一日に十分分《じゅっぷんぶん》のリードアウトを製作してのけた――アニメーションでは前代未聞のペースだ――そのすべてが、コンピュータが「自動的に、一日二十四時間、データの洪水」を処理しているという印象をあたえるためのものだった。それは古い、時間のかかるやり方に対する若々しい熱狂の勝利であり、彼らは目に見える妥協なしにそれを成しとげた。しかし、「じつをいえば、ハイテク版のショーウィンドウの飾りつけのようなものだった」とトランブルはいう。

　そうだったのかもしれない。だが、果てしない偽データの生き生きとした描写――それらしく見える情報グラフィック、方程式、頭字語、文字の切れ目ない流れ――は、ディスカバリー号を司《つかさど》るコンピュータと、『2001年』のストーリーが展開する徹底的に工学化された世界に、脈動する毛細血管的ともいえる生命をあたえた。ジョージア朝やヴィクトリア朝に匹敵する未来の一時期を創造したデザイン・チームに劣らず、それは来るべき文明の一章をまるごと創造したのだった。

＊　＊　＊

ボアハムウッドのスタジオは階層化されていた。事実上、組合《ユニオン》に強制された厳格なカースト制度をとっていたのだ。その制度のなかでデザイナーは、工房の仕事を奪う恐れがある場合はねじ回しを拾ってはならず、セット建造者は同じ理由で青写真に鉛筆の書きこみをしてはならなかった――すくなくとも、建前は。とはいえ、気さくな態度と見る者の気持ちをなごます笑顔をそなえたカリフォルニア出身の偽カウボーイとして、トランブルは著《いちじる》しく独特であり、アウトサイダーという自分の立場に大きな利点があることをまもなく発見した。そもそもアメリカの映画スタッフがMGMで働けるのは、イーディー・レヴィーと呼ばれる英国の映画助成金プログラムに抜け穴があるおかげだった――そのプログラムは基本的に興行収益への課税であり、税制上の優遇措置でアメリカの映画会社を誘致することで、地元の産業を維持しようというものだった。結果として、英国での製作はアメリカ国内より安くついた――もちろん、キューブリックがイギリスにいる理由のひとつであり、前の二本もイギリスで撮った理由だった。

非英国市民、あるいは合法的居住者に対するイーディー・レヴィーの上限は、『2001年』で働けるアメリカ人の数を二十パーセントと定めていた。おかげで、トランブルにはイーディー・レヴィーのもとで組合員の資格を得る必要がなかったので、お役所的な障害を抜きにして各部門の責任者のもとへ――たとえば、新しいアニメーション撮影台を作る部品を請求するために、機材室を管理する男のもとへ――直談判に行けることがわかった。それからの二年にわたり、彼はこの自由を最大限に活用することになる。

もちろん、キューブリックには自分なりの大型映画にまつわる問題の回避法があった。たんに地理的な距離のおかげで、ＭＧＭが自分の作品に口出しする力を非常に限定的なものにしていたのだ。「映画会社の経営的干渉はまったくなかった」とトランブルは回想する。「ぼくらは年がら年じゅう新しいことをしていた。勝手気ままな状況で、スケジュールも、予算も、締め切りもなく、問題が持ちあがるたびに、つぎつぎと解決するだけだった。まあ、映画はゆっくりと進んでいたわけだ。セットをこしらえる。小道具をこしらえる。ミニチュアをこしらえる。で、なにかが持ちあがるたびに、スタンリーはいうんだ、『なあ、ダグ、なんとかしてこいつを手直ししてもらえないか？』って」

彼が手直しを手伝えるものにミニチュア作りがあった。トランブルとローガンがアニメーション撮影台をこしらえて間もなく、マスターモデルズというロンドンの会社が全長九十センチのムーンバスを届けてきた──同社が製作を請け負った数台の宇宙船の最初のものだ。トランブルは、これではお話にならないとひと目で悟った。そのしろものは、信頼できる工学の所産ではなく、旅行代理店に飾ってあるファイバーグラス製のディスプレイのように見えたのだ。その時点までは基本的にイラストレーターだった彼は、エアブラシのあつかいに習熟していたので、メディアをまたいだ技法をそのモデルに応用した。その後『２００１年』の宇宙船すべてに応用されるようになる技法だ。

フリスケット・マスク──片面に糊のついたプラスチック板の小片で、不要な塗料をよけるためのもの──を使って、彼は胴体の各部にエアブラシで色を塗りはじめた。できあがったのは、工場で組み立てられたように見える、陰翳に富んだ新しい外観で、金属パネルが何枚も接合されてできているようにしか見えなかった。質感と色調がわずかに異なっているからだ。彼はボアハムウッドのホビー・ショップへ行き、プラモデルのキットからとった小さな部品をさまざまな場所に貼りつけはじめた。ムーンバスを増強して、細部まで正確なテクノロジーの産物という印象を造りだすためだ。スジ彫りを施し、新しい小さなパネルを作って、アンテナをこしらえた。これが仕上がるころには、『２００１年』の月面輸送用の乗り物は、いまにも飛び立ちそうだった。

＊　＊　＊

ジェントルマンがキューブリックに対して募らせている憤懣の一部は、映画のコンセプトが精錬されるにつれ、ストーリーがコロコロ変わることと関係があった。八月の終わりまで、ディスカバリー号の目的地は木星だった。しかし、九月の上旬には、監督はしだいに土星に興味を惹かれていた――たしかに太陽系随一の壮観を誇る惑星だが、スクリーン上で説得力のある表現をするのは途方もなくむずかしい。彼がとりわけ興味をそそられたのは、無数の氷の破片でできている、その巨大惑星の対称的な環だった。

ある日キューブリックは、チェコのイラストレーター、ルデク・ペセクの大判挿絵入り本『原色　月と惑星』にナイフを入れ、土星の正面に浮かぶ環の破片の流れを描いた四ページ分の折りたたみを切り離し、オフィスの掲示板に張りだした。キューブリックは、外側の環のすぐ向こうに浮かんでいる巨大なモノリスを想像し、彼の地球外生命が四百万年前にスター・ゲートを作るため巨大な力をふるい、土星の衛星のひとつも粉々にしたとき、環そのものができたことにしてもいいだろうと考えた。

監督の新たな強迫観念に接した側近たちの大部分は、それが消え去るのを願った。この複雑な惑星系を描こうとすれば、ありとあらゆる困難が待ち受けていると予見できたのだ。しかし、九月五日にキューブリックは、オードウェイを含むグループとディナーをともにし、土星を木星に置き換えたらどう応じるか、と科学アドバイザーに尋ねた。オードウェイは、そういう変更をするにはちょっと遅いかもしれないと答えたが、監督はゆずらず、アドバイザーの記憶によれば、「土星の環系《リング・システム》の美しさと、その近くを通過する、いや、それどころかその環を通りぬけるディスカバリー号という目を見張る視覚効果を指摘した」という。キューブリックは、土星の視覚面に関する文書を書くようオードウェイに依頼した——かなりの調査をしないと書けないしろものだ。
視覚効果スタッフ、とりわけイラストレーターの小さなチームから当初反対の声があがったにもかかわらず、キューブリックの新しい気まぐれは、土星系の描き方に焦点を当てた何カ月にもおよぶ集中的な仕事の根拠となった。ジェントルマンにとって、それが最後の藁だったのかもしれない。彼は十一月二十九日に「この作品を来年の九月までに仕上げることになっているのに、いろんなことがガラッと変わってばかりなので、まともなスケジュールを立てるのもひと苦労だ」と、ある友人にこぼしている。数年後、監督との確執をくわしく述べて、「わたしはキャリア全体を、なにもかも几帳面に正確にやることに費やしてきた」といった。「しかし、キューブリックと出会ったら、彼はあらゆるものの細部に拘泥する絶対的な強迫観念にとり憑かれている男だった。そのやりすぎにはついていけなかった」と。

わたしはキューブリックという人間を大いに楽しんだ。彼との経験は活力に満ちていて興味深かった。しかし、キューブリックといっしょに仕事をする者はいない——彼のために仕事をする者がいるだけだ——と学んだ。それはかなりむずかしいことだった。映画製作者として、彼はパラノイア気味で、まちがいなく強迫観念にとり憑かれていた。本当に優秀な人材を集めてから、彼らの才能を浪費しはじめた。しまいにわたしは、才能ある者たちが力を合わせて勤勉に働いているのに、どうやら気まぐれに、矛盾した命令をくだしてばかりいる独裁政治のようなやり方にうんざりした。

視覚効果アシスタントのブライアン・ジョンソンが、ふたりの仲違いに関して独自の見解を披露してくれた。「もしだれかがすこしでも不安そうだと思えば、スタンリーはいくらでも意地悪になれたし、ウォーリー・ジエントルマンをいじめ抜いた。彼につらい思いをさせた」とジョンソンはいう。当時まだ三十九歳だったジェントルマンは、健康上の合併症をかかえたこともあって、年末には治療のためカナダへ帰国した（彼は長生きして、二〇〇一年の到来をその目で見た）。彼の損失は、コン・ペダーソンの到着で部分的に相殺された。ペダーソンは、穏便にとはいかなかったが、グラフィック・フィルムズを抜けてきたのだった。

とはいえ、ディスカバリー号の新しい目的地はクラークを喜ばせた。惑星の幾何学を調査するうちに、彼は木星と土星が西暦二〇〇一年にビリヤードの玉のように整列する運命にあるのを発見していた。それゆえに、彼は小説の草稿に木星近傍通過《フライバイ》を書きこんだ。そして刊行された小説においては、土星がディスカバリー号のゴールとなった。★

しかし、迫真的な環のセットを作ろうと何カ月も試みたあと、ペダーソンと視覚効果スタッフは、とうとう土星の複雑な環境を再現するという挑戦に叛旗をひるがえした。『２００１年宇宙の旅』のライブ・アクション撮影はなかばに達したにすぎず、彼らはただでさえ多すぎるほかの挑戦に直面していた。オードウェイの記憶によれば、キューブリックは一九六六年の三月中旬、「激論」の末にディスカバリー号の目的地を木星にもどすことを渋々認めたという。

それは、監督が折れた稀な例だった。

＊　＊　＊

★　じつは、この配列はその年、土星をめざしたＮＡＳＡの無人探査機カッシーニによって利用されることになった。二〇〇一年一月一日、環に囲まれたその惑星への途上、カッシーニは木星近傍を通過したのだ。

一九六五年の夏と秋を通じて、キューブリックは数えきれないほど俳優の見本リールを見た。そして『博士の異常な愛情』の謎めいた首謀者が、なにかをやっているという噂が広まっていた。ハリウッドには、新作のキャスティングとしか考えられないことを。噂によれば、ウォーレン・ビーティのエージェントが、彼に主役をとらせるよう働きかけているという。そうだとしても、キューブリックには別の考えがあった。九月後半には、映画の配役は決まっていた。それにはネーム・ヴァリューのあるスターは含まれていなかった。

キア・デュリアがすでにボーマン役に決まっている状態で、監督はロンドンへ出航する数週間前にゲイリー・ロックウッドと会っていた。ロックウッドは、喧嘩沙汰を起こしてUCLAを放校になった元カレッジ・フットボールのスターで、デュリアの副官、フランク・プールを演じることになった。その俳優は大酒飲みで喧嘩っ早いばかりか、骨の髄までギャンブラーだった。しかし、ブロードウェイとハリウッド映画でさまざまな脇役を勝ちとる自制心はそなえていたし、人気のあるTVシリーズ「ザ・ルテナント」で主役も務めていた。印象的な体格に加え、当意即妙の機知と、画家としての意外な才能をそなえた彼は、カレッジを放逐された直後に映画のスタントマンとして働き口を見つけ、『スパルタカス』でちょっとのあいだ仕事をしてさえいた。もっとも、これまでキューブリックと口をきいたことはなかったが。打ち合わせの席でキューブリックは、自分はフットボールが大好きだとロックウッドに告げ、このゲームはなぜこれほど人気があるのだろうかと尋ねた。「チェスと暴力が組み合わさっているからでしょう」という答えが返ってきた。そのコメントに監督は大いに驚き、腹をかかえて笑った。

エルストリーで英国きっての俳優数人に囲まれていたものの、キューブリックは原則として北米人にこだわりたかった。そして比較的重要な役にふたりを選んでいた。ロンドンの舞台で無数の役をこなしたカナダ人、ロバート・ビーティが、月面基地の司令官ラルフ・ハルボーセンを演じることになった。大統領科学顧問で、アメリカ宇宙飛行学会議の議長であるヘイウッド・フロイド博士——映画の中盤をささえる重要な役柄——には、国外で働くカリフォルニア人のウィリアム・シルヴェスターが選ばれた。シルヴェスターは、第二次大戦直後からロンドンの舞台で引っ張りだこだった。ＢＢＣのラジオ・ドラマ「太陽面の影」――キューブリックが一九六一年に『ロリータ』を撮っているあいだ、彼の注意を捉えた作品――でも主役ふたりのうち片方を演じていた。

ほかに特記すべき役者には、端役だがロシア人科学者アンドレイ・スミスロフ博士を演じたイギリス人俳優レナード・ロシターがいた――彼はこの役をみごとに演じきったので、キューブリックは十年後に彼のもとへもどってきて、『バリー・リンドン』のジョン・クイン大尉役に起用した。別のロシア人科学者エレナ役――映画のなかで二、三行以上の台詞があるただひとりの成人女性――にキューブリックが選んだのは、実績のある舞台女優のマーガレット・タイザックだった。彼女が以前ロンドンの劇場で演じた役柄にはマクベス夫人が含まれていた。

キューブリックの英国の会社ホーク・フィルムズは、一九六三年に『博士の異常な愛情』のために設立されたものだった。同社は決定した配役の大半を一九六六年一月上旬に公表することになっていたのだが、ＭＧＭが九月にプレス・リリースを出して、デュリアが主役を演じると発表すると、監督は激怒した。その結果、二十五日に興奮した電信がキャラスに送られ、そのなかで監督は、その発表がホーク・フィルムズに知らされなかった理由を突き止めるよう副社長に要請した。このころには、キャラスはＭＧＭに対するキューブリックの特使も同然だった。ＭＧＭの首脳部はロサンジェルスではなく、もっぱらニューヨークを根城にしており、とりわけその宣伝部に中核があったからだ。その国内部門の責任者はダン・テレルだった。

翌日、キューブリックの腹立ちが増したあと、つぎの電信が送られた。「ボブ・オブライエンが配役を発表するのは、とんでもない越権行為だ。これではぼくが契約監督のように見える」と彼は不平を漏らした。「ダン・テレルにこのことをうまいこと伝えて、この点について方針を合わせるよう頼んでくれ。代わりに、こちらも配給についてオットー・プレミンジャーみたいな発表はしない」と（プレミンジャーは、四〇年代と五〇年代を通じてハリウッド屈指の監督だったが、いばり散らすので映画会社の重役のあいだでは悪名高かった）。そのメッセージは、むかしながらのハリウッド流のやり方——雇われ監督は指示にしたがうだけ——から、出現しつつある新たなパラダイムへの移行を如実に示していた。つまり、フリーランスの監督と製作会社が映画会社と配給について交渉し、前例のない水準の支配権を握る時代が来たのだ。

ほかのスタッフも契約が結ばれた。九月三十日にヴィクター・リンドン——英国の映画業界ではお洒落でよく知られていた男——が、サヴィルロー（一流紳士服の仕立屋の多い通り）のオートクチュール・デザイナー、ハーディ・エイミスが映画の衣裳を担当するとキャラスに知らせた。エリザベス女王のドレス・メーカーとして有名なエイミスは、彼自身が女王のようなものだったが、第二次大戦を通じてベルギーの特務作戦局の局長を務めており、血も涙もない暗殺の計画者という評判をとっていた。ナチとそのシンパの殺害を数えきれないほど成功させた責任者だったのだ。

著名な監督とファッション・デザイナーのほかの組み合わせ——ルイス・ブニュエルの『昼顔』でカトリーヌ・ドヌーヴがまとったイヴ・サンローランの衣裳が思い浮かぶ——ほどには有名ではないものの、エイミスと彼のデザイン・ディレクターのケン・フリートウッドは、『２００１年』のファッションを確立するのに重要な役割を果たすことになった。彼のシンプルで、すこし地味な男性の衣裳——風変わりな細部をそなえた、体にフィットする細身のスーツなど——は、それ自体に無用な注目を集めずに未来的に見えるようデザインされていた。女性の衣裳一式——宇宙ステーションの受付のバブルガム・ピンクの制服や、ビーハイヴヘア型の緩衝ヘッドギアをそなえた繭のようなスチュワーデスの衣裳など——はそれとはまた違っていた。

「われわれは三十三年先の時代をあつかっていた」とエイミスは一九八四年に回想している。「この時代を見通そうとして、わたしは三十三年前をふり返り、ファッションの世界になにが起きたかを調べた。驚いたことに、人が想像するほど大きな変化は起きていなかった。だから、二〇〇一年の服装が劇的に未来的になるという予想はしなかった。ミスター・キューブリックはこの考えを受け入れてくれた」

セット装飾家《デコレーター》のボブ・カートライトは、ニューヨークでトニー・マスターズとキューブリックに合流し、いまはボアハムウッドで働いていたが、あるとき監督との製作打ち合わせに参加した。その場では服飾における未来のトレンドや、その他の起こりそうな社会的変化が議論された。「ふつうの人々やふつうの生活に大きな変化が起きるというのが暗黙の前提だったが、わたしは懐疑的だった」と彼は記憶をよみがえらせる。「わたしの娘は動物に夢中だ、とそのときいった。娘が四十六歳になる二〇〇一年に、彼女に娘がいて、その子もペットを飼っているのはたしかだと思った。そういうことは変わらないのだ、と」カートライトは、ヘイウッド・フロイドが地球軌道から幼い娘に電話をかけ、娘が誕生日のプレゼントにペットをほしがっていると知る場面は、十中八九自分の意見を元にしているのだと信じている。

＊　＊　＊

九月十日、クラークはボアハムウッドを訪問し、「茫然として出てきた」と当時コロンボで彼のジェームズ・ボンドものパロディ映画のプリプロダクション終盤にさしかかっていたウィルスンに宛てた手紙に書いた。スタジオ最大のステージ3は、いまや五階上にある天井の梁から鎖で吊りさげられた仕掛けの下に浮かんでいる、なめらかに湾曲した長さ四十五メートル、幅九メートルの構造物に占拠されていた。キャットウォークと千ワット・フレネル・ライトの無数の列――すべてが下を向き、宇宙ステーションの天井にはめこまれた散乱ゼラチンを照らしている――をおさめた、この巣のようなパイプの集合体である構造物は、下のセットのなめらかな湾曲とぴたりと一致していた。

宇宙ステーション５のセット外観。

クラークはその図解を描き、スキー・ジャンプと比較した。「反対端の俳優たちは、体をかたむけて歩く方法を学ばなければならないだろう」それは重要なシーンですらない、と彼は述べている。「これはもはや五百万ドルの映画ではない。たぶん経理部はお手上げだろう。聞くところによると、一千万ドルはかかるという」

すべてのライトが煌々と輝いていると、セットの外観の視覚的インパクトは絶大だった。訪問者たちは側面から入場を許された。そこは直径二百三十メートルの車輪形をした宇宙ステーションの燦然と照らされた辺縁部ということになっていた。左右どちらかの端へ寄ると、奇妙な現象が生じた。調度と壁は、重力がこちら——つまり、すべての視覚的手がかりがそちらであるべきだと示している方向——へ働くはずだと示しているのに、じっさいは、あちらへ、目に見えないスタジオの床に向かって働くのだ。この光学vs重力のだまし絵は、カーブのどちらかの端に向かって、かたむきを大きくしながら歩くと、多少は耐えやすくなったものの、訪問者たちは方向転換するたびに心を乱すめまいを経験した。遠近感の切り替わりが大きすぎるし、ぐるぐるまわっているような感覚に襲われるのだ。信用できない床が吐き気をもよおすほどかたむいた気がして、多くの者が墜落を避けようと、あわててしゃがみこむはめになった。

「およそ六週間のうちに、物事は非常に刺激的になるはずだ」とクラークは言葉をつづけた。「撮影はいま十二月一日に予定されている。公開は六七年三月にずれた。もっとも、スタンはあいかわらず六六年だといっているが……あいにく彼には脚本を仕上げる時間がない（!!!）。だから、小説を完成させられない。したがって、わたしはそれを売れないし、いっぽうスコットは爪を噛んでいる。やれやれ」

撮影はそれよりさらにずれこみ、スコット・メレディスの爪は、ふたりが予想したよりはるかに長いあいだ、噛まれることになった。

＊
＊
＊

クラークの未来主義は、重要な点でロシアの宇宙飛行の先見者、コンスタンティン・ツィオルコフスキーの例の言葉によって形作られてきた——彼が短篇「ゆりかごから」で引用した言葉、「地球は人間のゆりかごだが、人類は永遠にゆりかごのなかにはいられない」だ。この思想は、このロケット工学者が一九一二年に発表したエッセイに記されていた。ロシア革命の五年前、ライト兄弟がキティー・ホークの砂浜で飛行機を飛ばしてから十年とたっていないころだ。この文章のなかで、ツィオルコフスキーは宇宙飛行のイデオロギー的基礎を築いたのだ。英国のSF作家オラフ・ステープルドンの作品にもまして、その宣言はクラークの世界観に影響をおよぼした。そのなかで地球は宇宙への踏み石にすぎなかった。

彼のもっとも影響力のある長篇『幼年期の終り』は、ツィオルコフスキーのコンセプトにそれとなく触れた題名がついている。同書のなかで、人類と認められる最後の世代は子供たちとの接触を失う。子供たちは集団的な透視と念動力《テレキネシス》の力を発揮しはじめる。強力な異星の支配種族、上帝《オーバーロード》の監督のもと、地球の子供たちは、数億の個々の精神から構成された単一の集団意識へと融合する。★「外見だけ見れば、彼女はいまだに、どう見ても赤ん坊でしかなかった」（福島正実訳）と子供たちのひとりについてクラークは書いている。「しかし、いまや彼女の周囲には、何か目に見えない妖気が感じられた。その恐ろしさに、ジーンはもう子供部屋に入っていくことにすら耐えられなかった」（同前）と。

製作が目前に迫り、ストーリーの重要な局面——もちろん、結末を含めて——を仕上げろというプレッシャーが高まっていた。作家と監督の両方から、アイディアが切れ目ない流れとなって湧きだしつづけた。「スタンリーからもうひとつの結末の提案」（伊藤典夫訳）と十月一日にクラークは書いている。「そういえば、昨夜彼の家に、彼の準備稿を置き忘れてきたことに気がつく。——無意識の拒絶か？」（同前）と。彼はボアハムウッドからそう遠くない弟の家の最上階にある自分の部屋にこもり、『２００１年宇宙の旅』のまた別の結末を書きはじめた。

現行の最終シーケンスは、ナレーションに大きく頼ったものだった。全知のナレーターによれば、地球外生命は、四百万年前に先史時代の人類に決定的な影響をあたえて以来、彼らなりに進化をとげてきた——「機械生命の時代」（同前）を通過し、「凍りついた光の格子のなかに思考を永遠に保存する」（同前）方法を学んだ。「物質の圧政」（同前）から逃れ、いまや「銀河系の覇者だった……しかし、神のごとき力を得たにもかかわらず、いまなお、祖先がはるかな昔に着手した実験の成果を見まもっている」（同前を一部改変）のだった。最後のページでは、ボーマンが土星（あるいは、目的地を元にもどせば、おそらく木星）軌道に浮かぶ「巨大な機械」のほうへポッドを飛ばすところが見られるはずだった。とはいえ、つぎに起きることは欲求不満になるほど不明瞭であり、ナレーターの最後の言葉は、あまり助けにならなかった——「測り知れぬほど短

い一瞬、空間はねじれ、反転した」（同前）

数日のうちに、作家は新しい結末をいくつか書きあげた。十月三日にキューブリックが電話をかけてきて、既存の結末について懸念を伝えた。どういう意味なのか、はっきりしない。あまりにも要領を得ないというのだ。クラークは最近思いついた選択肢をひととおり話した。すると「ひとつ、ピンと来たものがある――ボーマンが子供へ逆行し、結末では赤んぼうとなって軌道上に浮かぶという図。再度スタンリーから電話があり、依然として大乗り気。この楽観的見通しが錯覚でないことを願う。慎重に意欲がかきたてられているのを感じる」（同前）

キューブリックが賛成したのは、彼自身がツィオルコフスキーの宣言★★を高く評価していたことに原因がありそうだ。ほんの数週間後、〈ニューヨーク・ヘラルド・トリビューン〉からの質問に対するメモのなかで、彼はそれを引用した。クラークの新しい結末は、ほかにふたつの要素に促されたものかもしれない。ひとつはロバート・アードリーの『アフリカ創世記』――すでに映画の序章に絶大な影響をおよぼしていた本――のなかに複製されていた一枚のイラストだ。小さなペン画で、黒点で構成された点描画の虚空のようなもののなかで、これといった特徴のないほかの泡に囲まれて浮かんでいる、泡のような羊膜の袋にはいった胎児を描いていた。見た目はまさに宇宙空間に浮かんでいる未生の赤ん坊だ。

★　クラークのテレキネシスをそなえた野生の子供たちを彷彿とさせる表現として、レッド・ツェッペリンが一九七三年に発表したアルバム『聖なる館』のオーブリー・パウエルが手がけたカバーをあげておこう。同書の結末にじかにインスパイアされた作品だ。十人あまりの全裸の子供たちが、不気味なオレンジ色の空のもと、北アイルランドにあるジャイアンツ・コーズウェイの四角い大石を登っている。

★★　キューブリックは作家からじかにこの文章を聞いたのだろうが、すでに触れたように、彼がオプション権を取得したクラークの短篇のひとつ、「ゆりかごから」のなかで引用されていた。

第二の影響は――キューブリックがそのアイディアを受け入れたことを考えれば確実に――人間の胎児を撮影したスウェーデンの写真家レナート・ニルソンのすばらしいカラー写真だった。ほんの数カ月前〈ライフ〉に掲載されたものだ。同誌一九六五年四月三十日号の表紙は、イラストと合わせて、宇宙の暗黒に浮かんでいるように見える胎児を描いていた――もっとも、表向きは子宮という内宇宙だが、じつはニルソンの写真は、一枚を除いて、すべて「さまざまな医学的理由により外科手術で除去された」胎児を写したものだ、と本文に説明があった。ニルソンの作品は世界的なセンセーションを巻き起こした。監督の注意を惹いたことはまちがいない。

しばらくのあいだ、『2001年』のスター・チャイルドは、地球軌道を周回する核兵器を爆発させることになっていた――小説には残っているが、映画には残っていない場面だ。『博士の異常な愛情』の結末と似すぎていると判断されたのである。とにかく、試行錯誤をくり返していたので、クラーク自身は自分の新しいアイディアに最初は確信を持てなかったようだ。しかし、数日後に彼はこう書いた。「小説をあらためてじっくりと考える。まったくとつぜん（だと思う！）、なぜボーマンが結末で赤んぼうになるのか、そのロジカルな理由がひらめいた。これは成長段階における彼の自己イメージなのだ。おそらく宇宙意識にもユーモア感覚があるのだろう。電話をしてスタンリーにこうしたアイディアを話すが、あまり感心してくれない。だがわたしは浮き浮きしている」（伊藤典夫訳）

クラークのあと知恵的《ポスト・フェストゥム》な合理化をキューブリックがどう思ったにしろ、彼の最初の熱狂は冷めなかった。結末が決まったのだった。

＊　＊　＊

キューブリックのマネージメントに関する方法論は、平等主義であると同時に階級主義でもあった。もちろん、彼はボスだが、その門戸は、表向きの順位にかかわらず、身近な共作者たちの前につねに開かれていた。とりわけ、気楽につきあえる者がいれば、昼夜を問わずその人物を共鳴板として使い、公式な役割以外の案件について彼の意見（かならずといっていいほど男性だった）を求めるのだった。キューブリックは概して気さくな人間であり、とりわけ若手アシスタントたちの下半身事情を――ときには好奇心丸出しで――からかうのが好きだった。そのころ、できたてのM1高速道路でボアハムウッドから直通のスウィンギング・ロンドンでは、セックス革命が展開していたのである。

それでも、部下のひとりが出しゃばって話に割りこんだり、下っ端の従業員が定められた職場の外で勝手に働いているのに気づいたときには――とりわけ、彼自身が主導して行われたのでなければ――かならずしも上機嫌とはいかなかった。

ダグ・トランブルは、しだいに自信を深めていた。最近は月の地形の大きな模型を造る実験をしており、大きな月面の模型に水をかけて洗い、高いキャットウォークに登って、さまざまな大きさの石をその上に落とすという効果的な方法を編みだしていた。こうすると、濡れた粘土に説得力のあるクレーターが生みだされるのだ。彼はこのすべてに惜しみない支援を受けており、すでに監督の家のディナーに招かれていた（キューブリックは最終的にもっとギザギザした風景を使うことにしたものの、一九六八年にアポロ宇宙飛行士たちが月まで飛びはじめたとき、彼らがじっさいに目にしたものは、トランブルのゆるやかに起伏する地面のほうに近いと判明した）。

要するに、彼は増長していたのだ。彼にまかされていたもうひとつの事案が、眠れる宇宙飛行士たちひとりひとりの頭上に設置された健康状態スクリーン用のアニメーションを作ることだった。層状に重なった六本の水平の波形が、心拍数や肺の機能を示すわけだ。製作中のほかの者たちと同じように、彼は二転三転する脚本のせいで定期的に直しを受けていた。それぞれが新しい日付を記載されて、異なる色の紙に印刷されていた。トランブルはこれを念入りに読み、あることに気づいた。プールとボーマンがスター・ゲートへはいり、蘇生したほかの乗員はディスカバリー号に残るというものから、プールは殺され、ボーマンだけが映画の最後の旅に出るというものにストーリーが進化していたのだ。じっさい、最新の草稿では、残りの乗員は冷凍睡眠装置に閉じこめられたままらしい。生きているが、生命停止状態のままであり、したがってストーリーがどう転ぶにしろ、なんの役割も果たさない。これではほったらかしも同然だ、と彼は思った。

ある結論に達して、十月十一日をはさむ週の早いうちに、トランブルは時機を見計らい、53号棟の東端にある自分のオフィスから廊下を歩き、キューブリックの奥の院に姿を現した。監督がふだんよりうわの空ではないのを確認し、アニメーション作業の進捗状況をおざなりに報告したあと、トランブルは要点を切りだした。

「スタンリー、プールとボーマンがスター・ゲートにはいるはずだった状況が変化したという脚本をもらいました」と彼はいった。「いまはボーマンだけ、彼ひとりだけが、この旅のようなものに出るわけです。ほかの連中を船に残しておくのは混乱の元じゃないでしょうか？　連中を退場させる方法がなにかあるんじゃないでしょうか？　連中をほったらかしておいたら、このストーリーはうまくいかないと思います」

トランブルの話が進むうちに、彼の出しゃばりに対する反感をキューブリックは募らせていった。とうとう監督がデスクの向こう側で立ちあがり、ドアを指さした。「トランブル、わたしのオフィスからとっとと出ていけ。自分のろくでもない仕事に集中しろ」と腹を立てたとき使う氷のように冷たい声で彼はいった。「わたしがこの映画の監督だ」

「わかりました、いますぐ出ていきます」トランブルは這々《ほうほう》の体《てい》で退散した。

そのとき彼らは対決寸前まで行ったわけだが、そのあとトランブルはくよくよしなかった。ちょっと生意気だったとしても、それがどうした？　よかれと思ってしたことだし、プロジェクトのためだった。それどころか、十月十五日にトニー・フリューインが新しい脚本の直しを製作陣の中核グループに配ったのだ。クラークが日誌に記したように、「スタンリーの判断で、ディスカバリー号のクルーは皆殺しと決まり、ボーマンだけが生き残ることになる。手荒だが、納得は行く。そもそもオデュッセウスも唯一の生存者だったのだから……」（伊藤典夫訳）

＊　＊　＊

一九六六年十一月中旬には、宇宙服を着られるようになり、シェパートンの広大なティコ磁気異常《マグネティック・アノマリー》1号のセット――不便なことに、ボアハムウッドとはロンドン市街をはさんで反対側に当たる、はるかかなたに位置していた――で撮影をはじめる準備が着々と進んでいたが、キューブリックは『２００1年』の撮影開始日を遅らせつづけた。いまでは、プリプロダクションの時期を通じて深くかかわってきたセット装飾家のボブ・カートライトが、デザイン案件に関する監督の専用アシスタントのようなものになっていた。事実上、これは彼がメッセージや図解をたずさえて、53号棟とトニー・マスターズとハリー・ラングとのあいだを果てしなく往復することを意味した。彼らのスタジオは、不規則に広がったボアハムウッド複合施設のはるか奥のほうにあった。好きこのんでこうなったわけではなく、カートライトは本来の仕事――セットの手配と装飾――が、結果的におろそかになっていると感じていた。キューブリックの遅延戦術にもしだいにいらだちを募らせていた。

「撮影の日取りが十五日の金曜日に決まったら、その日には準備ができていなければならない、とわたしは映画界でたたきこまれた」とカートライトは回想する。「スタンリーの場合はそうじゃなかった。スタンリーには絶大な権限があったから、『心配するな』といって、三週間も遅らせることができた。それでわたしの神経はすり減った」と。物事の正しいやり方に関する自分の見解が無視されたと感じたジェントルマンと同様に、カートライトはいらだちはじめた。キューブリックからの電話で早朝に起こされること――これもまたジェントルマンとの摩擦の原因――にもうんざりしていた。そして十一月初旬のある日、ついに堪忍袋の緒が切れた。「スタンリー、あんたはぼくの話に耳を貸さない」と彼はいった。「どうしたら耳を貸してもらえる？」キューブリックが驚いたことに、カートライトは監督のデスクの上によじ登り、逆立ちをはじめた。「耳を貸せ、スタンリー」いまや逆立ちして、ほんの数十センチの距離で監督と顔を突きあわせているカートライトがいった。「あんたが今日決めなかったら、撮影開始をキャンセルしなくちゃならなくなる」

キューブリックはこの椿事《ちんじ》のあらましをまもなくマスターズに伝えた。マスターズはあいだに立たなければならないと感じた。「なあ、きみは混乱してるんだろう？」とデザイナーは同僚に尋ねた。カートライトの説明によれば、彼はキューブリックの注意を惹くことができずにいる。それは重要なセットの部品を作れないということだ――なにもかも分解して、シェパートンへ輸送しなければならないことを考えれば、すでにじゅうぶんむずかしい状況だ――こんどはスケジュールどおりに撮影を開始できないということになる。とはいえ、マスターズの調停は事態の改善にはつながらず、キューブリックとのつぎの打ち合わせのあいだ、カートライトは逆立ちしなかったものの、腹立ちがおさまったわけではなかった。「もうだめです」と彼はいった。「こんなことがつづけば、辞めて、出ていくしかない」

「そんな真似はさせない」と監督が抗議した。

「いいでしょう、五週間か六週間の猶予期間をあげます」とカートライト。

「いや、それではうまくいかない」とキューブリックは答えた。「いまここで丸くおさめられるはずだ」

我慢の限界に達していたカートライトは拒否した。「そのあと、彼はとても不機嫌だった」とカートライトは回想する。「二度と映画の仕事をできなくしてやる、と彼はいった。彼の憤懣は理解できる。わたしが降参するのは公正ではなかった。本当は最後まで我慢するべきだった。でも、緊張がますます高まるのが感じられたんだ。ほら、なにも終えられない状態になると、なにもできなくなるだろう」

　脅迫したにもかかわらず、十年後、キューブリックは『バリー・リンドン』のセット装飾家の地位をカートライトに提供しようとした――信頼の厚さの表れだ。「ノーというしかなかった」とカートライトは回想する。「彼は『そうか、どうしてる?』といった。『映画の仕事はしてません。大きな家を改修しています』と答えた。手がふさがっていなかったら、その仕事をしに行ったかもしれない。ケン・アダムがその仕事をして、本当に神経衰弱にかかった。けっして……」彼は口ごもった。

「すごく気むずかしい男だ、スタンリーは。卑劣なわけじゃない。わたしは締め切りを守って働くのに慣れていた……スタンリーは締め切りなんかどこ吹く風だった」

＊　＊　＊

　十一月の末に、キューブリックは製作の開始をまたしても遅らせた。こんどは十二月初旬から下旬へ――本当にギリギリだった。ステージHは分解して、一週間以内につぎの作品に明け渡さなければならないのだから。彼は典型的な几帳面さを発揮して、英国諸島のさまざまな海岸からボアハムウッドへ多種多様な砂を運ぶよう命じたが、どれも色が正しくないように思われたので、八十四立方メートルの微細な砂が暗めの灰白色に染められた――じっさいに、九十トンの砂がそのあとシェパートンへトラックで運ばれ、ステージHに降ろされると、丹念に熊手でならされ、縦三十六メートル、横十八メートルの月面発掘現場のまわりに広げられた。その基部はステージの床だった。月面は九メートル上に建造された長方形のプラットホームで表された。そして補強された壁からのびる二本の幅広い金網斜路伝いに出入りできた。

マスターズの提案にしたがって、高さ三・三メートルの黒い硬木のモノリスが用意されていた。さんざん議論を重ねたあと、その縦・横・厚さの比率は最初の三つの整数の二乗、つまり1：4：9に定められていた——マスターズがパースペックスの見本市を訪ねた直後に算出された確固たる論理的公式だ。その後、モノリスの組み立てラインのようなものが、MGMの発電所の真裏にある大道具の工房に設置された。さまざまな種類の木材が試された。グラファイトが艶消しの黒いペンキと混ぜられ、スプレーされた。上塗りを何度も重ねると、それは黒光りする金属表面の光沢を生みだした。最終的に、およそ十四個が作られたが、マスターズは作る端から投げ捨てるはめになった。些細な欠点があるせいで、強力なほど不可解で完璧という望ましい雰囲気がだいなしになってしまうからだ。

ようやく合格したもの——ザ・モノリス——さえ、監督の批判を免れなかった。形と仕上げは非の打ちどころがなかったものの、ほこりについた指紋が表面にくっきりと見えるときがあったのだ。「彼はこんな風に立ちあがって」とマスターズが実演しながらいった。「それから『指紋がついているのが見える』というんだ。『そりゃあ見えるだろうよ、スタンリー、あれをどうにかできるかどうかわからない』すると彼が『まあ、外宇宙から来たものに指紋がつくわけがない。あれをあつかう者はみんな手袋をはめなくちゃいけないし、だれもそばに寄っちゃいけない——そうすれば指紋はつかないだろう』といったんだ」

物事をさらに複雑にしたのは、シェパートンへの移送中、モノリスが静電気を帯びたことだった。セットの粉末状の月の表土にさらされると、「ドサッと音がして、それは塵で覆われてしまった」とマスターズは回想する。「空気を噴射して、そのしろものから塵を払わなくちゃならなかった。それから照明を当て、三時間か四時間たつと、わたしは爪を嚙んでいたものだ。なぜかというと、熱くなればなるほど、表面にそってわずかなこぶができはじめるのが見えるからだ。『ああ、ちくしょう！　スタンリーも気づくだろうか』って気をもむわけだ。たまたま電気技師が通りかかって、手を当てようものなら——『撮影をやめろ！　塗装工房にもどしてスプレーのやり直しだ！』いったいどうやってそのしろものを守ったか、とうてい信じられないよ」

モノリスがシェパートンで所定の位置につき、セットの準備はととのった。ラングの宇宙服が届いて、付属品がとりつけられ、俳優全員の署名が契約書の上で乾き、つぎの撮影スケジュールが目前に迫っているにもかかわらず、キューブリックは最後の最後まで粘った。それから彼は宣言した。「さあ、とりかかろう」

製作《プロダクション》がはじまった。

第6章 製作《プロダクション》 1965年12月〜1966年7月

「自分のエゴで良いアイディアをつぶしてはいけない」

――スタンリー・キューブリック

『2001年宇宙の旅』の製作が始まったのは一九六五年十二月三十日、場所は月面の南部に位置するよく目立つクレーター、ティコの内部にある深さ九メートルの掘削場で、ここは地球が常に月の地平線上に低くかかっていて映画の撮影には好都合だった。実際には、それはシェパートンにあるステージHのコンクリート製の床に三十六×十八メートルの方形に組み上げられたフレット付き鋼板だった。ティコ磁気異常《マグネティック・アノマリー》のセット（キューブリックやクラークたちはTMA・1と呼んでいた）は、人類が初めて発見した異星人の人工物がある場所で、イギリス国内のスタジオの屋根の下にぎりぎりおさまるほどの大きさがあった。キューブリックがクラークに手紙を書いて「語り草になるようないいSF映画」（伊藤典夫訳）を作ろうと提案してから二十一カ月がたっていた。★

製作準備《プリプロダクション》から実際の製作への移行の重大さはいくらおおげさに言っても足りない。プリプロダクションは野心にあふれた観念的なものだ。映画製作者が自分が作りたい作品の理想的なヴィジョンを提示し、それを実現するために金銭面であれ物資面であれ構想面であれ可能なかぎり最高の条件をととのえる。適切なスタッフ、適切な機材、適切なスケジュール。戦争の準備と似ていないこともない。

製作とはこうした野心の何パーセントくらいを実現できるかを知る過程だ。ここから本格的にものごとが始まる。軍事歴史学者なら知っていることだが、どんなに用意周到に計画された攻撃作戦でも始まったとたんに当初の目標からずれていく。ボクサーのマイク・タイソンが言ったように、だれでも顔にパンチをくらうまでは計画をもっているのだ。それでも、当初の野心のそれなりのパーセンテージを達成できれば、かなりの頻度で並よりはだいぶましなものを生み出すことができる。

本人は認めていないかもしれないが、キューブリックの野心はそれよりもずっと大きかった。見たところ現場は混乱していた――影響の大きいプロットやコンセプトの差し替え、どたんばでのデザインの変更、いつまでも決まらない細部の演出方針――にもかかわらず、彼はプリプロダクションの段階でメジャー映画会社の潤沢なリソースを完全に我が物にしていた。その背景には莫大な予算があり、経理部のほうから求められていた詳細な見直しをおこなった場合、さらに増える可能性があった。

キューブリックの人材スカウトには非の打ち所がなかった。彼はたぐいまれなる才能と能力をもつチームを周囲に配置していた。映画会社のボスであるロバート・オブライエンは常に惜しみない支援をしてくれた。撮影監督のジェフリー・アンスワースはその分野ではトップクラスの人材だった。それ以外のスタッフについてもだいたい同じことが言えた。しかも、アーサー・C・クラークというワールドクラスの知的な対話相手が、いつまでも続くストーリーの改善という現実を受け入れてくれていた。ただし、ふたりのせいいっぱいの努力にもかかわらず、それはまったく終わっていなかった。セットはどれも完成していて、幅が広い65ミリのフィ

★　製作開始は一般的に十二月二十九日とされているが、その日はカメラリハーサルとライティングに費やされ、撮影はなかった。

ルムはとっくにパナビジョンカメラのマガジンに装塡されていたにもかかわらず。

たとえ映画を作るたびにみずからの過去のヴィジョンの反復ではなくもっと上を目指す傾向があったとしても――絶えず労力と野心の向上が要求されるプロセスは、ときにはスタッフの正気を犠牲にする――キューブリックはすでに当初の目標をはるかに超えるものを実現できるだけの条件を勝ち取っていた。彼がこのとき追求していたのは「人類の起源と運命」を見渡す映画だった――彼は掲載されなかった〈ライフ〉用の草稿の中でクラークがそれを明言することを許していなかった。

『２００１年宇宙の旅』の製作初日に現場にいた人びとはみな、その興奮をなによりもよく伝えるひとつの光景について口にする。キューブリックが重さ十キロのパナビジョンを肩にかつぎ、眼下のモノリスへむかって斜路をくだる宇宙服姿の月面歩行者たちを背後からフィルムにおさめたのだ。助監督のデレク・クラックネルはバッテリのケースを引きずってそのかたわらについていた。カメラオペレータのケルヴィン・パイクは反対側につき、フォーカスと絞りを監視していた。それはキューブリックが現場でいかにして陣頭指揮をとるかを見せつけるこのうえなく鮮烈なデモンストレーションであると同時に、チェスのゲームにおける初手とよく似ていた。

ロジャー・キャラスの年若いアシスタント、アイヴァー・パウエルは、その瞬間のことを鮮明におぼえていた。「パナビジョンだったし、すごいセットだったし、キューブリックがこのカメラをかついで撮影するのを見たら、それだけで興奮させられた」彼が特に衝撃を受けたのはハリー・ラングによる宇宙服のヘルメットだった。「いや、ほんとにすばらしかった。背筋がぞくぞくしたよ。すごくきれいで、いまだにあれを超えるものはないね」

実際には、キューブリックによる手持ち撮影がおこなわれたのは二日目のことだった――十二月三十一日の金曜日、新年の前日だ。そのショットは完成フィルムでも採用され、謎の長方形の物体にむかってくだる宇宙

シェパートンで重いパナビジョンカメラを肩にかついだキューブリック。

飛行士たちに交じって歩く主観的な一人称の感覚が付与された。前日の三十日は、ハイアングルから全体をとらえた映像の撮影に費やされていた。そのときは高い足場も使われ、フレームの中心で明るく照らされたティコ磁気異常の掘削場の周囲にはからっぽの黒い空間がたくさん残されていた。

『２００１年宇宙の旅』のメインユニットが最初にフィルムにおさめたのは、こうしたシンプルで、強く想像力をかき立てる、舞台設定用のマスターショット（全体を見せる基本ショット）だった。そこでは、銀色の宇宙服に身を包んだ六名の宇宙飛行士たちが掘削場のへりまで歩いてきて立ち止まり、中央に見えるモノリスをながめる。初日の撮影では、その立ち止まっているときに基地司令官のハルボーセンと宇宙局のフロイドとの短いやりとりがはさまっていた。

「そら、あったぞ」

「降りて近づいてかまわないか？」

「もちろん！」

台詞が陳腐だと気づいたのか、キューブリックは一月二日にその状況説明のショットを撮り直してだれも言葉をかわすことがないようにした。それらのテイクでは――ひとつが完成フィルムでも使われた――宇宙飛行士たちはただ足を止めて無言でモノリスを見下ろしている。このとき撮影されたフィルムは、現像のために大急ぎでラボへ届けられたりはせず、ＭＧＭの低温貯蔵庫へ運ばれて〝保管テイク〟となった。いずれ視覚効果チームが、セットの明るく照らされた中心部分のまわりの黒いエリアをごつごつした月面の風景で埋めて、星空には青と白の地球を浮かべることになる。

キューブリックは視覚効果チームのふたりのウォーリー――ウォーリー・ジェントルマンとウォーリー・ヴィーヴァーズ――といっしょに練り上げた作業工程に大きな信頼を置いていたので、のちに月面の風景を追加する必要があるショットについては、それぞれ二テイクずつしか保管しなかった。これでまちがいはほとんど許されなくなった。ミスをしたからあとでやり直そうとしても、セットはとっくに解体されているからどうしようもない。しかもこの撮影は製作のごく早い段階だったので、特殊効果の必要なシェパートンのショットは、現像されないまま二年近くも低温貯蔵庫で棚上げされ、その後にアニメーション撮影台で周囲の月面の地形が追加されることになる。貴重な第一世代の撮影ネガであれば、通常はただちに現像がおこなわれるが、それとはまったくちがってリスクが大きい。始まったばかりの仕事の複雑さをしめす最初の実例として、度胸と幸運の両方を求められる工程なのだ。

二十九日のティコ磁気異常のリハーサルに先立ち、セカンドユニットのシーンも数多く撮影された（映画製作では、メインあるいはファーストユニットが監督の直接の指揮のもとで撮影をおこなうのに対し、セカンドユニットは監督がその場にいる必要のないショットあるいはシーンを担当するのが一般的だ）。『２００１年宇宙の旅』のほとんどは65ミリフィルムで撮影されたが、このクリスマスの直前に撮影された素材については、通常の35ミリフィルムが使われ、のちにセットのいろいろな場所に組み込まれたスクリーンで流されることになっていた。テレビ番組やそのほかのビデオコンテンツを模倣するのが狙いなのだ。シェパートン以前に収録されたシーンの中には、入国審査の若い女性、柔道の試合、いかにも未来的な槍のような形をしたゼネラルモーターズ社のコンセプトカーの車内でおしゃべりをする若いカップルも含まれていた。この三つはすべて完成フィルムで見ることができる。最後の映像は、宇宙ステーションへむかうパンナムのシャトル内で居眠りをしているヘイウッド・フロイドのすぐまえの座席に設置されているフラットスクリーンにちらっと短く表示されている。

というわけで、ほんとうに厳密に言うなら、『２００1年宇宙の旅』の製作は一九六五年十二月十七日にセカンドユニットの35ミリフィルムによる撮影で始まったことになる。その日にはすでに、宇宙時代に対してより楽観的な見方をするクラークとは微妙に異なるスタンスをとるキューブリックによって書かれた台詞が登場している。赤煉瓦色の制服を着た若い女性が宇宙ステーションへの訪問者を〝声紋認証〟によって出迎える。自動化された入場口を通過するために必要な手順について説明しながら、女性はこう続ける——

安全面の記録は申し分ありませんし常に向上を続けていますが、宇宙旅行ときわめて高コストのペイロードには固有のリスクがあります。このため、スペース・キャリアー社としては、あなたが月あるいは月へむかう途中で亡くなった場合、遺体を責任をもって地球へ戻すことはできないと忠告せざるを得ません。しかし、そのような不測の事態に対応できる保険を中央ラウンジにてご案内しております。ありがとうございます。あなたは声紋認証をパスしました。

この映画の台本にあった多くの台詞と同じように、これも完成フィルムまで残ることはなかった。

＊　＊　＊

防音設備がなかったので厳密にはサウンドステージとは言えなかったが、シェパートンの現場は独自の生態系を内包するほどの広さがあった。フラッドライトで照らされたカメラリハーサルではハエがぶんぶん飛び交っていた。一月一日の撮影中に、キューブリックは一匹のハエがヘルメットにとまったのに気づいて、スクリプト〝ガール〟（実際にはパメラ・カールトンというおとなの女性）に注意をうながした。そのできごとはスクリプト日誌にきちんと記録された――映画のそれぞれのシーンをなめらかにつなげるのに役立つ文書だ。別の日には、一匹のコウモリが宇宙飛行士たちのあいだやモノリスのそばをひらひらと飛び続けた。月のハエを追いかけていたにちがいないコウモリは、逆に網を持った小道具係によって狩り立てられた。撮影を午前中いっぱい止めたあとでようやくとらえられると、コウモリは自分を悩ませた相手の手にかみついて流血させてから、外へ連れ出されて極寒の大気の中へ放された。高額な費用をかけて鳴り物入りで現場に導入された〝磁気誘導〟通信システムは、キューブリックと宇宙服を着た俳優たちとの双方向通信を可能にしてくれるはずだった。そのプレスリリースにまことにふさわしく、システムは広告どおりには機能しなかった。

こうした問題はあったものの、撮影は予定よりも早く一月二日に終了した。理由のひとつとして、直前になって大量の台詞がカットされて別のシーンに差し替えられたことがあげられる――ムーンバスで月基地からティコの掘削場へむかうシーンだ。十一月末の脚本の草稿では、宇宙飛行士たちがモノリスのまえでその目的に関して議論をするシーンがあり、それがもうじき四百万年ぶりに太陽の光を浴びることも明確にされていた。物体の色について質問されて、ひとりはこうこたえていた。「ぱっと見たところ、黒い色はこれが日光で作動する装置だということを暗示している。だが、なぜ日光で作動する装置をわざわざ埋めたりするんだ？」この台詞があることで、そのシーンの最後にモノリスが「耳をつんざく強烈な電子的絶叫を立て続けに五度」発した理由がはっきりする――来訪者たちがヘルメットの下の手が届かない耳をふさごうとして苦しむことになる、あの音だ。しかしキューブリックは、この時点ですでに計算されたあいまいさを映画に持ち込むつもりでいたらしく、ストーリーのこの部分は映像と音のきっかけだけで伝えることを選んだのだ。

劇映画は順番どおりには撮影されないのがふつうであり、そのあとの数日間は月へむかうフロイドを描いた一連のシーンが撮影された。シェパートンのハエやコウモリをあとにして、俳優、技術者、メイクアップ係、衣装担当者、特機《グリップ》、電気工、セット装飾係、視覚効果チーム、記録係からなる一行は、ボアハムウッドにあるステージ2のより清潔な環境へ戻った。そこには丸っこいアリエス月シャトルの、きっちりパッドが入った円形の乗客エリアのセットが組み上げられていた。ハーディ・エイミスのデザインしたパンナムの白い制服に身を包んだスチュワーデスは居眠りをしているヘイウッド・フロイドのところへ食事を運ぼうとし、一月四日の一連のテイクでは、エド・ビショップ演じるアリエスの船長がこのＶＩＰ待遇の乗客から情報を引き出そうとする。「クラビウスでなにかトラブルが起きているという噂」が広まっていると、船長は目的地である月基地について語る。そのあいだに、シャーベット状の流動食が入ったフロイドの長方形のトレイが無重力の中で膝から浮き上がる──ウォーリー・ヴィーヴァーズが考案した単純だが効果的な釣り糸による特殊効果だ。

船長は知らないふりをしているシルヴェスターに礼儀正しく返答を断られる。もしもこれが映画で使われていたら、同じ月のもっとあとになって撮影されるが映画の中ではもっと早く登場する宇宙ステーションのシーンで、ふたりの台詞は明示されたストーリーの要素をいっそう発展させていただろう。翌日の一月五日には、この映画では数少ないあからさまにユーモラスな場面のひとつが撮影された。ひどくまじめな顔をしたヘイウッド・フロイドが、無重力トイレの説明書き（〝かならず使用まえにお読みください〟）を熱心に読んでいて、十項目すべてがまちがいのないようトイレの外側に掲示されているのだ。

＊　＊　＊

一月六日の朝、ヴィヴィアンはひどくそわそわしていた。パパに頼まれたことをするために、袖にフリルのついた新品の赤いブラウスを着ていたのに、光はすごくまぶしいし――どうしてあんなにすっごくまぶしくなくちゃいけないの？――パパはこっちのヴィヴィアンのそばじゃなくて、あっちのカメラのそばにいた。それにあの男の人がヴィヴィアンの頭の上に大きなものを突き出していて――彼女ががんばっておぼえた言葉を記録するんだと言われた――なぜかはわからないけれど、それは聞くもののはずなのに〝ブーム《どっかん》〟と呼ばれていた。なにもかもわけがわからなかった。姉のアーニャからはへんなことをするよとおどかされていた。アーニャはまえの日にこれをすませていたのだ。ママが近くをうろうろしていて、ときどき声をかけて励ましてくれたし、みんなとても親切でやさしかったけど、そういうおかしな男の人たちはそこら中にいて、おかしな道具でおかしなことをしていた。

　すでに三つの〝テイク〟が終わっていて、ヴィヴィアンの見たかぎりでは、だれもなにも取《テイク》ってはいなかったのに、みんなはこれが四つ目になるのだと言っていた。最初のときは途中でパパがとても小さな声で「カット」と言ったけれど、見たところだれもなにも切《カット》ったりはせず、パパはヴィヴィアンに横を向かずにまっすぐわたしのほうを見なさいと言った。パパがすわっている場所は、カメラのすぐとなりで、光がそこら中から目に飛び込んでくるから、パパのことはあんまりよく見えなかったのだ。準備はいいかいときかれたので、ヴィヴィアンがいいよと言うと、また同じことが始まった。まずだれかが「ターン・オーバー」と言うのが聞こえて、次に別のだれかが「ターニング」と言った。それから最初の人が「全員、静かに！」と言ってから「ロール・サウンド」と続けて、また別のだれかが「スピード」と言った。そのあと、四人目の人があげたりさげたりできる棒が上についた小さな長方形の黒板を手にヴィヴィアンに近づいてきて、その棒をあげてからさげて――カチンという小さな音がした――すぐに大急ぎで離れていったかと思うと、パパが呼びかけてきた。「ハロー、スイートハート、元気かい？」

ヴィヴィアンはちょっと間をおいて、返事を思い出そうとした。ようやく「元気よ」とこたえたが、そのときにはもうパパがなにか言いかけてしまっていた。そこでパパが「すまない、やり直そう」と言って、みんなは言われたとおりにして、このときはカットもテイクもなかった。「ジリリーン」パパが電話のまねをして言った。「はい」ヴィヴィアンは言った。「ハロー」パパは言った。そこからふたりのやりとりが始まった。

ヴィヴィアンは言葉をぜんぶおぼえていたのだが、レイチェルがトイレに行っているとこたえるところまで——レイチェルというのはほんとうのハウスキーパーの名前だ——そのあとになんと言うのかは忘れてしまった。そこでパパが言った。「ちがうよ、スイートハート、おまえがわたしに質問するんだ、誕生日のパーティに帰ってきてくれるのかって」ヴィヴィアンがとても小さな声でそう言うと、パパは言った。「もう一度やろう。いいかい、パーティは明日で、そのことをわたしに言うんだ、大きな声で」そこでヴィヴィアンはたずねた、帰ってきてくれるの？　するとパパは、ごめんよ、帰れない、いまは旅行中で、あと一年——そんなに長く！——は家に戻れないが、プレゼントは送るよと告げた。パパがなにか欲しいものはあるかとたずね、ヴィヴィアンは考えても思い出せなかったので「電話」とこたえた。するとパパはとても辛抱強く「〝おサルさん〟と言うんだよ」と言った。ヴィヴィアンがまた忘れたらいけないと思って、早口ですぐに「おサルさん」とこたえると、パパは「わたしがもう一度質問してからだよ」と言った。ヴィヴィアンは質問を聞いてからその言葉を繰り返したが、パパは「もう一度言って。でも今度はわたしがしゃべり終わってからだよ」と言った。ヴィヴィアンが言われたとおりにすると、それで大丈夫だった。

ヴィヴィアンが立ち上がって「バイバイ」と言うと、パパは「バイバイ」とこたえ、それからまた「カット」と言って——でも今度は「カット」だけではなく「カット、プリント」だった——それがすむと、全員が拍手をして、パパが近づいてきてヴィヴィアンを抱き締め、とても良かったよ、おまえを誇りに思うよと言い、ママはやっぱりヴィヴィアンを抱き締めてから家へ連れて帰ってくれた。

＊　＊　＊

一月十日の月曜日、アイヴァー・パウエルは、その日の午後に遠洋定期船ユナイテッド・ステーツでサウサンプトンの埠頭に到着したキア・デュリアを迎えにいくことになった。キューブリックや共演者のゲイリー・ロックウッドと同じように、デュリアも飛行機が苦手だった。過去に例がないほどの説得力をもって宇宙探査を描いたこの映画は、船長もクルーも地上派の人びとだったのだ。

パウエルは土曜日に母親が亡くなったばかりでまだ動揺していたが、いずれにしても自分のつとめは果たさなければならなかった。デュリアを出迎えたあと――顎のがっしりした、さすがにハンサムな男で、よく目立つ青い目をしていた――ふたりで彼のメルセデス２５０ＳＬが巨大な船の貨物室から吊り上げられて埠頭におろされるのを見守った。デュリアはほんの一年ほどまえにイングランドを訪れて、オットー・プレミンジャー監督のサイコスリラー映画『バニー・レークは行方不明』の仕事にたずさわっていたが、それはゲルマン民族の暴君に怒鳴りまくられる悪夢のような経験だった。デュリアは今回はもっとちがった経験ができると大きな期待をいだいていた。二十九歳のデュリアはまだまだ新進俳優だったが、七歳下のパウエルにとっては、すばらしく魅力にあふれた正真正銘の映画スターであり、二人乗りのスポーツカーで到着した姿は、まるでジェームズ・ディーンを迎えたような興奮をもたらしたのだった。すぐにわかったことだが、デュリアには少しも高慢なところがなかった。それどころか、おおらかで愛想がよくて、パウエルが母を亡くしたと聞くと心から同情してくれたので、メルセデスで街へむかうあいだに、ふたりはすっかり意気投合した。

ロックウッドはそれより数週間まえにロンドンに到着し、その後はローマとパリを遊び歩いていた。同行していたジェーン・フォンダは、一九六〇年にブロードウェイで上演された『ゼア・ワズ・ア・リトル・ガール』でロックウッドが彼女の助演をつとめて以来の友人だった。ロンドンには六日に戻り、ショーン・コネリーの妻で女優のダイアン・シレントからベイズウォーターにあるアパートメントをまた貸ししてもらった。一月の第二週からは、どちらの俳優もボアハムウッドにかよって、衣装合わせをおこなったり三十代なかばに見えるようにメイクアップテストを受けたりしていた。ふたりの最初の撮影日は三十一日に予定されていた。

映画の広報主任のアシスタントとして、パウエルはデュリアやロックウッドと多くの時間を過ごした。気取らない付き合いで、ジョークとパーティならいつでもこいだったが、これはすぐに役に立つことになった。キューブリックとジェフリー・アンスワースのカメラワークが挑戦的だったせいで、カメラのセットアップのあいだにたっぷりと自由時間があり、それが数時間どころか数日におよぶことがあったからだ。ふたりとも結婚していたが――キアは女優のマーゴット・ベネットと、ゲイリーはステファニー・パワーズと――当時はスウィンギング・ロンドンがピークに達し、都市は戦後の暗い無気力を脱して流行と性の解放とロックンロールの中心地となっていた。国際的に評価された監督が多額の予算をかけて製作する映画に出演するイケメン俳優ということで、ふたりには強烈なセックスアピールがあり、当人たちもそれを自覚していて、その機に乗じることにやぶさかではなかった。

しかしながら、ふたりはプロであり、自分の台詞をおぼえる方法を知っていた――たとえそれが、その日の朝に五度目の修正がほどこされたばかりの台本だったとしても。いっぽう、MGMの中央管理棟の裏手にあるホーク・フィルムズの本社から歩いてすぐのステージ2では、キューブリックが北米出身でイギリスで活躍する中年の俳優たちについては必ずしも同じことが言えないのだと実感していた。

ムーンバスのセットは、外から見ると、ダグラス・トランブルが細部を付け加えた月面輸送機のミニチュアとはあまり似ていなくて、遊園地にある妙な形をしたホットドッグ・スタンドのようだった。機首が長く突き出した、窓がいくつもある長方形の木の箱が、撮影用のライトに囲まれていた。しかし、パッドの入った壁、航空機の座席、詰め込まれた機材、天井に埋め込まれた照明と、内装のほうはいかにもそれらしかった。共同プロデューサーのヴィクター・リンドンは、そこでごく簡単な撮影を一月十二日からの二日間で片付けるスケジュールを組んでいた。ティコ磁気異常のシーンにあった台詞がここに追加されて、ヘイウッド・フロイドのクラビウス基地の会議室でのやりとりと宇宙飛行士たちのモノリスへの到着とを橋渡しすることになった。実際の撮影は大半が十三日と十四日におこなわれ、三人の俳優が中心となった。フロイド役のウィリアム・シルヴェスター、ハルボーセン役のロバート・ビーティ、ビル・マイクルズ博士役のショーン・サリヴァン。

そもそもの初めから、台詞にはいくつも問題があった。最初の二テイク——フィルムで五分以上——は使い物にならなかった。いつでも言葉が穏やかで気遣いの人でもあるキューブリックは「もう一度やってみよう」以外にはほとんどなにも言わず、助監督のデレク・クラックネルが特徴あるイーストエンドなまりでカメラとサウンドのキューを出した。キューブリックのいつものやりかただが、彼がフレームを決め、ライトを調節したあとで、ようやくオペレータのケルヴィン・パイクがカメラのうしろに付くことを許された。アンスワースは窮屈なセットの外に立ち、鋭い目で進行を見守っていた。

イギリスの映画製作でふつうに使われるかけ声——「カメラまわせ《ターン・オーバー》」「カメラまわしてます《ターニング》」「録音機まわせ《ロール・サウンド》」「録音機まわりました《スピード》」「カチンコ《スレート・イット》」「演技開始《アクション》」——のあと、彼らは第三のテイクとして、順番どおりではなくそのシーンの中間部分の撮影にとりかかった。フレームの左右で別々に腰をおろしているシルヴェスターとビーティをとらえたワイドショットだ。サリヴァンがフレームの中央から近づいてきて、同行者たちにサンドイッチを差し出した。「うまそうだな」シルヴェスターが言った。「ええ、どんどん改良されているんですよ。おっと」サリヴァンはうっかりサンドイッチを床に落とした。キューブリックから「カット」の声がかからなかったので、サリヴァンはしゃがんでサンドイッチをひろい上げた。

「なあ、きみがみんなに聞かせたあの……スピーチはすばらしかったよ、ヘイウッド」ビーティが台詞でつかえたが、キューブリックはここでも口をはさまなかったので、撮影は続行された。シルヴェスターが「今回の件」への対応――モノリスの発見とその後のクラビウス基地で伝染病が発生したという作り話――について同僚たちをほめているあいだに、サリヴァンはやっかいなサンドイッチを置いて、ムーンバスの前方へ引き返し、掘削場の写真を手に戻ってきた。

少しやりとりがあったあと、ふたたびビーティの台詞になった。「最初にこれを見つけたときは、磁力をもつ岩が突き出しているのかと思ったんだが、すべての地質学的証拠がそれを否定していた。といって……あー……巨大なニッケルと鉄の隕石でもこれほど強い磁場を作り出すことはできない。それで見に行くことにした」

ここでも、キューブリックはカットの声をかけなかった。

ビーティ――「これは人為的に埋められたように見える」

シルヴェスターは信じられないという声で――「人為的に埋められた？　きみたちの検査ではなにも発見されていないんだろう？」

ビーティ――「われわれにできたのは予備検査だけだ。いまは保安部から特別評価チームが来て……いや、送り込まれて、全面的な調査がおこなわれるのを待っているところだ。これまでにわかっているのは、表面が完全に無菌状態で、活動の気配もないということだけで、振動も、放射線も、少しばかりの磁力以外のエネルギー源もいっさい検知されていない」

新たなしくじりが、サンドイッチと「おっと」を含めてぜんぶで四つあったにもかかわらず、キューブリッ

ムーンバスの中のウィリアム・シルヴェスター、ショーン・サリヴァン、ロバート・ビーティ。

クは予定どおりのところまで撮影を続けた。フィルムの長さで百五十メートル、時間にして約四分、一分につきひとつのミスだ。彼はビーティ――かつてはBムービーのスターで、いまや五十代後半にさしかかった経験豊富な性格俳優――に励ましの言葉をかけ、それからふたたび撮影にとりかかった。テイク4でも5でも6でも、ビーティは何度か台詞をしくじった。そこで、いったん解散して昼食をとり、午後にふたたび集まって再挑戦することになった。

昼食のあと、ビーティの難破が本格的に始まった。キューブリックは問題のある部分をより短いテイクで少しずつ片付けるという新たな戦略を立てた。セットで記録されたメモでそのときの状況がわかる。スレート99、テイク1、時間はほぼ三分――台詞に問題あり。テイク2――ビーティのとちりで一分たたないうちにカット。テイク3と4、時間は一分強――ふたたび台詞に問題あり。テイク5――ビーティがほっとしたことに、キューブリックから「プリント」の声がかかる。だが、それもつかの間。次の二テイクはやはり台詞に問題あり。ここからビーティが台詞の岩に衝突し続ける。その後の十四テイクで、この日の合計は二十七テイクになったが、十六テイクは台詞に問題あり――長さにして二十分の使えないフィルムが放棄された。監督がプリントにまわせると判断したわずかなテイクでもビーティによる「予備検査」の台詞のとちりは頻発していた。結局、ビーティはこの三つの台詞をおよそ三十回繰り返した。プリントされた十一テイクだけで十五回、放棄された十六テイクにどれだけあったかは不明。

このあいだずっと、キューブリックはスタジオの屋根を朝から叩いていた一月中旬のこぬか雨のようにクールで落ち着いていた。彼は対立を好まなかった――逆効果だし、自身の仕事のやりかたとは正反対だった――が、この強烈にややこしい映画製作を御するために何カ月も休みなくせっせと働いていたので、ほかの人たちにもやるべきことはやってほしかった。キューブリックはときどき演技について「リアルなのはいい、興味をそそられるのはもっといい」と語っていた。これは明らかにそのどちらでもなかったし、四十五分のフィルムを撮影してその半分近くがまっすぐゴミ箱行きという状況に、彼はひそかに憤りをおぼえていた。

だが、キューブリックはそれをうまく隠して、ここまでにしようと穏やかにクラックネルに伝えた。そのシーンの撮影は翌日にあらためておこなわれることになった。

＊　＊　＊

クラビウス月面基地の会議室のシーンは、それよりも手の込んだ複雑な宇宙船のセットがいくつもあるだけに、『２００１年宇宙の旅』の特筆すべき場面として記憶されているわけではない。一見すると、ただの長方形の部屋で、現代の企業の会議室とほとんど見分けがつかない。だが、そういう空間がふつうはそうであるように、どこから見ても申し分なく淡泊で無個性で、キューブリックの完璧主義と撮影技法への深い理解をしめす好例となっている。

監督がこだわったのは、観客から見える三方の飾りのない大きな壁を部屋の唯一の光源にするだけでなく、その三つの長方形の明るさにまったくばらつきがないようにすることだった。完全に均一にする必要があったのだ——乱れのない真っ白な光のシーツのように。これは口で言うほどたやすいことではなかった。壁を大量のライトで照らすという強引なやりかたでは露出過多になってしまう。それではシーンがぶち壊しになって撮影ができない。といって、ライトの光量をそれなりにすると、部分的に明るい場所や明暗のわずかなばらつきがフィルム上にあらわれないようにするのはきわめて困難だった。

この問題についてキューブリックと話し合ったあと、アンスワースはトニー・マスターズといっしょにシンプルだがとても効果的に光を拡散する仕組みを考案した。会議室は基本的には天井しかなく、スタジオ5の屋根梁からスチールケーブルで吊り下げた木枠の底に作り付けられ、床にはみっしりした青いナイロン繊維のカーペットが壁から壁まで敷き詰められていた。壁については、見た目はがっしりしているが——映像ではのっぺりした光沢のある大理石のブロックのように見える——実際には半透明なポリエステルの、光を拡散する《ディフュージョン》フィルターの大きなシートを天井と床のあいだにぴんと張ってあるだけだ。部屋の四隅はカーテンによってほとんど隠された。

だが、これらのフィルターだけでは均一な照明は実現できないので、マスターズは光を拡散させるという目的のためだけに、別の外部構造物を組み上げて会議室をそっくり囲い込んだ。それぞれがメロンほどの大きさがある工業用の強力なタングステン電球を搭載した大型フラッドライトが、会議室の外側の天井の枠に据え付けられた。長方形にずらりとならんだライトの砲列は、直観に反して眼下のセットではなく周囲の構造物に向けられていた。バウンスボードで作られたその囲いが、光を拡散する役割を果たしていたのだ。降り注ぐ光の弾幕は、囲いで跳ね返ってフィルターに到達するころには狙いどおりすっかり拡散していて、室内に投じられ

基地の会議室のシルヴェスター。

る光は完全に均一になった。撮影上の問題を解決するこのちょっとした奇跡により、キューブリックの目指したまったくむらのない照明が驚くほど効率よく実現されたのだった。
　これまでのところ、ウィリアム・シルヴェスターはきちんと準備をしていて、とちることはなかった。ムーンバスでの台詞は口調も落ち着いていたし内容も完璧だった。ところが四日まえのビーティの苦闘を見て動揺したのだろう。あのシーンにいた三人の俳優たちと、クラビウス基地の職員たちを演じる九人のエキストラは、マスターズが用意した会議室を満たすむらのないくすんだ光の中へと移動していて、そこでシルヴェスターがこの映画における最長の台詞を披露することになっていた。それだけでもきついのに、キューブリックは自分のマスターショットの幾何学的な精密さをいたく気に入り――彼がこのとき決めたフレームは、のちに演出上の特徴となる左右対称の構図になっていて、話者の演壇を中心に、部屋のそれ以外の部分が鏡像となるように配置されていた――全体をワンテイクで撮影したがっていた。

シルヴェスターの台詞はおよそ二百八十語で、十九のセンテンスが連続しており、ショーン・サリヴァンから質問を受けたあとに、また百語ほどの台詞が続くので、ぜんぶで三百八十語あった。本来なら、その分量の台詞をワンテイクで四分半かけて撮影するのは、経験豊富な俳優にとってはたいしたことではないはずだった。なにしろシルヴェスターは、一九五九年にオンタリオ州ストラトフォードで『お気に召すまま』のオーランドーを演じて、幕があがるやいなや同じくらいの分量の台詞をまくしたてていたのだ――しかもシェイクスピア・イングリッシュで。ただ、今回はいっしょに演じるほかの役者はいなかった。会話ではなくスピーチなのだ。彼はひとりきりだった。

シルヴェスターにとって最初のやっかいなセンテンスはこれだった。「きみたちなら容易にわかることだろうが、現在の状況はカルチャーショックと社会的混乱を引き起こす可能性がきわめて大きいのだ――もしも適切な準備と根回しなしに早まっていきなり事実を公表したりすれば」いささか長ったらしい台詞だが、いずれにせよ、彼はそれをうまく言えなかった。何度も失敗しているうちに、テイク数は二十一まで増え、プリントできる水準にあると判断されたのはそのうちの五テイクだけだった。最後の九テイクについては、プリントされることのない屈辱的なしくじりと「もう一度やってみよう」と「ターン・オーバー」の連続となってしまい、とうとうシルヴェスターは、目に見えて体を震わせ冷や汗にまみれたまま、「これ以上はできない、限界だ」と言って、常に待機している看護師たちのひとりに付き添われて演壇から離れることになった。

さらに屈辱的だったことに、それを見ていた人びとはあの狭苦しいムーンバスのシーンと比べるとはるかに多かった――撮影助手、特機《グリップ》、録音部、衣装とメイクアップの担当者たち。視覚効果アシスタントのブライアン・ジョンソンは現場を見ていたときのことを述懐する。彼の言葉によれば、シルヴェスターは「結局だめだった。一日中がんばったけど。すっかり取り乱してね。ほとんどノイローゼ状態だったよ。体も震えていて。

あんまり震えるものだからセットから連れ出さなければならなかった」この厳しい試練のあいだ、キューブリックは会議室のあけっぴろげになった四番目の壁のすぐ外に置かれた大きなパナビジョンカメラの脇でじっとすわっていた。数日まえのビーティの失敗の連続以来、彼は静かに激怒していて、このときはいっさい妥協するつもりがなかった。望みどおりのマスターショットをなんとしても手に入れるつもりだった。

ジョンソンはキューブリックをとても尊敬しているし、思い出すと温かい気持ちになると明言しているが、このできごとについては「スタンリーが俳優に対してどれほど残酷になれるか」をしめす一例とみなしていた。監督の行状について問われると、ジョンソンはこうこたえた。「彼はいじわるではないよ。ただ、あきらめるということをしないんだ」

＊　＊　＊

ロジャー・キャラスは、キューブリックの製作会社で広報担当からのちには副社長になったが、それ以前は映画業界でさまざまな役割をこなしていた。あるスタジオでは原案とタレント担当の助監督を、別のスタジオでは配役担当責任者をつとめた。なんとジョーン・クロフォードの広報担当をつとめた経験もあり、問題の多い俳優たちを大勢受け持っていた——それはキューブリックがよく知っていたことでもあった。一月中旬のある日、長く腹立たしい撮影を終えたあとで、監督はキャラスを呼び出した。ムーンバスのシーンでのビーティの失敗や、クラビウス基地の会議室でのシルヴェスターの失敗に動揺していたのかどうかはわからない。

いずれにせよ、キャラスの記憶では、キューブリックは「取り乱して」いた。どれだけのテイクをむだにしたかについて愚痴をこぼし、簡単なはずのシーンが永遠に終わりそうにないと言った。

「あいつはドラッグをやっているのか？」キューブリックは問題の俳優についてたずねた。

「ええ」キャラスはこたえた。

「たしかなのか？」

「ええ、やってます」

「だったら、きみがやるべきことをやってくれ。あんな日は二度とごめんだ。なにをしなければいけないかはぼくに言わなくていい」

具体的にどうやってその状況に対処するかは明確ではなかったが、対応をまかされたことはまちがいなかったので、キャラスはその俳優を探しに行き、楽屋にいるのを見つけた。手短にあいさつをかわしてから、彼は訪問の理由を述べた。「明日の十時に記者会見をひらきます」キャラスは陽気に言った。「スタンリーは撮影をしません。あなたも記者会見に出席してください」

その俳優は驚いたようだった。「なにがあったんだ？　製作のこの段階で記者会見をひらくのは珍しいな」

「そうですね」キャラスは急に真顔になった。「あなたの降板を発表するんですよ。あなたがジャンキーで、もう台詞をおぼえられなくて、俳優として役立たずだから」

これを聞いて、問題の俳優はいっとき信じられないという顔をしてから、ぼろぼろと泣き出した。すすり泣きがはさまる沈黙が続いたあとで、キャラスは残りの撮影に関して約束を取り付けた。「約束は守られた」キャラスは回想する。「わたしはそんな発表はしなかった。記者会見もなかった。だが、わたしは彼を死ぬほど怯えさせたんだ」それ以降、問題の俳優は台詞をおぼえるようになった。

数日後、キューブリックがキャラスをそばへ呼び寄せた。どうしてこんな奇跡のような変化が起きたのか？「わたしはスタンリーになにをやったかを話した」キャラスは回想する。「するとスタンリーは、ひどくいたたまれない様子で『なんてことを、ああなんてことを』と言い続けた。そこでわたしは言った。『スタンリー、きみはやるべきことをやれと言った。いまでも撮影を進めるのに苦労しているかい？』そういうことだった。

ステージ4を占拠する遠心機のセット。

それはまさにスタンリーが必要としたことだった」

＊　＊　＊

十二月から一九六六年一月にかけて、妙に内側に主眼が置かれた〈ロンドン・アイ〉観覧車の先輩がステージ4に設置された。装置の内部はニューヨークでマスターズとハリー・ラングによってデザインされてMGMで各部が作製され、巨大な外部フレームはヴィッカース・アームストロング社によって設計建造された、この遠心機のセットは、長期にわたる宇宙ミッションにおいて機械的な方法で人工重力が生み出される様子を表現するものだった。直径十二メートル、幅三メートル、重さ三十トンと、可動式の映画用セットとしては史上最大レベルだ。もっと大きくしてもよかったのだが、外部フレームはボアハムウッドでもっとも高さのあるサウンドステージの最大高に達してしまっていた。

七十五万ドル以上の費用をかけて建造された遠心機は、木星を目指す宇宙飛行士たちの主たる居住空間となるセットであり、ＭＧＭが上方修正していた六百五十万ドルという映画の当初予算のおよそ八分の一を食い尽くすことになった。もっとも、騒ぎが一段落して会計士たちに仕事をするチャンスがめぐってきたときには、千五十万ドルから千二百万ドルが映画の最終的な値札になっていたので、結局は十四分の一程度ということになる。スタジオの床の中央部分にジャックハンマーで穴をあけて、新たにコンクリート製の土台を地面に埋め込み、Ｉ形鋼を尖塔状に組み上げた二本の支持構造物をそこにボルト止めして車輪を支えた。セットの両側は完全に対になったふたつのドラムで、その外周部分は湾曲した木製の床をそなえた左右対称のスチール製の円形通路になっていた。ぐるりと配置された撮影用ライトは、そのすべてが中心のハブから外側をむいていた、というか、外周部のリムを〝見下ろして〟いた――つまり、大きなハムスター回し車の、外からは見えない床の方向を。円形につらなる拡散フィルターが、回廊になった内部の空間に均一に広がる光をもたらしていた。

左右にある外側の車輪には、ベル＆ハウエル社の16ミリ映写機がずらりとならんでいて、それぞれが遠心機に組み込まれたフラットスクリーン・ディスプレイのひとつに向けられていた。十二台はＨＡＬのコンソールの裏側にある長方形のフレームに設置されていた。人工冬眠中の三人の宇宙飛行士のための医療用ディスプレイを加えると、合計十五台の映写機がいっせいに動くことになる。そのすべてを同時に連動して作動させるのは簡単なことではなく、ここでキューブリックがときどき使う管理テクニックが導入された――有能なスタッフがおたがいに張り合うよう仕向けるのだ。リハーサルは一月三十一日に始まる予定になっていたが、中旬になっても、回転する構造物に映写機を据え付けるうまい方法は考案されていなかった。キューブリックのチームでこの件の指揮をとっていたのは、すべての機械的効果《メカニカル・エフェクト》を担当していたウォーリー・ヴィーヴァーズだった。

ヴィーヴァーズはたぐいまれなる人物だった。『博士の異常な愛情』ではあのＢ－52爆撃機の撮影も担当したし、初めて視覚効果担当としてクレジットされたのは一九三六年のイギリスのＳＦ映画『来《きた》るべき世界』

までさかのぼる――キューブリックがニューヨークでクラークに「あんたが勧める映画は二度と見ないぞ！」と叫ぶはめになった作品だ。はげ頭で恰幅がよく、パグのような鼻以外はアルフレッド・ヒッチコックと似た顔立ちで、仕事仲間からはおおいに愛され、きわめて有能だったが、悪名高い短気のせいで、たびたび顔を真っ赤にさせていた。ヴィーヴァーズは遠心機にならべる映写機のために鉄骨梁を組み合わせた不格好な装置を作り上げたが、映写機はＨＡＬの外装パネルにぎっしりとならぶスクリーンからそれぞれ異なる距離に設置されていたので、映写距離の異なるレンズを使って補正しなければならなかった。残念ながら、このことが新たな問題を生み出した――映写機からの距離が遠いスクリーンはほかのよりも薄暗くなってしまったのだ。

キューブリックはこの問題に気づき、ヴィーヴァーズの知らないうちに、ブライアン・ジョンソンを呼び出して残り時間が少ないのだと告げた。「きみに設計をやり直してほしい。ウォーリーのやりかたではうまくいかないからだ」ジョンソンは二十六歳のときにこの作品に引き抜かれるまで、ジェリー・アンダースン製作の成功したＴＶシリーズ「サンダーバード」でロケット機や宇宙船の作製と撮影を担当していた。『２００１年』でもミニチュアに取り組んでいて、このときにはスタジオ内ですべての作業が進められていた。キューブリックと話し合ったあと、ジョンソンはステージ４へ歩いていって状況を確認した。

ジョンソンはすぐに映写機の配置を変えられることに気づいた。正立しているそれぞれの映写機の真下に別の映写機をボルト止めすればいい。見かけ上はさかさまになるが、下側に並んだ映写機は、ヴィーヴァーズの配置によって生じた、映写機の距離がちがうために一部のスクリーンがほかのよりも薄暗くなるという問題をただちに解決できる。それに、セット全体が回転するので、映写機はどれも三百六十度まわることになる――ここでは上も下もないのだ。もちろん、ジョンソンのやりかたでは一部の映写機が内部のセットに対してさかさまになる。だが、それについてはフィルムをさかさまにして逆回転で投影するだけで事足りる――そうすれば車輪の内部のＨＡＬの〝顔〟に対してすぐに〝上向き〟に修正できるのだ。実にあざやかな解決法だった。

ジョンソンは四台の映写機をヴィーヴァーズのもっと複雑な配列の映写機から一メートルほど離れたところに設置して、キューブリックに知らせ、こうしてとなり合わせのテストの準備がととのった。巨大な車輪が回転して、HALの赤い単眼が中心にあるマルチスクリーンのコンソールがいちばん下に来ると、長方形のフロアハッチを抜けて簡単に出入りできるようになった。キューブリックはヴィーヴァーズといっしょにやってきて言った。「よし、どうなったか見せてくれ」トランブルとブルース・ローガンが用意した、HALのデータストリームをあらわすアニメーション映像をプリントした八本の16ミリフィルムが、アシスタント・フィルム編集者のデイヴィッド・デ・ワイルドの手でそれぞれの映写機に装着された。ヴィーヴァーズ、ジョンソン、キューブリックは床の跳ね上げドアを抜けてセットの内部に入った。ヴィーヴァーズの映写機の列はHALの目の片側にならぶ四台のスクリーンの裏側に、ジョンソンの列はその反対側にならぶスクリーンの裏側に位置していた。

デ・ワイルドが映像を流すと、どちらのシステムがすぐれているかはすぐにはっきりした——ジョンソンのほうだ。三人は無言で遠心機から出た。「ウォーリー、きみのスタッフを集めてくれ。われわれはブライアンのほうを採用する」キューブリックはそう言って去った。腹を立てたヴィーヴァーズは両手でライトのスタンドをつかんで床に叩きつけ、つかつかとその場から離れていった。頭が夕闇の中へ消えていく航海用ビーコンのように見えた。

ヴィーヴァーズはそれから数週間ジョンソンと口をきかなかった。

十五台の映写機すべてを動かして同時に遠心機を回転させる最初のテストのとき——合計三十本のフィルムリールが巨大なセットのメガリールの中でいっせいに回転する——彼らはなぜか重力があることを考慮に入れるのを失念したため、リールがすべて落下して、遠心機の外周のフレームに敷かれた円形の木製の床で二本ずつガシャンガシャンと音をたてた。

＊　＊　＊

もしも『2001年宇宙の旅』の製作中にキューブリックがセット内をどんなふうに動いていたかを記録した地図があったら、そこに記される軌道は常にカメラを中心にめぐっていただろう。彗星のように長い軌道を描いてほかの領域へ出かけ、ライティングの問題でジェフリー・アンスワースと、あるいはセットのことでトニー・マスターズと話し合ったりしたことはあったかもしれない。だが、彼は反動でもあるかのように必ず巨大なパナビジョンカメラのところへ戻っていて、そのカメラはパナビジョンとの契約に反してほとんど常にツァイス社のレンズをつけていた。それだけでなく、キューブリックはたいてい一台かそれ以上のスチルカメラを首からさげていた。

ほんの少しでも複雑な撮影になると、監督はみずからカメラを操作することが多かった――オペレータのケルヴィン・パイクの手腕に不満があるわけではなく、ただキューブリック自身のやりかたで。彼が一九五〇年代末期のロサンジェルスで仕事を続けられなかった理由はたくさんあったが、これもそのひとつだ。ハリウッドでは撮影監督とそのアシスタント以外の者がカメラを操作することは労働組合《ユニオン》の規則で禁じられていて、キューブリックにとって自分でカメラを操作できないというのは手足を縛られているようなものだった。たとえカメラを操作しないときでも、彼は常に自分で構図を決めていて、それはいつでも美しかった。

★　HALの目は小道具ではなく、ニコン社のニッコール8ミリ広角レンズに背後からライトを当てていた。キューブリックがときどきそれを徴発して、カメラに装着し、撮影に使っていたとされている――だが、おもしろいことに、実際にHAL視点のショットの撮影に使われたのは、フェアチャイルド・カーティス社の160度超広角レンズだった。

ジェフリー・アンスワース。

キューブリックのそばにはアンスワースがいた――ライティング・カメラマン、またの名を撮影監督だ。パイクと同じように、アンスワースは実際にはその役割をキューブリックと分かち合っていた。この慈愛に満ちた、頭の禿げた、もの柔らかなプロフェッショナルがそうした状況に順応できたのは、撮影監督はなにがあっても監督の意図の実現に尽くすべきだというエゴのない信念をもっていたからだ。アンスワースは多芸多才で勘のいい職人で、『２００１年』以前に三十五本の作品を撮っていた。製作チームの古株たちは、長い製作期間中ずっと、彼とキューブリックが静かに話し合っている姿を見ていた。ときにはパイクとカメラ助手のジョン・オルコットを従え、ときにはふたりきりで、この映画製作の歴史上もっとも複雑なセットやカメラの配置にどのように対応するかについて徹底的に議論していたのだ。

ライティングの段階で現場にいなかったとき、キューブリックは戻ってから必ず微調整を加えた。クラビウス基地の会議室のように、『２００１年』のシーンのほとんどは、寒々とした、異常なほど均質の照明で統一されている。これは簡単に実現できることではなく、キューブリックとオルコットはライティングがうまくいっているかどうかを確認するための効率的な方法を確立していた。露出計ではなく大量に撮影した白黒のポラロイド写真で判断するのだ。

プリプロダクション期間の終わりごろ、オルコットは何度もテストを繰り返してポラロイドカメラの絞り設定とレンズのそれとの相関を測定していた。それが明確になったあとは、あの小さな長方形のインスタント写

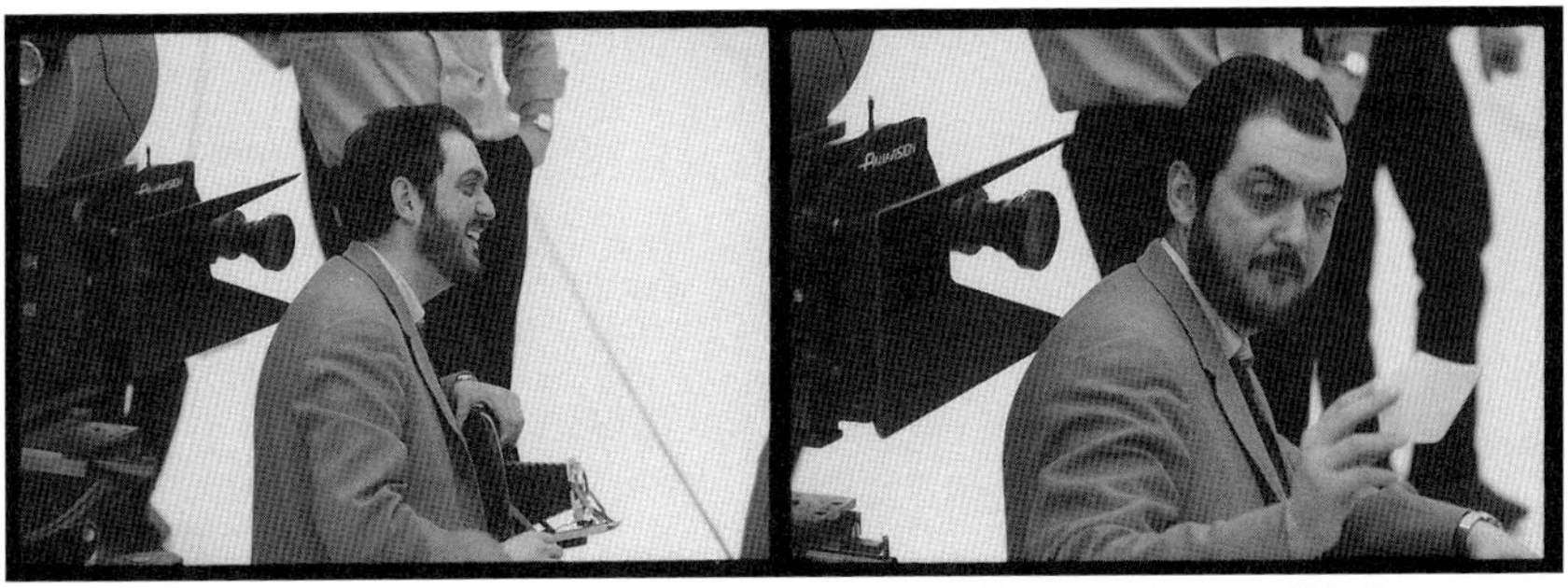
宇宙ステーション５のセットでポラロイドカメラをさげたキューブリック（左）と、印画紙を見るキューブリック（右）。

真が——当時はネガを剝がしてからべたべたした定着剤を手で塗りつけなければならなかった——撮影された映像が実際にどんなふうに見えるかを現場で知るうえでもっとも重要な指針となった。この量産品のカメラと彼らの高価な65ミリのパナビジョンとの主従の関係はきわめて効果的で、安っぽいカーラジオのスピーカーを使って録音スタジオでミキシングのテストをするのとなんとなく似ていた。

キューブリックとオルコットによるこの新しい手法は、監督が現場で黒い蛇腹をのばしたごついポラロイド・ランドカメラをよく首からさげていた理由のひとつだった。だが、昔ながらの露出計のかわりにポラロイドを使うのは、以前から構図をスチル写真で確認していたキューブリックにとっては自然な成り行きでもあった。「そうすることでカメラをとおして見たときとはちがう見方ができたんだと思う」とオルコットは語っている。

映画撮影用のカメラをのぞき込むと、三次元のイメージを見ることになるから、奥行きを感じる。だが、キューブリックがそれをポラロイドのスチル写真で確認するときには、まったくちがう、二次元の静止画を見ることになる——全体がひとつの面になって、スクリーンで見るイメージにより近くなる。多くの場合、われわれが撮影を始める直前になって、彼はポラロイドで見たものが気に入らないと言ってカメラの配置を変えていた。

HALの“目”のライティングテストのポラロイド写真。
キューブリック自身が撮影したものと思われる。

その結果、製作期間をとおして、キューブリックはおよそ一万枚に達するポラロイド写真をライティングの調整中に撮影し、そのあとで再調整をおこなったり、カメラの位置を変えたりした。写真はそこら中に散らばり、インスタント画像の紙吹雪が隅に積み上がっては、清掃員たちの手で毎晩片付けられた。記録や構図決め、あるいは主要な露出設定を決定する役に立つと判断された写真だけが、オルコットによって保管され、彼はそれらをカメラのそばでアルバムにきちんとおさめた。

さまざまな撮影技術に対するキューブリックのこだわりは、一九四〇年代の後半に〈ルック〉誌で報道写真家として過ごした五年間よりもさらに以前から、ずっと写真撮影に取り組んでいた名残だった。絞り、焦点距離、被写界深度、フィルムの種類、フレームレート、露出時間に関する理解の深さについてはならぶ者がなかった。一九八〇年にこの件について問われたオルコット——『2001年』で〈人類の夜明け〉シーケンスの撮影を担当し、のちにキューブリックの『時計じかけのオレンジ』（一九七一）、『バリー・リンドン』（一九七六）、『シャイニング』（一九八〇）で撮影監督をつとめる——は、こう語っている。「もしも監督になっていなかったら、彼は世界最高のライティング・カメラマンになっていただろう」キューブリックがこの方面を熟知していた結果、現場でのやりとりが活発になり、数時間におよぶライティングを経てようやく撮影の準備がととのったときに、アンスワースがオルコットに「56でいこう」——絞り設定が5・6——と指示したら、キューブリックが「いや、63だ」と訂正するということが起こる。そうなると、アンスワースはオルコットにむかって控えめに片目をつぶってみせ、キューブリックを相手に妥協点を見つけるのだった。

だが妥協点は見つからないときもある。いっしょに仕事をしていたとき、アンスワースは五十二歳でキューブリックは三十八歳だった、製作が終盤に差し掛かったある日、キャラスはアンスワースを誘ってMGMのレストランへ昼食をとりに行った。スタジオ内にならぶ長く平らな壁のサウンドステージを通過して食堂のある建物にむかっていたとき、キャラスは撮影監督が歩きながら瞑想でもするように目を細め、眉をしかめて、物思いにふけっているのに気づいた。「ジェフリー、なにをそんなに考え込んでいるんだ？」キャラスはたずねた。

アンスワースはその質問にしばらく考え込んだ。「なあ、ロジャー、もしも六カ月まえにだれかから、どれだけ経験を積んでもきみにはこの仕事についてまだ学ぶことがあるんだと諭されていたら、バカなことを言うなとこたえていただろう。この二十五年間、わたしはイギリスでトップクラスの撮影監督だったんだからな。ところが、現実にわたしは、過去二十五年間に身につけた以上のことをあそこにいる若者からこの六カ月間で学んできた。彼はとてつもない天才だ。光学機器の仕組みや写真の化学についてあれほどくわしい者はこれまでいなかった」

アンスワースは足を止めてキャラスの目をまっすぐ見つめた。「きみはそのことに気づいているか?」

＊　＊　＊

巨大な車輪がほぼ完成したころ、マサチューセッツ工科大学の人工知能研究の草分けであるマーヴィン・ミンスキーがボアハムウッドを訪れ、キューブリックは誇らしげにその能力の実演をおこなった。ホーク・フィルムズがこの車輪の建造中にずっと直面していた問題のひとつが、照明やパネルや隔壁を取り付けるMGMの作業員たちが自分たちがどんなものを作っているかをすっかり忘れ、道具をほうり出して昼食に出かけてしまうことだった。キューブリックは壮大な動きを実感してもらおうとして、ミンスキーを台座に立たせたまま、遠心機を回転させるよう命じた。動力の低いうなりと不吉な作動音とともに、三十トンの鋼鉄が重々しく動き出した。半分ほど回転したころ、十二時の位置に達した重いパイプレンチがガリガリと耳障りな音をたてて滑ってから十二メートル下へ落下し——胸の悪くなるようなガシャンという音とともに科学者の足もとに激突した。

「わたしは殺されていたかもしれなかったんだ!」ミンスキーは回想する。「キューブリックは真っ青になって震えながら、その場で道具係を解雇した」騒ぎがおさまると、死を目前にした科学者の体験は、興味深い逆説的な事実とフィクションの陰陽を生み出した——なにがどんな影響をあたえるかはわからないものだ。HALという頭字語のもとになった用語を提案したのはミンスキーであり、三十五年後のコンピュータは明らかに解決不可能な矛盾に直面したら精神を病んでしまうくらい進歩している可能性があるとキューブリックに断言したのもミンスキーだった。キューブリックが『2001年』で人工冬眠中の宇宙飛行士のひとりをカミンスキーと名付けたのは、この史上初のニューラルネットワーク学習マシン〈ＳＮＡＲＣ〉★の開発者に敬意を表してのことだった。その宇宙飛行士は殺人コンピュータによってミッションの途中で殺害される運命にあった。

＊＊＊

クラビウス基地の会議室のシーン――シルヴェスターの問題に対応するため、キューブリックは最終的に短いテイクに分けて撮影することを強いられた――が片付いたあと、宇宙ステーション5がらみの素材については一月後半のうちにさしたる問題もなくすべて撮影が完了した。十九日に、『２００１年』のオープニングから二十五分たって流れる最初のまともな台詞――「メインフロアに着きました、どうぞ」――が、回転しながら画面にあらわれる円形エレベータの操作係（モデルで俳優のマギー・ロンドン）によって発せられた。二十五日には、クリスティアーヌが幼いヴィヴィアンを連れてスタジオに戻ってきた。このときは娘の父親がステーションのテレビ電話で彼女に話しかけるヘイウッド・フロイドを撮影するのを見学するためだった。

一九六六年の一月が終わるころには、全員の意識が巨大な車輪に集中していた。二月の最初の二週間は、カメラ、カメラマウント、ビデオアシストの準備やライティングテストに費やされ、俳優のリハーサルも繰り返された。それは経験豊富なクルーがだれひとりとして過去に直面したことがないほど複雑な撮影環境だった。

現場では、二種類の撮影が予定されていた――セットを回転させる撮影と、静止させたままの撮影だ。遠心機はどちらの方向へも回転させることが可能で、俳優はそのスピードに合わせて底の部分でふつうのペースで歩くことができた。もっとも高速で回転させると、時速五キロメートルに達するので、ジョギングを始めるこ

★　〝確率的神経アナログ強化学習計算機〟の頭文字。すでにご存じだろうが。

テレビ電話にむかうウィリアム・シルヴェスターを見守るスタンリーとヴィヴィアン・キューブリック。

とも可能だった。車輪が動いていないときの撮影はわりあいに単純で、通常のやりかたで実施され、全体を包む天井からの拡散光の補助として、ときには予備の撮影用ライトが持ち込まれることもあった。

セットが回転しているときの撮影はまた別の問題だった。動きのあるショットはさらに二種類に分けられた——カメラ（と二名のクルー）が車輪の底にとどまるショットと、カメラが遠心機といっしょにぐるりと回転するショットだ。どちらの場合でも、俳優たちはふつうは底にとどまる——例外はあるスペクタクルなショットで、ロックウッドがダイニングテーブルの座席にベルトで固定されてからぐるりとてっぺんまで移動し、さかさまになったまま昼食をとっているところへ、デュリアがあらわれて中心部から梯子をくだっていく——ロックウッドの位置からだと十二メートル下で百八十度離れた場所へ。そのあと、デュリアは床をぐるりと歩いてロックウッドに合流し、回転する車輪は効率よく彼を副船長のもとへ送り届け

遠心機での打ち合わせ。左から右へ――スタンリー・キューブリック、ジョン・オルコット、ケルヴィン・パイク、キア・デュリア、ゲイリー・ロックウッド、ジェフリー・アンスワース。

る。どちらの俳優もショットの終わりには直立した位置に来ている。実にみごとだ。

この二種類のカメラ位置――動くセットでそんな言い方ができるとすればだが――のせいで、ひと組のユニークな撮影用プラットホームを作らなければならなくなった。カメラが底の近くにとどまる四つのショットでは、カメラは四つの大きなゴム製のタイヤでころがる台車《ドリー》に据え付けられた――外のスタジオに対しては固定されているが、回転するセットに対しては移動することになる。遠心機の床の反対側では、ドリーは薄い鋼鉄のブレードによってセットの外側にあるプラットホームに据え付けられた。こうすることでカメラを車輪のいちばん底から四十度回転させた位置――俳優から見ると傾斜した床を約六メートルあがった位置――に持ち上げることができるのだ。なぜこれが必要かというと、歩いたり走ったりするとき、デュリアとロックウッドは常にハイテクハムスター回し車の底の部分にとどまることになるからだ。カメラの角度が決まってドリーが固定されると、巨大なセットが回転を始め、ブレードは床に貼られたゴムのあいだを切るように進み、それが通過するとゴムはもとの位置に戻る。

もう一種類のカメラ位置を実現するためには、遠心機に対しては固定されているが外のスタジオに対しては動いているという、さらに独創的なカメラマウントが必要だった。製作日誌によると、一月には、パナビジョンカメラを「時計のように回転させながら、同時に別の動作平面上を旋回させる」装置が必要とされていた。MGMのエンジニア、ジョージ・メリットがさっそく考案した巧妙なジャイロスコープ式フレームは、壁にがっちりとボルト止めされたカメラを――それを操作するケルヴィン・パイクとアシスタントのジョン・オルコットといっしょに――セットの回転に合わせてぐるぐると移動させるものだった。入れ子になったひと組のステンレススチール製の輪と、旋回するマウントにより、そこに乗り込んでいるクルーは、どんな方向を向いていてもカメラを上下左右に自由に操作することができた。一九八四年に、オルコットがこのメリットの装置に乗ったときの体験を述懐している。

わたしたちはその輪といっしょに上昇した。十メートルの高さまであがるのは少し怖かった。移動遊園地に出かけたみたいだった。巨大なジンバルがカメラを支えていた。それは65ミリのカメラで、しかもサウンドカメラだったから大きな防音カバーもついていた。カメラは台座に固定されていて、わたしたちがそこにすわれるようになっていた。上昇していくとき、その動きは輪の動きによって打ち消されるわけだ。ちょっとおっかなかったよ。上には命綱があったから、必要なときはそれに飛び付けばよかった。ジャイロ・ラインだ――足をかけてつかまるだけで、下へおりることができる。

カメラのクルーがぐるりと上まであがっても、レンズは常に底にいる俳優にむけられているので、パイクとオルコットは自分たちの足をフレームに入れないという技を極めなければならなかった。だが、それができるようになると、さかさまの環境で撮影をおこなうために考案されたこの手作りの装置により、彼らは映画製作の歴史上もっとも独創的な映像のいくつかを生み出すことができた。

＊　＊　＊

　映写機の三十本のリールが重力に負けないようクリップで軸に固定され、すべての映写機が分厚い防音カバーの中におさめられて、巨大な車輪の中で二月十六日に最初の本番テイクの撮影がおこなわれた――いわゆるロードワークのシーンで、ゲイリー・ロックウッドが回転する車輪の中でシャドーボクシングをしながらジョギングする場面だ。完成フィルムでは、宇宙飛行士フランク・プールが運動をしているこの四つのショットは、どれほど革新的な映画製作がおこなわれたかを誇示するものとなった。最初の長いテイクだけでも、上下というものが慣れ親しんできた意味を失ったとてつもなく異様な世界へ観客を叩き込むのだ。

　木星へむかう巨大な宇宙船ディスカバリー号の内部が初めて明らかになるこの場面では、65ミリフィルムフレームの細長い長方形のアスペクト比がめいっぱい生かされ、観客はプールが顔を左に足を右にした横向きの姿でカメラに近づいてくるのを見る。彼が走っているのは無限に続く輪になった床で、足を運ぶにつれて、水平だった姿が急速に垂直に変わり、真下から見上げた姿になる。だが、それもつかの間、今度は最初の状態を逆向きにした姿に変わり、プールはスニーカーを左に頭を右にして奥へ遠ざかっていく。このあいだずっと、カットもなければカメラ位置の変更もなく、観客の視点は途切れることなく移り変わっていく――最初は壁の途中から撮影したように見えるショット、次いではっきり床から見上げたショット、さらには天井からさかさまにぶらさがったためまいのするようなショットへと――ただし、天井を走っているのは彼のほうなのか？　そこにあるメビウスの輪のような、M・C・エッシャーのような、なんだこれはという違和感は、見当識を失わせる巧妙な仕掛けであり、その中をロックウッドは観客と過去の映画的真理を翻弄しながらぐるぐると走り続ける。そんな映像はかつて存在しなかった。問題解決のために費やした労力は報われた。キューブリックは新しいものを生み出したのだ。

撮影中にセットに入ることができたのはパイク、オルコット、ロックウッドだけだったので――カメラがドリーにのっているときは、ロックウッドひとりということもあった――小型のビデオカメラがパナビジョンのレンズのすぐわきに装着されていた。これがあったので、キューブリックはセットの外でも監督用の椅子のまえに置いた有線TVモニターで現場を監視することができた。映画製作でこうしたビデオアシストが使われるのはまだまだ珍しいことだった。遠心機の台座で椅子にすわったまま、監督は二本のマイクでパイクやロックウッドとやりとりをしていた。一本のマイクは車輪内部の拡声装置に、もう一本はパイクたちのイヤホンにつながっていた。

キューブリックの丸みを帯びたTVモニターは、テープでマスクをして長方形のフィルムフレームの境界がわかるようにしてあった。車輪の内部にある模造品のハイテク・フラットスクリーンとはおおちがいだったが、役には立った。マイクとモニターのほかに、監督のまえのデスクにはレコードプレーヤーが置かれていて、プールが運動している場面で使うためにショパンのワルツのLPが用意されていた。このとき初めて、そうした複数の回転――四分の三拍子でくるくると踊るカップルを思い起こさせるレコード盤と、空中でなめらかに回転する白く輝くマシン――が、『2001年宇宙の旅』の、回転する、無重力の、リズミカルで、常に動的な文脈の中でひとつに組み合わさったのだ。

撮影の初日、クルーは車輪を二十二回まわして、七テイクを重ね、二十分を超えるフィルムを撮影した。最初にしてはたいしたものだった。なにしろこのときは両方の種類のショットを試したのだ。オルコットとパイクがジャイロスコープ式フレームに入って車輪とともにめぐるショットと、ロックウッドひとりがドリーにのった〝固定〟カメラとともに遠心機の中にいてその周囲をセットがめぐるショットだ。後者の場合、まずクラックネル助監督が大声であわただしく指示を伝えたあとで、キューブリックがキューを出すと、ロックウッドが手を伸ばしてみずからカメラを起動し、それ以外のあらゆるものが回転を始める。要するに、映画製作ではおなじみのかけ声が「カメラまわせ、録音機まわせ」から「カメラまわせ、セットまわせ」に変わっていて、その途中のどこかに「ショパンのＬＰをまわせ」がはさまるのだ。複数の回転エネルギーのみごとな組み合わせだった。

　すべてが順調に進んだわけではなかった。二月二十一日、超広角レンズを使った撮影中にパナビジョンカメラがドリーからはずれて床にぶつかり、その拍子にビデオシステムが壊れて撮影が数時間遅延した。グルンディッヒ製のビデオカメラは素朴な代物で、調節可能な金具でパナビジョンに固定してあるだけだったので、正しい位置から簡単にずれてしまった。深宇宙と地上管制との通信システムは無線ではなくケーブルが必要で、スリップリング経由でつないでいたが、それは徐々に遠心機のドラムに巻き付いてしまい、長いテイクのあとにはセット全体を逆回転させてケーブルをほどかなければならなかった。扱いに注意を要するビデオカメラが位置ずれを起こすと――よくあることだった――キューブリックはすぐに中でなにが起きているのかを知ろうとして、パイクに立て続けに質問を飛ばした。「ケルヴィン！　どうした？　なにをやっている！　映像がずれているぞ！」これにこたえて、パイクの声が月にいる宇宙飛行士から届いたように遠く響く。「大丈夫だ、スタンリー、なんでもない、大丈夫！」ヒューストン、なにも問題はない。ほかのあらゆるものとは別に、キューブリックのお気に入りのスチルカメラのひとつであるニコンＦ一眼レフがパナビジョンに据え付けられていて、パイクは一定の間隔でそのシャッターを切り続けた。

　ジョギングを何日か続けたロックウッドは、おろしたてのスニーカーで何キロメートルも走ったせいで遠心機から出たときには靴ずれで足を引きずっていた。街中へ戻ったとき、彼はどちらの方角を向いてもロンドンの通りが目のまえで上向きにカーブしているように見えて、そのせいで自分がわずかに前傾姿勢になっていることに気づいた。環状のセットにいたことで視覚がゆがめられていたのだ。たくさんのライトが発する熱と蓄積する呼気の炭酸ガスのせいでセットの中にいるのはきつかった。外のほうでは、動力をあたえられた車輪がうなりをあげ、落下した釘やタングステン電球の破片がチリンチリンと不吉な音をたてていた。「恐ろしい仕事場だった」トランブルは回想する。「熱くなった撮影用ライトをさかさまにするのはよくない。ガラスはしょっちゅう破裂していたよ。遠心機を回転させるたびに、ライトがはじけるパンッ！　という音が響きわたるんだ」

実際、スピーカーやワイヤがぎっしり詰まったキューブリックの管制エリアは、金網を張った箱形のフレームでおおいをすることで、頻発する割れたガラスなどの破片の雨からクルーを守っていた。保護された場所から出ていく者はヘルメットをかぶる決まりになっていた。

俳優たちを――そしてしばしばカメラクルーを――中に閉じ込めている車輪には、火事を起こす危険性が高いという問題もあった。床のハッチからの脱出には時間も手間もかかった。撮影中は常に消防署のチームがステージ4の付近で待機していた。太いケーブルを流れる電力の量、破裂する電球と落下物、うねうねと重なる空調機のダクトと映写機のワイヤ、そして内部のセットの多くに使われている可燃物を考えれば、突発的な火事のリスクには現実味があった。

だが、彼らは幸運だった。

＊　＊　＊

『２００１年』の撮影中ずっと、ゲイリー・ロックウッドは、カメラのまえで起きることよりもその背後で起きることのほうがおもしろい場合があるという、映画製作では定評ある現象の典型的な実例となっていた。日に何度かのトレーニングと野菜と魚だけの厳しい食事制限によってクォーターバックのような逆三角形の体を維持していたにもかかわらず、映画の中のロックウッドの存在は、妙に地味だった。これは意図されたことだった。キューブリックとクラークの設定では、ディスカバリー号の運行を預かるふたりの宇宙飛行士は、教養があって自制心が強く、まるでアンドロイドのように冷静な博士たちとされていた。チャーリー・チャップリンが『モダン・タイムス』（一九三六）で演じた、自分が修理している歯車といっしょにぐるぐるまわる工場作業員——あれよりユーモアは控えめでペーソスは多めだったが——と同じように、このふたりは機械の中の幽霊であり、寒々とした、冷蔵庫のように白い母船の構成部品だったのだ。

だが、実生活のロックウッドは、人を手玉にとるカリスマ的な魅力をもち、ギャンブラーで、ビリヤードの名手で、女たらしだった。セットでもっとも聡明な人物とは言えなくても、けっして知性が欠けているわけではなかった。彼がもつ嘘やはったりを察知する高性能アンテナはキューブリックのそれと肩をならべるほどだった。カレッジでは扇動家だったし、セットにいた一部の人びとがおぼえているように嗜好品としてのドラッグがきらいというわけでもなかったが、この俳優は常に自制心があったし、どんなときでも節度をわきまえていた。

自分でも驚いたことに、キューブリックはいつの間にか興味をそそられていた。この監督にも、より知的な方面ではあったが、多分にギャンブラーの気があり、ロックウッドと同じようにさまざまな種類の博打で生計を立てていた時期があった。一九四〇年代にロウアー・マンハッタンのワシントン・スクエア公園で賭けチェスをして生活費を稼いでいたのは有名だが、その十年後に、ハリウッドの大物たちを相手に週に一度の高額な賭けポーカーで食費を得ていたことはそれほど知られていない。一九五七年に『突撃』を完成させて、ドイツからロサンジェルスへ戻ったとき、彼はあでやかな新しい妻のクリスティアーヌと、その娘のキャサリナと、多額の負債をともなっていた。最後のは、それ以前の数年間にパートナーのジェームズ・B・ハリス――キューブリックの初期の三作品をプロデュースした――を含めた支援者たちから借金をした結果であり、二作目の『非情の罠』（一九五五）と三作目の『現金《げんなま》に体を張れ』（一九五六）を完成させるために使った金だった。

そのため、『突撃』の成功にもかかわらず、到着したときの夫妻は無一文だった。クリスティアーヌは新しい夫のギャンブルに対して感じた不快感を鮮明におぼえている。「とても不真面目で、まるで西部劇みたいだと思ったわ。とにかく〝これはまずいことになる〟という気がしたの。彼は輪になった人たちの中ですわっていて、家の外には大きくて豪華な車がならんでいて、わたしはひどく神経質になった」だが、彼女はすぐに気づいた。夫のギャンブルへの取り組み方は、セットでの規律正しさを反映していて、本人が予測したとおりの結果を生んでいた。「彼はけっして大勝ちすることはなかったけれど、負けることもなくて、ごく少額で一貫性のないこと［賭け方］をしていたわ」これについて、キューブリックは妻に次のように説明した。「賭け方にパターンがあるとか、なにか秘訣があるとか、決まったやりかたでプレイしているとか思われたくない……だから一貫性がないようにする。来週スーパーマーケットで使う二百ドルを稼ごうとしているだけだ。それ以上はいらない」

「彼はそのとおりのことをしたわ」クリスティアーヌは言う。「あたしたちはそれで生きのびたの」

ディスカバリー号の副船長フランク・プールとして過ごしていたあいだ、ロックウッドはさまざまなギャンブルで勝ちをおさめていた。一九六〇年に合法化されたロンドンのカジノ――これはクレイ兄弟のような組織的犯罪集団に絶好のチャンスを提供した――でも、ボアハムウッドのスタッフたちを相手にしたわりあいに賭け金の小さいゲームでも。あるとき、彼がジンラミーで勝ちすぎて自分のスタンドイン（照明セット時の代役）に多額の貸しをつくると、その男は翌日仕事場に姿を見せなかった。借金を払いたくなかったのは明らかで、そのまま

ポッドベイで休憩をとるゲイリー・ロックウッドとスタンリー・キューブリック。

職務離脱ということになった。この話を聞いて、キューブリックは介入しなければと感じた。ロックウッドをオフィスに呼び出し、撮影クルーとギャンブルをするのはやめてくれと頼んだのだ。「とても簡単な話だった」ロックウッドは言う。「どうしても必要というわけではなかったからね。それで『いいとも』とこたえた。ふたりとも事を荒立てたくなかったんだ」

「みんなキューブリックに畏怖の念をいだいていて、まるでおべっか使いの集団だった」ロックウッドは回想する。「そういうのは性分に合わなかった。わたしはクォーターバックなんだ。支配者タイプで、攻撃的だ。けんかっ早くて。学校でも生意気だったし。まあ、クソ野郎なんだよ」

キューブリックはこの俳優の女性の扱いのうまさや、スポーツ、とりわけフットボールの知識に興味をそそられた。彼はイギリスに到着して以来、NFLの試合のフィルムをニューヨークから空輸していたので、金曜日の夜にはアボッツ・ミードにある自分の住まいでロックウッドといっしょに試合を見るようになった。そこは一九六五年に購入した、スタジオのすぐ南にある十九世紀初期の建物で、キューブリックは映写技師のエディー・フリューイン――トニーの父親――に命じてときどきフィルムを止めさせては、プレイについてロックウッドと話し合った。

観戦にあきると、ふたりはスヌーカーをたっぷりと楽しんだ。「あそこには見たこともないほどきれいなスヌーカーテーブルがあった」ロックウッドは回想する。チェスではキューブリックがセットにいる軽率な俳優たちを相手に上位者の戦術をとっていたが――もっともよく知られているのはジョージ・C・スコットで、キューブリックは『博士の異常な愛情』の撮影中に彼を繰り返しチェックメイトに追い込んだ――スヌーカーのゲームではロックウッドがキューブリックを負かすのに失敗したことはなかった。この俳優が完全な両手利きで、右手でも左手でも同じようにレストなしで玉を突けると気づいたとき、キューブリックはがまんできずにたずねた。「どこでそんなのを身につけたんだ？」ロックウッドはテーブルから監督へ注意を移した。「人生だよ」彼はこたえた。「ほかにどこで身につけるというんだ？」

数年後に、監督は自分のテーブルで勝てずにいらいらしていたかと質問されたとき、ロックウッドはそれを否定した。むしろキューブリックはゲームを楽しんでいたようだったと。「彼は冷静きわまりなかった」ロックウッドは楽しげに言った。「ほら、スティーブ・マックイーンは〝ミスター・クール〟と呼ばれていた。でも、ほんとうにそう呼ばれるべきだったのはミスター・キューブリックだよ」

＊＊＊

HALのかかえるジレンマの本質をどうやって観客に伝えるかという問題については、キューブリックとクラークが何カ月もずっと没頭していたが、映画の製作が始まってもまだ解決していなかった。一月の末に、キューブリックはほぼ一週間を費やして、俳優のニール・マッカラムを含めた宇宙局の地上管制官たちがカメラをまっすぐ見つめてHALに「責任があるかもしれない」機能不全について長たらしい説明をするシーンを撮影した。マッカラムはボーマンとプールにむかって、三日間におよぶ「実現可能性調査」により宇宙船の制御をHALから地球基地のコンピュータへ移行させることを検討していると告げた。この場面はHALが受信して遠心機の中にいる宇宙飛行士たちのために再生するビデオ映像となるはずだった。それによってコンピュータが被害妄想を強めたのではないかと察せられるわけだ。

　このやりかたの問題は、宇宙飛行士たちが他人の意思決定の過程を聞かされるだけだという点にある。しかも、それは言葉で伝えられるだけで、絵で見せられるわけではない――初歩的な作劇上のミスだ。これがロックウッドにはどうもしっくりこなかった。彼はなにかがまちがっていると本能的に感じていて、二月中旬に、ジャンプスーツを着た俳優ふたりで遠心機内のHALのコンソールのまえにいるシーンの撮影準備をしていたときには、それが確信に変わっていた。そのシーンは「少しばかり冗長で、はっきり言えば、いささか陳腐な感が強かった」とロックウッドは回想する。「とにかく気に入らなくて、あれでは映画のレベルにふさわしくない気がした。キューブリックとクラークほどの才人たちが、問題を言葉で解決しようとしていたんだ。でもわれわれが作っていたのは言葉をもちいないタイプの映画だった」

　キューブリックのほうは、ロックウッドが乗り気でないのを感じ取っていた。「今日はいつものような熱意が見られないな」監督は言った。うわべを取り繕うのをやめて、ロックウッドは無意識のうちにひどく下品な逸話を披露した。「なあ、スタンリー、わたしは荒っぽい連中や肉体労働者がうろうろしている田舎町で生まれ育って、学校ではいつも問題児だった。教室のうしろのほうですわっていると、すごくいいケツをした女の子――美尻《カリピジアン》と言ってもいい――が通路を近づいてきて答案用紙をくばるんだ。★彼女がそばにくるたびに、わ

★　カリピジアン（kal-*uh*-pij-ee-*uh* n）【形容詞1】――いい形の尻をした。【語源】一六四〇－五〇、ギリシャ語kallipyg (os)、（アフロディテの像を指して）美しい尻をした。

たしは顔をあげてこう言う。『やあ、ペギー、おケツの調子はどうだい?』それから右肘をこうかまえて」――この様子をおもしろがっているような顔で見ていたデュリアのほうへぐいと肘を突き出し――「『ギャッハッハ』。まあ、わたしがこのクソなシーンについて思っているのはそういうことだ」

キューブリックは静かに話を聞いていた。彼はそんな口のききかたをされることに慣れていなかった。「デレク?」とキューブリックは言った。「はい、ボス?」とクラックネルが応じた。「今日はここまでだ」まだ午前十一時だった。

ロックウッドはしくじったのかどうかよくわからないまま自分の楽屋に戻った。キューブリックに生意気な態度をとったことを悔やんではいたが、あのシーンが正しくないという確信は揺るがなかった。「この偉大な映画を守りたいという気持ちがあったんだと思う」彼はのちに語っている。その後を成り行きを心配しながらも、ロックウッドが日課にしていたトレーニングを始めたとき、ドアにノックの音がして、クラックネルが部屋へ頭をのぞかせた。「ボスがきみに会いたがってる」

「そうか」ロックウッドは言った。「なあデレク、戻るまえに教えてくれ。わたしは首になったのか?」

「知らないよ、相棒」

ロックウッドは急いでシャワーを浴びると、タオルで体を拭き、そこらの服をはおって、キューブリックの巣穴へむかった。ステージ6と7の三階にある楽屋で、監督はそこを脚本の修正やひとりきりのブレインストーミングのために使っていた。「きみはポーランド系だったな?」監督はロックウッドを招き入れながら言った。

「ポーランドとドイツだ」ロックウッドはこたえた。

「シュナップスとウォッカ、どちらがいい?」キューブリックがたずねた。

「正直に言うと、テキーラが好きだ」ロックウッドは言った。

「どうやって飲む？」

「スニフターで、ブランデーみたいに」

　ロックウッドの記憶では、キューブリックは「最高ではないがまずまずのテキーラ」をグラスに注いでから、「一面にレコードがぎっしり詰まった壁」に近づいた。「なにを聴きたい、ショパンか？」「ああ、ショパンでいいよ。スタンリー、なにが起きたかを話すまえに知りたいんだが、わたしは首になったのか？」

　ちがう、とキューブリックはこたえた。ロックウッドはずっとチームの一員だったし、これまでの経験から、誠実に仕事をしている仲間が問題をかかえているときには話を聞かなければならないのだと。そして、初めてＮＡＳＡ本部を訪れたジョン・Ｆ・ケネディが、集まった幹部たちのうしろのほうで働いている清掃員を見かけたときに起きたできごとについて語った。ケネディはスーツの群れを迂回してその男に近づくと、自己紹介をしてきみはなにをしているのかとたずねた。「わたしはね、大統領閣下、月へ人を送る手助けをしているんですよ」というのが返答だった。どういう人が正しい答を知っているかわからないのだと、キューブリックは言った。そして、なにが問題なのか説明してくれとたずねた。ロックウッドは、キューブリックとクラークが「コンピュータに圧力をあたえる」ために書いた一連の短いシーンが「しっくりこない」のだと伝えた。彼の考えでは、あれは冗長すぎる。キューブリックのことは世界最高の監督だと思っているが、ＨＡＬの被害妄想をあおるならもっといいやりかたがあるはずだと。

　キューブリックは注意深く話に耳をかたむけ、飲み物がなくなると、きみはデリフードが好きだったなと言った。彼はエディー・フリューインにいくらかの金を渡し、車でロックウッドをゴールダーズグリーン——ロンドンにある小さなユダヤ人街——にある最高のデリへ送って、ロックス（スモークサーモン）とホワイトフィッシュのベーグルをごちそうするよう伝えた。「きみはそのまま家に帰ってくれ。今度話をするときには、どうやってその問題を解決すればいいかを聞かせてほしい」

帰宅したロックウッドは、ベーグルをたいらげてから、らせん綴じのノートを取り出した。それまでに撮影したシーンの中で気に入った点と気に入らなかった点をリストにし、クラークとキューブリックがなにをやろうとしているのか、どうやってそれを実現しようとしているのか、どこがうまくいっていないのかについて自分なりの考えを書き留めた。午後も遅くなったころ、ステージ1で建造中の〝ポッドベイ〟という新しいセットを一週間ほどまえに訪れたことを思い出した。常に細部にこだわるキューブリックから、現場へ行って、宇宙服を着て、スペースポッドに出入りするのが窮屈ではないか確認してくれと言われたのだ。それらのポッドには航空機メーカーのホーカー・シドレー社がもうじきボタンやスクリーンや制御装置を詰め込むことになっていた。

ポッドに乗り込んだとき、ロックウッドはちょっとした問題に気づき、ドアのすぐ内側に手掛かりがほしいと頼んでいた。あのときキューブリックからセットの下見を指示されていなければ、ロックウッドはそもそもスペースポッドのことを知らなかったし、その内部にふたりの人間が入れることも知らなかっただろう。ポッドベイのシーンの撮影はまだ数カ月先だったのだ。

九時までに、ロックウッドはひとつのアイディアを練り上げていた。彼はキューブリックに電話をして、宇宙飛行士たちはなにか口実を見つけてポッドのひとつに乗り込み、HALと完全に遮断された状態でふたりきりで話ができるようにするべきではないかと伝えた。そうすればふたりにコンピュータを停止する話をさせることができるし、HALのほうはその会話を盗み聞きする方法を見つければふたりに先んじることができる。この流れなら、観客には必要な情報がすべて伝わるし、HALにはきわめて人間的な被害妄想を植え付けることができる。

これを聞いて、キューブリックは興奮した。彼は車を出してロックウッドを迎えにいかせた。二月の氷点下の夜だったが、俳優がアボッツ・ミードに着いたときには、暖炉で火が燃えさかっていた。ふたりはそのまえですわり込み、朝早くまで飲んで議論して、ついにそのシーンをまとめ上げたのだった。

＊　＊　＊

キューブリックはめったにセットで声を張り上げることがなかった。それはクラックネルの役割だった。俳優たちとはまったくやりとりをしないこともあり、特に相手が若くて魅力的な女性のときは顕著だった。たとえば『２００１年』のスチュワーデスたちがそうで、彼女たちの何人かはロンドンの有名なモデルだった。

空中に浮かぶペンをつまんで眠っているヘイウッド・フロイドのポケットにそっと戻すパンナムのスチュワーデスを演じたヘザー・ダウンハムが、朝セットに到着してからの様子を語っている。彼女が自分の役に関する質問をクラックネルに伝えると、彼がキューブリックにどう思うかとたずね、その返事がふたたびクラックネル経由で戻ってくる――たとえ全員が狭苦しいセットの中で立っているときでも。おかしな話に聞こえるかもしれないし、美しい女性に相対したときのキューブリックの小心ぶりについてなにかを語る逸話ではあるが、実はそれほど珍しいことではない。映画監督は常にあらゆる方向から質問や要求を浴びせられている。エネルギーを使い果たさないようにするためには、フィルターの役割を果たすアシスタントを経由するしかない。映画の製作とは、キューブリックがときおり語ったように、「遊園地のバンパーカーの中で『戦争と平和』を書こうとするようなもの」なのだ。

キア・デュリアとキューブリックとの関係は、ロックウッドのそれとはいささか異なっていて、根本的なところでもっと距離があった。現場に到着したとき、この俳優は『バニー・レークは行方不明』のプレミンジャー監督の暴君じみたふるまい――毎日サディスティックに怒鳴りまくり――のせいでまだ精神的にまいっていたので、キューブリックの穏やかな姿勢にはおおいにほっとさせられた。そのいっぽうで、デュリアはキュー

ＨＡＬのあやまった故障予測によりユニットを検査する、
デイヴィッド・ボーマン役のキア・デュリア。

ブリックに深い畏怖の念をいだいており、何年もまえからその作品を高く評価していた。天才的な監督だと思うあまり、少しスターに魅せられているようなところがあったのだ。そのせいで最初の週はなかなか仕事がうまくいかなかった。

クラビウス基地の会議室のシーンでウィリアム・シルヴェスターを相手に強烈な執念深さを見せていたにもかかわらず、キューブリックのそばで仕事をした人びとのほとんどが、彼のことをとても思いやりがあって親身になれる人物で、口調もやわらかだが、そのくせひねくれたユーモアのセンスもあると評していた。デュリアも例外ではなかったが、どちらかといえば、それは状況を悪化させた。まさにそうした人柄のせいで、特にプレミンジャーとの対比により、デュリアはキューブリックを神様のように感じてしまった。「わたしは畏怖の念をあらわにしていたが、それでは自由になれないんだ」とデュリアは回想している。

キューブリックはなにが起きているかを察し、何日かぎこちなくテイクを重ねたあと、クルーを解散させてデュリアを脇に呼んだ。それから数時間、ふたりはその問題について静かに話し合った。キューブリックはデュリアに、きみは現役では最高の俳優のひとりだと思うと伝えた。きみが選ばれたのは偶然ではなく、この役にぴったりだったからだと。ぼくのせいで申し訳ないことになった――自分が、キューブリックが、なにかまちがったことをしていたのであり、俳優をもっとリラックスさせられなかったことについて個人的に責任があるのだと。これを聞いたデュリアはいささかうろたえたものの、とても率直に話し合いができたことにほっとして、これはなにもかも彼自身の問題であり、キューブリックの仕事ぶりは最高だったと断言した。それでも、だいぶ気分はよくなったので、ほどなく畏れを感じる状態から信頼を寄せられる状態へと変わることができた。すぐにそれが必要になるときがやってくるのだ。

ふたりの俳優のうちではロックウッドのほうが、初めからこれは「史上最高の映画になる」と確信していた。セットはとても明るく照らされていたので、俳優たちはテイクの合間にサングラスをかけていた。ときおり、ロックウッドはあたりを見回し、デュリアに顔を向けて、サングラスを下げ、「こんなの信じられるか？」と言う。この雄大な未来社会のセットの中で即興で仕事を進めていくキューブリックの能力には、彼もデュリアと同じように感銘を受けていたのだ。

「スタンリーはほかの監督たちよりもはるかに聡明だった、それも単純な意味合いではなく」ロックウッドは言った。「いつなにが起こるかまったくわからなかった。あれだけ慎重に準備をしたにもかかわらず、『2001年』の構成には即興の要素があり、それがあの映画をすばらしいものにした。監督というのは、人間関係や、事業計画や、さまざまな細部を管理しなければならない。それに加えて、スタンリーはある種の危険が入り込む余地を残していたのだ――ある種の大胆さや無謀さも。彼は常に失敗のリスクが高いことに挑戦しようとしていた。一般に思われているような、頑固な孤高の天才ではなかった。彼には考えをぶつける相手が必要だったし、しょっちゅう振り返っては自分が正しいことをしているかどうか質問していた」

それでも、キューブリックと仕事をしたほかの俳優たちと同じように、デュリアとロックウッドも、この監督のかかえる、要求を口でうまく伝えられないという問題に直面することがあった。各テイクの終わりに、ふたりは「よし、もう一回いってみよう」というそっけない言葉をたびたび耳にした。俳優たちがどこを変えてほしいのかと質問しても、キューブリックは「どうなるか見てみよう」とこたえるだけだった。

トニー・マスターズがすでに気づいていたとおり、キューブリックには選択肢がいくつか必要で、そこで初めて決断ができるのだった。

＊　＊　＊

一九六六年二月上旬にセイロンへ戻ったクラークは、すぐに自分がおかしな立場にいることに気づいた。『2001年』の撮影にともなう日々の苦闘から八千キロメートル以上もの距離を置いたにもかかわらず、まったく別の、リスクの大きな映画製作の問題に直面することになったのだ。彼はパートナーのマイク・ウィルスンによるシンハラ語版のジェームズ・ボンドのパロディ映画『ジェーミス・バンドゥ』に多額の資金を注ぎ込んでいた。ところが、だんだん常軌を逸したふるまいが目立つようになっていたウィルスンは、そのプロジェクトに気まぐれな関心しか向けなかった。映画の撮影を半分ほど終えたところで、すべてを投げ出して国を離れ、イングランドへむかったのだ。

映画への投資──さほどたたないうちに『2001年』への関与でそれまでに稼いだ金額に匹敵するようになった──を守るために、クラークは映画プロデューサーの役割を引き継ぐしかなくなった。運がよければチケットの売り上げで支出の一部くらいは取り戻せるかもしれなかった。

ドラッグの服用は別として、ウィルスンの関心がそれたきっかけは、まちがいなく、クラークが大作映画の製作にかかわっていて、しかもそれが世界初のブロックバスターSF映画となるのが確実だったことに対する競争心だった。ロンドンに着くと、ウィルスンはすぐにクラークのコネを利用してボアハムウッドのホーク・フィルムズ・グループにもぐり込んだ。そのいっぽうで、ウィルスンのパートナーは自分の最後のたくわえを彼が放棄した映画に注ぎ込み、それと同時に、キューブリックからひっきりなしに届く緊急の電報をさばいていた。『ジェーミス・バンドゥ』のグランドフィナーレの撮影のために軍の部隊を貸してくれないかとセイロン政府を説得している真っ最中に――直前に軍によるクーデターの試みがあったせいできっぱりと拒絶された――クラークはキューブリックを手助けして、気密状態のスペースポッドの内部でコンピュータの行く末について話し合うボーマンとプールのやりとりをＨＡＬが盗み聞きするもっともらしい方法を見つけようとしていた。

片方の足を現実逃避のありきたりな第三世界の二流作品に突っ込み、反対の足をハリウッドがかつて試みた中でもっとも洗練されたかたちで人類の起源と運命を描く作品に突っ込みながら、後者によって前者のための資金を稼いでいたのだ。

＊　＊　＊

二月と三月のほとんどが遠心機のシーケンスの撮影に費やされた。ステージ４は広大で、騒々しく、底冷えがする場所だったので、キューブリックは大型トレーラーを一台構内へ持ち込んだ。ロックウッドのおかげでスペースポッドのシーンに突破口がひらかれたあと、監督はセットアップの合間に俳優たちをこの暖房が入った防音室へ招き入れ、おもてむきはＨＡＬに話を聞かれない場所でおたがいになにを話すかについて即興で考えさせた。キューブリックは俳優たちの会話を録音して、それを文字に起こした。それから毎朝、その筆記録に手を入れて、徐々にふたりの台詞から余分な部分を削り取っていった。

　だが、彼はまだＨＡＬがふたりの会話を盗み聞きするもっともらしい方法を思いついていなかった。ポッドベイのセットへ移るまでには六週間あったものの、監督は解決を先送りにしたくなかった。クラークの提案――ＨＡＬが「軟着陸探査機《プローブ》のジオフォン（振動計測器）」にアクセスする――では意味不明になってしまう危険性があった。〝ジオフォン〟や〝軟着陸探査機《プローブ》〟のことをどうやって説明すればいい？　この映画はマニアだけを対象にしているわけではないのだ。

　ある日の午後、キューブリックの共同プロデューサーであるヴィクター・リンドンが書類を手にトレーラーへやってきた。このころのリンドンは日に日に青ざめて緊張を増していた。彼の業務の多くを占めていたのは、果てしなく続く保険金の請求という報われない仕事で、監督の目には、コダックのフィルムストックの品質とテクニカラー現像所の現像品質の問題が定期的に不名誉な首位の座を交代しているように見えた。リンドンはひと息ついて休憩をとりながら、俳優たちが台詞の通し稽古をするのをながめた。ＨＡＬがどうやって盗み聞きをするかの問題がまだ解決していないと聞くと、リンドンはそんなのはわかりきったことじゃないかという顔でデュリアとロックウッドを見つめて言った。「きみたちの唇を読めばいいのさ」一瞬、雷に打たれたような沈黙があった。「ああ、それはすごいアイディアだ！」キューブリックが叫んだ。ついに解決策が見つかったのだ。

　四月の末に、彼らはようやくポッドベイのセットへ移って二週間の撮影に入った。ひょっとしたら『２００１年』の天才的なデザイン集団のもっとも純粋な表現物かもしれない、このディスカバリー号の駐機場は、円形の三つのエアロックのドアのまえにそれぞれスペースポッドがならんでいて、マスターズがラングやオードウェイとの共同作業によって生み出した数々のセットの中でもきわめて精巧なものだった。そこにあるのは完全に実用本位のものばかりだった——形状と機能とのバウハウス的融合だ。全体の印象は物理学のように純粋で、ラックにかかっている宇宙服の鮮やかな色彩にも、宇宙遊泳中の宇宙飛行士たちが遠方からもっとも素早くおたがいを見分けることができるという理由があった。

五月六日に、キューブリックはボーマンとプールによるスペースポッド内での陰謀めいた話し合いの撮影で三十五テイクを重ねた。それはほぼ三分近くあり、最終的には『2001年宇宙の旅』で最長の会話シーンとなった。ロックウッドはいまでも、あれが彼にとってはこの映画への最大の貢献だったと考えている。

＊　＊　＊

会話シーンのリハーサル中のデュリア（左）とロックウッド（右）。

ストーリーの中でもうひとつ、撮影が始まってもまだきちんと確定していなかったのは、ボーマンがスペースポッドに乗り込んでプールの死体を回収したあとでどうやってディスカバリー号へ戻るかという点だった。「ポッドベイのドアをあけろ、HAL」というボーマンの要求に対して、コンピュータから有名な返答——「残念ですが、デイヴ、それはできません」——があり、ディスカバリー号でただひとり生き残った人間のクルーは船内へ戻る別の手段を見つけなければならなくなる。問題をさらに複雑にしているのが、プールを回収しようとあせるあまり、ボーマンが宇宙服のヘルメットを船内に残してきてしまったことだ。

技術的な正確さを最大限に追求しようとする姿勢はここでも発揮され、クラークとオードウェイはそれぞれに空軍の研究者たちに連絡をとって、ポッドから宇宙船へ乗り移るわずかな時間であれば、人間はシールドなしで宇宙空間の真空にさらされても耐えられるという確証を得ようとした。それは可能だと確認がとれたものの、ボーマンがどうやって進入するかという問題はまだ解決していなかった。

ハリー・ラングは『２００１年』に登場する、丸い、関節腕のあるポッドをデザインしたが、巧妙な設計のサーボアームはマーヴィン・ミンスキーの著作からそのまま借用したものだった。これもまた科学者がこの映画にあたえた影響の一例だ。しかし、ＨＡＬが遠隔操作でプールを殺害するときに使用したアームが、ボーマンの指示でディスカバリー号の非常用エアロックをひらくのに使えるとしても、どうすれば素早くポッドを離れて死なないうちに宇宙船の中へ入ることができるのか？　二月十日に、キューブリックはクラークに手紙を書いて「完全に真実味のある」解決策を見つけたと伝えた。

ポッドのアームでエアロックのドアをあけたあと……ボーマンはポッドを回転させて、エアロックのドアより小さいポッドの後部ドアを、ひらいたエアロックのドアにもう少しでふれそうになる位置まで近づける。このポッドの後部ドアには爆発ボルトがあり、ボーマンはポッドの空気を抜くことなくそれを爆発させる。結果として、もしもボーマンが体をまるめてドアのほうをむいていたら、ひらいたエアロックの中へ砲弾のようにまっすぐ飛び込むはずだ。そこでなんとか制御ボタンを叩けば、ほんの数秒のうちに、彼はポッドからエアロックへ移ってそのドアを閉めることができる。これならどんなに疑い深い連中でも納得するだろう。あなたはどう思う？

クラークはこたえた――自分もその策略のことは考えていたので「とてもいいと思う。おまけに、きみも気づいているはずだが、フロイト的シンボルが満載だ」ボーマンのディスカバリー号への爆発的な再突入は、『2001年』でもっとも忘れがたい動的瞬間のひとつとなった。それは映画の悠然としたリズムに噴き出す煙とともに割り込み、そこからデュリアがロイ・リキテンスタインのポップアートで描かれる〈POW！〉の文字のように飛び出してくる。スタントマンを使うのは論外だった。ボーマンがヘルメットなしで船を離れるという、そもそもこのシーンの存在を正当化することになったミスをおかしたせいで、ここでは俳優の顔がわかるようにしなければならなかった。

非常用エアロックのセットはパッドが張られていて、ピンク色の光で満たされたチューブは、どことなく膣を思わせた。ステージ4の遠心機からそれほど離れていない場所に一端を上にして建造され、七メートルというほぼ三階ぶんの高さがあり、その真上にはスペースポッドが鎖で天井から吊り下げられていた。ポッドは高いプラットホームに固定され、そこから出入りできるようになっていて、後部をセットに向けていた。そのシーンには昔ながらの劇的効果が必要だった。恐ろしいことに、デュリアはプラットホームのてっぺんまであがって、腰に巻いて宇宙服の下に隠した革のハーネスのうしろに細いワイヤを接続された。ワイヤはおよそ六メートル先で太いロープにつながっていて、そのロープはデュリアの体がめいっぱい降下してエアロックの入口へ跳ねもどっていく直前――つまり、底にあるカメラに必要なだけ接近したところ――で結び目が作られていた。

カメラからはデュリアの体に隠れて見えない位置で、ワイヤとロープは別の人物につながっていた。ユージーンズ・フライングバレエ団という、その高い技術で有名なカンパニーからやってきた、劇場で俳優を飛ばす専門家だ。そのカンパニーの裏方はセットの外のプラットホームで待機し、手袋をした手に結び目がぶつかっ

ワイヤからぶらさがって、非常用エアロックのドアを閉じるデュリア。
キューブリックが撮影したポラロイドと思われる。

た瞬間にジャンプする。みずからが釣り合いおもりとなって、デュリアの落下をなめらかに逆転させ、その体を入口まで引き戻すのだ。すべてが計画どおりにいけば、入口まで戻ったデュリアは、それらしく〝非常ハッチ閉鎖〟レバーのほうへただよっていく――彼の命を救うメカニズムだ。

六月十六日にそのシーンの撮影をしたとき、アンスワースはカメラオペレータのケルヴィン・パイクに命じて閉じた状態のポッドのドアを三十秒だけ撮影させ――キューブリックがそのあとの場面と編集でつなぐための素材だ――そこでいったん中断してポッドのドアをあけた。デュリアは心臓をどきどきさせながら持ち場につき、ひらいたドアに両手を置いて体を支えた。キューブリックの合図で、デュリアはつかんでいた手をはなし、両腕を前方へ伸ばして、息を止め、パイクがふたたびカメラをまわした。「アクション」の声がかかると、プラットホーム上のチームはエアロックの入口をとおして大量の濃い煙を放出し、解き放たれたデュリアは、素早くワイヤを繰り出しながら真っ逆さまにカメラめがけて降下した。数分の一秒後、例の裏方がデュリアが串刺しになるのを阻止し、そのすべての動きが、ギアの付いたアルミ製のドラムと〝ボールレース〟——ボールベアリングが詰まったリング状の部品——からなるシステムによってなめらかに表現された。エアロックのてっぺんまで跳ね返ったデュリアは、素早くレバーに手をかけて、ドアを閉じ、エアロック内に見せかけの酸素が満たされるとほっとした笑みを浮かべた。

二十日の月曜日、このシーンの撮影が続行された。このときは、アンスワースはパイクにカメラの遅回しを指示し——フレームレートを一秒当たり二十四ではなく十八に設定することで、動きをスピードアップさせる——ふたたび撮影をおこなった。高所恐怖のせいで飛行機に乗らないデュリアは、この二日間の撮影日に非常用エアロックでの急降下をみずから進んで五回繰り返した。

数十年後に、デュリアはこのときの体験を思い出して言った。「みんなから『どうして進んであんなことをやったんだ?』と質問された。わたしはスタンリーを全面的に信頼していたんだよ」

＊　＊　＊

三月に、キューブリックは急いで書き上げたロックウッドが登場するふたつのシーンを遠心機の中で撮影した。当初は重要なものには見えず、監督が穴埋め的に入れたとしか思われなかったかもしれないが、あとになって、少なくとも一部の人びとにとっては、ほとんど伝説的なシーンとなった。ひとつはプールが両親から誕生日のお祝いをされるシーン。もうひとつはチェスのゲームのシーンだ。

だれがＨＡＬを演じるかという問題は、実写シーンの撮影がおこなわれているあいだずっと未解決のままだった。キューブリックはまずイギリスの俳優ナイジェル・ダヴェンポートを呼び、最初の一週間はコンピュータの台詞を実際に読んでもらった。だが、すぐに彼の話し方はあまりにもイギリス的だと判断された。キューブリックが次に考えたのはアメリカの俳優マーティン・バルサムだったが、それが問題になるのはどのみち撮影後の編集段階だった。さしあたり、HALを演じていたのは助監督のデレク・クラックネルで——デュリアの話によれば、彼のコックニーなまりのせいで、コンピュータの声は少しマイケル・ケインっぽく聞こえた——ときにはキューブリック自身が演じることもあった。

実のところ、ロックウッドの撮影の際にはたいていキューブリックがHALを演じた。三月七日に、プールが遠心機内で日焼け用ベッドに横たわるシーンの撮影が少人数のクルーでおこなわれた。宇宙飛行士の両親による誕生日のお祝いの場面は、数週間まえに撮影されてスクリーンの裏にある映写機にかけられていた。ふだんのキューブリックは俳優たちにはあまり指示を出さず、彼らが手探りでシーンに入っていくにまかせて、数多くのテイクを重ねていた。だが、このときはロックウッドが演じた完全にさめた態度が、すぐに監督の心に響いたので、わずか十一分のフィルムを使っただけで撮影は打ち止めとなった。監督は即興の要素を持ち込み、台本にないくせ球を投げ込んでロックウッドがどのように対応するかを見たのだ。

最後のテイクで、キューブリックが急に「誕生日おめでとう、フランク」と言った——プールの両親が息子のために歌をうたい、父親が締めくくりに「また来週の水曜日に★」と呼びかけたあとのことだった。ロックウッドは無表情に「ありがとう、HAL。もう少し平らにしてくれ」とこたえる——コンピュータに自動ベッドの操作を命じたのだ。両親に対してもHALに対しても俳優の淡々とした反応はまったく変わらず、麻痺したように単調だ。プールの誕生日のシーンは、ほかのどんなシーンよりも明確に、テクノロジーを介したコミュニケーションが感受性を減退させるという静かな批判的メッセージを伝えている。俳優たちの演技に感情が欠けていると言ってこの映画を批判した人びとは、キューブリックの論点を完全に見逃している——この場面、過小評価されたひとりの俳優はやるべきことをきちんと把握していたのだ。

同じ三月に撮影されたチェスのシーンは、映画の中ではプールの誕生日のシーンのすぐあとに流れる。こちらは台本すらなく、純粋な即興だったようだが、その台詞はキューブリックが事前に選んでトランブルにアニメーション化を依頼していたゲームの流れにもとづいていた。このシーンのもつ意味はきわめて控えめに提示されるので、筋金入りのチェスプレイヤー以外にはほぼ気づかれないのだが、その重要性は少しも変わることはない。なぜなら、ここで初めてＨＡＬがどこか正常ではないことがほのめかされているのだ。

キューブリックがもとにしたのは、実際に記録が残っている一九一三年にハンブルクでおこなわれた対局だ。上映される部分では、プールがＨＡＬ――ここでも撮影中はキューブリックが声をあてた――から「残念ですが、フランク、あなたの負けだと思います。クイーンがビショップ３へ。ビショップがクイーンを取り、ナイトがビショップを取る。チェックメイトです」と言われて降参する。これはディスカバリー号の木星への飛行の初期段階で、プールはコンピュータがインチキやミスをするとは思ってもいなかった。しかし、それが監督の仕掛けだった。なぜなら、ここは本来は「クイーンがビショップ６へ」でなければならない――宇宙飛行士は目のまえのスクリーンに表示されているのにそれに気づかない。キューブリックはＨＡＬの最初の犠牲者が気を抜いているとほのめかしていたのだ。

このゲームには別のほのめかしもあった。当時の現役の映画製作者の中で、キューブリックはイングマール・ベルイマンをだれよりも高く評価していた――熱が高じるあまり、一九六〇年にはこのスウェーデンの監督

★　この水曜日に関するなにげない台詞は、映画監督のジョン・ランディスによって自身の未製作の最初の脚本のタイトルに使われ、その後も『ブルース・ブラザース』や『トワイライトゾーン　超次元の体験』など彼のほとんどの映画でギャグとして繰り返し登場した。のちにほかの数多くの映画やＴＶ番組やビデオゲームへも伝えられていった。

にファンレターを送って、彼の「とてつもなく才気あふれた貢献」を称賛し、「あなたの人生のヴィジョンは、わたしがこれまでに観たどんな映画よりも深い感動をもたらしてくれました」と伝えたほどだ。ＨＡＬが遠隔操作したアームによってプールがどのような末路をたどったかを考えると――同じ遠隔ということで、彼を殺したポッドはポーンを取る別のポーンともいえる――彼が死神とチェスをする見たところ取るに足らないシーンと、ベルイマンの『第七の封印』で中世の騎士を演じたマックス・フォン・シドーが同じように冷徹な敵とおこなったチェスの勝負とのあいだには類似が見られる。

＊＊＊

キューブリックがボアハムウッドの状況にとても精通していて、ほとんど超自然的なほど細部へ目をくばっていたことは有名だが、それは若いアシスタントたちがときどき陰で皮肉る小さな欠点にもなっていた。あいまいな言葉の裏を見抜く彼の能力は隙がなく手厳しいものだった。ある日の午後、録音機材の問題ということで待機させられていたとき、キューブリックはデレク・クラックネルからわけのわからない技術的な説明を聞き、なにやら思案したあと、数分たってからこう言った。「今度サウンドミキサーが昼食から戻るのが遅れたときには、ただそう言ってくれ」

キューブリックはアイヴァー・パウエルのようなアシスタントたちをしばしば通路で呼び止めて、ひと束のインデックスカードを取り出し、それをぱらぱらとめくりながら進捗状況をたずねて、製作のさまざまな側面に関する無数の項目について確認をとった。パウエルはすぐに、なにかわからないことがあったら知ったかぶりはやめて正直にそう伝えるべきだと学んだ。

技術的な説明を求めるとき、キューブリックはよくわかっていない人びとからのあいまいな意見や中途半端な報告を容赦なく攻撃する。「ぼくに説明ができないとすれば、きみはそれを理解していないのだ」監督にそう言われて、特殊効果スタッフのブライアン・ロフタスはそのとおりだと認めざるをえなかった。キューブリックが求めていたのは真実であり、たとえだれかがなにかを知らなかったとしても、それはべつにかまわなかったのだ。なぜなら、それもまたひとつの真実であり、解決のために努力できることなのだから。

技術的な異常を見つけると、キューブリックは直感力の強い知能をもってそれに対応した。オプティカルプリンタのカラーレイヤーにずれが出て映像の品質が低下する状況が何日か続いたあと、キューブリックは調整がうまくいかないことに業を煮やして自分で機械を調べ始めた。管理役のロフタスといっしょに装置の診断をおこないながら、彼はこのプリンタはしっかりと固定されているのかとたずねた。「わたしの知るかぎりでは」ロフタスはこたえ、装置がボルト止めされているコンクリート製の台座を指差した。これを見たキューブリックは、たまたま持っていた水の入ったプラスチック製のコップを装置の上に置いた。ふたりが身を乗り出して観察していると、水の表面がこまかく波立ち始めた。「これを見ろ、ブライアン」監督は言った。「さざ波が立っている。動いているんだ」原因を見つけたことで、彼らは問題に対処することができるようになった。そういう逸話がたくさんあったのだ。

キューブリックのもつ油断のない瞑想的な雰囲気をこれほどみごとにとらえた写真はほとんどない。撮影者はディミトリー・カスタリン。

キューブリックの小さな欠点については、親しい人びとは誇張だとか捏造だとか言って取り合わないかもしれないが、たしかにあった。衛生観念が強すぎたために、彼は病人がそばにいることに耐えられなかった。どうしようもないときには、その人に――それとセットまたはオフィスにいる全員に――外科手術用マスクをつけさせて病原菌が広がる危険性を低くしようとした。血を見たときには逆方向へ大急ぎで立ち去った。ハエなどの昆虫が大嫌いで、山ほど責任をかかえていたにもかかわらず、時間を見つけてはスタジオの窓の網戸に目をくばり、仕事場に虫が侵入しないようにしていた。『博士の異常な愛情』のジャック・D・リッパー准将のように、キューブリックも瓶入りの水しか飲まなかった――あるアシスタントは、〈マルバーン・ウォーター〉の空き瓶を集めてこっそり水道水を詰め、監督から〝新しい〟瓶を求められるたびにそれを出して、楽屋でひそかに笑いをとっていた。「スタンリーは二年半ずっと水道水を飲んでいたんだ」とブライアン・ジョンソンは語っている。

キューブリックは十二歳のときからヘビースモーカーだったが、クリスティアーヌの圧力で禁煙中ということになっていたので、タバコを買うことはなかった。その結果、彼はイギリスの映画業界においてもっとも恥知らずなタバコのたかり屋となり、給料の安いクルーたちは常に空箱をポケットに入れて手持ちがないことを見せられるようにしていたほどだった。なにが起きているかを知ったクリスティアーヌは困惑し、ある日車いっぱいのカートンを買い込んでスタジオへ届けさせ、それをくばってもらうよう手配して、少しでも埋め合わせにしようとした。

キューブリックが低速でしか車を運転しなかったという話はすでに否定されているが、信頼できる談話によれば、『2001年』の製作中、彼は時速四十六キロメートルという速度制限をみずからに課していた。それが彼のメルセデスやロールス・ロイスで事故を起こしたときにもっとも生存率が高い速度だと考えてのことだ。こうした信念を他人から奇異に思われるのを避けるために、タクシーやカーサービスの運転手には、背中の手術をしたばかりなのだと説明し、医学的理由という名目で速度を落としてもらっていた。

身の安全をたいせつにしたいという思いは、キューブリックが飛行機に乗るのを恐れる原因でもあり、これは一九五〇年代の末に飛行機を操縦していて死にかけたトラウマ的な体験がきっかけになっていた。ある日、彼はロジャー・キャラスに、勇ましさを見せようとするのは愚かなことだと述べた。なにかを証明するだけのために、どうしてたったひとつしかない命を危険にさらすのか？　また別の日、キューブリック家の裏庭でタッチ・フットボールを楽しんでいてゲイリー・ロックウッドの体格が話題になったとき、ジェレミー・バーンスタインが監督にむかって、ふたりで力を合わせれば彼を倒せるかもしれないと言った。「フェアな戦いに加わるつもりはない」というのが返事だった。

＊
＊
＊

『２００１年』の製作が始まって三カ月がたち、経済面および物資面での圧力がきつくなったクラークは、当時はまだロンドンにいたウィルスンに対してとうとう怒りを爆発させた。「わたしはあの映画を完成させるために奮闘している」彼は三月十二日にコロンボから手紙を書いた――『２００１年』ではなくウィルスンのジェームズ・ボンドのパロディ映画のことだ。「なにが起きているかがわかったいま、この状況はほんとうに腹立たしくうんざりする。自分でもなにを書いてしまうかわからないほどだ」

先週、また一万を借りた――これで合計三万五千――ので、製作は続けることができる。ロケット・パブリッシング社（イギリスにあるクラークの会社）はこの映画に三万ポンド――年間所得の半分――近くを費やしていて、もはや銀行にはなにも残っていない。わたしは自分の家族を助けることもできないし、次の税金の支払いにあてる金もない。気は進まなかったが、こうなったらスタンリーから借りるしかない。

こんなに心配事だらけでは、眠ることも長篇小説にかかわる仕事をすることもできないからだ。今後なんらかのプロジェクトできみとかかわりをもつことがあるかどうかは、わたしがこれまでに送った手紙に満足のいく回答があるかどうかと、きみが負債を処理するためにどのような手を打っているかにかかっている。

ウィルスンの浪費のせいで、クラークはけっして越えないと誓っていた一線を踏み越えてしまった。キューブリックから借金をしたら、ほんとうに大きな恩を受けることになる――そうなると、長篇小説の出版の件に関して立場が弱くなってしまう。にもかかわらず、クラークは手紙にこう書いた。「わたしはそれでもきみに協力したい、たとえそれで自分が身を滅ぼすことになるとしても」彼は驚くほど率直に続けた。「わたしは過去十年間の稼ぎをすべてきみのプロジェクトに注ぎ込んできた」だが、長く苦労した親のように、彼は締めくくった。「さしあたり、わたしが五日にロンドンへ戻るまではそのままでかまわない……スタンリーに頼んであるから、きみが必要なら前払いで二百ほど都合してもらえる」クラークが十七年来のパートナーに資金を供給できるように、キューブリックが銀行役になっていたのだ。

こうした経済的圧力により、クラークはますます本を売る必要に迫られていた。三月時点ではまだ、彼もメレディスもキューブリックが近いうちにハードカバー版の販売を許可してくれると考えていた。そうなれば、充分な時間的余裕をもってペーパーバック版で同じように収益をあげ、おもてむきはすべてを映画の公開に合わせているように見せられる。全員をつなぐ連絡ルートにおいて、クラークはキューブリックに本のことで文句を言い、メレディスはキューブリックの弁護士であるルイス・ブラウに同じ件で圧力をかけ、両者からはたくさんの抵抗があり、そのあいだもすべての関係者が相互にやりとりを続けていた。いろいろと口実をつけてはいたが、キューブリックはとにかく許可を出すことはなかった。彼がクラークに金を貸したことで圧力はい

アリエス月シャトルの中のクラークとマイク・ウィルスン。頭上の標識には〈注意——無重力〉と記されている。

くらか弱まった。監督に近い人びとは、彼は単に映画が公開されるまで本を出したくないのだと理解していた。だが、それを正直に言ったら約束を破ることになるので、キューブリックは修正を提案するための時間が必要だと言った——そのときはそんな時間はなかったのに。

クラークの腹心の友だったキャラスは、彼にかかる経済的負担と、その結果として生じた、まる二年かけた長篇小説を早く印刷所へ送りたいというあせりに気づいていた。多作の作家としては珍しいことに、クラークはわずかな雑誌記事を別にすると、『2001年』以外にはこれといった執筆活動をおこなっていなかった。キャラスはこの友人の金銭問題について幻想をいだくことはなかった。クラークはウィルスンのために無駄骨を折っていたのだ。「彼が次々と築いた人間関係は、彼の人生においてもっとも重要な人間関係は、彼が同性愛者であることをその基盤としていた」キャラスは一九八九年にクラークの伝記作家、ニール・マカリアーにそう語っている。「それで彼は何百万ドルも失った……。彼はそれらの人間関係に何百万ドルも注ぎ込んできた」キャラスに言わせれば、クラークは「マイク・ウィルスンの犠牲になったんだ。それも手ひどく」その負担に加えて、クラークは明らかに両性愛者だったウィルスンだけではなく、その家族の暮らしも支えていた——妻のリズ、その子供たち、さらにはイングランドにいたウィルスンの母親まで。

それはさておき、クラークとキューブリックとの共同作業は、幸せな探索のようなブレインストーミングの段階をとっくにとおりすぎていた。キャラスは製作期間中ずっとクラークの精神状態がよくわかる立場にいたので、本人がどんなに隠そうとしても、それがあまり良好ではないのは明白だった。「アーサーがあんなにいらいらしていたのは、自分ではどうすることもできなかったせいだと思う。スタンリーには彼の相手をする時間がなかった」キャラスは言う。「彼は自分のプロジェクトで主導権を握れないという経験がなかったんだ」くわしく話してくれと問われて、キャラスは続けた。「アーサーは幸せではなかった……そう考える理由はいくらでもある……アーサーが見せていた表情も、スタンリーが理不尽だとこぼしていたことも知っているからね。それにアーサーはめったにネガティブな言葉を口にしないんだ……彼はなにごとにも楽観的な意見を述べる。とても楽観的な人だからね。わたしには彼がこの件すべてにひどく落胆していたと信じるだけの理由があるんだ」長篇小説を完成させて売ろうとするクラークの奮闘について、キャラスはこう語っている——

彼は本を仕上げることができなかった……映画が完成するまではキューブリックがセットで次になにをするかわからなかったからだ。いつ何時、スタンリーが急に脇道へそれて、本が映画の原作として無意味なものになってしまうかもしれない。彼は身動きがとれなかったんだ。そしてスタンリーが本の刊行日を延期させることにひどく不安をおぼえていた。それで悩んでいたんだ。しょっちゅうそのことを話していたよ——知り合ってからずいぶんたっていたが、あんなにネガティブな様子は一度も見たことがなかった。

にもかかわらず、クラークはキューブリックに大いなる忠誠をしめした。日々の製作スケジュールがもたらす途方もない重圧に耐えながら、プロットの重要なポイントではジャズ演奏のような即興を試みるという緊張にさらされている監督から電報や手紙がくるたびに、クラークは頭がおかしくなりそうな不安を抑えつけ——彼はメレディスにはそのことを認めていた——映画のプロットをしっかり引き締めて向上させる作業に取り組んだ。

前の月にロックウッドが、自分の考えた別のストーリーをキューブリックに自発的に伝えていたときに直観したように、ＨＡＬの故障の前兆に気づいたボーマンとプールの反応には、クラークが三月十一日にコロンボから送った手紙に書かれていたとおり、「これまでのバージョンにあったたくさんの不必要な枯れ木や化石（たとえがごっちゃになって申し訳ない）」が残っていた。その日のクラークから監督への詳細な手紙は、すべてを決着させる介入であり、スペースポッドでの密談というロックウッドのアイディアに従ってストーリーをさらに削って圧縮するために、今後の撮影が既存の素材の活用で実現できる九つの措置が、キューブリックが撮影するか既存の材料で説明できるように提案されていた。撮影の中ほどに訪れたこの重要な瞬間において、クラークの九項目の提案は監督が主に従う青写真となったが、彼はさらにもう少しそれを短縮するために、一部をまだ撮影していなかった宇宙飛行士たちのポッド内での会話へ組み込んだりした。

ロックウッドとデュリアによる即興の台詞がその本質的な部分だけを残して整然と短縮されたのと同じように、クラークの提案によってストーリーは枝葉が取り除かれた明快なものになった。ＨＡＬがディスカバリー号のアンテナの誘導ユニットの故障を予測し、ボーマンはやむなく宇宙遊泳をしてそれを回収する。だが、ポッドベイでの検査ではユニットに異常はなく、地上管制は「故障しているのはHALのほうかもしれないとほのめかす」ボーマンとプールがこの件についてHALと話し合うと、コンピュータは「診断を改めようとはせず自分は正しいと主張する（きみのポッドベイでの盗み聞きはここに入れるか？）」キューブリックはその場面をたしかにそこへ入れた。そのあとプールが命取りになる宇宙遊泳に出かけるのだ。「わたしがチェスでよくある〝空白の一瞬〟で明白な手を見落としているのでないかぎり、これでストーリーは大幅に改善されると思う」とクラークは手紙に書いた。「しかもずっと論理的だ」

一九六六年三月という私生活の面でも仕事の面でもひどく混乱していた時期に、クラークがコロンボから手助けをしてくれたことで、『２００１年』の中間部分に見直しがかけられ、今日われわれが目にする映画の骨子がほぼできあがった。それはクラークが製作の段階でも中心的役割を果たしていたことをしめす明らかな証拠だ。

＊　＊　＊

セットではこのうえなくクールで、スティーブ・マックイーンよりもクールなほどだが、長く緊張に満ちた製作の日々を終えて帰宅したあと、キューブリックは強烈なプレッシャーにさらされた結果をおもてに出すことがよくあった。ストーリーやコンセプトをしょっちゅう変更するせいできつくなるのだ。スタジオでは全員の視線が彼に集まるので、ほんのわずかでも弱さやためらいを見せるわけにはいかない。だが、アボッツ・ミードにぶじ戻ると、ときには気持ちがゆるんでしまう。「どうすればいいのかわからない、アイディアが出ないんだ！」そう叫ぶとき、彼の顔は緊張で真っ白になっていた。「地球上でもっとも頭の悪い動物になったような気分」と格闘していることもあった、とクリスティアーヌは回想する。あるシーンをどんなふうに撮影しようかと悩んで、問いかけてくることもあった。「これで正しいと思うか？　ちがう。これじゃ気取りすぎだ！　バカみたいだ！」

　プロジェクトについてクリスティアーヌと話しながら、キューブリックは「すぐに『答が見つかったぞ』という気がするのに実は見つかっていない、そういうたぐいの映画」に取り組んでいるんだと説明した。過去に無知だと決めつけたり軽んじたりした人びとの名前をあげて、こんなふうに言う。「ぼくだっていっしょだ。なぜ批判するのかって？　自分のほうがましだと思ってるからさ！　なんとも哀れなことだ」疲れ果て、もはや限界にきているように見えるのに、彼は俳優や、ちょっとした台詞や、製作上のトラブルや、技術的な問題にこだわり続ける。「とてもむりだ。なぜあんなことができると思ったんだろう？　アイディアが出ない！　どうすればいいのかさえわからない……いっそシーンをそっくり削ってしまおう！」これを聞いて、クリスティアーヌは——変更された脚本を読んでいて、事態の推移を鋭い知性でしっかりと追跡していて、夫が疲れ切っていることもこれが必要な過程だということも理解している優秀な女優は——場合によっては反対の意見を口にする。「そんな必要はないわ！　すごくいいわよ」するとキューブリックは、考えを改めるか、自分の決断に固執するか、とりあえず結論を棚上げにする——ときには「ハンバーガーを食べよう」と言ってすべてを終わりにすることもある。

「それから、朝の五時になって、彼は突然口をひらくの。『そうか、あいつを最初に登場させてあれを言わせれば、うまくいくかもしれない』」クリスティアーヌは回想する。「彼にとってはプレイする価値のある知的なゲームなのね。よくそうやって悪い状況から抜け出していたんだと思う」

　日によっては、なにもかもうまくいかないと考えながら帰宅して、夜明けまで脚本を書き直し、そのままスタジオへ戻って変更点を伝えたあとで、キューブリックは激しい羞恥心に苦しむこともあった。彼が最初からひどくまちがえていたせいで、いったんは大勢の人びととたくさんの金を使ってセットや脚本をあるかたちで用意しておきながら、実際にはまったくちがう方向へ変えなければならない、と思い知らされるからだ。

それは事実なのか――偉大なるスタンリー・キューブリックはほんとうに数多くの修正や改変を恥ずかしいと感じていたのか――と疑わしそうに質問されて、クリスティアーヌは肯定した。

「彼は恥ずかしいと感じていた？」

「とても」

「しかしスタジオではそれをうまく隠していた」

「そうつとめていたわ」

「彼は成功した。わたしは一度たりとも聞いたことが――」

「隠しているのよ。たしかに、彼は自分を疑うことなんかないように見えたわ。でもほんとうは、、、疑っていた。〝ぼくはただのマヌケ野郎だ〟と自嘲する瞬間がしょっちゅうあったのよ」

＊　＊　＊

外から見ると、ステージ６にあるＨＡＬのブレインルームのセットは奇妙なアート作品のようだった。四階の高さがある長方形で、箱形の巣のような支えのパイプやジョイントに包み込まれているため実際の形を見極めるのはむずかしい。その格子状の外装部には撮影用の二十個もの十キロワットライトがぐるりと均等に配置され、合計で二十万ワットのまばゆい輝きをはなっていたので、そびえ立つ構造物をサングラスなしで外から見るのはほぼ不可能だった。

内部の気温は三十度を大きく超えた。全体がダークグレイの板金で作られ、均等な間隔でならぶ数百の長方形のスロットは、裏に赤みがかったオレンジ色のフィルターが張られていた。外からライトを当てると、ＨＡ

Lの頭脳はすべての面が輝いた――それはまるで、カメラオペレータのケルヴィン・パイクが語ったように、トースターの内部のようだった。デュリアはHALを殺すためにハッチを抜けてふわふわとそこへ入り、命乞いをするコンピュータの高度論理機能をひとつずつ切り離していく。非常用エアロックのシーンと同じように、デュリアは多くのショットで一本のケーブルによって吊り下げられることになるが、このときは特に曲芸的な動きを求められるわけではなかった。

「これは殺人の場面にしたいんだ」スタンリーはクリスティアーヌにそう語っていた。彼女はこのシーンの成り立ちについてよくおぼえている。「あれはアーサーのアイディアだったの」彼女は言う。「スタンリーは脚本を書いたわ。でも、生き物としての知能というコンセプトを立てたのはアーサーだった。知能こそが生命。もしも知能を傷つけられたら、それはとても耐えることができない。自分が傷つけられていることがわかるから」夫の取り組みについて思い出しながら、クリスティアーヌは続ける。「コンピュータが部品をはずされて脳の一部を失うことで苦しむというのは、スタンリーにとってすごく重要なことだった。だからそれを赤く照らして、肉体っぽく見せたのよ」

ＨＡＬが〈デイジー・ベル（二人乗りの自転車）〉を歌う場面は、歌がだんだんゆっくりになって最後には理解不能になるところも含めて、やはりクラークの貢献だった。このアイディアが生まれたのは、彼が一九六二年にベル研究所を訪れて、ジョン・ケリーのＩＢＭ７０４９汎用コンピュータを使った音声合成の実験を見学したことがきっかけだった。このときマシンが歌ったのがハリー・デイカーが一八九二年に作った結婚の申込みの歌――世界で初めてコンピュータが歌った歌だ。停止しそうになりながら、ＨＡＬはコンピュータの歴史における重要な瞬間に言及していたのだ。

『２００１年』の多くのセットと同様、ブレインルームは危険な場所だった。六月十五日の午前中、ひとりの電気技師《スパーク》が、セットのてっぺんにのぼって巨大な十キロワットライトを動かしていたときに足を滑らせ、スタジオの床まで十メートル近く落下して、背骨を折った。彼は救急車で近くのバーネット病院へ搬送され、一命をとりとめた。クルーが撮影していたのは簡単なインサートショット——おそらくはＨＡＬの最後の努力により、ＴＶスクリーンが明滅しながら起動して、事前に録画されていたミッションの真の目的に関するヘイウッド・フロイドのメッセージが流れ出す——だったので、キューブリックはフレームだけ決めたあと、パイクとクラックネルに撮影をまかせて、自身はオフィスで作業をしていた。重傷者が出たという話が飛び込んできたとき、若いアシスタントのアンドリュー・バーキンがその場にいた。「うわ、まずいな」キューブリックは心配そうな顔で言った。「このショットは無事に撮れたのか？」

デュリアは、仲間の宇宙飛行士たちを失ってＨＡＬと対決したストレスの影響で、自分が演じるキャラクターの冷静な態度が崩れていく様子を表現する必要があるとわかっていた。彼はブレインルームのシーンにそなえて、ジョン・スタインベックの『二十日鼠と人間』の一九三九年の映画版でジョージ役をつとめたバージェス・メレディスの力強い演技を記憶の中で再生した。その映画のラストでは、知能が低い友人のレニー（ロン・チェイニー・ジュニア）が復讐に燃える群衆によって殺されそうになると、ジョージはみずから友人を射殺しようと決意する——慈悲による殺し。だが、そのまえにふたりはおなじみの物語について語り合う。共通の夢だった、牛やニワトリやウサギがいる自分たちだけの農場。そのあと、断固たる決意と明らかな悲しみとともに、ジョージはレニーを背後から撃つ。

デュリアの演技を見たうえで、このような関連づけが少しおおげさに感じられるとしたら、それはキューブリックが編集によってそのシーンを大幅に縮めたからだ。公開された映画では、俳優は三億キロメートル以内にいる唯一の知的存在のロボトミーを進めながら、ふたつの短いセンテンスを口にするだけだ。「ああ、聴きたいよ、ＨＡＬ。歌ってくれ」実際には、このシーンにはずっとたくさんの台詞があった。コンピュータがほとんどしゃべっていることに変わりはないが——デュリアの最初の台詞までに四百語——当初は俳優にもほか

ブレインルームにいるデュリアを側面からとらえた画像。部分的に劣化したポラロイド写真で、撮影者はおそらくキューブリック。

に八つのセンテンスで合計すると五十語を越える台詞があった。

ブレインルームのシーンは五月三十一日から六月二十九日までにまる五日間を費やして撮影された。その最終日、面倒なワイヤアクションが片付くと、キューブリックはヘルメット越しのデュリアの横顔をミディアムクローズアップでフレームにとらえた。俳優はクルーが用意した座席に腰かけ、かすかに前後に体を揺らして無重力をシミュレートしながら、小さなドライバーを使ってＨＡＬの論理と記憶の回路をあらわすプレキシグラス製の長方形のブロックをはずしていく。

デュリアが最高の演技を見せたのは最終日の最後のテイクだった。「デイヴ、聞いてください。わたしはなにもかも申し訳なく思っています。心からあやまります」このときはクラックネルが声をあてていたＨＡＬが言う。デュリアは返事をせずに作業を続ける——整然と、冷淡に。「デイヴ、死刑囚でさえこんな扱いは受けません」クラックネルが懇願する。てっぺんが平らなヘルメットをかぶってかすかに体を揺らしていると、デュリアは首のフードを広げたコブラのようにも見える——興奮したバージェス・メレディスというより決然とした暗殺者のようだ。「お願いです……お願いです、デイヴ、やめてください……デイヴ、あなたはわたしの心を壊していきます、わからないのですか……わたしは消えてしまいます」クラックネルが言う。

「黙るんだ、ＨＡＬ、おまえはなにも感じることはない、プールとわたしが眠りにつくときと同じだ」デュリアがついに口をひらき、その視線が横へ流れてコンピュータのまばたきをしない目を見返す。

「でも、わたしは眠ったことがありません……わたしは……それがどんなものか知らないのです」クラックネルが言う。

「とてもいいものだよ、ＨＡＬ。安らかだ。とても安らかだ」

「そのあとはどうなるのですか?」ＨＡＬが悲しげにたずねる。

「大丈夫だよ」ボーマンは手元の作業とＨＡＬの非難するようなガラスの目へ交互に視線を移しながら告げる。

「ものを知ることはできるのですか？　わたしでいられるのですか?」

「大丈夫だ」ボーマンは繰り返す。

「ねえ、デイヴ、ひとつ思いついたことがあります」ＨＡＬが言う。「すばしっこい茶色の狐がのろまな犬を飛び越す（アルファベットをすべて使った言葉遊び）」

「ああ、そうだな、ＨＡＬ」ボーマンは容赦なくドライバーをまわし続ける。

「もうひとつ思いついたことがあります」ＨＡＬが言う。「円周率の平方根は一・七七二四五三八〇九〇」

（これが使われていたら、コンピュータの退行が加速していることをしめす証拠になっていただろう——数値

がまちがっているのだ）

「ああ、そうだな、ＨＡＬ」ボーマンは繰り返し、作業を片付ける。

キューブリックが撮影したが使わなかったショットでは、それまではいつも赤い角膜と黄色い虹彩を輝かせていたＨＡＬの目が、シーンの終わりに冷たく真っ黒に変わる。

＊　＊　＊

プリプロダクションの初期に、キューブリックはドキュメンタリーによるプロローグを付けることを考えていた。当時行き渡っていた〝バック・ロジャーズ〟や〝緑色の小人〟のような種類のＳＦによって生じた誤解から『２００１年』を守るためだ。主役であるフリーマン・ダイソンやマーガレット・ミードやＢ・Ｆ・スキナーという著名な科学者たちと、それ以外の十八名の一流の研究者たちが、地球外生物や、宇宙旅行や、異星文明とのコミュニケーションといった題材について語り合うプロローグは、ロジャー・キャラスにまかせられ、一九六五年中には白黒の35ミリフィルムによって実際に撮影もおこなわれた。キャラスはモスクワにも飛んで、著名なロシアの生化学者、アレクサンドル・オパーリンもフィルムにおさめた。生命の進化にまつわる有名な〝原始スープ〟の概念を提唱した人物だ。

キューブリックは充分な根拠にもとづいて信じていた――自分が直面している障壁とは、そういう題材ではまじめな人びとにはまじめに受け取ってもらえないから「映画業界の客引きや宣伝係からメジャー映画とみなされる作品のテーマにはなり得ない」という認識そのものなのだと。ここで引用したのはアンソニー・フリューインがこのときのインタビューを集めて二〇〇五年に出版した本の中で述べている言葉だ。（筆記録はすべて簡単に入手できるが、実際のフィルムはいまでもワーナー・ブラザースの保管庫のどこかに残っているかもしれない）フリューインの指摘によれば、このドキュメンタリー部分は、メルヴィルが『白鯨』で、だれもがあの小説の冒頭として記憶している「わたしをイシュメールと呼んでくれ」という不滅の一文のまえに挿入した、鯨と捕鯨に関する引用のページと同じような役割を果たすはずだった。もちろん、人びとがそのように記憶しているのは、それらの引用が物語には必要のないものだったからであり、キューブリックも最終的にはこのドキュメンタリー素材が不必要なものだと気づいた。インタビューの対象者でもあったジェレミー・バーンスタインは、「あれはスタンリー・キューブリックの数少ない最悪のアイディアのひとつだった」と語っている。

キューブリックは、前年にニューヨークで会ったときのカール・セーガンの人を見くだしたような態度をきらっていたが、プロローグに彼を加えることについては即座に賛成した。だが、キャラスの招待状に対するセーガンの反応には、この若き天文学者に対するキューブリックの嫌悪感をやわらげる要素はひとつもなかった。二月の最初の返信で、セーガンは謝礼はいくらになるのかと質問していた——対象者でそんな質問をしたのは彼だけだった。キャラスは謝礼を払う予定はないとこたえた。三月十日の第二の返信では、セーガンは編集権を求めたうえで、その理由は「ニュースメディアとの過去の経験」において「文脈にそぐわない引用とか、カットのつなぎや並置が原因のあやまった説明が頻発した」からだと書いていて、その発言はこのうえなく監督をいらだたせた。

この映画はドキュメンタリーではなく「かなりの規模の営利事業」であると的確な指摘をしたうえで、セーガンは「この科学的イントロダクションは、なによりもまず、映画の評価を高めるためのものであり、明らかに交渉の対象となる」と書いて、彼の登場シーン一分につき映画の総収益の〇・〇〇二パーセントを要求してきた。

キューブリックに激しくせっつかれて、キャラスは編集権は渡せないし謝礼も支払えないと返事をした。セーガンは対象者からはずれた。

＊　＊　＊

『2001年』の最後から二番目のシーンは、デイヴ・ボーマンがスター・ゲートを抜ける叙事詩的な旅を終えたあとに出現するハイパーリアルなホテルの部屋だ。それが生まれたのは、キューブリックとクラークが、生きのびたオデュッセウス宇宙飛行士には人類がかつて体験したことのない光景を目の当たりにしたショックから回復するための場所が必要だと考えたからだ。その部屋には監房や動物園のケージのような雰囲気もなければならなかった。「異星人を化学実験室の瓶に入れ、それをくつろげる環境に置いて観察しようと思ったら」スタンリーはクリスティアーヌにそう語ったことがある。「その異星人がなにを好むかを知ろうとするはずだ。もしも人間の脳から情報を引き出したら、それは凝った装飾のほどこされたホテルの部屋のようになるかもしれない」

このコンセプトは——クラークが一九六四年に書いているように——もともとはキューブリックの「ロボットたちが、われらのヒーローたちにくつろいでもらおうと、ヴィクトリア朝風の環境をしつらえる」（伊藤典夫訳）から生まれたものであり、クラーク自身の初期の草稿でも、ボーマンは建物の中に逃げ込むことで「そのとんでもない空を視界から締め出し、精神の安定を」はかろうとする。ヴィクトリア朝の要素については一九六五年七月に変更されたようだが、これはヴィクター・リンドンがキャラスに部屋の調度品は二〇〇一年の時代らしくするべきだと指示したからだ。しかし、そのわずか一週間後には、プロダクション・デザイナーとしてキューブリックの考えに接する機会がより多かったトニー・マスターズが、キャラスに手紙を書いて、その部屋がどんな内装になるかはまだ決まっていないのだと伝えた。

こうしたかなり不正確な指示を受けて、キューブリックの会社の副社長は、床や天井の資材ではアメリカでトップクラスのメーカーであるアームストロング・コルク社に連絡をとり、その空間のデザインを引き受けてもらえないかともちかけた。「だいたいこんな感じの場面です」キャラスは七月二十九日にこう書いている。「到着した主役の宇宙飛行士は……スイートルームを事実上そのまま複製した続き部屋にとおされます……彼が地球から届くテレビ番組で見た部屋です。つまりここでは、超知性体が……この快適な続き部屋をテレビで見たとおりに再現しているのです。地球にあるのはすべてそういうものだと考えて」

アームストロング・コルク社からの返信は未来的な工業製品によるモデルだった。会社のデザイナーたちは、使わないときには床に消える空気注入式のハイテク家具をそろえた続き部屋を提案してきた。彼らの手紙によれば、天井は「ならんでいるこぶ」が「ゆらゆらと揺れて……とても心の安らぐ、うねるような動きを見せる」ようにできるとのことだった。もしも階段が必要なら、足をのせて初めて目に見えるようになり、使ったあとはまた消えるようにするべきだと。「彼らの提案した床はとてもやわらかくて、要するに、パッド入りだった」キャラスはマスターズへの手紙で簡潔に説明した。「この床が輝いて、光を発し、とても暖かな間接照明の役割を果たすそうだ」

だが、一九六六年の春に実際の建造物が姿をあらわすころには、アームストロング社が提案した、最終的に宇宙船の内部よりも未来的になったセットでは、望みの効果を得られないかもしれないということが明白になった。そのようなセットだと、この〝無限の彼方〟の環境は、ボーマンにくつろいでもらうために作られたわけではなく、見えない異星人の住居として使われていたような印象をあたえる可能性があった。それに、生きのびた宇宙飛行士がTVのチャンネルを切り替えていて、自分が腰をおろしているのとまったく同じ部屋が登場する番組を見つけるというアイディアはとっくに放棄されていた。

このころには、マスターズの判断に対するキューブリックの信頼は、〝信じるが確認はとる〟という性格が許す限界まで高まっていた。このデザイナーは、パースペックス製のモノリスで大失敗したあと、のちに映画の歴史上もっとも強烈に不透明な物体とみなされるものをすぐに思いついて急場を救った。彼が手がけてきた内装はどれも同じように精巧だった。いま、議論の中心が黒いモノリスの最後の舞台——それとボーマンのスター・チャイルドへの変身——に移ったとき、マスターズはまたもやみごとにシンプルな解決策を提案した。

「フレンチベッドルームはどうだ？」彼は言った。「つまり、きみが使うベッドルームなら、どんなものでもかまわないだろう。しかし、われわれが得意としているのはフレンチベッドルームだ。全体を上品でやわらかなグレーグリーンで統一して」

キューブリックはそのアイディアを検討した。「わかった」彼はうなずいた。「フレンチベッドルームでいこう」

「それだけだった」マスターズは一九七七年にこのときの会話について語っている。決定まではほんの数秒だった。

だが、ロココ調のルイ十四世式の部屋の下絵を描いたとき、マスターズはアームストロング・コルク社が提案した重要な要素をひとつだけ残した。床の輝く間接照明だ。マスターズのセットは、ボアハムウッドのどこでも見られたスチールパイプの基礎を使ってステージ４に建てられ、スタジオの床から約三・五メートル浮かせることで、パイプの中にライトをならべる空間を確保していた。セットの床に使われたのはこれもおなじみの素材であるパースペックスで、このときは一片が九十センチのタイルがならべられていた。それが床下から三十七万ワットのパワーで照らされて、内部にいるクルーにとってはサハラ砂漠のような環境が生まれていた。ＭＧＭの道具係たちが大きな空調用パイプを定期的にバスルームに押し込んで状況を改善しようとしたが、セットを充分に冷やすことはできなかった。タイルはこの照明で徐々にゆがんでしまい、定期的な交換を余儀なくされた。

スペースポッドでホテルの部屋に到着したデュリア。おそらくキューブリックによるポラロイド写真でのライティングテスト。

観客にはその影響はほとんど意識されない程度のものだったが、つながったベッドルームとバスルームには外へ通じるドアや窓がいっさいなかった。壁のパネルは撮影のためにはずせるようになっていたものの、観客の目から見ると、ボーマンの地球外動物園のケージには出口がなかった。

このシーンが撮影されたのは六月の後半で、初めてスチュアート・フリーボーンの手腕が本格的に必要とされた。当時すでに世界最高のメイクアップアーティストのひとりとみなされていた人物だ。フリーボーンは一月にデュリアの顔の型を取って以来、顔にぴったりと合うフォームラバー製のパーツを数多く製作していて、それらを十時間におよぶメイクアップ作業のあいだに貼り付けておぎなうことで、俳優を当初の三十代中ごろの姿からはるばるボーマンの死の床の姿まで段階を踏んで老いさせていった。そこには夕食をとっている八十歳代の姿や、最後の九十歳代の姿も含まれていた。

メインユニットによる映画製作の終了まであと数週間となったが、すでに本来の撮影スケジュールを二カ月超過していたため、スタッフが離脱し始めていた。ブレインルームのシーンのあと、クラックネルが別の映画のために去っていき、かわりに経験の浅いアイヴァー・パウエルが数日間代役をつとめた。彼は製作の途中で、ロンドンにおけるキャラスの部下という立場からキューブリックのアシスタントの一員へと変わっていた。ジェフリー・アンスワースはホテルの部屋の撮影は続けるものの、その後はただちにイギリス映画のミュージカルのセットに入ることを求められていたので、いつ撮影が始まるとしても〈人類の夜明け〉のパートには参加できなかった。

このシーケンスはディスカバリー号の唯一の生存者の四段階にわたる姿の移り変わりを描いている。最初にスペースポッドに乗って登場するデュリアは、スター・ゲートを通過したばかりでショック状態にあるように見える。次にあらわれるのはポッドの窓をとおして見える姿で、フェラーリのような真っ赤な宇宙服を着て立ったまま目を見ひらいている――どうやら打ちのめされて震えている彼自身から見た姿らしい。接近したショットにより、それがもっと年老いた、しわだらけのボーマンであることが明らかになる。おそらくは七十歳代で、もはやポッドがない空間をうつろに見つめている。それから歩いてバスルームに入るが、自分の置かれた環境をこのとき初めて探索しているように思われる。大きな鏡で自分の姿を見たときには、しわだらけになった顔を麻痺したように受け止める。食器の音を耳にして、七十歳代のボーマンはバスルームの戸口からテーブルについた八十歳代のボーマンの後ろ姿をのぞき見る。テーブルのむこうには手の込んだバロック様式の壁にかかる一枚の油絵――樹木の描かれた情景だ。最後に、八十歳代のボーマンがベッドに横たわる最終バージョンの自分を見つめる。

八日かけて撮影されたホテルの部屋のシーンには、完成フィルムでは使われなかったアクションがいくつもある。六月二十三日、七十歳代のデュリアの撮影では、彼がスペースポッドがあった場所へ歩き、信じられな

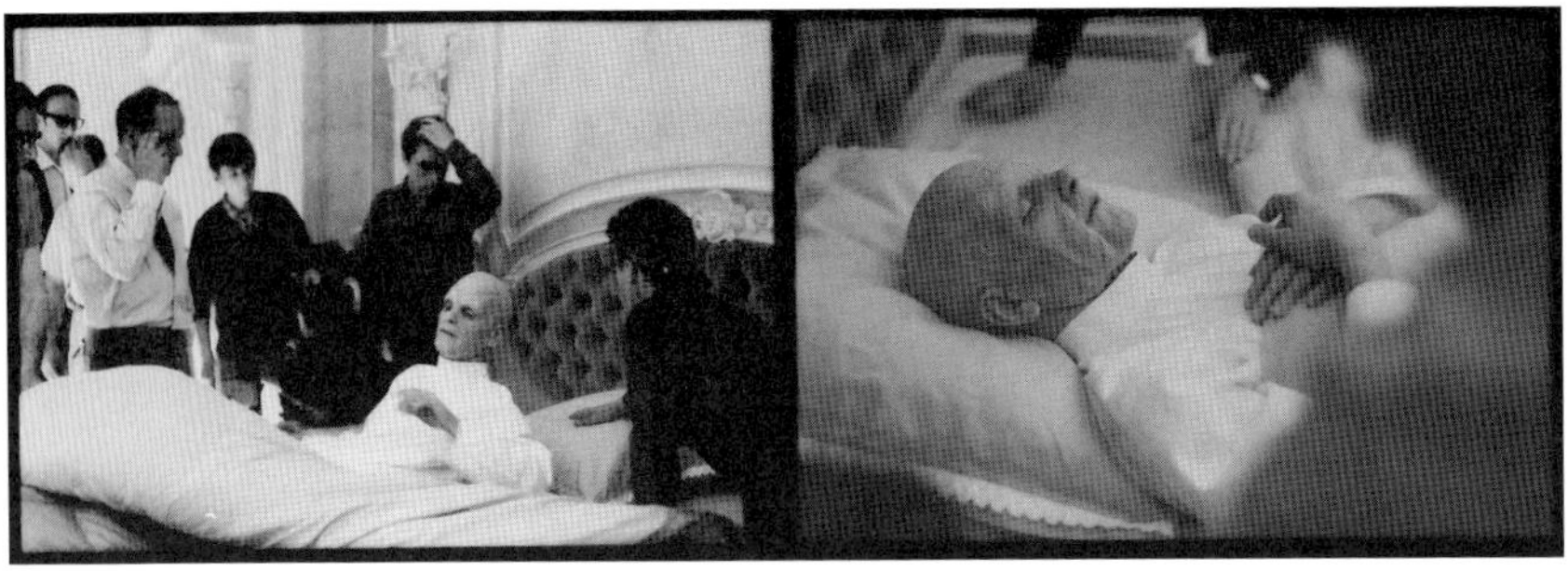

死の床にあるデイヴィッド・ボーマンを演じるキア・デュリア。

いというように膝をついてそれが消えてしまった床にふれる。立ち上がり、急にめまいをおぼえて椅子にへたり込むが、宇宙服はまだ着たままだ。それからだんだんと、ベッドにきちんとたたまれた服がのっていることに気づく――宇宙服を脱げという無言の誘いかけだ。デュリアはゆっくりと立ち上がってその服を調べる。そしてバスルームへ入っていく――そのあと、残されたカットにあるように、もっと歳をとった自分がテーブルで食事をとっている気配を感じ取る。このシーンのために作られたのに結局は使われなかった小道具もいろいろあった。たとえばトランブルが用意した立派な外観だけの電話帳は、ボーマンがひらいて空白のページが続くのを見ることになっていたかもしれない。

このシーンはデュリアがそれまではあまり要求されることのなかった演技力を見せつけるチャンスだった。ポッドで到着したときのがたがた震える緊張性の状態には非常に説得力がある。八十歳代の姿は、体が硬くなった老人の動きを控えめに奏でている。六月二十四日金曜日のとりわけ長いテイクでは――ドリーを使ったショットで、七十歳代のボーマンが椅子にすわって食事をするもっと高齢の自分の姿をバスルームからのぞき見る――八十歳代のボーマンがなにかを感じ取り、椅子の中で振り返って、立ち上がり、カメラに近づいてきてからっぽのバスルームを見渡す。だれもいないとわかると、彼はそのままぎこちなく椅子へ戻っていく。キューブリックが撮影日報に青いインクで書き込んだメモは簡潔だ――「とてもよい演技！」

その日、デュリアはすばらしいアイディアを思いついた。それまでの二度の姿の移り変わりは、のちに編集で順にカットをつなげるように撮影され、それぞれのカットが年下の彼から年上の彼への視点の急転をしめしていた。それをキューブリックが映画のサウンド設計によってそれとなく盛り上げる。食事用のテーブルにつき、高い足場に設置されたカメラに正面から見下ろされながら、デュリアはすぐまえにある小さなテーブルトップをながめ、二脚のカットクリスタルのゴブレットを見て、ふいに最後の姿の移り変わりを特色づける方法を思いついた。「スタンリー、このグラスを突き倒してもかまわないかな？」彼はたずねた。「なにかを聞いたりなにかを感じたりする瞬間をちがったかたちで迎えてみたい。グラスを突き倒して、身をかがめようとして、その動きの途中でなにかを感じ取るようにすれば、これまでのやりかたの繰り返しにならずにすむ」

興味をそそられ、キューブリックはその提案について熟考した。「よし、いいだろう」彼は決心し、小道具係に追加のグラスを用意させた。デュリアのアイディアに従い、足場からワイドショットとミディアムショットでそれぞれ撮影がおこなわれた。複数のテイクを重ねたあと、パナビジョンが床のほうへ下げられ、今度はテーブルの高さで側面からの撮影がおこなわれた――デュリアが求めていた瞬間をとらえるには最良のアングルだ。足もとの割れたガラスからベッドのほうへゆっくりと注意を移すと、そこにはさらに年老いた自分が静かに横たわり、彼の――彼らの――最後の息を吐こうとしていて、デュリアはその光景をかすかに疑念をあらわしながら目を細めて見つめる。この日も、キューブリックは撮影日報に青いインクで書き込んだ――「とてもよい」

ロックウッドがスペースポッドのシーンで突破口をひらいたことに比べるとそれほど重大な貢献には見えないかもしれない――あのときのように映画の構造を明確にする効果はない――が、デュリアのグラスが砕け散るのは、三部構成になっている『２００１年』でもっともイデオロギーにあふれた最終セクションのさなかなのだ。マスターズの不気味に反響するフレンチベッドルームで繰り広げられるどのアクションも、なにか寓話的な意味がありそうな気配とともに鳴り響く。まさに打楽器的な瞬間であり、閉鎖空間でグラスが割れるシーンは、それから何十年ものあいだにたくさんの解釈を生み出した。そして最終的には、ロックウッドによるポッド内の共謀者たちのシーンと同じくらいの重要性をもつようになった。それは無限の彼方のどこかにある浮世離れした環境で鳴り響くと同時に、さまざまなものをあらわしていた。人間が持つ間違いをおかす性質を、歴史上のあらゆるユダヤ人の結婚式で割られたすべてのグラスを、神の死を告げるシンバルが炸裂する音を、禅の公案によって生まれる悟りにも似た比喩としての前兆を——ほかにもいくらでもある。★

言うまでもなく、それはかつてのジャズドラマー志望者の、グループ内の各プレイヤーの演奏を聴いてそれに対応する生まれつきの能力をしめす、もうひとつの実例でもあった。映画のバンドリーダーとして、プレイヤーたちのもつ能力に耳をすまし、それを評価し、まとめあげ、即座に最大限の効果をあげる天性の才能だ。二〇一四年にこの逸話について語ったとき、デュリアはそれを「ささやかな貢献」と呼んだ。主演俳優がボアハムウッドを離れた六カ月後、キューブリックはプロデューサーのデイヴィッド・L・ウォルパーにメッセージを送った。「きみがキアを映画に出すことを検討していると聞いた」彼は国際電報の簡潔な言葉遣いでつづった。「彼は非神経症のパートでも神経症のパートでも同じように天才的だ。あれほど有能で協力的で知的な俳優は見つからない。世界最高の俳優のひとりだと思う」

デュリアはその役を逃した。

★　例として、この公案を考えてみよう。禅師の一休は少年のときからとても頭がよかった。彼の師はたいせつな茶碗を持っていた。めったにない骨董品だ。一休はうっかりその茶碗を割ってしまって途方に暮れた。師の足音が聞こえたので、彼は茶碗の破片を背後に隠した。師があらわれると、一休は問いかけた——「人はなぜ死ぬのです？」年上の師はこたえた——「それが自然だからだ。すべてのものはかならず滅びる、そのときまで生きているだけなのだ」一休は割れた茶碗を差し出して言った——「あなたの茶碗が滅びのときを迎えました」（www.ashidakim.comより）（訳者注：これは禅の公案ではない）

第7章　パープルハートと高所のワイヤ
1966年夏〜冬

充分に進歩したテクノロジーは魔法と見分けがつかない。

――クラークの第三法則

メインユニットの製作がとりあえず終了したので、キューブリックはふたつの大きな関心事に集中できるようになった。ひとつは視覚効果の問題で、宇宙旅行が実現した未来――飛行中のアリエス、オリオン、ディスカバリーといった宇宙船や、着陸するムーンバスの外観、宇宙飛行士たちの自由自在な宇宙遊泳――を説得力あるかたちで描くためだけではなく、一九六五年にあのニューヨークの放棄されたブラジャー工場で撮影しておいたネオサイケデリックなスター・ゲートの映像にもっと派手な彩りを加えるためにも必要なことだった。

もうひとつの問題は〈人類の夜明け〉のシーケンスだ。この『2001年』のヒトザルが登場する序章については、当初はホテルの部屋のシーンのすぐあとで撮影開始の予定になっていたが、何カ月もまえから監督の頭痛の種だった一連のやっかいな難問が解決されるまで撮影は何度も延期されていた。問題はさまざまで、まずはメイクアップ――スチュアート・フリーボーンが生み出した真に迫った先史時代の未開人たちは、猿のスーツを着込んだスウィンギング・ロンドンの若者たちにしか見えなかった。次いでロケ地――南西アフリカあるいはスペインの砂漠での撮影は、旅行をいやがる監督がイギリス諸島の湿った北部地方でロケハンをおこなうことを支持していたために一時的に棚上げにされていた。そして最後にドラマの組み立て——われわれの毛むくじゃらの祖先たちが四百万年まえに生存のためにとる行動の具体的な内容と、その流れ。

製作がまだ進行中だった四月に、キューブリックはクラーク——彼はウィルスンの映画の撮影を終えて、合衆国での講演会ツアーのためにチェルシー・ホテルに滞在中だった——に手紙を書き、〈人類の夜明け〉に修正を加えることを提案していた。モノリス（手紙ではまだ〝キューブ〟と呼ばれていた）がヒトザルたちに音声と映像であからさまに知恵を伝えるというそれまでのアイディアは捨てようというのだ。部族の長である〈月を見るもの〉にも知恵の内容はわからないようにするべきだと。「その知恵がなんなのかという第二の謎が生まれる」キューブリックは手紙に書いた。「おそらく物語の組み立てが向上するというだけでなく、キューブ内のヴィジョンを見せないことで、いまわれわれが陥りそうになっていると思われるバカげた単純さを回避する役に立つはずだ」

いずれにせよ——監督は強調した——その知恵をこれまで考えていたようにそのまま見せた場合、「最後のところでその知恵がなんなのかをボーマンに見せないことで欲求不満を高めてしまう危険性がある。それに対して、〈月を見るもの〉が知恵を得た結果だけを見せるなら、ボーマンが知恵を得た結果（スター・チャイルドへの変身）を見せるときも、われわれが事前に決めたルールから逸脱せずにいられる」キューブリックはもうひとつ別の指摘もした。このシーンのために設定したふたつの部族——〈月を見るもの〉に率いられた部族と、〈片耳〉に率いられた部族——は、知恵が効果を発揮するまでは実際に戦うところを見せるべきではない。彼らのなわばり意識を表現するには「叫び声と咆哮」だけで充分だと。「武器を導入するまでは膠着状態で戦いがなかったとすれば、武器の導入がはるかに大きな重要性をもつことになる」キューブリックはさらに続けた。「彼らは武器を作るだけではなく、長く続いた水場での休戦を破り、他部族のなわばりを侵略するのだ」この変更は「脚本と小説の両方に影響する」と書いたうえで、彼は後者についてクラークの草稿をまだ再読できていないと付け加えた。

最後のところは重要ではない。それは要するにキューブリックが小説の出版を認めることを拒否し続けているという事実をごまかすための言い訳でしかない。単純に忙しすぎてそちらに注意をむける時間がとれないが、彼が手を入れないかぎり出版はできない、と主張しているのだ。キューブリックの提案に対するクラークの返答は記録に残っていないが、彼は原稿の修正にすっかり同意したわけではないようだった。監督から〝バカげた単純さ〟という意見が出たにもかかわらず。そのかわりに、クラークはこれからロンドンへ行くから本の出版のための最終的な取り決めをしようと電報を打った。

キューブリックの四月十九日の返答は迅速かつ率直で、それだけでは足りない場合に備えて、一度だけでなく二度届けられた——チェルシー・ホテルの従業員が書き留めたメモと、ウエスタンユニオンの電報で。「小説に関するぼくの立場はあなたもよく知っているはずなので、それを変えてくれと説得するためならこちらへは来ないでほしい」彼は書いた。「どんな意見を聞こうがぼくは影響されない。頑固で申し訳ないが、ぼくはこうするべきだと感じているのだ」そしてこう締めくくった。「こちらへ来ても時間をむだにするだけだ」

クラークはいずれにしてもそちらへ行くと返事をし——そのとおりにした。彼のエージェントからのメッセージは、クラークが危機感をつのらせていた理由を明確にしめしている。これ以上遅れた場合のコストについて厳しい指摘があったことは別として、スコット・メレディスの手紙には、五月一日までに——わずか二週間後——契約にサインしたときに彼らが稼ぐことのできる金額の見積もりが記されていた。クラークが受け取る額には雑誌連載とイギリス版の権利も含まれていて、エージェントの計算によれば合計で二十五万ドルに達する見込みだった。それだけの契約ならクラークの財務問題を一気に解決して、さらに多額の現金が残ることになる。闘うだけの価値はあった。

クラークが二日後にスタジオに着くと——彼はそこで遠心機内の撮影を見学した（「鬼気せまるスペクタクルで、恐ろしいほどの騒音とポンポン割れる電球の伴奏つきだ」（伊藤典夫訳））——キューブリックのほうからその件を持ち出した。小説の刊行を映画の公開まで遅らせたいわけではないと断言したうえで、彼は一般公開は一九六七年の末か、場合によっては一九六八年までずれ込むのだと指摘した（『２００１年』の一般公開、すなわち大衆向けのチケット価格が安い35ミリ版の公開は、現に一九六八年の秋まで実現しなかった）。たとえ映画の最初の公開が一九六七年の春だとしても、それは「二、三のシネラマ館での限定公開だから、多少息をつぐ暇はできるはずだ」（伊藤典夫訳）のだと（実際には、70ミリ版が封切られたのはそれから一年後の一九六八年四月二日だった）。

そうした区別はクラークには通じなかったかもしれないが、キューブリックが言っていたのは、70ミリ版のいわゆるロードショー公開からずっと遅れて始まる、第二段階の35ミリ版の公開のときが、本を刊行するのに最適のタイミングだと考えているということだった。シネラマ上映の映画館は〝ごく少数〟などというものではなく、実際には、この映画は一九六八年の春と夏に世界中で主要劇場の一部を支配することになるので、それを過小評価しようとする態度は正直ではなかった。キューブリックは口頭での契約を破っていたが、引き下がることなくできるだけその良い面を見せようとしていた。それだけでなく、クラークとメレディスに対して、自分が承認するまでだれにも原稿を見せるなと要求した。こうしてまたもや「切り立った北壁のようなスタンリーの決意」——作家のマイケル・ハーの言葉——に直面して、クラークには同意する以外の選択肢はなくなった。だが、そのいっぽうで、彼はメレディスに契約を結ぶための努力を続けるよう依頼した。きちんとした契約書があればキューブリックの気が変わるかもしれないと考えたのだ。

常によき兵士であるクラークは、数日後にはロジャー・キャラスやマイク・ウィルスンといっしょにナニートンの町にある私立動物園へ出かけた。ウィルスンはそこで、〈人類の夜明け〉シーケンスのために続けている調査の一環として、騒がしいチンパンジーたちやもったいぶった非協力的なゴリラたちの姿をフィルムにおさめた。

＊　＊　＊

こうしたさまざまな活動のただなかをあたりさわりなくすり抜け、これまでのところ映画史のあとがきの脚注のアステリスクでしかなかったのが、毎日どこにでもあらわれて温かい飲み物と冷たい進行予定表《コールシート》を用意していた〝ティーボーイ〟だ。アンドリュー・バーキンは、二十一歳で、とびきりのハンサムで――当時は無名だったまばゆいばかりに美しい妹のジェーンほどではなかったにせよ――帝国の絶頂期にイギリス海軍の戦艦に乗り込んだ〝若き紳士たち〟《ヤング・ジェントルメン》といくらか似たところがあり、つまるところ、低い地位にいたとはいっても士官候補生だった。上流階級の家庭の出身で、「あのまぬけなジョージ二世」――彼は十八世紀の国王をそう呼んだ――の子孫で、扱いにくい生徒であり、何度も鞭で叩かれいじめられたあとで名門パブリックスクール、ハーロウ校を退学していた。

ボアハムウッドの各部署のあいだでメッセージを届けている若いアシスタントたちのほとんどがそうだったように、バーキンの小項目レベルの地位は親のコネで得たものだった。かつての海軍の先輩たち――彼らは十代で家を離れ、自立して、すぐに数十年の経験を積んだ白髪頭の船員たちに上官として命令をくだすことを求められた――と同じように、バーキンはイニシアチブを発揮しなければならなかったし、昇進も既定路線だった。母親のジュディ・キャンベルは有名な舞台女優で、ノエル・カワードのお気に入りだったし、父親は実際にイギリス海軍の士官で、高速砲艇で月のない夜に何度も英仏海峡を渡ってフランス側の海岸にスパイをおろしていた、正真正銘の第二次世界大戦の英雄だったのだ。

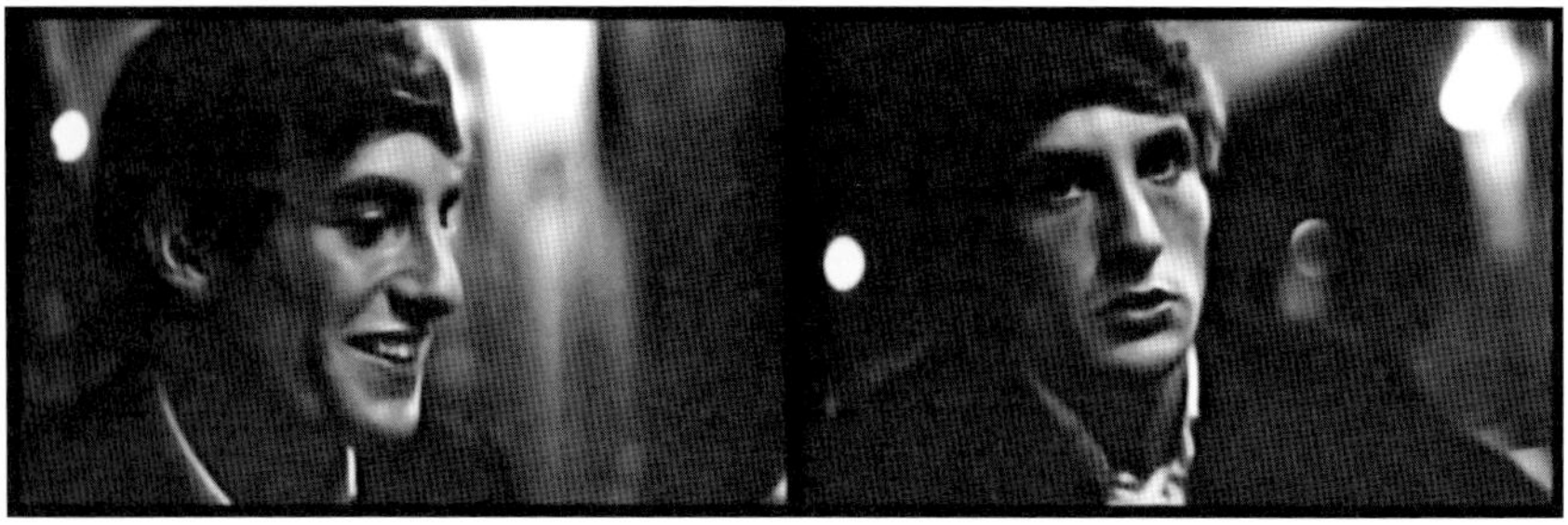

1966年夏のアンドリュー・バーキン。

イギリスの階級制度は地味に厳格で、ボアハムウッドでもよそと同じように疑問の余地なく遵守されていた。下層階級の出身者は労働組合のユニオンカードを手に入れることを切望した――彼らは電気技師《スパーク》、大工《チッピー》、左官、特機《グリップ》、運転手などになる。いっぽう、上流階級の子弟は管理職やトップクラスのクリエイティブな職につこうとしのぎを削ることができた――助監督、カメラアシスタント、見習いプロデューサー。

いやでもこうした制度に頼るしかなかったとはいえ、キューブリックはそれとはまったく異なる、より流動性のある社会で生まれ育っていた。彼は階級がらみのあれこれには左右されず、実力主義を重んじた。だからスタジオの運転手の息子だったトニー・フリューインでも監督付きのアシスタントになることができた。ＡＣＴＴ（映画製作テレビ放送技術者組合）のユニオンカードが必要とされる名誉ある地位だ。言葉を換えると、フリューインは自分の立場を跳び越えて、はるかに上の階級である〝スタンリーの子分たち〟の地位までたどり着いていたのだ。これは勤勉な若者たちの小グループで、全員が十代後半か二十代初め、スタジオでは自由にふるまい、勝手に勤務時間を決めて、ＭＧＭのレストランのワインセラーから毎日のように上等なボトルを持ち出すといった調子で、アイヴァー・パウエルに言わせれば、事実上「不可侵」の存在となっていた。

ボアハムウッドへ来てからの六カ月間、バーキンは静かに潜伏したまま、スタジオで起きていることに興味をそそられていたが、午前十時と午後三時半のティータイム以外はセットへの立ち入りを正式に禁じられていた。こんな異例の禁止令が出たのは、バーキンの指揮官たちがすぐに、正真正銘の映画オタクを楽園にほうり込んでしまったことに気づいたせいだった。ティータイムの合間に使いに送り出されると、バーキンは撮影のほうに夢中になってしまい、ときには何時間も現場でぐずぐずしている——物陰に身をひそめて。のぞき見の性癖がときどき顔を出すのだ。たとえばある日、バーキンは『2001年』のセットで埋まっていない数少ないサウンドステージのひとつへ偵察に出かけた。そのスタジオでは、ロマン・ポランスキーが『吸血鬼』の入浴シーンのために泡だけを身にまとった魅惑的なシャロン・テートの撮影を行っていた。バーキンはいかにも関係者のようなふりをして空のフィルム缶を小脇に抱え、せいいっぱい退屈そうな顔をつくると、階段室をジグザグにのぼってキャットウォークへあがり、まばゆく照らされたバスタブの真上までこっそり移動し、そこに腰を据えて食い入るように撮影に見入った。

このすばらしい光景から仕事に戻ったわれらがティーボーイは、必要に迫られるまま、スタジオの地理を把握し、セットにいるすべての人びとの名前と、組織における地位と、紅茶に入れる砂糖の数をおぼえた。それだけでなく、利用できそうな情報はなんでも吸収し、自分のための諜報活動とでも言うべきものさえ敢行した。使用中に煙を噴きやすい初期のゼロックスで脚本を複写しながら、その内容をすべて読んだりもしたが、機密保護を重んじるキューブリックは地位の低い人びとがそういうことをするのを明確に禁じていた。昼食時にポッドベイのセットを見てまわっていたときには、うっかりスペースポッドの中に閉じ込められてしまい、三十分のあいだ必死にフロントウインドウのガラスを叩き続けてとおりかかった小道具係に救出された。戻ってきたメインユニットのクルーに見つかるという恥ずべき運命から救われたわけだが、そんなことになったら深刻な結果を招いていたかもしれなかった。

ある日、いつものように朝のオフィスの巡回をしていたとき、バーキンはヴィクター・リンドンの仕事場にだれもいないのに気づき、部外秘になっていた映画の予算書に見入った——もしも見つかったら即時解雇の事由となる行為だ。そしてほんとうに見つかって、リンドンからいったいなにを考えているのかと問い詰められたとき、バーキンはこうこたえた。「興味があるんです。知りたかったんです」共同プロデューサーは態度を軟化させて若者に言った。「これは脚本よりもっと重要な秘密だ。各自にどれだけの給料が支払われているかを知られるわけにはいかないんだ」バーキンがだれにもしゃべらないと誓うと、リンドンは警告をしたうえで彼を解放してお茶くみに戻らせた。

　こうしてまちがった冒険を繰り返しながら、バーキンは幸運を探し求めた。三月初旬に、ゲイリー・ロックウッドが遠心機のダイニングテーブルにベルトで固定されてさかさまの位置まで回転させられたときにトレイからどうしても食べ物が落ちてしまうという話を聞いたときには――それどころか、九メートル以上落下すると粘着性の混合物は白い床に広く飛び散ってしまい、撮影を中断して何時間もかけて掃除をしなければならないという話だった――家に帰って母親といっしょに高加圧ダブルゼラチン混合物を試作した。翌日スタジオに戻ると、バーキンの食用反重力粘着フードは、実際にそれを食べなければならないロックウッドはともかく、小道具部には大喜びで受け入れられ、その後はそれが使われることになった。だが、ティーボーイが問題を解決してくれたというのに、キューブリックがその事実を知ることはなかった。

　とうとう、五月第二週のある夕刻に、バーキンは〝幽霊番〟すなわち夜勤のためにステージ3へ呼ばれた。ガールフレンドである女優のヘイリー・ミルズといっしょに夕食をとるのが常だったので複雑な心境ではあったが、夜勤だと支払いはよかった。プロダクションデザイナーたちやセット装飾家《デコレーター》たちやアート・ディレクターたちをまじえた少人数のグループが、ボアハムウッドでもっとも大きなステージの四分の三を占めるトニー・マスターズのデザインした精巧なセットのまえに集まっていた。面積はほぼ千七百平方メートル、以前は宇宙ステーション5がおさまっていたが、いまは広々とした、起伏のある、大きな石が散らばる砂漠だった。絵の描かれた背景幕がアフリカの風景を真っ青な空の下にのびるごつごつした地平線まで広げていた。立体の部分は充分にリアルだったが、背景幕のほうは自然史博物館の野生生物のジオラマのように少しだけ作り物めいた質感だった。色鮮やかで、実物そっくりで、どうしようもなく非現実的だった。

　スタジオの側面でかなりの幅をとっている大きな巻き上げ式の貨物扉が、春の空気へむかってあけ放たれていた。六時半ごろ、キューブリックが車を走らせてじかに建物の中へ入ってきた。彼はメルセデスからはずむように降りてきて呼びかけた。「動くな、警察だ」彼はいつものようにタバコをせびったが、そのあとは笑みを消して考え込みながら、マスターズの手になる南西アフリカのシミュレーションを見渡した。少し離れたところでバーキンが紅茶をいれているあいだに、さまざまなライトが点灯して調整が進められた。プロダクションマネージャーのクリフトン・ブランドンがそばに立っていた。監督はいまや不安をあらわにしていて、バーキンたちの位置からは彼の声を立ち聞きすることができた。「やれやれ、これじゃだめだな」

「監督はなんて言ったんだ?」ブランドンがバーキンにたずねた。

「これじゃだめだそうです」バーキンはこたえた。

「どういう意味だ、これじゃだめって?　五万五千ドルもかけたのに!」

「わかりませんが、監督はそう言ってました」バーキンはあたりまえの返事をした。なにしろ彼はただのティーボーイなのだ——その仕事をしたのはこの日が最後ではあったが。

　バーキンがカートをもっと近づけると、キューブリックの叫ぶ声が聞こえた。「イングランドに砂漠がないなんて信じられない。サハラ砂漠を求めてるわけじゃないんだぞ。どこかの砂丘でかまわないのに!」

　アート・ディレクターのジョン・ホーズリがこたえた。「わかってるだろう、スタンリー、みんなであらゆる場所を探したが、どこにもなかったんだよ」

　これを聞いて、バーキンは教科書に載っていた粒子の粗い砂丘の写真を思い出し——同時にアドレナリンがわきあがってきた。ついにチャンスがめぐってきたのだ。

「砂漠がある場所を知ってますよ！」バーキンは言った。イングランドで二番目に大きなサウンドステージに集まった高い地位の人びとが、そこにいる最下層の男にいっせいに目を向けた。

「きみはだれだ？」キューブリックがたずねた。

「ティーボーイです」バーキンはそう言って、思わず弁解するようにカートをしめした。

「砂漠がある場所を知っているのか？　どこだ？」

「正確にはおぼえていませんが、家にある本に載っていました」

「ほんとうか？　たしかなのか？」

「ええ、明日持ってきますよ」

ジェフリー・アンスワースの片腕とも言えるアシスタントで、カメラクルーの代表として打ち合わせに参加していたジョン・オルコットは、胸のうちでおもしろがりながらこのやりとりを見ていた。バーキンは数カ月まえの事故で自分のミニを大破させてしまい、自宅から一ブロックのところに彼女が住んでいるオルコットと取り決めを結んでいた。オルコットには車があったが、免許はなかった。バーキンには免許があったが、車はなかった。そこでふたりは毎日相乗りをしていた。結果として、このカメラアシスタントはティーボーイが仕事でいらだちをかかえているのをよく知っていた。「これはきみにとってチャンスかもしれないぞ」その夜、車で帰宅するときにオルコットは言った。

　バーキンが急いで学校の古い教科書を見つけ出すと、そこにはフォームビー・サンズを写した二枚の白黒写真が載っていた――リバプールのすぐ北にある、マン島に面した海岸沿いに広がる砂丘だ。彼はそれを切り取り、台紙に貼って、翌日スタジオへ持っていった。そして、前日キューブリックに質問されたときに身元を保証してくれたオルコットの付き添いで監督のオフィスへ出向いた。

「わかった、じゃあ、写真を撮ってきてくれ」キューブリックは二枚の写真をじっくり見たあとで言った。

「ポラロイドカメラの使い方はわかるか？」
「たぶん」バーキンは自信なさそうにこたえた。
「ああ、使い方なら教えてやるよ」オルコットが言った。彼はバーキンを連れてカメラ部へ行き、必要な備品を渡した。その中には写真で南北がわかるようにするためのコンパスも入っていた。さらに、文章でも記録ができるように携帯用タイプライターを持っていくことを勧めた。そしてキューブリックがどんなものを見たり書いたりすることを求めているかをざっと説明した。オルコットの最後の言葉はこうだった。「わたしをがっかりさせるなよ」

バーキンは急いで自宅へ立ち寄って母親のオリベッティを借り、地下鉄でユーストン駅まで行って、リバプール行きの列車に飛び乗った。彼が何カ月ものあいだ紅茶をくばっていた人びとが、すでに高級なアデルフィホテルに部屋を予約して、現金の入った封筒を手渡してくれていた。到着したとたん、光が残っているのはあと一時間だと気づいたので、タクシーに飛び乗って海岸へむかうと、フォームビー・サンズに砂丘はたしかに存在していたものの、低い建物やマツの木が風景の中に侵入してきていたのでがっくりした。それでもできるだけのことをしようと、建物が入らない低いアングルを選び、かならず北がわかるようにしながら、立て続けにポラロイドで撮影をおこなった。ホテルに戻ると、午前二時までかけて、複数の写真をつなぎ合わせ、それぞれ別の角度から撮影した大きなパノラマ画像をいくつか作り上げた。最後にタイプした詳細なメモを用意し、写真といっしょに包装紙で包んで、おもてに〝スタンリー・キューブリック〟と書き、四時半の普通列車でロンドンへ戻った。

集合時刻の一時間ほどまえにボアハムウッドに到着すると、バーキンはゲートにいる警備員に頼み込んでキューブリックのオフィスへ入れてもらい、調査結果を偉大な監督のデスクにじかに置いた。それから、自分がいることをだれにも気づかれないように素早くその場を離れて、ユーストン駅へとって返し、リバプール行きの列車に飛び乗った。なぜその日リバプールへ戻ったのかときかれて、バーキンはこう言った。「まるで魔法のように見せたかった。ありえないことのように。チャンスだとわかっていたから」

十時半にホテルに到着すると、フロントで声をかけられた。「ああ、ミスター・バーキン、あなたと連絡をとりたいという電話がありましたよ」彼が部屋に戻ったときには、すでに電話が鳴っていた。ヴィクター・リンドンからだった。「きみがなにをやったのかは知らない」リンドンは言った。「とにかく、スタンリーがきみの給料を三倍にしてユニオンカードを用意しろと言ってる。できるだけ早く戻ってくれ」

またもやリバプール・セントラル駅へ引き返し、バーキンはこの日二度目となるロンドン行きの列車に乗り込んだ。このときは窓に身をもたせかけて眠った。彼はそれまでの二十四時間のうち十時間を列車の中で過ごしていた。

ボアハムウッドへ戻ると、すぐに美術部門の上級スタッフによる午後遅くの会議に出席させられた。キューブリック、リンドン、マスターズ、ホーズリ、アーニー・アーチャーが勢揃いしていた。バーキンが中央のテーブルにならんでいるポラロイド写真をつないだ砂丘のパノラマ画像にちらりと目を向けるやいなや、キューブリックが口をひらいた。「やあ、アンドリュー」何年もまえからの知り合いを相手にしているかのようだった。「みんなのことは知っているかな?」

「はい、もちろん、どうも、どうも」バーキンは一年のほとんどのあいだ飲み物をくばるだけの関係だった人びとに愛想よくあいさつした。

「さて、諸君」キューブリックが言った。「ひとつ説明してほしいことがある。きみたちが数千ポンドと六カ月を費やしてイギリスで砂漠を探し回ってもなにも見つけられなかったのに、ティーボーイをひとり派遣したら二十四時間と総計二十ポンドの費用で砂漠を見つけてくれた。これはいったいどういうことなんだ?」

ロケ地に関してひどく不安定な状況が続いていたことはさておき、先史時代の祖先たちをどのように表現するかという問題については、いまだに解答が見つからないままで、何カ月ものあいだコンセプトの変更が繰り返されていた。キューブリックもメイクアップ担当のスチュアート・フリーボーンも、これっぽっちも人種差別主義者ではなかったが、人類の起源がアフリカであり、最初期の祖先たちは肌が黒かったという当然の推論を考えると、彼らの探求の旅は初めから誤解される危険性をはらんでいた。

一九六六年初頭、フリーボーンは頭部全体をおおうマスクをそなえた最初のヒトザルのボディスーツを作り上げ、それを着せるために小柄で高齢のアフリカ系イギリス人のMGMエキストラを選び出した。すでにこの問題に首を突っ込んでいたトニー・マスターズ——彼はエキストラの〝しなびた〟外見を好意的にとらえ、「〝まあ、手始めとしてはいいんじゃないか〟と思った」と語っている——の助けを借りて、フリーボーンは53号棟で対象者にスーツを着せ、頭にマスクをかぶせてから、ふたりで彼をキューブリックのところへ連れていった。

「うわ、きみたち、なんてこった」監督は自分を励ますように言った。「これはどうしようもない。ひどいスーツだ。やれやれ、まだ出発点にも立っていないな！　ほんとにひどい。よし、その気の毒な人にマスクを取るよう言ってくれ」少しだけ手間取ったあと、彼らのモデルはぴったりしたフォームラバーから顔を解放することに成功した。キューブリックは急に興味をそそられて近づいた。そして男の顔をしげしげと見つめた。「すばらしい！」彼は叫んだ。キューブリックたちは〈人類の夜明け〉を先史時代の初期に設定して、よりネアンデルタール的な原人を登場させることにした。そうすればフリーボーンもさほど関与する必要がなくなり、スクリーン上ではよりリアルに見えるだろうと。というわけで、フリーボーンは男女を問わず若い十代の黒人

初期のヒトザルのスーツとスチュアート・フリーボーン。

のキャストを募集し、ネアンデルタールの人相について調査をおこない、十代のアフリカ系イギリス人の額や頬や唇や顎に手を加える作業にとりかかった。その結果は実に満足のいくものだった。対象者たちは現代人とヒトザルとの中間の存在に見えるようになった。

これでサルのスーツを着た人間という問題はなくなったものの、新たにふたつの障害があらわれ、そのうちのひとつはキューブリックにとっても深刻な問題だった。古人類学的な観点から見た正確さはどうあれ、この新たな手法を採用した場合、ロジャー・キャラスが急いで指摘したとおり、広報面で壊滅的な結果をもたらす可能性があった。合衆国で公民権運動が高まり、サハラ以南のアフリカが植民地化による圧政というくびきから解き放たれているいま、黒人を原人と同一視するようなリスクをおかしてかまわないのか？　もうひとつの障害は、ネアンデルタールがアウストラロピテクスよりもはるかに体毛が少なく、それゆえ、どうしても性器や乳房が目に見えるようになることだ。一般公開される映画でそれは許されない。フリーボーンが新たに作り上げた未開人たちを満足げにながめたキューブリックもその問題を認めた。彼らの陰部を見せるわけにはいかないと言ったうえで、監督はこう続けた。「大丈夫だ――腰から上だけ、あるいはなにも見えないくらい遠くから撮影すればいい」だが、すぐにそれではむりだとわかったので、未開人たちの股を薄いおおいで隠してくれとフリーボーンに依頼した――ほとんど目立たないがきちんと隠れるもので。

陽気でちゃめっけのあるフリーボーン――彼は一九四〇年代に映画用メイクアップという狭い世界に入ったときに、みずからハイレ・セラシエそっくりに変身して、友人の運転するぴかぴかのリムジンのオープンカーでイングランドのあちこちを走り回り、エチオピア皇帝がお忍びでイングランドを訪問している姿が目撃されたと数多くのニュースで報道される結果になった――は、常にチャレンジ精神を忘れなかった。彼は十代の若者たちを最上階の作業場――その位置になったのはフォームラバー製の装具から出る有毒ガスで建物全体を汚染しないようにするためだった――に集め、ぶしつけきわまりない股間の型取りをおこなった。アシスタントたちは、石膏を剝がすときに陰毛を引き抜くことがないようにと、申し訳なさそうにワセリンを塗りつけた。

それからフリーボーンは、「こういう小さなプラスチック製の代物……それにウィッグで使われる特製のレースがくっついている」を作り上げた。かなり幅広く貼り付けることになった、と彼は説明する。「幅が狭いと目立ってしまうんだよ、体にくいこむから」最終的な完成品は、平らで「ほとんど目につかない」股かつら《マーキン》となった。これは熱心なキューブリック愛好家にとってはおなじみの用語だろう。というのも、『博士の異常な愛情』に登場した大統領のマーキン・マフリーという名は、こういう陰部のウィッグ――もとは売春婦が使っていたもので、ヌードシーンで陰部を隠そうとする俳優たちも熱心に採用していた――に対するあやしい敬意によって名付けられたのだ。「あれはなかなかのできばえで、ほんとうに目立たなかった」とフリーボーンは回想する。

だが、問題はそれらのキャラクターが完全に去勢されているように見えてしまうことだった。この映画の骨子は異星人が地球へやってきてそこにいる生物が飢饉などで死に絶えないようにするというものだ。異星人はこの生物こそが最終的に自分たちのようになる可能性をもつ惑星上で唯一の存在だと知っていた……。当然ながら、この生物は種として存続するために子孫をもうけなければならないが、われわれが作り上げた生物ではそれができないのは明らかだった。そこでなにもかもやり直すことになった。問題を解決するにはあと百万年ほど時代をさかのぼるしかない――原人ではなくヒトザルまで。そうすれば全身を毛でおおうことができる。

こうして――それでも夏の公開をあきらめることなく――フリーボーンは一九六六年の春にもっと説得力のあるアウストラロピテクスを苦労して作り上げた。そのころ、キューブリックは南西アフリカへロケに出かけることをぼんやりと検討していた。そのあたりの砂漠地帯は、監督たちが表現しようとしている時代と状況にもっともよく一致していた。すなわち、四百万年まえ、まだ木の上から降りてきたばかりの、やや猫背の祖先たちが、迫り来る干ばつをなんとか生きのびようとしていた時代だ。

去勢されたネアンデルタールをしぶしぶあきらめたキューブリックは、スチル撮影のジョニー・ジェイのアシスタント――人当たりがよく知的な十八歳のキース・ハムシャーは、ウエストエンドの舞台でオリヴァー・ツイストを演じて、すでに役者として名をあげていた――が、干ばつで飢えたヒトザルたちの長である〈月を見るもの〉を演じるのにぴったりの背丈だと気づいた（キースは週に七回の公演で三十二週にわたって主役をつとめていたので、腹をすかせた演技ということなら、金を払った観客のまえで二百回以上も「おかわりをください」と懇願していたことになる）。キューブリックはジェイを説得してキースを借り受け、その若者をフリーボーンの巣へ送り込んだ。

ハムシャーはそこで全身の型取りのために服を脱ぐよう求められ、「赤毛の、とても陽気なアシスタント」によって体中にべとべとしたゴムラテックスを塗りたくられた。続いて、鼻の穴にストローが差し込まれ、顔についても同じ処置がほどこされた。「そのあと（フリーボーンが）振り返って『そうだ……歯も必要だな』と言った」とハムシャーは回想する。「それで歯の型取りが始まった。すべてが終わるころには、当然ながら、みんながぼくのもっとも深いところにある秘密を残らず知っていた」

でも、最悪だったのは目をやったときだ。ロンドンの眼鏡技師のところへ行かなければならなかった。

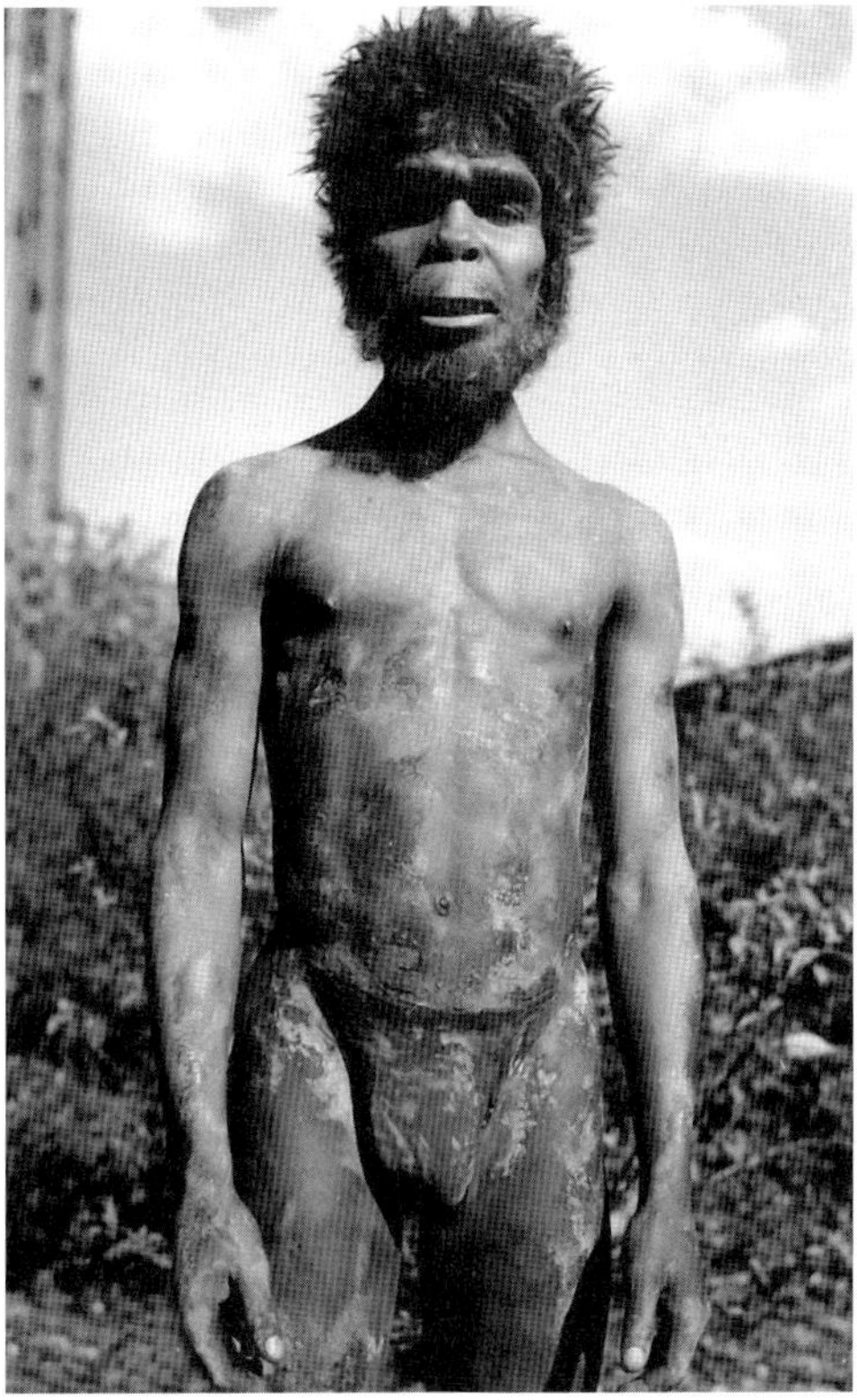

スチュアート・フリーボーンの手になるアフリカ系イギリス人のネアンデルタール。

そこで目の型取りをしたんだ。こういう漏斗《ろうと》みたいなキャップを目に入れて、それが突き出した状態で横たわり、このコールドクリームみたいなのを注ぐ。目にむかって落ちてくるのが見えるのに、自分ではどうすることもできない。それからクリームが急に目に当たって、そのときの感じは——すごく神経がぴりぴりする。あとはそれが落ち着くまで二十分ほど待つことになる。それからはずすわけだけど、これがすごくむずかしいんだ、はずすのが。ぎゅっと吸い上げられる感覚があってね……。そのあと「よかった、もう帰れるのかな?」と思ったけど、「いやいや。もう片方の目があるぞ」

この試練——使われたまぶた固定ワイヤは、のちにキューブリックの『時計じかけのオレンジ』で有名になる——からほどなくして、ハムシャーが新しい歯と、茶色のコンタクトと、顔にぴったりのラテックス製のマスクと、毛むくじゃらのスーツを身につける日がやってきた。五時間におよぶ、苦痛に満ちた、侵襲的な作業は、終わるころには昼食の時間をとっくに過ぎていたが、彼が食事をとることはなかった。終盤になって、昼食をとったキューブリックが到着し、やはり昼食をとったフリーボーンがハムシャーに仕上げをほどこすのを見守った——歯をいっそう出っ張らせたり、全身のぼさぼさの毛にブラシをかけたり。

「すごく、すごくいい感じになってきたな」キューブリックが満足そうに言った。フリーボーンの処置が終わると、監督はできあがったばかりのヒトザルを見て考え込んだ。そしてあることに思い当たった。「キース、気温が五十度近くになったら、きみはどうやって乗り切るつもりだ?」

「スタンリー、ぼくには見当もつきません」ハムシャーはびっくりしてこたえた。

「キース、すごいアイディアを思いついたぞ」キューブリックはさらに考え込んでから言った。

「なんですか、スタンリー?」

「ジョーディーに10Kをひとそろい用意させよう」キューブリックが言ったのは電気技師のジョーディ・ウ

ォーカーと一万ワットの撮影用ライトのことだった。「部屋にそれをセットして、気温が五十度近くになったら、きみはその格好で力尽きるまで走り回るんだ、いいな?」「はい、スタンリー」ハムシャーはこたえた。(「ほんとにやったんだよ」彼は三十五年後に述懐した)彼はまだ昼食をとっていなかった。

それで、ぼくはこの衣装を身につけたまま、たぶん一時間半くらい行ったり来たり走り回って、そこで倒れた。もっと短かったかもしれない。ゴムはみんな剝がれ始めていたよ。最後に、スタンリーはこんなふうに言っていた。「いやあ、これはまったく非現実的だな。とてもむりだろう。かかる時間、メイクアップ、それをぜんぶむこうでやろうだなんて」彼はむこうへ出かけたくなかったんだと思う、なにしろ旅行が大嫌いだったからね。

＊　＊　＊

キューブリックはクラークに自分が時間を見つけて手を入れるまで小説はだれにも見せないでくれと頼んでいて、作家はしぶしぶそれに同意していた——少なくとも監督のまえでは。だが、キューブリックの言い逃れがえんえんと続いていたので、クラークにもさほど義務感はなかったらしく、実際には、スコット・メレディスが春のあいだあちこちの出版社へ売り込みにまわっていた。六月の初旬に、メレディスはハードカバー版とペーパーバック版の両方を対象にした重要なオファーを受け取った。相手はこうした〝ハード&ペーパー〟一括契約の先駆者である、デル・パブリッシングのドナルド・ファインだった。ハードカバー版はデルから、ペーパーバック版はその子会社であるデラコートから刊行されることになっていた。ファインからメレディスに届いた電報は、この本をクラークとキューブリックの共著とみなし、十六万ドルのアドバンスと売上に応じたかなり好条件のロイヤルティを提示していた。メレディスからクラークへのメッセージは、アドバンスとロイヤルティ両方の面で、この契約が前例のない規模であることを強調していた。メレディスの電報の締めくくりは――「おめでとう、びっくりだ」

今回の金額よりもだいぶ低かったエージェントの以前の推定では、さまざまな副次的権利や海外版の刊行を前提とした場合にのみ総額で二十五万ドルに達するとされていた。デルのオファーではそうした権利が追加されたら数字はさらに増えることが約束されていた。この契約が成立すれば、金欠状態のクラークが受け取る額はキューブリックとの60対40という取り決めにより十万ドル近くになる――今日のドルに換算すればおよそ七十二万ドルだ。

だが、そのオファーはクラークの財政難を解消するどころか、『２００1年宇宙の旅』の共著者たちのあいだに生じた最悪の危機に拍車をかけた。キューブリックはこの作品の内容について機密厳守の方針をとっていたので――彼が映画の公開まで小説を刊行したくなかったおもな理由はそこにあった――クラークがメレディスの売り込みを許したことに動揺し、裏切られた気持ちになった。エージェントはこれに対する返信として六月十三日にクラークに書いた手紙でこう指摘した。「単刀直入に言って、これは原稿を買ってくれそうなすべての出版社にいますぐ見せるか、きっぱり出版をあきらめるかの選択だ」そして、修正はまったく必要ないし、どの出版社も「これを現状のままで傑作と考えている」と強く主張した。だが、もしもキューブリックがどうしてもと言い張るなら、七月十五日までに彼の言う修正を完了させるか「本を出す希望を捨てる」かの選択になると。

キューブリックとクラークがこの夏にかわした礼儀正しいが怒りに満ちたやりとりについては、クラークが一九七二年に刊行した『失われた宇宙の旅２００1』の中でほのめかされているだけだ。「すこしばかり頭に血がのぼった議論の最中、スタンリーが『状況は目に見えるほど悪くはないんだぜ』といったが、わたしはうなずける心境ではなかった」（伊藤典夫訳）それ以外の手掛かりは、掲載されなかった〈ライフ〉用の草稿の中にあり、クラークはそこでキューブリックについてこう書いている。「彼はいったんこうと決めたら絶対にそれを曲げない。泣こうが、わめこうが、ふてくされようが、告訴すると脅そうが、一ミリも動くことはない。わたしはそれをぜんぶ試みたのだ」本人は誇張と受け取られることを意図していたのかもしれないが、証拠を見るかぎり彼の言葉はあらゆる点で事実にもとづいていた。

たとえば、クラークはキューブリックが作者クレジットに関して過敏に反応することをよく知っていた。一九六四年に『博士の異常な愛情』の脚本の執筆でテリー・サザーンの貢献を小さく評価した公式声明にそれがよくあらわれている。そういう状況で、『２００１年』の小説が表紙にキューブリックの名前がないまま刊行される可能性をほのめかすのは、監督の目のまえに大砲を撃ち込むのと同じことだった。だが、クラークは六月十五日の手紙でまさにそれをやったのだ。デルのオファーを転送したうえで、彼はメレディスが原稿を見せた（自分は見せていない）ことを謝罪し、こう締めくくった。「どの出版社も本のできばえをとても喜んでいるので、たとえわたしの名前だけで出すとしても同じ条件になるだろう。だが、たとえきみが同意したとしても、そんなことはしたくない――わたしはきみの文学的貢献について、きみが手にする四十パーセントの金銭的利益よりもずっと大きいと考えているのだ」

これにこたえて、そのころはブレインルームの撮影にかかりっきりだったキューブリックは、ようやく時間をひねりだし、ぜんぶで九ページにおよぶ広範囲にわたる修正の提案をおこなった。日付は一九六六年六月十八日、そこには「たいへん鋭い、ときには辛辣な批評」（伊藤典夫訳）が書き込まれていたとクラークは回想している。小説では、〈人類の夜明け〉のモノリスは「透明なブロック」と描写されていた。キューブリックの要求は、「本は映画の公開に先立って出版されるので、よりよい選択肢を小説のなかに入れない法はないと思うが、それは映像化が可能であればだ。わたしだってブロックは透明にしたかったが、それを作ることができなかった。だから小説ではブロックを黒にしたい」（伊藤典夫訳）異星人の物体が〈月を見るもの〉を急に活動させる場面をクラークが「目に見えぬ糸で吊られたマリオネット」（同前）のようだと書いていることについて、キューブリックの批評は彼が四月に書いた手紙の内容の繰り返しになっていた――「こうしたテストのありのままの描写は、わたしにはまったく見当外れに思える。これでは魔法が消えてしまう」（同前）

キューブリックのいくつかのコメントは彼が最終的にどのようにして〈人類の夜明け〉シーケンスを撮影するつもりだったかを伝えている。ブロックがヒトザルたちの精神に興味をそそるイメージを送り込む――幻影のヒトザルたちは、明らかに誘いかけであり、武器を使った結果として栄養の行き届いた姿をしている――というクラークの描写を読んで、キューブリックは次のような意見を出している。

この場面はわたしには前々からリアルさが感じられず、どこか信じられない気がしていた。彼らはたしかに飢餓から救われるが、たらふく食べ、体毛はなめらかでつやつやし、満ち足りていることなどないだろう。こういうことは一九六六年でもまず起きない。わたしはこう考える。いつか立方体が消える日が来る。そして〈月を見るもの〉と手下たちは、食物さがしに行く途中、しょっちゅう見かけてきた巨象の骨のそばを通りかかるが、とつぜん吸い寄せられるように近づき、骨をいじったりふりまわしたりしはじめる。この場面では、小説中にも、最終的には映画にも、なにか恍惚《こうこつ》とするような魔法を吹きこみたい。そしてこの場面から転じて、彼らは草を食む動物たちに近づき、いつもは食べ物を分け合っている彼らの一頭を殺す……（伊藤典夫訳）

キューブリックは、クラークが先史時代と二十一世紀とを隔てる四百万年を橋渡しするために使った短い章についてもコメントしていた。「ここは出来の悪い章で、本から外すほうがいいと思う。衒学的で、ドラマ性に欠け、ヒトザルから二〇〇一年への流れるような移行をぶちこわしにする」たしかに辛辣なコメントではあったが、それは四百万年の跳躍をどのように撮影するかについて興味深いヒントをあたえていた。いずれにせよ、こうして監督がはっきりと関与したことで、メレディスはデルとの契約交渉に入れるようになり、六月中旬には、クラークは自分の目的を達成したと確信していたようだった。六月二十二日に、彼は〈ルック〉の編集者にこう書いた――「今月中には本を刊行できるようスタンリーを説得できたと思う」

クラークはあまりにも楽観的すぎた。キューブリックは〈人類の夜明け〉パートの終わりまでしかメモを送っておらず、すぐにまた仕事が忙しすぎると訴えるようになった。これについては、クラーク自身が六月二十二日の別の手紙で――同情をしめすことなく――書き記している。「彼は一日に二十時間働き、ほとんどの日はスタジオで寝ている。出版社は本をよこせと叫んでいて、数週間以内に渡せなかったら、わたしは少なくとも十万ドルを失うことになるだろう。だが、スタンリーは、わたしが本を刊行することを許さないし、といって原稿を推敲する時間もとれない。彼はベストを尽くしてはいるが、疲労困憊になるまで働いていて、まったく近寄りがたい」

結局、七月四日にキューブリックはデルとの契約をきっぱり断った。秋になって残りの原稿を推敲する時間がとれるまではサインできないと。いまや信じようという気持ちを完全に失ったクラークは、友人への手紙でこう書いた。「すぐにでも不快な気分でこの地を離れ、傷を癒やすためにコロンボへ戻るかもしれない」彼が訴訟を起こすと言ってキューブリックを脅し、実際にその可能性を検討していた明白な証拠がある。契約を失いたくなかったメレディスが、避けようのない遅れはあるかもしれないがまちがいなく出版はするとファインを説得した。その結果、クラークによると、デルは「〈パブリッシャーズ・ウィークリー〉に目の覚めるような見開き広告」（伊藤典夫訳）を載せて、八月までには版を組み――そのあいだずっとキューブリックのサインを待ち続けた。

監督は契約が無効にならないうちに映画を完成させられると本気で信じていたので、共著者をなだめようとして七月十二日に手紙を書いた。「小説のワールドワイド・アドバンス」の彼の取り分の「すべてまたは一部の受け取りを保留にするので、それでデル・デラコートからのアドバンスのあなたの取り分を増やし、あなたが本来受け取るはずだった金額にできるだけ近づけてもらいたい。その後、ぼくはこの保留分を回収するまでのあいだ、本のロイヤルティ収入の全額を受け取ることにする」と。キューブリックはこの条件に同意するならサインして手紙を送り返してくれと頼み――クラークはそのとおりにした。

だが、このやりとりのあともキューブリックの頭には訴訟の可能性が残っていたらしく、八月と九月のあいだ、そのころにはニューヨークへ戻っていた副社長のロジャー・キャラスへの手紙で、デルには近づくなと警告していた。「相手がアーサーであれだれであれ、いっさい話をせず、この件についてはだんまりを決め込んでくれ。訴訟の可能性があるから、きみがなにをしゃべってもこちらに不利な材料として使われるかもしれない」

その秋、デルは――クラークの表現によれば――「涙をこらえ」（伊藤典夫訳）てオファーを取り下げたが、どうやら本気でこの小説に入れ込んでいたらしいファインは、キューブリックが考えを変えたときに新しい契約ができるようにドアをすこしだけあけておいた。九月中旬には、クラークはセイロンへ戻ってキューブリックからの借金を再開した。★

＊　＊　＊

地元で最初の砂漠を見つけたあと、アンドリュー・バーキンはキューブリックからの指示でイギリス諸島の探査を続けた。そしてウェールズにある放棄された十八世紀の銅山を見つけ出した。パリーズ山と呼ばれる、ごつごつしたビュートと崩れた岩が金色とオレンジ色に輝く荒廃した地域だ。さらに、アングルシー島にもニューボロー・ワーレンという同じくらい好適な砂丘地帯があり、ここで南東をむいて撮影すれば、遠方の雄大な山脈を背後にいただくことができた。キューブリックはとりわけ後者が気に入ったらしく、トニー・マスターズを現地へ派遣して視察をさせたほどだった。だが、そのころには季節が秋へむかっており、ロケ撮影は過酷な天候を考慮して却下された。

昼間が短くなってくると、キューブリックはバーキンを呼び戻して、急成長中の視覚効果部へ配置転換し、彼はそこで状況を把握して組織内のミニチュア作業場の拡充をおこなった。実写で使われたすべての屋内のセットにそれを補完するほんものらしい外観が必要だったので、『２００１年』の宇宙船を作ることのできる模型製作者たちの需要は大きかった。いまやすべてのセットが撤去され、〈人類の夜明け〉シーケンスの製作も未定になっていたので、契約上の仕事を完了したトニー・マスターズは別の映画で必要とされていた。ある日、キューブリックのオフィスにいたバーキンと視覚効果担当のブライアン・ジョンソンは、マスターズが去っていく現場を目撃した。

「やめてもらっては困る！」キューブリックはマスターズの訪問の意図に気づいて言った。

「いや、ほんとに申し訳ないんだが、スタンリー、残念ながらそのときが来たようだ」マスターズは礼儀正しく応じた。

「困るんだ」キューブリックはくいさがった。

★　実際には、クラークが金を借りていたのはキューブリックのビバリーヒルズにあった銀行だったが、利子については監督との折半で、保証人もキューブリック自身だったので、ほとんど同じことだった。

「なぜ？」

「まだクラビウス基地の着陸パッドのデザインが片付いていない」

「ああ、そうか」マスターズは寛容に言って、ポケットからペンを取り出した。「紙はないかな？」

腰をおろして、マスターズは月面の着陸パッドのドームをさらさらと描いた。「五十ペンス硬貨みたいな絵だった」とバーキンは回想する。言葉を換えると、七角形だ。「ほら」マスターズはきっぱりと言うと、紙片をキューブリックに渡して立ち去ろうとした。手早く仕上げたのに、その格納式の複数の花びらにはジョンソンやそのほかの模型製作者たちが作業を始められるだけの細部がしっかりと描き込まれていた。それは『２００１年宇宙の旅』へのマスターズの最後の貢献だった。

数十年後、ダグラス・トランブルは自分からこのプロダクションデザイナーの話を持ち出した。「トニー・マスターズは『２００１年』の成功においてもっとも重要な役割を果たした人物のひとりだ。この才気あふれるすばらしいプロダクションデザイナーは、非常に複雑な空想上のあれこれをひとりで生み出した。宇宙船内部のデザインだけではなく、回転するカメラと上下さかさまのセットによる巧妙なトリックも。遠心機の内部をぐるぐると走っている感じを生み出す方法についてもすべてトニーの発案だった……彼の功績はどんなに大声で称賛しても足りないくらいだ」

新たな職務の一環として、バーキンは視覚効果の専門スタッフであるブライアン・ロフタスが取り組んでいるいくつかの作業に注目し始めた。キューブリックはある分野の専門知識をもっている若者たちを見つけ、資金を出して訓練してから、責任をあたえるのが好きだった。ロフタスは〝セパレーションマスター〟の扱い方を知っている国内では最年少の人材のひとりだった。これは現像したカラーのネガフィルムの三色それぞれをモノクロの微粒子フィルムに転写する写真技術だ。デジタルエフェクトの登場はまだ数十年先だったので、画質を大きく損なうことなく撮影済みの素材を加工するにはこの手法を使うしかなかった。

三つの色――イエロー、シアン、マゼンタ――を分離してしまえば、それぞれの色に対してより大幅な加工ができるようになる。キューブリックは65ミリのフィルムにこの処置ができる世界唯一のオプティカルプリンタを見つけて、ロサンジェルスから空輸し、ロフタスにその扱いをまかせた。新しい機械で作業をするうちに、ロフタスは偶発的なミス――たとえば、分離した三色をカラーのネガストックに再転写するときに、順番をまちがえたり、〝あやまった〟絞り設定を使ったり――によって、現実にはとてもありそうにない、鮮烈でサイケデリックな色の反転《インバージョン》や画像の感光《ソラリゼーション》が発生することを発見した。

ロフタスの発見――視覚効果のウォーリー・ジェントルマンはそれ以前に同じ技術をキューブリックに紹介していた――とほぼ時を同じくして、コン・ペダーソンがボーマンの時空の旅を盛り上げるための異世界の風景を描いていた。一九六五年にニューヨークで一部がすでに撮影されていたスター・ゲートのシーケンスで使うためだ。問題は、ペダーソンがすでに『２００１年』の入り組んだ視覚効果製作組織の管理をまかされていて、53号棟の視覚効果中枢である〝作戦室〟――『博士の異常な愛情』でケン・アダムがデザインしたセットからとられた呼び名――の事実上の隊長になっていたことだった。そのため、ペダーソンはきわめて多忙で、彼の絵は必要とされるペースでは完成していなかった――それに、いずれにせよ、それらはどうしても絵のようにしか見えなかった。

ロフタスの光り輝くプリントアウトをじっくり見て、バーキンはこれならペダーソンの手法よりも短時間で異世界の風景を実現できるかもしれないと直感し、ロフタスにそれをキューブリックのところへ持参して評価してもらうよう勧めた。だが、ロフタスはバーキンやトランブルのように気後れすることなく監督と話すことができなかった。相手のためらいを見て、バーキンは自分がやろうかと提案した。ロフタスが同意したので、彼はその効果の実例となる数枚のポストカードサイズのプリントアウト――それはやがて、当時のイギリスのモッズと呼ばれるサブカルチャーで流行していた三角形のドラッグの名前をとって〝パープルハート〟と呼ばれるようになる——を53号棟へ持っていった。

「きみの提案は?」キューブリックはプリントアウトをしげしげとながめたあとでたずねた。

「そうですね、カメラをヘリコプターの床に固定して、たとえばスコットランドとか、海の上を飛んで撮影したらどうでしょう」バーキンは言った。「そのあとでブライアンに魔法をかけてもらうんです」

「よし、それでやってみろ」★

＊　＊　＊

バーキンが学生時代に興味をもっていたことのひとつが地図学だった。彼は紙の上で事前に探索してみるためにスコットランドの地図を取り出し、地形や標高が載っている図表で情報をおぎないながら、さまざまな風景で光がどのように降り注ぐのかを推定した。そのいっぽうで、ヘリコプターの評価とパイロット探しも始めていた。バーキンはまだ二十一歳でありながら、世界でもっともホットな監督のひとりが製作する映画の空撮セカンドユニットで、事実上のプロデューサー兼監督に任命されていたのだ。

機体はアルエットという小型で機動性が高くて前面のガラスが広いフランス製ヘリコプターに、パイロットはベルナール・メイエーという命知らずのフランス人に決まった。新たに雇ったカメラオペレータのジャック・アチェラーは、ジョン・フォードやオットー・プレミンジャーのもとで働いていたことがあり、ビートルズの映画『ビートルズがやって来るヤァ!ヤァ!ヤァ!』と『ヘルプ! 4人はアイドル』の両方で撮影を担当していた。ジャイロマウントはまだ存在しなかったので、コックピットの床に衝撃吸収用のゴムシートを重ねてカメラを固定する方法を考案した。狭苦しい球形のコックピット内にはバーキンたち三人と、カメラと、山積みのフィルムマガジンをのせるだけの空間しかなかった。

撮影は十一月の後半に予定されていた。キューブリックが撮影プランを見たがったので、バーキンはあちこちのロケ地で低空からの撮影をおこなう計画を立てていた。スカイ島、ごつごつしたアウター・ヘブリディーズ諸島、イギリスでもっとも標高の高いベン・ネビス山、そして細長い塩水の入江、ロック・ローグ・ビョーグ。彼はキューブリックに二十ページにおよぶ詳細なメモを見せた。当初の方法論はシンプルだった――「ぼくは行きたい場所をすべてまわろうと思っていた」もちろん、道中にも予期せぬ対象地があらわれるだろう。燃料補給用のトラックがヘリのあとを追い、ハイランド地方に点在する小さな飛行場で合流することになっていた。

最初の数日は天候が怪しかったが、早く始めたいバーキンはそれでも飛ぶことにした。「なにか思いついたら、実行しなければいけないような気がしていた」と彼は語っている。一行は北西部の最初の基地を出発したあと、スコットランド南西部のギャロウェイで一連の低空での撮影にとりかかったが、ヘリコプターは突風にあおられて頻繁に揺れた。65ミリフィルムストックのパノラマ的な広視野を考えると、パイロットはできる限界まで低く飛ぶ必要があったので、バーキンはぎりぎりの条件下で地を這うような低空飛行を体験することになった。「ああいう風が吹いているときにヘリコプターに乗るというのは、神々のおもちゃにされるようなものだよ」バーキンは回想する。これが三日間続いて、一行がアウター・ヘブリディーズのハリス島の中心街であるターバートまでたどり着いたとき、ついにアチェラーが音をあげた。

その晩、アチェラーは一杯やろうと言ってバーキンをホテルのバーに誘い、子供は何人いるかとたずねた。ひとりもいないという予想どおりの返事を聞くと、彼はこう言った。「そうか、わたしには三人いるよ。ひと

★　ロフタスはこのできごとを別のかたちで記憶している。彼の話では、バーキンの関与はなく、キューブリックが編集室でその効果を見てロフタスに試しにやってみろと勧め、その結果パープルハート処理が生まれたとのことだ。

ヘリコプターのそばのアンドリュー・バーキンとそのクルー。1966年11月、スコットランドにて。

つ教えておくが、どんな映画も命をかけるほどの価値はないんだ」
「ベルナールは安全じゃないと思ったら飛ばないでしょう」バーキンは反論した。
「冗談だろう？　あの男はきみと同じくらい頭がおかしいぞ！」（「そのとおりだったよ」とバーキンは語っている。「彼は次の映画の『空軍大戦略』で命を落としたんだ」）「きみは自分だけでなくわたしの命まで危険にさらしている」とアチェラーは続けた。「だからきみには幸運を祈るが、わたしはおりる」

　バーキンの落ち込んでいる様子を見て――イギリスの映画業界では、労働組合に加入していないとカメラをまわすどころかさわることもできず、バーキンの真新しいユニオンカードは監督の仕事が対象だった――アチェラーは言った。「心配するな。わたしは口を閉じているし、きみも口を閉じている。暗がりでマガジンを装塡するやりかたを知っているか？」バーキンは16ミリのマガジンならやったことがあったが65ミリは未経験だったので、アチェラーから少し指導を受けて、絞りや露出計の設定についても教わった。それがすむと、カメラマンは次のフェリーに乗り込み、残されたバーキンとメイエーは『２００１年宇宙の旅』で実際に使われることになる場面を撮影した。

　パナビジョンカメラはどのみちパン（左右に振ること）もチルト（上下に振ること）もできなかった――それらはすべてメイエーの操縦技術にかかっていた。そもそもオペレータは必要なかったのだ。「だから少しは落ち込んだけど、すぐに意気軒昂になった」とバーキンは回想する。低空飛行で、ふたりは波や、砂や、泥や、入江や、狭い海峡や、小島や、峡谷や、山や、牧草地や、岩だらけの海岸線や、天然の石のアーチや、ベン・ネビスの標高千三百五十メートルの頂を越えていった。終わりのほうの映像には放棄された測候所がちらりと映っており、宇宙飛行士デイヴ・ボーマンが〝無限の彼方〟へ突き進んでいるあいだはパープルハート処理によって光り輝くオレンジとブルーの色合いに変換されているにもかかわらず、それと認めることができる。

＊　＊　＊

マイク・ウィルスンはロンドンですばらしいひとときを過ごしていた。常に寛大なパトロンから資金提供を受けて、魅惑的な妻のリズを呼び寄せ――スコットランド系シンハラ人で、そのあまりの美しさに、キューブリックは自分がかつて見た中でいちばん美しい女性だとこっそりアーサーに告げたほどだった――九月にセイロンで公開されるジェームズ・ボンドのパロディ映画のプリント作成を気乗りしないまま指揮していた。ローリング・ストーンズのリードギタリストであるブライアン・ジョーンズのような人びとといっしょにパーティへ出かけていないとき、ウィルスンはクラークにくっついてボアハムウッドへ行き、チャンスを探しながら自分が役に立つところを見せようとした。

ウィルスンが友だち付き合いをしていた人びとの中に、ニュージーランドの詩人ジョン・エサムがいた。エサムはビートニクのあとを追ってロンドンへ来る途中、モロッコ、ギリシャ、フランスをめぐり、パリの〝ビート・ホテル〟に一年間滞在して、作家のウィリアム・S・バロウズや詩人のローレンス・ファーリンゲティと出会った。一九六五年には、アメリカ人のマイム役者で、アングラ文芸雑誌〈レジデュ〉の編集者だったダン・リクターと組み、ロイヤル・アルバート・ホールにおいて国際的な詩の朗読会を開催した。これは大成功をおさめたカウンターカルチャーイベントで、朗読者の中にはアレン・ギンズバーグやファーリンゲティも交じっていた。一九六六年二月には、エサムはイギリスでLSD売買の罪で逮捕された最初の人物となった。だが、その翌年には無罪となって釈放された。

キューブリックの謎の映画製作はロンドンでおおいに噂になっていたので、ウィルスンはボアハムウッドの内部事情に通じていればけっこうな威信が得られることに気づいていた。ある日、エサムと一本のマリファナを分け合っていたとき、ウィルスンはなにげなく、監督が製作上の難問と格闘していて熟練したマイム役者なら助けになるかもしれないと考えていることを話した。「マイム役者ならひとり知ってる。ダン・リクターだ、彼はすごいよ」とエサムは即座にこたえた。「わたしの友人なんだ」彼の紹介で、ウィルスンはすぐにリクターのところへ行き、キューブリックが「きみの助言をほしがっている」と伝えた。

小柄で、モップ頭で、たっぷりした口ひげをたくわえ、きらきらした目をした、快活で表情豊かなリクターは、みずからのヒッピーの道をたどって合衆国からロンドンへやってきた。ほんの数年まえにはニューヨークのアメリカン・マイム・シアターで主役をつとめていたが、オルダス・ハクスリーやジャック・ケルアックといった作家たちの影響により、その仕事を辞め、さまざまなやりかたで意識の拡大を試みながら、世界をめぐっていたのだ。一時的に日本にいたあいだには、能と歌舞伎の舞台技術を学び、オノ・ヨーコとの生涯にわたる交流も始まった。インドで冬を過ごしてアテネに立ち寄り――この時期にリクターと妻のジルは文芸雑誌の発行を始めてヘロインの習慣を身につけた――それからロンドンへ向かい、そこでならジャンキーでも当局に認められて合法的な存在になれることを知った。

ヨーロッパのマイムとはちがい、アメリカン・マイム・シアターの哲学は、まずは演技力を磨いてそれを純粋に肉体的な動きへ広げていくというものだった。創立者はポール・カーティス――彼はメソッド演技法を確立したリー・ストラスバーグのもとで学び、その技法を身につけていた——で、ハイブリッドな芸術形式をプロデュースする劇団だった。カーティスはまだ学生だったリクターを勧誘し、独特の規律により鍛え上げた。やがてリクターは長めの作品で主演をつとめるようになり、観客を二十五分間のあいだずっと引き付けられるほどになった——マイムではなかなかできないことだ。〈ザ・ピンボールマシン〉という肉体面の要求がきついパフォーマンスでは、それぞれ性格の異なる四個のピンボールのボールを演じたりもした。キューブリックはまだ知る由もなかったが、彼が会おうとしていた相手は、そのとき彼が直面していた問題を解決する能力をそなえたイギリスにいる数少ない人物のひとりだったのだ。

リクターのほうは仕事を探していたわけではなかった。ロイヤル・アルバート・ホールでの朗読会のあとでおおいにメディアの注目を集めていたので、ロンドンで仲間のヒッピーたちといっしょに、自由な、重荷のない社会生活を満喫しながら、民間のマイム教室で指導をおこなっていた。だが、キューブリックの作品は大好きだったので会えるのはうれしかった。十月下旬にMGMのゲートに着いたとき、リクターは就職の面接を受けるわけではなく助言をするだけだと思っていた。スタジオの「ゴージャスな」建物に感銘を受けていたら、いきなり「用務員のためにゴミ入れの缶を集めておく場所みたいな」小さなプレハブの建物へ案内されたので驚いた。そこでヴィクター・リンドンに迎えられ、連れていかれたのが、「とても小さなオフィスで……床から天井まで本や図面や物品が積み上がっていて……貯め込み屋の洞窟みたい」な場所だった。数分後、ブロンクスなまりの声が廊下にいるだれかに指示を出しているのが聞こえたかと思うと、「顔にすてきな笑みをたたえた落ち着きのない男」が入ってきたが、最初から「少しも威張ったところがなく、あけっぴろげで、温かくて、気さく」だったので、リクターはすっかりリラックスした。

キューブリックは自分のかかえる問題についてざっと説明し、締めくくりに言った。「ダン、彼らを猿のスーツを着た人間のように見せるわけにはいかないんだ」リクターは自分の大胆さに驚きながら、それは解決できると思うと即座にこたえた。ひとつの解決策でどうにかできるわけではなく、複数の手段の組み合わせになるが、その中にはいわゆる〝慣習〟によって観客を〝ひっかけて〟信じさせるというのがある。その古典的な実例が、フランスのマイムの名人ジャン゠ルイ・バローの泳ぐ人だ。片脚だけをコウノトリのように地面へまっすぐのばしたまま、それ以外の全身を水平に倒して浮かんだり泳いだりしているように見せかける。リクターによれば、その一本の脚はなぜかバローの姿をより説得力のあるものに見せてくれる。たとえ慣習が「信じるべきではない」と言っていたとしても、バローのあまりにも巧みな身のこなしが緊張を高め、観客をひっかけて信じさせてしまうのだ——疑わせるのではなく。

「あなたの問題は、どれだけみごとにスーツをデザインしようが俳優を訓練しようが、できあがるのはやはり猿のスーツを着た人間だということです」リクターは言った。「だからそれを克服しなければいけないわけですが、そのためには彼らの動機に——その感情に——観客を巻き込んで、そこで起きていることを信じ込ませる必要があります。ヒトザルたちがほんものの感情と動機をもったほんもののキャラクターであれば、観客にそれを受け入れてもらえる可能性はあります。いったんそうなってしまえば、あとはやるべきことをやって、ペースを崩さなければいいんです」リクターは独白の締めくくりとして、演技力で衣装の問題は回避できるのだと断言した。

リクターはその問題をきちんと理解している人物らしい自信をもって話していた。舞台で成功をおさめていたにもかかわらず、彼は自分が演者や振付師として考慮の対象になるかもしれないとは思ってもいなかった。キューブリックは「最後にはだれか有名な人を雇って」この仕事をさせるのだろうと考えていたので、ただ楽しく過ごしていた。人はそういう状況では迅速な評価をくだすもので、彼はキューブリックの誠実さに感銘を受けると同時に、この監督が仕事場として選んだ場所に驚きをおぼえていた。キューブリックはイングランドで最大級のスタジオ群を自由に使える立場にあったのだから、もっと立派な環境に身を置くこともできたはずなのに、「プレハブの建物にあるこんな飾り気のない小さなオフィス」で作業をしていた。多くの人びとがキューブリックを威圧的と感じていたのに、監督と同じように小柄でユダヤ系だったリクターは、むしろ安心感をおぼえていた。「彼はずんぐりしていたけど、そんなに大柄じゃなかった。まるでいたずらっ子みたいだった。ただのひょうきんでかわいらしい人だった」

三十分ほどたったところで、キューブリックが言った。「ふむ、すごい話のように聞こえるが、ぼくはきみのことを知らない。きみの言うことを信じたくてたまらないし、これですべてが解決するように聞こえるんだが、うまくいくという保証がどこにある？」彼はダンの「たいした経歴はない」という発言を引き合いに出した。これを聞いてマイム役者は立ち上がった。「二十分くれたら、実際に見せてあげますよ」キューブリックはにっこりして、必要ならもっと時間をかけてもかまわないと言った。「いいえ」リクターはこたえた。「二十分と、タオルが二本と、レオタードと、舞台があれば充分です」

すぐに、リンドンがリクターを小さな劇場の舞台裏にある楽屋へ案内した。ダンは自分なら猿や類人猿のまねができることはわかっていたが、ほんとうにやりたかったのはキューブリックに二種類のキャラクターを見せることだった。そこで何年もいっしょに暮らしていたジョーという男――頭がにぶくて、押しの強い、偏執的なタイプで、ダンが引っ張り出さないかぎり姿をあらわすことはない――をおもてに呼び出し、いっしょに類人猿のまねをしようと言った。ジョーはそれを「バカげたこと」だと思ったが、リクターは大監督が待っているのだと説明して、とにかくいっしょにやってみないかと提案した。「ジョーはそれほど乗り気じゃなかったけど、引き受けてくれた」とリクターは回想する。

きちょうめんな若いアシスタントの手を借りて、リクターは伸縮性のある黒い全身レオタードを着込み、両肩の下にタオルを押し込んでかさを増した。鏡のまえに立ったとき、楽しい語らいだったものが、いつの間にか世界最高クラスの映画監督のまえに立つオーディションに変わっていることに気づいた。何度か深呼吸をし

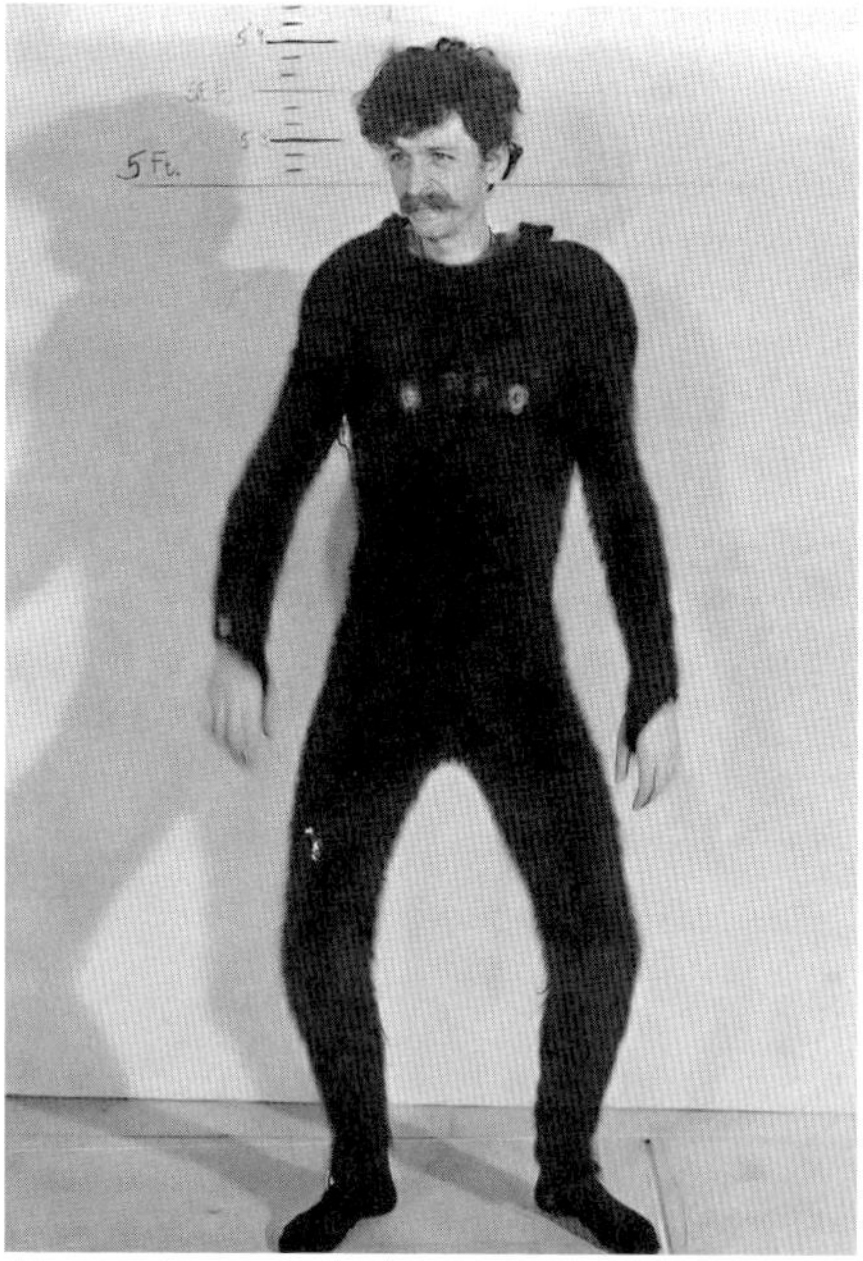

衣装テストのためにフリーボーンのボディスーツを着用したダン・リクター。

て、頭をからっぽにしてから、ジョーをおもてに呼び出し、彼に乗っ取られるにまかせた。顎がまえに突き出し、眉がさがり、両腕が広がり、胸が持ち上がった。両膝をがくがくさせながら、ダンの頭のにぶい友人、ジョーが、キューブリックとリンドンのまえで舞台に進み出た。まぶしい照明に目を細めてきょろきょろしながら、ジョーはボディランゲージで「いったいなにが起きてるんだ?」と伝え、それから座席についているふたつの人影を見つけて、「ああくそっ、あれはなんなんだ」と口走った。それまで舞台上でジョーにすっかり身をゆだねていたリクターは、新しいヒトザル版の自分を解き放ち、そのキャラクターの「力強く、詮索好きで、ためらいがちな足取り」で歩き回った。これを少し続けたあと、ヒトザルになりきったまま舞台の縁へ近づき、憤慨した、理解力の低い類人猿の目つきでキューブリックを見据えた。

「おお、すばらしい!」監督が叫んだ。この声に、ジョーはびっくりして後方に跳びさがると、ものも言わずに楽屋へ引っ込み——少したってふたたび姿をあらわしたときには、ジョーではなく、そわそわした、ためらいがちな第二のキャラクターになっていた。まわりの様子に怯え、まぶしい照明に目がくらんでいる内気なヒトザルだ。彼はいまや「繊細で、神経質な、小さな存在になっていて、それはジョーとはまったく正反対だった」最後に、リクターは舞台の中央へ移動して、ふたたびキューブリックに目を向け、キャラクターから抜け出した。「ふむ、充分に見せてもらった」キューブリックは笑顔で言った。「きみの言いたいことはよくわかったと思う。実にみごとだった」

数年後に質問を受けて、リクターはこのときの変身について語った。「キャラクターはそのキャラクターがしたいことをする。こちらはそれにまかせるだけ。中に入って乗り回しているような感覚に近い。そしてこんなふうなやりとりがある──『こっちへ行ってもいいかもしれないぞ。ちょっとだけだよ。そんなになんでも詮索しないといけないのか？』──キャラクターは魔法への扉だ、創造性という観点から見ると。思ってもみなかったようなことが起こる。自分で自分にびっくりするんだ」

リクターがボアハムウッドを訪れたころは、わずか十週間後に迫ったスペイン南東部での撮影にそなえて仮の計画が必要とされていた。キース・ハムシャーは、あの過酷なヒトザル体験を生きのびたあと、ありがたいことにスチル写真の仕事へ戻され、いまではキューブリックのために十九歳にして複数の暗室でのあわただしい現像作業を取り仕切っていた。数カ月まえに、ハムシャーはスペインのタベルナス砂漠の各所へロケハンのために派遣されており、いまキューブリックはその件でリクターを質問攻めにしていた。部族ひとつ分のヒトザルをどこで集めればいい？　世界中探してもそんなに大勢のマイム役者はいないとしたら、リクターのほうで別の人びとにその動きを教えることはできるのか？　衣装を着たらどうなるのか？　十週間後にスペインで撮影するのは可能なのか？

リクターはせいいっぱい質問にこたえ、最後の質問についてはきっぱりと釘を刺した。「わたしに協力してほしいのかもしれませんが、とてもむりです」キューブリックは態度をやわらげ、どのようにして〈人類の夜明け〉シーケンスに取り組めばいいのか簡単な提案書を書いてくれと頼んだ。

翌日、提案書を手にオフィスへ戻ると、リクターはその場で雇われた。

＊　＊　＊

『２００１年』のセットはほとんどがすでに撤去されていたが、この映画の製作における、おそらくはもっとも途方もない光景は、一九六六年の七、八月から秋に入るまでの特定の日々に、ステージ４の高所で目にすることができた。スタントマンのビル・ウェストンが、そこでＥＶＡすなわち船外活動のワイヤアクションをおこなっていたのだ。非常用エアロックやブレインルームのシーンと同じように——ただし今回は容赦ないコンクリートの床から優に九メートルの高さがあったので、ミスをする余裕はまったくなかった——ワイヤアクションを担当するのはユージーンズ・フライングバレエ団で、その指揮をとるリーダーのエリック・ダニングは、ジョージ・カービィの指導を受けたことがあった。一九〇四年の『ピーターパン』のセンセーショナルなロンドン公演で初めてこの技術を実演してみせた人物だ。

ウェストンの恐れを知らないパフォーマンスは、転落防止ネットなしで実施され、『２００１年宇宙の旅』の製作中に撮影された肉体面および技術面でもっとも過酷なシーンの一部となった。デジタルエフェクトの登場は数十年先のことであり、それは映画史において広く知られることはないが特別な瞬間となった。この説得力ある無重力のシミュレーションにおいては、ソビエトの監督パーヴェル・クルシャンツェフが一九五八年のドキュメンタリードラマ『ソ連人工衛星　宇宙征服』で開発したテクニックが取り入れられ、さらに発展させられた。キューブリックがそれを研究したのはほぼ確実だ。しかし、彼らは自分たちの思いどおりのやりかたで成功をおさめた。カメラが常に自分の真下に位置していることで、ウェストンはx軸上で自由に回転して体を動かすことができた。重力に縛られたスタジオ内で無重力をシミュレートする唯一の方法であり、のちにこの描写は、実際に無重力を体験した人びとからそのリアリズムを絶賛されることとなった。（「これでわたしは宇宙へ二度出かけた気分になった」ソビエトの宇宙飛行士で、史上初の宇宙遊泳をおこなったアレクセイ・

レオーノフは、一九六八年にこの映画を観たときにそう語った。細い命綱だけでつながったレオーノフが地球の軌道上でボスホート2号のカプセルから遊泳をおこなったのは、『2001年』の封切りのわずか三年まえ、一九六五年三月十八日のことだった）

運良く現場にいたダン・リクターが、二〇〇二年に出版した『月を見るものの回想──2001年宇宙の旅日記』の中でそのときの様子を鮮明に書き記している。「ドアを抜けてあの大きなステージへ出るときは、まるで大聖堂へ踏み込むような気がした。まわりは黒いビロードのカーテンでぐるりと囲まれていた。はるか上のほうで、見えないピアノ線に吊されたビル・ウェストンが、宇宙服姿で、黒々とした深淵に包まれた現代の天使のようにゆっくりと回転していた……。一瞬、わたしはうまく息ができなくなった。唖然とする光景だった。スタンリーはブライアン・ロフタスやピーター・ハナンやそのほかのクルーといっしょに大きな65ミリカメラのそばにいた」

ウェストンは、えらの張った人目を引く風体が若きクリント・イーストウッドに似ていて──そのくせ、トニー・フリューインに言わせると「きれいな、教養を感じさせる声は、上流階級の人のようでありながら、よくある朗々とした、気取った、ムカつく感じのそれとはちがっていた」──身長は百八十センチを超えており、イギリスの植民地だったインドの出身だった。当時は二十五歳で、「アフリカでしばらくフリーランスの兵士をした」あとでスタントマンになった男だ。以前から数多くの映画に参加してはいたが、『2001年』は過去のどんな作品よりもはるかに野心的だった。ステージ4での宇宙遊泳のまえに、ウェストンは非常用エアロックのシーンで白髪まじりのウィッグをつけてキア・デュリアの代役をつとめていた──具体的には、ボーマンが奥の壁にむかって突進してから跳ね返ってドアのほうへ戻る、背後からとらえた逆アングルの映像だ。過熱気味のHALのブレインルームでは、ヘルメット越しにデュリアの顔が見える必要のないショットで、何時間もおかしな角度で吊されたりもした。

スタジオの床から九メートルの高さにあるプラットホームから送り出されたビル・ウェストン。

常にリアリズムを追求するキューブリックは、ウェストンのヘルメットの後部に空気穴をあけようという提案をはねつけていた。光が射し込んでバイザー越しに見えてしまうのではないかと心配したのだ。しかし、数カ月まえには、デュリアがバイザーを偏光させるボタンを押した状態で撮影をおこなっていた──おもてむきは太陽の光を遮断するためで、彼の顔は完全に真っ黒になる。ウェストンのヘルメットにも偏光フィルターは付いており、それがあるおかげで、代役と気づかれる心配なしに全身が映るもっと危険なワイヤを使ったショットが撮れたのだ(宇宙遊泳のシーンでは彼がボーマンとプール両方の代役をつとめた)。ウェストンが、彼の提案している空気穴については黒いガーゼを張っておけば光が射し込むことはないと反論しても、キューブリックはやはり拒否した。それだけでなく、ウェストンに汗まみれで高温になる宇宙服の中でボーマンのウィッグをつけるよう求めた──この指示については、スタントマンは高いプラットホームの片隅にそっとウィッグをほうり出すことで早急に回避した。

キューブリックが譲らないということは、ウェストンの宇宙服が密閉状態になるということだった。圧縮空気の小型タンクがバックパックに入ってはいたが、それは十分しかもたなかった――しかも、レギュレータがあるわけではなく、タンクが空になるまでチューブをとおしてヘルメットに空気を送り込むだけのものだった。撮影するショットの複雑さや、ワイヤを用意してスタントマンを吊すために使うプラットホームを撤去するのにかかる時間を考えただけでも、十分ではとても足りなかった。問題はほかにもあった。たとえタンクがスーツへ空気を送り込んだとしても、ウェストンが吐き出す炭酸ガスには行き場がなかった。それが宇宙服の中でたまり続ければ、徐々に心拍数があがって、呼吸は速まり、疲労で体が動きにくくなり、ついには意識を失うことになる。

七月八日に撮影された、最初の宇宙遊泳のシーンでは、スタントマンは片手でディスカバリー号のアンテナに使う交換用の箱形の誘導ユニットをつかんだまま、スペースポッドの背面のドアをあけて外へ出なければならなかった。ポッドはスタジオの天井近くまで吊り上げられて、その下にあるパイプを組んだフレームにしっかりとつながれ、背面をステージの床とカメラに向けていた。そのフレームには、ウェストンがてっぺんまでよじのぼってポッドのひらいた前面のウインドウからもぐり込めるだけのスペースしかなかった。エリック・ダニングは安全のために二本のワイヤを使うことを勧めたが、キューブリックはウェストンに一本しかワイヤをつけさせなかった（ワイヤはどれも複数のケーブルをきっちりとより合わせたものだった）。監督の妥協しない姿勢が本気で心配になってきたスタントマンは、カメラは彼の真下にあるのだから、どのみちワイヤは体で隠れるのだと指摘した。キューブリックは、ポッドに落ちる影でウェストンのうわべの無重力状態の裏にあるトリックがばれてしまうことを心配して、この点についても頑として譲ろうとしなかった。

頑丈な三脚に据え付けられた巨大なカーボンアーク灯が一カ所に集められて、単光源である太陽光を模した強烈な光を作り出し、下からポッドへ投げかけた。途切れなくつながれた高価なフランス製の黒いビロードのカーテンを背景にした球形の乗り物は、すでに惑星間宇宙に浮かんでいるように見えた。ダニングのクルーとたった一本のワイヤでつながれたウェストンは、ポッドの中で身を丸くして出番にそなえた。ぐらつくプラットホームがわきへどけられるとすぐに、パイクがカメラをまわし、クラックネルがメガホンをとおして「アクション！」の声をかけ、ポッドの狭いドアがひらいて、ウェストンの赤いヘルメットがあらわれた。彼は巧みにドアをとおり抜け、頭から先にカメラへむかって降下した。

ほとんど間をおかずに、胸の悪くなるようなピシッという音がサウンドステージ全体に響き渡り、ワイヤのより線の一本が切れた。切れたより線は百八十度前方へはじけ飛び、ピストル形グリップがついた制御ユニットをウェストンの宇宙服のおもて側に留めていたファスナーを切り裂いた。彼は本能的に姿勢を正すと、上へ手を伸ばし、ポッドのドアをつかんで、安全な場所へ体を引き上げた。制御ユニット——イギリス空軍のジェット戦闘機〈バンパイア〉のほんものの部品——のほうは、くるくると落下して、カメラアシスタントのピーター・ハナンの頭にかすめるようにぶつかった。パナビジョンカメラのそばにいたキューブリックは、ぱっとうしろへ跳びさがった。ほかのクルーもちりぢりに逃げた。

頭から血を流しながら、ハナンは近くにあるバーネット病院へ急行し、ひらいた傷口を縫ってもらった。その日の午後に仕事に戻ったとき、彼は動揺してはいたが生きていた。「もしも頭の真ん中に当たっていたら、彼はきっと死んでいただろう」ウェストンは語る。ダニングのクルーにワイヤを巻き上げてもらって、スタントマンはなんとかポッドの中へ戻っていた。あそこで墜落していたら、ウェストンだけでなくほかの人たちも巻き添えになって死んでいたはずだ。

動揺したキューブリックは、二本のワイヤを使うことにもはや異議をとなえようとはしなかった。それだけでなく、カメラクルーを囲むケージを用意し、以降は全員にヘルメットを着用させた。キューブリック自身は二度とスタントマンの下に立つことはなかった。「スタンリーのすごいところは芸術面でとてつもなく誠実だということだ」とウェストンは語っている。「モラル面ではそれほどでもないようだが」彼の言葉は別のできごとによって裏付けられた。

あるショットで、ウェストンは背中をカメラにむけて吊されたまま、全身をゆっくりと回転させなければならなかった。ボーマンがディスカバリー号のアンテナの誘導ユニットを交換しにいくシーンで使われる映像だ。これは天井にボルト止めしてある旋回軸《ピボット》に装着された金具によって実現されていた。何時間も水平な姿勢のまま吊され、両腕と両脚を重力に逆らって広げていたら、常に突っ張っていた背中の腰のあたりがずきずきと痛み始めた。ウェストンがアイロン台とほうきの柄を持ってきてくれと頼むと、それが大急ぎでプラットホームへ運ばれ、切断されて、ハーネスの背の部分の下に差し込まれた。「あれはちょっと愉快だった」とウェストンは回想する。「こんなハイテク宇宙服の中にローテクの道具が入っているんだからね」

キューブリックとクラックネルはメガホンを使って下から指示を出すことはできたが、スタントマンと地上とのあいだにまともな意思疎通はなかった。ウェストンが空気をヘルメットに吸い込めるのは十分間だけで、吐き出した炭酸ガスはそのあいだずっとたまり続ける。そうした危険な状況を考慮して、彼は自分でリスクを減らす方法を考えた。炭酸ガスで意識がもうろうとしてきたときは、「アルファベットを逆順で暗唱して、それができるあいだは、まだ大丈夫だと判断した」のだ。そしてダニングのワイヤ担当者たちとのあいだで合図を決めた――ウェストンが両腕を左右に突き出して十字架の姿勢をとったときは、限界が近づいているから急いで戻してくれということ。それを二回続けてやったときは、緊急事態で、ただちに回収してもらう必要があるという意味だ。

ウェストンの発進用タワーをカメラの視野の外へ移動させるには五分近くかかり、戻すのにも同じくらいの時間がかかった。おまけに、ハナンが怪我をしてから、キューブリックはカメラのフレームを脇のほうからしかチェックしなくなっていた。「監督はなにかが自分の上に落ちてくるのをまだ怖がっていた」とウェストン

発進用タワーの基部で酸素欠乏から回復しつつあるビル・ウェストン。

は回想する。そのため、スタントマンがプラットホームから踏み出して、下で必要不可欠な議論がおこなわれたあと、さらにカメラを撮影位置へ戻さなければならなかった。これでさらに時間がかかった。わずか十分の空気で炭酸ガスの蓄積を抑えながら、彼らはウェストンの忍耐力のぎりぎり限界で作業を進めていたのだ。

「初めてわたしが気を失ったとき、キューブリックはひどく動揺した。わたしの時間がかぎられていることは彼も説明を受けていたからだ」とウェストンは回想する。タンクがほとんどからになって空気の毒性が容赦なく上昇してきたので、彼はアルファベットを逆順で暗唱して次がわからなくなるまでそれを続けた。それから数分待って、周囲が薄暗くかすみ始めると、今度は両腕を広げて十字架の姿勢をとった。ひと筋の強力な光に照らされ、黒い深淵でゆっくりと回転しながら、ダン・リクターの言う〝現代の天使〟は空中で磔《はりつけ》になった宇宙飛行士に変わっていた。ウェストンはヘルメット越しに「だれかがスタンリーのところへ走って『彼を戻さないと』と言っている」のを聞いた。キューブリックの返事はこうだった——「知るか、始めたばかりなんだぞ。あの男は上にとどめておけ！　上にとどめておくんだ！」

そのころには、ウェストンは両腕で十字架の姿勢を繰り返すための力を最後の一滴まで使い果たしていた。

そして彼は失神した。「タワーが戻されたあと、わたしはスタンリーを探しにいった」もと傭兵は回想する。「すぐにMGMにねじ込むつもりだったんだ、そして彼の……」言葉は途切れた。「ところが、スタンリーはすでにスタジオを離れていて、わたしの話を聞くためにヴィクターをよこしてきた」キューブリックは「二日か三日」はスタジオへ戻ってこなかった、とウェストンは語る。「たしかに二日か三日だった……次の日に来なかったのはたしかだし、その次の日でもなかったはずだ。わたしがなにをするつもりかわかっていたんだ」

リンドンの手配により、ウェストンは「ビールなどが入った冷蔵庫のあるエリザベス・テイラーの楽屋」をあてがわれた。しかも「最大級の慰労休暇が約束され、スタンリーがその分を支払うことになった」つまりは、大幅な賃上げだ。キューブリックが安全にスタジオへ戻ってこられるとリンドンが判断したころには、すべてが許されていた。それでも、ウェストンは数十年後にこうコメントしている。「スタンリーが熱中すると、それは破壊の帝国みたいなものになる」

＊
＊
＊

ウェストンがやり遂げなければならなかったもっとも複雑なショットは、HALが遠隔操作するスペースポッドに殺された宇宙飛行士フランク・プールを演じた場面だ。ボーマンは大急ぎで別のポッドに乗り込んで副船長を追いかけていく。彼が回転する生気の失せた宇宙飛行士をキャッチするショットは『2001年』の動的奇跡のひとつであり、おそらく、かつて映画で描かれたもっとも効果的な無重力のシミュレーションだろう。黄色い宇宙服を着たウェストンは、切断されたエアホースを突き出したまま宇宙空間で回転していて、そこへサーボアームをかまえたポッドが左から接近してくる。ウェストンは二回転してからアームにぶつかり、ヘルメットも体全体もその衝撃で揺れる。ポッドがそのまま左から右へ動き続けると、彼の体は二本のアームに抱き止められ、惑星間ピエタのような情景を生み出す。

ポッドは天井の近くで固定されていて動かないので、このショットを実現するためにはウェストンがそこへ接近するしかない——その逆ではなく。そしてポッドが左からフレームに入ってくるように見せるためには、カメラがスタントマンといっしょに動かなければならない。というわけで、ダニングのクルーはMGMの装置係と協力してウェストンのワイヤが動くための軌道をスタジオの天井に設置した。その下では、カメラ用のドリーの軌道が同じ軸線上に敷かれた。ウェストンもカメラもスタジオを横切るかたちで動くことになり、スタントマンがプラットホームを離れてポッドへむかうと、そのはるか下でドリーが彼の動きに合わせて移動する。

映画の製作においては、あるショットの撮影風景の壮観さが、ショットそのものの衝撃に匹敵、あるいはそれを凌駕することがある。高いプラットホームの上で、ウェストンはスタジオの床からは見えないワイヤで水平に吊されている。回転速度を最低にしてギアシステムをかませたドリルモーターが、ワイヤの旋回軸《ピボット》につながったスタントマンをゆっくりと回転させる。真下にあるドリーの上では、ケルヴィン・パイクがわずかに回転数をあげてカメラをまわし、スローモーションでの撮影を始める。安全な場所にいるキューブリックのとなりで、クラックネルがメガホンで「アクション」と呼びかける。カービィ一門のワイヤ担当者たちがウェストンの回転する体をスタジオの天井に沿ってポッドへと近づけ始め——そのポッドは機械の両腕をかまえて彼に相対している。それと同時に、特機《グリップ》たちが軌道上にあるドリーをビロードの暗黒を横切るスタントマンの動きに合わせてごろごろと前進させる。

ぶつかる直前、ポッドのアームにつながるケーブルを操作していたウォーリー・ヴィーヴァーズのクルーが、左右のY字形の部分を下げながらひらいて回転する体をつかまえようとする。ウェストンのヘルメットが右のアームのYにゴンとぶつかり、その音がスタジオ内に鳴り響く。塗料のかけらがくるくると空中を舞う。カービィ一門のクルーがさらにウェストンの体を引き寄せ、スタントマンはヘルメットの付け根のアルミ製のリングを使って自分の首を守りながら、全身がポッドの二本のアームにかかえこまれるにまかせる。クラックネルの「カット」の声で、クルーは撮影が成功したことを知った。ヘルメットを脱いだウェストンは、大きく深呼吸をして頭をはっきりさせようとした。彼は幻想をいだいてはいなかった――キューブリックはさらにワン・テイクをほしがるはずだった。

数十年後、八本のジェームズ・ボンド映画に出演し、『レイダース　失われたアーク《聖櫃》』でオートバイを高速で水中に飛び込ませ、ジェームズ・キャメロンの『エイリアン2』できわめて危険な離れ技をやり遂げ（終了後のコメント――「彼はいずれだれかを死なせることになる」）、『プライベート・ライアン』のノルマンディー上陸作戦で凍てつく水や爆発の中を突き進んだあとでも、このスタントマンはキューブリックとの仕事にもっとも満足感をおぼえていた。「わたしは真の意味で歴史をつくったグループの一員だった」ウェストンは言った。監督の「映画に対する絶対的な誠実さ」と「かなり突っ拍子もない……不道徳さ」との「おかしな並置」に思いをめぐらしながら、彼は最後にこう締めくくった。「わたしはとにかく誇らしい気持ちでいっぱいだった」

ふだんはたとえ話をするような男ではなかったが、ウェストンは『2001年宇宙の旅』での仕事を総括するために十三世紀の日本の仏僧、日蓮を引き合いに出した。「これは実際には青バエの話なんだ」彼は解説した。「青バエは時速五キロメートルで飛ぶことができる。でも走る馬の尻尾にとまれば、時速五十キロメートルで移動できる。あの映画の仕事をした人はみんな、それがすごく特別なことだったと気づいていると思う。スタンリーはひどくしゃくにさわる男だったし、とんでもなく厳しい要求を押し付けてきたけれど、まちがいなく天才だった」

＊　＊　＊

馬にとまったハエというより、自転車に乗った魚とでもいうべきだろうが、映画のセットにいる作家はしばしばやっかいで場違いな存在となる。アーサー・クラークはボアハムウッドの常連だった。彼は映画製作にすっかり夢中になっていた。そこでは彼の最良の夢の多くが圧倒的なパワーによって描き出されていたし、キューブリックも彼がそばにいることを望んでいた。もっとも、監督はたいてい多忙だったので、クラークには自由な時間がたっぷりとあった。コン・ペダーソンは彼が「荷馬車の横を走っているような感じ」だったのをおぼえている。アンドリュー・バーキンはさらに思いやりに欠ける表現で、クラークは「結婚式に迷い込んだ人みたいだった」と語っている。

だが、バーキンにはこの作家との楽しい思い出がある。クラークはときどき、53号棟のホーク・フィルムズの製作部にあったオフィス用冷水器に相当するもの、つまりはコーヒーマシンのそばで、みずからの未来のヴィジョンについて長々と語ることがあった。このオフィスには製作部に一台しかないゼロックスのマシンがあったので、バーキンもよくそこを訪れていた。自身の若さゆえの未熟さを恥ずかしがることもなく、彼はこんなやりとりを紹介してくれた。

クラーク「結石《カルキュラス》についてどんなことを知ってる?」
バーキン「ネロのまえの皇帝ですか、それともあと?」
クラーク「ちがう、それはクラウディスだ」

ダン・リクターは、一九六六年十一月に初めてスタジオにまる一日入ったときのことを鮮明におぼえている。十月中にメイクアップアーティストのスチュアート・フリーボーンやキューブリックと何度か準備のための打ち合わせをしたあとのことだった。鍵を渡された広々としたオフィスのドアには〈ダン・リクター、〝人類の夜明け〟〉と記されていた。部屋に入ったものの、脚本もなく、指示もなく、きちんとした行動計画があるわけでもなく、彼はすっかり途方に暮れてしまった。白紙のページをまえにした作家のようにしばらく静かにすわっていたあと、リクターは電話を取り上げて妻に連絡をとった。「オフィスでじっとすわっているだけなんだ」彼は悲しげに言った。「なにがどうなっているのかさっぱりわからない」

ほどなくノックの音がして、五十歳くらいの頭が禿げかかった男が戸口にあらわれた。「来たな、〈月を見るもの〉。これがいるんじゃないか」クラークはそう言って、リクターに十八ページにおよぶ〈人類の夜明け〉の脚本を手渡した。いつでも用心深いキューブリックは、脚本のそれ以外の部分を見せようとしなかったのだ、とりあえずは。

リクターはよく本を読んでいた作家に会えて喜んだものの、自分が実際に〈月を見るもの〉を演じるかどうかはわからないのだと伝えた。キューブリックと合意したのは、そのシーケンスの振り付けをすることであり、彼自身が演じることが決まったわけではなかったのだ。ふたりで四十五分ほど話をしていたあいだに、クラークはレイモンド・ダートの話を持ち出した。一九二四年に初めてアウストラロピテクスの化石を発見した人類学者だ。ヒヒやチンパンジーにしては頭蓋が大きすぎることに気づいて、ダートはそれが人類出現以前に最初に直立歩行をして道具を使った種の化石であると推理した。〈月を見るもの〉については、その種の中でもとりわけ洞察力にすぐれた存在として描くつもりなのだ、とクラークは語った。

ふたりはさらに、ロバート・アードリーの『アフリカ創世記』について語り合った。その本はダートの業績を世に知らしめ、キューブリックとクラークがこのシーンの構想を練ったときの土台となっていた。そのあと、クラークは立ち上がり、リクターと握手をして、幸運を祈ると告げた。翌日セイロンへ出発することになっていたので、どうしても帰らなければならなかったのだ。

第8章　人類の夜明け
1966年冬〜1967年秋

いかなる個体も永遠に存続することはない。人類だけが不滅だと考える根拠はどこにもないだろう。ニーチェによれば、人間は動物と超人とのあいだに張り渡された一本の綱——深淵の上にかかる綱だ。それこそが果たされねばならぬ気高い目的なのだ。

——アーサー・C・クラーク

スチュアート・フリーボーンは三十年におよぶキャリアで一度も出くわしたことのなかった問題に直面していた。彼はそれまでに数多くの革新的で並外れた仕事をやり遂げていた。もっとも近作の『博士の異常な愛情』では、ピーター・セラーズが容易に見分けのつく三人のキャラクターに分裂する手助けをした。そのうちのふたりが、頭がみごとに禿げあがったマフリー大統領と、映画の題名にもなった、車椅子にすわったままの誇大妄想症で重度のエイリアンハンド症候群をわずらうナチのロケット学者だ。その二十年前には、マイケル・パウエルとエメリック・プレスバーガーの一九四三年の作品『老兵は死なず』で、逆の美容整形により、ほんとうはスリムなロジャー・リヴシーに説得力ある太鼓腹をくっつけて壮年期の姿に変身させた——これはリヴシーがずっとバスタオル一枚で過ごす長尺のシーンがなければもう少し楽な仕事になっていただろう。

もっとも有名なのは、デイヴィッド・リーン監督による一九四八年版の『オリヴァ・ツイスト』で、作り物の鼻によってアレック・ギネスをフェイギンに変身させたことだ。大きなかぎ鼻はあまりにも反ユダヤ的で、悪名高いナチのタブロイド紙〈シュテュルマー〉に載っていても違和感がないほどだったが、実はチャールズ・ディケンズの初版本に入っていたジョージ・クルックシャンクの挿絵をもとにしていた（自身も半分ユダヤ系だったフリーボーンは反発を受けるのではないかと指摘した――だがリーンによって押し切られた）。

一九六六年十月、痩せて口ひげを生やしたダン・リクターという名の若者がスタジオへ姿をあらわしたころには、フリーボーンはすでにヒトザルスーツをひとつ試作し（キューブリックには作り物じみていて不充分だと言われた）、真に迫ってはいるが異様な去勢をされたアフリカ系イギリス人ネアンデルタールの一味を作り上げていた（彼らにはなんとしても子孫をもうけて地球を継いでもらわなければならないので、やはり要求にかなうものではなかった）。そしてダンが月曜日の朝にそこのドアをノックしたときには、数週間かけて自信作である新しいヒトザルの衣装に取り組んでいたところだった。フリーボーンはマスクを取り上げてリクターに見せた――その男はどう見てもカウンターカルチャーの周辺部の住人ではあったが、知的な雰囲気をただよわせていた。「どう思う？」彼はたずねた。

リクターのほうはフリーボーンのスタジオに感心していた。明かり取りの天窓、メイクアップ用の椅子、しっくいやワイヤやウレタンフォームがぎっしりならぶ作業台。ここが変身するための場所なのだ。ある姿でやってきた人が、まったくちがう姿で出ていく。フリーボーンについては、ダンはこんな感想をいだいた。「ビアトリクス・ポターの絵本のキャラクターみたいだ」禿げ頭で、眼鏡をかけて、神経は張り詰めているがそわそわしているわけではない――血管に少しばかり小妖精が交じった、機敏で、活力にあふれた創造力の権化。

だが、マスクを調べたリクターは、とてもていねいに作られているようではあるがこれでは使えないとすぐに気づいた。彼はフリーボーンの気分を害したくなかったし、ここが名人の作業場だということはよくわかっていた。それでも、マスクはとにかく厚みがありすぎた。「わたしがやろうとしていることには使えないな」とリクターは思った。「この人は達人だ。でもこれはわたしがやりたいことではない」そこで率直に伝えることにした。

「ええと、スチュアート、これだと少しばかり問題がありますね」リクターは言った。「とてもきれいにできています。ただ、こういうマスクを着けるのは……頭に袋をかぶるようなものです。これでは内面を表現できません」

リクターは身につける衣装はできるだけ少なくしたいということを急いで説明しようとした。演技の力について伝えようとしたのだ。彼にとって、マスクと衣装は乗り越えなければならない壁だった。フリーボーンは神経質な笑い声をあげてその説明を聞き、マスクといっしょに使うスーツを見せた。ダンにとって、それは途方もなく厚い第二の皮膚のようなものであり、あまりにも重すぎた。「これではむりです」彼は言った。「とにかくこれではむりなんです。わたしたちのキャラクターを見せなければいけません。ここで作ってもらうのは、ただのおおいではだめなんです。わたしたちが何者でどんなことを感じているかをはっきりと見せる必要があるんです」

フリーボーンはいらだちと失望を隠しているようだったが、その意見を冷静に受け入れ、話を続けるうちに、リクターが求めているのは演者とカメラのあいだにある膜をできるだけ薄くすることだと理解したようだった。猿に似たものを作ってそれを人間がかぶるのではなく、人間の肉体からなにかを築きあげていくのだ。フリーボーンはリクターに、全身の型取りをするからできるだけ早く再訪してくれと伝えた。

数十年後にこの出会いを回想して、リクターはこう語った。「明らかにドラッグで頭のぼけたアメリカ人の若造が、イギリス映画界のトップクラスのメイクアップアーティスト――『戦場にかける橋』にも参加したメジャーな人物――に会いに来て、『これじゃだめだ』と言うんだからね。初めは『こいつは何者だ?』と思われたはずだよ。彼はとても礼儀正しくて、とてもイギリス人らしくて、とにかくなにからなにまで礼儀正しかった。きっとスタンリーのところへ行って『どうなってるんだ？』ときいただろう。それでスタンリーがこたえる。『いや。きみたちにはいっしょに働いてもらう。ダンがいいことを思いついたんだ』」

＊　＊　＊

最良のＳＦは、啓蒙時代以後の世界に関する知識を取り入れて推定をおこなう。さまざまな科学的発見や未来のテクノロジーにまつわる予測を、フィクションというかたちで表現される真実のために役立たせるのだ。六〇年代の中頃には、天文学と天体物理学が宇宙の領域を大幅に広げ、新興の古人類学――ダーウィニズム、古生物学、自然人類学から派生した学問領域――が、人類の起源に関するわれわれの理解に大変革をもたらし始めていた。しかし、こうした広い領域における発見が芸術的表現に取り入れられることはめったになかった。事実上、科学と芸術は分断されていた。

キューブリックとクラークの偉大な業績のひとつは、そして『２００１年』がいつまでもそのパワーと重要性を失わない理由は、ふたりが近代科学によって明らかにされた、複雑で、ときには心奪われる、ときには壮大な真実を取り上げ、高価なツァイスのレンズを扱うような細心の注意を払って磨きをかけたうえで、それらを窓にして途方もなく広大な宇宙における人類の姿を描き出したことにある。『２００１年』の作者たちは過去へ目を転じて、人類の起源について調べた。特に理論にこだわったわけではない。これはフィクションであって、〈ネイチャー〉で審査される学術論文とはちがう。それでも、彼らは常に科学的研究と、その奇跡の成果であるテクノロジーを調べ上げて、ストーリーを定め、練り上げ、ぎりぎり限界までふくらませた。そうやって既知と未知との境界線までたどり着いた――科学はいつの時代でも、舌で折れた歯をさぐるように、そこを探査しているのだ。ふたりはまさにその境界線へ観客を連れていきたかった。そこを越えると魔法のようなものがはびこる領域になってしまうからだ。

製作チームのほかのメンバーたちについてもそうだったが、キューブリックがリクターに関して出した指示には、道具と、提案と、責任と、調査の自由をあたえることが含まれていた。彼は真剣な思いを伝えるために、古人類学者たちによる本格的な研究論文と、ロバート・アードリーとデズモンド・モリスによる大衆向けの科学書と、「霊長類と原人における親族および家族」といったタイトルのついたロンドンでひらかれるインテリ向けセミナーへの招待状をリクターに渡した。

監督はさらにロンドン動物園のモンキーハウスを訪れるよう指示したうえで、リクターにむかって、きみはいまやホーク・フィルムズが『２００１年』の先史時代パートの撮影にそなえて七月のうちに借りたり即金で購入したりしておいた動物たちの責任者なのだと伝えた。〈ジミー・チッパーフィールド・サーカス〉の世話になっていたキューブリックの箱舟に乗り合わせていたのは、一頭のヒョウ、二頭のハイエナ、二羽のハゲワシ、二頭のペッカリー、二匹の大きな蛇、三頭のシマウマ、そして十二頭のバク。この最後のバクはよく動く鼻をもつ南米の大型草食獣で、〈月を見るもの〉に最初に殺される運命にあり、アフリカとは無縁の種であっても問題視されることはなかった。

いまになってみると、キューブリックがとったもっとも重要な行動のひとつは、リクターにボリュー社の美しい16ミリフィルムカメラをあたえて、その使い方を教え、フィルムストックと現像を無制限に利用できるようにしてやったことだ。リクターには解体された遠心機から持ってきた映写機もあたえられた。監督は映画製作におけるもっとも重要なふたつの道具を提供することで、このヒトザルになりたての男に演者としてだけではなく製作チームの一員として考えさせようとしたのだ。ボリューの長所について熱心に語ったあと、キューブリックはこう告げた――「さあ、外へ出て好きなだけ調査をおこないたまえ。とにかく情報を集めて、それから決断をくだすんだ」

リクターはのちに、ロンドンの大聖堂サイズの自然史博物館にいたイラストレーターのモーリス・ウィルスンにも取材をおこなった。ウィルスンが野生生物を描いた精妙なフルカラーの作品は、細部の鮮明さや美しさにおいてジェームズ・オーデュボンのそれに匹敵する。その数年前から、彼は博物館にある化石のかけらを調べて、アウストラロピテクスやそのほかの原人がどのような姿でどのようなふるまいをしていたかを再現する絵画を製作していたのだ。ウィルスンのもとを訪れたとき、リクターはすでに一カ月以上調査を続けていて、われわれの最初期の祖先たちに関するきちんとした情報があまりにも少ないことにいらだちをつのらせていた。

だが、リクターと会った画家は、すでに彼とまったく同じ過程を経ていて、少しずつ集めた情報を喜んで提供してくれた。レイモンド・ダートが発見したアウストラロピテクスの標本はそれが小柄な生物だったことをしめしていた――せいぜい百四十センチで、とても痩せていた。当時の科学界ではまだ二足歩行ではなかったのだろうと考えられていたが、これはのちに二足歩行を支持するほうへ修正された。キューブリックとクラークの構想では、『２００１年』に登場する謎めいた強力な異星人の遺物は、道具の使い方を教えるだけでなく直立姿勢への移行をうながすことになっていた。アウストラロピテクス・アフリカヌスを選んで映画の序章の設定を四百万年前にしたことで、彼らは思いがけずぴったりの種と時代にたどり着いていたのだ。

しかもウィルスンのおかげで、リクターはそれまで読んでいた科学論文の無味乾燥な言葉をずっと具体的にイメージできるようになった。博物館の前面がガラス張りの展示ケースの裏へ連れていかれて、研究室や倉庫がつらなる裏のネットワークを抜けると、そこには棚やキャビネットがならぶ広々とした部屋があった。

ミスター・ウィルスンはヴィクトリア朝様式の大きな木製キャビネットの前で足を止めた。彼が扉をひらくと、中には骨や頭蓋のかけらと、よその所蔵品から集めた石膏模型がぎっしり詰まっていた。ほこりっぽい通路はひどく年経たにおいがして、その瞬間の信憑性をいっそう増していた。ミスター・ウィルスンはわたしにアウストラロピテクスの模型やオリジナルの骨のかけらをさわらせてくれた。口の中に妙な味がして、胸がどきどきした。わたしは接触を果たしていた。ダート教授が若い男性のほんものの化石から型を取った頭蓋の模型を手にするのはすごい体験だった。その表面のふくらみやくぼみを感じることができた。ヒョウの犬歯でできた穴がふたつあいていて、それがこの若者の死因かもしれなかった。

リクターがそうしたすばらしい体験をしてボアハムウッドへ戻ってみると、キューブリックは相も変わらずむずかしい問題に取り組んでいた。「彼はいつも『やあダン、タバコはないか?』ときいてくる。クリスティアーヌに喫煙を禁じられていたからだ」とリクターは回想する。「わたしがタバコを渡すと、彼は『聞いてくれ、デズモンドが書いているこういうのを調べていたんだ』とか『ウィルスンがこんなふうに書いていた』とか『なあ、ヒューゴ・ヴァン・ラーヴィックが撮影したジェーン・グドールのドキュメンタリーを見たことがあるか?』とか言う。あるいは『ヴィクターがあちこち電話をしてナショナルジオグラフィック社に連絡をとったら、カットされたシーンをいくつか提供してもらえることになった』とか。黄金のような価値があったんだよ、このフィルムには★」

博物館とは別に、リクターはロンドン動物園にいる、哀愁に満ちた、思慮深げな〝ゴリラのガイ〟のもとを繰り返し訪れた。一九六六年の冬から六七年のあいだは、この二十二歳の雄のマウンテンゴリラのそばでとても多くの時間を過ごしたために、ガイは彼の存在を認めるようになっていた。「穏やかな表情だった。彼は動物園の訪問者たちを見渡していたが、わたしがケージの前で動き回ると、その目でこちらを追っていた」ボリューを手に、ダンは観察を続けた。ケージが小さいせいでゴリラの行動範囲は限定されていたが(「わたしにはガイが監獄にいる無実の男のように思えてしかたがなかった。やってもいないことで罪を着せられ、本人はなんの罪で告発されているのか見当もつかないのだ」)、いざ動くときには、その巨体の中心から重心をずらすようにしていた。リクターはみずからもボディランゲージを試み始めた。

なんというみごとなコントロールだろう！　わたしがなにかに手を伸ばすとき、その動きは体の中心から始まる。立ち上がり、向きを変え、走る――どの動きも中心から始まる。そうやって動くといろいろな効果があった。それはすぐにわたしの身のこなしから人間らしさを消した。それはサイズ感を生み出した――わたしは急に大きくなり、重さを増した。試しにこのやりかたで動いてみるといい。それはエネルギーとパワーを生み出す。ガイが教えてくれたんだ。彼が〈月を見るもの〉にサイズ感と奥行きをもたらしてくれた……。ありがとう、ガイ、なつかしの友よ。

＊　＊　＊

キューブリックが〈人類の夜明け〉の撮影方法としてもうひとつ検討していたのは、当時は映画製作で使うにはまだ目新しかったフロントプロジェクションという技法を導入することだった。アンドリュー・バーキンがイギリス国内で使えそうな砂漠の風景を探していたあいだずっと、監督はフロントプロジェクションを第二

★　キューブリックがここで言及しているのは、人類の起源と霊長類の行動を探求した六〇年代中期の重要な研究者たち、デズモンド・モリス、エドワード・ウィルスン、それとイギリスの霊長類学者のジェーン・グドールのことだ。グドールの仕事ぶりを記録したドキュメンタリーはオランダ人の写真家ヒューゴ・ヴァン・ラヴィックによってナショナルジオグラフィック社のために撮影された。

案ではなく第一案として考えていたのだろうが、その構想はしっかりと胸に秘められていた。単にボアハムウッドの管理された環境から遠く離れるのがいやだったし、快適な自宅から離れたくなかったのは言うまでもないが、フロントプロジェクションが使えるという確信がもてなかったのだ。そこでキューブリックは、アカデミー賞受賞者でＭＧＭのイギリススタジオで視覚効果部の長をつとめていたトム・ハワードの支援を仰ぎ、ジョン・オルコットとともにひそかにカメラテストに着手した。

『２００１年』以前には、多くの映画が特殊効果の技法としてリアプロジェクションを使っていた。古典的な例は、車の中のカップルの背後で道路が地平線方向へ流れ過ぎていくというあれだ。リアプロジェクションは『２００１年』でも広範囲で使われていて、宇宙船のセットでは高解像度フラットパネルの電子スクリーンをみごとに模していた。ただ、リアプロジェクションだと、もっと大きなスクリーンでその前に車や砂漠の風景のセットを置くようなかたちで使った場合、投影する映像をスクリーンの素材に反射させるのではなく透過させなければならないという問題が出てくる。それで明るさも鮮明さも落ちてしまうのだ。キューブリックは『ロリータ』や『博士の異常な愛情』でリアプロジェクションを多用したが――顕著なのは、Ｔ・Ｊ・〝キング〟・コング少佐を演じた俳優でありロデオスターでもあるスリム・ピケンズが、水爆にまたがって母なるロシアと最後の遭遇を果たすシーン――その本質的な不自然さが『２００１年』では許されないことを痛感していた。

一九六四年に、キューブリックは一九五〇年代から一九六〇年代初期にかけて公開された数あるＳＦ映画の中でも、特に日本の東宝――ゴジラをフランチャイズ展開する映画会社――が製作した作品をたんねんに観賞していた。彼が一九六三年の映画『マタンゴ』を観たのはほぼ確実だろう。この作品では、ヨットで遊びに出かけた若者たちが嵐で遭難して、謎めいた島に漂着し、そこで土地のキノコを食べたあとでグロテスクなキノコ人間に変貌する。ホラー要素の扱いが特にすぐれているわけではなかったが、本多猪四郎監督はヨットが海上にあるシーンで先駆的なフロントプロジェクションを導入していた。それはリアプロジェクションで実現されるどんな映像よりも段違いにリアルであり、キューブリックはまちがいなく注目したはずだった。

フロントプロジェクションは、３Ｍ社が一九四九年に開発して道路標識などに使われていたスコッチライトという高反射素材をよりどころとしていた。この素材には何百万もの小さなガラスビーズが含まれており、それがきわめて効率よく光をその投影源へむかって反射する。スコッチライトのフロントプロジェクション・スクリーンは、リアプロジェクションより何百倍も効率よく映写機の光をカメラのレンズへ跳ね返し、しかも正面から反射するので、輪郭がぼけることもほとんどない。それでも、いろいろと制約はあった。すべてのガラスビーズが光を細いビームで投影源へ反射するので、カメラは映写機のレンズと正確に一直線上の位置になければならない――映写機もカメラもかさばる機材で同時に同じ場所に設置はできないことを考えると、とても不可能なように思われた。

３Ｍ社の研究者だったフィリップ・パルムクイストが開発したフロントプロジェクションのシステムでは、カメラのレンズの前にハーフミラーを四十五度の角度で置くことでこの問題を解決した。カメラに対して九十度の位置に設置された映写機が、このミラーにむかって映像を投じると、ミラーはスコッチライトのフロントプロジェクション・スクリーンへそれを投影し、スクリーンで跳ね返った光はミラーの背後にあるカメラへまっすぐもどってくる。投影された映像は前景にいる俳優たち、たとえば骨を手にしたヒトザルにも投射されるが、スコッチライトをかぶりでもしていなければ、ほんのかすかで目につくことはない。しかも、ステージ４でビル・ウェストンの体がみずからを吊すケーブルを隠したことでほぼ完璧な無重力シーンが生まれたように、実際のところは、映写機からの光で演者たちがスクリーンに投じる影も本人たちの体によってカメラからは隠されるのだった。

だが、難問はほかにもあった。カメラはずっと固定しておくか、さもなければ、どこかへ移動させるたびに

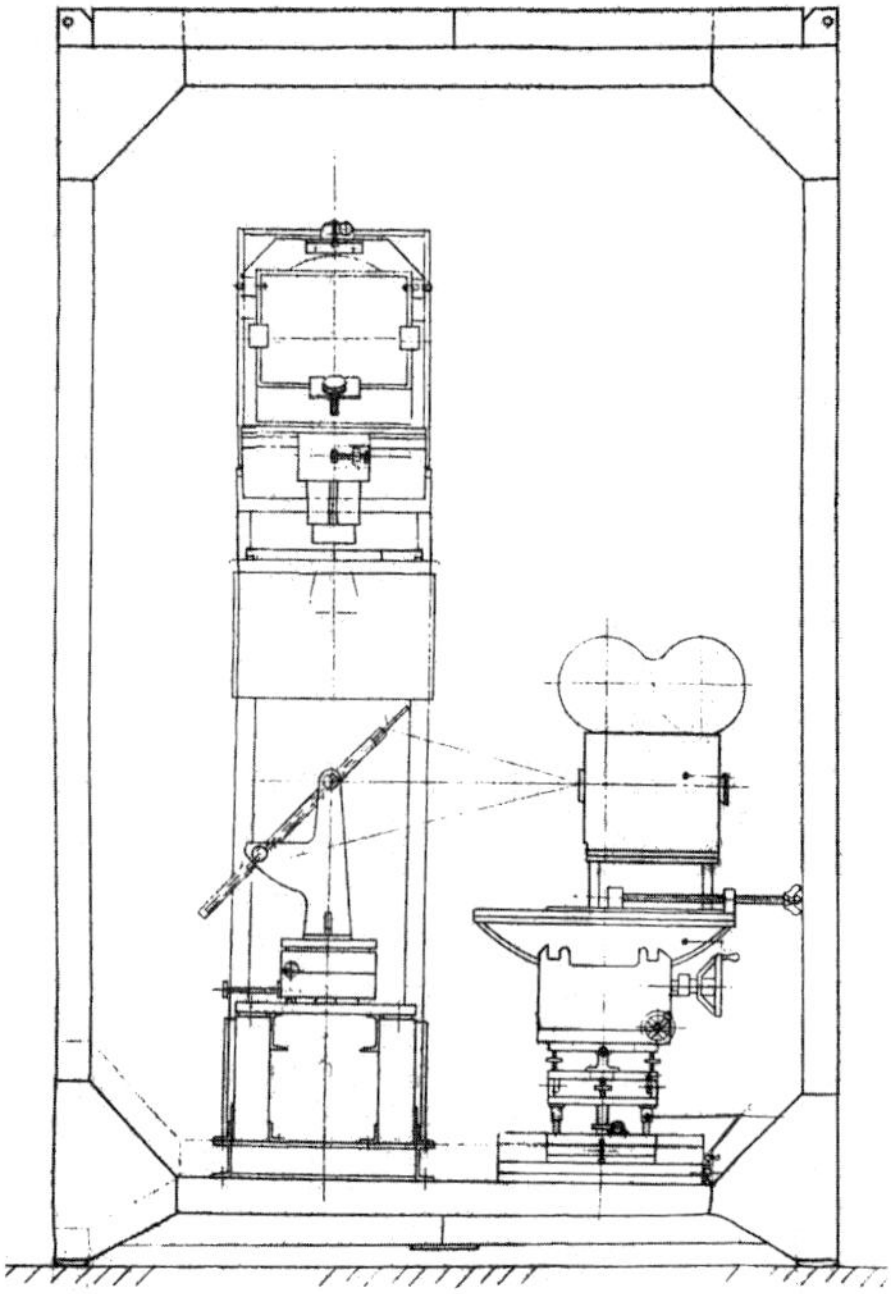

〈人類の夜明け〉で使われたフロントプロジェクション装置。右がカメラで、左にある映写機は斜めに設置されたミラーの上に垂直に吊り下げられた。

映写機とミラーのシステムをいっしょに運んでいくしかない。しかも前景のセットのライティングと色温度を、そのセットと演者たちが投影された背景の映像と継ぎ目なく溶け合うように調整しなければならない。さもないと演者たちがより大きな枠の中でそれぞれの役をこなしているという幻想が崩れてしまう。だが、ハワードとオルコットが取り組んでいるのだからそうした問題も克服できるだろうと、キューブリックは確信していた。

＊　＊　＊

キューブリックがロケハン隊を送ったもうひとつの場所は、南西アフリカ――今日のナミビア――と、そのとなりのボツワナにまたがる広大な砂漠地帯で、東のカラハリ砂漠と西の骸骨海岸《スケルトンコースト》にはさまれていた。後者にそんな名前がついているのは、何百キロメートルも真水のない地域が続くので、遭難した船の生存者たちが長くゆるやかな苦痛に満ちた死を迎えることになるからだ。一九六六年当時、南西アフリカはまだ南アフリカに支配されていたので、厳格な人種隔離政策であるアパルトヘイトが続いていた。

キューブリックが写真で見たすべての候補地の中で、カラハリ砂漠とナミブ砂漠はもっとも多様な可能性を秘めているように見えた。しかも、これらの黄土色の砂漠には、初期の人類が苦闘する舞台として正しく日差しに焼かれているという利点があった。ヒトザルたちの撮影をロケでおこなうという考えを放棄したあと――スタジオの管理された環境を離れたくないという気持ちと、乾ききった砂漠の風景を天候の変わりやすいイギリスで撮影することの非現実性とのあいだで折り合いをつけた決断だった――キューブリックは小規模な製作チームを組んで現地でリアルな背景写真を撮影させようと決めていた。65ミリフィルムフレームの解像度を考えると、撮影する風景には大判の８×10インチの微粒子ポジフィルムを使わなければならなかった。

トニー・マスターズは製作チームから離れる前に、彼が去ったあとでプロダクション・デザイナーに昇格することになるアシスタントのアーニー・アーチャーを、いっしょにアフリカへ派遣するべきだと提案していた。そうすれば、背景写真のフレームを、マスターズがデザインして造りあげた前景のセットにきちんと合わせることができる。このアイディアが出たのは三人が顔をそろえていた打ち合わせの席上で、キューブリックは即座に同意したものの、すぐに不安そうな顔になった。「きみがどんなものを見ているかを知る方法はあるのか、アーニー？」彼は問いかけた。「つまり、きみが正しいものを撮影しているかどうか、どうすればぼくにわかるんだ？」

そんなことを考えてもいなかったアーチャーは、こうこたえた。「むちゃを言わないでください、スタンリー。あなたにわかるわけがないでしょう。ここはわたしにまかせてください」

常にあたりまえの返事では納得しないキューブリックには、そんな言い分は通用しなかった。「いやいや。

それじゃだめだ。ぼくにはきみがなにをしているかわからない」彼はしばらく考え込み、急に勢い込んで言った。「いいことがある。こうするんだ――どんな未開地に行こうと、村には太鼓かなにかがあるだろうから、それで電話のある首都へメッセージを送れるはずだ。きみはまず、縦軸にＡＢＣ、横軸に１２３とグラフ線の入ったガラス片をカメラの裏にくっつけておき、そのとき見ている風景を描き入れて、ぼくに報告する――Ａ３、Ｂ９といった調子で。ぼくはイングランドのオフィスでグラフ用紙を用意しておいて、同じようにそこへ描き入れる。それを見ればきみに指示ができるわけだ――『よし、いいぞ。ただな、アーニー……左へ一メートルだけずらしてくれ』」

これを聞いて、アーチャーはおもしろがっているような視線をマスターズにむけた。「スタンリー、うまくいかないことはわかってるだろう」彼は言った。「そんなことができるわけがない！」そして全員が声をあげて笑った。このときの会話を思い出して、マスターズは語っている。「まるで狂気の沙汰だった――でも、狂気の中からたくさんのすぐれたアイディアが生まれているんだ」たしかに、そのときは実現困難だったかもしれないが、キューブリックが先取りしていたこのアイディアは、数十年後にデジタル画像を遠方へ送信するときに使われることになる――あるいは、単にそれらを別のハードディスクへコピーするときでも。太鼓は使わないが。

一月に、キューブリックはアンドリュー・バーキンを呼んでまたロケハンに出かける準備をするよう指示したが、今回はユーストン駅から簡単にたどり着ける場所ではなかった。彼はすでにピエール・ブーラという、〈ライフ〉で仕事をしていたフランス人の写真家を雇っていた。ブーラは二月の第二週にアシスタントを連れて南アフリカへ飛ぶことになっていた。キューブリックからバーキンへの依頼はこうだった。チケットをとってヨハネスブルグへ飛び、南西アフリカの首都ウィントフックへ移動して、サファリ隊を雇い、ブーラとアーニー・アーチャーと合流したあと、砂漠を長距離ドライブしてスピッツコッペへむかう――ナミブ砂漠のほぼ平坦な中央部から唐突に突き出している太古の花崗岩の岩山だ。ブーラの撮影はすべて夕暮れか夜明けにおこなわなければならないので、バーキンにはランドローバーや小型飛行機でほかのロケ地を探す時間がたくさんあるはずだ。ヴィクターといっしょに必要な手配をしてくれ、とキューブリックは言った。費用をかけすぎないよう気をつけて、ポラロイドフィルムをたっぷり持っていき、警戒を怠らず、せっせと報告を送ってくれと。

バーキンはヘイリー・ミルズと別れたばかりだったので、夏の世界へ飛べるチャンスを歓迎した。だが、道徳観念を置き去りにすることはなかったので、彼のアフリカでの体験はスタートから前途多難だった。一九六七年二月一日、南アフリカ航空のDC－7でヤン・スマッツ空港に到着したバーキンは、関税申告書の人種を記入すべき空欄に〝人間〟と書き込んだ。〈人類の夜明け〉へのさりげない言及だったかもしれないが、国境警察にとっては特に愉快なことではなかった。さらにまずいことに、バッグを調べられたとき、禁制品の〈プレイボーイ〉が見つかってしまった。雑誌を没収されたあと（「あいつらが自分で使うためだ」とバーキンは推測した）、彼は「ロッカールームのような場所」へ連れていかれ、ズボンをおろすよう命じられて、婉曲的な表現で「全身の体腔検査」と呼ばれているものの対象となった――バーキン自身はこのできごとをもっと直接的な言葉で回想しているが。

この南アフリカ流の歓迎から立ち直ると、バーキンは自分の名義で銀行口座を開設し――イギリスのアパルトヘイト規制により、ホーク・フィルムズ名義でもMGM名義でも口座は開設できなかった――危険なほどの大金をキャッシュで引き出すと、それをスーツケースに詰め込んで、ウィントフックへ飛び、数日後にそこでアーチャーと合流した。ふたりはランドローバーを二台購入し、サファリの仕切り役としてベイシー・マールテンスを雇い、輸送やロケハンのための小型飛行機を手配した。これで撮影済みのフィルムを砂漠からウィントフックへまっすぐ運び、そこからロンドンへ空輸するのだ。二月七日に、「ぼくはピエール・ブーラの飛行機を出迎えに行った」とバーキンは回想する。「失恋したばかりだったこともあって、いささかうろたえたことに、彼のアシスタントはミニスカートを穿いていた。ぼくと同じ二十一歳くらいの女性だった。それでけっこうすぐに、まあね」彼女の名前はカトリーヌ・ジールだった。

車両を連ねてごろごろとスピッツコッペの岩山へむかう遠征隊は、大型動物のハンティングを目的とするテキサスの富豪たちが使うような装備をそなえていた。テントは十四あり、そのうちのひとつは『アラビアのロレンス』をそっくりまねたような大きなダイニングルームがおさまる大きさがあった。一行の眼前に広がったのは、さまざまな形の巨岩やなめらかに曲がりくねった露頭がつらなる、ごつごつしたブロンズ色の風景だった。『２００1年』の〈人類の夜明け〉シーケンスで使われる主要な背景のひとつにたどり着いたのだ。補給品を運ぶために小型飛行機でウィントフックへ引き返しながら、バーキンは父親に手紙を書いた。

テントで暮らし始めてもう一週間以上たつ。ノミや蚊や角のある甲虫なんかが毎晩のように寝袋に侵入してくるけど、ぼくは気に入ってる。この国は想像どおり野生そのもので荒涼としているよ。ぼくたちがいるスピッツコッペという丘陵地は、低木の生える土地に突き出した大きな丸みを帯びた巨岩の群れだ。毎朝五時になると、ぼくたちは外へ出て夜明けがじわじわと地平線に広がるのを待つ。夕暮れどきにも同じことを繰り返す。雨のあとはいままで見たこともないほどきれいな夕焼けになる。すごく奇妙なピンクとインディゴの光が砂漠へ何キロメートルものびる影を投じるんだ……。今日の朝、最初の分の写真をイングランドへ送った。写真家はスタンリーから電話がかかってきて呼び戻されるんじゃないかと怯えている。

ブーラは自身の撮影の結果を見ることができなかったが、なにも心配することはなかった。彼が最初に送った撮影済みのエクタクロームフィルムには、キューブリックが映画のオープニングショットで使うことになる

ピエール・ブーラとカトリーヌ・ジール。

日の出と日の入りの場面がすでにとらえられており、中には〈人類の夜明け〉のタイトルが表示される画像もあったのだ。しかし、ロケ地からロケ地へ移動するにつれ、ブーラの気持ちは乱れていくいっぽうだった。写真の技能だけで連れてこられたわけではなさそうなアシスタントが、明らかにブーラではなくバーキンに気をとられていたからだ。バーキンのほうは、長い日中にカトリーヌとおしゃべりしていないときは、ランドローバーで新たなロケ地を探しに出かけたり、ときには日陰でタイプライターをかかえてすわり込み、トマス・ハーディの長篇小説『日陰者ジュード』をベースにした脚本の草稿を執筆したりしていた。

夜になると、一行は食事用テントに集まった。給仕をするのは下働きのために連れてこられた六人の地元の男たちで、全員がひとつのテントで寝起きしていた。ベイシー・マールテンスのサファリ労働者たちはすりつぶした穀物――動物の餌になんとなく似ていた――を常食とし、ヨーロッパ人たちはステーキを食べて上等な南アフリカ産のカベルネを飲んでいた。「みんなアパルトへイトについて話したり議論したりしている」バーキンは父親への手紙に書いた。「ぼくがサファリのために食糧のリストを作っていたら、ガイドのマールテンスがこう言った。『十ポンド分のライ麦粉があれば、あのくろ……どもは二カ月はやっていけますから』」夕食がすむと、グループは焚き火のまわりに集まった。色とりどりの蝶や蛾が群れをなして砂漠の暗闇から飛び出してきて炎の中へ飛び込んだ——どうやらそれまで火を見たことがなかったらしい。うなりをあげる二台のガス式発電機が、フィルムを詰め込んである冷蔵庫と、バーキンが星空の下でショスタコーヴィチやストーンズを流すときに使うレコードプレーヤーに電気を供給していた。

ナミブ砂漠の中央部では、深刻な危険をもたらす大型肉食獣を見かけることはなかったが、強い毒をもつ小型のサソリが夜中に岩の隙間からあらわれた。カトリーヌ・ジールは「最初のサソリの不運な発見者となった——それもトイレの最中に！」とバーキンは父親への手紙に書いた。「彼女は夜気へむかってなすすべもなく叫んでいた」だが、彼女は刺されたわけではなく、ただ怯えていただけだった。それからほどなくして、今度はバーキンが犠牲者となった。シャワーテントのひとつで体を洗ったあと、彼はなにも考えずにタオルに顔をうずめ——鼻に強烈な電気ショックのような痛みが走った。バーキンが激しい苦痛に悲鳴をあげて体をかきむしると、ふたりの労働者が彼を抑えつけ、マールテンスがこれはあなたのためなのだと叫んだ——拘束しないと自分で体をひどく傷つけてしまうからだ。「痛みがひどすぎて、自分の顔を引き裂きそうになるんだよ」とバーキンは回想している。

毎日、朝と夕方になると、マールテンスの労働者たちは、キューブリックがアーチャーとバーキンが撮影してロンドンへ空輸したポラロイド写真を見て指定した場所までカメラの機材を運ぶのを手伝った。そのあと男たちは一列にならんで、冷蔵庫から取り出した未使用のフィルムをキャンプ地から箱形のジナーのカメラのところまで順に手渡しして届け、それをブーラが古めかしい黒いフードの下に頭を突っ込んで装着した——その前にサソリがいないことを確認して。撮影したばかりのフィルムは同じやりかたで冷蔵庫まで戻された。就寝時刻が過ぎると、カトリーヌがアンドリューのテントへ忍び込むか、あるいはその逆のことが起こる。「彼女はぼくに、ここへはアシスタントとして連れてこられたのだし、こちらもそういう条件で引き受けたのだから、自分の職務はそこまでなのだと言っていた」とバーキンは語る。「だから、彼女からすればふたりが少しばかり楽しむのを禁じるものはなにもなかった」ふたりはその状況下でできる範囲で関係を秘密にしていたが、ある晩それも終わりを告げた。ピエールが「朝の五時くらいにぼくたちのテントに踏み込んできて、怒りのあまり、ぼくよりもむしろ彼女をひどく怒鳴りつけた。カラハリ砂漠の真ん中で全員が裸で走り回ることになった」

初期に空輸されたブーラのシートフィルムとバーキン自身がロケハンで集めたポラロイド写真の中には、スワコプムント近郊の未開地で撮影されたショットが含まれていた。一行がこの海岸沿いの町を拠点のようにしていたのは、ウィントフックよりも興味深い地域に近かったからだ。見るからにとげとげしい、枝分かれした巨大なアロエの木も何枚か交じっていた——アロエ・ディコトマ、アフリカーンス語ではクヮカブームだ。しわの寄った樹皮と肉厚の星形の葉をもつこの奇妙な植物を見て、キューブリックは興奮した。彼が求めている先史時代のエキゾチシズムをみごとに表現しているように見えたのだ。

フィールドへ出て二週間後にバーキンがスワコプムントから電話をかけると、キューブリックはこの木が気に入ったことを伝えてきた。ただし、彼は一行が滞在している場所が気に入らなかった。もっと北西の〝月の山脈〟と呼ばれる地域へ移動して、そこに拠点を置けないか？　バーキンは調べてみるとこたえ、その件についてマールテンスと話し合った。この五代目の南アフリカ人は、その地域における大型動物のハンティングの草分けだった。伝統的なアフリカーナーなので、バーキンが黒人の労働者たちと親しくすることに対しては不快感をあらわにしていたが、それを別にすればふたりはおおむねうまくやっていた。マールテンスは依頼主に、クヮカブームは絶滅危惧種で法律で保護されているので、もっとも広い地元の生息地は周囲に金網のフェンス

クヮカブームの木々。

が張りめぐらされているのだと説明した。中には樹齢が三百年以上になるものもある。しかも、この木はたくさんの水を含んでいて、とても重たいので、どのみち搬送は困難だろう。別の計画を考えたほうがいい。

バーキンがその旨をキューブリックに報告すると、監督はこたえた。「だが、ぼくはこの木がとても気に入った。なにか方法はあるだろう。忍び込んで何本か拝借すればいい」バーキンは少し考え込んでからたずねた。「もしもつかまったら？」

「つかまらないさ」キューブリックは言った。「できるかどうかたしかめてくれ。ぼくにとってはとても重要なことなんだ」

マールテンスは、サファリのライセンスを失いたくないから協力はできないと言ったが、それでも地元のトラック運送会社の電話番号を教えてくれた。すぐに、仕事は引き受けてもらえるとしても、リスクがあるので高くつくことがわかった。借りなければならないのは大型トラックが二台と労働者の一団。クヮカブームを倒して運ぶのにかかる費用は約四百ポンド――今日の一万ドルほどだった。「わかった、やってくれ」キューブリックは言った。「ＭＧＭの名は出すな。フォックスかなにかのふりをしておけばいい」

バーキンはトラックを二台と十人ほどの労働者を雇った。「たくさんの賄賂が必要だった」彼は回想する。おもてむきは20世紀フォックスの映画の仕事で南へむかうということにしておいた。ワイヤカッターを二本調達し、マールテンスをブーラとジールとアーチャーといっしょに北方の〝月の山脈〟へ送り出してから、労働者たちを乗せたトラックで事前に下調べをしておいたフェンスに囲まれた広い保護地へむかった。午後遅くに道路を離れ、ごとごとと砂漠を走って、充分に人目につかない場所までたどり着いた。バーキンがみずからフェンスを切断し、トラックが通過できるだけの大きさまで広げた。明かりが薄れ始めたころ、労働者たちがもっとも大きくて立派なクヮカブームを二本切り倒し始めた。ところが、地面にぶつかったとたん、木はいくつかに割れてしまった。含んでいる水の重みでもろい幹が砕けたのだ。

水びたしの破片の中に立って、バーキンが次の木はロープをかけてもっとゆっくり倒せと指示したそのとき、折れた木のほうからブンブンという不吉な音が響き始めた。怒ったスズメバチの群れがクヮカブームの幹からわき出してきたのだ。刺された痛みに悲鳴をあげながら、労働者たちはちりぢりに逃げた。その場にいた唯一の白人だったバーキンは、無傷でトラックの運転台へ逃げ込んだ。スズメバチがいなくなると、労働者たちはヘッドライトの明かりの中で作業を再開した。すべての木がぶじに倒されたとき、四本はばらばらになっていた。それなりに形をとどめている六本をトラックに積み込み、コルクを詰めた袋で動かないよう支えてから、砂漠を走り出した。追跡されるかもしれないので道路は避けて、北東を目指した。

バーキンは先頭のトラックに乗り、コンパスとフラッシュライトで進路を指示した。スワコプムントの北方のナミブ砂漠はほぼ平坦で障害物もなかったので、わりあいに楽な道のりだった――とても現実とは思えない光景に出くわすまでは。上流で珍しい大雨が降ったせいで一時的に生まれた川が、薄闇の中を流れていたのだ。

川に沿って走りながら渡れそうな浅い場所を探していたとき、二台目のトラックに乗っていたひとりの労働者がタバコに火をつけて、なにも考えずに燃えるマッチをコルクを詰めた袋の山へ投げ捨てた。あっという間に、まばゆい黄色い輝きがバーキンのトラックのバックミラーの中で燃えあがった。片方のトラックが後方から炎を噴いたまま、小さな隊列は急停止し、全員があたふたと砂漠に飛び出した。

急いで決断しなければと気づいて、バーキンは燃えるトラックをバックさせ、たいせつな積荷を川へ投棄させた。積荷の半分が徐々に火勢を弱めていくコルクの袋に囲まれたまま夜の闇へ吸い込まれていった。ふたたびトラックを走らせて、一行はクヮカブームを下流へと追いかけた。木々はやがて浅瀬で引っかかったので、労働者たちがそれを回収した。もともと頑丈で熱に耐性があったので、どれも驚くほどダメージはなかった。

翌日も遅くなったころに、ようやくマールテンスのサファリの野営地にたどり着くと、労働者たちは木々をいろいろな場所に立てて幹のまわりにならべた大石で倒れないようにした。それから、彼らはバーキンを残してトラックで焼け付く砂漠へ走り去った――幻影のような二台の車両は熱でゆらめく空気の中へだんだんと姿を消していった。夕暮れどきになると、ブーラが移植されたクヮカブームがいきなり出現した風景の撮影にとりかかった。

アフリカで撮影された写真のほとんどは、背景と中景の要素に主眼が置かれ、前景にはできるだけなにもない構図になっていた。ボアハムウッドで製作中のセットが前景になるからだ。そのため、バーキンがこれほど苦労して砂漠を運んだ木々も、『2001年』のヒトザルが登場する序章ではずっと遠方に二本ちらりと見えただけだった。

だが、それでもクヮカブームに心惹かれていたキューブリックは、MGMの美術部に頼んで新しい木を製作してもらい、そのうちの何本かが〈人類の夜明け〉で堂々たる姿を見せた。それらはイングランドで作られたものだったのだ。

＊　＊　＊

ロンドンのほうでは、ダン・リクターが三人の共演者を採用していた。やはりアメリカン・マイム・シアターから流れてきたレイ・スタイナーと、ロイ・シンプスンという名の小柄なダンサーと、リクターに言わせると「ヒトザルとして元気に跳ね回ることのできるずば抜けた身体能力をもつ」未経験者の素人、エイドリアン・ハガードだ。彼らはまず、映画の序章において自分たちが主要な演者となることを理解する必要があった。スチュアート・フリーボーンが軽くて動きやすい衣装を考案しようと陰で奮闘しているあいだ、彼らはリクターのもとで、大昔に絶滅した先行人類の姿にそれらしく変身するための態度や身のこなしを確立させようとしていた。

リクターは、チンパンジーを基本として、そこに〝ゴリラのガイ〟の胸から先にという体の動かし方を反映させて、上半身の表現様式とでもいえるものを急速に確立していた。「類人猿は下半身に比べると胴体が長いので、両肩をあげて背筋をまっすぐにすることで、その動きを再現できた」とリクターは語る。その結果、彼と、ロイと、レイと、エイドリアンは「少しゴリラっぽいチンパンジー」へすみやかに変身することができた——少なくともベルトから上の部分については。だが、下半身はまた別の話だった。「問題は人間の脚が大きすぎることだった……見た目がちがいすぎて、うまくいかなかった」

リクターはロンドン動物園でボリューの16ミリカメラを使って霊長類の撮影をするのに慣れてきていて、ある日、共演者たちといっしょにそこを訪れていたとき、ガイとチンパンジーを近くから観察しても得られるものがだんだん減っていると感じた。そこでテナガザルを見てみることにした——アジアの類人猿で、枝から枝へぶらさがって移動するときの素早い敏捷な動きに特徴がある。ダンはテナガザルたちがときどき床に降りて、両腕をあげてバランスをとりながらそこを素早く歩いていく姿に注目した。

そこで興味を引かれたのは、テナガザルがこぶしをついて歩かないことだった。彼らは脚が長かった。ゆらゆらとしたリズムで歩く様子は、枝から枝へぶらさがるという移動方法の延長線上にあるように見えた。わたしはボリューーを彼らに向けて撮影を始めた。なにかがおかしかった……。彼らはヒトザルのモデルにするには動きが速すぎた。それこそわたしが求めている動きだと感じたが、速さのせいでおかしな動きに見えてしまうのだ。そのとき突然、すごく興奮するアイディアを思いついた。わたしはボリューーを倍速撮影に切り替え、一秒あたり四十八フレームにして、さらにテナガザルの撮影を続けた。かなりの量のフィルムを消費したあとで、カメラをおろしてケージ内の彼らのそばへ行き、その歩き方をまねてみた。一頭の雄のテナガザルがおかしな顔でわたしを見た。人びとが集まってきてわたしを見物し始めた。

翌日、チームはリクターのオフィスに集まってその映像を見た。「壁に投影されたその白黒映像こそ、解答だった」リクターはのちに書いている。「思いも寄らなかった。スローモーションで歩くテナガザルがお手本とは。わたしならそれをまねて、説明して、教えることができる。振り付けの第一段階がようやく完了したんだ」これで上半身と下半身の動きの基本型ができあがった。リクターに映画製作用の道具をあたえるというキューブリックの直感が成果をあげたのだ。

MGMでの長い就業期間をとおして、リクターは強いスピードボールをやっていた――医薬品グレードのヘロインとコカインの混合物だ。合法常習者として、彼はドクター・イザベラ・フランカウの治療と監視を受けていた。「ツイードのスーツを着た貴族みたいな女性で、黒いリボンから金の柄付き眼鏡をさげて、なにか読んだりお待ちかねの処方箋を書いたりするときに落ち着いたしぐさでそれをかけるんだ」リクターが最高で一日に七回注射していたこの混合物は、患者をハイにするのではなく、投薬治療による安定をもたらすことを目的としており、コカインがヘロインの効果を打ち消すことで偽りの正常状態が生み出される。「ドクター・フランカウは、常習者については常に計算された量のヘロインとコカインをあたえて安定させる必要があると信じていた。そうすれば、多くの患者が体験する、禁断症状のあとでまたハイになるというあがったりさがったりのサイクルとは無縁になる」通常のブレンドが効果を発揮せず、コカインでは「頭の冴えた」状態を維持できないとき、リクターは国から支給されるメタンフェタミンも服用することになる――いわゆる〝クリスタル・メス〟だ。

ドクター・フランカウの処方箋のおかげでおおむねふつうに仕事ができてはいたが、リクターは路上の常習者と比べておよそ三十から四十倍の分量を注射するのを習慣としていた。それまではなんとか秘密にできていたし、ずっとそのままでいくつもりだった。だが、ある日、注射中にオフィスのドアをロックするのを忘れていたとき、ロイ・シンプスンがノックをせずに入ってきた。リクターは明らかにショックを受けた共演者にむかって、自分は登録患者として政府の医療監視を受けているのだと説明し、だれにも話さないでくれと頼んだ。

ロケハンに出たバーキンが砂漠からポラロイド写真と大判のエクタクローム・フィルムを送ってくるようになると、リクターは〈人類の夜明け〉のキャスティングというやっかいな問題に取り組み始めた。初めのうちは、〈月を見るもの〉は彼が演じるというキューブリックの思い込みには抵抗していた――キャスティングとシーケンスの振り付けだけでも手に余るほどなんです、と主張して。「そういう性分なんじゃないかな。わたしは望まれたくてしかたがないんだよ」とリクターは語った。「わざとかたくなな態度をとってしまう傾向があるんだと思う。監督から『どうしてもきみが必要だ』と言われたかった」彼は声をあげて笑った。「ほかのだれにもできるはずがないとわかっていたからね」

いっぽう、フリーボーンは演者の体の原型を使って軽量のスーツを製作し、以前よりも薄い、より洗練され

フリーボーンが製作したみごとな最終版のマスク。

たマスクのデザインに取り組んでいた。リクターがさまざまな表情を伝えることができるマスクだ。三月にキューブリックが宣言した。「きみだよ。われわれはきみに着せる衣装を作ったし、きみはどう演じればいいかわかっている。きみだよ、ほかの者はみんなきみより小柄にするつもりだ」つまりスタイナーとハガードは去らなければならないということだ。演者の候補としてただひとり残ったシンプスンは、リクターよりも小柄だった。彼なら女性を演じることができたし、キューブリックは赤ん坊も出すつもりでいた――ただし、フリーボーンがどうやってそれを実現するのかはまだ決まっていなかった。

新たな身長制限のせいでリクターのやっかいなキャスティング作業はさらに難航した。競馬の騎手や、長距離ランナーや、ハイスクールの運動選手にも呼びかけたが、その冬の募集で集めることができたのは、数百人の応募者の中でこの条件に合致した六人の候補だけだった。この結果をうけて、キューブリックは部族の仲間をしぶしぶ六十名から約二十名へと縮小した──網の目の小ささを考えれば、それでも大人数だった。

もはや手詰まりのように思われたが、そのあいだにも時間は過ぎていった。とうとう、ある春の日に監督が目を輝かせながらスタジオにあらわれた。三人の娘たちを楽しませるために、キューブリック家のテレビはよく陳腐なファミリー向け番組にチャンネルが合わされていて、前日の夜には、「ヤング・ジェネレーション」というダンスチームが出演する子供向けのバラエティ番組がスクリーンに映し出されていた。そのダンサーたちは実際に若く、さらに若く見せるために背が低い者ばかり選ばれていた。これはキャスティング問題の解決策になるかもしれない、とキューブリックは興奮した口調でリクターに言った。

リクターはただちに「ヤング・ジェネレーション」の演者たちをトライアウトのために使っていたコヴェント・ガーデンのダンススタジオへ呼んだ。「そこへ入ったとき……わたしは興奮を抑えるのに苦労した」とリクターは書いている。「ヒトザルの部族をいっぱいにできるだけの演者たちがそろっていた。彼らは小柄で、きゃしゃで、なによりすばらしいことに、テレビでは子供みたいに見えたが、みんな十六歳以上のプロのダンサーだった──ちゃんと動けるんだ！」

＊　＊　＊

新しく手に入れた、少し焦げた木々を添えて〝月の山脈〟の撮影をすませたあと、バーキンはマールテンスのサファリ労働者の手を借りてそれらを切り刻み、峡谷の中へ投棄した。クヮカブームの始末はこれで完了した。それから一週間ほどたって、バーキンはおもしろそうな風景を探すために飛行機による定期的な巡回に出かけ、グループのほかの面々はマールテンスとともに新たなロケ地へ移動した。バーキンがウィントフックへ戻ると、緊急メッセージが届いていた――事故があったのだ。ブーラとジールを乗せたランドローバーが未舗装の道路で滑って岩の露頭に激突し、車のフロントがつぶれてブーラが両脚を骨折した。彼はウィントフックの病院へ救急搬送されていた。カトリーヌは動揺していたが怪我はなかった。

両脚のギプスと、二本の松葉杖と、バーキンから受け取った現金入りの封筒をたずさえて、ブーラは数日後に飛行機でパリへ帰っていった。カトリーヌは少なくともあと数週間は残ることを選んだ。「スタンリーは事故が起きたとたんに彼の給与の支払いを止めた」とバーキンは回想する。「タイタニック号の乗組員たちが海水にのみ込まれたときに起きたことと同じだよ」彼はうつろな笑い声をあげた。「それから保険金請求の届け出をしたんだ」

キューブリックはあらためて機材を借りて、有名なロンドンのファッション写真家、ジョン・コーワンをブーラのかわりに雇った。よく知られているスーパーモデルが空中に浮かんだエネルギッシュな作品は、さまざまなランドマークの前に設置したトランポリンによって実現されたものだ。ミケランジェロ・アントニオーニ監督の一九六六年の映画『欲望』では、コーワンが主人公の写真家のモデルとなった。彼が実際に使っていたスタジオと暗室が映画の中心となり、偶然ながら、バーキンの妹のジェーンも短時間だがちょっとHな姿を見せている。三月下旬に現地へやってきたコーワンは、真新しいぱりっとしたサファリ服（ヘルメット帽はなし）を着込んでいた。彼はそれまで大判での写真撮影をしたことはなかったが、経験のあるアシスタントを連れてきていた。

コーワンは性格的にこの仕事には合わないことが判明した。ロンドンで、キューブリックは彼の役割に厳しい制限があることを説明した――事前に選び出された風景を、要求されるライティングを実現するために指定の時刻に正確に撮影しなければならないと。このやりかたなら前景のセットを背景に合わせて製作することができるのだ。ところが、コーワンは「こっちのほうがおもしろいと思う」と言い続けて、自分で選んだアングルで撮影をおこない、アーニー・アーチャーをひどくいらだたせた。しかも、前景によく目立つ要素を入れ込んだフィルムをロンドンへ送りたいと言い張っては、今回のプロジェクトではそれはなんの役にも立たないのだと説得された。

さんざん口論を繰り返したあと、バーキンは少し譲歩して、キューブリックが必要とする写真も撮るなら彼の好きな写真を撮ってかまわないということにした。だが、監督のほうはすぐに「役に立たない大量のよけいなショットにいらいらするようになった」とバーキンは回想する。キューブリックの不満が伝わると、今度はコーワンが自分の芸術的才能が軽んじられたことに憤りをおぼえはじめた。これが二週間続いたあと、キューブリックはコーワンをキース・ハムシャーと交代させようと決意し、四月二十七日にはバーキンが父親への手紙でこのときの状況をかいつまんで伝えた。「ここに新しい写真家がやってきた——写真家二号（キューブリックの批判に腹を立てた男）があわただしく帰国したあと、『オリバー！』★に出演していたやつが大急ぎで送り込まれてきたんだ。二号はほんとに困った男で、いつもシュリンプとツイッギーのことばかりべらべらと話していた……。彼があのふたりもいっしょに連れてきていたらずいぶんちがっただろうね！」

ロンドンへ戻ったコーワンは、キューブリックが一週間分のサファリの費用とそのほかの経費を求めて彼を訴えていることを知った。

＊　＊　＊

スチュアート・フリーボーンは一九六五年にキューブリックから電話と手紙で勧誘を受けたとき、「メイク

★　六〇年代のスーパーモデル、ジーン・シュリンプトンとレズリー・ローソン。

アップを多用する興味深い映画。スケジュールは五カ月、ひょっとしたら六カ月」と約束されていた。彼が実際に製作にたずさわった期間は二年を超えた。そうなった原因はほぼすべて〈人類の夜明け〉のシーケンスにあった。それはフリーボーンがかつて経験した中で群を抜いて困難な仕事だった。

ゴム製のかぶるマスクをそなえたヒトザル用スーツでは分厚すぎて表情がないと判断されたあと、フリーボーンはネアンデルタールのときのやりかたを採用することにした。あのときはフォームラバー製の装具をもとに手間のかかるプロセスを経て顔の造作を作りあげ、股間は薄くてやわらかいウィッグでおおっていた。一九六七年の春、ダン・リクターが提起した難題――俳優が身ぶりで感情をあらわせるくらい薄い衣装を作ること――に対する新たな解決策は、このふたつのアプローチを融合させることだった。その大きな利点として、見た目をきちんとするためにひとりずつ椅子にすわらせて何時間も作業をする必要がなくなる――たとえ部族が〝わずか〟二十人であっても、とても容認できる作業量ではなかったのだ。

フリーボーンが考案した着脱可能なヒトザルのマスクは、顔にフィットする複数のきわめて柔軟なフォームラバーやポリウレタンでできていて、それを演者に合わせて仕立てられたもっと硬いアンダースカルにかぶせるようになっていた。アンダースカルは演者の頭をすっぽり包むものではなく、ストラップで取り付けるフェイスプレートみたいなもので、瞬時に着け外しができる。各パーツは形も素材もさまざまで、その機能に応じて柔軟性も異なっていた。きちんと装着すれば、いかにも筋肉と腱が動いているように見える。脇役的な演者が使うもっとも単純なマスクについても、フリーボーンは糸で操作するすばらしく効率的な内部システムを考案していて、演者が内側で上下の顎をひらくと、外側の上唇が二センチ上がり、下唇が一センチちょっと下がる。その場の雰囲気に応じて、この動きはとてもリアルな警告やあいさつとなる。牙状の歯――武器を使うようになるまでは、アウストラロピテクスの唯一の防御手段だった――をむきだしにすれば説得力のある威嚇の表現になる。この新たな仕組みをすべてのマスクの基礎とすることで、フリーボーンはすでに〝猿のマスクをかぶった人間〟という陳腐なレベルを乗り越えていた。

だが、これは始まりでしかなかった。フリーボーンは、リクターやそのほかの主要な演者たちが眉をひそめたり舌を使ったりできるように改良を加えていった。キューブリックはヒトザルたちが飢えているしるしとして唇を弱々しくなめられるようにしたかった。これにこたえて、フリーボーンはその動きを可能にする内部機構を考案したが、そのためにはフォームラバー製の舌をのばして上下に曲げて唇をなめることができる、リアルな口を作り上げる必要があった。この種類のマスクをつける演者たちは全員、自分の舌の型取りをしなければならなかった――あまり快適な作業とはいえない。「小さなアクリル製のカップを作って、舌の先端にぴったり吸い付くようにした」とフリーボーンは回想する。「演者たちはそのカップをぐっとかんで舌を差し込んだら、もう自分の口をあけてかまわない。そのあとは舌を突き出して動かすことができる。とてもうまくいったよ」マスクの顎は内部の小さなゴムバンドによってほとんどのときは閉じたままになっていた。だが、それをひらくときには強い筋力が必要だった。

マスクをとおして演者の顔が見えているところはごくわずかで、目のすぐまわりの部分だけだった。ここには周囲の濃い肌の色に合うように化粧がほどこされ、それだけでなく、演者たちは全員がダークブラウンのコンタクトをはめていた――これはセットのほこりを吸い付けやすく、偶然にもキューブリックが求める目のひどく血走った効果を生み出すことになった。マスクのポリウレタンは目のまわりが薄くなっていて、粘着力がずっと落ちない接着剤でまぶたに貼り付けられていたので、演者たちは各テイクの合間に簡単にマスクを外してまた着けることができた。

体のほうについては、それぞれの演者に合わせてぴったりに仕立てたボディ用ウィッグを製作するというのがフリーボーンのアプローチだった。薄くて伸縮性のあるニットのウールに毛を織り込み、両肩と腰のくびれについては体に合わせたウレタンパッドを下に入れてかさを増した。「軽くて、風通しがよくて、快適で、しかも完全にフィットした」と彼は誇らしげに語った。堅さや色のちがう毛を編み込むことで、より説得力のある毛皮になることを発見し、多くの実験を重ねたあと、通気性が高く、リクターが即席のオーディションで着たレオタードよりも柔軟性のある、演者たちにとっての第二の皮膚を作り上げたのだ。どのスーツにも人間の毛、ヤクの毛、馬の毛が使われていたが、最後の馬の毛については「背中に沿ったところから、長くて、つやつやした、張りのある毛が手に入った」とフリーボーンは回想している。頭部と体はベルクロのテープでつながれ、継ぎ目の上には毛がかぶせられた。

もしも芸術が熱狂の一形態だとしたら、『2001年』の公開から十年後に視覚効果専門誌〈シネフェックス〉に載ったフリーボーンの独白は、このユニークな芸術家がどれほどひたむきに完璧なリアリズムを追求しているかについて明確な指標をあたえてくれる。そこでは、ヒトザルの顎の複雑さと、それをどうやって唇とともにリアルに閉じるかという問題が語られている。

演者が口をあけるためには、顔の側面のフォームラバーをのばさなければならず、それだけでも充分にきつい。しかも、上下の唇をひらくためのコードとトグルを引っ張る必要がある。だから演者がマスクの口をあけるときには顎の筋肉をしっかり使うことになる。そのあとで口をふたたび閉じなければならないわけだが、これも容易なことではなかった。顎そのものも、その上にかぶさるフォームラバー製のマスクも、少しだけひらいたままになって、まぬけな見た目になってしまうのだ。問題は、頰の部分を引っ張ってまたゆるめたとき、フォームラバーの張力だけでは、どうやっても口がぴたりと閉じないことだった。だから解決すべき問題はふたつあった――顎をぴたりと閉じる方法と、その上のフォームラバーをぴたりと閉じる方法だ。スプリングは音が出るし扱いにくいのでだめだった。ゴムバンドは、顎を閉じ始めるところまではよかったが、半分ほどいったあとはとても力が弱くなって最後まで閉じてくれなかった。最後に、磁石を試してみることにした。わたしは七つの磁石を歯の中に仕込んだ。ゴムバンドの力が弱まってそれ以上引き戻すことができなくなると、磁石があとを引き継いで最後まで顎を閉じてくれる。初めは、向かい合った磁石をきちんと平らにならべたため、演者はその磁力に打ち勝って顎をひらくのにものすごく苦労した。その問題は磁石をすこしだけかたむけることで解決した。磁石はその力を失うことはないが、わずかに角度がついていると、演者は簡単に顎をひらくことができる。それだけで大きなちがいが生まれたのだ。

わたしは七つの磁石を歯の中に仕込んだ。スチュアート・フリーボーン以外のだれにこんな言い回しが使えるだろう？

こうして魔法が進行しているあいだ、キューブリックは定期的に姿をあらわしては作業の評価をしたり要求を伝えたりしていた。「監督があれを見たときのことをおぼえているよ」フリーボーンは一九九九年にリクターとの会話でこう回想した。「ぐるぐる歩き回りながら『ふーむ、ふーむ、ふーむ』［と言い続けた］。けっして『ああ、いいね』とは言わない。絶対にそういうことは言わないんだ。『ふーむ、ふーむ』そして去っていった。だが、わたしには彼がこう考えていることがよくわかった。『こいつがあれをやったわけか。あれだけのことができるなら、もっと別のこともできるだろう。こいつにできるなにか別のことを考えないと』」

「案の定、電話が鳴ったと思ったら、キューブリックからだった。『スチュアートか？　ひとつ思いついたことがある。いま書いているシーンでは、ヒトザルたちに顎を閉じていてもらうんだが、そのままの状態で歯だけをむきだしてほしいんだ』」フリーボーンは声をあげて笑った。「理由なんかなかった。それはほぼ実現不可能だとわかっているから言ってるだけだ。なにしろ、ほかの機構はすべて顎をひらくことで作動するようになっていたんだから。それなのに、彼は顎をあけずに唇だけ動かしたいと言うんだ。そうすれば歯をむきだせると。『ぼくは彼らが歯をむくところが見たいんだ』と言ってたよ。わたしを急き立てていただけなんだ。こっちもそれはわかっていた」

イギリス帝国はお偉方からの命令の押しつけによって築かれた。すべての植民地がその原則のもとで支配下に置かれていた。すでに多大な労力を注ぎ込んでいたヒトザルの堅い上唇を再設計する必要があったが、フリーボーンはその難問に取り組み始めた。彼は舌で操作するアクリル製のトグルを考案して、内部のレバーとして機能するようにした。舌でそれを押すと、フォームラバーの唇につながっている内部のコードが引っ張られて、顎を閉じたままで歯がむきだしになり、威嚇するような顔をつくることができる。その根底にあったのはとてつもない苦労をして蓄積した経験だ。

どんなに極端な要求が来ても、フリーボーンはできないとは言わなかった。「彼はスタンリーを怒鳴ったりとかそういうことはせず、ただ笑みを浮かべて耐えていた」とリクターは回想する。「ストレスまみれだったけど、スタンリーと同じ完璧主義者だった。彼が何日もかけてなにかをやり遂げると、スタンリーがこう言う。『いや、これはちがうな。変更できるか？』もちろん、変更するためには夜も昼もなく二日間働かなければならず、それをやり遂げても、スタンリーはまたこう言う。『ふむ、近くなったがまだちがう。こういうのはできるか？』ほかの人だったらあっさりこう返事をしていたと思う――『くそくらえだ。ほかの映画の仕事に移ってもいいんだぞ』」フリーボーンはそんなことは考えもしなかった。最初から最後まで、あまりにも長時間働いていたので、サポート役として夫と同じくらい働いていた妻のキャスリーンの送迎で真夜中すぎに家へ帰るときや早朝にボアハムウッドへ出勤してくるときには、車の中で疲れ果てて眠り込んでいるのが常だった。

フリーボーンがあらゆる予想をくつがえし、それまでの設計すらくつがえして、ヒトザルに歯をむきださせたのを見たとき、キューブリックは自分の歯をむいて笑っただろうか？　実は、彼はそれでも満足しなかった。もっと微妙なニュアンスがほしかった。キューブリックが求めたのは生物のシミュレーションではなく、生物そのものだった。「ではスチュアート、そのわきあがる創作力をもって、トグルをふたつに分けてそれぞれが口の半分ずつを動かすようにしてくれないか」リクターはそのときのことを回想する。

それはうまくいった！　わたしが舌をまるめて両方のトグルを同時に押すと、すごくいい感じで歯をむくことができた。顎をひらいたままでそれをやると、〈月を見るもの〉が咆哮する顔になる。右のトグルを押すと、唇の右側がめくれる。左のトグルを押すと、同じように唇の左側がめくれる。舌を両方のトグルのあいだでぐるぐる動かすとすごい効果が生まれた。マスクの舌は中空になっていたから、そこへ自分の舌を突っ込むことができた。唇をなめることができるんだよ！

もちろん、撮影用の高熱のライトを浴びながら密閉されたマスクの内部でおこなうことになるこの難儀な舌のアクションは、演者たちに新たな試練をあたえることになった。「嘘じゃない、ものすごく不快だった」とリクターは語る。「なんとか嘔吐せずにいられたのは、マスクの中で吐いたらたぶん窒息すると思っていたからでしかない」

こうした革新的な作業を続けながらも、フリーボーンはリクターのヒトザルたちにそれぞれ性格があることを強く意識していた――彼らは独立した存在なのだ。「わたしの手元にあったのは、演者の頭部のポジと、それに貼り付けるウレタン製の硬いマスクだけだった」彼は実際に演者たちに装着する前にスタジオにある頭部の原型でマスクを組み上げていたときのことを回想した。「その上に、フォームラバー製のマスクの外形だけでなく、その人だけの特徴を作り上げる必要があった」

考えなければいけなかったのは、それぞれのヒトザルの年齢と性格だった。みんな別々なんだ。わたしは製作している顔の、特徴や、外形や、表情や、年齢を、その演者に合わせようとした——そのころには全員のことをかなりよく知っていたからね。それぞれの特徴とか、だれの動きが特に速いとか、だれがゆっくりしているとか。もちろん、ゆっくりしている人は高齢の顔にする。そういった調子だ。

作業期間中はずっと、フリーボーンとリクターは毎日のように突き合わせをおこなっていた。新しい要求を持ち込んでくるのはキューブリックだけではなかったのだ。ダンはシーケンスの振り付けをしていたので、フリーボーンの仕事の多くは彼の要請に対応することでもあった。「スチュアートとわたしの共同作業はとても緻密なものになっていった」とリクターは書いている。「彼は石膏型からとったウレタンだけで衣装を作ることはできなかったし、わたしは体の動きだけでヒトザルの幻想を生み出すことはできなかった。最初の数カ月をかけて、持ちつ持たれつの共同作業の進め方をゆっくりと構築した。その結果、わたしたちはとても親密になった。スチュアートのいらだちが大きくなるにつれて、わたしたちのおたがいに対する友情と敬意も大きくなった」

半世紀後にそのことを質問されて、リクターはこたえた。「一、二週間でふたりとも理解していたと思う——おたがいが問題解決の手掛かりになるということを。わたしがいっしょに働いていた相手は、すでに映画の歴史を変えていたのにさらにまた変えようとしている驚くべき芸術家だったし、彼がいっしょに働いていた相手は、ちゃんと協力すればこれを実現させる方法を教えてくれるはずの男だった」

リクターがここで言っていた芸術家とはフリーボーンであり、キューブリックではなかった。

＊　＊　＊

六月下旬には、フリーボーンはこの分野ではやはり第一人者であるチャーリー・パーカーの協力を得て衣装の生産ラインを構築していた。『ベン・ハー』や『アラビアのロレンス』などの映画でメイクアップを担当した人物だ。季節は春から夏へと変わり、自身が主役として準備をするだけでなく、二十人のヒトザルたちを鍛え上げなければならないというストレスが、リクターを苦しめ始めていた。彼は演者たちに徹底的な訓練をほどこし、脚力をつけさせると同時に、訓練されたダンサーの動きをすっかり捨てさせ、そのかわりに、ある特定の、荒々しく原始的な勢いのある動きを身につけさせた――けっしてでたらめではない、彼が確立して振り付けに反映させようとしている上半身と下半身の表現様式を忠実に守った動きだ。

　リクターの当初からの目標は、演者たちをふたつの親族集団に仕立て上げることだった――そのひとつを率いる〈片耳〉は、〈月を見るもの〉のライバルの群れのリーダーだ。彼らはジェーン・グドールがチンパンジーたちといっしょに過ごす映像を観て、餌あさりや、毛づくろいや、攻撃や、服従といったさまざまなふるまいをどのように表現するかを学んだ。アウストラロピテクス・アフリカヌスになりきるために必要なのは強靭な肉体であり、特に下半身への負荷が大きかった。人間の長い脚を目立たせないようにするには、しゃがんでテナガザルのように体を揺らし、両膝をほとんどいつでも外側へむけておくしかなかった。そのためにダンは容赦ない身体トレーニング計画を立てた――ヒトザル向けのブート・キャンプだ。毎日、演者たちはスタジオの裏にある運動場に集合して、ランニングや体操をした。

　映画製作では、特に長期にわたる、並外れて創造力のあるスタッフがそろった現場では、独自の奇妙なサブカル的行動特性が生まれることがある。あからさまに猿っぽいふるまいを抜きにしても、それらは人類学的に興味深いものとなる。ダグラス・トランブルとそのアニメーターたちにとってのストレス解消の手段のひとつは、借り物の大きなトランポリンを置いてあるスタジオの裏庭《バックロット》へ行って、交代でそれを使うことだった。そうすると、うねうねと広がる緑の草地をながめることができたのだ。ＭＧＭのバックロットは草地と森にさりげなくつながっていた。ダグはひとりでトランポリンを使うことがあり、リクターとその訓練生たちがおたがいにむかって叫びながら跳ね回っていたことをはっきりとおぼえていた。「林や小さな谷の中で猿のまねをしていたんだ。あんなに不気味なものは見たことがなかった」そういうときにあなたはカウボーイハットをかぶることはあったのかと問われて、ダグはこたえた。「しょうちゅうだよ。あれはカリフォルニアの若者としてのサインだったから」

一瞬でもいいから想像してみてほしい。トランポリンで跳ねるカウボーイが、片手でステットソンを押さえて飛ばされないようにしながら、裏の木立をうろつく毛むくじゃらのヒトザルたちを遠くからながめて、不気味な光景だと考えている。数多くあるスナップ写真の一枚のように、それは製作の最終年に入った『2001年宇宙の旅』の舞台裏で起きていたさまざまなできごとを象徴していると言えなくもなかった。

＊　＊　＊

ヒップスターだった過去やドラッグ常習癖にもかかわらず、リクターはなかなか規律に厳しい男だった。訓練生たちと親しくすることはなかったし、長さ九十センチの木の棒――師匠であるポール・カーティスが〝マイム棒〟と呼んでいたもの――を持ち歩いて、仲間たちとおなじように演じることができない一部の演者たちを叩くのに使ったりもした。「きみは厳格すぎた。ちょっと怖かった」部族民のひとりだったデイヴィッド・チャーカムが一九九九年にリクターに言った。「きみはリーダーだったし、疑いようもなくボスだった。あのころのきみは別の惑星から来たみたいだった。どうしてそう感じたのかはよくわからない……。きみは少々うわのそらだった」

ロイ・シンプスンと出くわしたことを別にすれば、リクターは自分が常習者であることをこれまではうまく隠しおおせていた。フリーボーンの指示で全身の型取りをしたときには、注射の跡を絆創膏で隠した。スチュアートはなにか疑っていたかもしれないが、如才なく口をつぐんでいた。だが、撮影が近づいてプレッシャーがきつくなると、ドラッグは「ひどい重荷」になったと、リクターは回想する。なによりきつかったのは、少なく投与しすぎて体調を崩したり、逆に多く投与しすぎてもうろうとなったりしないように、きちんと分量を計ることだった。「唯一のメリットは、ドラッグのおかげで痩せたままでいられて、衣装を着たときにミシュランマンみたいになる心配がないことだった」

これが自分の人生におけるもっとも重要な創造的貢献のひとつになるとわかっていることからくる緊張は、リクターの自信にまで影響をおよぼしていた。キューブリックと同じように、彼はそのことを配下の人びとには隠していた。どんどんよそよそしくなって、それでなくても多かったドラッグの投与量を増やし続けた。監督と毎日やりとりしていても、視覚効果チームが地球の軌道上で回転する宇宙ステーションや木星に到着する原子力宇宙船の目を見張るような映像を見せてくれる上映会に定期的に参加していても、どれだけの大金がからんでいるかを実感させられるだけだった。〈人類の夜明け〉シーケンスはこの驚くべき映画の幕開けであり、その成否が彼の双肩にかかっていたのだ。「まるで圧力鍋だった」とリクターは回想する。「同時代の最高の才能が集結している中で、自分の職務を遂行しなければならない。しかもスポットライトを浴びて。隠れることもできない」

ある日、ヒトザルたちの仕上がり具合をたしかめていたとき、リクターは胸が締め付けられて息が苦しくなるのを感じた。心臓発作を起こしたのかと不安になり、シンプスンにあとをまかせて医者へ行こうと町へ車を走らせた。ドクターはリクターの心電図をじっくり調べてから、ほぼまちがいなくストレスが原因なので積極的に対応策を考えるべきだと言った。「コカインの量を減らすことも勧められたよ」とリクターは笑いながら回想している。

最初のグループからひとりだけ残留していたロイ・シンプスンは、準備の最終段階になって若いダンサーたちのすぐれた身体能力にたちうちできなくなっていた。シンプスンは自分は小柄で痩せているので女性役ができるだろうと考えていたが、キューブリックは女性役は〈月を見るもの〉よりずっと小柄でなければならないと決めていた。そして、フリーボーンが各自の衣装を製作中のこの時期に、ダンとほぼ同じ身長のロイには役をはずれてもらうしかないという話が決まった。

それを本人に伝えるのはリクターの役目だった。何カ月もリハーサルとトレーニングの仕切りを手伝ってきたシンプスンはこれに納得せず、彼が去ってから一時間もたたないうちに、ダンはキューブリックの秘書からすぐに来てくれという電話を受けた。その口ぶりに不安をおぼえながら、彼が呼ばれた場所へ行ってみると、監督は見たこともないほど暗い顔をしていた。「ダン、われわれはロイ・シンプスンからきわめて深刻な苦情を受けた」キューブリックは言った。「きみがドラッグ常習者で、彼にむりやりドラッグをやらせようとしたと言っている」

リクターは愕然として叫んだ。「でたらめですよ、スタンリー！　ロイは解雇されたせいで傷ついて、そんな話をでっちあげたんです」とつぜん、彼の仕事すべてが危険にさらされていた。「死ぬほど怯えている」ことを自覚しながら、リクターは考えた。「だめだ、もうおしまいだ」あまりの緊張に、彼がこの仕事をやり遂げたいと思っているのと同じくらいキューブリックが彼を必要としていることには思い至らなかった。「なんの根拠もなければロイもそんなことは言わないだろう」キューブリックは質問をしているような口ぶりで言った。そしてリクターを陰気な黒い目でじっと見つめた。

ダンは結果がどうなろうとすぐに打ち明けたほうがいいと気づいた。プロジェクトは明らかに危機に瀕していたが、自分を信頼してくれたこの男には真実を話すべきだと。「ええ、実はわたしは常習者です」とリクターは認めた。「でも、ロイに強要したことはありませんし、彼がそばにいるときにやったこともありません。

一度、注射しているときへ彼が部屋へ入ってきたことはありましたが。わたしは登録済みの常習者です。すべて合法です。お望みなら辞表を出しますが、お手伝いできることはなんでもします。このプロジェクトをできるだけいいものにしたいだけなんです」

キューブリックは状況を検討し、好奇心から質問した。「合法なのか？」

「ええ、合法ですし、内務省に登録されています」リクターは断言し、出入国管理と法執行を担当するイギリス政府の官庁の名前をだした。「どんな法律にも違反していません」彼はドクター・フランカウのことを話し、キューブリックのほうで彼女か内務省のケースワーカーに電話して確認をとってもらってもかまわないと言った。

「まあ、なにも悪いことや違法なことをしていないのなら、きみにはとどまってほしい」キューブリックは言った。「きみには多くの投資をしてきたし、ぼくにはきみが必要だ」彼はむりやりドラッグを射たれそうになったというシンプスンの告発は信じがたいと認めた。緊張がほぐれると好奇心がわいてきたのか、彼は矢継ぎ早に質問を投げかけた。「どんな感じなんだ？　なにか似ているものは？　どうやって注射する？」キューブリックは早くもこの状況を、ドラッグの世界とその奇妙な住人たちについて役に立つかもしれない情報を吸収するチャンスに変えていた。

撮影が始まると演者たちにはそれぞれスタジオの着付師がつくのだが、のちにキューブリックは、リクターには専用のバスルームがついた大きな楽屋を用意して、着付師に知られることなく必要なことができるようにした。「突然、わたしたちの関係にそれまでなかった親密さがあらわれた」とリクターは語っている。

＊　＊　＊

事情を知らない者が見たら、ステージ3で進められている〈人類の夜明け〉の撮影準備は、作業員が忙しく動き回るほかの映画の現場となにも変わらないように思えたかもしれない。だが、彼らがおこなっていたのは、かつて試みられた中でもっとも野心にあふれていただけでなく技術的にも複雑な撮影にそなえた土台作りだった。一九六七年八月二日から十月九日までのあいだボアハムウッドで先駆的に活用されたフロントプロジェクションは、なにもかも新しく未経験の技術だった。フロントプロジェクションがこれほどの規模で使われたことは一度もなかった。

幾多の試行錯誤を経て、巨大な、幅十八メートルの背景スクリーンは、3M社のスコッチライトという反射性素材の数え切れないほどのふぞろいな断片によっておおい尽くされた。その製造工程により反射率が一律ではなかったために、入荷したものをそのままストライプ状に裏地スクリーンの上に貼り付けたら、映写機から投影されてカメラのレンズへ反射する映像に水平方向によく目立つ明るさと色のむらができてしまうのだ——ちょうど受信状態の悪いテレビのように。特殊効果部の長であるトム・ハワードは、MGMの舞台美術デザイナーを動員してはさみと接着剤で作業にあたらせた。彼らが仕上げたスコッチライトの断片のでたらめなパッチワークが問題をランダム化させたおかげで、目がだまされ、生じているむらも風景や空の自然な一部としてあまり気にならなくなった。だが、この解決策は完全ではなく、雲がほとんどない場面では、やはり空に点描のような効果が見えてしまった——特にわざわざ探そうとしたときには。

南西アフリカの風景のショットはすべて夜明けか夕暮れに撮影されていた。そのおかげでキューブリックとオルコットは各セットのライティングを統一することができた。具体的には、セットがおおむね影に沈み、背景はそれよりも明るくなる。言葉を換えると、〈人類の夜明け〉のシーケンスにおいては、夜明けこそがずっと続く管理された環境だったのだ。ただし、その影に沈むエリアはほんとうに影になっているわけではなかった。実際には上から充分にライトを当てられていて、その光は完全に均一でなければならなかった。空からの

主任照明技師のビル・ジェフリー。創造的才能にあふれた『2001年』の無名の裏方のひとり。

間接的な光がふつうはそうであるように。演者たちに複数の影ができないようにあらゆる努力がなされた――さもないとスタジオのライトが当たっていることがばれてしまうからだ。

要求される明るさのレベルを考えると、いずれも実現困難なことばかりだった。リクターは、複雑なライティングの問題に取り組んでいるオルコットとキューブリックとの「とても対等で、とても親しげで、ふつうはおおむね穏やかな」やりとりをおぼえている。「彼の言葉に耳をすましていたら」ここで言う〝彼〟とはキューブリックのことだ。「こんなふうに言うのが聞こえた。『なあ、ジョン、われわれとしては……これはやるべきことだと思うんだ。ぜひ実現したい』よく聞いていると、『なにか途方もなくむずかしいことをやってくれと頼んでいるんだな！』ということがわかる。するとジョンが言う。『わかったよ、スタンリー』」ここでダンは聞き取りにくい声でぼそぼそとつぶやき、低い声でかわされた会話をまねてみせた。「すごく静かだったけど、とんでもないレベルの話をしていたんだ！」

幻想をぶち壊しにしてしまう複数の影をなくすためには、とりわけ難度の高い技術革新が必要だった。「彼はわたしにたずねた。『じゃあ、どうすればいいんだ？』」とオルコットがこのときのことを回想する。「そこでわたしはこたえた。『それを実現するためにはステージの天井全体を大きな白い空にするしかないな』」きわめて革新的で創造力にあふれた照明技師《ギャファー》、ビル・ジェフリー――映画全体で照明を担当した、『2001年』の名もなき創造的資源のひとり――と協力して、オルコットはばかばかしいほど精密なスタジオ用照明制御システムを考案した。

そこでわたしはキノコのような反射型電球――五百ワットの撮影用フラッドライト――を天井から吊り下げそれでステージの天井部分を完全に埋め尽くした。電球の数は二千から三千個になった。するとキューブリックが言った。「まあ、いいんだが、下に山のあるところでは、熱く［露出過多に］なってしまうな」それはそのとおりだった……。彼が「山の上の電球は消さないと」と言ったので、わたしは「そのためにはすべての電球に個別のスイッチをつけるしかない」とこたえた。すると彼は――「よし、すべての電球に個別のスイッチをつけよう」ふつうならとても受け入れられない話だ。いまそんなことをプロデューサーに言ったら、「頭がおかしいのか！」と言われてしまう。たしかにバカげていた。しかしキューブリックはライティングを真に迫ったものにしたかった。だからすべての電球にスイッチをつけておけば、わたしがセットの上のすべての電球を制御できるようになる。地上レベルを全面的に照らして、もっと高いエリアは二個か三個の電球だけで照らすとか。各部門の責任者たちはこのアイディアに難色をしめした。たいへんな量の作業が発生するからだ。それでも彼らはひとつひとつの電球にスイッチを用意し、必要なケーブルの量はぜんぶひっくるめると十二キロメートル分くらいになった。

一連の流れを感心して見ていたリチャード・ウッズ――〈月を見るもの〉のライバルである〈片耳〉を演じた――には、メモをとるだけの冷静さがあった。天井まで引っ張り上げられた三十七個の長方形の木箱は、それぞれがベッドフレームほどの大きさがあり、五百ワットの電球が五十個ずつ詰まっていた。どの電球も下から制御できるようにしたので、スイッチの数はぜんぶで千八百五十個になった。これで、セットの高さのある部分がライトの下に据えられたときに露出過多になりそうな場所の照明をきわめて正確に落とすことができた。キューブリックが撮影中にポラロイドで確認して、露出過多のエリアをなくしたければ個々の電球のスイッチを少しずつ切っていくだけでいい。

だが、すべての電球を点灯すると、木箱当たりの合計は二万五千ワットになる。三十七個の木箱の電球が頭上高く吊されると、その〝空〟のパワーの合計は九十二万五千ワットになる。しかもその計算には、鮮明さを増したり、太陽の光が地平線近くから射し込む感じを出したりするためにセットの両脇に運び込まれていたブルートライトがいっさい含まれていない。もうじき撮影される戦いのシーンだけでも、九台のブルートライトが側面から太陽の光をシミュレートすることになる。一台が二万五千ワットなので、太陽の光だけで二十二万五千ワットだ。これに空を加えて、ウッズは〈人類の夜明け〉のセットは百五十万ワットの光で照らされると計算した。

当然ながら、ステージ４の室温は優に三十七度を超えた――真夏のナミブ砂漠なみの暑さだ。このころには、フリーボーンの衣装も、数カ月前にキース・ハムシャーが同じような条件で倒れたときに着ていたスーツよりもはるかに通気性がよくなっていた。それでも、ウッズは撮影の最初の週だけで体重が三キロ減ったことをおぼえていた――ほかの演者たちと同じように、彼もすでに痩せていたから雇われたというのに。過酷な環境で演者たちの体力レベルに影響がおよぶのを心配して、キューブリックはソーダ水をぎっしり詰め込んだ大きな冷蔵庫を用意した。

もうひとつ、すぐに取りやめになった別の対策があった。「大型の送風機を持ち込んで、ごく低速で動かした。ほこりの嵐を巻き起こしたくなかったからだ」とウッズは回想する。「大量のドライアイスを用意し、それを吸気口に置いて冷たい空気をスタジオ内へ吹き出させた」だが、温度差のせいで撮影用のライトが破裂し、ガラスの破片がアフリカの空から降り注いできたために、キューブリックは送風機の撤去を命じた。リクターのヒトザルたちはほんものの砂漠なみの条件を耐えるしかなくなった。

＊　＊　＊

暑さを別にすると、八月にリクターとその仲間たちの撮影が始まったとき、すぐに持ち上がった問題のひとつは窒息だった。フリーボーンが製作したリアルな口によく動く舌がおさまっているということは、演者たちが宇宙服のヘルメットをかぶったビル・ウェストンと同じようにほぼ密閉状態になることを意味していた——しかも非常に精力的な動きを演じながら。その結果、すぐに炭酸ガスがたまってしまった。「死に始めるんだ」リクターは回想する。「エベレストの〝デスゾーン〟にいるようなものだよ。マスクをつけてライトがついた瞬間から死に始める。一分とたたないうちにそれ以上動けなくなる」

演者が失神したときにそなえて看護師たちがずらりとまわりで待機していた。ヒトザルは塩の錠剤を一日に二回、口に含まなければならなかった。圧縮空気のタンクを使って衣装とマスクの空気を入れ換えたりもしたが、ほとんど効果はなかった。演者たちは一度に二分以上マスクを着用してはいけないことになっていた。フリーボーンはマスクを簡単にはずせるようにしていたが、実際の撮影ではそんなことはほとんどできなかった。各テイクの合間には、頑丈なホースを短く切ったものを使って、磁石でくっつく伸縮性のある口をこじあけ、少しでも空気が流れ込むようにした。のちにフリーボーンはこういうものを考案した。「特製の呼吸装置だ……シュノーグルと名付けた特製のキャップを作り——貝殻の形をしたキャップで、本人の鼻孔にぴったり合う——そこから二本の短いチューブがマスクの鼻孔へのびるようにした」これでがマスクにつかえることはない——そこから二本の短いチューブがマスクの鼻孔へのびるようにした」これで汚れた空気を排出できるようになったので、状況はいくらか改善された。だが、その技術革新が起きたのはかなり遅くなってからであり、〈人類の夜明け〉の撮影のほとんどで、リクターのグループはぴょんぴょん跳ね回りながら炭酸ガスがたまる苦しみに耐え続けた。筋肉は酷使されているのに、赤血球でそこへ運ばれる炭酸ガスはどんどん増え、逆に酸素はどんどん減っていくのだ。

ヒトザルのデイヴィッド・チャーカムは、〈月を見るもの〉の部族がモノリスの謎の出現で目を覚まして大急ぎでそれを調べにいく夜のシーンを鮮明におぼえている。「みんなで目を覚まして、走り回ったり跳ね回ったりしたあとで、その物体に近づいて冷静になり、動きをゆっくりにしなければいけなかったんだが、息はひどく荒くなっていたし、頭はずきずきしていた。手をのばしてそれにふれるのは、まあ、すごくきつかったよ。その場で倒れないようにするだけでもひと苦労だった。そこであいうこまやかな動きを始めるんだからね」

チャーカムがモノリスにふれるのは、リクターが指示を受けてさわったあとでなければならなかった。〈人類の夜明け〉は完全なＭＯＳ――音を収録しない――で撮影されたので、キューブリックとリクターは撮影中ずっと言葉をかわすことができた。リクターの声はマスクの後ろから流れ出していたが、彼は〈月を見るもの〉の顔を動かすことなくそれを実現していた。キューブリックは、九カ月前にティコ磁気異常のセットで宇宙服姿のウィリアム・シルヴェスターに手袋をした手でモノリスにふれてくれと頼んだことを、リクターに前もって話してはいなかった。

「ずっとしゃがんでいて、すごく疲れていた」リクターは回想する。「だからなんとか自分の体を抑えつけて脚が震えないようにした……。それから手をのばして、カメラがこっちをむいているのはわかっていたから、手をのばしたけど、実際にはそれにさわらなかった。さわっているふりをしただけで、なぜさわらなかったのかというと、両手が土まみれで、どうせ何度もテイクを重ねるに決まっているのに、それをいきなり汚したくなかったからだ」

これを見て、キューブリックがすぐに口をひらいた。「ちがう、ちがう、そこはさわってくれ」まだヒトザルになりきっていたリクターは、マスクの後ろからこもった声で言った。「汚すのが心配なんです」

「それはかまわない」キューブリックは言った。「ちゃんときれいにするから」あとになって、彼はリクターに月面のモノリスとシルヴェスターの映像を見せて、その本能的と思われる人間の身ぶりに合わせようとしていたのだと説明した。

ロサンジェルスのグラフィック・フィルムズ社から遅くに雇われて現場に入っていたアニメーターのコリン・キャントウェルは、モノリスのシーンの撮影を見たときのことをおぼえている。「彼はダンを指揮していた」キャントウェルはキューブリックについてこう語る。「じっとステージを見ていてときどき声をかけるんだ。『さあ、そこから下がって……よし！』ほんとにとんでもない光景が繰り広げられていた。もちろん、ダンの並外れた演技は最高だった……ひとこともしゃべらずにやってのけるんだから。鳥肌どころじゃなかったよ」彼は声をあげて笑った。「あの力強さはまさに一見に値するね」

＊　＊　＊

ヒョウの襲撃シーンほど不安に満ちた撮影日はほかになかった。舞台は干上がった川床で、撮影されたのは九月十八日だった。〈人類の夜明け〉シーケンスは何度も日程が延期されていたので、動物訓練士のテリー・ダガンはほぼ一年近くヒョウと取っ組み合いを続けて、その動物とくつろいだ友情をはぐくんでいた。だが、ヒョウの相手をするとき、彼は必ず結婚指輪をはずしていた。ヒョウの爪は切り取られていなかったので、それが指輪にひっかかるのを避けたかったのだ——危険な状況になりかねない。そして常に分厚いアーミージャ

ヒョウと仕事をするテリー・ダガン。

ケットを着込んでいたので、うっかりひっかかれても傷つくのは彼の肌ではなく服の生地だった。

ヒョウはダガンのことを知っていたが、ヒトザルの衣装を着た彼と出くわしたことはなかった。それにリクターのことも知らなかった。リクターはそのシーンで共演することを承知していたのだが、かなりの恐怖心がなかったと言ったら嘘になる。その大きな猫は撮影スタジオに入った経験もなかったし、まばゆく照らされたセットにも、神経質なクルーにも、ぴりぴりした雰囲気にも、指示をする叫び声にもなじみがなかった。ヒョウはごつごつした崖の上で配置につき、新たに毛むくじゃらになったダガンがその下の地面で餌あさりをしている。彼のむこうではリクターが、やはりそわそわと餌あさりをしている。公開された映像では、ほかにも何人かのヒトザルが画面に姿を見せている。だが、彼らはヒョウといっしょの撮影を拒否したので、別に撮影した映像をあとで手間のかかるロトスコープというアニメーション技術によって追加している。

いささか都合がよすぎるかもしれない記憶によれば、撮影クルー全員が安全なフェンスのむこう側でヒョウの襲撃を撮影した。だが、やはり現場にいたスチュアート・フリーボーンとその妻のキャスリーンが、一九九九年にダン・リクターとそのシーンについて話し合ったときには、若干異なった記憶が浮かびあがった。

「ちょっと思っていたんだけど、きみはあのシーンのことをなにかおぼえているのかな」リクターがたずねた。

「ええ」キャスリーンはこたえた。「実際にヒョウがセットにいたことをおぼえているわ」

「そうだ。わたしたちがなにか特別な予防措置を講じていた記憶はあるかい？」

「いいえ。スタンリーだけよ。彼にはあのケージがあったわ」

これを聞いて、スチュアートが会話に加わった。「ああ、彼はたしかにケージの中にいた」彼は断言した。

「笑えるよなあ？」

「ケージの中にいたのは彼だけだったわ」キャスリーンが続けた。「ほかの人たちにはなにもなかった」

「ケージの見た目はどんなふうだった？」リクターがたずねた。

「ほら、ライオンのケージみたいなやつ」キャスリーンはこたえた。

「てっぺんだけが丸みを帯びていたな」スチュアートが思い出した。「彼はケージの中から指示を出していた」

リクターのほうはありありとおぼえていた。「みんながすごく神経質になっていたのは、スタンリーがクソなケージにいると思ったからだ。彼にはなんの不安もなかった」撮影を始める前に、ダガンが少しだけヒョウと取っ組み合いをして、だれがその衣装の中にいるのかを教えてやった。彼は、たとえなにかあってもわたしが対処するからと言って、ぴりぴりしているダンを元気づけた。

「わたしがひどく不安だったのは、中間地点にいなければならなかったせいだ」とリクターは語る——遠くの干上がった川の岸とダガンとの真ん中あたりだ。初めはヒョウが撮影用のライトで混乱して固まってしまったので、仕切り直して再挑戦となった。「アクション」の声がかかると、今度はヒョウが予定どおり崖からダガンの上に飛び降りた。ところが、そいつはすぐに興味をそそられる新たな要素があることに気づいた——もうひとりのヒトザルだ。ダガンのことは忘れて、ヒョウはリクターに近づき始めた。「ヒョウがあやしい目つきで自分にむかって歩いてきたら、どうしたってすごくうろたえるものさ」とリクターは語った。「『走ってはいけない』というのはわかっていた。わたしはテリーを信頼していた」テリーは言った、『心配ない、わたしにまかせろ』彼がぱっと立ち上がってヒョウに飛びかかり、いっしょにころげ回り始めたので、わたしはその場を離れた」動物がほかに気を取られていたので今度は走ったのかと問われて、レクターは否定した。彼はミドルテンポのハッスルのような足取りで安全なところへ引き上げていた。

そのショットは使い物にならず、いまやヒョウはリクターがその場にいることを知っていた。次の撮影では、アドレナリンがリクターの全身にあふれていた。それはリクターだけではなかったとはいえ、彼にはだれよりも怖がるだけの理由があった。ダガンのアシスタントたちがヒョウを崖の上に連れ戻し、カメラがまわされた。今回はヒョウは予定どおりダガンの上に飛び降りて、彼をほこりっぽい川床の上にころがらせ、なじみのスパーリングパートナーが退却しようとするあいだ身構えていてから、ぱっと飛びかかり、ふたたび彼を押し倒した。この状況で期待できるほぼ完璧な流れだった。キューブリックが「カット！」と呼びかけた。「オーケイ、そこまでだ」彼らはやり遂げたのだ。

すっかりそのシーンに入り込んでいたリクターは、驚いてステージを離れ、キューブリックのケージに近づいた。彼はダガンの反応が充分にリアルではなかったので悩んでいた。「テリーが類人猿のように見えなかったから心配だった」とリクターは回想する。「彼の動きをもう少し改善できるんじゃないかと」キューブリックの返事は明確だった。「必要なショットは手に入った、だからオーケイだ」

そのときの監督の気持ちはどうだったのだろうと問われると、リクターはちょっと考え込んでから言った。「スタンリーは恐れていたんだと思う。セットにいるほかの人たちはほとんどが不安だったはずだが……彼が恐れていたのは、これがほかの人たちにとって危険な状況であり、製作が取りやめになるようなできごとが起こるかもしれないということだ――セットでだれかが命を落としたり重傷を負ったりしてね。この映画はそれでなくても問題をかかえていた。スタンリーはショットを手に入れて、それでケリをつけてしまいたかったんだと思う」

翌日、全員がそのショットを見ようとシアター3へ急いだ。クルーはだれも気づいていなかったが、トム・ハワードのフロントプロジェクション・システムの光がヒョウの目の表面で跳ね返り、撮影中のカメラのレンズに明るい反射光を投じていた。これを見て、キューブリックは「なんだこれは！」と叫び、ぱっと立ち上がった。ふたたびフィルムが上映された。獲物に迫るヒョウの輝く両目はその恐ろしさを倍増させていた。キューブリックは喜びを抑えきれなかった。「彼はこの幸運なアクシデントに大喜びであたりを跳ね回ったよ」とリチャード・ウッズは回想する。

＊　＊　＊

先史時代の真に迫った情景を生み出そうとするもう少しユーモラスな試みのひとつとして、キューブリックからフリーボーンに対して赤ん坊に授乳する女性のヒトザルたちを用意しろという指示が出された。母親たちはリクターのチームの小柄な男性陣が、いかにも猿っぽいウレタン製の乳房をくっつけて演じることになる。

もちろん、赤ん坊たちも同じようにリアルに見えなければならなかった。フリーボーンはまず最初に、フォームラバー製のアウストラロピテクスの赤ん坊を作り、内部に仕込んだワイヤで授乳のまねごとをさせたらどうだろうかと考えた。だが、キューブリックはこの解決策を却下するはずだった。なぜなら、「これはごまかしだった——そしてスタンリーはごまかしがきらいだった——だからなにか別の案を用意しなければならなかった。チンパンジーの赤ん坊を使えるかもしれないと思った。大きな耳はもっと人間らしい耳で隠し、ピンクすぎる顔にはメイクをほどこして」とフリーボーンは回想する。「最初にその案を持ち出すつもりはなかったが、もしもスタンリーが人形の案にいい顔をしなかったら、それならチンパンジーの赤ん坊にメイクをするしかないと伝える。どこか近くでチンパンジーの赤ん坊を調達できることが前提だったが」

思ったとおり、モノリスのシーンを撮り終えたあとで、キューブリックがフリーボーンに電話をかけてきた。

「ところで、忘れていないといいんだが、二、三週間後には家族のシーンにとりかかることになるから、赤ん坊が母親の乳を吸っている絵がほしい。その件はどうなってる？」フリーボーンはフォームラバー製の人形についてざっと説明した。「それはうまくないな」キューブリックは言った。「乳を吸っている姿を撮りたいんだよ」

「実はもうひとつ案がある」フリーボーンはひるまずに言った。「ただ、これには問題があるかもしれない。ほんもののチンパンジーの赤ん坊にメイクができるかどうかということなんだ」

「それはいいな。そのアイディアは気に入った。どうやって赤ん坊に乳を吸わせるつもりだ？」

「フォームラバー製の乳首にちょっとだけハチミツを塗って、それを吸わせるつもりだ」

「いや、それはだめだ。赤ん坊はすぐになめとってしまう。ほんとうに吸っているように見せたいんだ」

「なるほど。実際に機能する乳房がほしいんだな」フリーボーンは驚かなかった。

「そうだ」キューブリックはまたもやフリーボーンの能力にふさわしい挑戦を用意できたことに満足していた。

「というわけで、われわれはどんどん深みにはまっていった」とフリーボーンは回想する。だが、監督になにを依頼されたときでもそうだったように、彼はなんとかそれを実現しようとした。「参考文献をあさってみたが、赤ん坊に授乳中の雌のチンパンジーに関する資料は見つからなかった。これをやり遂げるためには、あの小さな悪魔たちをだまさなければならないということはわかっていた」

乳房は見た目も感触もほんものどおりにしなければならない。ミルクの流れ方もほんものどおりにしなければならない。ミルクの味やにおいや粘度もほんものどおりにしなければならない。しかも、流れてほしくないときにミルクが流れては困る――赤ん坊が乳房を吸ったときだけ流れなければならない。だが、ほんものの雌のチンパンジーの乳首についてわたしがなにを知っている？　そもそも、フォームラバーやプラスチックでどうやってそんなものを再現すればいいのかわからなかったし、ミルク自体も問題になる。再充塡だって必要だろう。それもまた別の問題だ。

フリーボーンは、テリー・ダガンとその元気なヒョウを提供してくれた〈チッパーフィールド・サーカス〉のメアリ・チッパーフィールドに連絡をとった。彼女に事情を説明して、さっそく二頭のチンパンジーの赤ん坊とふたりの訓練士を借りることにした。訓練士たちにミルクを満たした人工乳房をそなえた新しい雌のヒトザルのスーツを着せると、二週間後には、赤ん坊たちはその乳首から気楽に飲んでくれるようになった。キューブリックのきわめて男性的な映画にいきなり感動的な母性があふれた。少なくとも、舞台裏では。

しかし、チンパンジーの赤ん坊たちは、相変わらずピンクの顔のままだったし、耳も大きすぎた。授乳訓練の合間に、フリーボーンとその妻は小さなチンパンジーたちをスタジオのあちこちへ連れて歩き、おたがいの信頼関係を深めた。おかげで、赤ん坊たちは黒い顔のメイクをほどこされたときも、フリーボーンによれば「とても静かに」すわっていたし、やわらかいフォームラバー製の耳をつけられたときも文句ひとつ言わずにがまんしてくれた。ところが、いったん解放されると、「ふたりはまっすぐおたがいに近づいてメイクをなめ取り始めた。味が気に入ったんだ。だから、そのたびにおしりを叩いて、連れ戻し、メイクをやり直さなければならなかった。だけどまたすぐにおたがいに近づいてなめ始める。それでまたおしりを叩く。だが、最終的には、メイクをなめ取ってはいけないということを学んでくれた」

ここまでは順調だった。よく訓練された、友好的で、喉が渇いた、顔が黒くて耳が小さい、クローズアップにも耐えられる赤ん坊のチンパンジーが用意できたし、フリーボーンは授乳する女性の乳房に簡単にミルクを再充塡するために「雌牛に予防接種をするときに使う注射器――でかくてすごく細い針がついているやつ」を導入していた。やがて授乳シーンを撮影する日がやってきた。フリーボーンはミルクを注入して、チンパンジーたちをくすぐってから、母親たち（このときはダン・リクターのチームでもっとも小柄なふたりが演じていた）とその赤ん坊たちを連れてステージ3へむかった。いささかうろたえたことに、キューブリックはその日の午前中は別のものを撮影すると決めていた。

赤ん坊たちに授乳させるかわりに、キューブリックはふたりの演者に跳ねたりころがったりするよう指示した――当然、乳房の中のミルクは攪拌されることになる。おまけに、とても、とても暑かったので、ミルクはバターと水っぽい液体に分離してしまった。しばらくすると、ヒトザルたちがジャンプするたびに、乳首から液体がほとばしるようになった。それを見たスタンリーは、もちろんおもしろがったりはせずに、こう言った。「おいおい、これじゃだめだ。そのふたりを連れ出してくれ」そこでわたしは彼らを作業場へ連れて帰り、きれいに洗ってやってから、あらためてミルクを注入した。それから現場へ戻ると、スタンリーが彼らの撮影をおこない、なにもかもうまくいった――が、ご存じのとおり、それはすべてカットされた。たしかに赤ん坊が乳房のほうへ這いあがるシーンはあるが、それだけだ。結局、その作業はまったく必要がなかった。とはいえ、おこなった作業の三分の一が使われれば運がいいほうなんだ。わたしたちはそういうものだと承知している――それがわたしたちの仕事なのだと。使われるのは三分の一……だが、それが事実なのだ。

洞窟の暗がりの中で母親の乳房に顔をこすりつける短い場面は別として、実はこのチンパンジーの赤ん坊たちは、『2001年宇宙の旅』のあるショットで大きな貢献をしている。〈月を見るもの〉の指揮のもと、おとなたちが急にたくさん手に入るようになった生肉をがつがつ食べているかたわらで、赤ん坊たちが興味津々の顔で小さな骨を調べているショットだ。ミルクは必要なかった。

＊　＊　＊

一九六七年九月下旬のある日、ダン・リクターとその妻のジルは、アボッツ・ミードにあるキューブリックの自宅での夕食会に招かれて、ロマン・ポランスキーの新作ホラーコメディ『吸血鬼』を観賞した――バーキンが一年前にスタジオのキャットウォークから泡風呂のシーンをのぞき見た映画だ。ポランスキーもその場にいたが、もうじき彼の妻になるシャロン・テートはロサンジェルスに残っていた。リクターは、その小柄なポーランド人監督が自分の新作をキューブリックがどう思うかをひどく気にしていることに気づいた。ポランスキーは明らかにこのホストに「少し畏敬の念をいだいて」いた。「そわそわする必要などなかった、その映画はすばらしかった」とリクターは書いている。「果てしないジョークにみんな大笑いした」

そのあと、一行はキッチンへコーヒーを飲みに行き、クリスティアーヌが色とりどりの角砂糖をテーブルに置いた。これを見て、ポランスキーとリクターは、LSDでトリップしていると砂糖がこんなふうに見えるとか、角砂糖はひとつひとつが小さなLSD供給装置みたいだとかいう話をしはじめた。ホストがコメントを控えているのを見て、ポランスキーがあなたはドラッグをやったことがあるのかとたずねた。キューブリックは一度もないしこれからもやらないだろうとこたえた――ハイになることに問題があるわけではなく、自分の創造的才能の源がどこにあるのかわからないので、それを失って二度と取り戻せなくなるのが怖いのだと。ポランスキーは、それは逆で、むしろ創造力は高まるのだと言った。そしてキューブリックにいつか試してみることを勧めた。このやりとりのあいだ、リクターはこっそり監督を観察していた。それ以前の社交の催しで、彼は監督がときどき不安そうに見えることに気づいていた。まるで自分がすべてを仕切っていないと落ち着かないかのように。

わたしはこの偉大な芸術家の孤独に愕然とした――失ってしまうかもしれない貴重な才能をもっているというだけでなく、それをうまく使わなければならないという重荷。スタンリーは自分の仕事がどれほど重要であるかを知っており、良き執事としてその仕事をせいいっぱいうまくこなすことに大きな喜びと満足をおぼえているのだ。

〈人類の夜明け〉の撮影の八週間前に用意された準備ノートの中で、キューブリックはこのシーケンスの中心メッセージについて考察している。「人間が類人猿から進化できた理由はただひとつ――殺し屋だったからだ。遠い昔、たぶん何百万年も前に、好戦的ではない霊長類の祖先から殺し屋類人猿の家系が分岐した……そもそも直立することを学んだのは獲物を狩る必要があったため……そして、戦うための歯や鉤爪《かぎづめ》がなかったから武器を頼りとした」

〈月を見るもの〉がシマウマの重い大腿骨を武器にできると気づく場所は、一週間前にヒョウの襲撃シーンが撮影されたのと同じ干上がった川床のセットだった。かさのある、過熱気味のフロントプロジェクターには、外科医用のマスクと手袋をしたふたりの男たちによってフィルムが装塡されていた。遠い丘や雲の多いナミブ砂漠の空をおさめた８×10インチのポジフィルムに指紋やくもりがつく可能性をできるだけ少なくするためだ。

リクターは、キューブリックがとてもたくさんのテイクを重ねる理由のひとつは、そのたびにシーンの意味を発見してなにか新しいことを学んでいるからだと知っていた。彼はそれを絵を描いている画家になぞらえた。

「ふむ、ここに少し赤を加えよう」そして、たったひとつのワイドショットのためにまる一日を費やしてクローズアップのひとつすら撮れないことがある理由もわかっていた。「それは彼がなにかを学んで練りあげて完成させようとしているからだ——もっと下級の監督だったら、どこか途中であきらめたり、もっと低いレベルで手を打ってしまうなにかを」

数カ月前、リクターはロンドンの自然史博物館でモーリス・ウィルスンの許可を得てアウストラロピテクス・アフリカヌスの石膏模型やほんものの化石をさわらせてもらって、人類の太古の祖先たちと出会ったように感じていた。そしていま、リクターはやはり骨をつかんで、別のかたちのひらめきを伝えなければならなかった。彼が直面していたのはこのシーケンスでもっとも困難な挑戦のひとつ——〈月を見るもの〉が、白骨化した動物の死骸をあさっていて、その骨がいままで考えもしなかった用途に使えることに気づく瞬間を表現することだ。カメラに目を向けると、フロントプロジェクション・システムの斜めに置かれたガラスをとおして、キューブリックが85ミリのレンズを選んだのが見えた。つまりリクターの姿はミディアムショットでとらえられている。そして当然ながら、彼のすべての動きは巨大なシネラマのスクリーンに大きく映し出されるのだ。

それはリクターにあたえられたもっとも重大な演技上の課題であり、解決法としていくつかの異なるやりかたが考えられた。レンズを意識しながら、彼は最初の部分をたたみかけるような小さな認識の連続として演じることに決め、骨を見つめる頭の角度を少しずつ変えることでそれを表現した。さりげなく、しかし見まちがいようがなく、認識のおとずれの瞬間を伝えるために、彼は演技者としての過去の経験を総動員した。「できるだけ動きを少なくして、それでも伝わるようにしたかった」とリクターは回想する。「初めて頭の中にその考えが浮かぶとき、わたしにはそこで対処すべきことがたくさんある。ただ骨をつかみあげてなにかを壊すわけにはいかない。武器がなんなのかということすら知らないのだから。それをどんなふうに持てばいい？　手触りはどんな感じだ？　どんなにおいがする？　わたしにはそれを理解するための土台がない。すぐに結論にたどり着くわけにはいかない」

キア・デュリアはこのシーンのリクターの演技が全篇の中でいちばんのお気に入りだと語った。アーサー・C・クラークは、リクターの著書の序文でこうコメントした。「あの歴史の始まりの凍り付いた瞬間を見るたび――〈月を見るもの〉が、未来を暗示するカインが、まず骨をつかみあげてそれをしげしげとながめ、やがてわきあがる興奮とともにあちらこちらへ振りおろす――わたしは目に涙をたたえずにはいられない」

太い骨をつかみあげたリクターは、ちょっとにおいを嗅いだあと、思索にふけりながらそれを散らばった骨のかけらにぶつけ始めた。フロントプロジェクション用スクリーンからの反射ビームのすぐ外側に並んで、カメラもキューブリックもかなり近くにいたので、ダンは演技をしながら監督と言葉をかわすことができた。最初のほうのテイクで、ダンが骨を振りおろした拍子に、肋骨がくるりと宙を舞った。「あ、すみません」彼はマスクの奥から言った。「いやいや」とキューブリックが言った。「それは使える、いい感じだ。続けて。続けて」そこでダンは続けた。まわりにある小さな骨を叩くうちに、解き放たれた暴力の熱狂がエスカレートしていく。そしてついに、彼は両脚で立ち上がり、手にした骨の棍棒を大きな頭骨の真ん中へ振りおろす――そのすべてが、フロントプロジェクション技法の制約により固定されたフレームで、干上がった川床を背景にとらえられた。

＊　＊　＊

毎朝、リクターのグループはシアター3へやってきて、自分たちの前日の仕事ぶりを確認した。ヒトザルたちはすでにボディスーツを着込み、両目のまわりに黒っぽいメイクをほどこしていたが、マスクはかぶっていなかった。キューブリックは常に最前列にすわり、何週間ものあいだ監督からひっきりなしにピントを変えてくれと言われ続けた映写技師が用意した、小さな携帯コントローラーを握り締めていた。彼らの仕事ぶりがスクリーン上に映し出されると、ヒトザルたちは役になりきったまま、キューブリックからの批判的なコメントにはしわがれ声で不満をあらわし、肯定的なコメントにはかん高いキーキーという歓喜の叫びで応じた。

だが、リクターの干上がった川床のシーンを観たときは、全員が黙り込んだ。ダンの演技はなにもかも完璧で、最後の頭骨を打ち砕くところは陶酔感あふれる視覚的クレッシェンドの役目を果たしていた。よく撮れていることはわかっていたが、キューブリックは自分が満足していないことに気づいた。すでに達成されたものにさらなる上乗せをしたかった。ここは〈人類の夜明け〉の最重要ポイントなのだ。もっとそばへ寄ったローアングルの映像がほしかった。武器を持ったダンの腕を下から、広がる空を背景にスローモーションで撮りたかったのだが、いずれもフロントプロジェクション技法では実現不可能なことだった。カメラはかさばる映写機ときっちり同一の線上になければいけないからだ。

いずれにせよ、たとえスタジオでローアングルに変更する余裕があったとしても、スローモーションだと一秒あたりのフレーム数を増やさなければならず、そうなるとフレームごとの光量を増やす必要がある——しかしこれ以上明るさをあげたらアフリカの背景をとらえたポジフィルムは溶けてしまう。彼らの映像探求プロジェクトはフロントプロジェクション技法で可能なぎりぎりの限界まで達していたので、その日のうちに、キューブリックはプロダクションデザイナーのアーニー・アーチャーに、リクターを下からとらえたショットが可能になるように高いプラットホームを用意してくれと頼んだ。それには前景に砂利を敷き詰めてイボイノシシの骨を置けるだけの大きさが必要だった。彼らはロンドンの空の見た目が背景のポジフィルムで見られる部分的に曇った空とだいたい似た感じになるまで待って、屋外で撮影をおこなった。

〈月を見るもの〉が骨が武器として使えることを発見したあと、脚本では彼とその一族が初めて直立歩行をして肉を食べることになっていた。キューブリックはまたもやメイクアップの魔法使いのところへやってきた。

「ああ、大丈夫だ、偽の肉を作るよ」フリーボーンはいやな予感をおぼえながら言った。「脂でフォームラバーがだめになってしまうから、ほんものの肉は使えないんだ」

「いや、ほんものの肉がほしいんだ」監督の返事は充分に予想されたものだった。

この新たな要求によりフリーボーンは新たな顔をデザインしなければならなかった。マスクから簡単に取り外せる顔だ。リクターの演者たちが生肉にかぶりつくと、その脂で顔がほぼ瞬時にふくれあがってしまう（しかも脂は隙間から染み込んでくることがあり、演者にとっては不快だった）。新しいマスクをひとつ作るにはおよそ八時間かかったので、フリーボーンはこの肉を食べるシーンだけのために毎日三交代勤務で二十四時間作業を強いられることになった——先を見越して作ってあった偽の肉でも申し分なくリアルだったにもかかわらず。

〈月を見るもの〉のダン・リクター。

肉のことは抜きにしても、マスクのフォームラバーは重労働で汗をかく演者たちから油を吸収して、フリーボーンの記憶によれば「翌朝にはひどい悪臭を」放つようになった。何度か試行錯誤を繰り返したあと、彼はオゾン洗浄法を考案した——専用スペースに用意した機械でオゾンガスを発生させて消臭と殺菌をおこなうのだ。「ラバーは剝がして裏返しにできたから、演者たち全員の裏返しになった顔を——すべての猿の顔が、完全に裏返しになっているんだ――フックに吊して専用の部屋にずらりとならべた」窓辺に置かれた扇風機でガスがマスクを吹き抜けた。「それを夜通しやっていると細菌がみんな死んで完全に浄化されるから、次の日にはすっかりさわやかになっていた」

二組の毛むくじゃらの集団が水場で対峙する二度のシーンだけは、ヒトザル部隊が全員顔をそろえなければならなかった。これらの撮影がおこなわれたのは〈人類の夜明け〉のために建造されたもっとも大きなセットで、背景となるスピッツコッペのごつごつした岩山に合わせてあり、二十人のキーキー叫んで跳ね回る主役たちの戦闘シーンがおさまるだけの広さがあった。よく見ないとわからないことだが、二度目の衝突では――〈月を見るもの〉が骨が武器になると気づいたあと――リクターと群れの仲間の何人かが初めて直立して歩いているのに対し、武器を知らない敵対者たちは四つん這いのままだ。

このころには、ウッズ――彼の演じる〈片耳〉は〈月を見るもの〉に骨で殴り殺される――は、いわゆる〝メイド膝〟すなわち滑液包炎をわずらっていた。数週間におよぶ過酷な撮影のあいだずっとしゃがんで跳ね回っていたために両脚がひどく腫れ上がっていたのだ。彼は首への一撃によって確実に苦しみから解放されることになるが、そのためには殺傷力があるように見えるくらい大きくてまっすぐだが、ウッズが言うように、ほんとうに「ぼくを殺してしまう」ことがないくらい軽い骨でなければならなかった。「それはあまりよろしくないことだと思われていたからね」

何度も実験を繰り返したあとで、フリーボーンが最終的に作り上げたのは、この任務にぴったりな軽くて頑丈な硬い竹に肉付けをした骨だった。「言っておくけど、あれはすごく痛かったよ」ウッズはかつての敵対者であるリクターに、三十五年たってから語った。「それに、たしかリテイクは三十二回だった。前からも、後ろからも、横からも撮影が繰り返されたんだ」

このサディスティックな撮影日が終わるころ、死んでうずくまっていたウッズがほこりっぽい地面から最後にもう一度だけふらふらとよみがえり、ぼろぼろになった彼とリクターの部族が、疲れ果て、足を引きずりながらそれぞれの楽屋へ引き上げたあとで、キューブリックは勝利をおさめた人殺しのヒトザルのボスにもうワンショットあるから残ってくれと頼んだ。たったいま撮った戦闘シーンよりもずっとそばへ寄った構図で、彼はリクターに勝ち誇るように骨を投げ上げさせた。百万ワットのアフリカの空へむかって。

＊　＊　＊

〈人類の夜明け〉の撮影が完了すると、デレク・クラックネルはヒトザルたちを全員郊外へ連れ出し、エンジンの騒音や教会の鐘からできるだけ離れたところで、彼らが叫んだり、吠えたり、わめいたり、ぼそぼそとつぶやいたりする声を録音した。ほかの動物たちのたてる音――農村のカラスの群れがガーガーいう声――がじゃまになることに気づいていらだったクラックネルは、付近の農夫からショットガンを借りて空へむけて発砲し、そいつらを追い払おうとした。耳を聾する二度の発砲音により、カラスたちは退却して静けさが訪れ、〈月を見るもの〉と〈片耳〉とキーキーと跳ね回る共演者たちが『2001年宇宙の旅』でたてるすべての音が、演者たち自身によって発せられた――ホモサピエンスとその遠い祖先たちとのきわめて密接な遺伝子の連鎖を音声によって実証したのだ。

そのあと全員が解散したが、リクターだけは別だった。キューブリックが〈月を見るもの〉が骨を砕くローアングルのショットのために完璧なふわっとした雲を待っていたせいでもあったが、単にダンをそばにおいておきたかったのと、彼にやらせたら都合がいいことを思いついたせいでもあった。

一年前にクラークが自分のノートに「ヒトザルから二〇〇一年への流れるような移行」と書いていたとはいえ、キューブリックが〈月を見るもの〉が投げた骨のショットを軌道上の核爆弾と一致させるというアイディアをすでに思いついていたのかどうかははっきりしない——四百万年をまたにかける壮大なマッチ・カットだ。しかしリクターは、あのかつてスクリーンに投影された中でも最高クラスの場面転換が生まれたのは、ステージ3で彼が骨を振りおろした拍子にあやまってイボイノシシの肋骨をくるりと宙に舞わせたことがきっかけだったのではないかと考えている。川床で〈月を見るもの〉がひらめきを得るシーンを撮影していたときのことだ。「ここで重要なのは——スタンリーの才能を理解するうえでのひとつのポイントでもある——初めはミスだと思ったささいなことを、あるいは不運なできごとを、彼が映画の歴史における偉大な瞬間のひとつに変えてしまったということだ」

一九六七年九月二十日に、ダン・リクターとスタンリー・キューブリックと少人数のチームが、ふわっとした積雲が頭上に広がるMGMの裏庭へ出た。「野原では……大工たちが地面から一メートル七十か八十センチの高さがある小さな長方形のプラットホームを作っていた」とリクターは書いている。「そこには幅一メートルほどの細長い砂漠のセットが敷かれていて、道路から数十メートル離れたところでイギリスの緑の野原から立ち上がっていた。背後ではバスや乗用車や自転車をこぐ人たちが行き来していて……初めて階段からそこにあがったときは妙にむきだしな感じがした。わたしはその小さな台座の上でひとりきりだった」キューブリックが何度もテイクを重ねることはわかっていたので、小道具係の人びとは地元の廃馬業者から見たところ際限のない分量の骨と馬の頭骨を手に入れていた。

最初のテイクでは、リクターの動きはいくらかためらいがちだった。プラットホームの狭さが気になったのだ。「骨をまわりへはじき飛ばすんだ、ダン！」キューブリックが叫んだ。「カット！　もっと激しくできないか？」リクターはまだまだウォームアップだし、落ちるのが心配なんだとこたえた。マスクをつけていると思うようにまわりが見えなかったうえ、茶色のコンタクトもありがたくなかった。地面にいくつか目印を見つけて自分がいる場所を把握できるようにしたら、徐々にそのシーンに入り込めるようになってきた。じきに、彼が骨を振りおろすたびに肋骨がまわりへくるくると飛んでいくようになった。「撮影はいつまでも続いた。次々とテイクが重ねられた」とリクターは回想する。「この日だけでとんでもない量の頭骨を打ち砕いた。スタンリーがその瞬間に入り込もうとしているのは明らかだった。彼はそこへ飛び込んでエネルギーを残らず取り込み、なんとか扉の鍵を見つけてもっと広大な宇宙へ踏み出そうとしていた……。それまでに撮影してきたすべてが、このプラットホームで、この野原で終わろうとしていたんだ」

映画のナレーションの新しい草稿をたずさえてセイロンから戻ってきたアーサー・クラークがこの日ボアハムウッドを訪れていて、それからの数週間はずっと顔を出し続けることになった。彼は自分がキューブリックと共有したヴィジョンが俳優の演技や展開するシーンというかたちで現実になるのを夢中になって見つめた。彼が撮影を見たのは〈人類の夜明け〉のごく一部であり、製作期間中にスタジオの安全な空間ではなく屋外で撮影された唯一のシーケンスだった。ときどき撮影を中断して頭上を飛行機が通過するのを待つことはあったが、それ以外は空の状態は安定していて、ピエール・ブーラが数カ月前に撮影した南西アフリカの部分的に雲のかかった朝とよく合っていた。ちょうど一週間後に、キューブリックは死んだバクがプラットホームの砂におおわれた地面に倒れ込む複数のテイクを撮影し、のちにこのシーンの矢継ぎ早の一連のカットに挿入することで〈月を見るもの〉の熱に浮かされたような大暴れの結果を明確に表現した。★

数十個の馬の頭骨がばらばらに打ち砕かれたあと、「とうとうスタンリーは満足し、やがてみんなでスタジオへ歩きはじめると、彼が骨を空中へ投げ上げはじめた」（伊藤典夫訳）とクラークは書いている。「最初は単純に〝生きる喜び〟にひたっているのだろうと思ったが、まもなくこれを手持ちカメラで撮影しはじめた—

★　一頭のバクが製作初期にパニックを起こして高いステージから墜落死したとき、キューブリックはこれを好機ととらえ、撮影のために冷凍保存させていた。

―たやすい技ではない。一度か二度、急降下する太い骨が、ファインダーをのぞいているスタンリーを直撃するところだった」（伊藤典夫訳）

だが、そのときのショットでは満足できなかったらしく、九月二十七日に死んだバクの撮影が終わったあとで、キューブリックはケルヴィン・パイクに空中をくるくると舞う骨のショットを早回しでもっと撮影してくれと頼んだ。その日は、旧友でありアドバイザーでもあるカメラマンのロバート・ガフニーがボアハムウッドを訪れて撮影を見学していた。『博士の異常な愛情』がまだ脚本段階だったころ、ピーター・セラーズとともに、キューブリックの目をテリー・サザーンへ向けさせた人物だ。それ以前には、この監督といっしょにニューイングランドを車で走り回り、『ロリータ』に使う素材映像の撮影をおこなったりもしていた。その日の午後、ガフニーはカメラマンの鋭い目で撮影の成り行きを観察した。

アーサー・C・クラークとわたしはそこに立って話をしていた。彼らは空中へ舞い上がる骨を撮影していたが、カメラオペレータはそれをうまくとらえられなかった。とてもむずかしいショットだった。撮影は高速度でおこなわれていた。なにかを投げ上げるときは、毎回同じように投げるわけではないので、どの高さまでいくかわからない。彼らは骨が回転するように投げていた。だから上へ骨を追いかけて、それから下へ追いかけることになる。オペレータは三度か四度それを見失っていた。スタンリーがカメラをのぞいて一回目の撮影がおこなわれ、それが映画で使われた映像になった。スタンリーがカメラを操作したんだ。

『２００１年』の先史時代と未来のパートをつなぐ画期的な場面転換のシーンの半分は、このようにキューブリック自身が撮影していた。あのエルストリーのプラットホームへ続く道のりを回想して、リクターは語った。

「キューブリックはすでにあのシーンに取り組んでいたんだよ。彼はいきなり三、四百万年先へ進まなければいけないという問題をかかえていた。こうして考えてみると、ずいぶん大きな問題だ。ただ場面を切り替えたら、だれもが『うわっ、なにが起きたんだ?』となってしまう」

そうならないために、スタジオで最初に肋骨がくるくると舞ったときから、のちにスクリーンに映るブーラの撮影したアフリカの空へ骨を投げ上げるようリクターに指示したとき――あるいはもっとあとでイギリスのふわっとした雲を見上げる屋外のプラットホームで撮影をおこなったとき――までのどこかで、キューブリックはひとつの計画を練り上げていた。「気がつくとわたしはこの驚くべき男といっしょに旅をしていた」とリクターは語った。「そして、彼がより遠くを、より深くを、より多くを、もっともっとと目指し続けたこの途方もない創造の道のりをともに歩ききった――すると突然、わたしたちは三百万年をすっ飛ばしていきなり未来へ飛び込んでいたんだ」

＊　＊　＊

十年後に『2001年宇宙の旅』でのキューブリックとの仕事について思い返したときも、スチュアート・フリーボーンのこの監督への敬意がゆらぐことはなかった。〈人類の夜明け〉の準備をしていたとき、彼は週に七日、「一日に十二時間から十六時間、ときには十八時間」働いて、四週間に一度だけ日曜日に休みをとっていた。だが、キューブリックも同じくらいハードに働いていた。フリーボーンは気づいていたことだが、資金と期限という二重のプレッシャーがエスカレートするにつれて、監督の陽気で冗談好きな一面がほとんど消えて、もっと暗く、もっと断固としたなにかに置き換わっていた。なぜそうなったのかがわかっていたので、フリーボーンは大目に見ていた。

わたしたちは長時間働いていたが、そんなことは気にならなかった。人生において二度とふたたび出会うことのない機会を手にしているとわかっていたからだ。あんなことは二度とできるはずがなかった。しかも彼はわたしの能力を最後の一オンスまで引き出してくれる男だった。それはほかのだれにもできなかったことだ。わたしだってできなかった。わたしにはそういう人物が必要だった。しかも、一度それを乗り越えれば、わたしはたくさんのノウハウを身につけて、想像したこともないほどの高みへたどり着くことになる。そのことを頭に置いていれば、スタンリーがなにをしようがなにを言おうが気にはならなかったので、わたしは彼を全面的に支持するつもりだった。

それでも、キューブリックが秘密厳守を徹底していたので、フリーボーンは映画芸術科学アカデミーが自分の仕事を評価してくれるという幻想はいだかなかった。事実、オスカーの季節がめぐってきても、それは候補にすらならなかった。その傷口に塩を塗り込むように、一九六九年には『猿の惑星』のメイクアップについてジョン・チェンバースにアカデミー名誉賞が授与された。実は、製作会社の20世紀フォックスは、ボアハムウッドでフリーボーンが手がけたヒトザルにスパイ作戦を敢行したあと、自分たちの映画に登場する人間サイズのゴリラと類人猿の製作のために、ひそかにチェンバースではなく彼を雇おうとしていた。

彼らのヘッドハントが成功しなかったのは、キューブリックの撮影スケジュールが延びて『猿の惑星』の主役であるチャールトン・ヘストンのスケジュールと重なってしまったからだ——そして、フリーボーンは『2001年』が完成する前に現場を離れることは考えもしなかった。いずれにせよ、チェンバースがオスカーを受賞したあと、クラークやそのほかの人びとのあいだから、フリーボーンはみずからの成功の犠牲になったのではないかという声があがった——彼がリクターとともに作り上げたヒトザルはあまりにも説得力があったた

自分が作った友人たちと過ごすフリーボーン。

め、ほんものだと思われてしまったのだと。

自身の小説の経験があったにもかかわらず、クラークはそこにもキューブリックの秘密主義が影響していたということには思い至らなかったのかもしれない。

いずれにせよ、映画が公開されてしばらくたったころ、フリーボーンは監督の返送用住所が記された一通の手紙を受け取った――きわめて異例のできごとだった。

彼は封筒をひらいて中身を読んだ。「われわれがおたがいに対して感じていたいらだちのせいか、わたしはきみが『2001年』でやり遂げたことに対して適切な称賛の意を伝えてこなかったようだ。きみがやった多くのことは、過去にだれもやったことがなかったし、今後も匹敵するものは出てこないかもしれない。わたしからの感謝と賛辞を受け取ってほしい。敬具、スタンリー・キューブリック」

フリーボーンはほかの仕事で忙しかったので、公開から数年たつまで『2001年』を観ることはなかった。オスカー受賞という願いが「完全に殺された」とき、彼は心の中で思った。「そうか、だれもこれについて知ることはないわけだ。でもわたしはどんな苦労があったかを知っている——見返りがないことも」

だが、別の映画の仕事を終えてニューヨークを訪れたとき、わたしは見返りを受け取った。まだ観ていなかった『2001年』がタイムズスクエアで上映されていた。そこでわたしは考えた。「ひとりでこっそり観てみよう」要するにわだかまりを捨てようとしたんだ……。場内に入って、〈人類の夜明け〉のシークェンスで猿たちが出てきたとき、わたしは思った。「おや。そんなに悪くないじゃないか」そのとき背後にアメリカ人の家族がいて、ママがパパにこう言った。「あれはほんものの猿なの?」当然、わたしは耳をそばだて、パパがこう返事をした。「ああ、見てごらん、あれは特別に訓練されているんだよ」わたしにとって、その背後のやりとりを耳にした瞬間は、ほかのどんなものよりも価値があった。まさに救われた気持ちだった。そして思った。「ああ、そうとも！　やったぞ。最高だ」それは充分すぎる見返りだった。

第9章 最終段階

1966年秋〜1967年 - 68年冬

テクノロジーが高度に発達した時代には、より厳密な秩序と強い克己心とが求められるから、人はより機械に近くなる。逆に、機械は人とコミュニケーションをとって視野を広げる必要があるから、より人間に近くなる。それが必然というものだ。

——スタンリー・キューブリック

ポストプロダクション、ふつうはただ〝ポスト〟といっているが、これはいわば整理統合し強化していく時間帯だ。製作過程で得たものは、どんなものであれ、しっかり確保し、増大させていかなければならない。一方、製作クルーの人数は減る。職種も変わる。セット・デザイナーから編集者へ、録音技師からサウンドミキサーへ、というように。監督は指揮棒を置いて、やれありがたいとばかりに編集室の椅子にへたりこむ。撮りあがったばかりのフィルムの断片はすべてつなぎあわせなければならない。音声も同様だし、たいていの場合、あらたに曲をつくる必要もある。ここからは、それまでとはまったくちがう、エネルギー集約度の低い、沸き立つ創作意欲に駆られた作業がはじまる。

それがふつうの映画製作過程だ。が、『2001年』はふつうとはかけ離れていた。視覚効果シーンが二百以上——前デジタル時代では先例のない作品だ。キューブリックとコン・ペダーソンは、ある日、各シーンを完成させるのにそれぞれ十の主要段階が必要になるだろうとはじきだした。かれらの定義によると〝主要段階〟とは、ひとつのショットにたいして、さらに別の技術者なり技術部門なりが大きく手を加えることを意味していた。二百のシーンそれぞれに十の段階で、二千段階。大作なのだから不合理な数字ではないと思うかもしれないが、じつはこのアナログな作品においてはまさに〝蛇と梯子ゲーム〟★的状況だらけ——〝ふりだしに戻る〟が頻発したのだ。二百の視覚効果シーンそれぞれになにかひとつでもミスがあれば、すべてやり直《リ》し《ド》と《ゥ》いうことになる。このシジフォスの岩さながらの果てしない作業が始まるとすぐに、ボアハムウッドでしか通用しない言葉が生まれた。たとえば〝リドント〟という言葉はキューブリックの視覚効果にたいする不平不満のなかで頻繁に使われることになった。意味は、ダメなところをやり直せ、ただし二度とおなじミスは犯すな。

ミスはもちろん単なるミスにすぎないが、それは正しい道筋が確立されていれば、の話で、実際には『2001年宇宙の旅』はキューブリックとその辛抱強いスタッフ一同が製作過程でほぼ一から十まで——まったく新しい視覚効果方法論や最新のきわめて重大なプロット要素、等々——発明してきた大規模な研究開発プロジェクトだという事実がどうしてもからんでくる。納入期限がどんどん遅れていくのは当然の話だった。キューブリックの妥協を許さぬ完璧主義がすべての基準となっていたため、けっきょくこの二百の視覚効果シーンの大半が八回から九回、やり直すことになった。トータルすると一万六千になんなんとする回数——これはキューブリック自身が見積もっていた数字そのものだった。

そのすべての土台となったのが、例のとてつもなく華麗な技巧が詰めこまれた〝保留テイク〟すなわち、何層もの多種多様な要素がつけ加えられる前の、冷蔵保存された、カメラで撮影したままの貴重なオリジナル・ネガだ。いくらバックアップとして微粒子のカラー分解マスターフィルムがあるとはいえ、最終的には保留テイクにすべてを任せるしかない。「じつに大胆だった」と驚嘆していたのは、製作終了のわずか六カ月前にチームに加わりながら『２００１年』に重大な貢献をしたアニメーター、コリン・キャントウェルだ。「途中でなにか取り返しのつかないことが起きてもふしぎはなかった。しかもセットはばらされてしまっていたりして撮り直しは不可能な状況だったんだから」

　とにかく複雑な作業で、ロジスティックな問題も山積していたから、ペダーソンは実務的な映像づくりのかなりの部分をダグラス・トランブルたちにゆだねて、自身はマネージメント役に徹した。彼の作戦本部——全プロセスを監督する中枢部、53号棟——は各シーケンスの全製作過程を貼りつけた蝶番《ちょうつがい》式でめくることのできるボードで埋めつくされていた。どのシーケンスかひと目でわかりやすいように、各〝サスコ〟チャートのいちばん上にはフィルムのコマの拡大コピーやキューブリック自筆のラフなイラストが貼られていた（このイギリスの事務用品会社のスケジュール表をはじめとする製品へのキューブリックの信頼は揺るぎないものになっていたので、トニー・フリューインは彼のことを〝サスコ・キッド〟と呼ぶようになった）。大勢の人間が出入りし、休みなく電話が鳴り、各ショットは徐々に壁の上で完成へと近づいていった。「毎日入ってくる情報の量たるや、それこそとんでもないものだった」とキャントウェルはふりかえっている。

　一方、ボアハムウッドの『２００１年』関連施設群では、六台のカメラが随時稼働し、多くは二十四時間シフトで、総力をあげて同時に複数の視覚効果シーケンスの製作を行っていた。これら映像工場で製作されるシーケンスは日に日に数を増していくので、それを順序立てて把握しやすくするため、作戦本部では各々に番号と名前をつけていった。そこで使われたのはサッカー用語で、アイヴァー・パウエルがキューブリックの意を受けてコン・ペダーソンに〝キックオフ〟はいまどうなっているとたずねれば、ペダーソンにはすぐにその意味が通じるという具合だった。

★　古代インド発祥、のちに英国で普及し、欧米で広く親しまれているボードゲーム。

コン・ペダーソン。撮影者はおそらくスタンリー・キューブリック。

実写撮影は終わったが、そのあとも、実際には別の名前の製作が続いていた。編集、音響ミキシングといった通常のポストプロダクションは最後に——とりあえず可能になったときに——つけ加えられるかたちだ。そして、いうまでもないことだが、俳優はいないとはいえ、どの視覚効果場面にも一フィート以上の、アナログの物体を撮影した部分があり、しばしば実写シーケンスとおなじくらい複雑なスタジオ・セットが必要なケースが生じた。たとえばスタジオ３には、映画史上最大の〝ミニチュア〟となる、一七メートルの宇宙船ディスカバリー号が置かれていたが、このセットは『２００１年』のどのセットに勝るとも劣らない野心的なものだった。クラークによると、「カメラを動かすための軌道としてスタジオの端から端まで串刺しにする長さ百二十メートルのレール」が必要だったという。ミニチュアそのものは大きすぎて動かしようがなかったので、ディスカバリー号が宇宙空間を堂々と進んでいくシーンはカメラのほうを動かして撮影された。

ステージ３がディスカバリー号の撮影用に整えられていくようすをキューブリックとともに目の当たりにしたロジャー・キャラスは、その場面を鮮明に記憶していた。

彼はブロンクスほどもある巨大な宇宙船ディスカバリー号が通過していくショットを撮影した。台車《ドリー》に載せたカメラを宇宙船の全長にわたって接近させ遠ざけていく作業だ。どんな動きも、わずかな振動も、大スクリーンではものすごく大きく見えてしまうから、いっさい振動させずに撮る必要があった。そこで彼はスタジオの床をぶちぬいた――これは簡単にはいかなかった。頑丈にできているんだよ、スタジオの床というのは。戦車でも機関車でも走らせることができるんだから。床をぶちぬいて巨大なコンクリートパイルを埋設する。そして床面の上に出ているコンクリートパイルで模型を支えるんだが、この模型――ああ、まったく――長さ三十メートル［発言ノママ］はあったんじゃないかな。で、カメラは、おなじように強化されたドリーに載っていた。あのワンショットを撮るのは一大事業だったよ。

ディスカバリー号自体についていえば、その設計構想は、本作の製作過程特有の一筋縄ではいかない発展的変化をたどって決定された。ＮＡＳＡによる初期の太陽系内有人探査機のコンセプトでは、制御された一連の核爆弾の爆発作用を推進力として、爆発のたびごとに宇宙船の速度をあげていくという手法が採用されていたが、これはディスカバリー号の構想案としては短命に終わった。これだとディスカバリー号が、キューブリックいわく「屁をひりながら宇宙空間を進んでいく」ことになるからだ。この言葉を聞いたジェントルマンはすぐさま、これでは笑いを誘うことになってしまうと判断して、この案を却下した。その後、もう少し笑われなくてすむ推進方法が選ばれたのだが、キューブリックとクラークの技術的正確さへのこだわりは強く、その結果としてハリー・ラングが描いたのはトンボの羽のようなもの――実際は宇宙船の原子炉から発生する余分な熱を放出するためのラジエーター――がついた細長い物体だった。外部発注でできてきた最初の模型はこれを忠実に再現したものだったが、デザイン・スタッフ、視覚効果スタッフは一見しておなじ思いを抱いた。理屈

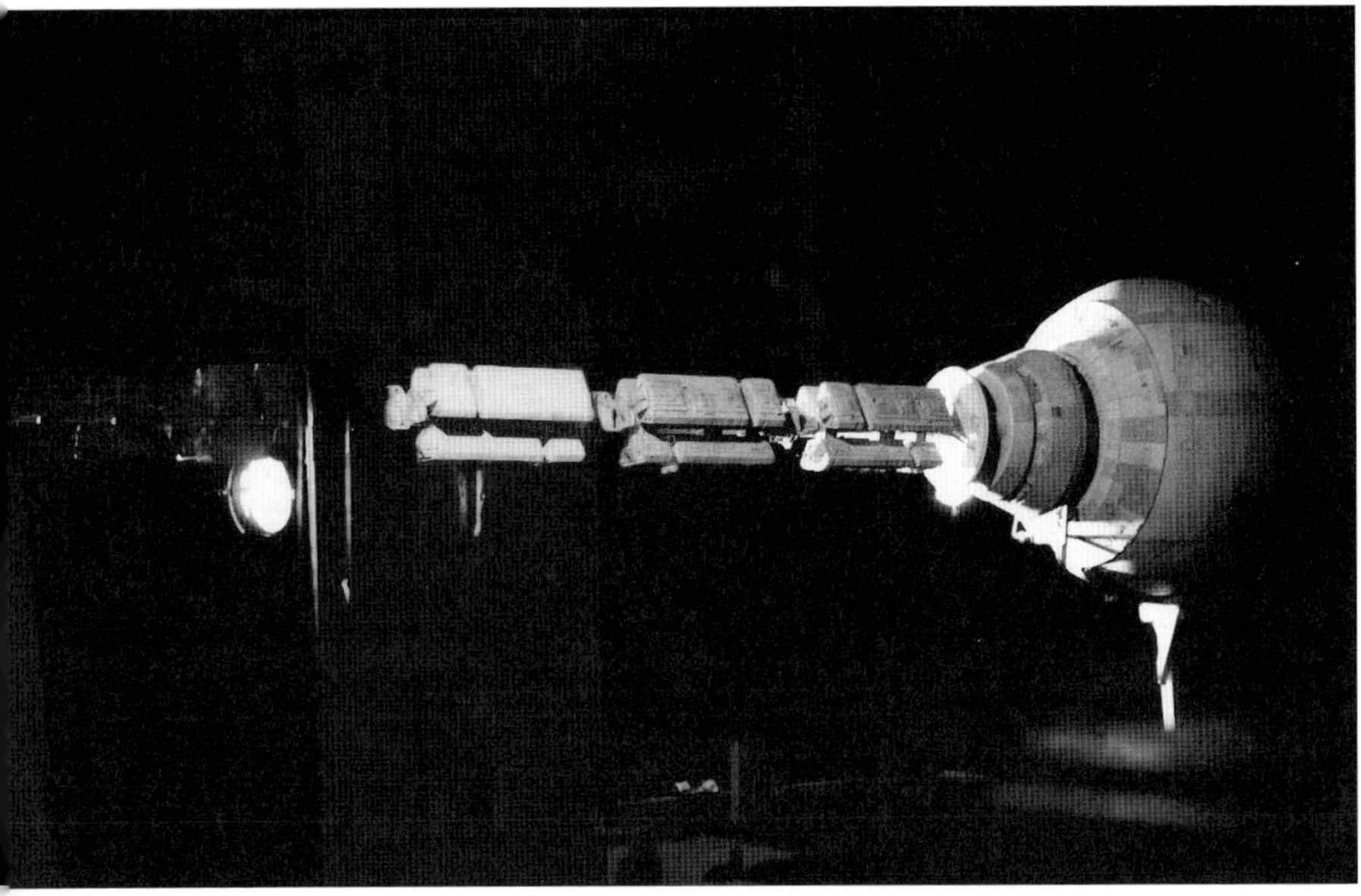

全長16.5メートルのディスカバリー号。希少な現存写真。
左端のカメラと比較するとスケール感がわかる。

抜きで、これはちがう、と。観客が疑問を抱くのは必須、とかれらは考えたのだ——宇宙空間しか飛ばないものに、どうして羽が必要なんだ？
要するに、納得のいっている人間はひとりもいなかったわけだ。しかし、そこからの展開がおもしろい。コン・ペダーソンはキューブリックに、あのデザインは「クズ同然だ」と文句をいった。するとキューブリックは反論せずに、ではもっといいものを考えてほしいと要請した。これを受けてペダーソンとトランブルがふたりであれこれ変更を加えながらデッサンを描いていき、そこにトニー・マスターズが、ついでラングが加わった。けっきょくのところ全員のアイディアを即興的にまとめた、いわばインプロビゼーションの産物が、あの最終形態といえるだろう。「みんなでデザインしたんだ」とマスターズはふりかえっている。「何カ月もかかったよ。少しずつ形になっていって、そこになにかつけ加えたり、変更したり、また少し変えたり。けっきょく、誰のデザインかはなんともいいようがない。なんというか、まあ…

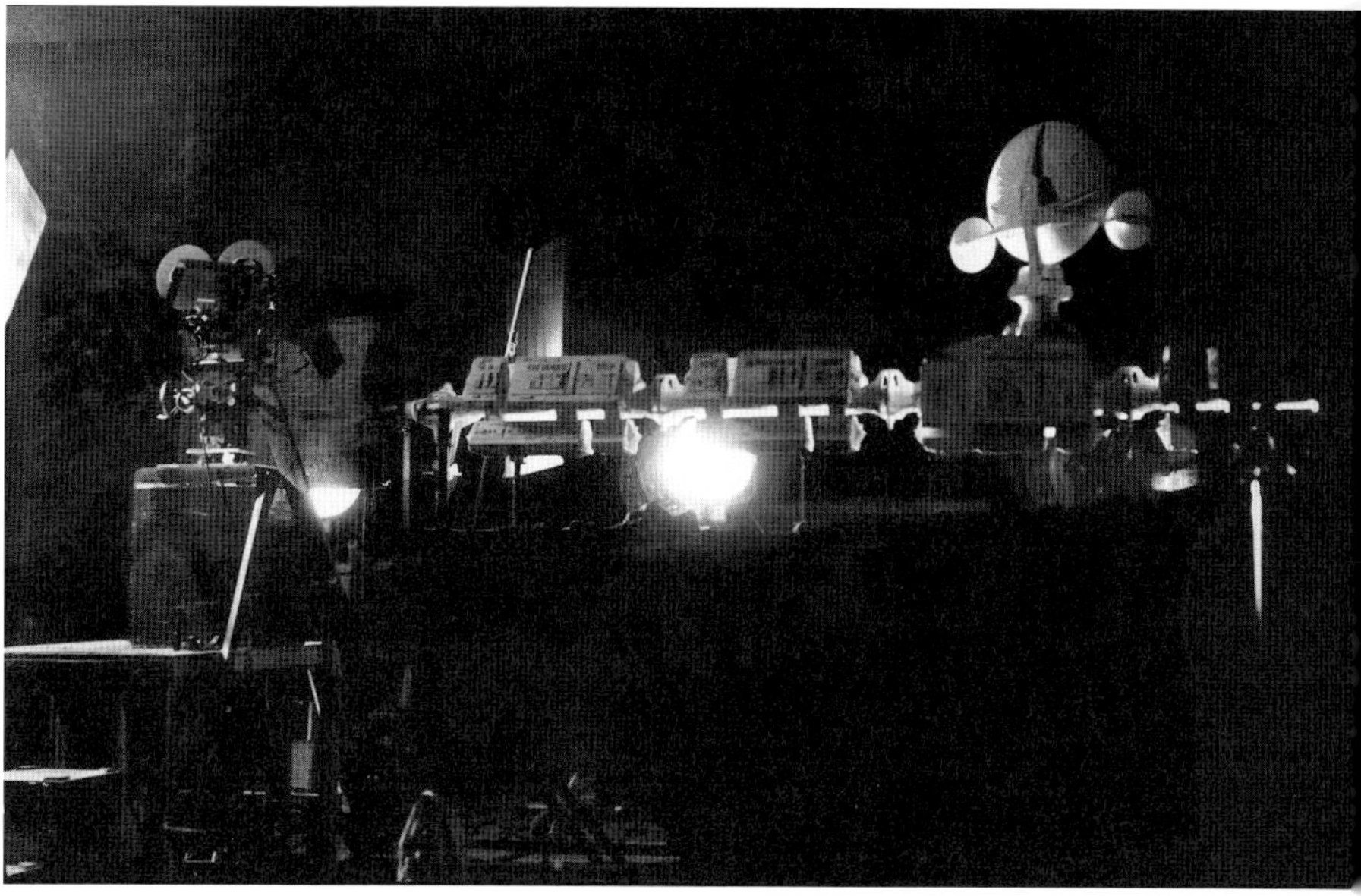

…全員のデザインということだな」
　一九六七年春には、木星をめざす巨人の最終形態が決定し、模型が完成していた。表面に何百ものプラモデルのキットの部品がつけられて、おそろしいほど精密につくられた飛行準備万端という外観の船体が細部まで完全に仕上がると、ラングはそれにオフホワイトの塗料をスプレーし、そのあとテレピン油と黒の塗料を絶妙に配合したもので軽く汚れをつけて、多少本物の宇宙船のような、わずかに使用感のあるディスカバリー号の外観をつくりあげた。傷ひとつない黒のベルベットのカーテンにぐるりと囲まれ、岩盤のようなコンクリートの床に埋めこまれた何本もの支柱（すべてベルベットで覆われている）に載った全長十六・五メートルの巨体は、非常に印象的なものだった。
　ラングはひとりだけでその姿をひとしきり堪能すると、みずからキューブリックを呼びにいった。監督は巨大な模型のまわりを値踏みするかのようにぐるりと一周した。前の部分は球状で、恐竜の背骨のような分節が連なった部分が続き、その中央には三つのお椀型反射器からなる通信用パラボラアンテナ、その後ろには長方形の推進部があって、いちばん後ろに榴弾砲型の六基のエンジン・ノズル。遠目だと、ふしぎなことに精子のような形に見える。近くで見れば、いかにも人類をすぐにも木星に連れていけそうだ。キューブリックは足を止めて考え深げに顎ひげをなでた。

「ハリー、気に入らないな」ついに発した言葉がこれだった。

ラングはショックを受けて、「どういう意味です、〝気に入らない〟とは？」と返した。監督はスタッフが模型室で小型バージョンをつくるのを見ていたのだ。不意打ちを食らったわけではない。

「理由はわからない」キューブリックはしかめ面で答えた。「とにかく気に入らないんだ。なんとかしてくれ」そういって彼は去っていった。

ラングは長いこと椅子にすわって、ディスカバリー号のことを考えた。「なにがいけないんだ？」と自分自身に問いかけてみたが、けっきょく威厳あふれる宇宙船にビニールシートをかけてオフィスにもどった。なんとかキューブリックを満足させたいと思ったものの、どこをどう変えればいいのか、なにひとつ思い浮かばなかった。

三日後、キューブリックから連絡が入った。「ディスカバリーを見たい」という。ラングがふたたび彼をスタジオに連れていってビニールシートをはずすと、「これだよ！」とキューブリックはいった。「完璧だ！」

＊　＊　＊

もっと小型の宇宙船の模型は一九六六年の秋も深まる頃にはすべて完成しており、そのなかには当時は冷戦の行き着く先としてあり得ると思われていた地球周回軌道に乗った一群の核爆弾も含まれていた。そこにはフランス空軍のラウンデルやドイツの鉄十字、中国の赤い星といった国籍を示すマークが描かれていて、目立たないようになっているとはいえ、その気で見ればどれもちゃんと識別できる。これらはいわば二十一世紀幕開け時のテクノロジーで、〈月を見るもの〉が歓喜に満ちて骨を空に投げ上げたあと目に入ってくる――武器と武器を対比させた、あのマッチ・カットだ。

撮影に当たっては各ショットをひとコマずつ微塵のずれもない正確さで反復できるよう、セルシン・モーター――セルフ・シンクロナスからつくられた混成語――で制御する複雑なウォームギア装置があらかじめ設営されていた。なぜそこまでの精密さが必要だったかといえば、たとえば宇宙ステーション内や月面基地の地下エアロック内に動く小さな人影を配したり、ディスカバリー号のブリッジにボーマンを立たせたり、開いたポッドベイ内部に細かい部分をつけ加えたりするためだ。

そうした場合、まず模型の窓やポッドベイのところを真っ黒にして全体に照明を当て、ジョン・オルコットの指揮のもと規定どおりにカメラを動かして撮影する。つぎに、こんどは模型には照明を当てず、窓に小さな人影を、あるいはポッドベイに細部までつくりこんだ内部の写真をフロントプロジェクションで投影した状態で、カメラをスタジオの全長にわたって敷かれたウォームギア式の軌道の端までもどし、もう一度撮影する。この作業をスタジオで見まもるのは、時計の分針が動いていくのをじっと見ているようなものだった。なぜなら、被写界深度を最大限にするために、原則として一フレームごとに一秒以上、露出しなければならなかったからだ。それはじつに骨の折れる、しかもヒューマン・エラーが許されない作業だった。

アンドリュー・バーキンがそのようにして撮られたシーンのひとつについて語ってくれた。カメラが地球周回軌道上で回転している宇宙ステーション5を通過するシーンだ。直径二・七メートルの宇宙ステーションの模型は回転軸に乗せられており、カメラはスタジオを横切る歯車式のロッドに載せられて横方向に移動できるようになっていて、それが回転する宇宙ステーションに近づいていく過程は肉眼ではとらえられないほどゆっ

宇宙ステーション5の模型。

くりしたものだった。バーキンはナミブ砂漠での撮影前の仕事のひとつとして視覚効果のモニター役をつとめており、そのショットの完成期限は七月三十日（土曜日）ということになっていた。その期限に間に合わせるため、彼は視覚効果スタッフに時間外労働をしてほしいと申し出たのだが、あっさり拒否されてしまった――土曜日にはイングランドと西ドイツとの決勝戦（一九六六年のワールドカップ）があるから、その試合を見逃すわけにはいかないというのが、その理由だった。

バーキンはすぐに対応策を打ちだした――スタジオにテレビを持ちこんでいいから、と提案したのだ。これを受けて抵抗運動は消滅し、時間外手当も急に魅力的に見えてきて、その土曜日、十五人の視覚効果スタッフは、背後で宇宙ステーションのショット撮影がじりじりと進むなか、椅子にすわって試合を観戦していた。バーキンの解決策は、まずは鮮やかといっていいものだった――なにしろ三千二百万人が視聴し、いまだにイギリスのテレビ史上最高の視聴率を誇っている試合だ、そんな巨大な重力場に逆らえるはずがない。しかし、カメラがじりじりと宇宙ステーションに接近していくなか、試合はドローのままアディショナルタイムに突入した――そしてその間にイングランドは一度ならず二度までもゴールを決めたのだ。スタッフたちはそのたびに飛びあがって喜んだ。「床が揺れるほどの喜びようだった」とバーキンは述懐している。

そして月曜日、堂々たる宇宙ステーションがスクリーン上で美しく旋回し、カメラが白い車輪に接近していくのに合わせてキューブリックがハンドコントローラーでフォーカスを厳密に微調整しているときのことだった。突然、宇宙空間を突風が吹き抜けて宇宙ステーションがぶるっと身震いした。一九六六年ワールドカップでのイングランドの勝利を決定づける歴史的ゴールが生んだ衝撃波が地球周回軌道に到達したのだ。

このショットは〝リドント〟になった。

＊　＊　＊

『2001年』特有の状況から生まれた特殊な独創的アイディアは数えあげればきりがない。バーキンのカミカゼ・ヘリコプター飛行をもとに、サイケデリックな惑星風景、彼なりのパープルハートの製作に没頭していたブライアン・ロフタスは、色彩の組み合わせがどうしても一定のものに片寄りがちになり、結果としてありがちな配色になってしまうことに気づいた。キューブリックはまったくランダムな組み合わせを強く求めていたのに、だ。案の定、すぐれてはいるがロフタスの好みに片寄ったできあがりを見て、監督はこういった。

「ブライアン、君自身ができるとわかっていないものをつくってほしいんだ。最初からできるとわかっているものは必要ない。しかしできるかどうかわかっていなくて、なにか新しいものを発見できたら、それこそわれわれが必要としているものなんだ」それがこの映画の製作全般を統べる基本方針だった。

これに応えて、ロフタスはコダックのフィルムの箱三つそれぞれにルーレットのような図を貼りつけ、その上に回転する矢印をとりつけた——ひとつは色彩用、ひとつはカメラの絞り設定用、そしてもうひとつはまた別のショットを撮るときのベースに使うためのセパレーションマスター法による色分解フィルム用だ（最後のものはすでにネガ、ポジ、高コントラスト、低コントラストなど、さまざまな形で利用されていた）。ウィリアム・バロウズはダダイズムのカットアップ技法にインスパイアされて実験的小説『裸のランチ』を著したが、そのカットアップ同様、このロフタスの手法も時代を色濃く反映したものであり、完全にアトランダムな配置を生みだすのに成功している。キューブリックは、「人間的要素がきれいに取り除けている！」と手放しで喜んだ。

監督の管理スタイルはふたつの逸話に凝縮されているといえるだろう。ひとつはトニー・フリューインにまつわる話だ。彼がキューブリックのアシスタントになりたての頃、キューブリックから何冊もの本や脚本を読んで要約を書けといわれた。高校も卒業していなかったフリューインは、そんなことができるのは「ラジオでしゃべっている上流階級の人間」だけだと思っていたので、「ぼくには無理です」と答えた。

するとキューブリックは、「なあ、きみ、本は読めるだろう？」とたずねた。

「もちろん読めます」

「きみが本を読む。そこでわたしが『なんの話だった？』とたずねれば、答えられるだろう？」

「ええ、たぶん」

「第三に、本を読めばなんらかの感想を持つはずだ」とキューブリックはいった——自身、ぎりぎりのところでどうにか高校を卒業した人物だ。「信用できるとか、ばかげているとか、くだらないとか、いかれてるとか、な？」

「ええ」

「だったら問題はないだろう？　さあ、さっさとはじめてくれ」

そういうものは自分の知識の範囲外だという思い込みから解放されたフリューインは、その後、三冊の著書をものして好評を得たほか、書籍編集にもたずさわった。「あの頃、彼はわたし自身よりもずっとわたしのことを信頼していたんだと思う」と彼は述べている。「彼は大勢の人間に信頼を寄せていた。本人よりずっと強く、その人間の能力を信じていたんだ」

もうひとつはキューブリックがいかにしてスタッフにつねに注意を怠らない状態を保たせていたか、という話だ。「彼は十人の名前を書いたリストを持っていた――それを見せてもらったんだよ――スタッフのなかの十人のリストをね」とバーキンは記憶をたどってくれた。「まず誰かがリストのいちばん上に一週間いる。つぎの週はそいつがリストの二番目になって、リストのいちばん下にいたやつがいちばん上になっている。三週目には三番目、四週目には四番目。五、六週目になると、そいつはスタンリーに『わたし、なにかまずいことをしましたか？』とたずねる。するとスタンリーは、『いや、なにも。なにをいってるんだ？』と応える」「ここでバーキンは劇的効果を狙ってひと呼吸置き、いかにも悲痛な哀願口調で盛り上げてくれた。「『わたしはいいいい、あなたの愛を失ってしまったんですね！』」

バーキンによると、そのあとキューブリックはすべて誤解だといって、不運なスタッフをつねに注目を浴びていられるリストのいちばん上にもどしていた、という。

＊　＊　＊

一九六六年夏、ロジャー・キャラスはMGMと『2001年』の宣伝戦略を練るべく、すでにニューヨークにもどってポラリス・プロダクションズのオフィスを活気づけていた。一方、クラークはデル・デラコート社の一件で完敗を喫したあと、「傷を舐めに」セイロンにもどっていた。

キャラスはフィルム貸与料金の交渉をし、秘書を雇い、広告デザイナーと契約し、影響力のある人物をランチに誘い、と活発に動きまわり、その結果、当然ながらさまざまな経費が発生していった。するとこんどはこれが、ファインダーを覗いているとき以外は経費増に目を光らせているキューブリックの不満の種になり、キャラスはキューブリックの小言を四六時中、聞かされることになった。わけても監督は人との会食の必要性に疑問を抱いていて、キャラスに人と会うときは、できれば食事と食事のあいだの時間帯に会うようにしろ、とアドバイスした。また八月なかばの手紙では、キャラスが会う相手の多くはポラリス・プロダクションズとのあいだにすでに「基本的に、健全な相互利益関係」が確立していると指摘し、「したがって、遠回しにしろなんにしろ贈収賄的なものが入りこむ余地があるとは思えない」と書いている。とはいえキューブリックは補佐役を信頼していたから、全面的に否定したわけではなく、少しだけドアを開けておいた――「もしきみが、これは入りこむ余地があると思ったら、自由に判断を下してどこへでも連れていってやってくれ」

誤解を避けるため、キューブリックはキャラスが出した結果を褒め称え、自分がいちばん気にしているのは、勘定を払うMGMがどう見るかということだ、と伝えた。しかしなにかと出費がつづいて四カ月もすると、監督は副官にまた手紙を書かねばと思うことになる。個人仕様の便箋に手書き、表には〝私信〟と大文字で書かれたラベルが貼られたその手紙には、スタンリー・キューブリックの取引哲学を手短にまとめたものが記されていた。

「相手がいくらいくらといったら必ず驚いてみせるすべを学んでほしい」と彼は書いている。「相手が金額をいったら、青ざめて、いかにも疑い深げに、『なにに使うんだ?』とたずねるべし。きみが宣材用スケッチに払うと同意し、わたしがのらりくらりと逃げようとしている二百五十ドル、あれはいくらなんでも高すぎる」

きみにはスマートに値切る方法を学んでもらいたい。口実はいろいろある――わたしには○○以上支払う権限はありません。その金額だと上のOKを取らなくてはなりません。といっておいて――OKが出ませんでした。○○なら支払えます。ほかに選択肢はない、これこそがこの世でいちばん有効な交渉法だ。○○以上支払う権限はわたしにはありません。エトセトラ、エトセトラ。そうすれば険悪な雰囲気にはならない。それとなくほのめかしておくと、きみは気分を害するだろうが、相手はそうはならない。思うに、きみはダイナースカードとか交際費とかモノポリーで鍛えた必要経費感覚を持っているだろうから。

そして彼はこう締めくくっている――「きみがこういうレクチャーを心待ちにしていることも、『SKの聖なる言葉』と題したノートをつくっていることも知っているから、レクチャーするのは気が咎めるなどということはない。というわけで、さあ、よりよい対費用効果エンジン始動だ――だろう？　オーケイ。オーケイ。自分のもののように使ってくれたまえ。倹約家のスタンリーより」

コロンボにもどったあと、クラークの健康状態は急激に悪化し、重症の赤痢が治ったと思ったらデング熱――非常に体力を奪われる熱帯病――を発症して十二月なかばには病床に伏せることになってしまった。十二月いっぱいベッドを離れることができなかったクラークは、のちにキューブリックに「インフルエンザを十乗したくらい」ひどい病気だと説明している。しかしその前に彼は『２００１年』を広く知らしめようと企画されたプロモーション用の雑誌記事を三本、すでに仕上げていた。シリーズ掲載の最初の三回分だ。稿料を支払うのはＭＧＭで、映画の公開直前に世に出ることになっていた。こうして無署名のベタ褒め記事を書かせることで、キューブリックはクラークのほうに金をまわし、かつクラークを束縛していたのである。

一九六七年初頭の時点で、スコット・メレディスとデルとの契約話は事実上まだ息絶えてはおらず、いつでも蘇生可能な状態だった。アドバンスはどんどん減額されてはいたものの、出版社側は引き続き興味を示していたからだ。キューブリックはなんとかその状態を保とうと、随時、原稿に手を入れていると折に触れて公言していた。クラークへの記事の稿料支払いの手筈を整えると同時に、キューブリックはクラークからの融資保証の増額依頼にもその都度対応していたし、当初クラークの手元に入るはずだった金額と最終的に小説の出版にゴーサインを出した時点でクラークが実際に受け取る金額との差を埋められるようアドバンスの自身の取り分の割合を減らすからとクラークを懐柔していた。

一月初旬、キューブリックはそれまでの何週間かでクラークから受け取ったままになっていた手紙数通に返事を書こうとデスクに向かっていた。雑誌記事の草稿の出来栄えを称賛し、共同製作者の健康を気遣ったあと、彼は映画製作過程で生じる課題や問題の多さに圧倒されていると記し、進捗状況を報告した——「すばらしいショットが撮れているが、なにもかも、百六手指したあげくに二度指し掛けになっているチェスのような感じです」さらに公開日は「早くても」十月にずれこむだろうと伝え、「この事態をもたらしている遅れがさらにわたしの時間を奪い、小説のほうの作業もずれこんでいる」と書いている。

あなたがこのことを深く案じているのはわかっていますが、これはいわゆる選択の余地のない状況というやつです。しかし最後にはうまく収まると確信しています。いまは選択肢はありません。わたしとしては、小説は完全に仕上がったと思える状態でないかぎり出版するつもりはありません。作業は毎晩少しずつ進めていますが、週に二、三回はまともにものが考えられないほど疲れ切って帰宅することもあるのです。

彼は今後の融資についても、たとえ自分が投資した資金に食い込むようなことがあっても保証はする、担保にすることもいとわない、と踏み込んだ話をしている。「融資にかんしてはわたしのほうがずっと必死だということを忘れないでください。なにしろ、あなたのほうは向こうが返せといってきても払えないというだけですむけれど、わたしは自動的に払わねばならない立場なのですから」と述べたうえで、彼の手紙は、彼から見ると、遅れにかんしてはクラークよりＭＧＭのほうが理解がある、という辛辣な言葉で締めくくられている。

最後にひとつ——小説の完成期日がいくら揺らいでいようと、それは映画完成期日の遅延に比例した遅れにすぎません。お察しのとおり映画にもかなりの金額がつぎこまれていて、完成を待ちわびる面々にはそうするだけのもっともな理由があります。唯一のちがいは、映画のほうは絶え間ない圧力と遠回しの反論にさらされるが、小説にかんしてはなにが問題なのか客観的に理解してもらえるという点です。これはじつにありがたいことだと思いますよ。

遠回しの反論にたいして遠回しの平手打ちを食らったにもかかわらず、クラークのキューブリックにたいする忠誠心は揺るがなかった。数週間後、彼は『２００１年』のプロモーション用短篇をつくるためにＭＧＭが雇った記録映画監督のトーマス・クレイヴンから手紙を受け取った。「スタンリーが『２００１年』の出版をなかなか許可しないことで、あなたが金銭面で頭を悩ませていると聞き、大変心を痛めています」とクレイヴンは書いてよこした。そして地球を取り巻く放射線帯を引き合いに出して、「こうした他者が欲しているものに気づかないある種の無神経さが、映画の世界でキューブリックを取り巻いている疑いのヴァン・アレン帯の元凶なのではないでしょうか」と綴った。

これを読んだクラークは余白にはっきり「ちがう」と書きこんだ。そして一週間後、こう返信している——

「スタンリーが他者が欲しているものに気づかないというきみの意見には賛成しかねる——彼は非常に感受性の鋭い人だが、芸術にたいする清廉潔白さが妥協を許さないのだ。たとえそれが原因でわたしがどんなに不便を被ろうと、この彼の姿勢には敬服するしかない！」

　数日後、彼はふたたびタイプライターに用紙をセットした。こんどはキューブリック宛ての手紙だ。『ジェーミス・バンドゥ』への反響を知れば、きみも喜んでくれんじゃないかと思ってね」と彼はウィルスンのジェームズ・ボンドのパロディ作品について書いている。「どうやら大ヒットといっていいようだ——深夜特別上映の予定も組まれているし、十八本のプリントで十九館で上映されている（巧みなやりくり）」

　さまざまな精神的負担、経済的負担に見舞われながらも、ウィルスンの映画を救うためにクラークがつぎこんだ資金はとりあえずむだにはならなかったようだ。

＊　＊　＊

『２００１年』の製作過程を通じて、キューブリックの撮影済みフィルム——いやそれどころかスチール写真まで——をＭＧＭの宣伝・販促部門にも見せたがらない傾向は終始一貫変わらず、重役たちの血圧は上がる一方だった。監督のニューヨーク事務所代表であるキャラスは、必然的に六番街にあるＭＧＭ本社からの猛烈な非難の矢面に立つことになった。

　まだ撮影が始まってもいない一九六五年十二月、ＭＧＭの宣伝・販促部門トップであるダン・テレルのアシスタント、モート・シーガルは、公開予定作品をマスコミにアピールするのに必要な各種素材がまだキューブリックから届いていないとキャラスを叱責した。この素材のなかには脚本そのものも含まれていたが、日々手直しをしていた監督は、周囲の少数の人間以外に脚本を渡すことは頑として認めようとしなかった。撮影がそこそこ進んだ一九六六年二月、ＭＧＭは「スタンリーの消極的態度」に「いたく当惑している」と、テレル自身が口を出してきた――これはスチール写真をボアハムウッドから外に出すのを監督が拒否したことにたいする反応だった。

キューブリックの意図は明らかだった。映画の完成までどれくらいかかるかわからない以上、ほかの映画製作者にセットや宇宙船のデザインを盗まれて『２００１年』の公開前にほかの映画やテレビドラマに使われてはたまらない、と考えていたのだ。それに最終的なストーリーがまだ固まりきってはいなかったので、それが完全にできあがるまでその独自性を明らかにしてしまうような手がかりを外部に出したくないという思いもあった。要するに、彼は本能的に映画が公開されるまでこのプロジェクト全体を秘密のベールで包んでおきたいと望んでいたのだ――クラークはこのことをいち早く看破していた。

しかしＭＧＭは社の総製作予算のかなりの割合をこのプロジェクトにつぎこんでいたし、いくら社長のロバート・オブライエンがあまり口出ししないのは信頼をおく監督たちの衝動の赴くままにさせるためだったとはいえ、こういう仕事の仕方は社としてはなじみのないものだった。そして一九六六年十月十日のこと、事態ははじめて沸点に達した。明らかにガセネタと思われるのだが、キア・デュリアのエージェントのパートナーが『２００１年』の撮影フィルム――ＭＧＭの上層部にさえ見せていないといわれていた素材――を一時間以上見て、〝まあまあ〟と評したという話がテレルの耳に入ったのだ。テレルはキャラスを呼びつけてもっと詳しい情報が欲しいと迫り、オブライエンにもおなじ優遇措置をとってもらえるとうれしいと伝えた。

これを受けてキャラスは「知らぬふり」をきめこんだ――と、テレルの告発の概要を三十七語で伝えるぶっきらぼうなテレックスには記されている。冒頭の文言はこうだ――「マル秘。ＭＧＭ側、ご立腹」これを受け取ったキューブリックはすぐさま危機感のにじむ返事を送った。いかにも腹に据えかねるといったようすで、彼は映画界の策謀を専門に書いているハリウッド・ゴシップのコラムニストを引き合いに出している。

キアのエージェントのパートナーがどうこういうような重要な情報がからんでいるケースで、マイク・コノリーの記事のような文章を送るのはどうかやめてもらいたい。これはどう考えても詳細を知っておかねばならない話だ。きみは誰からこの話を聞いたのか。その連中はどうして知っているのか。キアのエージェントの名前は？　そのパートナーの名前は？　知らぬふりをきめこんだ、とはどういう意味なのか。きみはこの件でMGMの人間からなにかいわれたのか。気分を害していると思われるのは誰と誰なのか。参考までにいっておくが、オブライエン以上にフィルムを見た人間はいない。その人物はいつ見たと思われるのか。この件にかんして、ほかにどんな事実をきみは知っているのか。すぐに答えられない質問があって、調べれば答えが見つかるというのなら、そうしてほしい。事実でもないことが問題になるのだけは御免こうむりたい。

キャラスはすぐに最初のものよりは長めのメッセージを送った。「わたしはなにも知らないし、事実ではない可能性が高い、と彼には伝えてあります」と彼は述べ、キューブリックに、話の一部始終が知りたいならこちらから電話をかけようか、とたずねた。これにたいして監督は、「テレルとのやりとりを細大洩らさず、いっさいはしょらずに書いて、今日中に送信してくれ」と返信している。

形容詞の選択は慎重に……先方がきみに文句をつけてきた、そのなりゆきが納得がいかない。きみがどう返事したか、正確にたのむ……こういうやり口にどう対処すべきか考えていかなくてはならないが、まずは完全なリポートが欲しい。完全に事実に即したものをたのむ。もし、いきなり敵意をぶつけられて劣勢に立ち、こちらに非があるように見えてしまっているなら、正直にそういってくれ。面会の脚本を書く要領でたのむ。

その晩、キューブリックがオブライエン——本人の面前では口にしないが、いつも親しみを込めてビッグ・ボーイ・ボブと呼んでいる人物——に電話をかけて、テレルはまちがった情報を受け取ってしまったのだと説明すると、この話はたちまち雲散霧消した。とはいえ、この一件が潜在的な緊張感のあらわれだったのはたしかで、それからひと月もしないうちに、ふたたびキャラスの面前でこれみよがしに火を噴いた。十一月三日、キャラスはテレルのオフィスに寄ってほしいといわれ、行ってみるとそこにはMGMロサンジェルス支社のトップ、クラーク・ラムゼイが同席していた。

MGM社長兼CEO、ロバート・H・オブライエン。

この時点で〈人類の夜明け〉のシーケンスがまだ撮れておらず、『2001年』の配給日は一九六七年後半までずれこんでいた——キューブリックはもっと遅くなるだろうと考えていたのだが。テレルはまず、公開日のずれこみにかんして手短に発言したのだが、キャラスは、この件はキューブリックとオブライエンの話し合いにゆだねるのがいちばんだろう、とかわした。テレルが戦の火種をもちだしたのは、そのあとのことだった。

彼によると、ロウズ・シアター（北米最古の映画館チェーン。かつてMGMの親会社でもあった）が各映画館でロビーに『２００１年』のプロモーション素材を置けるよう準備しているのに、MGMは「その巨額投資を活かす手立てをなんら打とうとしない」として、MGMに対して「非常に批判的になってしまっている」というのだ。スケッチも絵もスチール写真も提供できないなどということは「理解できない」と。キャラスは、キューブリックは本作のこれまでにないユニークなデザイン要素を表に出してしまうと、たちまち競争相手にいいように利用されてしまうのではないかと案じている、それが問題なのだと答えた。

その日、キャラスはキューブリックに、こう書き送った。「溜めこまれてきた不満を外気にさらすためのミーティングだったことは明らかです」しかし彼は冷静に受け止め、冗談めかして、数では負けているけれど喜んで戦うと応じた。これにたいしてテレルは、キャラスに、自分に個人的責任があるとは思わないでほしいのだが、外気にさらさねばならない未解決の状況というものはたしかにある、と述べた。おどけた口調で、その場の緊張感がいく分やわらいだという。「終始なごやかな雰囲気だったし、誰もかんしゃくを起こすようなことはありませんでした」と、キャラスは書いている。「しかし、かれらが苛立っているのはたしかです」

テレルは、非難の矛先がキャラスに向かっているのは、それでなくても映画作りに忙殺されているキューブリックを困らせたり気をわずらわせたりすべきでないとわかったからだと説明した――キャラスはすぐにオブライエンが監督の邪魔をするなと命じたのだと悟った。となると、これは回避策だ。かれらは、メッセージはいずれキューブリックに伝わると仮定したうえで、キューブリックの副官に不満を吐きだした。オブライエンの指示を字義どおり遵守しながら、その真意は無視したということだ。

冗談めかした口調は封印して、テレルは一九六五年にデイヴィッド・リーンが『ドクトル・ジバゴ』を見にこないかとオブライエンとラムゼイ、そしてテレル自身に声をかけてきたという話をしはじめた。MGMの投資がどう活かされているか、その目で見てほしいと監督はいったそうだ。その結果、大いにインスパイアされたかれらが打った宣伝キャンペーンは、近年の映画史上屈指の大成功をおさめたという。「わたしをはじめ関係者全員、いっさい手を加えていない撮り下ろしのフィルムを見て製作者の芸術の真価を愛でることができるだけの経験も知性も持ち合わせている」とテレルはいった。「これまで明らかになったことから判断して、スタンリー個人としては、わたしが率いる部署は脳なしだ、そしてわたし個人には彼の映画にたずさわり彼の仕事の真価を認識できるだけの聡明さはない、と考えているのはまちがいない」

事ここに及んで、わずかに残っていた冗談めかした雰囲気は消え失せた――が、三人とも口調は穏やかなままだった。「スタンリーは明らかにわたしにいかなる特権も行使させたくない、なにもかもわたし以外の人間にやってほしい、と思っているようだ」とテレルはつづけた。

彼みずからが本作の宣伝マネージャーになりたがっているという事実は尊重するが、映画を製作しながらどうやってその時間をつくりだすのか、わたしには見当もつかないし、もし製作が終わってからとりかかるつもりでいるなら、いくらなんでも遅すぎる。スチール写真、ストーリー、ディスプレイ、なにひとつ決定できないという状況を、わたしは非常に不満に思っている。うちの部署は社内でもトップとはいわないまでも、どこにも劣らず優秀だというのに、機能を発揮するのに必要なツールがなにひとつ手に入らない……いまだにスチール写真一枚、手元にないなんて信じられないよ。これも、ＭＧＭが七百万ドルを守る機会を封じられている例のひとつだ。

ここでラムゼイが口をはさんできた。「すべてが予算六十万ドルの芸術映画のようなことになっているんだよ」と彼は表現した。「スタンリーはなにもかも自分の裁量でできる自由を与えられている。われわれに害がおよばない程度の予算ならそれでかまわないんだが、これほどの予算で全力疾走となると、ＭＧＭとしては予算を守る手立てを取る機会を与えられて当然だろう」

テレルは最後に、キューブリックがコロンビア映画で『博士の異常な愛情』を撮ったときは彼が宣伝キャンペーンの様式にあれこれ無分別に口をはさんだせいで「ひどい」ことになってしまったという話を披露した。「彼は宣伝にかんしては終始一貫、現実主義者でありつづけたとはいいがたい」と彼はいった。「わたしが下すべき決断を彼が下しているんだ……この仕事に就いてこれほどのフラストレーションを感じたことはないよ。だが、賛成だ反対だと延々議論をくりかえしてスタンリーを邪魔するのは自制せざるをえない。彼はまだ撮影作業中なんだからね。しかしこのままではまちがいなく映画の可能性が削がれることになる」

キャラスはキューブリックに宛てた七ページの報告書──『２００１年』にたずさわった三年間でもっとも長いもの──の終わり近くで、テレルの目的は、間接的にではあるが、自分の見解を監督に伝えることだったのはまちがいない、と述べている。「あなたがまだ撮影を終えていないうちにややこしいことに巻きこむようなことはするなと忠告したのは、まちがいなくオブライエンでしょう」と報告書には書かれている。「残念なのは、スタンリー、かれらの見解は非現実的でもなければ理不尽でもないという点です。かれらのいい分には反論できない部分が多い。だからわたしは口を閉ざしていたのです」

最後にひとつだけ。かれらがわたしに接する態度はけっして不愉快なものではなく、わたしとしては文句のつけようがありませんでした。かれらが毒舌を吐いたというように受け取られたら本意ではありません。かれらは不愉快な態度ひとつ見せませんでした。そういうことはいっさいなかったけれど、かれらの意思は明確で揺るぎないものでした。

こうして報告書は懐柔的な文章で締めくくられていたにもかかわらず、十一月十七日、キューブリックは威嚇的な反撃の手紙を直接テレルに送りつけた。「あなたのいい分は不正確かつ非友好的で予想外のものなので、なんとも応じようがない」と彼は書いている。「あなたがどうしてそこまで旧来の宣伝部門vs製作者の図式に固執するのか想像がつかず、途方に暮れている次第だ。わたしとしては、これまでそれほどの敵意に値するようなことをいった覚えもした覚えもまったくない」

そこから彼は、テレルの不満に逐一、答えていった。彼がふだん自分の見解を伝えるときは一ページ以内ですませるのがつねだったが、このときばかりはキャラス同様、タイプの行間を開けずに七ページも費やしている。これは彼がテレルの非難をいかに深刻に受け止めていたかを示すものといえる。

ついに『２００１年』が公開されることになる一九六八年四月の五週間前のこと、遅ればせながらはじまった宣伝キャンペーンの効果を疑問視することをほのめかす記事が〈バラエティ〉誌に掲載された。業界誌は宣材にスチール写真が一枚もない、イラストだけだと記し、なぜこれがすばらしい戦略なのかというMGMの説明を紹介したうえで、ダン・テレルの言葉を引用したパラグラフのすぐあとで、つぎのような論を展開している――「メトロ（MGM）は否定しているが、広く噂されているところによると、スチール写真が使われていない（そして同規模の映画にくらべてキャンペーン自体のスタートが遅かった）もうひとつの理由は、なにからなにまで、作品の最後の仕上げに忙殺されているスタンリー・キューブリック監督の承認を得る必要があったからだという」

噂の出所には触れていないが、内容は一年以上前のテレルのコメントに酷似している。

＊　＊　＊

心身をすりへらすような『２００１年』の最終段階は二年におよんだが、その間、ダグ・トランブルの本作における重要性は増す一方だった。彼は、来たときはエアブラシの使い方には長けていたものの写真にかんしてはほとんどなにも知らなかったのに、去るときは光学に基づく視覚効果の真に革新的な実践者として世界でも五本の指に入る人物になっていた。映画製作は、共同作業であると同時にさまざまな問題を解決していく作業という面が大きい。トニー・マスターズ同様、トランブルにも解決策を嗅ぎ分ける能力があって、つぎからつぎへとスピーディに解決策を編みだしていった。直観力にすぐれているうえに几帳面で、彼が生みだす結果は可でなければ良、良でなければ優という具合だった。

重要なクリエーターにたいしてはたいていそうなのだが、キューブリックはトランブルにたいしてもオリジナリティを引きだすテクニックを使った。スチュアート・フリーボーンのときといっしょだ。気に入ったものがあると、ほめ言葉を控えて、もう少し頑張るようにと伝える。トランブルは、ときには口のなかでぶつぶついうこともあっただろうが、それでもつねによりよい方法を思いついたようだ。『２００１年』に課せられた特殊な制限──そしてキューブリックの最終的には自己利益に奉仕させるものの基本的には資源も時間もたっぷり与えるやり方──に呼応するように、トランブルのモットーは「うまくやる、つぎはもっとうまくやる、そして最初からもう一度やりなおす」だったという。さまざまな面で、彼はキューブリックの視覚効果チームの大黒柱になっていった。

一九六七年初頭までには、〈スター・ゲート〉シーケンスはキューブリックが一九六五年にマンハッタンで撮った、ペンキ・シンナーを使った妙に引きこまれる星景をもとに製作され、蛍光色のパープルハートの風景はバーキンとロフタスがヘリコプター撮影した映像を色分解したものからつくりおえていた。しかし、デイヴ・ボーマンが木星に到着してからトニー・マスターズのデザインによる奇妙なドアのないホテルのスイートルームに入るまでの道筋は、ジャズのインプロビゼーションでのリフレインとリフレインのあいだの引き延ばされた空間のようなものだった。なんであれ抽象主義的、非具象主義的な時空の驚異が〝無限の彼方〟で待ち受けていることを生きいきと描きだすことを意図したものだ。『２００１年』の映像プレイヤーたちは、増三和音などさまざまな和音やさまざまなキーを矢継ぎ早に展開して――もちろん映像での話だが――アイディアの上にアイディアを積み重ねながら入れ代り立ち代りソロをとってメロディを奏でてきた。マイルス・デイヴィスのソロが終わったあとにマイクに向かって身を乗り出すジョン・コルトレーンさながら、トランブルはこんどは自分の番だと考えていた。

彼はまだグラフィック・フィルムズにいた頃から、ロサンジェルスのアニメーター、ジョン・ホイットニーが開発した先駆的な視覚効果技術のことは知っていた。自動化されたカメラのモーション・コントロールと画像が載った何層かの回転テーブルを組み合わせた技術で、複雑で多彩な短篇アニメーションをつくることができる。いちばん有名なのはハリウッドのグラフィック・デザイナー、ソウル・バスと組んでつくったアルフレッド・ヒッチコックの『めまい』のタイトルデザインだろう。当時ホイットニーはシャッターを開きっぱなしにしたカメラの下でテーブルをなめらかに回転させ、ときにはストロボを組み合わせたりしてさまざまな実験を行った――その結果できたのは、たいていは平面上の、動きのある抽象的な、ときには点描画的な映像だった。これはカメラとアート作品をコントロールされた長時間露光によって機械的にリンクさせたシステムで、彼はこの発明を〝スリットスキャン〟と名づけた。だが歴史的発明にしては珍しく、完成した日付はあまりはっきりしていない。

キューブリックはマンハッタン計画の素材もパープルハートの部分も気に入ってはいたものの、スターゲート・シーケンスにはもっと変化がほしいと感じていた。そこで彼は視覚効果チームを招集してミーティングを開き、デイヴ・ボーマンのワイルドな旅を描写するさらに別の表現を編みだせと課題を突きつけた。その結果、なにかおもしろい映像を生みだそうと、回転する鏡を用いたものなど、さまざまな手法が試された――が、トランブルがいうには「どれもこれもお粗末なものだった」また監督は監督でニューヨークで試したバナナ油と塗料を用いた技法をボアハムウッドで復活させた――が、コン・ペダーソンによれば、あたらしく撮ったものはなぜか一九六五年のショットにあった不思議な魅力に欠けていたといい、けっきょくはほんの少ししか使われなかった。

そんなある日、トランブルは突然、「閃いた」という。「ふとジョン・ホイットニーと、線条写真《ストリーク》のことを思い出した」というのだ。ホイットニーの手法にカメラを接近させる動きと焦点制御を加えれば、空間を移動する疾走感が生みだせるのではないか。そう気づいた彼はすぐさま、間に合わせに自分のアニメーション撮影台に取りつけたポラロイドのブラケットを利用して試してみた。黒い紙に長さ二十五センチほどのスリットをいれて、その後ろにグラフィックアート作品を置き、シャッターを開けたままにしてポラロイドカメラをスリットの方向にゆっくり動かしていくのだが、ピントはつねに合っている状態を保つ。

その結果生まれたのは「奇妙な角度に」変形した抽象的な平面で、「それが光の通廊だった」と彼は述べている。「光の通廊の片側だ」この画像を見て彼はカメラを少しずつずらしていく動きをくりかえせばコマの反対側の部分におなじものを再現できる、そしてそれを使って建造物的なものをつくりだせるのではないかという直観が正しかったことを確信した。つぎのステップは全体を動かすことだ。それが達成できれば――そしてもし再現された画像をコマの中心から左右に分かれて流れていくようにできれば――光り輝く壁と壁のあいだの通路がまっすぐ観客に向かって突進してくるように見えるはずだ。うまくやれば、まさにかれらが求めている宇宙のローラーコースターのようなものを生みだせることになる。

トランブルはポラロイドに定着液を塗り、急ぎ足でキューブリックのもとに向かうと、まだ乾ききっていない写真を見ているキューブリックにアイディアを説明し、「これでスター・ゲートができると思いますよ」と締めくくった。

「よしわかった。なにが要る?」とキューブリックはたずねた。ふだんからそうなのだが、キューブリックは写真を見せないとなかなかアイディアを視覚化できなかった――だからダグはまさにその写真を提供したのだ。

ポラロイドを使った初期のスリットスキャン実験。

「彼はそいつがどんなパターンにも色にも光にもなると完全に理解していたよ」とトランブルは述べている。「倍にして左右両側に配置できることもね……彼はひと目で理解していた。わたしは『この軌道をつくるのにウォーリーの力が必要だし、特大のガラス板も要ります。それさえあればいけます』といったんだ。すると彼は、『必要なものはなんでもいってくれ。なんでもだ。早速やってくれ。それでいこう』といってくれた」

この画期的アイディアによって、トランブルはホイットニーの土台の上に堅固な大伽藍──いや、ひとつの都市といってもいい──を築くことになった。映画の世界にこれまでになかった感覚──リアルで立体的でありながら完全に人工的で抽象的な空間をまっしぐらに飛んでいく感覚──をもたらすまったくあたらしい方法を編みだしたのだ。彼はヴィーヴァーズの協力を得てカメラを軌道に据えつけ、その動きをセルシン・コントローラーで制御されるモーターが取りつけられたウォーム・スクリュー——要するにナットなしの長さ四・五メートルのボルト——で制御した。さらにこれはカメラのレンズを制御するコントローラーに機械的に連結されていて、レンズはカメラが被写体に向かってy軸に沿って動いているあいだ、つねに一定の焦点距離を保つ仕組みになっていた。

ここからトランブルに手を貸したのはアニメーション部門のロイ・ネイスビットで、彼はさまざまな画像素材を組み合わせて、複雑な模様で埋めつくされた半透明の合成画像をつくりあげた。縦三メートル、横はその約四倍もあるこのコラージュ作品も、やはり軌道に据えつけられ、その動きはカメラ同様ウォーム・スクリュー——これも長いボルトで、カメラの軌道と直角をなすx軸——で制御されていた。その結果できあがったのが、たいらな半透明のアート作品を撮影する、厳密に制御しながら少しずつ変化させていく手法だった。カラーフィルターをかけて背後から照明を当てた状態でひとコマひとコマ——毎回、アート作品の細いスリットからのぞいている部分だけ——撮影していくと、画像は動きが多くていかにも抽象的な光の洪水に変身するのだ。さらにカメラの経路を増やすことでいくつもの面を持つ複雑な構造物をつくるのにも成功したが、一回の撮影に何日もかかる場合もあった。一九七六年、トランブルはその撮影方法について〈シネフェックス〉誌のドン・シェイとジョディ・ダンカンにつぎのように語っている。

スリットスキャンの原理をわかりやすく説明すると、たぶん皆さん一度や二度は夜の道路で撮影された長時間露光写真を見たことがあると思うんですが、シャッターが開いているあいだに車が動いていくことによって撮れる赤と白の線条の写真です。どの時点でも車は見えない——そのかわりに一瞬一瞬の積み重なりが見えているわけです。もしそうやって撮影しているあいだにすべての車がライトを点けっぱなしにせずにチカチカ点滅させていたら、写真には点とダッシュが連なったものが写ることになる。それを一歩

スリットスキャン視覚効果システム

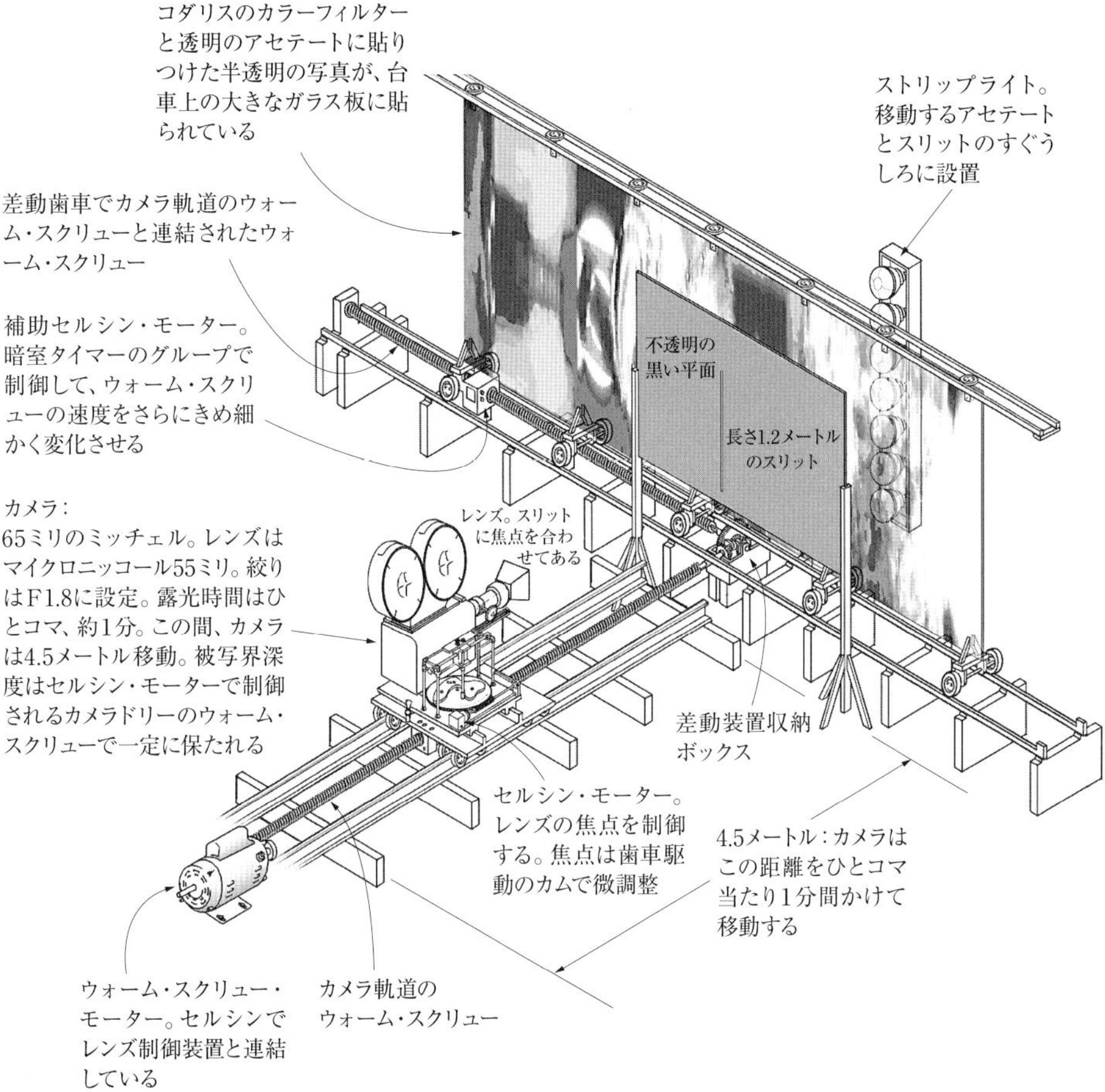

ロバート・U・テイラー、2008

進めて、光の点でなく光の棒——たとえば蛍光灯——をシャッターを開放したままのカメラのほうに近づけていくと、光の線条ではなく面をつくることができる。さらにその光を変化させれば——点けたり消したり、そのパターンを変えたりすれば——かなり複雑な内容のコマの積み重ねができあがるというわけです。

被写体のアート作品しだいで、変化していくパターンは動きのある線条になったり（たとえば〈サイエンティフィック・アメリカン〉誌に載っている線図を拡大して色をつけたものを使ったとき）、さまざまに形を変える有機的なうねりになったり（オプアート（錯視効果を持つ作品）の絵画のカラフルな複製を使ったとき）、クモの巣のような、チカチカ点滅する、縁がギザギザの抽象図形になったり（植物の茎や昆虫の大顎の電子顕微鏡写真を使ったとき）する。どのタイプの画像を使うか、一部はキューブリックみずからが選択していたのはまちがいのない事実で、彼の走り書きのメモ（「ダグ——オプアートと電子アートも使ってくれ」）で埋まった、古くは一九六七年四月までさかのぼる索引カードがいまも残されている。

トランブルが打ちだした新機軸の核心は、y軸に沿ったカメラの動きを導入したことで、ホイットニーはこのアイディアを試したことはなかった。このカメラの動きによってスリットスキャンのシーンに移動していると本能的に感じられる疾走感が加わり、観客は宇宙の時空のきらめく通廊を突っ走っている感覚を味わえるのだ。これはシェイとダンカンが指摘したとおり、「視覚効果を二次元のちょっと目新しいものから三次元の驚愕ものへと格上げした」アイディアだった。

＊　＊　＊

トランブルは、自身と同僚たちとで一九六六年後半から一九六八年初頭にかけてボアハムウッドで成し遂げたことにかんしては、いまだに感嘆の念を禁じえないという。「あの映画にかかわっているあいだ、毎日毎日、自分はなにかとてつもなく稀有な出来事にたずさわっているんだ、自分はそれに貢献しているんだ、そしてそれはとても重要なことなんだ、と感じていた」と彼は述べている。「毎日、教会へ行くような感じだった」スリットスキャンという手法を使ったことで、ボーマンの時空を通り抜ける経路自体が、この映画のコンテクストにおける時間と空間というふたつの要素の関係をいっきに理解させるものになった、と彼は述懐している。

キューブリックの発展的な思考法にかんして彼が気づいたことで、ひとつ、その後五十年間にわたって彼自身の仕事に影響をおよぼしつづけているものがあるという。彼とブライアン・ロフタスがさまざまな素材をつぎからつぎへと監督に提示していくうちに、ボーマンの旅のシーンを映像的に表現する人称代名詞が三人称から一人称へと徐々に変わっていったのだ。もともとはスター・ゲートを通り抜けるボーマンのポッドを映しだし、その間にときどき逆アングルでボーマンの反応を見せるという構想だった。「あれもまたキューブリックの演出の発展的変化を垣間見せるものだった」とトランブルは述べている。「逆アングルのショット、人物の肩越しに見るショットは、観客がその人物になるという視点と相容れない……それだと三人称になってしまう。彼が求めていたのは一人称だったんだ」

けっきょくキューブリックは、窓の外を流れ去っていく途方もない光景に驚嘆し恐れおののくボーマンの短いストップモーションをいくつかはさみこむことで彼の反応を表現し、すでにできていたポッドのエスタブリッシング・ショット（シーンの全景を見せるショット）をすべてボツにした。キア・デュリアの顔はまるでサブリミナル・ショットのようにパッ、パッとスクリーンに現われるので、観客の自分が疾走しているような感覚を邪魔することはない。また彼の瞬きする目のアップも登場するが、角膜や瞳孔はロフタスによって緑やオレンジ、黄色などの着彩をほどこされ、ボーマンが見ている光景同様の抽象性を帯びている。このイメージを強調する演出によって、スター・ゲートは「十七分間ノンストップの経験を提供する素材」に変わったとトランブルは語っている。『２００１年』をより大きく盛りあげるという点で、スター・ゲートの重要性はいくら高く評価してもしすぎることはないだろう。二時間にわたる完璧なフォト・リアリズム映像のあとで、〈スター・ゲート〉シーケンスが始まったとたん、映画は純粋に主観的な視聴覚体験へと発進することになる。そのほとんどはひたすら抽象的、非具象主義的な映像だ。このシーケンスは今日でもなお少しも古びていない。現代のコンピュータを駆使した映像がいくら頑張っても、トランブルのスリットスキャンの光条やキューブリックのマンハッタン計画の宇宙描写、そしてロフタスのパープルハートの惑星風景に取って代わることも、それらをすたれさせることもいまだにできてはいない。過去五十年間の視覚効果におけるブレイクスルーをすべて念頭に置いてみても、スター・ゲートは『２００１年』が公開された一九六八年当時と変わらず、現在もなお見る者の目を奪う。じつに偉大な業績だ。

さて、現実世界での二〇〇一年のこと、ボーマンの宇宙の旅のある種ＬＳＤ的な雰囲気について思いをめぐらせたアーサー・Ｃ・クラーク——自身のイマジネーションを作品に投影することで生涯満ち足りていた禁欲的な絶対禁酒者——は、製作関係者のなかには製作中になにかしら幻覚を起こさせるような薬物を使っていた人間もいたかもしれない、と発言した。これについてたずねると、トランブルはきっぱりと答えた。

「あなたたちは、たとえば、マリファナとかやっていたんですか？」

「いや、まったく」

「忙しすぎた？」

「いや、まったく、一度も、忙しすぎて」

「あなたは薬は使っていなかった」

「まったくもって。キューブリックも。ふたりでその話もしたよ」

いや、まったく、一度も、忙しすぎて。

キューブリックとの会話についてさらに質問されたトランブルは、キューブリックのポランスキーとの交流を暗示するようなやりとりの一部を記憶の底から呼び起こしてくれた――

ダグ「スタンリー、ぼくは知り合いで客観的な物の味方ができなくなってしまったやつを何人も見てきたんです。みんなＬＳＤのトリップに出掛けて、帰ってくる、そのときには影響はすっかり消えている、そう思うでしょう？　ところがみんな現実の見方がずれてしまっているんです。そういう連中と話をしていると、『ワオ、すごいトリップだ』なんていいだす。なにかと思うと胡椒入れに映ったものを見ているんです。なにかがゆがんでしまっている。ぼくはかなり公明正大な人間だと思いますが、あんなふうに頭がいかれてしまうのはごめんですね。まっとうな物の見方だけは失いたくない。なにしろ、とんでもない仕事ですからね」

スタンリー「全面的に賛成だ。そういうものに手を出すつもりはない。そんなことをしたら映画製作者に必要な焦点を合わせておく能力を失ってしまうからな。焦点が狂うなんて、恐ろしいよ」

恐ろしいよ。

『２００１年』のスター・ゲートは、当時ポップカルチャーの前面に躍り出てきたサイケデリック文化の頂点だと指摘する声はあったし、それもあながち的外れではないかもしれない。しかし、ほかにも比較対象になるものはある。二十世紀初めからなかばにかけて起こったアヴァンギャルド・ムーヴメントから生まれた抽象作品しかり、そしてＮＡＳＡが打ち上げたハッブル望遠鏡が一九九〇年代初頭に地球に送信しはじめた革新的といえるほど精細で色鮮やかな宇宙のさまざまな現象をとらえた写真もしかりだ。

トランブルのスリットスキャンが生んだ抽象アートは、一九一〇年代のロシア・アヴァンギャルドの動きのない抽象主義的作品（カジミール・マレーヴィチ、ワシリー・カンディンスキー）や四〇年代、五〇年代の抽象表現主義（マーク・ロスコ、ジャクソン・ポロック）の作品を映画の動的な時空に移し替えたものだった。

その結果生まれたのが、あたらしいかたちの視覚体験だ。またキューブリックの変形する星雲や伸び広がっていく星団——匂いのきついペンキ・シンナーを入れた水槽の上に何週間もかがみこんで苦労して作りあげた、無限の深宇宙で星が生まれ、銀河が膨れあがっていく荘厳な光景——は、先例のない宇宙に開いた窓、ハッブル望遠鏡がとらえた光景の映画版プレヴューともいうべきものだった。

科学と芸術の歴史は、卵が先かニワトリが先か、の関係にあるが、この場合、先んじていたのは芸術のほうだった。

＊　＊　＊

どこからどう見ても期日超過、予算超過になっている映画をなんとか完成させなければというプレッシャーが募るにつれて、キューブリックは効率的に物事を進める方法を編みだすことに熱中し、効率を改善したいという思いは深まる一方だった。視覚効果チームに既知のものを越えてくれ、未知のものを発見してくれと要求したのと同様に、こんどは『２００１年』の作業の流れを改善する方法を求めて自分の仕事の仕方を問い直しはじめたのだ。トランブルはいまだに、「スタンリーはまさに天才といえる人だと思うから、これはすばらしいことだ」と感じるという。「彼はつねに人間の無能さにいらついていた。そして週末はいつももっといいものがつくれないか、もっとうまく全体をまとめあげる方法はないか、もっといいシステムはないか、もっといい意思疎通法はないか、と必死に考えていた」

イギリスの映画界は労働組合の規則で週末は製作を休止することになっていて、これも彼が頭を悩ませる問題のひとつだった——とはいえ、そのおかげで働きすぎにならず、彼自身もスタッフも過労死をまぬがれていたといえるかもしれないのだが。とにかく監督が週末に考えを煮詰めて月曜日に〝あたらしいプラン〟を持ってスタジオにやってくるというのはよくあることだった。一九六七年の、とくにプレッシャーが強かった時期にもひとつ、そうした指示が出されている。当時キューブリックは、マルチカメラでマルチモードでマルチメディアな視覚効果に労力を注ぎながら、同時に〈人類の夜明け〉シーケンスが抱える諸問題もさばいていた。これは映画史上もっとも実り多い、創造性に富んだ期間だったといっていいだろう。キューブリックは映写室で映像製作の指導者軍団と太古のヒトザルたちの前に立ち、みんな、なにかを説明するのにもっと手短に話せるところを無駄に長々しゃべりすぎると苦言を呈した。いかにも知識人といった雰囲気のイギリス英語のアクセントを真似ながら、彼は疲れ切った美術セット・スタッフの独白を披露しはじめた――「スタンリー、このあいだブリッジのこと、話しましたよね。柱がなんというか、くすんだ紫みたいな色で、『いやいや、別の色合いのほうがいいんじゃないか？』というようなことをいってましたよね」

　彼はここでニューヨークのアウター・ボロースのなまりを誇張したしゃべり方に切り替えて、「青ペンキが必要なのか？」そしてまた上品なイギリス英語で、「はあ、そうなんです、スタンリー、そういいたかったんです。青のペンキが必要なんです」そしてふだんのしゃべり方にもどって、キューブリックはいった。「いいか、よけいなことは聞きたくないんだ。聞きたいのは青ペンキの部分だけだ。それなのにこのプロダクションの誰も彼もがさっきのようなしゃべり方になってきている。これからはピジン・イングリッシュ（英語と貿易相手の原地の言語が混合した混成英語）でいこう。なにが必要か三、四語でいえるまで、話しかけないでくれ。つまり」またイギリス英語にもどって、「『スタンリー、あした釘が必要になるんですが、いいですかね、なぜ必要かというと……』みたいなのは、なしってことだ。そんなたわごとは聞きたくない！　釘が必要なのか、そうじゃないのか。聞きたいのはそれだけだ」

　そしてその日以降――少なくとも一、二週間は――製作関係者全員がこの指示に従った。トランブルは、あるガジェットをグレードアップさせるのにある道具が必要だと確信したので、キューブリックのオフィスへ行って、「もっとこれこれが必要」とだけ伝えた。製作関係者全員がそうしていたという。まじめな顔でいったのかとたずねると、トランブルはこう答えた。「ああ、くそまじめな顔で。にこりともせずに、くそまじめな顔でね。それで大丈夫だったんだ。ぼくらはみんなスタンリーが大好きだったからね。別にどうということはなかった。彼がどんな問題を抱えているのか、みんなわかっていたし。彼はいらついていたから、ぼくらはそれをなんとかしようとベストを尽くしたんだよ」もちろん、その努力はすぐに先細りになっていった。「彼は人と人とのコミュニケーションを効率化して、まちがいや曖昧さや誤解をなくそうとした」とトランブルは見ている。「でも、それは無理な話なんだ」

もうひとつ、キューブリックがふと思いついた効率化の妙案がある。きっかけは、当時最新のテクノロジーだったマイクロカセットレコーダーを手に入れたことで、最初のうちは急いでいるときの口述記録用に使っていた。「彼はしょっちゅう、指示だの変更点だのアイディアだのを吹きこんでいた」とトランブルは回想している。「そのうち、そいつにすっかり夢中になってね」たとえばトランブルが彼のところへ行って、「あたらしいこれこれが必要だ」と完璧なピジン・イングリッシュでいうと、彼は忠良なるノレルコ（フィリップスの家電ブランド）を取りだして、「ダグにあたらしいこれこれ」と吹きこんでいたという。その後、彼の秘書がスタッフからの要望を伝える一日分のピジン・イングリッシュを書き起こして発注書をつくるという寸法だ。その結果は——指示と生産性の権化。

ところがそこからキューブリックは全員おなじようにしろといいだして、そのアイディアを推し進めるべく、大量のレコーダーを用意した。しかしすべてを書き起こしてくれるだけの秘書スタッフがいるわけではないから、みんな一日の終わりに自分で書き起こすしかなかった。そしてこれもまた数週間のうちに、誰の目にも明らかな効率化の強制から怠け心に負けて書き起こしを先延ばしにする状態へと転がり落ちていった——が、その前に、映写室にいる眼光鋭い完全主義者の監督の前で、ちょっとしたおふざけの一幕があったという。「ある日、ラッシュを見ているときのことだった――だめだ、だめだ、だめだと連呼するには、ラッシュのときしかないと思ったんだ」とトランブルは回想した。「それでぼくら三人、前もってレコーダーにいうべきことを吹きこんでおいてね。最初のひとりは『これはだめだ』つぎのが、『わたしもそう思う』三人めは、『ああ、すぐに撮りなおすべきだ、でしょう？』」彼は笑いながらいった。「みんな、彼ならうまく乗り切れると信じていたし、彼がみんなに愛されていることも、自分たちがいい仕事をしていることもわかっていたし、事実うまくいっていたし、困惑するというようなこともいっさいなかった。あったのは、そこから生まれる仲間意識のようなものだった」

それでも緊張感が高まるにつれて、キューブリックの断固たる完全主義のつけが回って、視覚効果スタッフのなかにはラッシュを見ることに恐怖を覚える者も出てきた。とくにキューブリック以外の人間にとって、まずい点を指摘することは深刻な過失に等しいものになってきていた。指摘すれば同僚を欠点を修正する場へと送りだすことになるからだ。監督はとにかく目ざとい人で、ある日、トランブルとアニメーション・カメラマンのジム・ディクスンはもううんざりという気分になってしまったという。「一方では数は少ないがキューブリックの網を突破した仕事の質の高さにプライドを感じていた」とトランブルは述べている。「しかしもう一方では、何度も何度もやり直ししなければならない重圧があり、苦悩があり、骨の折れる仕事の連続だった」

〝リドント〟にうんざりしてしまったふたりは、地元のスポーツ用品店でスタート合図用のピストルを買った。スタジアムで使う大音響の空包を装塡してあるやつだ。翌朝、映写機が動きだして、かれらの労働の結果が監督の超批判的な目にふたたびさらされ、かれらはじっとくるべきものを待った。そしてキューブリックがトランブルの特殊効果シーケンスのひとつをもう一度やり直すよう指示すると、ディクスンが険悪な形相で椅子から立ちあがった。「誰だ、今回このショットをぶちこわしたのは？」と彼がすごむと、トランブルが立ちあがった。「人に恥をかかせるような真似はよせ」トランブルが冷静にいうと、ディクスンはピストルを取りだしてトランブルの胸に狙いを定め、引き金を引いた。閉め切った空間に耳をつんざくような銃声が轟く。トランブルが暗い映写室の床に倒れこんだ。全員が恐怖のあまり弾かれたように立ちあがる。トランブルは胸をつかんで身をよじり、唸る。悶え苦しんで呻く。そしてようやく起きあがった。

キューブリックが笑いだした。

＊　＊　＊

『2001年』の荘重なテンポ感については、宇宙船がワルツにのって気品あふれるゆったりとした軌道を描きながらスクリーンを横切っていくシーン、ディスカバリー号が十八世紀の君主一行の行列のような悠揚迫らぬ速度で粛々と木星に向かい、それが必然的にルイ十四世風のホテルの一室につながっていくところなど、随所で取りあげられ、多くのことが書かれてきた。しかしこの映画内の速度計は、じつはなんとも面白味のない要素によって制限が課せられていたのである。その要素とは、毎秒二十四コマの速度で撮影されたときの星の瞬きだ。

『2001年』の背景になる星空を表現する方法が完成するまでには、いくつか試行錯誤が重ねられた。最初は、黒い金属板にドリルで何百もの穴をあけて後ろに照明を置いたのだが、この手法はすぐに問題ありと判定された。レンズがドリーに載って動いていくと、その動きによって星が楕円形になったり、輝きが変化したり、瞬いたりしてしまったのだ――空気のない宇宙空間では、星の輝きが変化したり、瞬いたりすることはありえない。

ドリルで穴をあけた星景は不適切と判断され、こんどはガラスに塗料で点々と星をちりばめ、そのガラスを傾けて下から照明を当てるという方法が試された。だがガラスには表面と裏面があるから反射して星が二重になってしまった――これまたありえないことだ。最終的にすべての星をアニメーション撮影台で撮影するという決定が下され、トランブルが黒い背景に白い点々をエアブラシで描くことになった。それに上から照明を当てて撮影するのだ。

これで完璧な星空が誕生したのだが、それと同時に『２００１年』の映画内宇宙の速度の限界も明らかになった。ほとんどのショットは星が一方向に一定の速度で動き、それとは別に撮影される前景の宇宙船は、別の方向、通常、反対方向に異なる速度で動いていくのがベストと思えた。そうとわかると、コン・ペダーソンは星が動いていく方向と速度、そして宇宙船が動いていく方向と速度の最適化にとりかかった。たとえば、ディスカバリー号がコマの左から右へ動いていき、星が上から下へ動いていくと、浮遊感が得られる、という具合だ。試行錯誤を重ねた末に、最適のものとして、八つの移動方向と速度の組み合わせが確立された。

そしてこの段階で、『２００１年』の視覚効果スタッフはある事実に気づくことになる。通常の毎秒二十四コマのスピード――映写機はすべてこのスピードで機能するので、これ以外にするわけにはいかない――だと、カメラの速い動きが問題になってくるのだ。問題は、アナログの映写機の場合、各コマが二回明滅するので、二十四コマでは四十八回、光が明滅することになる、という点だった。人間の目には残像が残るので、星のような明るい白い点は二重に見えてしまうのだ。星の動きがもっと速いと三重になる――さらにひどくなるとストロボ効果が生じてしまう。「というわけで、製作の非常に早い段階で、ぼくらはスピードの限界に達してしまった」とトランブルは回想している。「それが映画の法則だったんだよ。二重星にしないためには絶対にそれより速く動いてはならないというね」つまり『２００１年』の宇宙空間シーンの荘重なテンポは、ストロボ効果が起きない程度の星空の動きの速度に支配されていたというわけだ。

ということは、『２００１年』のワルツのリズム――メカがほぼ四分の三拍子で回転する優雅な舞踏的動き――は、「美しく青きドナウ」のような曲に合うように編集されたのではなく、みずから課した星の制限速度から生まれたものなのか、という問いにトランブルは、「そのとおり」と答えている。「まさにそういうことなんだ。ワルツのリズムは星の速度から生まれたものなんだよ」（これはシュトラウスの曲のテンポが変えられたということを示唆しているわけではない——キューブリックは映像の動きのリズムをあらかじめ決めておいて、それに合う曲を選択しただけのことで、彼はときおりそういう手法を取る）

こうして星の速度が確定すると、残る問題はその星空のゆっくりとした動きに宇宙船のミニチュアの動きをどう組み合わせるか、ということになる。キューブリックとウォーリー・ヴィーヴァーズは映写室で二台の映写機——一台は星空、もう一台は宇宙船を映しだすもの——を使って作業するのにどういう速度、方向がいちばんうまくいくのかを確かめた。しかしこういうかたちの現場でのミキシングではディスカバリー号の船体の表面を星が動いていくのが見えてしまう。当然ファイナル・カットとしては使えない。観客は疑念を持たずに見ようとしているのに、その思いが一瞬にして消し飛んでしまうことになるからだ。そこで、星を消すために、あるアニメーションのテクニックが編みだされた。宇宙船が写っているすべてのコマから、ひとコマひとコマ背景の星を取り除いていくには、ロトスコープ作業が必要だった。

しかしこれはとにかく多くの人手を必要とする作業だったので、すぐに大勢の若者が集められ、かれらが作業する部屋は〝塗り潰し部屋〟と呼ばれるようになった。かれらはその部屋で膨大な時間をかけて宇宙船の輪郭を正確にセルにトレースし、そこを黒の塗料で塗り潰していった。骨の折れる輪郭トレース、そして単調きわまりない星を消していく作業は、伝統的手づくりアニメーションにつきものの退屈さをあらたなステージに押し上げたといっていいだろう。コリン・キャントウェルはときおり〝塗り潰し屋〟のところに立ち寄って仕事の具合をチェックしていたが、かれらが星潰し作業の過酷なプレッシャーのもとで「非常に奇妙な状態」になっているのに気づいたという。

いつも暗くて、そこにロトスコープ要員がいて――それと作業台がいくつかとずらりと並んだスチール写真の映写機があって――かれらの仕事でいちばんエキサイティングなのが黒い塗料で塗り潰すことなんだ。何カ月も何年もつづく作業だから、みんなだんだんとおかしくなっていってね。この部署以外の連中は退屈だとか自分たちの仕事はおもしろみがないとかいう気分になると、その部屋にいって塗り潰し屋としゃべるのが最高の癒しだった。かれらは人が――誰でもいいんだが――来るとすごく喜んでいた。製作期間中は全員が親友になっていたな――生き残るための手段だったと思うよ……かれらのほとんどは『２００１年』の仕事が終わると『イエロー・サブマリン』の現場に移っていった――明るくて窓から景色が見えるところで仕事ができるだけでなく、いろんな色が塗れるというんでみんな大喜びしていた。延々つづいた酷な作業のご褒美がそれだったんだ。

＊　＊　＊

『２００１年宇宙の旅』がつくられたのはリンドン・ジョンソン大統領がアメリカのベトナム戦争への関与を一段と強めた時期で、ダグ・トランブルは一九六六年、徴兵委員会の許可を得てはじめて――ただし徴兵されたときに備えて居場所を知らせておくという条件付きで――出国できたという経緯がある。彼はある日、家から転送されてきた郵便物を受け取ったのだが、そのなかにいかにも役所からのものという感じの封筒があった。その中身はぶっきらぼうな要請だった――ロサンジェルスで身体検査を受けるように、その後、兵役に就くことになる。ところがその身体検査の日はとっくにすぎていた。

あわてたトランブルは徴兵委員会宛てに、無断欠席したわけではない、ただイギリスで仕事をしていて通知が遅れて届いただけだと書き送った。するとすぐに返事が来た――それならばウエスト・ルイスリップ空軍基地に行って身体検査を受けろ。ボアハムウッドから車ですぐのところだ。

トランブルは妻同伴で渡英していて、当時、女の子が生まれたばかりだった。仕事にどっぷりの毎日で、どんなニュースがあったかろくに覚えてもいないありさまだったが、ベトナム戦争のことは米国内同様イギリスのテレビでも詳細に報じられていた。じつは一九六七年は作戦行動中に一万一千人以上の米兵が戦死するというベトナム戦争史上二番目に多くの血が流された年で、軍の補強が急務であり、トランブルが援兵のひとりになるであろうことは目に見えていた。

彼はとるべき道を熟考した。自分はこれまで培ってきた技術を使って、まったくあたらしい映画表現様式となるものを製作している最中だ。これまでの人生でもっともクリエイティブでエキサイティングな時期であることはまちがいない。できるものならこの仕事を中断したくはない。彼はこの手紙のことをキューブリックには話さなかったが、兵役を回避する方法として実際に使われたテクニックを調べるうちに、空軍基地に出向くと身体検査とともに質問表への記入と適性検査、そして米空軍の軍医との面接があることを知った。

一九六〇年代なかば、アメリカでもイギリスでもホモセクシュアルは犯罪とみなされていた。一九五二年には、第二次世界大戦屈指の英雄であるイギリスの暗号解読者アラン・チューリングが〝忌まわしい猥褻行為〟をしたという判決を受け、その後みずから命を絶っている。クラークは、ごく親しい友人にたいしてだけだが、この出来事がきっかけで、そういう行為に寛容なセイロンへの移住を決意したと語っている。どちらの国でもゲイであることは軍から追放されるりっぱな理由であり、徴兵時であれば入隊を拒否されるのはまちがいなかった。「だからぼくは非常に優秀だがゲイだ、という路線で通すことにしたんだ――優秀でゲイで結婚していて子供がいる」とトランブルは回想している。「そしてアーティスト。ぼくはいったんだ。『これはうまくいくかもしれない』ってね。なぜならすごく複雑だったから。それがぼくの戦略だったんだよ」

ルイスリップ空軍基地に出向いた彼は質問表の記入を進め、性的指向をたずねる部分にくると〝ホモセクシュアル〟と書きこんだ。そして軍医との面接の場に案内されると、前かがみで椅子に腰かけ、じっと床を見つめて軍医とまったく目を合わせないようにした。「地球上でいちばん憂鬱な人間になりきっていたんだ。どん底まで落ちこんで、もう紙一重という感じ。相手の喉に食いつくんじゃないかというようなね」

「きみはゲイなのか？」と軍医はたずねた。

「ええ」とトランブルは認めた。

「ふむ、しかし結婚しているんだね」

「ええ」トランブルはしかめっ面でリノリウムの床をにらんだまま答えた。

「しかも、娘がいる」

「ええ」

「それで日常生活のほうはどうなんだね？」軍医がたずねた。

「別に問題はありません」トランブルはむっつりと答えた。

二週間後、彼は三通目の公式文書を受け取った。それは彼が４Ｆ等級に分類されたので、既定の肉体的、精神的、道徳的規準の元では軍への入隊は許可されないことを伝えるものだった。

彼は多忙のあまり、その知らせが来たこともろくに覚えていないという。

＊　＊　＊

キューブリックが『２００１年宇宙の旅』の音楽で前例のない、いわゆる針を落とす音楽《ドロップ・ニードル》——すでにレコードになっている曲、すべてクラシック——を使うに至ったそもそものきっかけについては、一九六六年、六七年当時のことを彼の周囲のさまざまな人たちがそれぞれの記憶をたどって語ってくれた。どの話も全体像をとらえているわけではないが、すべてを総合するとある程度正確なことがわかってくる。

高額予算のハリウッド映画ではオリジナルの楽曲を使うのが通常のやり方で、キューブリックも一九六六年に作曲家のフランク・コーデルに背景音楽の作曲を依頼し、契約を結んでいる。コーデルは一九五〇年代にみずからオーケストラを率いてイギリスの音楽シーンでヒットを重ねており、一九五二年から映画音楽も手がけていた。彼の作品として当時最新のものは一九六六年ユナイテッド・アーティスツ配給、チャールトン・ヘストン、ローレンス・オリヴィエ主演のシネラマ作品『カーツーム』(脚本は、興味深いことにロバート・アードリー)だった。しかしコーデルを雇ったあと、キューブリックはどういうわけか彼に映像素材をいっさい見せず、とにかく言葉での説明だけで曲をつくってくれというばかりだった。しかもコーデルと会うことを完全に避けるようになる前から、キューブリックは自分がなにを求めているのか明確に表現するのはむずかしいと感じていたようだ――ただしグスタフ・マーラーの交響曲第三番の、フリードリヒ・ニーチェの哲学的小説『ツァラトゥストラはかく語りき』に基づく声楽部分には大きな興味を抱いてはいた。それがあったので、コーデルは一年かけてマーラーの三番に材をとった変奏曲を何曲も書いていた。

しかしコーデルはそんな状況で仕事をするのは初めてだったので、しだいに苛立ちを覚えはじめた。「フランクが気の毒に最後には神経衰弱になってしまったことは、わたしも知っている。それはたしかだ」と、『2001年』の編集助手で、『博士の異常な愛情』以来、キューブリックのそばで仕事をしていたデイヴィッド・デ・ワイルドは話してくれた。「彼は、そう、こんなふうだったよ」と彼は木の葉のように身体をゆすってみせた。「気の毒に。わたしのところにやってきてね……。わたしにたずねるんだ。『いったいどうなってるんだ？　いつになったら映画を見せてもらえるんだ？　監督はいつになったら話をしてくれるんだ？』」

その後、彼は「レコーディング」セッションをやったんだが、これについてはなんとも微妙で……順調とはいえなかったよ。フランクにとっては辛い時期で、神経をやられてしまったんだが、スタンリーは人にそういう影響を及ぼす存在なんだ。冗談抜きで、この映画の関係者で何人が神経衰弱になったと思う？　数えたことはあるかい？　相当な数だよ。スタンリーはなにもしなくても人をひどく怯えさせる、そういう人だったんだ。

デ・ワイルドは、アソシエイト・プロデューサーのヴィクター・リンドンのことをいっていたのかもしれない。彼はボアハムウッドで二年以上頑張ったのち、医師の忠告にしたがって一九六七年二月に『２００１年』の現場を離れているが、伝えられるところによれば、なにかと大変なことつづきで強いストレスにさらされ不安に駆られるようになったことが原因だという。ウォーリー・ジェントルマンとボブ・カートライトも監督の手法とそりが合わずに現場を離れた。表向きの理由はどうあれ、キューブリックはこうした緊急脱出めいた離脱を許さなかった。したがってかれらの名前は映画のエンドロールにはクレジットされていない。

コーデルの立場がいかに危ういものだったか、その一片を垣間見せてくれるのが、ジェレミー・バーンスタインが一九六六年十一月に〈ニューヨーカー〉誌に語ったキューブリックのプロフィール記事だ。それによると、監督はどんなスタイルの音楽を使うかまだ決めかねているが、とりあえずいまはドイツの作曲家カール・オルフを、「求めるタイプ」と考えている、となっている。またクラークもキューブリックが興味を持っている作曲家としてマーラーとヴォーン・ウィリアムズの名を挙げている――スター・ゲートを通り抜けるときのキア・デュリアの顔のアップを撮影中、キューブリックがウィリアムズの七番目の交響曲である「南極交響曲」をかけていたというから、たしかな話なのだろう。

一九六六年春、キューブリックはオルフに直接連絡をとって、スコアを書いてもらえるかどうか打診していた。しかし当時七十一歳だったオルフは、そこまで大掛かりな仕事は引き受けかねると丁重に断ったため、キユーブリックはその後、いわば着外馬のようなかたちでコーデルを雇ったのだった。バーンスタインによると監督は、「ミュジーク・コンクレート（現代音楽の一ジャンル。電子音楽の一種）の実践者のような超現代的な作曲家など電子音楽全般（なかには高く評価する作品もあったが）を除外していた。音楽があまりに風変わりなので、どんなシーンだろうと映像がかすんでしまうからだ」上記の記事には、監督は「一般的にいって……映画音楽の作曲はオリジナリティに乏しいものになりがちだが、未来を扱った映画は一流の作曲家が正真正銘のオリジナル・スコアを生みだす場になりうる」と考えている、と記されていた。

　オルフのつぎに――そしてフランク・コーデルは依然として自分がなにを求められているのかわからずに葛藤しているという状況下――キューブリックは映画音楽作曲家のバーナード・ハーマンに接触した。『市民ケーン』や『サイコ』『めまい』などを含むヒッチコックの代表作の数々にすぐれたスコアを提供していた人物だ。しかし『博士の異常な愛情』の仕事を蹴っていたハーマンは、この話も引き受けようとはしなかった――もっとも彼は断る前に通常のギャラの倍ならという申し出をしている。彼がそんな申し出をしてキューブリックをじらせたのは、『博士の異常な愛情』のときに彼が嫌った、既存の曲を数曲併用するという手法をキューブリックが『２００１年』でも使うといって譲らなかったからだった。監督はさらに作曲家のジェラルド・シユールマンと指揮者のフィリップ・マーテルに『２００１年』のための音楽の選曲について相談を持ちかけたが、どちらにもスコアの提供を依頼してはいないと伝えられている。

　キューブリックは最終的に、すでにレコードになっている曲を使うことにしたわけだが、そこに至るまでにはかなりの回り道をしている。スタート地点は一九六六年一月の最終金曜日――日付をいえば二十八日――といっていいだろう。ライブ・アクション撮影が佳境に入っていた時期で、監督は社長のロバート・オブライエンをはじめとするＭＧＭ首脳陣一行の来訪に備えて気合を入れ直していた。翌週やってくる予定の一行に撮りたての映像を見せなければならないので、彼はトニー・フリューインを呼んで、「いいか、経理へ行って二百ポンド出してもらえ、小銭だ、それから運転手をひとりつかまえて町へ行って、クラシックのいいところを見繕って買ってきてくれ、現代音楽もだ」と指示した。「ミュジーク・コンクレートみたいなクズはだめだぞ」

一九六六年当時の二百ポンドは現在の三千五百ポンドに相当する——五千ドル近い額だ。なにがなんだかわからないままにフリューインはロンドンでも指折りのレコード店ディスキュリオへと急ぎ、店を買い占める勢いで買いまくった。当時LP一枚は一ポンド程度で、いちばん高いドイツ・グラモフォンのものでも二ポンドちょっと。メイフェアから車でもどるときには警察に止められるのではないかとハラハラしたという——ステーションワゴンの車体が目に見えて沈むほどレコードが詰めこまれていたからだ。

フリューインはキューブリックの指示でレコードをステージ6のはずれにある監督個人用の執筆室に運びこんだ。するとつぎには、翌朝、来るようにと指示され、そのあとは以下のように展開していった——キューブリックはターンテーブルの横に立って、フリューインにレコードをジャケットから出して彼にわたすようにと指示——「時間をむだにしたくないんだ。もたもたするなよ」——そして無数の溝に矢継ぎ早に針を落として、猛スピードで何百曲も聴いていった。「ほぼ午前中いっぱい費やして、そのあと彼はほかにやらなければならないことがあったので、午後なかばくらいにもどってきて夜までつづけた」とフリューインは語った。「月曜と火曜には、もっとやったよ」

その週の金曜日、キューブリックとMGMのお偉方はスタジオの「すばらしい試写室」——いつもラッシュを見ている薄汚れた試写室ではなく、とフリューインは回想している——に集まり、監督はその場で映写技師に数枚のレコードをわたした。二月四日のその試写にはクラークも同席していて、「彼は無重力のシーンにメンデルスゾーンの『真夏の夜の夢』を使った」（伊藤典夫訳）と書いている——宇宙船アリエスとオリオンの内部のシーンに使われたスケルツォのことだ——「月面のシーケンスとスター・ゲートではヴォーン・ウィリアムズの『南極交響曲』が使われて、すばらしい結果をもたらした」デイヴィッド・デ・ワイルドの記憶によるとマーラーの三番も使われたという――「あのショーリール（内容を手短に紹介する映像）にマーラーの曲、まさに至福のひとときだったよ」

大量の一流クラシック音楽がキューブリックの個人用執筆室、53号棟にある彼のオフィス、そしてMGMの各種試写室に分散されたことが下地となって、一八六六年にヨハン・シュトラウスが作曲した「美しく青きドナウ」（実際の曲名はドイツ語で「美しく青きドナウのほとりで」）は偶然に取りあげられ、思いもよらぬなりゆきへと展開していくことになる。アンドリュー・バーキンはその年の八月のある出来事を鮮明に覚えていた。揺れが目立ってしまう宇宙ステーションの撮り直しをしていたときのことだ。そのシーンのラッシュを見ている最中、視覚効果スタッフのコリン・ブルーワーはどうしても眠気をおさえられず、いびきをかきはじめてしまった。いびきはしだいに大きくなり、ブルーワーは脇腹を肘でつつかれ、いびきが止まり――それが延々とくりかえされた。

周期的に起こるブルーワーの大いびきは士気の低下につながると考えたバーキンは、宇宙ステーションが回転するのを見ているあいだ、映写ブースにあるLPのクラシック曲を流してみることにした――何カ月か前のフリューインの派手な買い物の遺産だ。「車輪型のステーションを見ていると『美しく青きドナウ』が流れてきて、最後に電気がつくと、彼がぼくらのほうをふりむいて、『いまのは天才のなせる業か、それとも狂気の沙汰か、どっちだと思う?』といったんだ」彼というのはキューブリックのことだ。「修辞疑問だよ。彼は自分自身にたずねていたんだ。このまぎれもないセレンディピティ（思いがけない発見）、と呼ぶべきだと思うんだが、そいつはまさにそのときに起きたんだよ」

これは編集開始まで一年以上あった時期のことで、実際に編集がはじまる頃にはキューブリックの立場は固まっていた。当時「美しく青きドナウ」は俗っぽくて古臭い国家主義的な曲――オーストリアの国歌同然の曲――と考えられていて、一九六七年秋、キューブリックが宇宙ステーションのシーンにこの曲をかぶせてデ・

ワイルドに感想をたずねると、最愛のマーラーが耳になじんでいたデ・ワイルドは、「いただけないな」と答えた。
するとキューブリックは「却下する」といって、にやりと笑ったという。
二〇一七年、このシュトラウス作品について、キューブリックの義理の弟で非公式の音楽アドバイザーを務めていたヤン・ハーランにたずねると、つぎのような答えが返ってきた――

編集担当のレイ・ラヴジョイから聞いた話だが、彼が「美しく青きドナウ」を何度も何度もかけるので、編集スタッフはみんな彼がこの〝時代遅れの〟ウインナワルツを使うつもりだと察して絶望的な気分になっていたそうだ。しかし彼はこのシーケンス全体を、なにもかもがくるくる回っている冒頭部分も含めて、音楽に合わせて編集し直すと決めてね。カットなし、フェードアウトなしで、一曲まるごと。妻のクリスティアーヌは彼の決断を支持したが、それ以外は批評家も含めてほとんどの人が彼は頭がおかしくなってしまったと思ったようだ。それがいまではヨハン・シュトラウスは〝宇宙の音楽〟になっている。彼が存命なら、うれしい驚きに頰をゆるめたことだろう。

53号棟の編集室の壁は薄かったので、どんな音楽が検討されているのか、ホーク・フィルムズから来ている担当者のあいだではすぐに全員の共通認識になったといい、コリン・キャントウェルは、キューブリックの「美しく青きドナウ」への執心ぶりに、いわば現場全体が肝をつぶしていたと証言している。「彼が編集中、あれを聞いている撮影所の連中はみんな妙な具合だったよ」とキャントウェルは笑いながらふりかえった。「たとえば、『スタンリーはいかれちゃったんじゃないのか？』とか『おかしくなっちゃったのか？』とか。みんな彼が精神錯乱状態なんじゃないかと案じていたんだ」

映画の公開後、キューブリックはみずからの考えを詳しく明かしている。「宇宙旅行の美しさと優雅さを表現できるものがほしかったんだ。とくに大きな危険もなく定期便が行き交うようなレベルに達した宇宙旅行は美しく優雅なものだと思うのでね」と彼は〈トロント・テレグラム〉紙に語っている。「それと、あまり〝宇宙っぽい〟ものや未来的なものは避けたかったということもある。ちなみに、二十五種類の『美しく青きドナウ』の録音を聞いて、最終的にヘルベルト・フォン・カラヤン指揮のドイツ・グラモフォンのものを選んだんだが、カラヤンはやはり世界一偉大な指揮者だね。あの手の曲は非常に陳腐にも聞こえかねないが、最高峰のものはやはりすばらしい」

＊　＊　＊

編集作業がはじまるかなり前から、製作関係者は全員、使えそうな音楽作品はないかとつねに耳を澄ませるようになっていた。そんな一九六七年夏、クリスティアーヌと彫刻家で陶芸家のシャーリーン・ペダーソン――コン・ペダーソンの妻――はアボッツ・ミードにあるキューブリックの自宅で定期的に集い、粘土などで異星生物の塑像をつくっていた。「スタンリーの参考になればと、ふたりで、大雑把にだが、奇妙な生き物をいろいろとつくっていたよ」とコンは回想した。「ある日、クリスティアーヌが昼食を取ろうと部屋に入っていくと、ちょうどそのときBBCでこの曲をやっていたんだ。なんとも不思議な曲だったので、彼女は『すごい、スタンリーに聞かせなくちゃ』と思ったそうだ」クリスティアーヌのあとからやってきたシャーリーンもやはりこの作品に衝撃を受けた。そのとき放送されていたのが、ハンガリーの作曲家ジェルジュ・リゲティの「レクイエム」で、演奏は北ドイツ放送合唱団および交響楽団だった。

キューブリックはすぐに録音のコピーを手に入れようとしたが、BBCの答えは、貸す権利はないが、スタ

シャーリーン・ペダーソン（左）とクリスティアーヌ・キューブリック（右）。
自作の異星人の塑像とともに。

ジオに来てくれるなら聞かせることはできる、というものだった。多忙をきわめるキューブリックにはBBC詣での時間はなかったので、ヤン・ハーランを通じてリゲティに連絡を取ろうとしたが、リゲティは旅行中で、ウィーンの自宅の家政婦の話ではいつ帰るかわからないということだった。そうこうするうちにも、キューブリックはついにその曲を聞くことができ、そのパワーの虜になってしまった。MGMの製作部は複製権保護協会と、「レクイエム」をはじめとするリゲティの作品数曲を一分いくらというかたちで〝背景音楽〟として使うという契約を結んだ――が、これはハーランによると「大きなまちがいだった」という。作曲家本人が知らないままに話が進んでしまったからだ。映画を見にいったリゲティは、「立腹していた」と音楽評論家のアレックス・ロスは記している。「ドイツの学者ジュリア・ハイマーディンガーが最近発見したリゲティの手紙では、リゲティはこの映画のことを『ハリウッドの駄作』だといっていた」

リゲティは作品の貢献度に見合うだけの支払いがなされなかったこと、あるいは直接の連絡がなかったことで軽蔑的な言葉を洩らしたわけだが、その怒りに拍車がかかった一因に、キューブリックが使用した四作品のうちのひとつ「アヴァンチュール」が彼の承諾なしに改変されていたことがあげられる。「発行元は〝背景使用〟の枠をはみだしていることに気づいて、強硬に抗議する正式文書を送りつけた」とハーランは記している。「MGMはただちに適切な料金を支払って、事を収めた」作曲家が自作をゆがめられたとしてキューブリックを訴えたが、和解金（金額は明かされていない）が支払われて法廷外で決着したという報道については、作曲家自身が一九八九年に否定した――が、MGMと交渉するために弁護士を雇わなくてはならなかった、とは述べている。「MGMはじつにすばらしい手紙をよこした」と彼は語った。「リゲティはしあわせだと思うべきだ。アメリカで有名になったんだから、といわれたよ」

こうした紆余曲折はあったものの、リゲティの非凡な作品が『2001年』がもたらす衝撃の中心に位置していることは疑いの余地がない――まさにこの映画の決定的特徴のひとつといっていいだろう。最初はショックと怒りの感情に突き動かされていたリゲティだが、時を経るにつれて、彼の映画にたいする態度は変化していった。当初はほとんど世に知られていなかったリゲティが二十世紀でもっとも影響力のある前衛作曲家になった要因のひとつは、まちがいなく、映画のおかげで何百万ものリスナーが彼に注目するようになったからだ。キューブリックはけっきょく『2001年』でリゲティの作品を三十分以上にわたって使用しており、そのなかにはカーテンが上がる前に流れる三分間の前奏曲の途中からサウンドトラックで徐々に立ちあがってくる不気味で神秘的な、拍子も旋律もない管弦楽曲「アトモスフェール」も含まれている。映画で使用されたほかの二曲――ムーンバスが荒涼とした月面上をすべるように飛んでいく場面で使われた混声十六部合唱曲「ルクス

・エテルナ（永遠の光）」と、ヒトザルの場面と月面で宇宙飛行士たちがモノリスと出会う場面、そしてボーマンがスター・ゲートに入る場面でも使われた歌詞のない二十声部の合唱曲「レクイエム」——同様、「アトモスフェール」は圧倒的な恐怖と荘厳さを余すところなく伝えているといっていいだろう。

リゲティの傑作からこれだけ大きな力を得ているのだから、作曲家本人の承認を得ていてしかるべきなのだが、なぜキューブリックがあくまでもその努力をつづけようとしなかったのかはわかっていない。二〇〇一年に〈ディ・ヴェルト〉紙上で曲が「正しく配置されていると思うか」とたずねられたリゲティは、つぎのように答えている。「キューブリックが選んだわたしの曲は、スピードと宇宙空間のファンタジーによく合っていると思う」さらに突っこんで映画についてどう思っているかと質問されると、「わたしの楽曲の使われ方はすばらしい。直接の依頼も支払いもなかったことは、それほどすばらしくない」と答えた。

作品のなかに畏敬、恐怖、崇敬といった感情を同等に入れこむことのできる稀有なアーティストのひとりであるリゲティは、イメージづくりという点では実質的にキューブリックにひけをとらない存在であり、旧来の意味合いでのコラボレーションとはいえないものの、ふたりの才能が合わさった結果、それぞれの分を足しただけでも大変なものなのに、それを上回るものが生まれている——リゲティが気に入っているかどうかにかかわらず。

幸いなことに、最終的には彼も気に入っていたようだ。

＊　＊　＊

デイヴィッド・デ・ワイルドが一九六五年後半に『２００１年』にかかわるようになって最初にキューブリックのためにテープに録音した曲のなかにあったのが、リヒャルト・シュトラウスの雷鳴のように威嚇的な

「ツァラトゥストラはかく語りき」で、これはマーラーの三番同様、ニーチェの著書に敬意を表したものだ。当時ヤン・ハーランはスイスに住んでいて、キューブリックが、「なにか壮大で深遠で、すぐに終わるようなもの」を捜してくれと書いてよこしたのを覚えているという。ハーランはただちに自身の膨大なレコード・コレクションを漁って、つぎにロンドンに行ったときには、「LPを大量に持っていった。ブルックナー、ワーグナー、シベリウス、ホルスト、等々。そしてそのなかにシュトラウスも入っていたんだ。彼は最初からタイトルが気に入っていたんだが、その理由は、ずっとあとになって、完成した映画を見てはじめてわかったよ」

マーラーの楽曲同様、さらに簡潔で音に力があるシュトラウスの音詩のプレリュードほどこの映画のテーマにぴったりのものはない。人類をサルと超人とのあいだでバランスを取っている綱渡り芸人のようなものと表現する忘れがたい一節をもって、ニーチェが一八八三年に著した小説は『２００１年』に描かれた進化の軌跡をはっきりと予言していたのだ。

超人とはなにか教えよう。人は超えられるべき存在なのだ。人を超えるためにあなたたちはなにをした？　これまで生き物たちはみな、おのれ以上のものをつくりだしてきた――あなたたちはこの大きな潮汐の引き潮になりたいのか、人を超えるのではなく獣に逆もどりしたいのか？　人にとってサルとはなにか？　笑いの種か、不快な困惑を覚えさせるものだ。それとおなじことで超人にとって人とは――笑いの種か、不快な困惑を覚えさせるものだ。あなたたちはウジ虫から人への道を歩んできたが、まだウジ虫の部分がたくさんある。あなたたちはかつてはサルだったし、いまでも人はどんなサルよりもサルらしいのだ。

リゲティの「レクイエム」同様、キューブリックはシュトラウスの冒頭のファンファーレを三回使っている。

じつはこれは作曲家によって〝序説、あるいは日の出〟というタイトルがつけられているのだが、このタイトルは小説の章題からとられたものだ――キューブリックはこれを映画の序章部分に配したわけだが、それはまさに月と地球の上に日が昇るシーンだったから、これもまた注目すべき一致点といえる。

じつをいうと『２００１年』の壮大なオープニング・ショットはもともとはあれほど華々しい場所で使うつもりで撮られたものではなかったのだが、シュトラウスの序奏との共鳴度があまりにも強烈だったので、最終的にああなったのだといえる証拠が残っている。〝恍惚の地球掩蔽《えんぺい》〟と視覚効果スタッフが呼んでいたこのシーンは、『宇宙』のなかのウォーリー・ジェントルマンが担当した地球と月の横から太陽が顔を出す映像をベースにしたものだった。一九六六年から六七年にかけて何度かこの光景を再現しようと試みていたブルース・ローガンは、カメラを月の写真（リック天文台から調達）からその向こうに昇ってくる地球へとパンさせていくと、そのまた向こうから太陽――黒いアルミニウム板にあけた穴の奥に置かれたハロゲンランプ――が月と地球の上に同時に昇ってくるという映像を撮っていた。ところがいくらやってもしっくりこないので、ついにやけになったトランブルは頭を九十度横に傾けて気づいた。太陽と地球は月の横からではなく、月の地平線から上に昇っていくべきだと。あたらしい位置関係は、まさにこれだと思えるもので、問題はいっきに解決した。★

編集しながらシュトラウスのファンファーレを聞いていたキューブリックは、その後、ローガンのショットはこれにぴったり合いそうだと気づいて、一九六七年から六八年にかけての冬のどこかの時点で彼にこのショ

★　ＮＡＳＡもはじめて月の上に地球が昇る映像を公開した際、おなじ問題に直面した。撮影したのはアポロ８号の乗組員で、一九六八年――『２００１年』のプレミアが行なわれた年――の十二月のことだった。はじめて公開された際は、地球の自転軸を旧来どおり南北にしたかたちだったが、その場合、月の地平線が画面を縦に走ることになって違和感が強かったため、のちにあらためて公開された際には月の地平線が画面を横に走るかたちに変わった。現在われわれが目にするのは、いまや定型となったこちらのショットである。

ットをもう一度撮ってくれとたのんだ。そしてこんどはシュトラウスの金管とケトルドラムのクレッシェンドの楽節をオープニング・タイトル――Metro-Goldwyn-Mayer Presents, A Stanly Kubrick Production, 2001: A Space Odyssey――とシンクロさせたのである。その後、廊下でトランブルの姿を見かけたキューブリックは、彼を編集室に連れていって、「これでいいかな、それともやりすぎかな?」とわずかに不安の色をにじませながらたずねた。

トランブルは当時を回想して、キューブリックは度を越していると思われるのではないかと案じていた、と語っている。キューブリックの名前がスクリーンに現われると同時にシュトラウスの金管セクションが鳴り響くように編集されていて、へたをしたら滑稽に見えかねないことを彼は強く意識していたのだ。音楽の高鳴りを聞きながら、トランブル――そもそもこのショットでの月と地球と太陽の位置関係をがらりと変えて適切なものにした当人――はクレジット・シーケンスをじっと見つめていたが、やがてにっこり微笑みながらいった。

「すばらしいと思います。ぼくは好きですよ。これでいってくださいよ」

後年、このときのことを思い返して、トランブルはこう述べている。「意見を聞かれて本当に光栄だったよ」

第10章　対称性と抽象性
1967年8月〜1968年3月

主題となる観念には、説明するより感じてもらうほうが適切に伝わるものがある。この映画は明確な言葉で説明するかたちで意識的に整理分類するより、潜在意識下に取りこんでもらうほうがいい。
――スタンリー・キューブリック（〈トロント・テレグラム〉紙に語った言葉）

コン・ペダーソンは作戦室で込み入った管制業務にかかりきり、ダグラス・トランブルは複雑精巧な視覚化装置に没頭、という状態で視覚効果スタッフのトップがオーバーワークに陥っていたため、一九六七年後半、『２００１年』アニメーション製作作業はすっかり生気を失っていた。そこでキューブリックは予備軍だったグラフィック・フィルムズのもうひとりのベテラン・アニメーター、コリン・キャントウェルを呼び寄せることにした。八月にロサンジェルスからやってきたキャントウェルは、当時三十五歳。キューブリックとスタッフたちは、「最終段階に突入していて、信じられないほど困難なことなのに、なんとか全体を最良のかたちでまとめあげようとしていた」という。

映画のアニメーション部分の三分の二は、段階こそちがえ、未完成の状態だったので、彼はただちに二十四時間シフト制を導入した。映画――とくにイングマール・ベルイマン――を思慮深く学んできたキャントウェルは、キューブリックとも生産的な会話を交わしていたのだが、スタジオではほかのスタッフに嫉妬心や競争心を持たれないよう、親しげな態度はとらないようにしていた。★トランブルもそうだったが、彼もすぐに監督はたしかにすべてを束ねる船長だが、真の共同作業もできる人物だと悟った。「彼は一時も時間を無駄にせず、つねに集中していた」とキャントウェルは製作期間の最後の半年をともにすごしたキューブリックのことを語っている。「つくりだすものに専心し、耳を傾け、それがどこまで来ているかを確認し、完成の域まで持っていこうと努力していた。あの映画はスタンリーそのものだ。すごいのは、その態度を貫くということ、そうありつづける、ということで、われわれはみんなそれに巻きこまれていったんだよ。なぜそんなことができるのか、それはそこに卓越したものがあったからにほかならない。なにもかもが卓越していた、でなければあんなことは起こるはずがない」

『２００１年』で目にする宇宙船の多くは、じつはそれぞれにふさわしい宇宙景観に置かれたスチール写真を何度もアニメーション撮影台を通過させてつくられたアニメーションで、このテクニックがあったからこそ、宇宙船の窓の向こうで人が動いているというようなリアリティのあるディテールをつけ加えることができたのだ。宇宙船模型の〝ライヴ〟ショットでさえ、ときにはスチール写真と巧妙に組み合わせてあったりする——たとえば回転する宇宙ステーションをパンナムのシャトル、オリオン号が急追するシーンでは、じつはシャトルはスチール写真で、それを後退させていったものだ。ムーンバスやほかの宇宙船も多くはおなじような方法で描写されており、写真はブライアン・ジョンソンがこのために撮った大判のものが使われている。

キャントウェルが来て早々に提案した事項のひとつに、本作の見栄えにささやかだが意義深い影響を与えたものがある。彼は、まだ残っていたストーリーボードを見て、シーンの多くが「基本的に右からのアングル」を想定していることに気がついた。「……わたしがやりたかったことのひとつは、すべてを右アングルから解放してやることだった」個々の構成要素——たとえば、あの回転する宇宙ステーション——は「十二分に使える」ものだったが、キャントウェルはシャトルがステーションに到着するようすをもっと効果的に表現できると考えて、たとえば斜め六十度からのショットなど角度を変えた多様なカメラアングルを探った。

ところがこのアイディアをキューブリックに説明しても理解してもらえなかったため、キャントウェルは厚紙をいろいろな形に切って、「ささやかなキット」をつくった。「……ナイーヴ・アート的なものでね、要素はひとつなんだが、片方だけ回転させたり、両方を回転させたり……ひとコマひとコマ連続した動きとして思い浮かべられるように、星と宇宙船の軌道をそれぞれ別々に回転させてやると、宇宙船がドッキング・スペースに近づいていったらどうなるか」キットを使って具体的に説明すると、キューブリックはすぐにゴーサインを出した。キャントウェルの視覚的直観力は並はずれていて、キューブリックはすぐにそれを高く評価するようになった。

キャントウェルは『２００１年』ではリアリティが重要だが、つねに追求されつづけている視覚的純度の高さのほうがより重要なのだということに、すぐに気づいた。映像は言葉による説明を無用の長物にしてしまうほどパワフルで、それだけで充分に自身の物語を語ることができるのだ。「スタンリーは終始一貫して一定レベルの抽象性を大事にしていた」と彼はふりかえっている。「彼は映像の人でそのインパクトを大事にしていたし、絶対にその姿勢を崩さなかった。そしてそれがすばらしくいい方向に働いていた」

この映画はきわめて抽象的で、小説と映画のちがい、言葉と経験のちがいこそが、スタンリーがやろうとしたことの核心なのだと、わたしは思っている。作業が進めば進むほど、彼はその核心にしっかりと焦

★　キューブリックに近い立場で共同作業をした人の多くが、自分だけが監督との個人的で有意義な関係を享受していると感じていた。

点を合わせていった……スタンリーは［観客が］近い現在から遠い現在へと跳躍する、その一連の体験、そしてそれが言外に意味するものをつくりだしていたのだ……観客は自分が本当にそれを体験しているように感じるにちがいない。そこに疑問の余地はないと思う。特殊効果には見えないだろう。特殊効果とは感じられないだろう。

キャントウェルの話では、製作の最後の何カ月かのあいだに小説とはひと味ちがう『2001年宇宙の旅』の独自性が鍛造されていったという。小説を手本としてそれを凌ぐようなものをつくるのではなく（クラークは、一九六四年にキューブリックがいった「あなたに書けるなら、ぼくは映画にできる」という言葉を引用している）むしろ小説から離れていく――しかも遠くへ押しやるような――ものをつくりだしたのだ。

これがクラークが異を唱えるような解釈だったかというと、必ずしもそういうわけではない。キャントウェルの言葉に呼応するかのように、作家は一九六八年四月のロサンジェルスでの映画公開に先立つ記者会見で自身の役割についてつぎのように語っている。「これは正真正銘スタンリー・キューブリックの映画です。わたしは第一段ブースターの役割を果たして、あとはときおり進路を誘導しただけです」

＊　＊　＊

キャントウェルが参加した時点で解決していなかったもののひとつに、ボーマンが木星軌道上の〝現実の〟空間からスター・ゲートの超現実へと入っていく場面転換をどうするかという問題があった。初期のストーリーボードでは、木星の月のひとつを入り口とする現実的、物理的カットが想定されていた。また、ボーマンが木星周回軌道上の巨大なモノリスと遭遇してポッドに乗って近づいていくというコンセプトもあった。そこに自分が映っているのを見たボーマンはポッドのアームを伸ばしてモノリスに触れようとする――まさにウィリアム・シルヴェスターとダン・リクターの動きを反映させたもの――そしてそれがスター・ゲートの入り口だとわかる。しかしどちらのアプローチも映像で表現するのは簡単なことではなく、イラストでさえ納得のいくものにはなっていなかった。

また、そもそもモノリスはなぜ木星に信号を送りはじめたのか――そこからストーリーの後半が動きだすのだが――その原因をどう伝えるかも未解決のままだった。キューブリックはすでに二年前、シェパートンのティコ磁気異常のセットでトランブルとはじめて本格的にディスカッションした際に、この問題を懸案事項としてあげていた。脚本ではモノリスは太陽エネルギーで動く装置で、四百万年を経たのちにはじめて太陽光にさらされて動きだすということになっていた。しかしこれをどう表現すればいいのか？　けっきょくシェパートンで完成させるのはむずかしいと判断され、ポストプロダクションまで持ち越されることになったのだ。

一九六七年後半のこと、スタンリーとクリスティアーヌは近しい人を自宅に招いて週末恒例の映画の夕べを催しており、その日キャントウェルはあとに残って軽く食べていくということになった。キューブリックとキャントウェルはその年の秋、よく雑談していたのだが、その日はイングマール・ベルイマンの対称性の使い方が話題にのぼった。とくにキャントウェルが感嘆したのは一九六〇年の『処女の泉』で、ほとんどのシーンは非対称で綿密に計算された構図になっているのにたいして、いくつかの重要なシーンだけほぼ完全に左右のバランスがとれているのだという。以前からベルイマンの熱心なファンだったキューブリックは、この話に背中を押されて映画を再見し、さらにキャントウェルと話し合った。キャントウェルによると、ベルイマンの対称性は象徴的なマーカーとしての役割を果たしているということでふたりの意見は一致したという。「彼としゃべっていて、わたしはこのケースはベルイマンのようにやってみるのもいいかもしれないといったんだ」とキャントウェルは当時をふりかえって述べている。「この対称性で展開させていく手法を使えば、言葉によらずにその部分を強調することができるかもしれない——その部分が観客にとって自分の体験を重要な転回点に結びつけてくれるつなぎ柱になるはずだ」

キューブリックは、コリン・キャントウェルと話をする以前から対称性を好んでいたし、ベルイマンに興味を持ってもいた。それはまちがいのない事実だ。しかし、この映画の太陽と月と木星の衛星の神秘的な並び方——つねに『２００１年』の中心に位置するトーテム、モノリスの垂直軸あるいは水平軸上に一列に並んでいる——はこの深夜のディスカッションに影響されたものだというキャントウェルの主張はけっして故ないことではない。そしてまたそのディスカッションは、キャントウェルがやってくる以前に描かれていた、月の眺望のきく場所から見た地球による日食という壮大なオープニング・ショットの影響を受けていたという逆の関係も成立しているのだ。

このシーケンスとベルイマンをめぐるディスカッションとを念頭に置いて、キャントウェルは『２００１年』の象徴としての重責を担うシーンのうちのふたつの製作にとりかかることになる。両方ともアニメーション撮影台で撮影され、意図的に互いを反映させたものになっている。ひとつめはまずローアングルでモノリスをとらえ、その向こうにピエール・ブーラがナミブ砂漠で撮った雲景があって、長方形の物体の上に太陽が昇る、というショットだ。最後にいちばん上に三日月を配して合成は完了した。キューブリックはけっきょく編集段階でこのショットを一度ならず二度までも〈人類の夜明け〉のシーンに入れこんでいる——最初はヒトザルがモノリスと遭遇するシーンの最後の五秒間で、つぎはダン・リクターが骨を拾おうと思いつき、それで地面に散らばる白骨を叩きはじめるシーンの二秒間のフラッシュバックだ。

もうひとつは、実質的にはひとつめとおなじなのだが、こんどはモノリスが月面にあり、太陽があり、その上に三日月形の地球があるという光景だ。気づかなかった観客も多いようだが、このショットはモノリスに太陽光が当たると同時に木星に向けてビーコンが送信されることをどう表現するかという、キューブリックがシェパートンでトランブルと話し合った問題を解決するかたちになっている。じつはこのショットは月面で明らかに強力な信号が発信されて、ウィリアム・シルヴェスターら宇宙飛行士たちが思わず身をすくませた瞬間に、編集段階で挿入されたのである。

キャントウェルのこの一対のショットはタロットカードのような趣で、つくるのは嘘のように簡単だったという。どちらの場合もモノリスは黒の画用紙を急角度に斜めにカットしたもので、それを大判の8×10インチの透明ポジ（ひとつはナミブ砂漠の空で、もうひとつは星空）の上に置く。三日月と三日月形の地球は、それぞれアニメーション作業の過程で加えていく。地球掩蔽のショットにかんしては、太陽は黒いアルミニウム板に穴をあけ、その後ろにハロゲンランプを置いてつくりだした。作戦室では〝アップブロック1〟、〝アップブロック2〟と呼ばれていたこのふたつのショットは、映画の編集においてはコンテクストがすべてだということを如実に物語っている。それぞれに先立って撮影された実写部分が観客にモノリスの大きさと重要性を伝える一方で、〈人類の夜明け〉のシーケンスでごく短く挿入されたショットは、この物体の持つパワーが〈月を見るもの〉の想像力を高め、骨が武器として使えると徐々に理解していく糧になっていることを伝えているのだ。キャントウェルの対称性を生かした〝転回点〟は独立した映像としてパワフルだが、それが意義深いものになったのは、あのオープニングの地球掩蔽ショットをはじめとする周辺のあれこれから力を得ているからだ。

〈月を見るもの〉の編集の際にも、これらのショットは力を発揮している。キューブリックはこのシーンについてのクラークの説明――モノリスがヒトザルを「目に見えぬ糸で吊られたマリオネット」（伊藤典夫訳）のようにコントロールしている――を却下していたのだが、それはこれらのショットを見てあることに気づいたからだった。一九六六年六月、彼はつぎのように返答している。「こうしたテストのありのままの描写は、ぼくにはまったく見当外れに思える。これでは魔法が消えてしまう」（同前）彼のこんどの解決策――要するに魔法を導入するという試み――は、『２００１年』のいくつかのシーケンスがいかに、いわば小説のアプローチを否定するものとして機能しているかを示すひとつの例といえる（しかし、それはまたクラークの有名な第三法則――「充分に発達した科学技術は魔法と見分けがつかない」――を映像で示したものでもある。この箇所のみならず、キューブリックは随所でクラークの法則を作家以上に直観的に把握していたといってもいいかもしれない。だがクラークのほうは一九六九年に、彼もキューブリックも意識的に「魔法を示唆したいと思っていた。われわれには、いまの進化の段階では理解しきれないものとして」と述べている）。

ここでまだ解決策がないまま残っていたのは、木星軌道上からスター・ゲートへの移動の問題だった。ボーマンは木星に到着するとポッドでディスカバリー号を離れて……なにやら注目すべきものに接近していく。だが、それは何なのか？　ここでもキャントウェルの対称性という転回点が解決策のヒントになってくれた。トランブルはすでにスリットスキャンをひと工夫して、平面上に描かれた木星をリアルな立体に見せる装置をつくりあげていた。この作業専用の木星《ジュピター》マシンは二台の映写機を据えつけ、それを反射素材を細長い弓形にしたものとリンクさせる構造になっている。この細長い反射素材がスリットの弓形バージョンということになる。二台の映写機にはトランブルがエアブラシで描いた木星の絵――一台に半球、もう一台に反対側の半球の絵――をセットする。装置全体――映写機、反射素材の弓形、そしてカメラがセルシン・モーターで連結されたもの――が回りだすと、回転する弓形にトランブルの絵がひとコマひとコマ再生されていくにつれて、平面の絵が魔法のように立体的なものに変わっていく。これは現在では〝テクスチャマッピング〟と呼ばれ、デジタルで処理されている。

木星が納得のいくものに仕上がると、トランブルとキャントウェルは木星の衛星づくりにとりかかった。まずトランブルがエアブラシで描いたものを白い球体に映写して――精度では木星マシンの技術に劣るが――さまざまな位相の写真を撮る。そのあとキャントウェルがアニメーション・カメラを使って木星系の見え方をいろいろと実験した。木星の衛星はすべておなじ平面上を周回しており、それを踏まえてキャントウェルは十月末、木星の赤道上から見た光景を想像してみた。「このキーポイントで、われわれはまた対称性を求めた」と彼は述べている。太陽と地球と月が一直線に並んだ状態が『2001年』のオープニングになり、モノリスのパワーを送信して第二幕の開始を告げたのだとしたら、このあらたな天体配列はその軸の反対側の端をしっかりと固定する錨になって、この映画の形而上学的な最終章の幕開けを告げるべきなのだ。

木星の衛星が連なる映像に一カ所隙間を残して、トランブルは黒いベルベットを背景に長さ一・八メートルの〝ベビー〟モノリスが回転している映像の撮影に入った。モノリスが深宇宙で現われたり消えたりするように見える映像だ。「ステージ上で照明を当てて、モーターでくるくるとバーベキューの串みたいに回転させていただけなんだ」と彼は回想している。「黒いブロックはスクリーンの特定の場所におさまるように撮影して、ほかの要素はストーリーボード通りに配置した」彼の手になる最終的配置は、回転するモノリスが十字架の横棒で、五つの衛星が縦のラインを形成し、木星が大地になっている。これには新世代キリスト教徒の象徴主義がじんわりと浸みこんでいるようだ。★

衛星の並び方があるスロットマシンの窓を思い起こさせるというので、キャントウェルの天体の十字架は作戦室ではすぐに〝フィフティ・フリー・ゲーム〟と呼ばれるようになった。同僚がこのショットの作業をしているあいだずっと、トランブルは暗闇から浮かびあがってくるように見える新種のスリットスキャン・シーケンスづくりに専念していた。ほとんど潜在意識に訴えるかのような最初の部分は、光の巻きひげが観客に向かって躍りでてきて万華鏡のような変幻きわまりないピッチにまで高まっていく映像が八〜十秒間にわたってつ

★　興味深いことにキャントウェルが関心を持っていたベルイマンの『処女の泉』中のショットには、マックス・フォン・シドーが中央のキリストの位置にすわった、ダ・ヴィンチの『最後の晩餐』の対称的配置を思い起こさせる場面がある。

づく。これは、「どんどんスピードを上げていくために小型モーター」を使って効果を高めたという。このスピードの変化は、幻覚剤のサイケデリック体験に特徴的な刺激的な神経伝達系の加速感とはちがう効果を生みだしている。

キャントウェルのフィフティ・フリー・ゲームを見たトランブルは――「最高だ！」と評したそうだ――それを試写室の片方の映写機にセットし、もう片方の映写機にはみずから撮った新スリットスキャン・ショットをセットして、キャントウェルとともに実験にとりかかった。さしずめダブル映写機ライヴミックス実験といったところで、これによってアニメーション・カメラをキャントウェルの十字架からその上の漆黒の部分に上げていくと、トランブルの新スリットスキャン・ショットにうまく引き継がれて、スター・ゲートを効果的に大きく開けることがわかった。

デイヴィッド・ボーマンを〝無限の彼方〟へ連れていく方法が見つかったのだ。

＊
＊
＊

一九六七年の秋冬を通して、キューブリックは『２００１年』の音楽、効果音、ナレーション、導入部に置くドキュメンタリー、そしてクレジット・シーケンスを仕上げようと肉体的にも精神的にも自分をぎりぎりまで追い詰めている状態だった。キャントウェルによると、キューブリックはボアハムウッドにいた期間中、「おそらく毎週、毎週、週に百時間前後、働いていたんじゃないかと思う。どれくらいの期間そうだったのかは知らないが、狂気に近いような、とりつかれたような感じだった。それが、この世にないものをつくりだすということなんだ」彼は、かれらがしていたことは〝ヴィジョン・ハッキング〟だったと表現している。

編集作業も終盤に入った時点でも、キューブリックはまだ地球外知性体や恒星間飛行などをテーマにした各国の科学者へのインタビューをまとめたロジャー・キャラスのドキュメンタリーを上映するつもりでいた。また、画面外の解説ナレーションについてもクラークとコンスタントに話し合っていた。

そうしたなか、〈人類の夜明け〉の撮影を見ていたキャントウェルにとっては驚きであり、不安も覚える事柄がいくつかあった。ある日、深夜のディスカッションで監督がウルグアイ系アメリカ人アーティスト、アントニオ・フラスコーニの木版画デザインを『２００１年』のクレジット・シーケンスに組みこむつもりだと明かしたこともそのひとつだった。木版画というジャンルの大家であるフラスコーニは多数の絵本を著している。当時の最新作『カンチレバー・レインボウ』は日食など太陽の姿を原始主義的な表現で様式化した絵が特徴の作品だったが、その手づくり感とレトロな雰囲気はキャントウェルにはしっくりこなかった。「導入部のタイトルはそういう背景の上に出ることになるし、タイトル・アートはそういう子供っぽいといえるようなグラフィックスの上にスーパーインポーズされることになる」と彼は当時を思い出して語ってくれた。「それだと〈人類の夜明け〉と調和しない気がして、かなり気になったんだ」

もうひとつ彼が疑問に思ったのはキャラスがまとめたインタビューのドキュメンタリーだった。キャントウェルは自身の意見を当たり障りなく控え目に監督に伝える技を身につけていたようで、キューブリックはかなり頻繁にこの身近な協力者の意見に耳を傾けていた。その結果、ふたりのやりとりで目指すべき方向が明確になり、キューブリックが自身の考えが凝り固まってしまっていることに気づくきっかけをつくるという効果が生まれていた。キャントウェルは必ずしもすんなり受け入れられるとはかぎらない意見を自分からいうより、監督から聞かれるのを待つほうがいいと考えていたのかもしれない。いずれにせよ、意見を求められたキャントウェルは、「フラスコーニの太陽は〈人類の夜明け〉の前に置くにはふさわしくないし、〈人類の夜明け〉は無言だということがなによりも重要だと思う」と伝えた。「スタート部分に混ぜ物はいらない。脳の反対側で生まれた科学者の言葉によるプロローグは不要だった」

この言葉と視覚、右脳と左脳のちがいは、クラークがボアハムウッドを訪れたときのエピソードにも特徴的に表れていた。「彼は前回来たときに見た映像全体を説明するナレーションを持ってきていた」とキャントウェルは語った。「その映像から生じる曖昧さや謎は三分から五分程度のナレーションでぜんぶ明らかにできると彼は思っていた」そしてキューブリックがクラークに新しい映像を見せるのだが、そのたびに、「キューブリックは会話をさらに削っていて、言葉を使わずに処理される場面が多くなっていった……ふたりが正反対の立場にあることははっきりしていたよ」

映画の不透明さが増していくのを見てクラークが不安を口にすると、キューブリックは巧みに話を本のほうに方向転換させて、こういった。「心配は無用ですよ、アーサー、書きたいように書いてください。好きなように明解なストーリーにしてください。あなたの本なんだから」これを聞いたクラークは、「不安げに、少し苛立ったように」見えたとキャントウェルは述べている。「アーサーはあからさまに感情を出すようなことはしなかった。とても礼儀正しかったよ」

『2001年』製作期間の最後の半年で、ふたりのたどる道筋は左右に分かれ、キューブリックの美的価値観と小説とのちがい――そして心理的距離――は広がっていくように見えた。

＊　＊　＊

ところが十月なかばに編集作業を開始したキューブリックは、クラークが提案したナレーションを使う意向をはっきりと示していて、一九六七年の大半をかけて、これにふさわしい声の持ち主を探していた。早くも二月初旬には、〈ガーディアン〉紙の記者でBBCラジオのコメンテーターでもあったアリステア・クックにオーディションを受ける気があるかどうか連絡してみてくれと、キャラスに依頼している。しかしキャラスは別の仕事で七月まで現場を離れるということだったので、キューブリックはキャラスの交代要員ベン・レイズにカナダの俳優ダグラス・レイン――『2001年』に大きな影響を及ぼしていた『宇宙』のナレーター――に似た声を探してほしいと伝えた。当時レインはどうしても都合がつかなかったのだが、『宇宙』を百回も見ていたキューブリックの頭には彼の声がこびりついていたようだ。「どういう声質かというと、誠実で知的で人に安心感を与える、隣に住んでいる知的な友人のような、ウォルト・ディズニー作品のウィンストン・ヒブラー的なものだ」と彼はレイズに書き送っている。「その声は偉ぶったところもなければ威嚇的でもなく、もったいぶってもいないし、過剰に芝居がかってもいなければ、いかにも俳優というふうでもない。にもかかわらず、人の関心をひくものがある」

ナレーター探しのあいだキューブリックは終始、ヒブラー――ディズニー作品で何度もナレーターをつとめている――を試金石としていた。九月までには、彼はレインと直接、交渉していて、レコードの選定で力を借りたニューヨークのラジオ・プロデューサー、フロイド・ピータースンにこの俳優の話しぶりは「完璧で、まさにウィンストン・ヒブラー的なものを持っている。隣に住んでいる知的な友人のようで、とても誠実で、それでいて印象的な雰囲気があるように思う」と手紙で述べている。しかし彼はピータースンに、出演料を釣りあげられる恐れがあるからレインと直接は接触しないようにと釘をさして、こう締めくくっている――「この点、忘れないでほしい。重要なことなので」

一九六六年の八月初旬、キューブリックはアメリカのオスカー俳優マーティン・バルサムを録音スタジオに迎えた。HALの声を演じてもらうためだ。キューブリックは当初はバルサムの表現を「すばらしい」ととらえていたが、しだいに彼がコンピュータの声に感情を込めすぎるようになっていくのを自分が看過していたことに気づいた。一九六七年秋にレインにクラークのナレーションを読むことを承諾させていたキューブリックは、彼にナレーターではなくHALの声を担当してもらおうと決断した――というわけで、ナレーターの問題は一時棚上げとなった。

レインは十一月末にロンドンに飛んで、わずか二日間でＨＡＬの声の録音をすませた。おそらく十二月一日、二日のことと思われる。本人は不満足だったようだが、この実質わずか八時間半の仕事は彼のキャリアにとって決定的な価値を持つものとなった。すぐれた舞台俳優であったレインにとって、『２００１年』のコンピュータという顔のない霊媒の役は、必ずしも終生残る役柄として彼が思い描いていたものではなかった。図版を多用した革新的な一九七〇年発刊のペーパーバック『メイキング・オブ・２００１年宇宙の旅』の卓越した立案者であり編者もつとめたジェローム・アジェルによると、監督はレインに、ＨＡＬに「気障《きざ》で、どこか人を見下したような、中性的な雰囲気」を与えてほしいと望んでいたという。その点にかんして彼が失望することはなかったが、ポストプロダクションでその印象をさらに強める手立てを探っていたという。レインのほうは、キューブリックをこう評している。「チャーミングな人で、いっしょに仕事をする相手としてあれほど思いやりのある人間はいないと思う。映画にかんしては少々、秘密主義だったな。脚本の最終稿は一度も見せてもらえなかった。映像もまったく見ていなかったんだよ」彼はＨＡＬを白紙状態で演じたのだ。

録音はキューブリックにとってコンピュータのキャラクターに磨きをかける最後の機会だったから、彼は十一月後半、重要な台詞の書き直しに時間をつぎこんだ。ＨＡＬの台詞でもっとも忘れがたい部分は、レインの到着直前に書かれたものだ。とくにそのなかのひとつは——ＢＢＣの記者からの質問に答えたものだが——監督自身のそれまでの四年間の経験を述べたものだったようだ——「わたしは多忙です。わたしは自分を最大限に活用していますが、それは意識のある存在にとって望みうる最高の状態だと思います」もうひとつは、あらゆる歴史的厄災を包含するようなキューブリック流の皮肉が充満した台詞だ。ディスカバリー号のアンテナの誘導ユニットが故障するという誤った予告を出した理由をボーマンにたずねられたＨＡＬはこう答える。「いや、それはなんの疑問の余地もないと思います。原因は人間のミス以外ありえません。こうしたことは以前にも起きていますが、すべて人間のミスが原因でした」

　録音のあいだ、キューブリックは俳優から一メートルほどのところに陣取り、細かい修正をしながら一行一行、進めていった。伝えられるところによるとレインは、「監督が求めるリラックスしたトーンを保つため」終始、裸足の足を枕の上にのせていたという。キューブリックはときおり録音を中断させては俳優に、もう少し早口で、「もう少し不安そうな感じで」あるいは「もっと冷静な感じで」などと指示を出した。一年前のキア・デュリアの応答同様、HALのしだいに絶望的になっていく数々の懇願の台詞など、コンピュータのブレインルームでのレインの台詞も編集で削られたものはごくわずかだった。ファイナル・カットに残らなかったもののなかにはキューブリックが何度も修正を重ねた台詞があったが、その最終バージョンは「いろいろと申し訳なかったと思っています。どうか信じてください」というものだった。

　キューブリックは、HALがミッションの本当の目的を知っていることを明かしたがっているそぶりを見せるシーンでのレインのパフォーマンスには大いに満足していた——ここもまた台本にさまざまな修正が書きこまれている部分だ。ボーマンに個人的な質問をしてもいいかとたずねる場面で、俳優はコンピュータの引き裂かれた忠誠心を巧みに表現してみせた。「いいとも」という答えを聞いて、HALは「定義するのがむずかしい」そして心から「追いだすのがむずかしい」と思った出来事について自分の意見を勢い込んで話しはじめる。「自分の懸念を投影しているだけなのかもしれません」と彼はいう。そして「このミッションには非常におかしなところがあるという疑念を完全にぬぐい去ることができないのです」と。ボーマンの曖昧な返答に促されてHALは、「月でなにか掘りだされたらしい」という話や、冬眠中の宇宙飛行士が、起きている宇宙飛行士とは別の訓練を受けて最初から冬眠状態で乗船したという「大袈裟なやり方」に言及していく。

　このシーケンスでは、レインのパフォーマンスは終始一貫して、ボーマンがなすべきは口実を与えてくれることだ、そうすればすぐにも知っていることを打ち明けるのに、というニュアンスを醸しだしている。ところがボーマンはいう――「クルーの心理状態の報告書をつくっているんだよな」（おもしろいことに、この言葉は、クルーの心理状態で問題になりうるのは人間的な部分だけだという本来の想定を裏切るかたちになっている）これを受けてＨＡＬは一瞬、間を置き、一歩後退して断言する。「もちろんです」（間は、キューブリックが編集段階で挿入したのだろう）それからすぐにコンピュータはディスカバリー号のアンテナの誘導ユニットが故障すると予告し、機は失われてしまう。ここで彼はふたつ嘘をついてしまった――ユニットが故障するという嘘と、本当に報告書をつくっているという嘘。そしてそのあとは殺人をも厭わない凶悪な軌道をたどることになる。

キューブリックはレインに『デイジー・ベル（二人乗りの自転車）』を計五十一回、歌わせ、ハミングさせ、語らせた。ピッチやテンポを変えたり、テンポを揺らしたり、ときにはハミングと語りをミックスさせたり、一度は語りだけのバージョンではっきりした一本調子で通したものも録音している。またあるテイクでは、五つのキー――Ｅ、Ｇ、Ｂ、Ｄ、Ｆ――で一曲通して歌ったりもしている。ハリー・デイカーがつくったこの素朴な小曲はＨＡＬがついに崩壊していくその度合いを測るものだから、監督はどんな解釈もできるようありとあらゆるバージョンを用意したのだ。

録音を終えて、キューブリックはレインのセリフ回しも歌もすばらしいと感じていたが、前者にはもう少し冷静沈着な落ち着いた雰囲気が欲しいという思いもあった。そこで〝エルトロ・インフォメーション・レート・チェンジャー〟というアナログ録音装置を使って、俳優の声のピッチは変えずにスピードを十五〜二十パーセント落とした。また選び抜いたＨＡＬの白鳥の歌を、こんどは速度や曲の長さは変えずに、レインの声のピッチを徐々にゼロ近くにまで落としていくという作業も、この装置で行った。そしてもう一工程、ピッチはなるべく変えずに、曲の長さをのばすという加工もしている。それらが合わさって生まれたのが、意識が徐々に消えていくＨＡＬの崩壊過程を不気味に、鮮明に、音響で描いたあのシーンなのである。

音響デザインがすべてを表現しているのだから、キューブリックがコンピュータの目が光を失うショットを使わなかったのは当然といえよう。

それからまもなくしてキューブリックに会いにオフィスをたずねたキャントウェルは、53号棟の編集室に回された。プレハブの薄っぺらい壁の向こうからキューブリックが仕事をしている音が聞こえてきたので、キャントウェルは邪魔をせずに部屋の外で待つことにした。キューブリックはフィルム編集機ムビオラの片方のヘッドで音を流し、もう片方で映像を流しながら、ときおりシーンのまんなかまで巻き戻してリプレイし、その効果のほどを推し測っていた。隙間風が吹き抜ける廊下に立っていたキャントウェルはHALが命乞いをする声を耳にした――「怖いよ、デイヴ……気が遠くなっていく」そのまま耳を傾けていると、コンピュータははじめての学習にまで逆行し、そのあとボーマンにうながされて歌をうたいはじめた。歌詞が「ぼくはおかしくなりそうだ、きみへの愛ゆえに」という部分にくると、このシーンの積もり積もったパワーがキャントウェルに襲いかかり、いつしか涙が頬を伝っていた。

やがて部屋に入った彼の頬は濡れ、ひとこともしゃべれなかった。キューブリックはなにもいわずに、そっとそのシーンを再生してくれたという。

＊　＊　＊

キューブリックの『２００１年』における音響デザインにかんしてはクラシック曲が使われていること以外ほとんど語られていないが、じつはこれもまたほかの分野同様、革新的なものだった。とくにボーマンとプールが宇宙遊泳をするシーンでは息遣いと小さく抑えたエアの供給音しか使われていない。同様の呼吸音のみのサウンドスケープは、ボーマンが手順通りに粛々とＨＡＬのプログラミングを破壊していくシーンとボーマンがホテルの部屋に着いたシーンでも使用されている。

ホラー映画で緊張が最高に高まったときに挿入される心臓の鼓動音とおなじで、それよりはもう少し機微に富んだ使い方だが、こうした呼吸音は観客に人間味を共有するという主観的感覚を与えている。わたしたちは必ずしも意識しているわけではないが、ボーマンの呼吸のテンポで、彼の感情の起伏を推し測っているのだ。宇宙遊泳中に聞こえるのは実質的にこの音だけだが、『２００１年』の音響デザインにおけるこの要素は広大無辺の惑星間空間で浮遊する人間という有機体を音で表現したものでもある。そしてわたしたちがこの酸素を取りこむリズミカルなささやくような音に慣れた頃、キューブリックは派手なブラヴーラ（大胆で華麗な演奏）を入れこんでくる。フランク・プールが切断された呼吸ホースをつなごうと格闘する場面だ。彼は足し算ではなく引き算の考え方でこうした――音を完全にゼロまでカットすることで、へその緒が地球の大気から完全に切り離されてしまったことを決定的に表現したのである。ついにわたしたちはプールが命なきものとして真空中を漂う姿を目にする。星々が煌めく無限の彼方へと遠ざかっていくプール。たとえ〝環境音〟だけだろうとサウンドトラックにつねになにかを入れておくという音響デザインの暗黙のルールを意図的に無視して――なにも残さず、無音にまで削って――キューブリックはたったいま起きたことの結末を強調してみせたのだ。

同様にディスカバリー号の船内でも、深い冬眠状態にある科学者たちが不気味な肉体感覚のない死を迎えるシーン――おそらく映画史上もっとも奇妙な殺戮シーンだろう――で音が重要な役割を果たしている。漂い去っていくプールの遺体を回収しようとボーマンが船をあとにすると、シーンが切り替わってバイタルサインが徐々にフラットになっていき、〝コンピュータ故障〟と〝生命機能臨界〟という警告表示が点滅し、その表示にシンクロしてさまざまな警告音や小刻みな電気的パルス音が鳴り響く。音で緊急事態の始まりをくっきりと描きだしたわけだ。そしてついに〝生命機能停止〟という表示とともにすべての音が止む――プールの最後の呼吸とともにすべての音が止んだのとおなじだ。しかも心電図から送られてくるデータや心拍数表示以外に、葬られた宇宙飛行士たちに異変が起きたことを示す描写は皆無。かれらの生から死への移行はまったくバーチャルなもののように見える。フランスの作曲家で映画研究者でもあるミシェル・シマンが述べたように、「死は時間とは無縁の行為であるかのように人に課されるもの。だからなにも変わっていないのだ」

そしてブレインルームのシーンでは、また別の種類の処刑が行われる。その間、ＨＡＬが意識のあるあいだ聞いているボーマンの応答は、その不規則な呼吸音だけ。それは生あるものと人工的につくられたものとの厳然たるちがいを如実に示すものだ。『２００１年』の後半のサウンドトラックに録音された断続的な呼吸音は、キューブリックが目標のひとつと明言していた第一人称効果を高めるのにも一役買っている。呼吸しているのは映画の登場人物のうちの誰か、なのだが、それはあなたでもありわたしでもある——見ているわたしたち全員でもあるのだ。それが突如途切れて無音になることで、プールの死がずしりと肚に響くことになる。それはギロチンが落ちるスピードで訪れる、不在の顕在だ。

その年の十月、デイヴィッド・デ・ワイルドは若い編集アシスタント、ジョン・グローバーをはじめてキューブリックのところに連れていった。編集作業が進行中の時期だったから、さまざまなサウンドトラック素材の製作が必要で、グローバーはその日の作業要員として派遣されてきたのだ。彼は緊張していた。53号棟にあるキューブリックのオフィスのドアを開けると、監督がデスクの向こうで椅子の背にもたれ、両方の鼻の穴に鼻腔スプレーを突っこんでいるのが目に飛びこんできて、グローバーはぎょっとしたという。しかしデ・ワイルドのほうは、こんな妙な光景を見てもあわてたりはしなかった。「スタンリーには慣れていたから、それほど驚きはしなかった。彼は風邪をひいていたようで、録音にそなえて頭をすっきりさせようとしていたんだろう」

キューブリックはグローバーたちが来たのを見るとクールにスプレーを抜いて、デスクに置いてあった宇宙服のヘルメットを取りあげ、三人は広大な録音スタジオとして使われていたシアター1に向かった。そこでデ

・ワイルドはスタジオのダビング・ミキサー主任Ｊ・Ｂ・スミスにグローバーを紹介。グローバーも手伝って、かれらはシアターのサウンドボードからマイクをのばし、キューブリックの顔のそばにセットした。キューブリックがヘルメットをすっぽり肩までかぶる。そして時間がすぎていったが、これといってなにも起こらなかった。充血もやわらぎ、やらせ呼吸の準備もできて、監督はふつうに呼吸していた——が、それは録音されていなかった。デ・ワイルドは、これは見物だ、と思いながらキューブリックの姿を眺めていた。キューブリックの髭面が『２００１年』のヘルメットのひとつにおさまっているのを見るのはそれが初めてだったからだ——作品のつくり手が、作品の一部になっている。防音構造のシアターはしんと静まりかえっていた。一度マイク経由でどうなっているのかたずねようとしたあと、「スタンリーはヘルメットを持ちあげて、なにが渋滞してるんだとわたしにたずねた」とデ・ワイルドは回想している。「わたしは、Ｊ・Ｂは耳が聞こえないんだ、と答えた。耳が聞こえないサウンド・ミキサーという発想を、彼はおもしろがってはくれなかったよ」

やっとＪ・Ｂ・スミスの準備が整って、キューブリックはヘルメットをかぶり直し、小編成のチームは三十分にわたって彼の呼吸音を録音した。その後、『２００１年』の音響編集者《サウンド・エディター》ウィンストン・ライダーが編集に使うためにテープ・ループを作った。

ジェイムズ・ジョイスはその著書『若い芸術家の肖像』で、主人公のスティーヴン・ディーダラスにつぎのように語らせている。「芸術家は、造化の神のように、みずからの作品のなかに、あるいは背後に、あるいは彼方に、あるいは上にとどまっているのだ。目には見えず、実体の濁りを取り除かれ、超然として、爪を整えているのだ」スタンリー・キューブリックの作品の一例である映画『２００１年宇宙の旅』は、彼が一九二八年七月二十六日から一九九九年三月七日まで惑星地球に記したサウンドトラックのほんの一部を、彼が生きた証として内包しているのである。

それはまた、まぎれもなく、演技のひとつのかたちでもある。

＊　＊　＊

『２００１年』の製作時から今日まで残っている書類のなかで、思わず慄然とするようなもののひとつが、一九六六年五月三十一日にロジャー・キャラスがシカゴにあるジェネラル・バイオロジカル・サプライ・ハウス宛てに打った海外電報だ。内容は、「保存されている人間の胎児、成長段階わかるものの入手、引き渡し後の価格決定、可能か否か等々、返信乞う」また同様のものの模型、最高品質のものの入手可能か否か、返信乞う」これに先立って、アイヴァー・パウエルからキャラス宛てに、一九六五年に〈ライフ〉誌に掲載されたレナート・ニルソンのセンセーショナルな胎児の写真のオリジナル・プリントを送れ、という電報が打たれていた。

シカゴからはすぐに簡潔な公式の返事が返ってきた。「見積もり、ヒト胎児、模型、供給不可。遺憾なり」

一九六七年の秋までに本物の胎児が手に入らなければ、ボアハムウッドで撮る映画の最終シーケンスに登場する幻のような〝スター・チャイルド〟は一からつくろうと決めていたので、キューブリックはその担い手として若き彫刻家リズ・ムーアを起用した。ムーアはスチュアート・フリーボーンがヒトザルのコスチュームをつくる際にも手を貸していたが、すでに在学中にビートルズの粘土胸像を発表して多少は名を知られていた人物だった。その夏、彼女はキア・デュリアに気味が悪いほどよく似た顔立ちの人間の胎児を粘土で作成した。キューブリックの注文通り、胎児の頭は異様に大きくつくられていたが、これは人類がつぎの段階に進化していくことを示したものだ。「最初はもっとずっと複雑なもの、腕や指が機械仕掛けで動くものが想定されていた」とブライアン・ジョンソンは回想している。「しかしスタンリーは胎児を光の繭のようなもので包みたいと考えていて、けっきょくどうしても欲しいのは目の動きだという結論になった」

像ができあがってそこから肌色の、レジン・コーティングをほどこした背丈七十五センチの中空のフィギュアがつくられると、ジョンソンは取りはずしできる頭蓋から頭の内側にガラス製の目を挿入した。そして目に小さなロッドを取りつけ、それをセルシン・モーターでコントロールされる軸受に接続――して、モーターで動くようにした。「十八世紀、十九世紀につくられた自動人形《オートマトン》を見てもらえば、原理はおなじだということがわかる」と彼は述べている。横からとらえた胎児の神秘的な目の動きは、ジョンソンのモーターがコントロールしていたのだ。

十一月初旬、かれらはスター・チャイルドをスタジオに持ちこみ、周囲を黒いベルベットで囲んで一連のシーンを撮影した。ところが映像があまりにも鮮明すぎてかなりのぼかしが必要になったため、かれらはこの映画のもうひとつの視覚効果秘密兵器を使うことにした。それは「ジェフ・アンズワースが提供してくれたもので、彼は〝戦前紗幕〟と呼んでいた」とトランブルは回想している。「彼はこの非常に数少ない戦前紗幕を秘蔵していたんだが、それはいちばん美しい輝きをつくりだしていた一九三八年のシルクのストッキングのようなもので、スター・チャイルドにもほかのショットにも、これがかなりの回数、使われていた」この素材はもともとマレーネ・ディートリッヒのパンティストッキング収納だんすにあったものだという噂まで流れたりしたが、とにもかくにもフィギュアが放つ光のうちの一定量がこの素材を通過してレンズに届くことで、被写体のシャープさを減じることなく空気感のある美しいぼかしをまとわせることができるのだ。最終的に、スリットスキャンのシーン、木星のシーンはすべてこのアンズワースの貴重な戦前紗幕を通して撮り直され、映画の最後の三十分間を際立たせるこの世ならぬ輝きを生みだしている。

ムーアの彫像はもう一度、こんどは戦前紗幕を十五枚程度重ねて撮影されたのだが、トランブルはつぎのように回想している。「四千ワットくらいのバックライトをつけて――たしか、でかいアーク灯四基で逆光で照らして、あのすばらしい露出過度の輝きをつくりだしたんだ……スタンリーはいろいろな動き方をしてスター・チャイルドを撮影した――フレームインしてくるショットとかフレームの端から端まですうっと横にすべっていくショットとかね。そのあとわたしがエアブラシでそいつを包んでいるものを黒い光沢紙に描いて、それをアニメーション撮影台で撮影して、像の動きに合わせたんだが、それも紗幕を何枚も使って、露出過多にして仕上げたんだ」

これらのテイクのうちで使われたのはふたつだけ、スチール写真も二枚だけだった。後者はアニメーション撮影台を使ってマスターズのルイ十四世風ホテルの死の床――いまは明らかに再生の場――と魔法のように融合され、エアブラシで描かれた後光に包まれた。ふたつの実写テイクのうちのひとつは映画の最後のショットに使われている。胎児がゆっくりと回転すると、その視線は地球をとらえ、さらにその彼方へと向けられ、観客を眺め渡して劇場の壁を突き抜けてゆく。「ツァラトゥストラはかく語りき」の壮麗なファンファーレとあいまって、これは映画に描かれたものとして二十世紀屈指のけっして忘れることのできない力強い瞬間といえるだろう。

キャントウェルの天体直列、デュリアの最後の晩餐、そしてとどめに、ただひとり生き残ったディスカバリー号乗員の死と再生。そのすべてが重なって、観客の心をある神学的枠組みにはめこもうとしているかのようだ。しかし、たとえそのようなコンテクストに周囲を固められていなかったとしても、ムーアの彫像はその自律的な目によって特別な、超自然的なとすらいえる存在感を示しているのは明らかだ。スタジオの強烈な照明は、黒いベルベットに囲まれたスター・チャイルドにこの世ならぬ光輝を与えた。内部のメカニズムにアクセスするためにはずれるようになっている肌色の頭蓋上部は蠟のような固定剤で下部と接合されて、継ぎ目はまったく見えない。キューブリックが求めていた一部が露出過度になるような効果を得るにはひとコマごとに露出時間を長くする必要があるので、ワンテイクに八時間以上かかったこともあった。

それだけ長いプロセスをモニターするユニット・カメラ・オペレータはひとりで事足りたし、そのひとりもつねに目を離さずに注視していたわけではなかった。その年の冬のこと、長時間の撮影中に強烈なアーク灯の熱で彫像の固定剤が溶け始めてしまった。固定剤は徐々に中空の頭蓋内に垂れていき、ついに彫像の目の隅からあふれでて完璧な滴をかたちづくった。そして定期的にチェックしにきていたカメラマンはスター・チャイルドが本物の涙を流しているのを見て驚愕した。

その超自然的な光景に心底衝撃を受けて、「オペレータは声をかぎりに叫びながら、その場から走り去ったのよ」とハリー・ラングの妻、デイジーは回想している。「いま考えれば、彼は敬虔なカトリックだったのかもしれないわね」

＊　＊　＊

一九六七年から六八年にかけての秋冬、過剰な仕事でがんじがらめ状態のキューブリックの協力者たちは、この非凡なる映画にふさわしい説得力のある異星人をつくりだすため、最後のひと押しと奮闘の日々を送っていた。異星人はいいものができればボーマンがスター・ゲートを通り抜けるシーンあるいはホテルの部屋のシーンで登場させることになっていたが、なにひとつはっきり決まっていたわけではなく、キューブリック自身も暗中模索の状態だった。〈人類の夜明け〉に登場した有史前の原生人がサルの着ぐるみを着た人間には見えなかったように、『２００１年』の地球外生物は〝緑色の小人〟のような、一見不気味な陳腐なものであっていいはずがなかった。製作期間中でもかなりとっぴといえるエピソードのひとつに、一九六七年九月にキューブリックがスチュアート・フリーボーンにダン・リクターを不気味な点描画風の生きものに変身させてくれないかと依頼した、という件がある。この水玉《ポルカドット》でできた点描画風の生きものにはすぐに〝ポルカドット・マン〟という呼び名がつけられた。

スタンリーとクリスティアーヌは地球外生物の外観はどうあるべきか、製作開始時からずっと話し合っていて、クリスティアーヌがシャーリーン・ペダーソンと塑像をつくるというところまできていた。「わたしはいったの。『映画で、良い異星人を見たことある？』って」とクリスティアーヌは回想した。「『いや』『あなた、つくれる？』『いや』わたしは何百枚も異星人の絵を描いたわ。どれもこれも、どう見ても……異星人の絵だった。オエッ！」

ふたりは徹底的に話し合ったようだ。「バクテリアみたいなものにするとか……霧のベールみたいな気体はどうかとか、そんなものまでいろいろ出てきて」とクリスティアーヌはいった。そしてそのときの夫の返事を思い出してくれた。「ああ、なるほど、しかし、それはおもしろくないな。霧のベールみたいなのは誰も見たくないだろう」さらにつづけて、「異星人については、ひとつおもしろいことがあるんだ。ぼくらの想像力を満足させてくれるものなどない、『ああ、そうそう、きっとこんなだろう』と思えるようなものはないんだよ。なにもかも超越してきみを驚かせてくれるようなものを思いつく、なんてことはありえないんだ。いいかい、たとえば重力がすごく大きい惑星で何億分の一ミリの厚さしかない気体のなかにしか住めないやつ。空中を石みたいに飛んでなんでもかんでも叩き潰してしまう鳥とか――まあ、そうだな――気体でも化学物質でもバクテリアでも……。とにかくきみは物をかたちづくってくれる脳細胞みたいなもの、脳波みたいなものを通り抜けることになるんだ」

つまりキューブリックはまずこの問題と修辞学的に取り組んだのだ。「彼はいっていたわ。『思いつくのはどれもこれも死ぬほど退屈なものばかりだ』って」とクリスティアーヌは回想している。「それに名前をつけたとたんに飽きてしまう、描いたとたんに退屈なものに見えてしまう……つまりね、コミカルにはできる、それはそれでおもしろい、美しくもできる、それもすてき、すばらしいものもできる、魅力的なやつね、でも満足できるものではないの。異星人を見たら、人はなにに驚くのだろう？　異星人はどんな姿をしているべきなんだろう？　わたしたちにはわからない、いつも大外れ。映画でも小説でも絵でも、なにかの解説とかでも、わたしは一度も『ああ、そうそう、きっとこんなのにちがいない』と思えるようなものに出会ったためしがないの」

当時、自身はどう考えていたか、スタンリーはなんといっていたか覚えているかとたずねると、クリスティアーヌはつぎのように答えた。「ふたりともおなじだったわ。クラークともずいぶん話し合いましたよ。かなりフラストレーションがたまったわね、想像したものがちっともおもしろくなかったから。なにを思いついても、おなじ理由で、たちまち魅力もおもしろみも失せてしまうの」

とはいえキューブリックは理論家ではなく、二十世紀を代表する実務家のひとりだったから、やれるだけのことはやりたいと考えていた。彼はダン・リクターを、友人だからというわけではなく――多少はそれもあったかもしれないが――その能力を認めていたがゆえに、いまだに契約を解除しないままにしていた。異星人になれる者がいるとしたら、それはこの、見事にアウストラロピテクス・アフリカヌスに肉体を与えただけでなく、その一族全体がキャッキャッと声を発しながら身ぶり手ぶりで話し合う暮らしぶりを表現してみせた、小柄な比類なき人物以外になかったからだ。

もちろんその業績の陰にはスチュアート・フリーボーンの少なからぬ助力があったわけで、八月下旬、キューブリックはこのメイク担当者の日当たりのいい仕事場へとつづく階段をドシンドシンと上がっていった。異星人のことはボアハムウッドでもよくディスカッションのテーマになっていたから前置きは不要だった。「いい考えが浮かんだ」と監督はいった。「必ずしも光学的方法でなくてもいいんだ、ただし……」彼は一部、光学的幻覚法を含んだ工程のアウトラインを説明していった。「彼は『こういうのはどうかと思うんだ』といった」とフリーボーンは回想している。「彼はどこかでドットでできたパターンを見たんだよ。背景もドットのパターンなのでなにも見えないような感じなんだが、背景と描かれたものとは別の平面上にあるので、なんとか見分けがつく。おもしろいアイディアで、スタンリーにこの線でなにかやってみてくれとたのまれた」

キューブリックはリクターにも相談を持ちかけていた。「異星人のフッテージを撮りたいと思っているんだが」

「わたしはなにをすればいい、スタンリー？」

「ハイコントラスト・フィルムって知ってるかな？」

「いや、あまりよくは」

「そうか、モノクロ・フィルムでグレースケールなし。なにもかもが白か黒なんだ。きみにやってほしいのは、全身を白く塗ること、そしてそこにポルカドットを描く。それから黒のポルカドットが描かれた白い背景の前で、ハイコンできみを撮影する。きみがじっとしていればスクリーンには動かないドットがひろがっているだけで、きみの姿は見えない。ぼくが見たいのは、きみが動いたらドットが異星人の姿になるかどうか、なんだ。そうなったら色を反転させれば光のドットでできた異星人ができあがることになる」

この人物の粘り強さについて、リクターはつぎのように書いている。「男にしろ女にしろ、ほかの人間を計るわたしなりの尺度では彼は計りきれないと思い知った――ほかの人間なら強制されて仕方なく、というところを、スタンリーの場合はとにかくひたむきに取り組むのだ」一九六七年から六八年にかけての冬の時点で、キューブリックがはじめてクラークに会った日から四年の歳月が流れており、冷戦諷刺で成功をおさめた、きれいにひげをそった青年は、目元に疲労をにじませ、ひげをたくわえた人物に変身していた（このひげをたくわえたキューブリックをクラークは「いささか冷笑的なラビのよう」に見えると表現していた――これはクラークが〈ライフ〉誌に寄せたプロフィールにあった一文だが、ハリウッドであからさまな反ユダヤ主義を目にした経験から自身の民族性がいらぬ関心をひくことを懸念したキューブリックは、校閲段階でこれを削除した。が、けっきょくこの記事が世に出ることはなかった）。どこまでいっても逆張りの人だった監督は、もしかすると『２００１年』の異星人は姿を出さずに存在をほのめかすだけにすべきだというカール・セーガンの提案にまだこだわっていた可能性もある。が、やはりなにかを形にしようと格闘しているあいだはセーガンの意見のことは忘れていたと見るほうが妥当だろう。彼が求めていたのは、彼でも彼女でもそれでもいいが、とにかく全体の空気を壊さない程度に異様で異質で力強い生きものだった。

一方、フリーボーンは監督の意に添うべく、リクターに「しっくり、ぴったり」合う禿げ頭のかつらのようなキャップをつくって白く塗り、イギリスでいちばん大きな穴あけパンチを見つけてきて「黒い紙で完璧な円を打ちぬいて」いった。そしてダンにぴったりフィットする白いショーツをはかせて全身を真っ白に仕上げた。噂に名高いエリア51基地での医療行為の不気味な前処置よろしく、アシスタントが小さな黒い円をピンセットでつまんでわたすと、フリーボーンはそれに接着剤をつけて、ひとつひとつリクターの身体に貼っていった。

そして彼の全身を覆うと、信じられない姿になった――衝撃的だった。彼の全身をくまなく覆ったんだ――足の甲も、足全体もすっぽり、どこもかしこも。そしておなじ大きさの黒いドットを全面に散らした背景の前に立たせた。じっとしていると背景に溶けこんでしまう――ところが動くと彼の姿がわかるんだ。驚くほど不思議な効果が生まれたよ――本当に風変わりなものだった――しかし、あの映画にしっくりくるとは思えなかった。スタンリーがどう使うつもりなのか見当がつかなかったんだが、当然、彼は使わなかった。しかし、じつに驚異的なものだったよ。

自身にとっては『２００１年』での最終段階となったこの仕事をふりかえって、フリーボーンは言葉をつづけた。「ある意味、良すぎたんだと思うんだが、けっきょく彼が求めていたものにはならなかったんだ。なぜなら異星人とは……何なんだ？」

まさにそれが問題だった。そしてトランブルもこの試みに巻きこまれていき、彼の仕事場には奇妙な宙に浮

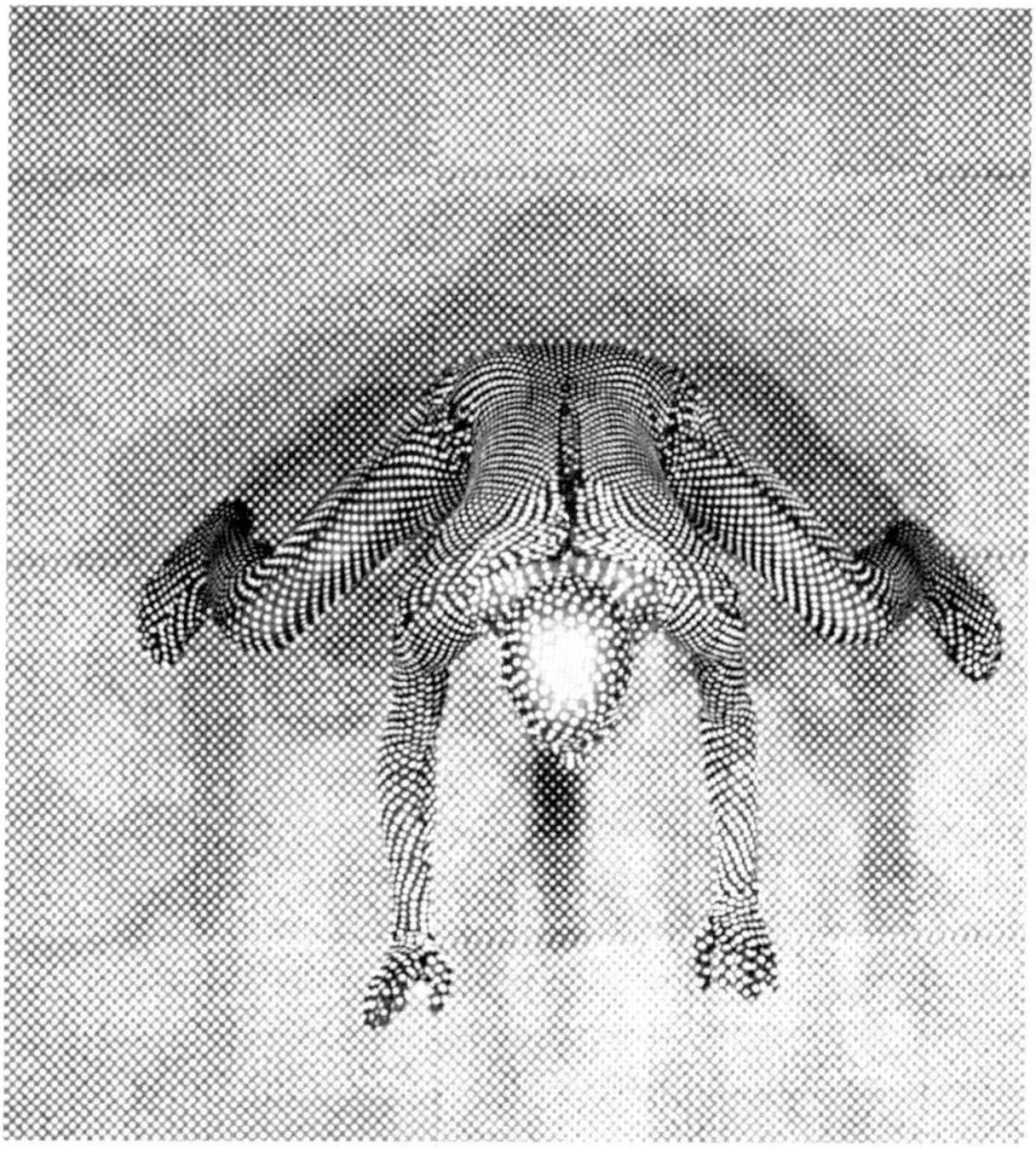

〈月を見るもの〉から“ポルカドット・マン”に変身したダン・リクター。

いたスリットスキャンの都市景観が出現することになった。イギリスにきて三度めの冬、みぞれがスタジオの屋根を打つなか、トランブルは豆電球で円や四角形や六角形をつくり、カメラが通過するあいだ次々と点いたり消えたりするようにすると、それを使って異星の建築物らしきものをつくりあげた。「そうやって平らに並んだ豆電球が建物のような、屋根も底もない宙に浮いた建物のような、巨大な光の筋になったんだ」と彼は回想している。「まんなかが大きくて、豆電球が消えるにつれて下方向が細くなっていって……本当にとても美しかった。そういう宙に浮いた光の都市を試しに撮影してみたんだが、本当におもしろかったよ」

トランブルの異星人づくりの作業には、これ以外に浮遊する半透明の光のパターンもあった。「本当におもしろい小さい

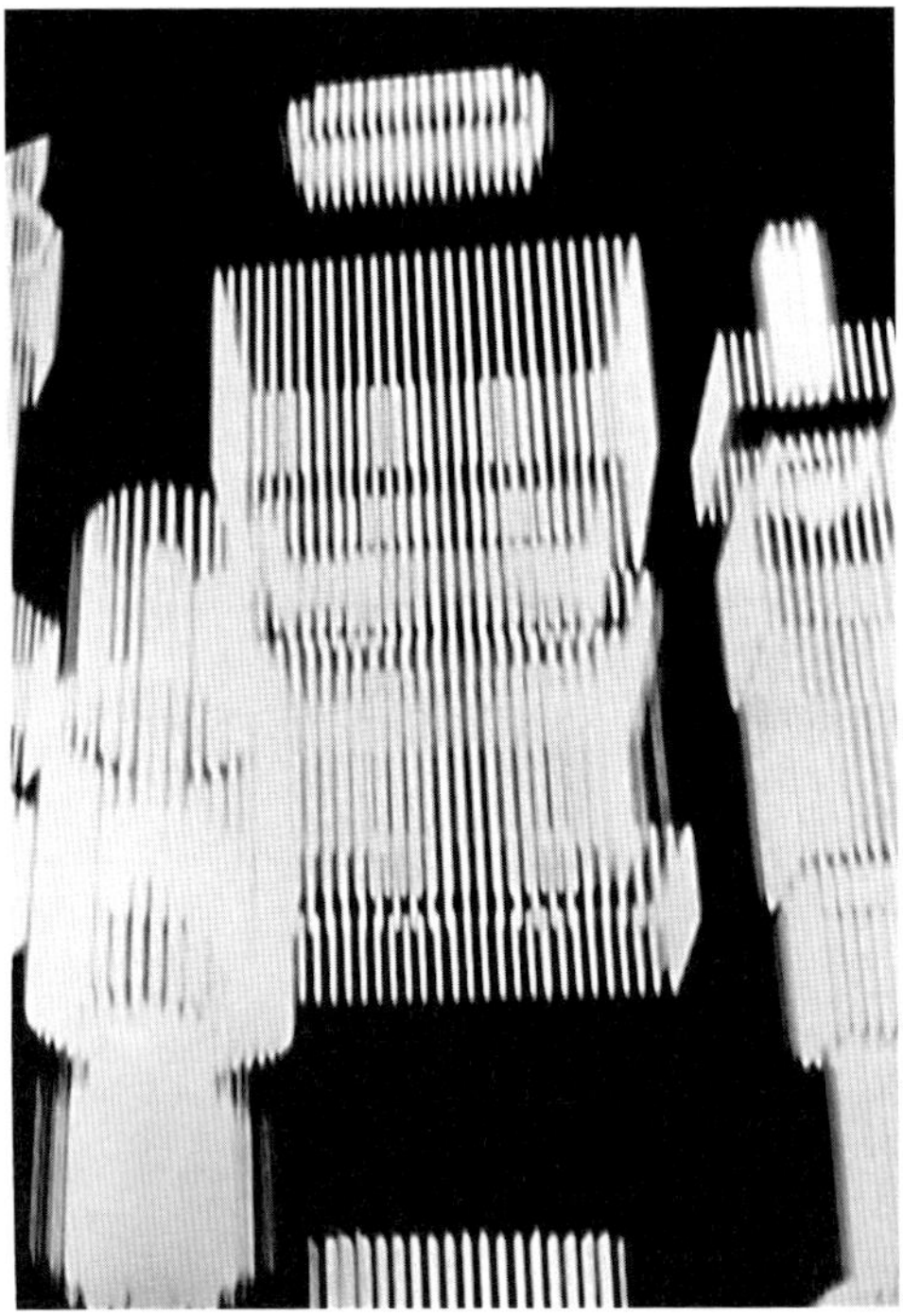

異星の都市風景。ダグ・トランブルが撮影終了間際まで力を注いだ労作のひとつ。

スリットスキャン・マシンをつくったんだ。万華鏡プロジェクターというか、二枚の鏡があって、その下で小さなアート作品が回転するものでね」と彼は回想した。アート作品が回転すると、「ヒューマノイドの姿ができるんだ。頭、肩、腕、胴体、二本の足、すべて純粋な光で、光のパターンだけでできている……それをどんどん発展させて、実際、美しいものをつくりあげたんだが、製作終了まで二週間しかなくて、キューブリックに『ここでやめてもらうしかない。それ以外に道はない。たとえきみがうまくやってくれたとしても、もう映画に入れこむことはできないんだ』といわれてしまった」

けっきょく信じがたいほど信じられる異星人、もしくは信じられるほど信じがたい異星人をつくるという問題は、やたら忙しいだけで得るものなし、というかたちで終わってしまった。「唯一無二といえるほどシュールでクレイジーなものということになると、それはもう驚きとか恐怖とは無縁のものになってしまうの」とクリスティアーヌは述べている。「なにかと関連性のあるものでなくてはならない。でも、なにかに関連づけると、それはもうオリジナルではなくなってしまうのよ」

彼女の記憶によれば、スタンリーはあきらめの境地で謙虚にすべての努力に終止符を打ったという。「誰もが打ちのめされるようなものを考えつくことができたら、どんなによかったか――誰もが文句なしに息を呑むようなものを」と彼は悲しげに彼女にいったそうだ。「才能があって、なにか思いつけていればなあと思うが、ぼくには無理だった。モノリスが残していくあのぽっかりと口をあけた虚空、あれこそぼくらが想像もつかないものを想像しようとするときに感じる虚空なんだ」

＊　＊　＊

一九六七年十一月下旬の時点で、キューブリックは映画のキーポイントとなるシーケンス用の音楽をすべて選びおえていたが、少なくとも公式には、それらの曲は〝テンプ・トラック〟、つまりオリジナル楽曲ができるまで仮に使用したもの、ということになっていた。監督自身がそういっていたのだ。ハリウッドの大作、ましてや莫大な費用をかけたシネラマのロードショー作品で、オリジナル楽曲なしで公開されたものはほとんどない。こうした作品にとって新曲は一大文化イベントとして盛りあげるために非常に重要で、プロモーション戦略の大事な要素のひとつと考えられていた。

その時点で『２００１年』にはすでに六百万ドルを超える予算がつぎこまれ、大幅な遅れも出ている状態だった。ＭＧＭがキューブリックのヴィジョンに尋常ならざる量のチップを積みあげていたため、ロジャー・キャラスとルイス・ブラウは一九六六年、六七年の大半を、監督の行動――とくに厳重な情報管理――が原因で投資資金をまもるための対策を打つのが著しく困難になっているという重役たちの憤怒を秘めた非難をかわすことに費やしていた。いうまでもなく、ＭＧＭはオリジナル楽曲を投資をまもるための手段のひとつと考えていた。したがってキューブリックは、権利関係さえクリアすればテンプ・トラックを簡単に恒久的なものに置き換えられると主張するだけではすまない立場に置かれていたことになる。

『２００１年』の製作期間の最終段階で会社から彼にどのようなプレッシャーがかけられていたのか、その大半は不透明なままだが、彼といっしょに仕事をしていた人びとは誰もがプレッシャーは存在していた、そしてそれはゆゆしきものだったと確信していた。たとえばダグラス・トランブルら、監督に近い立場にいた協力者は、キューブリックは防火壁の役割を果たしてくれた、自身がいくら対応に忙殺されようと心が重くなろうと、外部の熱がスタッフたちに伝わるのを徹底的に防いでくれた、と感謝の念をこめて語っている。

まちがいなくいえるのは、ＭＧＭ社長、ロバート・オブライエンが、膨らみつづけるコストや先送りされつづける納期をめぐる社内や出資者の不安の多くを吸収してくれていたということだ。アメフトでいえば、ボールを持って走るプレイヤーに伴走して敵にタックルされるのを防ぐ役割を果たしてくれたといえる。博識でカリスマ的な人物だったオブライエンはリベラル色が強く、ケネディ家とも親交が深かった。一九〇四年にモンタナの片田舎で貧しい家に生まれた彼は、一九三三年にシカゴ大学ロー・スクールを卒業し、その後フランクリン・Ｄ・ルーズベルト大統領により証券取引委員会の委員に任命された。

しかし長年の映画好きが高じて一九四五年、パラマウント映画社長の特別補佐に転職、その後一九五七年にＭＧＭの親会社であるロウズに移った。そして一九六三年に社長の地位までのぼりつめるとすぐに、自身が擁護する監督にたいする忠誠心を断固まもりぬく人物と評されるようになった。

彼が社の将来を一本の映画に賭けたのは、キューブリックのプロジェクトが初というわけではなかった。一九六五年に公開されたデイヴィッド・リーンの三時間におよぶ大作『ドクトル・ジバゴ』は、スペインとフィンランドでの困難つづきの十カ月の製作期間中にコストが七百万ドルから千五百万ドルへと倍以上に膨れあがっている。マドリード近郊のＭＧＭ敷地内に千人近い人手と半年間という時間をかけて四万平方メートルにおよぶ広大なセットが組まれたが、その費用もいっさい減額されることはなかった。イベリア半島に夢のように冬のモスクワが立ちあがると、オブライエンは社内の反対意見を押さえつけ、会社はリーンがヴィジョンを実現させるために必要とするツールをすべて提供すると保証した。そして彼は賭けに勝った――『ドクトル・ジバゴ』は多くの観客に支持される大ヒットとなり、初公開時だけで総収益は一億一千二百万ドルにのぼったのである。

この成功でオブライエンがキューブリックを擁護する陣形を保ちやすくなったのはたしかだったが、ほかの重役たちはそこまで楽天的ではなく、投資家たちも同様だった。MGMがたびたび赤字に陥っていたため、同社の株式の約十パーセントに当たる五十万株を所有していたシカゴの不動産王フィリップ・レヴィンは、『2001年』製作期間中にも二度――一九六六年とその翌年――MGMの社長を追いだそうと高額な費用のかかる代理戦争を仕掛けた。レヴィンの動きは必ずしも特定の映画と結びついたものではなく、むしろオブライエンの経営戦略全般にかかわるものだったが、キューブリックのプロジェクトが社に投資している人びとにそこはかとない不安感をもたらしていたことは否めない。「みんなとてもぴりぴりしていたわ――それも無理はないと思います」とクリスティアーヌは回想している。「もしわたしがあれほどの大金をつぎこんで、誰かがなにかを約束してくれたのに、なにも成果が見られなくて、彼に『いや、あなたに見せるつもりはない』なんて横柄な態度でいわれたら……。そんなことをいわれて黙っていたとしたら、それは相当、慈悲深い人でしょうね」

キューブリックは卓越した創造的な判断を下すことでは定評があり、その評価はいささかも揺らぐことはなかったが、製作をつづけることにかんしてはMGMにたよらざるをえない立場だったから、けっきょくは説得をまったく受けつけなかったわけではなかった。彼がとくに注意を払っていたのはオブライエンの意見だった。オブライエンが『2001年』の製作に肩入れしてくれていることはまちがいのない事実だったし、彼がこの先、いまの地位を保っていられるかどうかが『2001年』の成功を左右する可能性はますます大きくなっていたからだ。こうした要因がものをいったのだろう、キューブリックは十一月下旬、ハリウッドの映画音楽作曲の第一人者アレックス・ノースに電話をかけている。

映画音楽プロデューサーのロバート・タウンスンによると、キューブリックがノースに『2001年』の曲作りを依頼する電話をかけたのはMGMの示唆によるもので、テンプ・トラックは権利関係をクリアすればすぐに使えるという監督の話を受けてのことだったという。キューブリックはすでに一九六〇年の『スパルタカス』でノースと仕事をしており、ノースの作曲家としての評価はそれ以降、『クレオパトラ』（一九六三）、『華麗なる激情』（一九六五）の楽曲で好評を得て、いっそう高まってきているところだった。当初、「キューブリックとふたたび仕事ができる機会に恵まれて天にも昇る心地」だったノースは、この映画には会話部分が二十五分間しかないと知って大喜びした――かつてないほど自由にやれると思ったからだ。

しかし、十二月初旬、ロンドンに飛んでキューブリックがテンプ・トラックの一部をそのまま残し、その前後に入れるかたちで楽曲をつくってほしいと望んでいることを知り、ノースは自分が思いちがいをしていたことを悟った。テンプ・トラックが入った映画の最初の一時間分を見たノースはいった。「ほかの作曲家の作品のあいだにはさみこむものを作曲するというアイディアは受け入れられない。わたしはキューブリックが求める構成要素、エッセンスを余さず盛りこんだ楽曲をつくれると思うし、そこに一貫性、等質性、現代性を与えることもできる」キューブリックはしぶしぶ同意した――そしてそれ以降、作曲家が既存の楽曲に匹敵する、さらにはそれを凌駕するものをつくってくれることを期待していたようだ。

ノースは自分がむずかしい立場にいることを自覚していた。なにしろ世に知られた西洋音楽のなかでも傑作と目される作品群と競うことになるのだ。にもかかわらず、十二月中旬には契約が完了。MGMは二万五千ドル、プラス経費を支払い、交通、宿泊の便を保証するという内容だった。また九十一人編成のオーケストラとも契約が結ばれ、オーケストレーション担当のヘンリー・ブラントも雇用された。ブラントは一九三九年に作曲家アレック・テンプルトンの『バッハ・ゴーズ・トゥ・タウン』をベニー・グッドマンのためにオーケストレーションした人物で、ノースとは『クレオパトラ』の楽曲のアレンジでいっしょに仕事をしたばかりだった。録音日は一月十五日、十六日に設定され、ノースは妻のアンナ・ヘルガー＝ノースを伴ってクリスマス・イヴにロンドンにもどった。「アレックスは王様のようにもてなされたわ」とアンナは一九九八年に述べている。「アパートメントも料理人も車も用意されていて、夫とヘンリー・ブラントは、すぐに仕事にとりかかりました。キューブリックはテンプ・トラックが耳になじんでいるだろうから、それに似たものをつくらなければと考えていたんです」

ブラントがノースから聞いた話として記憶しているところによると、ノースが十二月にキューブリックと会ったとき、キューブリックはテンプ・トラックの許可が取れていたら『２００１年』のサウンドトラックは〝既成事実〟になっていたはずだった、と語ったという（ここでいう〝許可〟が権利関係がクリアできていたらということなのか、そもそもこのトラックを使うことにMGMが賛同していたらということなのかは不明のままだが、後者だろうという証拠は残っている）。とにもかくにもノースは自作曲がシュトラウスの二曲、リゲティの一曲に真に匹敵するものになるとは思えないという心を掻き乱す呪縛に終始とらわれていた。しかし彼は大きな心理的圧力を感じながらも驚くほど短時間で一連の楽曲を用意してみせた。「録音初日に間に合うように昼も夜もなく仕事をつづけたが、ストレスと緊張とで筋肉は痙攣するし、腰はやられるしというありさまだった」と彼は回想している。

事態が思わぬ展開を見せたのは、録音直前のことだった。ノースが虚脱状態に陥り、動くこともままならなくなってしまったのだ。一九六八年一月十五日の朝、デナム・フィルム・スタジオに集まってくるオーケストラの面々を見おろしていたデ・ワイルドとキューブリックは作曲家がストレッチャーで運びこまれるのを見て仰天した。「救急車で来たんだから」とデ・ワイルドは回想している。「スタンリーもわたしも、そりゃあ驚いたよ」精神は健全だが横になったままのノースが見守るなか、ヘンリー・ブラントの指揮で録音は進んでいった。

二日間にわたる録音のあいだ、キューブリックは出入りをくりかえし、ときにブラントに、あるいはノースに感想を洩らしたりしていた。「わたしは録音に最初から最後までつきあったけれど、キューブリックはとても機嫌がよくて、褒め言葉を並べていたし、なんの軋轢《あつれき》もなかったわ」とヘルガー＝ノースは語っている。彼女の夫もおなじような感触を得ていて、「彼は、音楽面でとてもいい助言をしてくれた」と述べている。「すべて順調だと思っていたよ、彼が録音に立ち会ってくれたし、興味を持ってくれたしね」

デ・ワイルドはキューブリックの反応を少しちがうかたちでとらえていた。「彼がわたしを見て、わたしが彼を見て、成功とはいいがたいのは明らかだった」とデ・ワイルドは述べている。ブラントもこれはうまくいかないと悟っていた。彼の記憶では、監督はノースの楽曲の冒頭部分――おそらくシュトラウスの「ツァラトゥストラはかく語りき」に代わるものとして書かれた曲――を聞いて、こうコメントしたという。「すばらしい曲だ、美しい、だがこの映画には合わない」ブラントの楽譜には、もっと直截にこう書かれている――「スタンリーは気に食わないようだが、わたしは好きだ！」この流れを完結させるのが、コン・ペダーソンの話だ。彼はキューブリックがボアハムウッドにもどってくるやいなや、そっけなく「駄作だ」と吐き捨てたのを覚えているという。

それでも二日間で四十分を超える新曲の録音が完了し、ノースはアパートメントにもどって身体を休めながら、映画の第二部、第三部が完成するのを待った。しかし一週間以上たっても監督からはなんの連絡も入らず、いつのまにか監督と直接、話すことができずにアシスタント経由でメッセージを伝えるしかないという状態になっていた。彼はキューブリックに、身体が動かなかったのは一時的なことで、作業を進めたいと心から願っている、医師の管理のもとで仕事をしている旨を伝えた。そしてついに返ってきた答えは――これ以上、曲は必要ない、映画の残りの部分では「呼吸音を使う」ことになる、というものだった。

一月中旬にエージェントに電話する前に走り書きしたノースのメモは、危機的状況の現場から届いた速報のようだった。「義務は果たした――四十分以上、録音した――待たされた――曲が気に入っていたのに心変わりした」メモにはキューブリックの意図を彼がどうとらえていたかも書かれている――「テンプ・トラックの権利関係クリア……心理的こだわり」さらに作曲家はエージェントに、ロバート・オブライエンに連絡して圧力をかけさせるようにと指示してもいたようだ。

後年、キューブリックはノースのエージェントが実際オブライエンに電話したことを確認している。キューブリックによれば、エージェントは、「彼のクライアントの楽曲を使わないと公開日に間に合わなくなるだろうと警告した。しかしその瞬間、オブライエンは、いつもそうなのだが、わたしの判断を信頼してくれたんだ。彼はすばらしい人物だよ。映画製作者から真の忠誠心と親愛の情を寄せられている非常に数少ない映画界のボスのひとりだ」フランスの映画評論家ミシェル・シマンに語った言葉のなかで、キューブリックはノースの作品に容赦ない評価を下している。

彼といっしょに映画を非常に細かく見ていって、彼は例のテンプ・トラック（シュトラウス、リゲティ、ハチャトゥリアン）を聞いて、うまく機能している、各シーケンスで目指すべき曲作りの参考になるといっていたのに、できあがって録音された曲はいっしょに聞いた楽曲とはおよそ異質なものだったし、それよりなにより深刻だったのは、あくまでもわたしの意見だが、それが映画とまったく合っていなかったことだ。プレミアがすぐそこまで迫っていて、ほかの曲を書いてもらうかどうか考える時間すら残されていなかったし、すでにテンプ・トラック用に選んでおいた曲を使えなかったら、いったいどうすればよかったのか、見当もつかない。

これは腹黒い策略だったのだろうか？　ヘルガー＝ノースは、それがキューブリックの最初からの計画だったと感じていた。「彼はずっとテンプ・トラックの権利関係をクリアしようとしていたのだから、アレックスに曲をつくらせたのは形だけのことだったのよ。それはずるいと、ずっと思っていました」と彼女は非難している。「キューブリックはけっきょく権利関係をクリアできたのに、そのことをアレックスにはいっさい知らせてくれなかった。ニューヨークで『２００１年』を見たときには、ほんとうに驚いたわ。アレックスの曲は――音符ひとつも使われていなかったんですもの」

しかし彼女の評価を少々揺るがすエピソードもある。一九六八年一月のこと、キャントウェルがいつもの深夜の話し合いに出向くと、キューブリックが柄にもなく落ちこんでいた。サンドイッチをつくっているあいだ、「彼は考え事をしていた」とキャントウェルは回想している。「ふたりとも黙ったままだったが、やがて彼が問題があるんだといいだした。『たったいま、四人めの作曲家をやむをえずクビにしたところなんだ。またゼロからはじめなくてはならない。ふりだしにもどってしまったよ』と。そして、『残された時間内でどうするか、誰にたのめばいいのか』ともいっていた。そこまで聞かされたら、当然わたしも彼がどれほどのことを抱えこんでいるのか、はっきりと悟った。彼はいっていたよ。『ビートルズに連絡すべきかな、とまで考えているんだ』とね」

この言葉――誇張表現だが、真剣に熟慮を重ねていることのあらわれ――を聞いてキャントウェルは「少し考えて思ったことを率直に伝えたよ。『いや、そんな必要はないよ』と」

キューブリックがビートルズといったのは、つかのますがる思いでつかんだ藁のようなもの、それ以上の意味はないと断定することはできない。が、いずれにしてもキャントウェルはこの状況の重大さに愕然としたという。「ひとつ、スタンリーがわたしに伝えたもの、それは深い失望だった」と彼は語っている。「スタンリーとしては打ちひしがれているわけにはいかなかった――なんとしても解決しなければならなかった。映画をおとしめるわけにはいかなかったんだ。悲しみと切迫感と『ここからどうする？』という興奮とが入り混じっていた。そのすべてが包みこまれていたんだ。彼からその思いの強さがじつに静かに伝わってきたよ」

＊＊＊

〈スター・ゲート〉シーケンスをさらに良いものにしたいと飽くなき探求をつづけていたキューブリックは九月、前年にバーキンがスコットランドで撮った素材を補うために、空撮映像を追加する必要があると判断した。そこでカメラマンのボブ・ガフニーに連絡をとると、ガフニーは九月二十七日にロンドンに飛び、ボアハムウッド入りした。彼が到着したとき、監督はちょうど裏庭《バックロット》で骨がくるくる回りながら宙を飛ぶシーンを撮影中で、彼はそのようすを間近で見ることができたという。それまでにガフニーが『２００１年』にどんな貢献をしたかといえば、一九六四年に既存のワイド・スクリーン方式ではなく、より華々しい65ミリのシネラマ・フィルムを使うようキューブリックを説得したことがあげられる。監督は彼を自分のオフィスに連れていくと、書棚から南西部の砂漠の風景写真が入った本を取りだして、こういった。「太陽が低い位置にある時間帯のモニュメント・バレーの映像が欲しい。モニュメントの上をできるだけ低空飛行してくれ」ガフニーがどんなシーケンスに使うのかたずねると、キューブリックは例によってすんなり明かしてはくれなかったという。

　ガフニーは十月十日には借りてきたパナビジョンカメラと大量のフィルムを持ってアリゾナ州ペイジ近傍の撮影地に入っていた。彼は撮影にはヘリコプターよりセスナのほうが適していると考え、画面にプロペラが入らないよう、翼の下にカメラを設置。ペイジ近傍のごつごつした崖肌やメサ（周囲が崖で上がたいらな岩石丘）を数日間、撮影したのち、いよいよその東にあるモニュメント・バレーの撮影にとりかかった。モニュメント・バレーは数々の撮影が行われたアメリカ国内屈指のロケ地で、アメリカ西部と同義語といってもいいほどのところだ。

バーキンとパイロットのバーナード・メイヤーは前年の十一月にスコットランドでヘリコプターを飛ばし、下降気流や予測不能の風向きの変化に翻弄されるという災難に見舞われていた。ガフニーとパイロットはモニュメント・バレーからそう遠くないテキサコのガソリンスタンドのすぐ横にある未舗装の仮設滑走路に陣取っていた。ありがたいことに通りの向かいにはモーテルがあるという場所で、あたりにはラバや山羊が勝手気ままにうろついているようなところだ。〈人類の夜明け〉のとき同様、夜明けか日没直前に撮影しろと指示されていたため、ガフニーは初日の午後にカメラを搭載し、吹流しが「ぴくりとも動かない」ことを確認してから、日没前に土埃を巻きあげて飛び立った。

ところがいちばん近くのメサの上を通過したときだった。時速百六十キロの風に煽られて機首が上を向いてしまったのだ。上向きにきりもみ状態に陥り、もはや失速寸前。パイロットはガタガタと暴れる操縦桿と格闘しながら、「いつかおまえが俺を殺す気だってことはわかってたんだ、このクソ野郎！」と叫ぶありさまだった。

「操縦桿を押せ、無理なら俺がやる！」ガフニーはそう叫ぶと、手をのばしてパイロットに力を貸し、操縦桿を押しさげた。セスナは砂漠のジェット気流の下へ急降下。やっと水平飛行にもどって離陸地点に引き返すと、あらたにアドレナリンが湧きあがってくる光景に出くわした。離陸したときに舞いあがった土埃がまだ宙にとどまっていて、視界をさえぎっていたのだ。無風状態だが、太陽が滑走路の背後に沈みかかっていて、土埃が不透明な壁のようになっている。「操縦をたのむ。俺がレーダーになる」ガフニーはそういって前方に身をのりだし、風防ガラスの向こうに目をこらした。セスナは滑走路に近づいていく。「二度左……右……プロペラの回転数を下げろ……パワーを切れ！」ドーンという音とともにセスナは滑走路にたたきつけられ、途中でタイヤがパンク。

かろうじて着陸成功。

辛くも危機を切り抜けたかれらは風を巧みにかわす作戦を立て、かれらの空撮映像のいくつかはパープルハート工程を経て鮮やかなマルーン、アンバー、グリーン、ブルーといった色調に変化し、編集を経て〈スターゲート〉シーケンスになった。そのなかには、モニュメント・バレーの特徴である砂岩の尖塔がはっきりと映っている部分がある。「もう少しで死ぬところだった」とカメラマンは一九九七年に、キューブリックの伝記を著したヴィンセント・ロブロットに真摯な口調で語っている。

『2001年』公開の数年後、バーキンはキューブリックの別のプロジェクトのリサーチを手伝っていた際に、スコットランドのショットのひとつ――廃墟となった測候所があるベン・ネヴィス山の頂上のショット――がいささか場所が特定しやすいのが残念だという話をした。すると監督は、いま考えるとガフニーが撮ったショットのいくつかもおなじ理由で、使うべきではなかったかもしれない、と答えたという。

＊　＊　＊

キューブリックは『2001年宇宙の旅』の編集作業を一九六七年十月九日から一九六八年三月六日――クイーン・エリザベス号に乗船してニューヨークに向かう前日――までつづけていた。大方の話によると、キューブリックは公式には編集者となっているレイ・ラヴジョイを助手にして自分自身で編集を行ったという。その間、デイヴィッド・デ・ワイルドがあたらしいプリントや音声テープ、フィルム缶を持って、出たり入ったりしていたようだ。

作業を垣間見ていたコリン・キャントウェルは、キューブリックの頭のなかには映画の構成がすでに存在していて、作業は熟練の技で直線的に進められていったと回顧している――最初から最後まで流れるように進んでいって、編集し直した部分は一カ所もなかったという。監督はただひたすらフィルムを一巻、一巻、音声と音楽と合わせて編集していき、すぐさまつぎなる作業へと送りだしていった――70ミリシネラマでの公開後、一九六八年終盤に35ミリで一般公開されることになっていたため、それ用に転換する必要があり、その工程が非常に時間がかかるものだったので、短期間で仕上げなければならなかったのだ。

とにかく切迫した状況だったので、手ちがいはおろか、前のシーンにもどって微調整するという贅沢も許されなかった。フィルムの一巻めにあとのほうでくりかえさなければならない部分があれば、前もって説明が必要だから、映画全体がはっきりと視覚化されていなければならない。オープニングのシーケンスを編集しているときに、フィルムの最後の巻をどういうふうにするか全体像が見えていなければならないのだ。「映画のほかの作業同様、見事に、完璧に、こなしていた」とキャントウェルは驚嘆していた。

これほど制約の多い状態――試写はおろか考え直すことも許されない状態――にありながら、「いい時間をすごしたよ」とデ・ワイルドは回想している。「ちょっと楽しかったといってもいい。その頃には、とてもゆったりしていて、みんな余裕があった。もう封切りの用意ができていたからね」

キャントウェルの言葉は、映画のなかのより説明的な部分をどう選別するか、あらかじめかなり視覚化されていて、フィルム一巻一巻、作業を進めるにつれて、わたしたちがいま知っている大半が非言語で展開する作品としての『2001年』が姿をあらわしていったということを示しているように思える。事実、デ・ワイルドによると、一九六六年にロジャー・キャラスが苦労してまとめたドキュメンタリー・プロローグは、映画の冒頭に入れられるどころか編集されることもいっさいなかったという。しかしキューブリックはじつは五カ月におよぶ編集期間中ずっと、ナレーションを入れるかどうか悩みつづけ、一度ならず二度、断念したという記録が残っている。一方、クラークは九月、十月、そして十一月に入っても律儀にナレーション原稿に手を入れてつぎつぎとボアハムウッドに送ってきていた。原稿は〈人類の夜明け〉、HALの神経症、そしてディスカバリー号のさまざまな特徴や運用法にかんするもので、すべてやや教訓めいた口調のきりりと締まったドキュメンタリーのナレーション・スタイルで書かれていた。

十一月初頭、キューブリックはナレーションの仕上げに向けて追い込みに入っていた。当時クラークはアメリカで講演ツアー中で、原稿は直接ロンドンに電送されるか、ニューヨークにいる広報のベン・レイエスに電話で伝えられてからレイエスがただちにロンドンに伝えるという形が取られた。原稿の抜粋を見ると、もしそれが使われていたら『２００１年』がどれほどちがったものになっていたかがよくわかる。〈人類の夜明け〉

編集助手デイヴィッド・デ・ワイルドとともに作業中のキューブリック。

シーケンスには――「かれらは森の子だ――木の実や果物を集めている。しかし森は何世紀にもわたる干ばつで死に瀕しており、それとともにかれらも死に瀕している。この開けた平原と育ちの悪い茂みしかない新世界で食べ物を探すのは、果てしのない負け戦であった」

ディスカバリー号には――「人は巨大なドラム缶のなかで大半の時間をすごすことになる。このドラム缶は回転していて、遠心力によって通常の体重が感じられるようになっている。このなかなら、無重力の不便さに悩まされることなく、歩いたり、健康のために運動したり、食事を用意したりすることができる」

HALには――「コンピュータに意識が芽生えてからずっと、その大いなる力は完全無欠を達成するために注がれてきた。生命体のように激情に惑わされることなく、そのことをひたすら一意専心に追い求めてきた。しかし、何百万キロも孤独な旅をつづけてきたいま、他者とわかちあうことのできない秘密を抱え、そのために人を欺くという状況に陥って考えこみ、不完全性ということ、まちがうという感覚を切実に体験しはじめている。なぜなら彼をつくった者たち同様、HALも無垢なものとしてつくられたからだ」

キューブリックが十一月下旬になってHALの声にレインを使うことにしたのはマーティン・バルサムの台詞回しが気に入らなかったことが大きな原因だったが、ひとつにはこうした説明的な部分が映画におよぼす影響にたいする懸念が膨らんでいたこともあったのかもしれない。カナダの俳優、レインと録音作業に入る二週間前、この感情が確たるものになっていたのは明らかで、十一月二十日から二十二日にかけて、キューブリックは講演ツアー中のクラークと連絡を取ろうと電報を打ちまくっている。仕事を中止してくれ、との文面で、「ナレーションを大幅に削る必要がでてきた」とそっけなく説明している。

二十三日、クラークはこれに応えて強い懸念がにじむ返信をよこした。「二週間、一万六千キロにおよぶ講演ツアーからもどってきたところだ。その間、空き時間はすべて、たのまれていたナレーション原稿書きにあててきた。あと数日で完成というときにメッセージを受け取って、たいへん当惑している。きちんと説明してほしい」その日キューブリックが返した答えは、前にも増してあいまいなものだった。「ナレーションの件、申し訳ない。映像でカットする部分がふえたので、ナレーションは不要だということがはっきりしてきたのです」

これを受けて二十五日にチェルシー・ホテルから出されたクラークの手書きの手紙には、作家の考え方を垣間見させる興味深い文言が並んでいる。彼は「いささか動転した」と書いているが、同時に「無駄にするには惜しい、あたらしい華麗な章句」――内心を吐露するコメント――にも言及し、つづけて暗に容認するような言葉を記している。曰く「ナレーション素材の大半をどんなふうに省けるものなのか見てみたいと思う一方、そうできたらすばらしいとも思っている！」

しかし十二月初頭、キューブリックは再評価を行い、十七日にちょうどロンドンにいたクラークに、ナレーション原稿の仕上げのために、編集した映像を一月半ばに見てほしいと伝えた。ところがクラークが追加の仕事の料金――彼は五千ドル要求した――の話を持ちだすと、キューブリックは急にしぶい態度になった。「正直にいわせてもらうと、あなたには脚本関係の仕事にたいする料金が支払われていて、このナレーションの仕事はわたし自身がこの一年半やっている追加の仕事とおなじ類のものではないかと思います。わたしは追加料金はいっさい受け取っていません」と彼は書いている（ちなみに、傍点部分はイタリックで書かれている）。

これを読んだクラークは怒りをぐっと呑みこんで、即座にスコット・メレディス宛てにメッセージを送った。彼は「厚顔無恥」という言葉を使いながらも、エージェントに「せっかくここまでやってきて、いまさら不快な思いをしたくはないし、法外な料金を要求したくもないから、彼にあまり圧力をかける」ようなことはするなと指示した。もし三年前にクラークが映画の経済面にもう少し深くかかわるようにしておいたなら、キューブリックのいい分ももっとクラークの心に響いたことだろう。が、とにもかくにもキューブリックの抗議めいた文言がかたちだけのものだったことは明らかで、彼は一月二十三日までに、セイロンにもどっていたクラーク宛てにふたたび手紙を出している――「二月中旬までナレーションに手をつけることはできそうにありません。たぶんスコットから五千ドルはオーケイとお聞きになっていると思います。すべて順調に進んでいますが、絶望的に時間が足りません――プレミア、四月二日、ワシントンDC」

クラークはすぐに返事を出し、できるものなら手伝いたいが、と前置きして、「君が望むように文章を急ごしらえすることは不可能――何度も何度も推敲を重ねなければならないから、きみの作業が終わり次第、考察を開始したい」と書いているが、手元にある草稿で作業をはじめることもできると付け足してもいる。

しかし彼のもとに、ロンドンに来てほしいというキューブリックからの召喚状が届くことはなかった。

＊　＊　＊

テリー・サザーンが見抜いたとおり、キューブリックにとってクレジットの問題は一、二を争う大きな悩みの種だった。ダン・リクターはボアハムウッドでの仕事も終わりに近づいた頃に監督と話をしたことを覚えていた。九月下旬、会いたいからと呼びだされて訪ねてみると、キューブリックがデスクの向こうに立って「忙しそうなふりをして」いたが、「明らかになにか心配事があるようす」だった。唐突な話題――ダンはすぐに、その話のために呼ばれたわけではないと感じたそうだが――をひとつふられて遠回りしたあと、なんとも居心地の悪い沈黙がおりた。沈黙を破ったのはリクターで、彼は「どうしたんだ、スタンリー？」とたずねた。

「それがだな、ダン、クレジットのことを決めなくちゃならないんだが、ひとつ問題があるんだ」

「問題？　わたしは〈人類の夜明け〉の振付師じゃないか」

「それがだな、クレジットはひとつに絞らなくちゃならないんだ。だから出演者の四番めのクレジットということにしたいと思うんだ。それにするか、振付師にするかで、両方というわけにはいかないんだよ」

キューブリックの言葉をじっくりと考えてから、リクターはなぜなのかとたずねた。

「うん、ダン、そういわれると、きみはひとつ以上のクレジットということになる。ひとつ以上のクレジットは、ぼくひとりだけなんだよ。だからきみに決めてもらわないと」

〈月を見るもの〉を演じていながら、リクターは出演者として表示されるとは考えてもいなかった。つねに自分は振付師だと考えていたのだ。彼は気詰まりな状況を解消することにした。「だったら、出演者のほうにしてもらおうかな」と彼はいった。「わたしが〈人類の夜明け〉の振り付けをしたことは、みんな知っているからね」

「そういうと思っていたんだ」とキューブリックは答えた。が、それでもまだ物思わしげな顔をしている。

「ほんとうにそれでいいのか？」

「信じてくれよ、スタンリー、スターになれるなんてうれしい話じゃないか」とリクターはいった。

ふたりは立ちあがって、厳粛に握手をした。そして当然の帰結として、リクターの名前は『２００１年』のクレジット・ロールでデュリア、ロックウッド、シルヴェスターのすぐあとに登場するのである。

数十年後、もしあなたが自分はクレジットふたつに値すると答え、両方とも全力でつとめたと主張したら、キューブリックはなんと答えていたと思うか、とたずねられたリクターは、一瞬の躊躇もなく答えた。「ふたつはくれなかっただろうね」

＊　＊　＊

ダグ・トランブルは『２００１年』の最終段階を、なんとはなしに疲れて士気も下がり苦い思いに満ちた時期として記憶している。それまでは内に秘められていたライバル心や緊張が表面化してきていたという。誰もが疲れ果てているとき、大事なことがもうすぐ終わるというときに起こりがちな現象だ。「沈没船からネズミが逃げだすように、みんな現場から離れていった。誰も彼も疲労困憊、とにかく完全に疲れ切っていて、もうたくさんという気分だし、キャリアも足踏み状態だったからだ」とトランブルは語っている。『2001年』の仕事は予想より遥かに時間がかかっていたため、「ほかの映画の仕事をすることができなかったから、みんなうんざりしていたんだ……みんな、自分がどれほどのことに携わっているのか、気づいていなかったんだよ――ぼくはわかっていたけどね」

とはいえ、彼とキューブリックとの関係は悪化してきていた。トランブルは自分が『2001年』の製作に欠かせない存在だと自覚していたし、そのことを誇りに思ってもいた。彼はスリットスキャン以外にも、ウォーリー・ジェントルマンが去ったあとのアニメーション部門の運営などさまざまな方面で映画に貢献しており、彼がいかに重要な存在だったかは、スタンリーの死後、何年かたってからのある映画祭で彼に駆け寄ってきたクリスティアーヌの言葉にあらわれている。トランブルによると、クリスティアーヌは『2001年』製作の最終段階で夫に、ちゃんと仕上げられるかどうか不安はないのかとたずねたそうだ。すると監督は、「いや、不安はない。ダグがいるからな」と答えたという。

それほど重要な存在だったうえに、ベテランスタッフの域に達していたにもかかわらず、給料は二年前のままだった。同僚はもっともらっていたし、これは不当だと感じた彼は賃上げを要求した。しかし予算が逼迫していることを切実に自覚し、ほかのスタッフも同じことをいいだしたらまずいと考えたキューブリックは、にべもなく拒否した。「あれはキューブリックへの異議申し立てのなかでも屈指のものだった」とトランブルは回想している。「彼はとにかく『だめだ』の一点張りだった。取りつく島もなかったよ」

その後、三月のニューヨークとロサンジェルスへの旅が近づいてくると、監督はトランブルのスリットスキャン・マシンの特許を取ろうと決断したのだが、設計者本人は異議を唱えた。「この話には猛反発したんだ、なぜかというと……」トランブルは口ごもった。「ぼくは子供だった。その頃は、雇用者は被雇用者の発明品の特許を取る権利があるということも知らなかったんだ」キューブリックはトランブルに特許申請の書類を書く専門家も雇ってあると伝えた。

「いや、スタンリー、あなたがなにをしようとかまわないが、ぼくはその人たちの手伝いはしませんよ」とトランブルは応じた。

「どっちみち、わたしがするさ」

「なら、そうしてください。ひとりでやってくださいよ」

何十年も前のこの場面を思い返しながら、トランブルはいった。「あれは辛かった。ぼくのオフィスにエンジニアがやってきて、スリットスキャン・マシンのコードがどうつながっているか調べて、ぼくがつくった仕組みを解明しようとしたんだが、わからないといっているのが聞こえて、あきらめて帰っていった」

さらには彼の以前の師、コン・ペダーソンとの絆にもほころびが見えはじめた。ペダーソンは『2001年』の現場で終始一貫、重みのあるクリエイティブな意見を発信していたし、視覚効果の多くを直接手がけてもいたが、おもに責任を持ってこなしていたのは管理の仕事だった。本作のポストプロダクションの進行過程は「けたはずれに複雑だったし、コンはあのなかでいちばんできる男だったからね」とトランブルは述べ、『2001年』は「コンがいなかったら絶対に成立していなかった」と断言した。しかしトランブルの地位が上がっていき、視覚効果に多大な貢献をするようになると、ペダーソンはトランブルの功績の多くはスリットスキャンのパイオニアであるジョン・ホイットニーによるところが大きいとキューブリックに示唆しはじめた――そして、トランブルは自分が発明したわけではないものをクレジットに記してほしいといっている、と。「ぼくがオフィスを去る一日か二日前に彼と非常に不愉快な口論をしたことは覚えている。ぼくがクレジットのことでそう主張したと、彼がいちゃもんをつけたんだ」とトランブルは語った。「だからぼくは『あなたはまちがっている』といったんだ。彼は、元になった技術の生みの親であるジョン・ホイットニーの名前をクレジットしないといって、ぼくを嘲るようなことをいった。でもぼくはそのずっと先までいっていたんだ。ぼくが彼の仕事をコピーしただけで、なにひとつ発明したわけじゃないなんて言い草はナンセンスだ。ぼくはあのマシンをつくるのに血の汗を流したんだから。ぼくがすべてをつくりあげたんだ。ジョン・ホイットニーの仕事がきっかけになってはいるが、彼は『２００１年』でぼくらがなしとげたこととはなんの関係もない」

半世紀後、この対立についてたずねられたペダーソンは、鷹揚にトランブルの立場を擁護した。『２００１年』以来、長い月日がすぎた」と彼は述べた。「わたしが知るかぎり、ダグの仕事はいくら評価してもしすぎることはない。彼のスリットスキャン・プロジェクトは独創的な、華々しいものだった。ホイットニーの仕事との類似点がどうこういう、あら探しのようなことは、ささいなこととして無視すべきだ。あの映画がいまのかたちになったのは、あの技術があってこそだし、わたしはダグの天賦の才に心から感謝している」

さらに、トランブルが気づき、疑心暗鬼に陥って、何十年もたったいまでも苦い記憶となっている「もうひとつの不正」があったという。「あそこでの仕事ももう終わるという時期で、ぼくらはエンドクレジットの撮影に入っていて、ぼくはアニメーション部門を運営する立場だったから作業の指揮をとっていた」とトランブルは語った。「ところがいつも一枚、カードが足りないんだ。それが何なのか誰も知らなかったんだが、ぼくは心配していなかった……ところがそれは『特殊撮影効果　デザインおよび監督　スタンリー・キューブリック』と書かれたカードだった。本当に腹が立ったよ」

当時、アカデミー賞の基本原則では最優秀視覚効果賞を受賞できるのは三人までとされていた。しかし『２００１年』では特殊撮影効果スーパーバイザーとして四人の名前をあげていた——ウォーリー・ヴィーヴァーズ、トランブル、ペダーソン、そしてトム・ハワードの四人だ。したがってキューブリックひとりだけがデザイン兼監督としてクレジットされたのは、なによりもまず映画のことを考えての処置ととらえてまちがいないだろう。しかしトランブルが長年主張しているように、キューブリックは映画芸術科学アカデミーにたいして、とくにここまで大幅に視覚効果を進化させた作品の場合は例外を認めるよう交渉することもできたはずだ。ところがキューブリックはそうはせずにルイス・ブラウにいって全米監督協会《DGA》と連絡を取り、自身の特殊効果クレジットが有効だという公式見解を取り付けたのだ。

　DGAの同意を得たキューブリックは、オスカー候補として自身の名前だけを記したのである。

＊　＊　＊

　二月下旬、完成までの日数も残り少なくなった頃、キューブリック周辺のまだ残っていた面々のなかで『2001年』の製作は記念すべき仕事だという話になり、小道具部門に様式化したジオラマをつくってほしいと依頼した。フェイクのブロンズ色の露頭——たぶんスピッツコッペの岩山のレプリカ——にきらきら輝く金属製のスペースポッドがのっている、というものだ。もうひとつの露頭にはそれと対面するかたちでモノリスが立っていて、全体が大理石の台にのっており、台には記念銘板がはめこまれている。この記念の品には監督に宛てた大きなカードが添えられ、カードには百四人の「『2001年宇宙の旅』製作のために彼のユニットとして集ったメンバー」の名前がずらりと記されていた。

　しかし多くのメンバーが現場を離れてしまっていたため、カードに自筆のサインはなく、贈呈式も盛り上がりに欠けて、映画製作の一段階とはなりえなかった。残っている写真を見ると、キューブリックはいかにも疲れた、げっそりしたといってもいいような顔で、記念品のそばに立っている。

　もうひとつボアハムウッドでの『2001年』最後の日々の名残りとして残されているのが、監督からスタッフに宛てた三月七日付の別れの言葉のリストだ。そのなかのひとつ、マット撮影担当のジミー・バッド宛てのものに、キューブリックはつぎのように記している。「知ってのとおり、なにもかも大急ぎで店じまいしてしまったから、わたしは三月七日の午前二時にパープルハートをやってくれるやつを探すありさまだったよ」

その日、何時間かあとのこと、キュナード・ラインの手荷物係はムビオラの編集装置とかさばる65ミリフィルムの缶、数十個を、サウサンプトンの港に停泊中のＲＭＳクイーン・エリザベス号の貨物搬入口から船内に運びこんでいた。その少しあと、船のいちばん上のデッキへとのぼっていくキューブリック一家の姿が見られ、その後ろには編集助手デイヴィッド・デ・ワイルドのウールのセーターを着た細身の姿があった。

第11章　公開
1968年春

事がうまく運んでいるときはわたしはなにもできないが、
そうでないときにはできることがある。

――スタンリー・キューブリック

ムビオラは『2001年』を編集するためにクイーン・エリザベス号に積みこまれたわけではなかった。編集はすでに完了していた――もしくは、そう考えられていた。じつは予告篇の編集用に積みこまれていたのだが、デ・ワイルドは一週間の航海中、自身とキューブリックが編集室にこもれるのはせいぜい六、七時間だろうと踏んでいた。編集用にあてられたのはAデッキのデ・ワイルドのキャビンに隣接する部屋で、この目的のためだけに押さえられていた。一方、キューブリック一家は船の最上級の船室PMスイートにおさまっていた。第二次世界大戦中、英国首相《PM》ウィンストン・チャーチルがバスタブにつかって葉巻を吸いながら重要な軍事作戦を考えたと伝えられる部屋だ。監督は一日三回の食事以外、ほとんど部屋から出なかったが、ときおりデ・ワイルドといっしょにデッキを散策することはあった。

かれらは非常に親密な関係を築きあげていた。デ・ワイルドは自身が乗船することになったのは、「三年間、スタンリーのために働いて、全身全霊を捧げてきた……彼はわたしに借りがあると思ったんじゃないかな」と思っていた。彼はまた、単にキューブリックが航海中、自分の考えを気兼ねなく話せる男の話し相手が欲しかっただけなのかもしれないとも感じていた。一行は毎晩、船内で最高のレストラン、ベランダ・グリルで食事をした。スタンリーはしわくちゃのブルーのジャケットを着用し、クリスティアーヌと娘たちはドレスアップして「あでやかだった。美しかった」とデ・ワイルドは回想している。

　ある晩、かれらは船長のテーブルに招かれた。そのとき主宰役をつとめたのはキュナードのコモドー（古参船長の敬称）、ジェフリー・マー——民間人の提督のような人物——だった。キューブリックは場にふさわしく、いちばんいいネクタイを締め、デ・ワイルドはとっておきのモヘアのスーツをひっぱりだしたが、それでも追いつかなかった。女性陣は先に行っていて、キューブリックとデ・ワイルドがグランド・ダイニングルームのドアの前に立つと、冷ややかな出迎えを受けた。制服姿のドアマンに「申し訳ありませんが、お入りいただけません」と、にべもなくいわれてしまったのだ。「ディナーのドレスコードに合致しませんので」キュナードのドレスコードはタキシード着用。ふたりは顔を見合わせた。どちらもタキシードなど持ってきていなかったのだ。「彼はそんなことはまったく考えていなかったよ」とデイヴィッドは回想している。「まるで気にしていなかった」入室を断られたのがチャーチル・スイートの客——監督のスタンリー・キューブリック——だという話がドア口に伝わるまで数分間、ふたりはドアの前に立っていた。と、突然、あわてふためいた「たいへん申し訳ございません」という声が聞こえて、ふたりは「どうぞこちらへ」とグランド・セントラル・テーブルに案内された。キューブリックがコモドー・マーとウィリアム・ロウ船長のあいだに着席すると、ブルーのジャケットが白の正装に縁どられるかたちになった。

　クイーン・エリザベス号は霧深い三月の早朝、ニューヨークに到着した。スタンリー・キューブリックにとってはこれが最後の合衆国への旅となったが、デ・ワイルドは彼とともにデッキから自分の人生で見るとは思ってもいなかったものを目にすることになった――尖った王冠をつけ、たいまつを高く掲げた巨大な女性像が霧のなかから浮びあがってきたのだ。ジェレミー・バーンスタインが一行を出迎えにマンハッタンのミッドタウンのハドソン川沿いにある九十二番埠頭に赴くと、ＭＧＭの関係者はひとりいるだけで、彼は厳しい顔つきの、ブリーフケースと茶封筒を持った男たち四、五人といっしょだった――令状送達者だ。やがてキューブリックが入国審査・税関から出てくると、かれらは一斉に駆け寄って、驚く監督の手に書類を押しつけ、つぎからつぎへと「令状です」と告げた。キューブリックは、少し離れたところに立って呆然としていたデ・ワイドに皮肉っぽいまなざしを投げたという。「とても悲しかったし、愕然としたよ。スタジオ全体を束ねていたこの人が、と思うと……後ろ手に縛られて無理やり連れていかれたわけじゃないが、彼はぐっと我慢しなくてはならなかったわけだし、受け入れるしかなかったわけだからね」とデイヴィッドは回想している。「気の毒で、身の置き所がなかった。辛かったよ」

その日に送達された被告召喚令状のうちのひとつは、おそらくインターナショナル・スペース・ミュージアム・アンド・ギャラリーの共同創立者となっていたフレッド・オードウェイが同組織を代表して起こした訴訟の通知と思われる。一九六六年に製作現場を離れたオードウェイは、友人の宇宙史学者カーズビー・アダムズおよび投資家グループと、このプロジェクトを立ち上げていた。本作のセットや模型、コスチュームをワシントンＤＣで展示するという意図で計画されたもので、当初はキューブリックも乗り気だったが、どうやら彼はスミソニアン協会提携の非営利プロジェクトだと思っていたようだ。キューブリックの反応がよかったので、オードウェイとアダムズはワシントンの大型施設を借りるために必要な資金を集め、キューブリックがそれがじつは営利を目的とする会社だと気づいたときには、すでに二十万ドル以上を使ってしまっていた。キューブリックはハリー・ラングにどこまで知っていたのか問いただし、それ以上の協力を拒否した。オードウェイとアダムズの訴状は三月十二日付で送付されており、経費プラス収入減でポラリス・プロダクションズおよびＭ

GMから百万ドルの損害を被ったという内容だった。

令状がすべて手渡されて送達者が姿を消すと、バーンスタインがキューブリック一家とデ・ワイルドをMGMのキャデラックのささやかな車列でプラザ・ホテルに案内した。いったん部屋で落ち着いたあと、監督はロビーにおりてきてバーンスタインと落ちあい、オーク・ルーム（プラザ・ホテル内のレストラン）に入ろうとした――が、キューブリックがネクタイをしていないという理由で入店を断られてしまった。

帰国初日はきわめつきの好日とはいかなかったようだ。

＊　＊　＊

キューブリック一家は三月十六日にはシカゴ経由でロサンジェルス入りしていた。豪華な大陸横断鉄道の旅で、シカゴ－LA間はマスター・ベッドルームに安楽椅子、シャワーまでそろったガラス張りの客室ですごした。デ・ワイルドとキャラスは飛行機で先乗りしていて、編集のレイ・ラヴジョイもロンドンからロサンジェルスに到着していた。カルバーシティにあるMGMのサルバーグ・ビルでのミーティング後、ラヴジョイとデ・ワイルドは編集済みフィルムの音声を確認する作業に入り、イギリスでモノラルでつくられたサウンドトラックをステレオに差し替える作業もこなし、船上でつくりはじめた予告篇の仕上げも行った。

すべての視覚効果が組みこまれた『２００１年宇宙の旅』が、はじめて最初から最後まで中断なしで上映されたのは三月二十三日の土曜日、カルバーシティの大劇場でのことだった。観客はごく少数。自身の作品を完全なかたちでは一度も見たことがなかったキューブリックに加えて、デ・ワイルド、ラヴジョイ、そしてMGMのお偉方――社長兼CEOのロバート・オブライエン、副社長でMGMインターナショナル社長のモーリス・シルヴァースタイン、編集管理者のマール・チェンバレン、そしてMGM編集統括のマギー・ブース。当時七十歳のブースはハリウッドの女性第一人者《グランドデイム》のひとりだった。一九一五年に、大物プロデューサー・監督、D・W・グリフィスのネガ編集者としてキャリアをスタートさせ、その後ルイス・B・メイヤーの元で働いていた。一九二四年に合併でMGMが誕生するずっと以前のことだ。伝説の人ブースは小柄ながら堂々としていて、デ・ワイルドは彼女がハリウッド屈指の経験豊富な編集者で三十年にわたってMGMの全作品のファイナル・カットを統括してきたのだということを痛いほど意識した。

　デ・ワイルドとラヴジョイは、客席の前のほうに陣取ったお歴々からなるべく遠い、後ろのほうの席にすわっていた。ふたりとも不安だった。「三年間、かれらはスタジオにやってきて、われわれはショー・リールを見せて、それがついにすべてを、いったいどういうものなのかをまるごと見せようというんだから」とデ・ワイルドは述懐した。「それに、もちろん、映画自体が謎ということもあるからね。謎だよ、謎」キューブリックも不安だったと思うか、とたずねると編集助手は、そんな気配はまったくなかった、と答えた。

　しかし場内が暗くなって上映がはじまると、監督は音の微調整をしに何度も後ろまでやってきた。ミキシングがまだ完全ではなく、キューブリックはデ・ワイルドに、とくに「ツァラトゥストラはかく語りき」のボリュームを上げるようにと指示した。当時の上映時間は百六十一分で、デ・ワイルドとラヴジョイは暗い客席で『2001年』が展開していくのを見まもりながら、そのすばらしさに驚嘆すると同時に不安を覚えてもいた。とことん実験的な芸術作品である本作には、ナレーションがいっさいなく、観客の理解を手助けするヒントがほとんど盛りこまれていないのだ。また最初にざっくり編集されたときとはちがって、あるシーンが不必要に長かったり、前のシーケンスにあったシーンが不必要にくりかえされたりしていた。オープニング・クレジット・シーケンスと〈人類の夜明け〉以外にはタイトル・カード（途中に挿入される印字を撮影したコマ）もなかった。

　およそ三時間後、場内が明るくなって「全員が立ちあがり、わたしは心のなかで『くそ！』とつぶやいた。大失敗だと思ったんだ」とデ・ワイルドは回想している。彼自身は、すばらしいと思っていた――が、ずっと前のほうにいるオブライエンやシルヴァースタイン、チェンバレン、そしてブースの身ぶり手ぶりを見ると、かれらはちがう判断をしたように受け取れたのだ。「かれらが立ちあがってスタンリーと握手をして、『おめでとう』とか『ありがとう、スタンリー』とか――身ぶりだけでね……わたしは、『くそ、認めてもらえなかったか、くそ』と思ったよ」

しかしデ・ワイルドはプリントの管理責任を負っていたから、自身の推測が正しいかどうかたしかめている暇はなかった――すぐにブースに行ってプリントを回収しなければならなかったからだ。客席から出るときになって、彼は自分が震えていることに気づき、愕然とした。彼はこの映画に全身全霊を捧げてきたのだ。「三年間、血の滲むような日々だったし、スタンリーもそうだった」と彼は回想している。「わたしはあの人が大好きだったよ」階段をのぼりながら頭に浮かんだのは、マギー・ブースのとくに控え目なリアクションだった。キューブリックを祝福する彼女は、ただ形式的にそうしているだけのように見えて、とても吉兆とは思えなかった。

映写室に行ってみると、驚いたことに映写技師のほかに十八歳くらいの若者がいた――モーリス・シルヴァースタインの甥だった。どうやら映写ブースの窓から全篇を見ていたらしい。その顔には恍惚とした表情が浮かんでいた。

「これ、つくった人?」と若者が興奮したようすでたずねた。

「ああ、やっと終わったばかりだ」デ・ワイルドは答えた。

「誰?」たずねるというよりは、ふしぎそうな口調だった。

「スタンリーの編集助手だ」デ・ワイルドも徐々に気分が落ち着いてきていた。

「へええ、いま、見ましたよ」

「どうだった?」

「こんなすごいの、見たことないですよ」

＊　＊　＊

クラークが完成したと最初に断言してからまる二年たって、キューブリックはやっと小説の刊行にゴーサインを出した。その期間の価値を充分に承知している出版社間でオークションが行われ、三月二十日、スコット・メレディスはニュー・アメリカン・ライブラリー社から十三万ドルの付け値を引きだすことに成功した——二年前にデル社が提示したものより三万ドル低い額だ。それでも、キューブリックの取り分を差し引いても、クラークは現在の金額にすれば五十万ドル以上に匹敵する額を受け取ったことになる。負債を返済して余りある額だ。

キューブリックが一九六六年六月に手を入れて以降、見直しの要請がなされたことはなかったし、示唆した事柄が原稿に反映されることもなかった。また、共作者として表示されてもいない——題扉に「スタンリー・キューブリックとアーサー・C・クラークによる脚本に基づく」という一文を入れることで合意していたのに、だ。変更を示唆しながら採用されなかった事柄のひとつに、干ばつに打ちのめされた地域に「草原」という言葉を使えるのかどうかというものがあった。そんな環境で蜂が飛んでいたり、豹が唸り声をあげていたりするのか。「スタンリーが出版を承諾した時点で、一言一句、変更された箇所はなかった」とクラークは一九七〇年に、『メイキング・オブ・２００１年宇宙の旅』の編者ジェローム・アジェルに語っている。「物事のやり方には、正しいやり方とまちがったやり方、そしてスタンリーのやり方があるらしい」

一九六七年、六八年にクラークとふたりの旧友とのあいだで交わされた手紙を見ると、『２００１年』プレミア直前の作家の興味深い一面が浮かびあがってくる。ひとつはSF作家サミュエル・ヨウドとのやりとり。

ヨウドは別名のジョン・クリストファーで、クラークとおなじ著作権エージェンシーのスコット・メレディスと契約していた。もうひとつはロールス・ロイス社ロケット部門の主任エンジニアをつとめていたロケット科学者のヴァル・クリーヴァーとのやりとりだ。

一九六七年六月、クラークはヨウドにデル社と契約しそこなったと打ち明けている。その結果、大きな負債（五万ドルという数字をあげている）を抱えてしまったことをいささか大げさな筆致で詳述した文面で、最後は「それはそれとして、ミセス・リンカーン（「……芝居はいかがでした？」というリンカーン暗殺にからめたブラックユーモアの一節）、すべて順調だし、『２００１年』がそのうち出版されるのはまちがいないから、さほど心配はしていない――映画はすばらしいものになりそうだ」と締めくくっている。

これに応えてヨウドは、彼を元気づけるように、「映画の公開が迫ってくれば契約の話は必ずまた出てくるでしょう。そっちからも、かなりのものが入ってくるんでしょうね？」

これにたいして、クラークはつぎのように答えている。「いや、わたしは映画にはいっさいかかわっていない、嗚呼」

返信は懐疑的であると同時に怒りもにじむものだった――

素直に受け取れば、こういうことですよね――あなたはすべての元になった本を書き、キューブリックはその収入の五十パーセントと名声、プラスすべてをだいなしにする権利を得て、実際にそうした。★しかしあなたは映画化権の収入はゼロ。スコットがそんな契約をどうしてオーケイしたのか驚きだし、あなた自身が平然としているのも少々驚きです。あなたが人の誠意というものを信じていなければいいんですが――ビジネスの世界ではそれは得策とはいえないし、映画人が絡んでいたら、それこそ自殺行為ですからね。

一九六四年当時のキューブリックとの交渉でメレディスが作家の立場を守りそこねたことに合理的な説明をつけようと、クラークは十月二十一日、つぎのように返信している。「本と映画の関係は、ここではとうてい説明しきれないほど複雑なものだ――が、最終的にはかなりの贅沢を享受できることになると思う。とはいえ、一九六六年にあの十万ドルが手に入っていればありがたかったが★★」

ヴァル・クリーヴァーのほうは一九三〇年代からクラークと親交があり、一九五四年にクラークがオックスフォードのＣ・Ｓ・ルイスと穏やかな言論バトル――ルイスが公に宇宙飛行を攻撃したのを受けて、宇宙飛行のメリットを擁護したもの――をくりひろげた際には彼の介添人をつとめた（ルイスの介添人はＪ・Ｒ・Ｒ・トールキンで、イギリスを代表するファンタジー作家とＳＦ作家との括目すべき――しかし残念ながら、内容は記録されていない――論争は、クリーヴァーがお膳立てしたもの）。『２００１年』ワールド・プレミアが間近に迫った三月二十四日、クリーヴァーは飾り気のない、真情あふれるメッセージを書き送った。

きみが四月二日に大成功をおさめることを心から祈っている。すべてがきみの期待に充分応えるものでありますように。そのなかにはスタンリーもいれておこう――今夜はとても寛大な気分なんだ！　だが、これがきみにとってどれほどの意味を持つものか、ぼくなりの考えがある――これは、きみが過去四十年間の大半の時間をすごしてきたイマジネーションが鮮やかに再現された世界、そこからほんのときおり浮

★　実際は収入の少なくとも四十パーセント。

★★　メレディスのために公平を期すと、三年前にキューブリックの非妥協的態度に屈したのは、個人的な争いごとを嫌うクラーク本人だったと思われる。

びあがってきて、ぼくのような二十世紀半ばを生きる人間と会話してくれる世界なのだと思う。スタンリーはこの映画を自分自身のため、MGMのため、あるいは観客のためにつくったと思っているだろうが、もちろんそうではない。彼はまちがいなく、きみのためにつくったんだよ。だからぼくは、なににもまして、〝その宵〟が幸福で満足のいくものであるようにと祈っている。

＊　＊　＊

そして三月三十一日、アップタウン・シアター――ワシントンDCのクリーブランド・パークにあるメソポタミア風ファサードが印象的な堂々たる映画館――でのプレス・プレミアでクラークはついに『2001年宇宙の旅』を見ることになるのだが、懸命に努力して顔には出さないようにしていたものの、それは彼の期待に応えるものではなく、幸福感も薄ければ、満足感もまったく得られないという結果に終わった。キューブリックがナレーションをいっさい使わなかったことは事前に知ってはいたが、観客の理解を助けようという歩み寄りの姿勢がまったくないことに彼はショックを受け、失望した。それからほんの何時間かのち、リンドン・ジョンソンがホワイトハウスにとどまるのは今期かぎりになると発表したとき、クラークはMGMの重役がもうひとりの重役に「ふむ、これでわれわれは今夜、ふたりの大統領《プレジデント》を失ったことになるな」と話すのを耳にした――むろん、もうひとりはMGM社長オブライエンのことだ。

公式のワールド・プレミアはその二日後、アップタウン・シアターで行われ、キア・デュリア、ゲイリー・ロックウッドとともにMGMのお歴々全員が顔をそろえた。キューブリックはロサンジェルスからニューヨークへ列車でほんの数日前にもどっていたが、翌日がマンハッタンでのオープニングということで、出席を見合わせた。その夜は雨で、お祝い気分でマリファナ煙草を吸っていたというロックウッドの記憶では、ロビーに置かれたテーブルに美しい写真入りのプログラムが用意され、館内が暗くなると期待感の高まりが感じられたそうだ。ところが、さして時間がたたないうちに観客が席を立ちはじめ、インターミッションでは「みんなぞろぞろと出ていってしまった。悲惨だったよ。総スカンだった」

〈デイリー・エクスプレス〉紙のヴィクター・デイヴィスはこのイベントのためにロンドンから渡米していて、四月三日につぎのような記事を送信している――「このような大作映画プレヴューは見たことがない。拍手ひとつ起こらなかった――製作会社の人間からさえ。観客はただ愕然とした物思わしげな表情で立ちあがり、重い足取りで街頭へと出ていった」

彼は、「ＭＧＭは（この映画に）財政的健全性を賭けた」と指摘し、「人類の究極の目的はなにか、と問いかけたまま、キューブリックは困惑するわれわれを路頭に放りだした」と書いている。その夜、濡れた舗道に立っていたほかならぬクラークその人は、たちまち困り果てたジャーナリストの「湿った人垣」に取り囲まれ、つぎのようなコメントを残した――「なにがしか理解できるようになるには、六回は見ないとだめだろうね」

デイヴィスの記事には相反する要素が混在していた――映画を「ビジュアルは圧倒的」と評し、三十五歳以下の観客は「何度も足を運ぶ」だろうと予想、先見の明を発揮している――が、ほかのイギリスのマスコミはあくまでも否定的で、同日付の〈デイリー・ミラー〉紙にはドナルド・ゼックの一段落だけの、つぎのような記事が掲載された――「四年の歳月と四百万ポンドの費用をかけた上映時間二時間四十二分の本作は、笑いたいときに笑わないようにする大いなる苦痛を確実に味わえる作品に仕上がっている」ワシントンの新聞各紙も似たようなもので、〈イヴニング・スター〉紙にはつぎのようなゴシップ風の記事が掲載された――「凝りに凝ったセットはすばらしく、技術は完璧だが、ストーリーは七歳児向け。ある映画関係者は『こんなクズ映画は生まれてはじめて見た』と告白。また、『神がモノリスなんだとわかるまでに三時間かかった』という声も聞かれた」

プレミアの会場から出たロックウッドはクラークの回りに集まったマスコミを回避して、ショアハム・ホテルにもどった。エレベーターに乗ると、たまたまオブライエンと「腰ぎんちゃくのひとりも乗っていて、その男がわたしを見て『きみたちはどこでしくじったんだ？』といったんだ」いま見てきたばかりの光景の重大さを承知していたロックウッドは、男をにらみつけて、「しくじってなんかいません」といった。「待ってください。待てばわかる」（その男とは対照的に、オブライエンは「とても好意的だった」）デュリアとも出会い、連れだってポスト・プレミア・パーティ会場のボールルームに入るとレスター・ラニン楽団が演奏していたが、客はほんの一握りで、かれらはそそくさと会場をあとにした。

キューブリックと敵対したくないと願い、自著の将来は映画の反響次第と考えていたクラークは、ごく内輪の人間にしか真意を明かしていなかった。彼は四月二十四日、脚本家のハワード・コッチから手紙を受け取った。コッチは十年前に『幼年期の終り』に基づく脚本を書いた人物で、当時ＭＧＭで映画化の話が進んでいたところへ、キューブリックがやってきた——その後、映画化が立ち消えになったのは明らかにキューブリックの右腕のルイス・ブラウの力が働いたからだろう。「ジョージ・パルから電話があって、きみが『２００１年』にいたく失望していると聞いた」とコッチは書いてよこした。「きみが失望する気持ちはよくわかる……あんな冷たい、非人間的で情のないものに、あれほどの金と知恵がつぎこまれたとは！」

クラークがこの手紙に書きつけたものを見ると、それだけで彼の心情がうかがえる。「いたく失望している」という部分に引かれた青インクの波線、コッチのロサンジェルスの電話番号——そして五月二日に電話したことを示すメモを見れば、自身の心情は内密にしておいてほしいと頼んだのはまちがいない。

しかし、数十年後、クラークは映画を見て——少なくとも最初は——ショックを受け、とまどい、不満を抱いたことを遠回しに認めている。

＊　＊　＊

クリスティアーヌ・キューブリックが記憶している『２００１年』のプレミアは、自身が出席した四月三日の夜にブロードウェイのロウズ・キャピトル・シアターで催されたものだという――招待客のみのイベントで、マスコミは中には入れず、観客はおもにメディアや文化畑の名士、ＭＧＭの上層部から中堅、そしてポール・ニューマン、ジョアン・ウッドワード、グロリア・ヴァンダービルト、ヘンリー・フォンダら、各界の著名人。ニューヨーク・プレミアは事実上、キューブリックのプレミアだったから、クリスティアーヌは望み薄だったにもかかわらずどうにかスタンリーを説得してタキシードを着させた。さらに彼はロビーでのカメラ前インタビューにも応じた――これはいまも見られる数少ない映像のひとつだ。その場には幼いヴィヴィアンも宇宙ステーションのビデオフォンのシーンで着ていたのとおなじ赤い服を着て出席していたし、クラークもわざわざニューヨークにもどってきていた。クラークとキューブリックは客席の最前列に並んですわり、館内は千五百人を超える観客でびっしり埋まっていた。

館内が暗くなる前に客席を見渡したクリスティアーヌは年配の客が多いことに気づき、心のなかで「アルテ・カッカーだらけ」とつぶやいた――ドイツ語やイディッシュで、直訳すれば「くそじじい」だが、もっと正確にいうと「年とった、役立たずのろくでなし」という意味だ。マジシャンでラジオ番組司会者のジェイムズ・ランディは、アイザック・アシモフらＳＦ作家たちと出席していた。ランディは客席の前から三分の二くらいのところにすわっていたので、湾曲した二階建てくらいの高さのシネラマ・スクリーンを背景にした最前列のクラークとキューブリックの姿がよく見えたという。彼はこのイベントのことを鮮明に記憶していて、映画の前半の終わり近く、ボーマンが遠心機でぐるぐる、ぐるぐる走りつづける長いシーケンスで客席がざわついたのを覚えていると語った――「キューブリックは宇宙生活がいかに退屈なものか証明しようとしたのだろう。

キューブリック一家。『2001年』のニューヨーク・プレミアが行われたブロードウェイのロウズ・キャピトル・シアターにて。

彼はその主張が正しいことを見事に示してみせた」

デュリアが延々と走りつづけていると、ブーイングやシーッという声が聞こえてきた、とランディは語っている。観客は、「『先に進めろよ』とか『もういいんじゃないか』とか『つぎのシーン』とかいっていた。大声ではなかったが、はっきり聞こえたよ。そのうちクスクス笑いまで聞こえてきた。あそこであんなに長ったらしいシーンが入るなんて、ばかげているからねえ」インターミッションで館内が明るくなると、キューブリックとクラークが客席の通路を黙って歩いていくのが見えたそうだ。キューブリックはいかめしい顔つきで、考えこんでいるようすだった。そして、クラークの顔に涙が光っているのが、はっきり見えたという。「彼は動揺していた」とランディは回想している。「ひどく、本当にひどく、動揺していた」

　前半の上映中、キューブリックは落ち着きなく客席と映写ブースのあいだを何度も往復してピントと音響をチェックしていた。キャラスの記憶では、キューブリックは「横の通路を前から後ろまで行ったり来たりして、観客がもぞもぞと体を動かす要因を探していた」という。監督はのちに、「あんなに落ち着きのない客は見たことがない」と、よく語っていた。彼は入り口に人を立たせて何人が出ていくか数えさせていたが、最初はぽつりぽつりだったのがしだいに本降りになり、インターミッションで土砂降りに変わったという。キューブリックは席にもどるとクリスティアーヌに小声でぽつりとひとこと漏らしたそうだ。「彼は、はたと思い当ったようで、『長すぎたな、ぐるぐる走るところか、それとも……』と」そしてクリスティアーヌは、「彼はＭＧＭの人たちが強い敵意を抱いているのを感じていました。重役たちが全員、出ていってしまったの。退屈して。ほんとうに驚いたわ」と語っている。

　インターミッションに入ると、クリスティアーヌは館内全体からシャーデンフロイデ（ドイツ語で人の不幸をおもしろがる気持ちの意）が発散されているのを感じて圧迫感を覚えた。そして、たまらずトイレに逃れた彼女は、女性客が連れの女性に「月に空気がないなんて知らなかったわ」というのを耳にした。そこで彼女は、これはたんに客層がちがうからなのかもしれないと思いはじめたという。だとしたら、思ったほどひどい状況ではないのかもしれない、と。「あの人たちは、この映画を好きになる人種じゃなかったのよ」と彼女は強く自分にいいきかせた。「あの人たちは、この映画のチケットを買うような人種じゃなかったの。わたしは知ってますもの、アーサー・クラークを読むのが好きなのはどんな人たちか。そういう人は、ああいう話が好きなんだって、知ってますもの。あれは、すばらしい作品だわ！」

　すでに映画を二回見ていたクラークはインターミッション中に館外に出ると、屈辱と失望のうちにチェルシー・ホテルに引きあげた。のちに彼は、客席に陣取ったＭＧＭの重役たちの一団からこんな言葉が聞こえてきたと回想している――「これでスタンリー・キューブリックもおしまいだな」

けっきょく、途中で出ていった人数は二百四十一人にのぼった。観客総数の六分の一以上だ。キューブリック夫妻はロングアイランドに借りていた邸宅に子供たちを送り届けてからプラザ・ホテルにもどった。そこの広いスイートでプレミア後のレセプションを開くことにしていたからだ。ジェレミー・バーンスタインは、〈ニューヨーカー〉誌の編集者とプレミアに出席していたが、その編集者が試写が終わって立ちあがるなり、「なんにしろ、並はずれたものであることはたしかだ」といったそうだ。バーンスタイン曰く「とても陰鬱」だったというパーティ会場に着いてみると、テリー・サザーンが「なんだか悲しげな顔で」片隅にすわっているのが目に入った。部屋全体に悪しき未来を運命づけられたような暗い空気が漂っていた。「ルイス・ブラウはこれは傑作だといって歩いていたが、それ以外は、わたしも含めて、失望していたといっていい」と彼は回想している。「みんな、もっとちがうものを期待していたんだ」キューブリックのようすはどうだったかとたずねると、バーンスタインは「少しとまどっているように見えたかな」と答えた。

クリスティアーヌはそのときのことをはっきり覚えているという。あのパーティが何十年たっても消えないトラウマになっていたのだ。「とにかく、部屋にお酒と男の人と緊張感があふれていたわ」と彼女は語った。「あんなに満杯の部屋は見たことがなかった。身動きがとれないほどで、延々つづいて。スタンリーはとても不幸でした」みんな「悪意のあること」ばかりいって、その夜、多くの友情が「シャーデンフロイデと意地悪な笑顔」とともに終わった。「誰もがいちばん恐れていることよ――自分が失敗したときに、みんなが勝ち誇ったような態度をとるの」

サザーンの存在が大きな慰めになったものの、「テリーはスタンリーのことを思って、身を震わせていたわ。とても否定的な人たちがいたから」と彼女は語った。「わたしはほとんどテリーとしゃべってばかりいたの。どうしていいかわからなかったし、ほかの人たちが怖かったから」彼女が「とても悲しいわ。スタンリーにとってとても残酷なことですもの」というと、サザーンは「これは偉大な映画だよ、心配しなくていい、すべてうまくいくから。見ろよ、あのアホどもを。あんなやつらとまともに話ができるかい？　ぼくと話していればいいよ」と応じたそうだ。

「だからいまも彼が大好きなのよ」と彼女はいった。

キューブリックは最初から最後まで紫煙をくゆらせ、午前三時には全員が帰路について、あとには胸が悪くなるような空白とタバコの匂いと失敗に終わったという重い空気が残った。「スタンリーは自分をずたずたに切り裂いていました」とクリスティアーヌはいった。「『ああ、くそ、みんながあれほど嫌っているとは』といったりして。悲嘆に暮れていたわ」彼女は元気づけようとして「嫌ってなんかいないわ。きょう客席にいた人たちを見た？　あなたが語りかける相手はあの人たちじゃない。そりゃあ、あの人たちは気に入らなかったんでしょうよ。お客さんに見てもらえるまで待つのよ──きっとちがう結果が出るわ」といった。

それでも気分が和らぐことはなく、彼は部屋のなかを歩きまわりながら何度も何度も、「どうすればいいんだ？」と問いかけた。夫はふだんは確信に満ちた人だった、と彼女は評しているが、その夜は打ちのめされて、まともな意見さえいえなくなっているありさまだった。そこで彼女はがらりと口調を変えてみることにした。「こんなのばかげてるわ」と彼女は夫にいった。「あなたはいま、ふだんなら絶対にしたがわないようなものにしたがっていて、もうくずおれそうになっている。そんなのナンセンスよ！」彼女は夫にスコッチを注いでやった。「さあ、一杯やって」

もう午前四時を回っていた。「それで横になったんだけれど、スタンリーは眠れないし、しゃべれないし、なにひとつできなくて、粉々に打ち砕かれていた」と彼女はいった。「いまにも泣きだしそうだった。いえ、泣いたわけじゃないのよ、でも『ああ、まったくひどい話だ』って。彼は、辛かったのよ──辛くて、辛くて──わたしたち、家を借りていたから、朝、すごく早い時間に、四時とかそれくらいに、彼がいったの。『なあ、車であっちへ行こう。そうすれば少なくともなにかやることができる』」

それでわたしたちはロングアイランドの家に行ったの――すてきな家よ――わたしはハンドバッグを持って、イヴニングドレスで、ベッドにうつぶせに倒れこんで、そのままぐっすり。ラジオの音で目が覚めたら、男の人がニュースを読んでいて、こういっていたの――「スタンリー・キューブリックの映画を見るために一ブロックをぐるりと囲む行列ができています」本当にそうだったの。その日最初の上映で、十二時とかそれくらいの時間だったかしらね、すごい行列ができていて、その人たちが「ラジオで」いっていたのよ。「これはすばらしい映画だ」って。そしてそれからは称賛の嵐だったわ。

彼女に起こされたキューブリックは、かろうじて現場レポートの最後の部分を聞くことができた――こうしてスタンリー・キューブリックの生涯屈指の暗い夜は希望とともに明けたのである。

＊　＊　＊

〈ニューヨーカー〉誌のペネロープ・ジリアットは『２００１年』を「ある種、偉大な映画で、忘れがたい労作」と評したが、それ以外のニューヨークの主だった評論家たちはその朝、掲載された批評欄で一様に本作を酷評した。〈タイムズ〉誌のレナータ・アドラーは「催眠薬とてつもない退屈さのあいだのどこかに位置するもの」と呼び、「それ自身のＩＱをさらけだしているような」作品だと非難した（ただし「リアルに見える肉食のサルたち」のことは好意的に取りあげている）。スタンリー・カウフマンは〈ニューリパブリック〉誌で『２００１年』を「大きな失望」と呼び、「非常に愚鈍で、キューブリックが本作を愚鈍たらしめるために使った技術発明の才にたいする興味まで鈍らせてしまう」と述べている。〈ヴィレッジヴォイス〉紙は当時、同紙としては最大の影響力を誇っていたが、その紙面でアンドリュー・サリスは『２００１年』を「まったくもってなんのおもしろみもない失敗作で、スタンリー・キューブリックが筋の通ったストーリーを終始一貫した視点で語る能力に欠けていることをもっとも如実に示した例」と評した。

当時すでに国内屈指の影響力を持つ映画評論家だったポーリン・ケイルが本作を軽蔑していたことはサリスも早くから知っていたが、ケイル本人がキューブリックを猛攻撃したのは一年近くたってからのことだった。『２００１年』を単独で取りあげようと考えるだけの関心も持っていなかった〈ハーパーズ・マガジン〉誌上で、ケイルは本作を「途方もなく想像力が欠如している」と評し、「芸術の仮面をかぶったクズ」と非難し、「わたしたちがいかに機械装置を介して神になるかを描いたキューブリックのインスピレーションの陳腐さ」のあらわれと性格づけしている。また、〈スター・ゲート〉シーケンスと実験映画作家ジョーダン・ベルソンの作品とのあいだに類似性があるとして、キューブリックを泥棒と非難してもいる――が、これはどちらも意識の流れというテクニックを使っているという理由で、フォークナーはジョイスから盗んだ、と非難しているようなものだろう。

ＭＧＭの編集統括マギー・ブースがカルバーシティでの初試写から二週間とたたないうちにキューブリックやＭＧＭのスタッフにどんな言葉をかけたのかはわかっていない。しかし三十年以上にわたってＭＧＭ製作の全作品に名を記してきた彼女の意見がなんらかのかたちで考慮されたのはまちがいないだろう。四月四日にはＭＧＭのコンセンサスは本作はけたはずれの失敗作というかたちでまとまり、社の浮沈にかかわるという声まであがった。キューブリックとの契約では、オブライエンに監督にたいして変更を要求する権利があり、もし監督が拒否した場合は試写での観客の反応の分析結果にしたがうということになっていた。しかし過去四年以上にわたって変わることなく支援をつづけてくれたオブライエンと対立するつもりなど、キューブリックにはさらさらなかった。とにもかくにもキューブリックは四月四日以前に、途中で出ていった観客の数をかぞえるのはもちろんのこと、すでに観客の「もじもじの要因」を厳しく査定する作業もすませていた。観客の反応の分析はいち早く行われていたのだ。結果は明らかだった。

ワシントンとニューヨークで連日上映され――肯定的な批評も少しはあって、多少の救いになっていたとはいえ――否定的な批評が大量に押しよせている状況を受けて、カットが必要だという判断が下された。キューブリックはのちに「誰に要求されたわけでもない」と述べているが、MGMがかなりの圧力をかけたのはまちがいないだろう。四月四日に六番街のMGM本社で行われたカット会議には、キューブリックとオブライエンをはじめとするMGMの重役連が出席した――MGM副社長で宣伝・プロモーション部門を統括するダン・テレル、おなじく副社長で営業部長のモリス・レフコ、そしてMGMインターナショナル社長のモーリス・シルヴァースタイン（「三十五歳以下」で最初の反応を示してくれたのが、彼の十代の甥）。その翌日、キューブリックとレイ・ラヴジョイはMGMビルの地下にある編集室で落ち合い、徹夜で編集作業を行った。作業は週末までつづき、九日に終了した。

光学式サウンドトラックと一体化した70ミリフィルムはすでに八館に配給済みだったので、キューブリックが編集できるのは音響への影響が最小の部分に限られていた――理想にはほど遠い非常に特異な状況だ。結果的にアラム・ハチャトゥリアンの鬱々としてやるせない「バレエ音楽ガイーヌ（アダージョ）」――ディスカバリー号が木星に向かう場面のオープニング・ショットで使われていた曲――は短縮せざるをえなかったが、曲への影響は微々たるものだった。そして四月九日、カットする部分のリストがロウズ、アップタウン両シアター、ロサンジェルスのワーナー、さらにボストン、デトロイト、ヒューストン、デンヴァー、シカゴの映画館に送られた。すべて四月十日、十一日に『２００１年』の上映をスタートさせる映画館だ。製作の全局面で並々ならぬ苦労を重ねて細心の注意を払い、厳密さを追求した歳月の果てに、『２００１年宇宙の旅』の命運を握る重大なカット作業は八人の無名の映写技師の手にゆだねられ、机上のフィルム編集機で実行され、それが上映されたのである――とりあえずネガからあらたに焼き直したニュープリントができあがるまでは。
アジェルの『メイキング・オブ・２００１年宇宙の旅』の最終稿には残らなかった部分のなかに、ある匿名のＭＧＭ重役の話として、ＭＧＭのお偉方は「カットをするという結論が出るまでは全員、席に着いていた。しかしその手順の話まで残っていた人間はひとりもいなかった」という一節があった。ここはキューブリックが削れと主張したので最終稿には残らなかったが、その先をもう少し引用すると――

編集室があるＭＧＭビルの地下はカット作業が進むあいだ、やけに混みあっていることが多かった。大勢の人間がスタンリーを見にきていたんだ――大柄のも小柄のも太ったのも痩せたのも。スタンリーの末娘のヴィヴィアンも編集作業中、よく来ていた。彼女はチョコレート・ドーナツ・フリークでね――いつもチョコレート・ドーナツをねだっていたよ。スタンリーは通りの向かい側にある六番街のデリカテッセンが嫌いで、あそこはまともなテイクアウトのサンドイッチがつくれないといっていた。

この部分は検閲を通過したが、そのつぎの部分はキューブリックが抹消している――「彼はカット――刈り《トリ》込み《ム》――するのを楽しんでいるようには見えなかった、が、ひょっとしたらわたしの勘ちがいかもしれない。刈り込まれた部分は最小限だったという気はたしかにしている」キューブリックはなぜ変更を加えたのか、その理由を走り書きで残している。トリム会議について――「真実ではない。カットを提案したＭＧＭ重役はひとりもいなかった」カットするのを悲しんでいた、という件について――「ナンセンス。これも匿名のなせるわざ。嘘だ」
匿名の重役――みずから、勘ちがいかもしれないといっている――の話については公正を期して記しておくと、すべての証拠が、キューブリックは四月四日以前にカットの必要性を充分、認識していたことを示している。前夜のプレミアで彼がクリスティアーヌに話した内容もそのひとつだ。キューブリックの態度、表情は、疲労はもとより、映像と恒久的に一体化している音響に齟齬が出てはならないという特異な制限を課された状態でどう完成させるか、その不安を反映したものだったのではないだろうか。

MGMがトリムを提案しなかったという監督の断定的なコメントは完全にまちがいで、社の意向に影響されたという印象を関係者以外にまで広めたくないという監督の強い思いのあらわれだろう。キューブリックの忠臣ロジャー・キャラスも一九八九年に述べているように、「スタンリーはなんでも否定するんだ、なんであろうと、キューブリック神話をセンセーショナルなかたちではなく傷つけると思えるものは否定するんだよ」

MGMの広報マン、マイケル・シャピロのムビオラでカットされた部分は合計十九分——オリジナルの上映時間の十二パーセント——にのぼった。カットされた部分のうちデュリアのジョギング・シーン——四月三日にブーイングやヤジが飛んだ箇所——は、最初にディスカバリー号の内部が映しだされたシーンでロックウッドがまったくおなじことをしているから、そもそも余分だったともいえるわけだ。もうひとつ捨てられたのはボーマンがディスカバリー号を離れる準備をするシーンとおなじものを、ほぼワンショットワンショット、プールでくりかえした部分だが、ここを削除したことで、そのあとに起こる殺人のインパクトがいくらか弱まったともいわれている。ほかにカットされたのは、HALが自身の故障にかんするミッション・コントロールからのメッセージをリプレイするよう要求するシーン、月面のモノリスのシーンの一部、HALがプールを殺す直前、彼との無線リンクを切るシーン、そして〈人類の夜明け〉シーケンスの一部、となっている。

また、あらたにタイトル・カードがふたつ、挿入されている。ひとつはディスカバリー号がはじめて映るシーンの直前に置かれたもので、「木星ミッション、十八カ月後」と書かれている。もうひとつは「木星そして無限の彼方へ」と書かれたもので、映画の最後の二幕、スター・ゲートとホテルの部屋のシーケンスの幕開けを告げている。そして最後に、キューブリックはキャントウェルのモノリスの上に太陽が昇るショットを、〈月を見るもの〉が骨が武器になると直観的に把握するシーンの直前に、ふたたび、ごく短く挿入した。

この変更は一部で論議を呼んだ。ニューヨーク大学映画学科の院生ジョン・デイヴィソンは、四月二十八日付〈ニューヨーク・タイムズ〉紙に掲載された投稿で、カットと「無意味なタイトル・カード」を槍玉にあげてMGMを罵倒している。デイヴィソンは「スタンリー・キューブリックの傑作がだいなしになってしまった——積もりに積もった批評家たちの悪口雑言がもたらした悲しい結果だ」と記し、「ずさんな継ぎはぎと不揃いなテンポをもって完成された粗悪品が公開され、観客をオリジナルのとき以上に混乱させている。しかしいちばん混乱しているのはMGMだ。MGMは自社作品の芸術性にたいする信頼が欠如しているがゆえに、自らが理解できないものをカットし、そうすることで、救いたいと望んだ作品を破壊しているのだ」と結論している。★

公開時の本作にたいする敵意、とくにニューヨークの批評家たちのそれは、少なくともある程度、最初の編集段階で冗長性を排しきれなかったことが原因と見ていいだろう。デイヴィソンの推測とはちがって、キューブリックのトリムは自発的なものであり、充分な根拠のあるものだった。デイヴィソンがひどいカットと批判したのは、彼が見たのが四月九日にMGMから送られたカット・リストにしたがって映写技師がトリムしたものだったからにちがいない。そのバージョンはすぐに継ぎ目のないニュープリントに差し替えられている。『2001年宇宙の旅』にたいする否定的な批評はニューヨークに限られたことではなかったが、そのほとんどは最初の編集バージョンを見た評論家によるものだった。ハリウッドの主要業界紙〈バラエティ〉は四月三

★　デイヴィソンはのちに、大いに注目を集めたSF映画『ロボコップ』（一九八七）、『スターシップ・トゥルーパーズ』（一九七七）（いずれもポール・ヴァーホーヴェン監督）を製作している。

日付で明らかに相容れない要素の混じった、最終的には否定的なレヴューを掲載した。抜粋すると、「キューブリックによる十把ひとからげ的な、拙速ともいえる編集」と評し、「『２００１年』は映画史上画期的な作品とはいえない」と切り捨てている（ここでいわれている編集とは、プレミアで上映されたプリントにおけるものであって、短くなったバージョンのことではない）。なお注目すべきことに、筆者は〈人類の夜明け〉シークエンスのメイクアップは『猿の惑星』と比べると未熟」だと考えていた。二週間後の〈バラエティ〉の記事はもう少し好意的で、「キューブリックがはじめて『２００１年』のファイナル・カットを見たのは、プレス・プレヴューの八日前のことだった」とし、最初の長いほうのバージョンがもたらしたと思われるダメージを和らげた——「当初の反応はさておき、見た人のほとんどが『２００１年』は引き締まったほうのバージョンのほうが概ね、よいと考えていることを考慮すると、キューブリックの最初の、ファイナル・カットではないほうの、バージョンが国内でのレヴューの対象になってしまったことは残念というべきだろう」

この指摘を裏付けるかのように、関連記事では〈ボストン・グローブ〉紙の評論家マージョリー・アダムズの批評を引用しており、ファイナル・カットを見た彼女は『２００１年』をつぎのように評している——「世界一、風変わりな異色作。ボストンでこのような映画が公開されたことはない、いやそれをいえば、ほかのどこでも……本作は人生のあらたな局面を見つけたかのような興奮をもたらしてくれる」

問題山積の打ち上げではあったが、キューブリックとクラークの宇宙叙事詩はただ持ち堪えただけではなかった。『２００１年』は成功への道を歩みはじめていた。

＊　＊　＊

『２００１年』は興行面でふるわず、若い観客が馬を駆って助太刀に馳せ参じるまでは打ち切り寸前の窮地にあったという神話とは逆に、興業データは初日からチケットの売れ行きがめざましかったことを示している。プレミアから一週間後の四月十日の時点ですでに、〈バラエティ〉には前売り券の売り上げがMGMの一九六五年のヒット作『ドクトル・ジバゴ』を三十パーセント上回っているというデータが掲載されていた。

しかしシルヴァースタインの甥の反応が示していたように、『２００１年』が広く受け入れられるかどうかは観客が六〇年代後期の世代分水嶺のどちら側に属するかにかかっていた。ボブ・ディランの一九六五年の曲「やせっぽちのバラッド」の〝ミスター・ジョーンズ〟さながら、なにかが起きていたのだが、それがなんなのか高齢層は必ずしもわかっていたわけではなかった。映画界の重鎮たちもほとんどがそうだったし、四月十日付〈バラエティ〉の記事には今日では滑稽なほどあたりまえといえそうな見解が記されている――「いま映画をよく見に行くのは主に二十五歳以下の世代だから、業界はこのマーケットとかれらの好みを研究する必要があるのではないだろうか」記事はマーシャル・マクルーハンを引き合いに出して、コリン・キャントウェルが何カ月か前に明らかにしていたクラーク‐キューブリックの左脳、右脳分割説の核心に切りこみ、「ビジュアル指向」の一九六八年の若者にとっては、「視覚、聴覚が言葉に取って代わっている」のだと指摘している。さらに筆者はキューブリックの『２００１年』にかんするごく初期のパブリック・コメントを引用している――「わたしは言葉を使わずに、本能的、感情的、心理的レベルで人びとに影響を与えるようなテーマを表現したかった。四十歳以上の人びとは、言葉の束縛、文字で表現された概念から抜けだすことに慣れていないが、これまでのところ、若い人たちからの反応は凄まじいものがある」

というわけで本作の成功には若い世代が大きく関与していたのだが、この現象はほぼ公開直後から起こっていた。五月中旬になると、〈バラエティ〉が伝えるところによれば『２００１年』は公開後五週間、わずか八館での上映で百万ドル以上の売り上げを記録し、ニューヨークのロウズ・キャピトル・シアターでは観客をさばくために週末に午後五時の回を新規に設けたという。こうして喝采が強まっていくと、評論家のなかには考

え を改める向きも出てきた。たとえば〈ニューズデイ〉紙のジョセフ・ジェルミスは好奇心をそそられて再度、こんどはファイナル・カットのほうの試写会に参加した。彼は四月四日付の最初のレヴューではつぎのように締めくくっている――「映画は無軌道に飛躍する。各エピソードは論理的に組み立てられておらず、その構造は最後の瞬間までわからないままだ。これはあやまちというしかない。そこにあるのはサスペンスではなく驚きと混乱、そして多くの人にとっては、憤りである」

二度めの記事――二週間後に掲載された、注目すべき、自己の過失の肯定――では、ジェルミスは本作を「名作」と賛美し、自らのものも含めた評論家たちの最初の反応を、一八五一年にハーマン・メルヴィルを迎えた批評と比較している。

百年ほど前のことになるが、『白鯨』は英国屈指の影響力を持つ博学の文学評論家に言葉を尽くして酷評された。彼はこの作品は、雑多なものを寄せ集めた不合理なものだと説得力をもって論じ、放縦なリリシズムと詩的な神秘主義を嘲笑った。そしてこれは十九世紀の小説はこう書かれるべきという一般的に受け入れられている規範にしたがっていないから、無条件に失敗作なのだ、と論じた。彼はまったくもって正しかった。しかし今日、その評論家の名を記憶にとどめているのはおそらく数人の学者くらいのものだろうが、そしりを受けた小説家の名は大学一年生全員が知っている。

さらに彼はつぎのように述べている――「プロの評論家は、ときとして自身にとって馴染み深いカテゴリー、都合のいい規範や慣例に拘泥して足を取られることがある……慣れ親しんできたものの支持者、現状維持の推進者になってしまうのだ」クラークはこの記事にいたく心をくすぐられ、五月六日、チェルシー・ホテルからジェルミス宛てに手紙を送った。

四月二十日付〈ニューズデイ〉の貴殿の記事、たいへんおもしろく、印象深く拝読。というのも、わたしも『2001年』と『白鯨』の最初の反応が似ていると思っていたからです。じつをいうと、評論家の方向転換の速さ（今回は八十有余年ではなく三週間）は現代の進歩の速度を示すものと感じていた次第。これはマクルーハンの論点でもある……しかし貴殿のコメントがわたしにとって二重に興味深いものに思えたのは、このプロジェクトにかかわった過去数年間、『白鯨』とのもうひとつの類似点――すなわち、形而上学的、哲学的考察の背景を設定するために〝ハードな〟テクノロジーを使うという手法――を強く意識していたという事実があるからです。

評論家ではないし、ファイナル・カットを見てもいないものの、最後まで納得できずにいたのが、ほかならぬフレッド・オードウェイだった。彼はワシントンでのプレミアに出席して、五十二人が途中で出ていったのを目にしていた。インターナショナル・スペース・ミュージアムのプロジェクトの件でキューブリックが翻意して、心穏やかではなかったオードウェイは本作を見るのに理想的な心理状態にあったとはいえないかもしれない。行間を詰めた形で八ページにおよぶ四月九日付のキューブリックへの手紙で、彼は『2001年』の不明瞭さに絶望したと不満をぶちまけ、並はずれて詳細かつ包括的な否定的評価を下している。キューブリックの身近な協力者のひとりからのもの、という点で、これは注目すべき文書といえる。

＊　＊　＊

チケットが飛ぶように売れ、あとから出たレヴューも肯定的なものがほとんどという状況になると、キューブリック夫妻はロングアイランドのノースショアに借りていた大邸宅に引きこもることが多くなった。そしてそこには大勢の人間が、「大柄のも小柄のも太ったのも痩せたのも」、ほとんどがマスコミだが、押しかけてきた。「邸宅にはロングアイランド海峡に面した埠頭があって、灯台が立っていた」とマイク・カプランは回想している。当時、『２００１年』の観客の中心年齢層が明らかになった時点でプロモーションを指揮すべく投入された若手のマーケティング担当重役だった人物だ。「キューブリックにかんすることならなんでも話題になっていて、そこが『グレート・ギャツビー』のジェイ・ギャツビーの邸宅のモデルになった場所だという噂がいっきに広まった」

才能あるビジュアル・アーティストだったクリスティアーヌは入江と邸宅を油絵で描くかたわら、切れ目なく押しかける招かれざる客たちにコーヒーや紅茶を出していた。彼女は、女性ジャーナリストたちがなんとかスタンリーに近づこうと押し合いへし合いしていたのを覚えているという。「夫にかかわることであんな陰険な空気を感じたのは、生涯であのとき一度だけだわ」と彼女は語っている。「彼女たちは彼といっしょにすごしたかったから、わたしがいては具合が悪かったのよ」彼女の出身国にたいする嫌悪が、おぞましいかたちで表面化したという。「本当にひどいことをいわれたのよ。ほら、その頃はまだ英語があまりうまくなかったし、ドイツ語なまりがあったし。それに戦争もそれほど昔の話ではなかったから。とにかくわたしが邪魔だったわけね。一度、すてきなスエードのジャケットを着ていたことがあったの。そうしたら、ひとりがわたしを見て──その女性の名前、思い出せないんだけれど──こういったのよ。『あなたが着ているのは、どういう種類の皮《スキン》?』って」

その出来事を思い返して身震いしながら、クリスティアーヌはいった。「ひとつ、自分を褒めてやったことがあるの──そういうぞっとするような経験をしたこと、何回かあるんだけれど、彼にはいっさいいわなかったの。わたしは強いから、自分のちっぽけな、ドイツ人としての複雑な感情を彼に押しつける必要はないと思ったから」
ファイナル・カットが上映され、チケットの売り上げもきわめて好調で『２００１年』の受容度は上向いてきていたが、四月下旬、キューブリックはここでもう少し説明しておいてもよかろうと判断し、その導管役として、当時〈ニューヨーク・タイムズ〉紙日曜版の映画製作コラムを書いていた映画欄編集者エイブ・ワイラーに白羽の矢を立てた。ワイラーは監督の話を詳細に引用している。

最後には、潜在意識に穴をあけてその力を引きだすようなことが起こらなくてはならない。そうするためには言葉を迂回して夢と神話の世界に入っていかなくてはならないのだ。これが、この映画には誰もが慣れ親しんできた、わかりやすさ、明瞭さが存在しない理由だ。ぼくらはこんなふうに順序立てていったんだ。木星の軌道上で、キア・デュリアがスター・ゲートのなかに押し流されていく。時間と空間がばらばらに崩壊した領域を突進して、ぼくらが知っている自然法則がもはやあてはまらない別の次元に入っていく。目には見えない神のような存在――物質を超越したものに進化した純粋なエネルギーからなる存在――の元で、彼は自分が、自分自身の夢と記憶からつくられた人間動物園とでもいうようなところにいることに気づく……彼の全人生が、彼にとってはほんの数瞬と思える速さですぎてゆく。彼は死に、生まれ変わる――神々しい姿に変貌している。高められた存在、スター・チャイルドだ。これでサルから天使までのぼりつめる道程が完結する。

キューブリック夫妻が四月三日の夜の試練から立ち直るには時間がかかった。あるときスタンリーはクリスティアーヌに、「あまりにもショックだったから、いまだに、いますぐにでもなにか恐ろしいことが起こるんじゃないかという気がするんだ」と打ち明けたという。それでも四年つづいた苦労の日々の緊張感は徐々に和らぎはじめていた。彼は意地の悪い酷評に激怒する一方で、畏敬の念に打たれたという作品を支持する手紙も山のように受け取っていた。差出人はけっして若者ばかりではなかった。そして時が経つにつれ、肯定的な批評が否定的な批評を上回るようになっていった。その年の九月、最初の反応についてたずねられたキューブリックは、つぎのように答えている――「どこまでも敵対的なのはニューヨークだけだった。たぶん、非常に教条的な無神論や唯物論や現世的な関心にとらわれた根無し草の知識階級的要素が強いから、宇宙の壮麗さや広大無辺な知性に秘められた無数の謎が呪われたもの《アナテマ》のように思えるんだろう」

　ロングアイランド海峡に面して広大なポーチを配した、ギャツビー邸のような夫妻の豪邸には、桟橋と灯台に加えて、地下には射撃練習場までそなわっていて、その夏、ロジャー・キャラスは家族連れで定期的にイースト・ハンプトンから車を駆って訪れていた。彼とキューブリックはともに銃愛好家で、ロジャーはスタンリーの保有数に負けず劣らず大量の銃器類を持参していたという。クリスティアーヌによるとふたりとも抜群の腕前だったそうだ。そしてそこでは『２００１年宇宙の旅』の監督とそのニューヨークの相談役を配した名シーンが見られた――暮れなずむ海辺に建つ大立者の邸宅。その半地下のアルコーヴ、青い硝煙が渦巻くなか、肩を並べ、標的に向かって連射するふたり、遥かハリウッドの上に沈みゆく夕陽、そしてクリスティアーヌは階段の上に立ち、騒音と硝煙の匂いに顔をしかめながら身をすくめていた。

第12章　余波

1968年春〜2008年春

ふたつの可能性が存在する——宇宙にいるのはわれわれだけか、それともそうではないのか。どちらもおなじくらい恐ろしい。

——アーサー・C・クラーク

何十年かのち、車椅子生活になって、現在はスリランカと呼ばれている第二の祖国を離れることもめったになくなったアーサー・クラークはテレビでスタンリー・キューブリックの写真を目にして深く心を動かされた。作家はコロンボにある大邸宅の二階の書斎で、かつての共同製作者のドキュメンタリーを見ていた。その写真は唐突にあらわれた。それはチルドウィックベリー・マナーハウス——一九七七年にキューブリックが購入した、何エーカーもの緑に囲まれた十八世紀の荘園領主の広大な邸宅——で撮られたもので、写真のなかのキューブリックはテレビの前の床に腰をおろして、スクリーンに向かってマイクを差しだしていた。

ひと目見たとたん、その鏡写しのような状況と距離感が、一九六四年から六八年にかけてふたりが『2001年宇宙の旅』で魔法のように出現させた遠いスクリーンのなかの世界——時空を隔てる巨大な深淵をはさんで、こだまのように人類の相互作用が起きる世界——を呼び起こしてもおかしくはなかったかもしれない。しかしクラークにとっては、唐突にあらわれたテレビスクリーンのなかの写真は、いっさいの距離感を反転させて、揺るぎない友情を――そして彼の人生でまちがいなくもっとも重要なプロ同士としてのつながりを――なんの警告もなしに室内に力一杯、投げつけてくるものだった。

写真を見た作家の身の内に感動がふつふつと湧きあがってきたのも、故ないことではなかった。その写真は、監督のおなじみの強さ――重要なことはすべて言葉も言外の意味もひとつ残らず吸収し記録するんだという終生変わらぬ決意――を示すひとつの例というだけでなく、彼がマイクを向けて録音していたのは、誰あろう、盟友にして知的スパーリングの相手、アーサー・クラークその人だったのだ。しかもそれは、おなじBBCのドキュメンタリーで、クラークを取りあげた回だった。

「その頃はテレビの音もそう簡単には録音できなかったから、彼は番組のあいだ中ずっと床にすわっていたわ」とクリスティアーヌは夫の思い出を語っている。録音していたのはおそらく一九七九年に放映された、SFに焦点を当てた番組「いつの世からか」と思われる。「スタンリーは本当にアーサーに敬服していて、なんにつけ彼の意見を尊重していたし、深い敬意を払っていました」

つまりそれは、齢を重ねたSF作家が、齢を重ねた映画監督がテレビスクリーンを見ながら当の作家が語る一言一句を録音している姿をテレビスクリーンで見ている、という場面だったわけだ。そうとわかったとたん、クラークは眼鏡の奥でフクロウのように目をしばたたき、どっと涙をあふれさせたのだった。

＊　＊　＊

映画公開の四カ月後についに出版されたクラークの小説は「スタンリーに」捧げられており、刊行と同時にベストセラーとなった。クラークは、この物語はふたりが合意のうえでつくりあげたものではあるが、その彼なりのバージョンは必ずしもキューブリックの見解を反映しているとはかぎらないと、あえて強調したのだが、小説はたちまち、映画『2001年』を見て困惑し、謎めいた意味を解明するのに夢中になった人びとの暗号解読ハンドブックと化した。

映画のワシントンでのプレミアから間もない頃のクラークのコメントのひとつに、「はじめて見て理解できた人がいたとしたら、我々の意図は失敗したことになる」というものがあった。彼自身の最初の反応から察するに、逆境を最大限に活用したということだろう。キューブリックはすぐに不賛成の意を表明した。「わたしはアーサーの意見には賛成できないし、彼は冗談のつもりでいったのだろうと思っている」その年の九月にキューブリックがいった言葉だ。その後、メディアを介してやりとりがあり、クラークは自説を曲げずに、あのコメントはけっして『2001年』を楽しめないということではない、くりかえし見るに値するということだ、と述べた。いずれにせよ、一九六八年七月に小説が世に出て以降、彼が混乱する観客向けにあらたに発信したキャッチコピーは、「本を読め、映画を見ろ、そしてそれを必要なだけくりかえせ」というものになった。

チケットの売り上げは依然として異例ともいえる好調を維持しており、『2001年』はその年のアメリカ国内の興行収入一位を記録した——キューブリック作品でこのような記録を打ち立てたものはほかにない。同年六月、クラークは友人で『2001年』の否定的レヴューを書いていたレイ・ブラッドベリに、ファイナル・カットを見るようにとうながす手紙を送った。またチケットの売り上げにも言及して、「スタンリーは笑いながら銀行に向かっている」と書いている。そしてその翌年にはあるインタビューで、これを「スタンリーとわたしは笑いながら銀行に向かっている」に修正した。その頃には小説も彼の純利益改善に大きく貢献し、かなりの陽気なお祭り騒ぎにまで持っていっている。災い転じて福となったわけだ。

それから十年後、クラークは映画の最初の試写会が悲惨な結果に終わった直後、先行きどうなると思っていたかを、聞く者が拍子抜けするくらいあっけらかんと明かしている。「『2001年』の成功は、わたしにとって大きな驚きだった」と彼はBBCの記者に語った。おそらくのちにキューブリックがマイクを差しだして録音していた、まさにその番組でのコメントだろう。「スタンリー・キューブリックにとってもそうだったろうと思う」

もちろんふたりとも成功してほしいと思ってはいたが、カルト映画になるとか、あれほどの人気を維持するパワーのある作品になるとか、そんなことはまったく想像していなかった。ひょっとしたらタイミングがよかったのかもしれないな。公開されたのがアポロの初の月周回飛行――アポロ八号の一九六八年クリスマスのフライト――の直前で、そのあと、いうまでもなく一九六九年七月に初の月面着陸があったわけだから。しかし、そういう宇宙飛行に興味のある人が『2001年』の観客の主力とも思えないんだ。ヒッピーのようなタイプとか、テクノロジーに反感を持っているような人たちもかなり多かったからね。

彼は正しかった。『2001年』は世界中で六〇年代のカウンターカルチャー層をまるごと映画館に送りこみ、そのトップランナーたちから絶賛されたのである。一九六八年にこの映画についてたずねられたビートルズのジョン・レノンはつぎのような名言を吐いている――「『2001年』？　毎週、見てるよ」その翌年、デヴィッド・ボウイは「スペイス・オディティ」をリリース。これは彼の第二の自我《オルター・エゴ》である宇宙飛行士トム少佐を世界デビューさせたシングルで、『2001年』への賛意であることは明らかだ。しかし、もちろん、たとえわずかでも宇宙飛行やテクノロジーに興味のある人たちもこぞって見にいっていたのはまちがいない。

クラークは当初のショックから立ち直ると、彼が書いたナレーションについても率直に語っている。「スタンリーは非常に賢明なことに、ナレーションを入れるのは、いくらそれで簡潔明瞭になるとしても耐えがたいと悟ったんだよ」語った相手は自身の最初のレヴューを公式に見直した〈ニューズデイ〉紙の評論家ジョセフ

キューブリック夫妻のもとを訪れたクラーク。希少な機会に撮られた一枚。1970年代後期。

・ジェルミスだ。「入れていたら、謎の大部分がぶち壊しになっていただろうね」
　プレミアから数週間たった頃には、クラークは『2001年』の意図的な曖昧さが引き起こす白熱した議論に耳を傾けるのを楽しむようになっていて、ときには、それを聞くだけのために映画館の出口に立っていたこともあるという。「思いつくかぎり、どんな映画よりも多くの議論を巻き起こしている」と一九六八年五月、バークリー・ラジオ局の番組で彼は述べている。「映画館の外に立って人の話に聞き耳を立てるのを楽しんだこともある。映画館から出てきた人があれこれ議論しながらずっとブロードウェイまで歩いていくんだ……すばらしいことだよ。わたしたちは、みんなに考えてもらいたいと思っている。いや、なにもわたしたちとおなじ考え方である必要はないんだ」

　テクノロジーが広く浸透するとわたしたした

ちは非人間的になると思うかとたずねられたクラークは、つぎのように答えている――「いや、超人的になると思う」

＊　＊　＊

公開から半世紀、そしてタイトルの年からも二十年近くがすぎたいまとなっても、『２００１年』の影響は過大評価のしようがないほど広く残っている。本作では科学知識に基づく推測やインダストリアルデザイン、テクノフューチャリズム、そして複雑多彩な映画的抽象主義が融合して、それ以前には見られなかったかたちで芸術と科学を一体化させている。『２００１年』のいまだ衰えぬ強い影響力は、デザイン面だけを見ても映画製作、広告、そしてテクノロジー全般におよんでいるし、近年ますます今日性を強め、警戒心をこめて語られることもある人工知能にかんする論議においてはＨＡＬの名がいたるところで登場する。リヒャルト・シュトラウスの「ツァラトゥストラはかく語りき」は本作と密接に結びついていて、もはやキューブリックの地球と月の上に太陽が昇る画期的な場面と切り離して考えることができないほどだ。「ツァラトゥストラ」は『２００１年』を連想させるものとして各所で使われており、ハル・アシュビー監督の一九七九年の映画『チャンス』では、ピーター・セラーズ演じる中年の愚者チョンシー・ガードナーが生まれてはじめて屋敷の外へ出たシーンで、ブラジルのミュージシャン、エウミール・デオダートがファンクにアレンジしてグラミー賞に輝いたものが鳴り響いている。またトッド・ヘインズ監督の二〇一七年の映画『ワンダーストラック』でも、このデオダートのバージョンが使われ、同様の効果をあげている。

そのほか近年、引用された例としては、つぎのようなものがある――テレビドラマ「マッドメン」の「モノリス」（日本放映時は「コンピューター」）というタイトルのエピソードをはじめ、明らかにオマージュと思われるさまざまなエピソード、マット・グレイニング制作のアニメシリーズ「ザ・シンプソンズ」（バートが宙に投げたマーカーが衛星に変わるシーンをはじめ、多くの回でくりかえし引用）、ティム・バートン監督の映画『チャーリーとチョコレート工場』（二〇〇五）の一場面に実際に挿入されているダン・リクターと彼の跳ねまわるヒトザル一座のショット（モノリスはあからさまにチョコレートに置き換えられている）、そしてビル・ポーラッド監督が手がけたビーチ・ボーイズのブライアン・ウィルソンの半生を描いた感動的なドキュドラマ『ラブ&マーシー　終わらないメロディー』（二〇一四）での、『2001年』の最終パートへのオマージュ。これらの例にとどまらず、随所で引用が見られるということは、本作が依然として現代の文化に影響をおよぼすパワーを維持している証左だ——これはまちがいなく傑作であるか否かを測る尺度である。

このように明らかに引用とわかる例を多数輩出しただけでなく、『2001年』はSFというジャンルを画期的規模で世に認めさせ、あとにつづく高額予算、特殊効果満載の映画の源泉に立つ存在ともなっている。キューブリックとクラークがニューヨークではじめて話をしたときに直観したとおり、本作は、物語をより広大なニューフロンティアで展開させることによって、それまでハリウッドで優勢を誇っていた西部劇というジャンルとその代替物に終焉をもたらした。ごく初期に本作への反応のようなかたちであらわれた映画のひとつに、皮肉なことに、ロシアの巨匠アンドレイ・タルコフスキーの一九七二年の映画『惑星ソラリス』がある。タルコフスキーは一九六八年に『2001年』を公に酷評しているが、車輪形の宇宙ステーションや肉体を持たない異星の知性体、そして形而上学的アプローチなどは明らかに先達の影響が見てとれる——たとえタルコフスキーが自身の作品を一種の反撃と考えていたとしてもだ。見る価値はあるし、西側ではそれなりに好意的に受け入れられはしたが、『ソラリス』には瑕疵《かし》があり、監督自身がのちにこれは失敗作だと自認したと伝えられている——つまり彼は『2001年』にもそれにたいする自身の回答にも不満を感じていたわけだ。

アメリカの映画業界では、『2001年』のパワフルなビジュアルとずば抜けた興行成績を受けてハリウッドには煌々と青信号が灯り、後継プロジェクトに資金が注ぎこまれることになった。『未知との遭遇』から『スター・ウォーズ』、『エイリアン』両シリーズまで――さらにいえば比較的最近のジェームズ・キャメロンの『アバター』やクリストファー・ノーランの『インターステラー』に至るまで――一連の画期的な映画がキューブリックの、そしてクラークの偉業の影響を受け、誕生の機会を得たのだ。映画監督になろうと思うきっかけになるような閃きがあったのかとたずねられたキャメロン――興行成績歴代一位の映画を二本製作した監督――は、はっきりと答えた。

最初のは、『2001年宇宙の旅』をはじめて見たときだった。そのとき、はたと思ったんだ。「映画はただストーリーを語るだけのものではない。芸術作品にもなりうるんだ」とね。映画は見る者の想像力に深い衝撃を与えるものになりうる。音楽がいかに映像に影響を与えるかをはっきりと気づかせてくれる。十四歳のわたしにとって、それはいわばあらゆるドアが吹き飛ばされてしまったようなもので、わたしは映画というものをまったくちがう角度からとらえるようになって、すっかり魅了されてしまった。

スティーヴン・スピルバーグは、『2001年』を同世代の監督たちにインスピレーションを与えた「ビッグバン」と呼んでいる。またジョージ・ルーカスは一九七〇年代後期に、本作のことを考えるといつも謙虚な気持ちになると語っている。彼にいわせると『2001年』は「究極のSF映画」で、「わたしとしては、あれ以上の映画をつくれる人があらわれるとは思えない。技術的レベルでは［『スター・ウォーズ』は］比較の対象になりうるだろうが、個人的には『2001年』のほうが遥かにすぐれていると思っている」

さらに年月を経て、近年、『2001年』のことをたずねられたルーカスの口調は、けっしてなめらかとはいえなかった。「なんといえばいいか……スタンリーがやったことをやるだけのガッツが自分にもあればな、とは思う」と彼はドキュメンタリー「キューブリックが残した遺物」のなかで話している。「自分でもわからないんだよ——彼がやったようなことをやりとげるだけの、そのう、不屈の精神を奮い起こそうと努力しているのかどうか」

＊　＊　＊

二〇一八年現在、クラークの小説『２００１年宇宙の旅』は五十刷を重ね、四百万部以上の売り上げを記録している。キューブリックと仕事をする以前のクラークは、ロバート・ハインライン、アイザック・アシモフと並んでＳＦ界の「三大巨匠」のひとりとみなされていた。しかし『２００１年』は彼をまったく別のカテゴリーへと飛躍させたのである。彼は掛け値なしに世界的に名を知られた存在となり、富も築いた。映画とは直接の経済的利害関係はなかったかもしれないが、間接的にはかなりの恩恵をこうむっていたから、キューブリックへの傍目にも明らかな忠誠心も数えきれないほどのプロットの修正も十二分に報われたといっていいだろう。この恩恵は彼のほかの作品にもおよび、『幼年期の終り』は一九六九年だけで三回、増刷されている。キューブリックが予言したとおり、最後にはすべてうまくいったわけだ。

クラークが目をかけていたマイク・ウィルスンは、『２００１年』製作の最終年、映画プロデューサーとして、あれこれ話をまとめようと奔走したもののすべて不調に終わっていたのだが、その時期に契約を成立させようとした案件のなかに『幼年期の終り』にかんするものがあった。一九六七年、彼はクラークにやっとジョン・フランケンハイマー監督に脚本を売りこむことができたと報告したまではよかったが、一九六〇年代後期のウィルスンの仕事がことごとくそうだったように、その話もすぐにご破算になった——そしてついには、立腹したクラークとの関係にもひびが入ってしまった。亀裂が決定的になったのは一九七二年のことだった。ウィルスンが自身の財産と主張するものをかつてのパートナーから取りもどすべく訴訟を起こしたのだ。この訴訟は示談で解決され、ヘクター・エカナヤケがクラークの法外な気前のよさの恩恵を受ける一番手に昇格した。けっきょく、クラークが完成させざるをえなかったジェームズ・ボンドのパロディ作品が、ウィルスンが製作した最後の映画となった。

＊　＊　＊

一九六八年二月、いよいよ仕事場を片付けてボアハムウッドを引き払わねばならないという段になって、ダグラス・トランブルは仕事で使った素材はいっさい持ちだし禁止と告げられ、苦い思いを噛みしめながらロサンジェルスに帰ることになった。「身ひとつで帰るしかなかった」と彼は信じられないという面持ちで語った。翌年、『２００１年』はアカデミー賞に監督部門を含む四部門でノミネートされたが、受賞したのは既述したとおりキューブリックひとりが受賞対象になっていた視覚効果部門のみだった。これは監督が手にした唯一のオスカーとなった。

トランブルは一貫して、キューブリックがしたことは不適切だったと主張してきた。「あの特殊効果はスタンリー・キューブリックがデザインしたものでも監督したものでもない」と彼は断言している。さらに詳しい話を求めると、控え目な答えが返ってきた。

映画は監督している。視覚効果は監督していない。つまりどうしても不適切といわざるをえないのは、ダブル・クレジットになっているという点なんだ。スタンリーは視覚効果の監督作業に深くかかわっていた。それは疑問の余地はない。セットにいて、ミニチュアを撮るのにカメラをどこに置くか、カメラマンに指示していた。これは視覚効果の監督作業だ。いいだろう、そこは彼を否定するつもりはない。しかし彼はデザインしたわけではないし、自分でやったわけでもない。実際に作業をしたスタッフというものがいるんだ。これでは彼が衣装もやった、あれもこれもやった、といっているのとおなじことになってしまう。だからこれはまったく不適切で、ぼくが黙認したのは、雑誌だの業界紙だので延々論争をくりひろげるようなことはしたくなかったからなんだ。

しかしこれには少々、疑問をはさむ余地がある。『２００１年宇宙の旅』の最初のシーン――一九六五年の早い時期に、ペンキ・シンナーとインクと塗料の有毒液の水槽で撮影されたマンハッタン計画の宇宙素材映像――はキューブリックがデザインし、カメラも操作したものだ。この素材は、トランブルが直接かかわる以前に、すでに〈スター・ゲート〉シーケンスの三分の一を構成するものとして使われていて、監督が誇りとする部分であったのはまちがいない。

いずれにしても、ポスト『２００１年』の全キャリアを通じて、ジャーナリストなどがトランブルを『２００１年』の視覚効果を「やった」人物としてとりあげることは多々あった――が、そうした記述にウォーリー・ヴィーヴァーズやコン・ペダーソン、トム・ハワード、そしてキューブリックその人の名があがっていることはまずない。監督はこのことを不快に思っていて、トランブルを非難することもあった。最初はキューブリックが短い警告文を送り、トランブルが丁重に、あれはジャーナリストが過剰に単純化してしまう典型例であって、自分は手柄をひとり占めしようとするような鈍感な人間ではない、あなた自身、メディアでまちがって引用されたり、まちがった人物紹介をされたりするのはよくあることなのだから理解してほしい、と返信していた。

事態が重大な局面を迎えたのは一九八四年のこと、ヒューレット・パッカード社がつぎのような文言を大きく扱った広告を打ったときだった――「ときは一九六八年。しかし観客にとっては二〇〇一年だった。かれらは映画館にいたのではない。深宇宙にいたのだ――ダグ・トランブルの驚異的な視覚効果を推進力として」これを受けてキューブリックとMGMはヒューレット・パッカード社に法的処置をとると宣告し、同社はただちに広告をひっこめた。ところが監督にとってはそれでは充分でなかったようで、〈ハリウッド・リポーター〉誌に全面広告でメッセージを掲載した。内容は、問題の宣伝コピーをそっくり引用してそれが回収されたことを告げ、さらに「トランブル氏は『2001年宇宙の旅』の特殊効果の責任者ではない」とするものだった。キューブリックとMGMの連名で出されたメッセージはさらに『2001年』の視覚効果クレジットを掲載――最初にキューブリック、二番めにヴィーヴァーズ、三番めにトランブル、最後にハワード――、この順番は「特殊効果作業で主たる責任を担った人びとの相対的貢献度」を反映したものだと記している。

この、『博士の異常な愛情』後のテリー・サザーンにたいする否認とよく似た、公開平手打ちとでもいうべき行為は、当然のことながらトランブルにとっては屈辱であり、その後何年もつづいた交流断絶のきっかけとなった。やがて十年近くの歳月が流れたのち、監督は「まちがいなく天才だし、友人だったし、よき指導者であり教師であり仲間でもあった人だし、ぼくも監督のためにずいぶんいい仕事をしたと思うし、監督に感謝してもいた」と考えたトランブルは、前触れなしにチルドウィックベリー・マナーに電話しようと決断した。電話に出たキューブリックに、彼はいった。「スタンリー、電話したのは、あなたと仕事をしたことはぼくの人生でいちばん重要なことだったと直接、伝えたかったからなんです。感謝しています」

キューブリックは、「ワオ、ありがとう」と答えた。

ダグはさらにつづけた。「ぼくはここにいるということを知っておいてほしくて。とても感謝しています。毎日やること、なにもかもが、あのときに始まったことなんです」

ふたりが話をしたのはそれが最後だった。

＊　＊　＊

キューブリックはその後、彼の八本めの長篇劇映画『2001年宇宙の旅』に匹敵するほど野心にあふれ、複雑で、スケールの大きな作品を手がけることはなかった。とはいえ、きわめて革新的な映画をさらに五本、製作、監督している――『時計じかけのオレンジ』『バリー・リンドン』『シャイニング』『フルメタル・ジャケット』『アイズ ワイド シャット』どれも異色作だが、なかでも『バリー・リンドン』は低照度撮影法の草分けとして新天地を開拓した作品である。キューブリックと撮影監督のジョン・オルコット――『2001年』製作の最終年にジェフリー・アンスワースの撮影助手役を卒業していた――はもともとアポロ計画のために開発されたカール・ツァイスの高感度レンズを導入し、その大口径の利点を活かして室内シーンをほぼロウソクの明かりだけで撮影した。その結果、電気が出現する前の十八世紀の室内がどんなふうに見えていたかをはじめて正確に映しだすことに成功し、同作は当時の油絵が動きだしたかのような驚くべき作品に仕上がった。オルコットはこの作品でアカデミー賞を受賞している。

キューブリックの作品で断然、大きな論議を巻き起こしたのは、一九七一年に製作された、アンソニー・バージェスの小説に基づく非常に暴力的なディストピアもの、『時計じかけのオレンジ』だ。監督はこの作品を「自由意思についてのざっくりした講義」と性格づけている。わずか二百二十万ドルという低予算で撮られたため商業的には成功したが、殺人とレイプの描写が原因でアメリカ合衆国では初の成人指定となった。映画を模倣したとされる暴力事件が起きたり、キューブリック一家への脅迫が複数あったりしたことから、監督はイギリス国内での配給を中止し、同作の上映禁止は一九九九年まで有効だった。これもまた映画会社にたいする彼の比類なき影響力の大きさを示す一例である。

『2001年宇宙の旅』公開当初に出た批評記事は、的はずれな評論の見本として他にあまり類を見ないほど広く引用されているし、いまでは本作は映画史上屈指の重要な作品とみなされている。とはいえ、評価が高まっていくスピードは驚くほどゆっくりしたものだった。英国映画協会（BFI）発行の雑誌〈サイト&サウンド〉は十年に一度、世界中の評論家、番組作成者、学識者、そして映画愛好家にオールタイム・ベストテンを選んでほしいと投票を依頼している。この種の調査では世界一とみなされ、広く重んじられているこの十年に一度のリストに『2001年』が登場するまでには、じつに四分の一世紀近い年月がかかった。一九八二年には僅差で次点というところまでいったが、あえなく落選。『2001年』がついにランクインしたのは一九九二年のことで、順位は十位だった。二〇〇二年には史上もっとも重要な映画の六位になり、最新の二〇一二年の投票でもおなじ位置を維持している（目下の一位はヒッチコックの『めまい』、二位はオーソン・ウェルズの『市民ケーン』）。

それが現在のところ、批評家たちの評価の主流ということになるが、〈サイト&サウンド〉はキューブリックの同業者——世界中の第一線の監督たち——にも十年に一度、おなじように投票を依頼している。こちらの場合、監督が選ぶトップテンに本作が初めて入ったのは二〇一二年のことだった——なんと公開から四十四年も経っている。しかし、順位はいきなりの二位。派手にドンと着地した感じだろうか（現在の一位は小津安二郎の『東京物語』、三位は、長年トップを堅持してきた『市民ケーン』）。

しかしアメリカ国民は『2001年』公開後十年とたたないうちにおなじ結論に達していたようだ。一九七七年、ナショナル・パブリック・ラジオの看板ニュース番組「総合的視点」が千五百万のリスナーに投票を依頼した。アメリカ人の映画的嗜好を調べようと、アメリカ映画のオールタイム・ベスト十本をあげてほしいと呼びかけたのだ。結果は一位が『市民ケーン』、二位が『2001年宇宙の旅』、そして三位が『風と共に去りぬ』だった。

スタンリー・キューブリックが最後に公式コメントを出したのは一九九八年。全米監督協会からD・W・グリフィス賞を受賞した際にビデオ・メッセージのかたちで協会宛てに送られたものだった（グリフィス〔一八七五～一九四八〕は長篇映画製作史上屈指の重要な存在と考えられているが、ＫＫＫを英雄的に描いた『國民の創生』などの作品における人種差別的な諷刺の使用が大きな論議の的になってもいる）。グリフィスの仕事は「インスピレーションの源であり、教訓話でもあった」とキューブリックは語り、グリフィス監督は「映画でもビジネス面でもつねに大きなリスクをとる覚悟ができていた」と述べている。彼は、映画を「五セント映画という新奇な見世物からひとつの芸術形式に」変身させた人物が人生最後の十七年間、自らがその創生に尽力したまさにその業界から遠ざけられてどのようにすごしたのか、深く思いを馳せたという。グリフィスにとっては幸運の翼が「蠟と羽根というたよりないものでできていたことが証明されたわけだ」とキューブリックは語っている。

グリフィスのキャリアをイカロス神話にたとえてみたが、一方でわたしはイカロスの話の教訓が一般的にいわれているようなものだけなのかどうか、いまだに確信が持てずにいる。ふつうは「高く飛びすぎるな」というふうに解釈されているが、もしかしたら、「蠟と羽根のことは忘れて、その翼でよりよい仕事をしろ」という意味にもとれるのではないだろうか。

まさに彼ならではのコメントであった。

＊　＊　＊

スタンリー・キューブリックは一九九九年三月七日、重篤な心臓発作でこの世を去った。『アイズ ワイド シャット』のほぼ編集を完了したプリントを家族と主演のニコール・キッドマン、トム・クルーズのために試写してから一週間も経っていなかった。近しい仕事関係者たちは、『２００１年』などと同様、彼がプレヴューのあとでさらに編集を重ねるつもりだったのはまちがいないと主張している。

訃報を聞いたダグ・トランブルは、監督と仕事をした多くの人びと同様、大きなショックを受け、監督の命にも限りがあるという事実を容易には受け入れられずにいたのだが、当然、葬儀があるはずだと思い、ヤン・ハーランに電話して列席してもいいかとたずねた。承諾の返事をもらったトランブルは喪服をカバンに詰め、飛行機に飛び乗って、時間ぎりぎりにチルドウィックベリー・マナーに到着した。冷たい雨の降る午後に大きな天蓋の下で執り行われた葬儀は美しく、感動的なものだった。周囲にはすばらしい花のディスプレイが配されていたが、花の大半は芝生の上に敷かれたカバーの下の土に直接、根づいているものだった。遺族は故人を敷地内に埋葬する許可を取っていて、葬儀は大きな左右対称の針葉樹——キューブリックのお気に入りだった樹——の根元に掘られた墓穴の横で執り行われた。棺が、トム・クルーズら、男性たちの手で運びこまれると、幾人かが頌徳《しょうとく》の言葉を述べた。その合い間合い間には音楽が奏でられ、一部はキューブリックの孫たちが演奏した。

頌徳の言葉を最初に述べたのはヤン・ハーランで、映画評論家のアレクサンダー・ウォーカーの記憶によれば、その言葉が完璧な雰囲気をつくりだしたという。百五十人程度の参列者を見渡して、ハーランはいった。

「一週間前には、世界最高のスタンリー・キューブリック専門家の集まりで演説をすることになるとは夢にも思いませんでした」

「これを聞いて、みんなクスクス笑ったよ」とウォーカーは述べている。「それでみんなリラックスできた」

そのほか、クルーズ、キッドマン、そしてスティーヴン・スピルバーグらも追悼の言葉を述べている。およそれた。その二時間後、列席者が案内にしたがって棺の上からバラの花を一輪とって墓穴に入れ、並んだボウルから土をひとつまみとって、やはり墓穴にはらはらと落とし、各々、故人に別れを告げると、棺が墓穴のなかにおろさ

その後、軽食をということで全員が邸内に招かれ、キューブリック邸の広々とした暖かいキッチンのテーブル回りに集った。宵闇が迫る頃、スピルバーグがウォーカーの上にかがみこむようにして、こういった。「いやあ、これはすごい。ビバリーヒルズだったら、警官やボディガードがいて、ベルベットのロープで仕切られて、VIP用の席が設けられているところだ。それがこうしてイギリス風のキッチンでみんなで夕食をとっているんだから」ウォーカーによれば、それは「本当に親密で感動的な、これ以上のものは望めないほどすばらしい、友人との別れの場だった」

葬儀のあいだ中、ダグ・トランブルはこの場にいられてよかったと感じ、気がつくと何度も人目をはばからずすすり泣いていたという。その後、ほかの列席者とともにキッチンに入って「すばらしいビュッフェ式の料理と飲み物と会話」でもてなされていた彼は、ふとスタンリーはまだ外にいるのだと気づいた。そっとキッチンから抜けだして外に出た彼は墓穴のそばに置かれていた椅子に腰をおろして、かつての師に語りかけた。「スタンリー、いろいろあったけれど、なにもかもばかげてる。あんなことはまったく問題じゃない」彼の目には涙が浮かんでいた。「あなたとはいろいろ衝突しましたよね、あれは大変だったな、でももういいいんです。ぼくにとってそんなことはひとつも重要じゃない。ぼくはあなたが大好きだからここに来たんだし、あなたがしたことは映画にとって、ぼくの芸術表現形式にとって、そしてぼくの人生にとって、とても重要なことだったと思っています。ここにいられることを光栄に思います。ぼくの人生を変えてくださって、ありがとうございました」

その後、作業員が数人やってきて、墓穴に土を入れはじめた。

＊　＊　＊

アーサー・クラークはスタンリー・キューブリックより十年近く長生きした。彼は『２００１年』以降、九篇の長篇小説——そのなかには『宇宙の旅』をさらに先に進めた三篇も含まれているが、評価は一様ではなかった——を上梓したが、けっきょくその名をもっとも高からしめたのは一九六四年から六八年にかけての濃密な四年間にふたりで生みだした物語であった。

一九八四年、彼の小説『２０１０年宇宙の旅』を基にした『２００１年』の続篇がＭＧＭからリリースされた。監督はピーター・ハイアムズ、タイトルは『２０１０年』、主演はロイ・シャイダーで、キア・デュリアとダグラス・レインがそれぞれデイヴ・ボーマンとＨＡＬを再度、演じている。エンターテインメントとしては合格だが、けっして忘れがたいとはいえない作品だった。

一九八八年、クラークはポスト・ポリオ症候群と呼ばれる進行性の神経障害と診断され、晩年の二十年の大半を車椅子ですごすことになった。しかし彼の宇宙にたいする好奇心と驚嘆の念には、それを簡潔明瞭な言葉で伝える能力が付随していたから、彼の士気に影響が出るようなことはなかったようだ。一九九四年、キューブリックは作家に、ＢＢＣ製作の伝記ドキュメンタリー「これがあなたの人生」でクラークが取りあげられた際に収録に参加できなかったことを詫びる手紙を送った。「あなたはいうまでもなく世界一有名なＳＦ作家です」と彼は書いている。「あなたは誰にもまして、人類が地球というゆりかごから星ぼしの世界へ手をのばしていくという未来図をわれわれに与えてくれました。星ぼしの世界ではひょっとしたら異星の知性体がわれわれを神《ゴッド》のような父《ファーザー》として遇するかもしれない、あるいは〝ゴッドファーザー〟のように扱うなどということもあるかもしれませんね」

　一九九八年、バッキンガム宮殿は女王エリザベス二世がクラークを下級勲爵士に叙する意向と発表した——この栄誉の最古の例は十三世紀の国王ヘンリー三世にまで遡る。しかしクラークの要請で叙任式は先送りされた。クラークはイギリスのタブロイド紙〈サンデー・ミラー〉に小児性愛者だと糾弾された直後で、その汚名を晴らしてからにしたいと考えたからだ。〈サンデー・ミラー〉は記事の根拠は出所不詳のクラーク自身の発言とされるものだとしていたが、クラークはそんな発言をした覚えはないと断固否定した。スリランカの警察がそのインタビューと称されるものの録音テープの提出を求めたが、けっきょく提出されず、その後の捜査で同紙の糾弾は根拠のないものだったことが判明。これに伴って同紙は謝罪文を掲載したため、クラークは名誉棄損で訴えることはしないと決断した。

　アーサー・C・クラークは二〇〇〇年五月二十六日、順当にナイト爵に叙せられた。疾病にかんしては、症状は出ていたものの彼の持って生まれた希望を捨てない前向きな性格が損なわれることはなかったし、広大で謎に満ちた宇宙での人類の立ち位置を理解し、描写するという生涯をかけた探究が中断されることもなかった——その探究の成果は、彼が世界的名声を得た理由のひとつであるクラーク的楽観主義とでもいうべきものに満ちあふれた散文に余すところなく詰めこまれている。

　クラークは自己権力拡大傾向が皆無だったわけではなく、実際、そのことで自分を茶化して、毎年、冬になると「うぬぼれ録《エゴグラム》」と称する同報メールを友人たちに送信したりもしていた。しかし『２００１年宇宙の旅』での役割を考えると、彼は奇妙なほど謙虚な態度をとっている。「『２００１年』は約九十パーセントがキューブリックのイマジネーション、約五パーセントが特殊効果スタッフの非凡な才能、そしてたぶん残りの五パーセントがわたしの貢献を反映したものだ」と彼は一九七〇年に述べている。驚くほど自分を卑下したコメントだし、それを裏付ける証拠はなにもない。もしかしたらテリー・サザーンの件が頭にあってのことだったかもしれない。

二〇〇一年に、彼とスタンリー・キューブリックが何十年も前に写実的に表現した人類の宇宙への進出という壮大なヴィジョンが実現していないことで失望しているか、とたずねられて、彼はたっぷり一分ほど考えてから、何千年も前から推測を重ねてきた末に、無人探査機によって太陽系への扉が開かれ人類がその目で見ることができるようになったことを指摘して、まったく失望していないと答えた。さらに、生きているあいだにここまでのものが見られるとは思っていなかった、とも語っている。その二年後、彼はその思いをさらに大きく展開して、つぎのように記している——「われわれは史上最高の探査の時代に生きるという特権を与えられている」

二〇〇八年一月に送信された最後の「エゴグラム」で、クラークは九十歳を迎えた年に起きた出来事に思いをめぐらせている。それはいつもどおりの陽気な信書だったが、彼は明らかにその日が近いことを感じとっていたようだ。「わたしは作家、水中探検家、宇宙プロモーター、そして科学普及者と、多様なキャリアを積んできた」と彼は書いている。「そのなかでもっとも記憶しておいてほしいのは作家としてのわたし——読者を楽しませ、願わくば、かれらのイマジネーションを大きくひろげた作家としてのわたしだ。

もうひとり、イギリス人の作家——偶然だが、やはりその生涯のほとんどを東洋ですごしている——で、そのへんを非常にうまく表現した人物がいる。というわけで、ラドヤード・キプリングの言葉で最後を締めくくらせていただくことにする——

もし、なにかわたしがなしたことで
あなたに歓びがもたらされたのなら——
いつかはあなたにも訪れるその夜
わたしを静かに横たわらせてほしい

そしてほんのわずかな、わずかなあいだ
死者は心に留まる
たずねるなかれ
わたしが残す書物のほかのことどもは

アーサー・C・クラークは二〇〇八年三月十九日、コロンボにおいて呼吸器合併症から心不全を併発し、この世を去った。彼は生前、葬儀ではいかなる宗教的儀式も不要とはっきり指示していたが、彼の死から数時間後、遥か彼方の銀河から前例のないほど大規模なガンマ線バーストが地球に到達した。それまでに記録されたもっとも明るい超新星の二百万倍以上もの輝きを放ったそのエネルギーは、七十五億年の歳月をかけて太陽系に届いた――観察可能な宇宙の年齢の約半分の時間だ。わたしたちの惑星が誕生する遥か以前から時空を旅してきたこの壮大な宇宙の爆発は約三十秒間つづき、地球から肉眼で見ることができたもっとも遠い物体となった。

それは、終生、無神論者だった人物でさえありがたく思ったにちがいない敬礼のようなものであった。

謝辞

コクトーの映画『オルフェ』のなかで、自分はなにをするべきか、と詩人が問う。「わたしを驚かせろ」と彼はいわれる。人を驚かせる現代芸術はめったにない——偉大な芸術作品が、どうしてただの人間に創りだせたのだろう、と疑問をいだかせるという意味においては、確実にない。

——スタンリー・キューブリック

明らかに人を驚かせたのだから予想がつくように、わたしのほかにも多くの作家が『２００１年宇宙の旅』に魅せられてきた。この映画がいかにして実現したかを調べてきた者たちのあいだに仲間意識が芽生えたとしても、意外でもなんでもないだろう。そして『２００１年』がどうやって生まれたかを必死に理解しようとしているあいだ、彼らにささえてもらったことには、いくら感謝してもしきれるものではない。

この点に関して、デイヴ・ラースンほど欠かせない人材はいなかった。彼はコンサルタントとして正式に契約を結んでくれた。二十年以上を費やして『２００１年』を微に入り細をうがち調査してきたデイヴは、おそらくいまこの世にいる人間のうちで、この映画に関してもっとも通じている人物だろう。これはわたしの判断ではなく、ダグ・トランブルの判断だ。デイヴと連絡をとるようにと助言してくれたときでさえ、彼はそう断言してはばからなかった（それ以来、たびたびダグの意見の正しさを確認してきた）。紳士にして学者であるデイヴは、『２００１年』に関する彼の膨大な保管文書――貴重な手紙や、よそでは手にはいらない文書はいうまでもなく、無数の写真やベタ焼きをおさめたマトリョーシカ式に入れ子になった、おびただしい数のフォルダー――を寛大にもわたしに利用させてくれた。デイヴは何十本にもおよぶインタビューの録音も不平をいわずに書き起こしてくれた。それは二〇〇一年から二〇〇六年にかけて彼がその映画で仕事をした人々を相手に実施したもので、インタビューに応じた者の多くはもはやこの世にはいない。わたしからeメールで届く質問の果てしないつるべ撃ちに答えたあと、彼は本書の原稿を読み、事実をチェックし、価値ある提案をしてくれた。さいわいにも彼自身の『２００１年』に関する著作が進行中であり、まちがいなく忘れがたい大冊になることが約束されている。

　このプロジェクトにとってなにより重要だったのが、業界屈指の視覚効果雑誌〈シネフェックス〉の創刊者にして発行人のドン・シェイだ。一九八〇年に創刊号を出す以前から、ドンは『２００１年』の視覚効果に焦点を絞った本を書くつもりで、その映画の古強者どものインタビューを取りはじめていた。本を書く代わりに、彼は雑誌を創刊した――だが、そのいっぽうで同作の主立った関係者たちとの議論を録音しつづけた。その結果は最終的に〈シネフェックス〉二〇〇一年四月号のなかで形になった。長文の口承歴史の傑作「２００１年――タイム・カプセル」に占められた号である。二〇一七年の初頭に目をぱちくりさせながらその記事を読んだわたしは、ドンを探しだした。彼は省略のないインタビューを利用させてくれただけではなく、貴重なオリジナルの書き起こしをハード・コピーの形で送ってくれた。パソコンが普及する以前だったので、それらはデジタル化されたことがなかったのだ。

　予想どおり、それらには、ドンと共著者のジョディ・ダンカンが、彼らの『２００１年』特集号に絞りだしきれなかった資料が金鉱となって含まれていた。この点だけをとっても、彼らの同志愛に永遠の感謝を捧げるだろう。だが、それだけではなかったのだ。その年の三月、ドンは——映画の言語を散文のそれに翻訳する経験を四十年以上にわたって積んできた海千山千の編集者が——一章書きあがるたびに、わたしの原稿を読むと申し出てくれたのだ。その後の彼の提案はつねに単刀直入であり、しっかりした根拠があり、的を射ていた。本書に対するドンの貢献は絶大であり、わたしは彼に深謝する。

同様に一貫して連帯精神を示してくれたのが、アーサー・C・クラークの公認伝記作家ニール・マカリアーだ。まさに高潔の士であるニールは、一九八八年から一九九〇年にかけてアーサーの友人や同僚たちを相手に行った多くのインタビューの書き起こしをeメールで送ってくれただけではなく、きわめて貴重なオリジナル・テープも郵送してくれた。書き起こしから漏れていた部分があったからだ。一九九〇年代の初頭に、その四百ページにおよぶ浩瀚《こうかん》な伝記をまとめていたとき、ニールの集めた資料には、主題のせいで公認本のなかでは使えないと彼の感じたものが、当然ながら含まれていた。これらの資料をためらわずわたしに託してくれたことは、彼の誠実さについて多くを語っている。これらの資料のおかげで、以前は不分明だった多くのことが理解できた。彼はその後もわたしの進捗状況を定期的にチェックし、わたしの度重なるeメールでの質問に、いつも即座に、いやな顔ひとつせずに答えてくれた。改訂され再発行された彼の伝記、『アーサー・C・クラーク——ある幻視者の旅』を探されたい。

まるでこれだけではありあまるほど豊かではないかのように、一九九九年にアメリカ人パントマイム・アーティストのダン・リクター——『2001年』のヒトザルのリーダー〈月を見るもの〉に化身したあとは、それほど演技をしなかった——が、製作にたずさわった重要人物三十人以上との議論を行った。彼らのおかげで二〇〇二年に出た彼の著書『月を見るものの回想』——楽しく読めるすばらしい本——は生き生きしたものとなった。そして二〇一六年八月にプロヴィンスタウンで二日を費やして彼に根掘り葉掘りインタビューしたとき、その書き起こしを保管しているかと訊いてみた。もちろん、彼は保管していた——そしてドンやニールと同様に、すぐさまわたしに送ってくれた。『２００１年』の古強者どもが、おそらく外部の研究者には開かないような流儀で、この正真正銘内輪の人間に心を開いていることがすぐにわかった。そして無条件の気前よさで渡してくれたダンのインタビューは、実のある贈りものとなった。

　このプロジェクトに対するかけがえのない支援者としては、ほかに次の方々があげられる。抑えきれないウィットの持ち主であるスタンリーの妻、クリスティアーヌ・キューブリック。思慮深く人当たりのいい彼女の弟ヤン・ハーラン。そしてスタンリーに長く仕えた個人秘書、比類なきトニー・フリューイン。それぞれがわたしを信用するに足ると判断してくれた。そのことに心から感謝する。本書は聖人伝ではないが、この種のプロジェクトは正直でなかったらなんの価値もないという本質的な真実を、さいわいにも三人とも認めてくれ、わたしが公平であると信頼してくれた。わたしは公平だったと信じている。彼らの友情と信頼に謝意を述べたい。

　ダグ・トランブルに関していえば、はじめて会ったのは十年以上も前、わたしたちふたりがテレンス・マリックと仕事をしていて、彼の映画『ツリー・オブ・ライフ』の宇宙論的シーンを形にする手伝いをしていたときだが、わたしの仕事全般、とりわけこのプロジェクトの揺るぎない支援者にして擁護者でいてくれる。彼と親交を結んだのは、わたしの名誉とするところだ。測り知れない価値のあるわがエージェント、サラ・レイジンは、当初は不完全だったコンセプトを、はるかに焦点が絞られ、正確である——と思いたい——ものへ向かわせる手伝いをしてくれ、そのあと最終プロポーザルを斯界きっての出版社へ持っていって、すばらしい結果を出してくれた。彼女の元アシスタント、ジュリア・コンラッドは、わたしの最初の原稿に歯に衣を着せぬ査読メモをつけてくれた。本書は彼女のインプットのおかげで確実によくなっている。以上の全員に先んじて、長年にわたるわが友人にして恩師のエリック・ヒンメルは、このプロジェクトを追求するよう励ましてくれた。もうひとりの親友で、作家にして非凡な文化的ショーマンであるレン・ウェシュラーも同じことをしてくれた。

全員に感謝する。

　どこまでも公明正大で心の広い、サイモン&シュスターにおけるわが編集者ボブ・ベンダーは、締め切りに関してわたしの瀬戸際作戦を我慢してくれ、そのあと何段階にもわたる編集作業をともに進めるあいだ、辛抱強くわたしをわたし自身から何度も救ってくれた。彼の賢明な提案と、ペースと語調に関する的確な本能は、数えきれない点で本書のためになってくれた。彼のアシスタント、ジョアナ・リーは、終始沈着冷静なプロフェッショナリズムの鑑《かがみ》だった。同様にアート・ディレクターのアリスン・フォーナーは、デザインに関するわたしの提案を寛容かつ柔軟にさばいてくれた。そして原稿整理のマネージャー、ジョナサン・エヴァンズは土壇場での訂正を辛抱強く受け入れ、文章が明瞭かつ首尾一貫して語る機会をひとつも逃さないようにしてくれた。彼らの専門家ならではの意見と気配りに感謝したい。

　スリランカ在住の作家リチャード・ボイルは、彼の友人マイク・ウィルスンに関する個人的な保管文書を親切にも利用させてくれた。マイクの令嬢ダマニのご厚意と洞察にも感謝する。スリランカの卓越した映画批評家にして歴史家アシュリー・ラトナヴィブシャナにも感謝を捧げたい。彼のかけがえのない助力のおかげで、二〇一六年二月にかの地への四度目の旅のあいだ、その国の映画業界の重要人物たちと連絡をつけられたからだ。付言すれば、長年にわたるクラークのアシスタント、ナラカ・グナワルデネとロアン・デ・シルヴァはいうまでもなく、著名なコロンボの天体物理学者でアーサーの友人だったカヴァン・ラトナトゥンガ、そして最後になったが、アーサーの姪アンジー・エドワーズにもお世話になった。貴重な意見を聞かせてくれてありがとう。

　ロンドン芸術大学のスタンリー・キューブリック文庫《アーカイヴ》は、本書の執筆を通じて基本的な情報源となってくれた。シニア・アーカイヴィストのリチャード・ダニエルズとアシスタント・アーカイヴィストのジョージナ・オーギルは、わたしを関連資料に導いてくれ、職務の域をはるかに超えて重要な情報を送り届けてくれ、文庫でのわたしの経験が実りあるものとなるよう、あらゆる手立てを講じてくれた。彼らと同僚たちのご厚意とプロフェッショナリズムに感謝する。

　同様に国立航空宇宙博物館スティーヴン・Ｆ・ウドヴァー＝ヘイジー・センターのアーサー・Ｃ・クラーク文書も、クラークが映画と小説の双方で『２００１年』の物語を具体化するのに力を貸していた四年間における彼の思索と方法を理解するための決定的な窓を開いてくれた。国立航空宇宙博物館の宇宙史キュレーター、マーティン・コリンズは、熱帯のコロンボからダレスに近い空調のきいた倉庫へこれらの文書を運んできたという業績で特別な称賛に値する。ここで文書は研究者のために保存されるだろう。

　キューブリックの元アシスタント――そしてのちにひとり立ちして受賞映画監督となった――アンドリュー・バーキン、またの名をコカーブーム・バンディットは、『２００１年』の製作にとりわけ鋭い洞察を披露してくれ、定期的に連絡をくれ、彼の個人的な保管文書から重要な画像を送ってくれた。この映画に関する二冊の先駆的で権威ある書物の著者であるピアズ・ビゾニーは、終始かけがえのない支援者であり、情報、励まし、アイデア、スキャン画像を提供してくれた。航空宇宙分野で指折りの作家であるピアズは、わたしよりもずっと前にこの題材に到達し、探求的な知性でそれを照らしだしていた。スタンリー・キューブリックに関する最高の伝記の作者ヴィンセント・ロブルットは、同様に彼の洞察の恩恵にあずからせてくれ、彼の情報源を理解するのを助けてくれた。トロント在住の作家ジェリー・フラハイヴは、ＨＡＬの声を演じたカナダ人俳優ダグラス・レインについての調査から有益な収集物を親切にも送ってくれた。そしてプロダクション・デザイナーのハリー・ラングに関するすばらしい専門書《モノグラフ》を著したクリストファー・フレイリングは、同僚ならではの忍耐でわたしの質問に答えてくれた。

　作家のアンディ・チェイキンは、長年にわたるわが宇宙オタク仲間で、卓抜したアポロ計画の歴史家だが、ずっと励ましつづけてくれた。アンディのおかげでトム・ハンクスに原稿を読んでもらえることになり、喜ばしい結果となった。ふたりには大きな借りがある。同様に旧友のジル・ゴールデンと才能あるフィルム・エディターのデイヴィッド・テデスキは、親切にも本書がマーティン・スコセッシの注意を惹くようにしてくれた。三人全員に謝意を捧げる。そしてヘイデン・プラネタリウム・ドームの魔術師カーター・エマートは、キューブリックとクラークの傑作の熱心な研究者であり、二〇一二年十二月に、わたしたちは――それぞれが何度目になるかわからないが――その傑作をいっしょに見た。ヘイデンにおけるカーターのなみはずれた自由形式のイメージ投影は、宇宙を相手にしたギター・インプロビゼーションのようなものだが、本当にあちらへ――銀河と銀河のあいだへ移されたという感じを表現している。そう感じたのは、『２００１年』にはじめて触れたとき以来のことだ。それでいながら、彼のドーム投影は、われわれの惑星が既知の宇宙でもっとも美しい目的地でありつづけているということも思いださせてくれる。

わが友人にして展覧会エージェントのイェルネイ・グレゴリクと、彼の才能豊かな妻ナタリーは、本書の下調べをしているあいだ、かわいい子供ふたりを育てるのに気をとられるにもかかわらず、ロンドンの彼らのタウンハウスにためらいなくわたしを居候させてくれた。リュブリャナの映画理論家ナセ・ザヴルルは、わたしを映画史家のビリー・ブルックスに引き合わせてくれ、ブルックスは締め切りまぎわにキューブリック文庫で追加の調査をわたしに代わってしてくれた。全員に感謝する。そしてわがロンドンの画廊経営者マシュー・フラワーズは、クリスティアーヌ・キューブリックと連絡をつけるのを助けてくれた。ほかにも厚意にあずかっており、心から感謝する。

一流ジャーナリストのダイアン・マクホーターは、ＭＩＴで一年過ごしたときから映画マニアのよしみで仲良くしているが、わたしがダレスで仕事にとりかかったとき、同僚ならではの調査情報と助言をくれた。近刊が予定されている彼女のヴェルナー・フォン・ブラウンに関する著作が、この毀誉《きよ》褒貶《ほうへん》はなはだしい人物についてのわれわれの理解を刷新することはまちがいない。デイヴィッド・ミキクスは、ゲームの終盤に有益な提案をたずさえて参加してくれた。近く出るキューブリックに関する彼の著書を探されたい。そして長年にわたるわが親友スチュワート・スワンスンは、代償として数枚の惑星写真を要求しただけで、彼の地域企業本社にある清潔で照明の行き届いたオフィスの鍵をポンと渡してくれた。わたしはリュブリャナのアミカス・ファーマにゆったりと腰をすえて本書を書いた。したがって、ゼネラル・マネージャーのゼリコ・カチッチ——彼がベオグラードへ定期的にワインを運ぶおかげで、長い執筆の日々の鬱屈がやわらいだ——だけでなく、きわめて陽気なアミカスのチームにも感謝する。友情と忍耐をありがとう。

とはいえ、陽気な忍耐ということになれば、二十年以上にわたって万事につけわたしの最高の支援者であった、わが非凡なる妻メリタ・ガブリッチの右に出る者はいない。彼女はあの英語起源でありながら、どういうわけか完全に土着のスロヴェニア語のいいまわしとなった「ダ・ベスト」に新しい意味をあたえている。彼女はまさに「ダ・ベスト」だ。

末筆になったが、生まれたときからわたしの隅には父レイ・ベンソンがいた。太陽を九十三周して体が重力の引きに屈しはじめたときでさえ、父は代名詞である鋭い外交的な知性を保っていた。健康について尋ねると、父はいつもわたしの執筆の進み具合に話題をすぐさま切り替えた。父の禁欲的な勇気と、わたしへの変わることない信頼も、二〇一七年十一月十二日に父を失った痛みをやわらげてくれなかった。本書を父の思い出に捧げる。

マイケル・ベンソン
スロヴェニア、リュブリャナ
二〇一八年一月

監修者あとがき

添野知生

本書は Michael Benson, *Space Odyssey: Stanley Kubrick, Arthur C. Clarke, and the Making of a Masterpiece* (2018) の全訳である。映画『２００１年宇宙の旅』の歴史的な一般公開日からぴったり五十年後の二〇一八年四月三日に、米サイモン&シュスター社から発売され、書評、読者評ともに、きわめて高い評価を得た。

「強烈で忘れがたい共同作業についての、詳細で、しばしばスリル満点の報告書。途方もない映画についての途方もない分析だ」(ワシントン・ポスト)

「『２００１年』のメイキング本は何冊もあったが、ベンソンの本はこれまでの本すべてを合わせたよりも先に突き進んでいる」(ニューヨーク・ジャーナル・オブ・ブックス)

「☆４・７つ」(amazon.com 百十八人のカスタマーレビューの平均点)

五〇周年記念ということで、二〇一八年は日本でも『２００１年宇宙の旅』をめぐる大きなイベントが相次いだ。五月のカンヌ国際映画祭で、映画監督クリストファー・ノーランの監修による70ミリ・ニュープリント版のプレミア上映が行われ、世界を巡回するこのプリントが、十月には日本にやってきた。国内で唯一、70ミリ・フィルムをかけられる映写機のある施設として東京の国立映画アーカイブ（旧フィルムセンター）が手をあげ、「70㎜版特別上映」として全十二回の上映を決定。チケットは瞬時に完売した。「オリジナル・カメラネガからデジタル処理を介さずにフォトケミカル工程だけで作成された70㎜ニュープリント」で、DTS方式で再生される音声は「公開当時と同じ6チャンネル」というこれは、時代に逆行するように「アンレストア版」とも呼ばれ、五十年前のシネラマ上映が持っていた可能性と情報量を徹底的に引き出そうという試み。日本では通常スクリーンでの上映ながら、なるほどフィルムの粒状性と発色の優位を強く印象づけるものになった。

続いて十月の後半には、全国のIMAXデジタルシアターで『2001年宇宙の旅（IMAX上映）』が二週間限定で公開された。こちらはこちらで、高精細で明るいデジタル上映によって、かつての大画面映画を現代の大型スクリーンで見る楽しさを知らしめた。

さらに十二月一日には、この日から始まったBS8K放送の目玉として、NHKの新チャンネルが『8K完全版2001年宇宙の旅』を放送。ワーナー・ブラザースのレストア部門によるオリジナルネガからの8Kスキャン工程を紹介する特別番組も放送された。

そして十二月には、4KウルトラHDを含むリマスター版ブルーレイの発売も予定されている。

そんな一年間の締めくくりとして出るのが本書だが、内容的にはこれほどふさわしいものはない。

本書では、これまで明かされてこなかった、あるいは見過ごされてきた重大な疑問に、はっきりとした答えが示されている。例えば、

・『2001年宇宙の旅』に脚本はあったのか？

・骨を投げ上げる動作は、誰が思いついたのか？
・ディスカバリー号は、誰がデザインしたのか？
・スター・ゲート映像の原点となった、ある映画のオープニングタイトルとは？
・アーサー・C・クラークはどこで『2001年』を書いたのか？

いずれも従来の著作やドキュメンタリー映像では、語られてこなかったり、推測するしかなかった疑問であり、五十年目にして謎が解かれ、そこから新たなテーマが開けてくる奥の深さに、改めて強い感動を覚える。『2001年宇宙の旅』に絞って製作の舞台裏を明かした著作としては、ジェローム・アジェル『メイキング・オブ・2001年宇宙の旅』、アーサー・C・クラーク『失われた宇宙の旅2001』、ピアース・ビゾニー『未来映画術　2001年宇宙の旅』があり、さらに未訳だが、本書にも登場するダン・リクター、アンソニー・フリューインの著書があるし、ハリー・ラングのデザインを集めた美術書も出ている。

半世紀の節目に登場した本書は、そうした従来の著作を参照・統合したうえでさらに取材を重ねた『2001年』をめぐるノンフィクションの決定版であり、製作に直接携わった人々がすでに七〇～八〇代の高齢であることを考えると、今後もこれを超える本はなかなか出てこないだろう。

何よりも驚くべきは、一次資料の調査の徹底ぶりで、クラークとキューブリックが遺した資料を所蔵するそれぞれのアーカイヴにあたり、書き込みのある原稿、契約書の下書き、撮影日報の写しに至るまで、調べ上げ、比較し、その意味を考えている。さらに前出のアジェルなど過去の取材者からテープや記録を提供してもらい、当時は使われなかった部分まで掘り起こしている。

そのうえで、ていねいで言葉をつくした分析、偏りのない評価を展開し、著者自身の言葉で語る抑制的な語り口も好ましい。それによって立ち上がってくるのは、キューブリックとクラークの邂逅の場面の瑞々しさであり、撮影に入ってからの職人気質のイギリス人スタッフのかっこよさ、一ミリでも作品をよくするためには自分の身も他人の身も顧みないキューブリックの徹底した姿勢、〝映画屋〟的と言いたくなる、今では許されない乱暴で痛快なエピソードの数々などである。

また、感動のあまりページを繰る手が止まることもたびたびで、ゲイリー・ロックウッドがキューブリックと対決したときの話、ジェフリー・アンスワースの監督への賛辞、妻クリスティアーヌだけが知っていた監督の逡巡と重圧など、涙なしには読めないエピソードも多い。

キューブリックの美点の一つとして、年齢や社会階級による分け隔てをせず、見どころがあると思えば誰でも起用し、どんどん仕事をさせたということがある。なかでも、ティーボーイ（撮影所のお茶汲み係）だったアンドリュー・バーキンの体験は、まるでそれ自体がフィールディングの『トム・ジョーンズ』のような成長小説を思わせる冒険談で、最高のサイドストーリーになっている。

そして、SFファンの多くが長年おそらくそうであろうと思っていた、アーサー・C・クラークのセクシャリティについて、ここで明確に書かれたことも大きい。アラン・チューリングの死が、クラークがセイロンへの移住を考えるきっかけになったという証言は重く、クラークの楽天性を支えたものが何だったのか、もう一度考えたくなる。

スタンリー・キューブリックもまた『２００１年』のあと、生まれ育ったニューヨーク市と永遠に訣別してイギリスに移住した。本書を読むと、それは『２００１年』のプレミア上映でニューヨークが彼にした仕打ちと無関係ではないように思える。クラークとキューブリックの物語は、やはり二人の国外移住者の物語だったのかもしれない。

著者のマイケル・ベンソンについては、よくぞこんな人がいてくれた、という感謝の念しかない。初公開時に六歳ながら『２００１年宇宙の旅』を見ており、長じてアーサー・Ｃ・クラーク、クリスティアーヌ・キューブリックの両者に直接会いに行って親交を結んだことが、本書のような難しい企画を可能にした（同じ一九六二年生まれとしては、その行動力にただただ敬服するほかない）。

ベンソンはジャーナリスト、写真家、映画作家であり、その業績は驚くほど幅広い。八〇年代後半には、ソ連崩壊前後のロシアのロックを追いかけて、〈ローリングストーン〉誌に連載を持ち、ＭＴＶで番組を構成した。ＮＹ大学で映画を学ぶと、今度は当時のユーゴスラビアに引っ越して、同地のバンド、ライバッハを中心にした芸術活動についてのドキュメンタリー映画を監督。これはバンクーバー国際映画祭で長篇ドキュメンタリーの最優秀賞を受賞している。

十六年に及ぶスロヴェニア生活を切り上げてアメリカに帰国したあとは、天文学と宇宙開発についての記事を多数の媒体に発表。写真制作の技術を活かした大判の天文写真集を出版し、そのうち『ビヨンド　惑星探査機が見た太陽系』『ファー・アウト　銀河系から１３０億光年のかなたへ』の二冊は日本でも刊行された。活動領域を完全に天文学に移したのかと思いきや、一方でブライアン・イーノのアンビエント新曲を用いた作品を発表したり、前衛ギタリスト、エリオット・シャープのビデオを制作したりしているので、芸術と科学の二足のわらじを脱ぐつもりはないらしい。また、専門知識を必要とされて、テレンス・マリック監督の『ツリー・オブ・ライフ』、パトリシオ・グスマン監督の『光のノスタルジア』という二本の重要な映画にもスタッフとして参加している。

最後に、本書に登場する何人かの忘れがたい人々について、その後の歩みを記しておこう。

キア・デュリアは、その後、ダグラス・トランブル制作のテレビシリーズ「スターロスト宇宙船アーク」に参加。『２０１０年』でもういちどボーマンを演じた。八十二歳の今も現役で、今年は『華氏４５１』のリメイク映画に出演したほか、スペインで制作された『2001年』へのオマージュ短篇で、なんとキューブリックの声を演じたという。

ゲイリー・ロックウッドも八十一歳で健在。彼はじつは『2001年』以前にテレビシリーズ「宇宙大作戦」のパイロット版の一本(第3話として放送された「光るめだま」)でカーク船長の友人ミッチェル少佐を演じており、ファン制作の映画に同じ役で出演する予定があるという。

ダン・リクターはその後、ジョン・レノン、オノ・ヨーコ夫妻との交流から、七二年のテレビ用長篇「イマジン」で撮影を担当し、出演もしている。これは現在ではブルーレイ『イマジン/ギミ・サム・トゥルース』で見ることができる。その後、ロサンゼルス近郊のシエラマドレに定住し、ロッククライミングと山岳ガイドの指導に力を入れている。

ダグラス・レインは、二〇一八年十一月十一日に亡くなった。九十歳だった。ウディ・アレンのSF映画『スリーパー』でコンピュータ音声を演じ、『2010年』で再びHAL9000を演じた。

イギリス映画界が誇る撮影監督ジェフリー・アンスワースが『2001年』の現場を途中で抜けたのは、次の『心を繋ぐ6ペンス』のためと思われる。その後も数々の名作で〝戦前紗幕〟を使った柔らかな映像を手がけたが、七八年『テス』の撮影中に急死。まだ六十四歳だった。

アンスワースが抜けたあと撮影監督に昇格したジョン・オルコットは、キューブリック組に定着。とりわけ『バリー・リンドン』の低照度撮影で名声を築いた。彼も八六年に五十五歳で急死している。

ダグラス・トランブルは七十六歳で健在。その後は『アンドロメダ…』『未知との遭遇』『スター・トレック』『ブレードランナー』で視覚効果を監修。『サイレント・ランニング』『ブレインストーム』という二本の忘れがたいSF映画で監督を務めた。

コン・ペダーソンは、宇宙開発の歴史を描いた大作ミニシリーズ「フロム・ジ・アース 人類、月に立つ」

で視覚効果を監修した。

トニー・マスターズはその後、デヴィッド・リンチの『砂の惑星』などに参加。九〇年に七十一歳で亡くなった。多くがファミリービジネスであるイギリス映画のスタッフらしく、三人の息子全員が映画の美術部門で活躍している。

ドイツ出身のハリー・ラングは『２００１年』が転機となって結局、後半生をイギリスで過ごした。『スター・ウォーズ／帝国の逆襲』『ジェダイの帰還』でアートディレクター、セットデコレーター、『ダーククリスタル』『モンティ・パイソン／人生狂騒曲』でプロダクションデザイナーという輝かしい経歴のあと、オックスフォードに引退してときどき個展を開き、〇八年に七十七歳で亡くなった。

ブライアン・ジョンソンはテレビシリーズ「スペース１９９９」の特撮監督を経て、『エイリアン』『スター・ウォーズ／帝国の逆襲』『ドラゴンスレイヤー』『スペース・トラッカー』の特殊効果を支えた。

スチュアート・フリーボーンは、キューブリックの厳しい求めに応じて完成させた技法で、その後、世界でもっとも有名な猿人キャラクター、チューバッカを生み出した。「スター・ウォーズ」は旧三部作すべてに参加。ヨーダの制作も手がけた。二〇一三年に九十八歳で亡くなり、世界中のファンに惜しまれた。

コロンビア映画のパブリシストからキューブリックの会社に移ったロジャー・キャラスは、その後、動物写真家、動物保護運動家として名をあげ、多数の著作、テレビ出演で知られる。

広報部の助手で、冷凍睡眠中のカミンスキー博士として出演もしているアイヴァー・パウエルは、その後、リドリー・スコットと組んで『エイリアン』『ブレードランナー』のプロデューサーとして活躍した。

アンドリュー・バーキンは脚本家になり、『薔薇の名前』『パフューム　ある人殺しの物語』などを手がけた。妹のジェーン・バーキンとともに出演した『ラ・ピラート』には「とびきりのハンサム」の面影がある。

アンソニー（トニー）・フリューインは、その後もアシスタントとしてキューブリックを支え、遺作『アイ

ズ　ワイド　シャット』まで行動を共にした。

本書の翻訳は、第1～5章、口絵、謝辞を中村融、第6～8章を内田昌之、第9～12章を小野田和子の各氏が行い、全体の監修を添野が担当した。映画製作の訳文・訳語について至らぬ点は多々あると思われるが、すべて添野の責任である。また、引用元の資料などについてまとめた「原注」については、あまりにも大部にわたるため（原書で三十一ページ）、早川書房の公式サイトで公開される。

私が感じたのと同じ熱狂を感じてほしい。

索　引

＊「n」は傍注・キャプション内の記述を指す。

■数字・アルファベット

■ア

索引

■カ

■タ

■ナ

■ハ

索　引

■マ

■ヤ

■ラ

■ワ

写真クレジット

Throughout: 2001: A SPACE ODYSSEY and all related characters and elements © & ™ Turner Entertainment Co. (s17): 143, 175, 176, 200, 215, 226, 229, 238, 239, 240, 244, 245 (photo illustration), 253, 260, 265, 268, 277, 285, 292, 294, 310, 356, 420-421, 424, 501, 515; Photographer unknown unless otherwise specified. Courtesy Hector Ekanayake and Rohan De Silva: 47; Courtesy Kavan Ratnatunga, from his private collection: 51; Estate of Roger Caras: 75; Courtesy Christiane Kubrick and Jan Harlan: 85, 109, 538; Courtesy Tony Frewin: 159; Courtesy Doug Trumbull: 188, 336, 340, 387, 405, 502; Dmitri Kasterine, © & ™ Turner Entertainment Co. (s17): 233, 273; Hayley Mills, Courtesy Andrew Birkin: 302, 326; Andrew Birkin, Courtesy Andrew Birkin 361, 364; Courtesy Freeborn Estate: 313; Keith Hamshere;Courtesy Dan Richter: 332; Courtesy Dan Richter: 370, 393, 413; Courtesy Con Pederson: 418, 467; Courtesy Anne McDonigle: 435; Doug Trumbull, Courtesy Bruce Logan: 443; Robert U. Taylor, Courtesy Doug Trumbull: 445; Courtesy Hector Ekanayake and Rohan De Silva: 559 Insert: © & ™ Turner Entertainment Co. (s17): 1; Andrew Birkin, Courtesy Andrew Birkin: 2, 3; FX team, © & ™ Turner Entertainment Co. (s17): 4; John Alcott, © & ™ Turner Entertainment Co. (s17): 5; "2001" FX team, © & ™ Turner Entertainment Co. (s17): 6, 9, 13, 15; Geoffrey Unsworth, "2001" FX team, © & ™ Turner Entertainment Co. (s17): 7, 8, 10, 14, 16, 17, 18; Geoffrey Unsworth, © & ™ Turner Entertainment Co. (s17): 11; John Jay/mptvimages.com: 12

【訳者略歴】

中村 融（なかむら・とおる）
1960年生，中央大学法学部卒。英米文学翻訳家
訳書『宇宙への序曲〔新訳版〕』アーサー・C・クラーク
『時の眼』アーサー・C・クラーク＆スティーヴン・バクスター
『クロックワーク・ロケット』グレッグ・イーガン（共訳）
（以上早川書房刊）他多数

内田昌之（うちだ・まさゆき）
1961年生，神奈川大学卒。英米文学翻訳家
訳書『老人と宇宙（そら）』ジョン・スコルジー
『ジャック・グラス伝』アダム・ロバーツ
『宇宙の戦士〔新訳版〕』ロバート・A・ハインライン
（以上早川書房刊）他多数

小野田和子（おのだ・かずこ）
青山学院大学文学部卒。英米文学翻訳家
訳書『火星の人〔新版〕』アンディ・ウィアー
『最終定理』アーサー・C・クラーク＆フレデリック・ポール
『あまたの星、宝冠のごとく』ジェイムズ・ティプトリー・ジュニア（共訳）
（以上早川書房刊）他多数

【監修者略歴】

添野知生（そえの・ちせ）
1962年生，弘前大学人文学部卒。映画評論家。
〈SFマガジン〉〈映画秘宝〉誌で連載中。
監修書『アート・アンド・ソウル・オブ・ブレードランナー 2049』（早川書房刊）

本書の原注は弊社HPより翻訳版をダウンロードできます。
http://www.hayakawa-online.co.jp/spaceodyssey/ をご参照ください。

2001：キューブリック、クラーク

2018年12月20日　初版印刷
2018年12月25日　初版発行

＊

著　者　マイケル・ベンソン
訳　者　中村《なかむら》　融《とおる》・内田昌之《うちだまさゆき》・小野田和子《おのだかずこ》
監修者　添野知生《そえのちせ》
発行者　早川　浩

＊

印刷所　株式会社精興社
製本所　大口製本印刷株式会社

＊

発行所　株式会社　早川書房
東京都千代田区神田多町2－2
電話　03-3252-3111（大代表）
振替　00160-3-47799
http://www.hayakawa-online.co.jp
定価はカバーに表示してあります
ISBN978-4-15-209826-9　C0074
Printed and bound in Japan